आधी आबादी का संघर्ष

ममता जैतली

राजस्थान के महिला आन्दोलन में पिछले 20 वर्षों से सक्रिय ममता जैतली मीडिया में महिलाओं की सकारात्मक छवि स्थापित करने के लिए प्रयासरत हैं। वे पिछले बारह वर्षों से ग्रामीण मासिक समाचार पत्र 'उजाला छड़ी' का प्रकाशन कर रही हैं। फिर राजस्थान के जाने-पहचाने महिला विकास कार्यक्रम के साथ स्वैच्छिक संस्था 'राज्य इदारा' के माध्यम से महिलाओं के सशक्तीकरण, प्रशिक्षण व सूचना सम्प्रेषण के कार्य से वे जुड़ीं।

इसी दौरान रूपकँवर विधवा दहन, भटेरी सामूहिक बलात्कार विरोधी आन्दोलन में वे सक्रिय रहीं। 1996-97 में एन.एफ.आई., दिल्ली की मीडिया फैलोशिप के तहत राजस्थान में बालिकाओं की स्थिति पर उन्होंने अध्ययन किया। वर्ष 1998 से अब तक वे *विविधा महिला आलेखन व सन्दर्भ केन्द्र* के समन्वयक का पदभार सँभाल रही हैं। वर्ष 2001 में महिला व वंचित वर्ग की मीडिया एडवोकेसी के लिए *विविधा न्यूज व फीचर सर्विस* के सम्पादन का दायित्व सँभाला। वर्ष 2001 में पंचायती राज संस्थाओं में महिला जन-प्रतिनिधियों की भूमिका पर हिन्दी भाषा में सर्वश्रेष्ठ लेखन के लिए उन्हें सरोजिनी नायडू पुरस्कार से सम्मानित किया गया।

श्रीप्रकाश शर्मा

49 वर्षीय श्रीप्रकाश शर्मा का समूचा जीवन बहुआयामी संघर्ष की मिसाल रहा। बनारस के स्थानीय अखबार से अपनी पत्रकारिता की शुरुआत करने वाले श्रीप्रकाश जी ने निर्भीकतापूर्वक लेखनी चलाई। राजस्थान आने के बाद वे यहाँ यूनीवार्ता के राज्य ब्यूरो प्रमुख बने। फिर यूनीवार्ता के दिल्ली ब्यूरो में भी कार्यरत। नब्बे के दशक में वे जन-आन्दोलनों की ओर प्रवृत्त हुए और राज्य के वंचित वर्ग के प्रहरी के रूप में उभरे।

पिंकसिटी प्रेस क्लब, जयपुर के संस्थापक सदस्य एवं प्रथम निर्वाचित अध्यक्ष तथा कुल तीन बार पिंकसिटी प्रेस क्लब, जयपुर के अध्यक्ष रहे। राजस्थान श्रमजीवी पत्रकार संघ के महासचिव रहे। सामाजिक सरोकार के विविध विषयों पर वे अनवरत लेखन करते रहे। कई संस्था-संगठनों में वे मीडिया सलाहकार रहे, उन्होंने 'विकासात्मक पत्रकारिता प्रशिक्षण एवं शोध संस्थान' की स्थापना की तथा दलित चेतना जैसे मुद्दों पर उनका पाक्षिक 'राजदृष्टि' एक आन्दोलन बनकर सामने आया।

आवरण : महेश्वर

जन्म : जमशेदपुर। *शिक्षा :* सम्प्रति जे.एन.यू. के भारतीय भाषा केन्द्र से 'हिन्दी में अनूदित चेक साहित्य : एक भाषा-सांस्कृतिक अध्ययन' विषय में शोधरत। सेंट जोसेफ वेलफेयर सोसाइटी, जमशेदपुर से फाइन आर्ट्स तथा वेब एंड ग्राफिक्स डिजाइनिंग में डिप्लोमा। फोटोग्राफी तथा फ्रीहैंड स्केचिंग में रुचि। इन दिनों स्वतंत्र पत्रकारिता, अनुवाद तथा ग्राफिक्स डिजाइनिंग में संलग्न। दिल्ली में निवास।

ममता जैतली, श्रीप्रकाश शर्मा

आधी आबादी का संघर्ष

राजस्थान में महिला आन्दोलन का इतिहास : एक झलक

राजकमल पेपरबैक्स

पहला पुस्तकालय संस्करण
राजकमल प्रकाशन प्राइवेट लिमिटेड द्वारा
2006 में प्रकाशित

राजकमल पेपरबैक्स में
पहला संस्करण : 2011

राजकमल पेपरबैक्स : उत्कृष्ट साहित्य के जनसुलभ संस्करण

राजकमल प्रकाशन प्रा. लि.
1-बी, नेताजी सुभाष मार्ग, दरियागंज
नई दिल्ली-110 002
द्वारा प्रकाशित

शाखाएँ : अशोक राजपथ, साइंस कॉलेज के सामने, पटना-800 006
पहली मंजिल, दरबारी बिल्डिंग, महात्मा गांधी मार्ग, इलाहाबाद-211 001

वेबसाइट : www.rajkamalprakashan.com
ई-मेल : info@rajkamalprakashan.com

बी.के. ऑफसेट
नवीन शाहदरा, दिल्ली-110 032
द्वारा मुद्रित

मूल्य : ₹ 195

आवरण : महेश्वर

AADHI AABADI KA SANGHARSH
by Mamta Jaitali, Shriprakash Sharma

ISBN : 978-81-267-2014-9

यह
अध्ययन
समर्पित है
राजस्थान की
उन तमाम
संघर्षशील औरतों के नाम
जिन्होंने अपने
संघर्ष से
अनेक
औरतों के
जीवन को
कुछ
आसान
बना दिया है।

आभार

आधी आबादी का संघर्ष राजस्थान के महिला आन्दोलन के दस्तावेजीकरण का एक विनम्र प्रयास है। राजस्थान में सामन्तशाही परिवेश के बावजूद तथा सम्भवतः इसी कारण एक सशक्त महिला आन्दोलन जन्मा। यहाँ हम यह स्पष्ट कर देना चाहते हैं कि यह पुस्तक राजस्थान की महिला आन्दोलन की कुछ झलकियाँ ही दिखाती हैं। आन्दोलन की समग्रता को समझने तथा उसे समेटने के लिए एक लम्बे शोध की आवश्यकता है। तीन माह की अल्पावधि में इस दस्तावेज के लिए सूचना संकलन का काम एक बड़ी चुनौती थी।

यह चुनौती स्वीकारने का हौसला दिया हमारे सहयोगी, सहलेखक और मित्र श्रीप्रकाश शर्मा ने, जो राजस्थान के जाने माने पत्रकार थे। अपने पत्रकारिता कौशल का परिचय देते हुए श्रीप्रकाश ने त्वरित गति व कठोर अनुशासन से तमाम सूचनाएँ एकत्रित कर उनकी छँटनी भी कर डाली। पुस्तक लेखन व सम्पादन में सहयोग दिया, मनोबल बढ़ाया। अफसोस इस बात का है कि उनका यह सपना जब साकार होने को आया है तो वे ही हमारे साथ नहीं हैं। 22 जनवरी 2005 को अल्पायु में ही उनका देहावसान हो गया। राजस्थान की अनेक संघर्षशील महिलाओं के साथ यह पुस्तक श्रीप्रकाश शर्मा के जुझारू व्यक्तित्व को भी समर्पित है।

इस पुस्तक को मूर्त रूप देने में हमें राजस्थान के अनेक स्त्री-पुरुष मित्रों का सहयोग मिला है। इन सभी सहयोगियों की लम्बी सूची पुस्तक के अन्त में दी जा रही है। इन सभी मित्रों के हम हृदय से आभारी हैं।

हमारी मित्र हिन्दी की जानी-मानी लेखिका सुधा अरोड़ा तथा जागोरी, नई दिल्ली की आभा भैया की हौसला अफजाई के कारण ही हम इस पुस्तक के प्रकाशन का हौसला जुटा पाए। आप दोनों को विशेष धन्यवाद एवं आभार।

इस पुस्तक के परिष्कार सम्पादन व मार्गदर्शन में हमें डॉ. प्रतिभा जैन (सेवानिवृत्त प्रोफेसर, इतिहास विभाग, राजस्थान विश्वविद्यालय), डॉ. रेणुका पामेचा (व्याख्याता, राजनीति शास्त्र, कनोड़िया महिला महाविद्यालय, जयपुर)

तथा पूर्वा याज्ञिक कुशवाहा (कार्यकारिणी सदस्या विविधा : महिला आलेखन एवं सन्दर्भ केन्द्र, जयपुर) का सहयोग मिला। हम इनके अत्यन्त आभारी हैं।

पुस्तक के लगातार बनते-बिगड़ते प्रारूपों की टाईपिंग व प्रूफरीडिंग का दुष्कर कार्य किया विविधा में कार्यरत जितेन्द्र जैन व राकेश चौहान ने। इन दोनों का विशेष आभार।

आधी आबादी का संघर्ष का पहला दस्तावेज महिला अध्ययन केन्द्र, एच.सी.एम.रीपा, जयपुर के आर्थिक सहयोग से बन पाया था। हम उनके प्रति भी अपना आभार व्यक्त करते हैं।

आशा है यह प्रयास पाठकों को सार्थक लगेगा तथा महिलाओं के संघर्षों को लिपिबद्ध करने की प्रेरणा दे सकेगा।

मई, 2005

ममता जैतली

भूमिका

राजस्थान के महिला आन्दोलन के बिखरे हुए मौखिक घटनाक्रम को लिखित रूप देकर इतिहास के तौर पर जो जगह ममता जैतली और श्रीप्रकाश शर्मा ने दिलाई है, वह सराहनीय प्रयास है। लोगों के मध्य बैठकर सहजतापूर्वक बात करके इस अध्ययन को किया गया, यह भविष्य में महिला मुद्दों पर शोध व अनुसन्धान करनेवालों के लिए उपयोगी व सार्थक सिद्ध होगा, ऐसी उम्मीद की जा सकती है। हो सकता है कि इस प्रक्रिया से कुछ लोगों के मतभेद हों लेकिन असहमतियों को प्रकट करना तथा उन पर विमर्श करना भी शैक्षणिक सीख का ही एक पहलू माना जाना चाहिए।

राजस्थान की जानी-मानी महिला पत्रकार और समाजकर्मी ममता जैतली मेरी 25 साल से दोस्त है। मैं उसके सफर में साथी रही हूँ। मैंने इन सालों में संघर्ष के दौरान ममता से मिलकर उससे बहुत कुछ सीखा है। ममता में एक खास किस्म का गुण यह रहा है कि वह बहुत कुछ करती है मगर कभी आगे नहीं रहती, मंच को घेरकर नहीं रहती। नेपथ्य में रहकर काम करने का गुण, कार्य का श्रेय दूसरों के साथ बाँटने का भाव तथा भागीदारितापूर्ण नेतृत्व यह महिलावादी सोच के अच्छे गुण के रूप में ममता के कार्य व जीवन में दिखाई पड़ते हैं।

एक पारम्परिक पुरुष जिसने अपनी पत्रकारिता को बुलन्दियों तक पहुँचाया तथा पुरुषप्रधान समाज की मानसिकता के लोगों के बीच जीवन जिया उन्होंने अपनी मानवीय संवेदनशीलता का परिचय देकर मुख्यधारा की उठापटकवाली पत्रकारिता से विमुख होकर लोगों से जुड़े मुद्दों पर काम करने की शुरुआत की, ऐसे वरिष्ठ पत्रकार श्रीप्रकाश जी ने महिलाओं के मुद्दों से जुड़कर काफी लेखन किया, उन्होंने इस पुस्तक के लेखन तथा दस्तावेजीकरण के ऐतिहासिक काम को अंजाम दिया। आज हालाँकि श्रीप्रकाशजी जैसे जुझारू, अनुभवी तथा महिला आन्दोलन के साथी हमारे बीच नहीं रहे, यह पुस्तक एक किस्म से श्रीप्रकाशजी को श्रद्धांजलि है। यह राजस्थान की आम औरतों की जिजीविषा, संघर्ष और हिम्मत को मान्यता देने का सद्प्रयास है इसके लिए ममता व श्रीप्रकाशजी साधुवाद के पात्र हैं।

राजस्थान में महिलाओं की छवि निरक्षर, पिछड़ी, रूढ़िवादी और घूँघट लेनेवाली पारम्परिक औरतों की रही है। एक प्रकार की इस नकारात्मक छवि के बावजूद राजस्थान

की इन्हीं आम, मजदूर, कम पढ़ी-लिखी या अनपढ़ महिलाओं ने न्यूनतम मजदूरी, घरेलू हिंसा, सती कुप्रथा तथा बलात्कार जैसे मामलों को उठाया तथा अन्य कई लोकतान्त्रिक मुद्दों पर संघर्ष की अगुवाई कर नेतृत्व प्रदान किया। इस बात की खुलकर प्रशंसा की जानी चाहिए।

राजस्थान की महिलाओं के जीवन में घूँघट एक बड़ा मसला रहा है। घूँघट केवल मुँह ढकने मात्र की बात न होकर महिलाओं को 'परतन्त्र' बनाने की साजिश का एक हिस्सा कहा जाना उचित होगा। शुरुआत में मैंने राजस्थान की महिलाओं को घूँघट में घुटते हुए देखा चूँकि मेरे परिजन तो तमिलनाडु और बंगाल से सम्बन्धित हैं जहाँ की महिलाएँ घूँघट नहीं लेतीं, लेकिन जिस राजस्थान में मैंने काम करने का निर्णय लिया वहाँ की औरतें घूँघट में कैद रही हैं। वे बोल भी नहीं सकती थीं और अपनी भावनाओं को प्रकट करके स्वतन्त्र रूप से अपना मत प्रतिष्ठित नहीं कर पाती थीं। ऐसे सामन्तवादी और पुरुष सत्तात्मक सामाजिक माहौल के होते हुए भी 1970 से राजस्थान की औरतों के बीच जागरूकता और बदलाव का प्रारम्भ हुआ।

राजस्थान में देश के अन्य राज्यों की अपेक्षा रजवाड़ों और जागीरदारों का जबरदस्त दबदबा रहा, लेकिन जैसे ही सामन्ती व्यवस्था हटी तो औरतों के लिए अवसर आए, शिक्षा का प्रचार-प्रसार हुआ। अपनी स्थिति पर उनके बीच चर्चा व मंथन की शुरुआत हुई तथा राजस्थान की आम औरतों ने अपनी आवाज को बुलन्द करना शुरू किया। यह एक पुनर्जागरण की शुरुआत थी।

राजस्थान जहाँ पर महिला का 'सती' (दहन) होना या जौहर करना वीरता का प्रतीक माना गया, वहाँ की महिलाओं ने भी परम्परागत संस्कारों की बदौलत पुरुष प्रधान समाज के इन्हीं मूल्यों को आत्मसात कर लिया था, मगर इस महिला विरोधी सोच का मुकाबला करने की भी उनमें समझ बनी। वे समझीं कि सती होना कोई वीरता या त्याग की निशानी न होकर एक सामाजिक कमजोरी है। महिला की स्वयं की आर्थिक स्वायत्त हैसियत नहीं होना तथा राजस्थान की उच्च जातियों में विधवा स्त्रियों के पुनर्विवाह का प्रावधान नहीं होना भी सती होने का एक प्रमुख कारण बन गया था। जिन जाति समुदायों में पुनर्विवाह या नाता प्रथा मौजूद थी, उनमें सती की अवधारणा के लिए कोई स्थान नहीं था। गाँव की महिलाओं को सती विरोधी आन्दोलन में अपनी सामूहिक शक्ति का अहसास हुआ तथा वे सती पूजन की राजनीतिक चाल को भी समझीं। जब महिला जागरण का दौर चला तथा रूढ़िवादी समाज के कर्मकांड और कुरीतियों को चोट पहुँची तो सामन्तवादी प्रवृत्ति को इससे धक्का लगा। एक तरफ जागीरदारों से राजसत्ता छिन गई थी तो दूसरी तरफ उनकी आर्थिक स्थिति में भी गिरावट आई। ऐसे समय में सामन्ती समाज ने अपनी जातीय श्रेष्ठता और अभिमान को पुनर्स्थापित करने के लिए 'सती' प्रथा को पुनर्जीवित करने का प्रयास किया। ग्रामीण क्षेत्र की मजदूर औरतों की अगुवाई में रूपकँवर के विधवा दहन के मामले को लेकर इतना व्यापक आन्दोलन जन्मा कि उसने राजस्थान की राजसत्ता को लड़खड़ाने

पर मजबूर कर दिया। इस आन्दोलन के कारण भी महिलाओं को सामूहिक ताकत का अहसास हुआ।

राजस्थान में कार्यरत कई स्वयंसेवी संस्थाएँ जो औरतों के मुद्दों पर काम करती थीं, उन्होंने संस्थाओं में घरेलू हिंसा, लैंगिक भेदभाव तथा बलात्कार जैसे मुद्दों पर चर्चाओं के माध्यम से जोरदार माहौल बनाया। सन् 1985 में पूरे राजस्थान से एक महिला मेले के दौरान आई औरतों ने किशनगढ़ क्षेत्र में बलात्कार जैसी सामाजिक बुराई के विरुद्ध एक रैली निकाली। यह रैली महिलाओं की ओर से सामूहिक प्रतिकार का उदाहरण बनी। इसके बाद जब भटेरी की भँवरी ने बालविवाह की खिलाफत की और उसके कारण गाँव की प्रभावी जाति के पुरुषों ने उसके साथ सामूहिक बलात्कार किया तो भँवरी चुप नहीं बैठी। उसने हिम्मत दिखाई, रिपोर्ट दर्ज करवाई, उसने आत्महत्या जैसा कायरतापूर्ण निर्णय नहीं किया बल्कि अपने साथ हुए अत्याचार को मुद्दा बनाया। भँवरी की खुद की हिम्मत के कारण ही बलात्कार की राजनीति के खिलाफ सामूहिक आन्दोलन बनाने में मदद मिली। भटेरी बलात्कार कांड के विरुद्ध राजस्थान की आम ग्रामीण, मजदूर औरतों ने जिस प्रकार का विरोध दर्ज करवाया उसके कारण महिलाएँ घरों की दहलीज लाँघकर, घूँघट छोड़कर तथा चुप्पी तोड़कर अत्याचार की खिलाफत करने में आगेवान बनीं। इसे ऐतिहासिक, अनुकरणीय और प्रशंसनीय बदलाव का प्रारम्भ कहा जाएगा।

जब भँवरी के मामले में न्यायालय का विपरीत निर्णय आया तो उसके विरुद्ध भी औरतें उठीं और जयपुर की बड़ी चौपड़ के खुले मंच पर ग्यारह महिलाओं ने अपने साथ हुए यौन शोषण की रोंगटे खड़े कर देनेवाली आपबीती सुनाने का साहस किया। इससे यह समझ में आया कि बलात्कार जैसे कृत्य केवल कामुकता के कारण नहीं होते, बल्कि उसके कहीं अधिक गहरे राजनीतिक कारण भी होते हैं जैसे कि अपनी शक्ति को प्रतिष्ठित करने के लिए भी पुरुष बलात्कार कर सकते हैं, ऊँची-नीची जाति का होना, बदला लेना अथवा जमीन-जायदाद व अन्य सम्पत्तियों को हड़पने की नीयत से भी इस प्रकार का कुकृत्य किया जाता है, यह समझ भी मजदूर महिलाओं की बनीं तो बलात्कार जैसे संवेदनशील मसले का राजनीतिक प्रतिकार करने की शक्ति भी महिलाओं में जगी।

मजदूर महिलाओं को सड़क पर उतरकर, मुट्ठी बाँधकर, आक्रोश के साथ बुलन्द नारे लगाते देखकर, मंचों पर अत्याचारों के विरुद्ध बेखौफ बोलते देखकर मध्यमवर्गीय औरतों में भी हिम्मत आई। अक्सर घर-परिवार तक ही सीमित रहकर शोषण व जुल्म को सहनेवाली औरतों ने भी दहेज, घरेलू हिंसा जैसे मुद्दों के खिलाफ उठ खड़ी होने का साहस जुटाया तथा महिलाओं पर हिंसा का प्रभावी विरोध शुरू किया। नगरीय समुदाय की मध्यमवर्गीय औरतों तथा विश्वविद्यालय की महिलाएँ जिन्होंने घरेलू हिंसा के मुद्दे से जुड़कर काम शुरू किया, अब वे महिला आन्दोलन की नेतृत्वकर्ता बनकर औरतों के कई मुद्दों पर जमकर संघर्ष करती हुई नजर आती हैं।

एक और महत्त्वपूर्ण बदलाव दलित महिलाओं की जिन्दगी में दृष्टिगोचर होता है। एक वक्त था जब दलित महिला गहने (आभूषण) नहीं पहन सकती थी, उसे गाँव में घुसते ही सर्दी, गर्मी, बरसात, कीचड़ या काँटों की परवाह किए बगैर अपने जूते हाथ में लेकर नंगे पाँव चलना पड़ता था। वह पक्का मकान बनाने की तो सोच भी नहीं सकती थी। उसे अवसर मिला तो वह बदली, पढ़ने लगी, घूँघट उठाकर बोलने लगी, गाँव के बीच में जूते पहनकर चलने लगी, आभूषण पहनने लगी, पक्का मकान बनाकर रहने लगी तथा पंचायत में मुखिया के रूप में जाकर बैठने लगी। इसे राजस्थान जैसे प्रदेश में ऐतिहासिक बदलाव कहा जाए तो अतिशयोक्ति नहीं होगी। दलित महिलाओं की संघर्षशील विपरीत परिस्थितियों के मध्य जूझते हुए नौरती जैसी दलित महिला ने न्यूनतम मजदूरी की माँग को लेकर संघर्ष छेड़ा। नौरती के इस मुद्दे पर समाज कार्य एवं अनुसन्धान केन्द्र तिलोनिया ने एक जनहित याचिका के जरिए पूरी कानूनी लड़ाई लड़कर जीत हासिल की।

राजस्थान के महिला आन्दोलन ने कई मुद्दों पर जमकर संघर्ष किया तथा जीत भी हासिल की, लेकिन यह महिला आन्दोलन कभी भी एकतरफा आन्दोलन नहीं था और न ही इसका उद्देश्य केवल पुरुष प्रधान पितृसत्ता की जगह नारीसत्ता को प्रतिष्ठित करने का रहा। यह न्याय और समानता के लिए संघर्ष का मानवीय आन्दोलन बना जिसका सम्पूर्ण श्रेय राजस्थान की मजदूर महिलाओं को जाता है। प्रारम्भ से ही इस आन्दोलन को जिन शक्तियों ने सम्भाला, उनकी सोच व समझ महिलावादी गुणों से ओत-प्रोत रही। इसी नारीवादी सोच के चलते यह आन्दोलन जाति, धर्म, वर्ग तथा राजनीतिक टूटन का शिकार होने से बचा रहा। सब तरह के मतभेद, बहस और असहमतियों के बावजूद मुद्दों पर आधारित एकजुटता राजस्थान के महिला आन्दोलन की परिपक्व समझ का उदाहरण कही जा सकती है।

महिला आन्दोलन का राजस्थान का सफर 20वीं सदी के अन्तिम तीन दशकों में बहुत ही सार्थक और मजबूत उपस्थितिवाला रहा। उसने नारी स्वतन्त्रता, स्वाभिमान के नए आयाम प्रस्तुत किए जिसके अच्छे परिणाम सामने आए तथा औरतों के भीतर गजब का आत्मविश्वास निर्मित हुआ। आज अगर हजारों औरतें बिना घूँघट के महिला दिवस के मौके पर पींगूण जैसे छोटे से गाँव में घंटों बैठकर अपनी बात करती हैं, मंच पर पूरे उत्साह व निर्भीकता से बोलती हैं और अपना दिवस मनाते हुए उमंग से नाचती हैं तो इसे पारम्परिक राजस्थानी महिला की छवि में बहुत बड़े बदलाव के रूप में रेखांकित किया जाना चाहिए।

एक उल्लेखनीय बात और भी रही कि राजस्थान के महिला आन्दोलन की बागडोर मुख्यतः मजदूर महिलाओं के हाथों में रही इसलिए उसने कभी भी समाज के ध्रुवीकरण का रास्ता नहीं लिया। कहना चाहिए कि इस आन्दोलन का रुझान पुरुषों के खिलाफ न होकर बराबरी और अवसरों की समानता की तलाश की ओर ही अधिक रहा। यहाँ फ्लेविया एग्नेस की उक्ति को याद करना प्रासंगिक होगा जिसमें वे कहती हैं कि

मध्यमवर्गीय औरतों के लिए 'Personal is political' है वहीं मजदूर महिलाओं के लिए 'Political is personal' है। इसी कारण नारी आन्दोलन समता, समानता और न्याय का आकांक्षी आन्दोलन होकर भी टकराव या पुरुष विरोधी आन्दोलन बनने के बजाय समाज को नैतिक आदर्शों से युक्त मानवीय गुणों की प्रेरणा देनेवाला आन्दोलन बना जो कि अपने आप में ही ऐतिहासिक और महत्त्वपूर्ण है जो सदैव प्रशंसनीय और अनुकरणीय है।

विविधा महिला आलेखन एवं सन्दर्भ केन्द्र व *विविधा फीचर्स, जयपुर* जिसने कई अद्‌भुत कार्य किए हैं उसी शृंखला में राजस्थान की आधी आबादी के गुमनाम सफर का दस्तावेजीकरण करने का काम किया है, उसकी जितनी भी प्रशंसा की जाए वह कम ही होगी। *विविधा* के इस प्रयास तथा ममता और श्रीप्रकाश जी की लगन व मेहनत से तैयार इस पुस्तक को राजकमल जैसे प्रतिष्ठित प्रकाशन ने प्रकाशित करके अपने गहरे सामाजिक सरोकारों का परिचय दिया है, इसके लिए राजकमल प्रकाशन साधुवाद और अभिनन्दन का पात्र है।

–अरुणा रॉय

मजदूर किसान शक्ति संगठन

विषय वस्तु

परिचय

राजस्थान में जब हम महिला आन्दोलन का दस्तावेजीकरण करने लगे तो सबसे पहले हमें इसी तर्क से दो-चार होना पड़ा कि क्या राजस्थान में कोई महिला आन्दोलन है भी या नहीं ? महिला आन्दोलन की बात छेड़ते ही आम लोगों के मन में एक तस्वीर उभरने लगती है। संघर्ष करती, विरोध करती, नारे लगाती, धरने-सत्याग्रह करती या जेल जाती औरतों की। अब ऐसा हर रोज की जिन्दगी में होता नहीं तो फिर सतही तौर पर यही नजर आता है कि यहाँ कोई आन्दोलन है ही नहीं। एक और तर्क इसी के साथ जुड़ता है कि राज्य में महिलाओं की स्थितियाँ और बिगड़ती जा रही है। बालिकाओं का लिंगानुपात घट रहा है। औरतों पर हिंसा भी बढ़ रही है यदि कोई आन्दोलन चल रहा होता तो औरतों की स्थिति तो बेहतर ही होनी चाहिए थी ना। इन सब तर्क करनेवालों से हम यही पूछना चाहते हैं कि यदि औरतों की जिन्दगी में सब कुछ ठीक हो जाता तो फिर आन्दोलन की जरूरत ही क्यों रह जाती ? सच्चाई तो यही है कि औरतों के जीवन में जहाँ कहीं भी शोषण, अन्याय और भेदभाव हो, उसका विरोध या आन्दोलन वहीं जन्म लेता है। यह और बात है कि इस विरोध को तब लोग कभी तो पश्चिम के नारी मुक्ति का प्रभाव बताते हैं तो कभी भारतीय संस्कृति से कटी हुई औरतों का संघर्ष।

जब 1857 में मंगल पांडे ने अंग्रेजी राज के खिलाफ विद्रोह किया था तो क्या उसे किसी आन्दोलन की संज्ञा दी गई थी ? अंग्रेजों ने तो तब उसे गदर और देशद्रोह की संज्ञा ही दी थी। भारतीय समाज तो तब विरोध के रास्ते पर व्यापक रूप से चला ही नहीं था। इस तथाकथित गदर के बाद भारतीय समाज में अपनी पकड़ मजबूत करने को अंग्रेजों ने कितने जुल्म ढाए थे। जैसे-जैसे अत्याचार बढ़ता गया था आन्दोलन भी तेज होता गया था और अन्ततः अंग्रेजों के पैर उखड़ गए थे। एक जमाने में अंग्रेजों ने जिसे गदर, विद्रोह या देशद्रोह कहा था अन्ततः आन्दोलन कैसे बन गया ? कब और किन लोगों ने उसे आन्दोलन का रूप दिया। ये हम सब बहुत अच्छी तरह जानते हैं। आजादी की लड़ाई या आन्दोलन का नाम तो इसे हिन्दुस्तान के स्वतन्त्रता सेनानियों ने ही दिया था। यूँ देखा जाए तो गदर और आन्दोलन में बहुत बारीक सी विभाजक रेखा है। जब एक छोटा समूह अपने हक की बात करता है तो उसे सत्ताधारियों द्वारा गदर या विद्रोह की संज्ञा दी जाती है और वही विरोध जब जन-जन की आवाज बनकर

मुखर हो उठता है तो उसे बहुमत द्वारा 'जंगे आजादी' का नाम दिया जाता है। हिन्दुस्तान की आजादी की लड़ाई में भी यही कुछ तो हुआ था। 1857 में आरम्भ हुए गदर की चरम परणति 1942 के अंग्रेजों भारत छोड़ो जन आन्दोलन में हुई थी। कितना समय लग गया था इस पूरी प्रक्रिया में।

हमारी समझ में आज भारतीय समाज पूरी तरह से पितृप्रधान धार्मिक कट्टरपंथी शक्तियों की गिरफ्त में है। मानवाधिकारों के पक्षधर महिला और अन्य जन संगठनों के विरोध की धार और तीखी होती रही तो इन यथास्थितिवादी शक्तियों के पाँव अपने आप उखड़ जाएँगे। इतिहास ने हमें यही तो सिखाया है। इतिहास की बात आ ही गई है तो देश ही क्यों दुनिया भर में औरतों ने पितृसत्ता, सामन्तीशाही और धर्म के कठोर नियमों और वर्जनाओं के तले सैकड़ों-हजारों सालों तक घुटन और चुप्पी भरा जीवन जिया है। 'पराधीन सपनेहुँ सुख नाहीं' के यथार्थ को भोगा है। आजादी के एक पल के सुख की खातिर कितने जीवन उन्होंने मर-मर कर गुजारे हैं। अपने इस घर, बाहर का काम, बच्चों और परिवार जनों की देखभाल के हाड़तोड़ श्रम के बाद भी समाज के निर्माण में उनके योगदान को कभी स्वीकारा नहीं गया। समाज सुधार और जन आन्दोलनों में उनके संघर्ष भी अदृश्य ही रह गए। अपनी स्थिति को सुधारने के लिए समय-समय पर जो प्रयास हुए वे स्मृतियाँ भी संजोकर रखने के अभाव में धूमिल होती गईं और अन्ततः विलुप्त हो गईं।

1970 के दशक में जब विश्वभर में महिलाओं की स्थिति पर संयुक्त राष्ट्र एजेंसियों का ध्यान गया तो उसी की कड़ी में भारत में स्त्री विमर्श और महिला अध्ययन केन्द्र की शुरुआत हुई तो सबसे पहले दिल्ली में सेंटर फॉर विमेन्स डेवलपमेन्ट स्टडीज और मुम्बई की एस.एन.डी.टी. युनिवर्सिटी में 'स्त्री विमर्श' पर ध्यान केन्द्रित हुआ। हमारे देश में तब वीना मजूमदार, नीरा देसाई और मैत्रेयी कृष्णराज ने स्त्री विमर्श को एक विषय के रूप में स्थापित करने में महती भूमिका निभाई और 1975 से महिलाओं के योगदान उनके संघर्षों उनकी स्थितियों पर खोज करना उन्हें समाज के सामने रखने का सिलसिला शुरू हुआ।

•••

भारत के इतिहास में यूँ तो महिलाओं की स्थिति को लेकर कई सुधारवादी आन्दोलन चले जिनकी अगुवाई जाने-माने समाज सुधारकों (पुरुषों) ने की। स्त्रियों ने भी समय-समय पर अपनी स्थितियों को लेकर छुटपुट विरोध किए। सावित्री बाई फुले ने दलित होते हुए दलित स्त्रियों की शिक्षा को लेकर जो प्रयास किया उसे भुलाया नहीं जा सकता। औरतें और विशेषकर दलित औरतें स्वयं को सदा पराधीन और कमजोर समझती रहीं थीं। सावित्री बाई फुले व ज्योतिबा फुले के सम्मिलित प्रयासों से इन औरतों की आत्मछवि में बदलाव आया। वे स्वयं को सशक्त और सबल समझने लगीं। अपने हकों के लिए सामूहिक संघर्ष करने का अर्थ उन्हें समझ आने लगा।

बीसवीं शताब्दी के साथ ही भारतीय स्त्रियों की राजनीतिक गतिविधियों में

सहभागिता आरम्भ हुई। सर्वप्रथम 1906 में बहिष्कार आन्दोलन के जुलूसों में उन्होंने अपनी उपस्थिति दर्ज कराई। इसी दशक में सरला देवी चौधरी ने स्त्री मंडल के रूप में स्वयं स्त्रियों के संगठनों की स्थापना की। किसी भी आन्दोलन का प्रभाव उसके साथ जुड़े सशक्त संगठनों से ही पता चलता है अतः इस दृष्टि से सरला देवी के योगदान को रेखांकित करना अत्यन्त महत्त्वपूर्ण और आवश्यक है। 1917 के भारतीय महिला संघ ने राष्ट्रीय स्तर पर स्त्रियों को मंच प्रदान किया। इस मंच की प्रमुख प्रेरक महिलाओं में सरोजनी नायडू, डेरोथी, मारग्रेट कजन्स और एनीबेसेंट का नाम विशेष उल्लेखनीय है। इन्होंने स्त्री शिक्षा के साथ ही स्त्रियों से सम्बन्धित कुरीतियों जैसे पर्दा प्रथा और बाल विवाह का विरोध किया। इसी वर्ष सरोजनी नायडू के नेतृत्व में स्त्रियों का प्रतिनिधिमंडल स्त्रियों के मताधिकार की माँग को लेकर वायसराय से मिला। संगठित प्रयासों का यह क्रम आगे बढ़ता ही गया। 1920 में अखिल भारतीय महिला समिति जैसी संस्थाएँ भी सक्रिय रहीं जिन्होंने आजादी की लड़ाई में तो अपना योगदान दिया ही स्त्री शिक्षा के प्रचार और बाल विवाह, पर्दा प्रथा व सती प्रथा के विरोध में माहौल बनाने का काम भी किया।

1927 में अखिल भारतीय महिला कॉन्फ्रेंस (ए.आई.डब्लू.सी.) का गठन हुआ जो आज तक भी सक्रिय है। इस दौरान भारतीय महिलाओं को यह बहुत अच्छी तरह से समझ आने लगा था कि संगठन में शक्ति है। कहने का मतलब यह कि नारीवादी या महिला आन्दोलन देश में सत्तर के दशक में अचानक आसमान से टपक नहीं पड़ा था इसकी पृष्ठभूमि तो अनेक सुधारवादी आन्दोलनों, स्वतन्त्रता आन्दोलनों में स्त्रियों की सहभागिता और स्त्रियों के अपने छोटे-छोटे संघर्षों से तैयार होती रही थी। आजादी के बाद भारत के संविधान में औरतों को समानता का अधिकार मिला। यूँ तो आजादी पूर्व ही महिलाओं की स्थिति में बदलाव आने लगा था। आजादी के बाद कम से कम शहरी मध्यमवर्ग की अनेक महिलाओं ने शिक्षा हासिल की। प्रतिष्ठित पदों पर नौकरियाँ पाईं। अनेक चुनौतीपूर्ण भूमिकाओं को सफलतापूर्वक संचालित करके अपने आपको घर की चारदीवारी से बाहर स्थापित भी किया किन्तु कुछ एक स्थितियों में तो उनकी स्थिति बिगड़ती ही गई। महिलाओं का लिंगानुपात थोड़े बहुत उतार-चढ़ाव के बाद भी 1901 से लगातार घटता ही गया। महिलाओं पर हिंसा भी बढ़ती गई। कुल मिलाकर समाज का औरत के प्रति परम्परागत और पूर्वाग्रहपूर्ण नजरिया नहीं बदला और इसके खिलाफ महिलाओं की आवाज भी उठती नजर नहीं आई।

•••

1970 के दशक से देशभर में स्त्रियों के कई छोटे-बड़े सामूहिक विरोध होने लगे थे और अस्सी के दशक में देशभर में महिला समूह-संगठनों के गठन की शुरुआत होने लगी थी। 1972-75 के दौरान मुम्बई में कई महिला संगठनों ने 'महँगाई प्रतिकार संयुक्त महिला समिति' बनाकर धान्य और अन्य जरूरी चीजों की कीमत वृद्धि के खिलाफ जोरदार लड़ाई लड़ी।

1972 में ही सेवा (अहमदाबाद) संस्था का गठन हुआ। यह संस्था औरतों के लिए समान मजदूरी, रोजगार के अवसर जैसे मुद्दों को लेकर शुरू की गई थी। स्वाश्रयी महिलाओं का यह संगठन आज सेवा बैंक के रूप में महिलाओं के लिए विभिन्न बचत योजनाओं का एक कारगर संगठन और ताकत बनकर सामने आया है। 1973 में गौरा देवी के नेतृत्व में उत्तरांचल क्षेत्र में चिपको आन्दोलन हुआ। तमाम सरकारी तन्त्रों के खिलाफ गढ़वाल की बहनों ने पेड़ों से चिपककर उन्हें कटने से बचाया। इस आन्दोलन में जमीन और वनों पर महिलाओं का मानवीय अधिकार साबित हुआ। 1978 में बोधगया (बिहार) में जमीन की मिल्कियत के लिए औरतों ने एकजुट होकर संघर्ष किया। यह अपने आप में छोटी मगर महत्त्वपूर्ण घटना थी। इस घटना ने एक बार फिर औरतों के मालिकाना हक को आवाज दी।

1972 में महिलाओं की स्थिति पर गहराई से विचार करने के लिए एक समिति बनाई गई। वीना मजूमदार इस समिति की सदस्य सचिव थीं। इस समिति ने दूर-दूर तक दौरे किए, गहन चर्चाएँ आयोजित कीं और इस गम्भीर प्रयास से 1974 में जो रिपोर्ट बनी उसे 'समता की ओर' नाम दिया गया। इस रिपोर्ट में उभरकर आया कि आजादी के बाद से औरतों की सामाजिक, आर्थिक, शैक्षिक, राजनैतिक स्थिति में कोई विकास, सुधार नहीं हुआ है। इस रिपोर्ट में समाज में औरतों की स्थिति और अधिकारों पर फिर से चर्चा का माहौल पैदा किया। समता की ओर इस रिपोर्ट को संसद के पटल पर रखा गया। इस रिपोर्ट का प्रभाव और इस पर सरकार का सरोकार शीघ्र ही नजर आया। छठी पंचवर्षीय योजना में महिलाओं के सन्दर्भ में पहली बार अलग से कुछ प्रावधान किए गए। 1976 में महिला एक्शन प्लान बना और यह सिलसिला लगातार जारी रहा। इसी रिपोर्ट के फौलोअप के रूप में केन्द्रीय सरकार द्वारा महिला पर्सपैक्टिव प्लान और फिर श्रम शक्ति जैसी महत्त्वपूर्ण रिपोर्ट बनी।

1979 में दहेज के खिलाफ आन्दोलन दिल्ली में शुरू हुआ जो 1982 तक चला। इसी दौरान दहेज विरोधी चेतना मंच का गठन हुआ। 'ओम स्वाहाः' नाम से एक नुक्कड़ नाटक पूरी दिल्ली में दिखाया गया जिससे दहेज विरोधी चेतना जागृत हुई। इस नाटक में महिला कार्यकर्ताओं ने सक्रिय भूमिका निभाई। ये नाटक ऐसी औरतों के घर के बाहर किए गए जो दहेज हत्या का शिकार हुई थीं। 1980 में मथुरा रेप केस ने देशभर में लड़कियों या औरतों पर होनेवाली यौन हिंसा पर चुप्पी तोड़ी। पहली बार ऐसा हुआ कि बलात्कार के लिए लड़की के अलावा किसी और को दोषी माना गया।

•••

महिलाओं से जुड़े विभिन्न मुद्दों पर विमर्श करने के लिए 1980 में पहला राष्ट्रीय महिला सम्मेलन हुआ। यह सम्मेलन मुंबई में हुआ। इसमें 32 महिला समूहों ने भाग लिया। इस सम्मेलन में बलात्कार और महिला शोषण जैसी समस्याओं पर खुली बहस की शुरुआत हुई।

80 के दशक की गतिविधियों का एक महत्त्वपूर्ण पहलू था महिलाओं से सम्बन्धित

कानूनों को प्रभावी बनाने के लिए उनमें संशोधन किया जाना। 1982 में ही दहेज के खिलाफ कानून में संशोधन एक्ट पास हुआ। कानून में संशोधन के मुताबिक शादी के सात साल के अन्दर स्त्री की मृत्यु हो जाने या आत्महत्या करने पर कानूनी जाँच, दहेज आरोपी पाए जाने पर सात साल कैद व जुर्माना (ससुराल के सदस्य व पति सभी को सामान), स्त्री धन पर बहू का हक जैसे महत्त्वपूर्ण फैसले किए गए। 1983 में भारतीय दंड संहिता में धारा '498ए' लाई गई। इसमें शादी के बाद ससुराल में पति या ससुराल वालों द्वारा मारपीट को एक गैर-जमानती अपराध घोषित किया गया।

1983 में भोपाल गैस कांड हुआ। इसमें महिला समूहों ने राहत कार्यों में अपनी महत्त्वपूर्ण भूमिका निभाई। इस कांड से जुड़ी गुप्त जानकारियाँ और आँकड़ों को महिला समूहों व अन्य संगठनों के साथ मिलकर लोगों के सामने पेश किया। भोपाल गैस पीड़ित संघर्ष समिति के निर्माण में सभी संस्थाओं ने भागीदारी निभाई।

1984 में ही दिल्ली में हिन्दू-सिक्ख दंगे हुए, जिनमें बड़े पैमाने पर सिक्ख विधवाओं को एकल औरत के रूप में समाज में इज्जत का दर्जा और अपनी जगह दिलाने के लिए महिला समूहों ने मिलकर काम किया।

1985 में स्त्री शक्ति संघटना के कार्यकर्ताओं ने हैदराबाद जाकर पास के ही गाँव में 'नेट एन' (गर्भनिरोधक सुई) पर होनेवाले उद्घाटन कैंप को तहस-नहस कर दिया। 1986 में महिला संगठनों जैसे सहेली और चिंगारी द्वारा 'नेट एन' के उपयोग के खिलाफ सुप्रीम कोर्ट में याचिका दायर की कि इसे जनसंख्या नियन्त्रण नीति में शामिल न किया जाए।

1985 में शाहबानो केस ने देश भर में मुस्लिम औरतों के तलाक और गुजारा भत्ता जैसे अधिकारों का सवाल पूरे देश के सामने खड़ा किया। सुप्रीम कोर्ट ने तमाम सियासी विरोधों के बावजूद एक महत्त्वपूर्ण फैसला दिया जिसमें मुस्लिम महिलाओं के गुजारा भत्ते के अधिकार को स्वीकारा गया और मुस्लिम पर्सनल लॉ में संशोधन किया गया। यह और बात है कि धार्मिक संगठनों और सामुदायिक दबाव में शाहबानो ने यह फैसला वापिस कर दिया। 1986 में मुस्लिम पर्सनल लॉ में संशोधन किया गया। इसमें मुस्लिम औरतों को धारा 125 से मुक्त रखा गया जिसके मुताबिक उन्हें बेघर होने पर ही गुजारा भत्ता पाने का हक था। यह फैसला मुस्लिम कट्टरवादियों को खुश करने के लिए किया गया फैसला था।

1986 में बिहार के जहानाबाद जिले के कंसारा गाँव में घरेलू मारपीट के खिलाफ वहाँ पर औरतों ने घर का कामकाज बन्द कर दिया। यह एक बहुत बड़ी बात न होकर भी महत्त्वपूर्ण घटना थी जिसने घरेलू हिंसा की समस्या पर लोगों का ध्यान खींचा।

1987 में महिला समूहों ने भ्रूण लिंग परीक्षण के विरोध में आन्दोलन शुरू किया। 1988 में महाराष्ट्र में भ्रूण लिंग परीक्षण के खिलाफ एक बिल पास किया गया। इसमें औरतों और डॉक्टर दोनों को ही दोषी होने पर दंडित करने का प्रावधान है।

•••

1990 में सरकार ने महिलाओं के विकास और सशक्तीकरण के लिए महिला समाख्या कार्यक्रम शुरू किया। यह सरकारी कार्यक्रम आज लगभग देशभर के पन्द्रह जिलों में जारी है।

1992 में सभी महिला संगठनों ने मिलकर स्वास्थ्य मन्त्रालय को एक ज्ञापन अपना विरोध प्रकट करते हुए दिया कि 'नार प्लांट' जैसे गर्भनिरोधक को परिवार नियोजन कार्यक्रम में शामिल न किया जाए। 1994 में भारत में खतरनाक गर्भनिरोधक सुई 'डेपो प्रोवरा' के खिलाफ एक आन्दोलन शुरू किया गया ताकि उसके प्रयोग और खुले व्यापार को रोका जा सके। 1994 में ही जागोरी, 'आग' और कल्पना मेहता ने संयुक्त रूप से 'डेपो प्रोवेरा' और 'नेट एन' के खिलाफ सुप्रीम कोर्ट में एक याचिका दायर की।

1992 में नैलोर, आन्ध्रप्रदेश में महिलाओं का शराब विरोधी आन्दोलन हुआ। इसमें औरतों ने परिवार और समाज दोनों के स्तर पर शराबखोरी के खिलाफ पुरजोर लड़ाई शुरू की। यह आन्ध्रप्रदेश के अलावा गढ़वाल, सहारनपुर आदि देश के अन्य भागों में भी फैला।

राजनीतिक दृष्टि से एक क्रान्तिकारी परिवर्तन की सूत्रपात 1993 में संविधान में 73-74वाँ संशोधन किया गया। इसके द्वारा पंचायतों में महिलाओं की भागीदारी तय की गई। सरकार ने पंचायतों में महिलाओं के लिए 33 प्रतिशत आरक्षण तय किया। इसके कारण ग्रामीण स्तर पर सत्ता में औरतों की सक्रिय भागीदारी बढ़ी है।

1998 लोकसंसद में 33 प्रतिशत आरक्षण के लिए महिलाओं ने संघर्ष शुरू किया जो आज तक विवाद का मुद्दा बना हुआ है। सेंटर फॉर सोशल रिसर्च और राष्ट्रीय महिला आयोग ने एक चेतना यात्रा निकाली। यह यात्रा दिल्ली से केरल तक थी। देशभर में स्टेशनों पर विभिन्न संगठनों ने जुड़कर इस चेतना यात्रा को और मजबूती दी।

1998 में रेलों में यौन हिंसा रोकने के लिए 'जागोरी' के नेतृत्व में एक आन्दोलन शुरू किया जिसने सरकारी महकमों और उनकी कार्य प्रणाली और नीतियों को प्रभावित किया है।

•••

वर्ष 2000 में एक नई पहल की गई। मार्च, 2000 में संगठनों का एक प्रतिनिधिमंडल विश्व शान्ति और प्रेम का सन्देश लेकर पाकिस्तान गया। इस प्रतिनिधिमंडल का लक्ष्य परमाणु शक्तियों से इतर मानवीय अधिकारों पर लोगों का ध्यान खींचना था।

अप्रैल, 2000 में नेशनल फोरम फॉर एडवोकेसी ऑफ राइट्स ऑफ सेक्स वर्कर्स एंड पीपुल इन प्रास्टीट्यूशन ने कलकत्ता में एक सम्मेलन बुलाया। इसमें देशभर से यौन कर्मियों व उनके साथ काम करनेवाले संगठनों ने भाग लिया। इस सम्मेलन में यौन कर्मियों के काम को श्रम का दर्जा दिलाने, उनके हक व जरूरतों जैसे कई मुद्दों पर चर्चा की गई।

2000 घरेलू हिंसा के खिलाफ देशव्यापी अध्ययन के बाद लॉयर्स कलेक्टिव ने

'घरेलू हिंसा बिल' तैयार किया है। इसमें सेक्शन 498 ए से अलग कुछ खास बातों पर ध्यान दिया गया है–इस बिल में ससुराल के अलावा माँ-बाप के घर में होनेवाली हिंसा, रिपोर्ट के बाद घर न छोड़ने का हक, तुरन्त गुजारा भत्ता जैसे कई महत्त्वपूर्ण प्रस्ताव शामिल किए गए हैं। यह बिल अपने अंतिम रूप में अभी तैयार है। जल्द ही संसद में पेश किया जाने वाला है।

•••

राजस्थान में भी 1980 के दशक के आरम्भ में महिला समूह संगठनों की उपस्थिति नजर आने लगी थी। सबसे पहले जयपुर और उदयपुर क्षेत्रों में महिला समूह गठित हुए थे। अजमेर जिले के पुष्कर में अजमेर प्रौढ़ शिक्षण समिति, सेवा मन्दिर और राजस्थान प्रौढ़ शिक्षण समिति के साझे प्रयासों से एक राज्यस्तरीय महिला सम्मेलन आयोजित हुआ था। जिसके फलस्वरूप राजस्थान स्तर का एक मंच उभरकर आया जो लगभग एक वर्ष तक सक्रिय रहा। इन्हीं दिनों उदयपुर महिला समिति ने परिवारों में महिलाओं पर हो रही हिंसा के मामले उठाने शुरू किए थे। कुछ एक केस महिलाओं पर यौन शोषण के भी उठाए गए थे। उधर जयपुर में भी पहला केस आशा रानी दहेज हत्या का उठा था। इन्हीं दिनों कोटपूतली (जयपुर) में पुलिस द्वारा एक मानसिक रूप से विक्षिप्त युवती के साथ बलात्कार और तीन शादी कांड जैसे महत्त्वपूर्ण केस उठाए गए थे। 1984 में राजस्थान सरकार की पहल से महिला विकास कार्यक्रम का आरम्भ किया जाना एक महत्त्वपूर्ण सरकारी पहल थी। 1987 में रूपकँवर का देहदहन और 1992 में जयपुर के भटेरी गाँव में सामूहिक बलात्कार की घटनाओं से राष्ट्र स्तरीय आन्दोलन जन्मे थे। भटेरी बलात्कार कांड के चलते उच्चतम न्यायालय में दायर रिट याचिका पर, कार्यस्थल पर महिलाओं के यौन शोषण के विरोध में 3 अगस्त 1997 को उच्चतम न्यायालय ने दिशानिर्देश जारी किए थे। इसी दौरान राज्य में महिलाओं पर यौन हिंसा के विरोध में माहौल बना था। जिसके चलते स्थानीय स्तर पर स्वतः उभरे समूहों ने कोटा व जालौर में संघर्ष किया था।

राजस्थान में महिला आन्दोलन का दस्तावेजीकरण

वर्ष 2002 में मात्र तीन माह की अवधि में यह दस्तावेजीकरण किया गया। इस प्रयास में हमने सिद्धान्तों की अपेक्षा राजस्थान में महिलाओं की स्थिति को लेकर किए संघर्ष व उन गुमनाम जिन्दगियों पर प्रकाश डालना बेहतर समझा जिनके बारे में महिलाओं की स्थिति पर काम करनेवालों को पता होना जरूरी था। इस दस्तावेज में बिखरी हुई खंड-खंड घटनाओं को समेटकर तरतीबवार जमाकर एक सम्पूर्ण तस्वीर गढ़ने का प्रयास किया गया। इस प्रक्रिया में हमने अपने विचारों, संकल्पनाओं, आशंकाओं और तर्कों को अधिक स्पष्टता से देखा और समझा ताकि औरतों की स्थिति को बेहतर बनाने की एक साझी समझ विकसित हो पाए।

एक और बात यह कि अब तक महानगरों या बड़े शहरों में घटी घटनाओं और

आन्दोलनों का ही दस्तावेजीकरण हुआ है। छोटे कस्बों और सुदूर ग्रामीण इलाकों के संघर्ष और आन्दोलन कभी प्रकाश में ही नहीं आते इसीलिए अपने इस दस्तावेज में हमने ऐसे सभी प्रयासों को खोजकर सप्रयास शामिल किया है।

दस्तावेजीकरण के उद्देश्य थे

- महिला आन्दोलन के बिखरे हुए संदर्भों को तलाश कर उन्हें एक स्थान पर संकलित करना।
- महिलाओं की नजर से इतिहास की घटनाओं को देखना और उनका विश्लेषण करना।
- जनमानस में रचे-बसे इतिहास को लिपिबद्ध कर उसे भी इस दस्तावेज का हिस्सा बनाना।
- नौजवान पीढ़ी को राजस्थान के महिला आन्दोलन का सही परिप्रेक्ष्य में परिचय देना।
- कुछ महत्त्वपूर्ण घटनाओं, चर्चाओं और बहसों को सार्वजनिक करना ताकि पितृसत्तात्मक समाज, राजनीतिज्ञों, नौकरशाहों, न्यायाधीशों के महिलाओं के प्रति सोच को एक विशेष सन्दर्भ में प्रस्तुत किया जा सके।
- उन स्थितियों, कारणों को पहचानना और विश्लेषित करना जिनके चलते समाज में महिलाओं पर हिंसा और अन्याय बढ़ रहे हैं। महिलाओं का लैंगिक अनुपात कम होता जा रहा है। महिला सशक्तीकरण और विकास योजनाओं के तमाम दावों के बाद भी शून्य से छह आयु वर्ग की बालिकाओं की संख्या में गिरावट आ रही है।
- महिलाओं की स्थिति व उनके विचारों को तर्क के साथ नीति निर्धारकों के सामने प्रस्तुत करना ताकि महिलाओं के पक्ष में नीतियाँ, कानून और कार्यक्रम बनाने को उन्हें प्रेरित किया जा सके।

अध्ययन की पद्धति

महिला आन्दोलन का यह इतिहास जगह-जगह बिखरा हुआ है। श्रुति परम्परा से सदियों से कहानियों, गीतों, आख्यानों, भजनों के माध्यम से यह जन-जन में व्याप्त है। इतिहास के संग्रहालयों में, पुस्तकालयों में, फाइलों के अंबारों में, अदालतों के फैसलों और दस्तावेजों, विधानसभाओं की बहसों और चर्चाओं, मेलों, उत्सवों और आयोजनों, अखबारों के पन्नों और सक्रिय महिला कार्यकर्ताओं के अनुभवों, उनकी डायरियों, लेखों, शोधग्रंथों में हर जगह तो उपलब्ध है यह इतिहास। खोजी निगाहों और महिलावादी नजरिए से इन सबकी पड़ताल की तो यह दस्तावेज बनकर तैयार हुआ।

इस अध्ययन में हम आन्दोलन की तकनीकी परिभाषा में नहीं उलझे। आन्दोलन शब्द का प्रयोग हमने व्यापक परिप्रेक्ष्य में किया। औरतों के विकास को लेकर हुई तमाम गतिविधियों, कार्यक्रमों, योजनाओं और उन तमाम लोगों की राय जानने की भी कोशिश की जो स्वयं को इस आन्दोलन का हिस्सा नहीं मानते थे। अपनी इस पड़ताल से हम यह समझना चाहते थे कि राजस्थान में औरतों को अपनी सार्वजनिक भूमिका का अहसास कब और कैसे हुआ ? औरतों की क्षमता बढ़ाने के लिए समय-समय पर सरकार और समाज के स्तर पर क्या प्रयास किए गए ? इन प्रयासों ने औरतों की दृष्टि को कैसे निखारा ? महिला शक्ति की सार्वजनिक अभिव्यक्ति को समाज ने कैसे देखा ? औरतों की चेतना के स्तर में बदलाव के साथ-साथ समाज में उनकी उपस्थिति कैसे दर्ज हुई ? औरतों के हक और न्याय की बात कैसे शुरू हुई? किन विषयों पर लम्बी लड़ाइयाँ लड़ी गईं और इनका समाज और सरकार पर क्या असर हुआ ? औरतों को शक्ति देने के लिए जो नीतियाँ बनीं, जो प्रशासनिक या स्वायत्त ढाँचे खड़े किए गए उनका क्या स्वरूप उभरकर आया आदि ?

राजस्थान राज्य के इस गौरवपूर्ण संघर्षमय और बिखरे हुए इतिहास का तीन माह की अल्प अवधि में दस्तावेजीकरण अपने आपमें एक अत्यन्त चुनौती भरा काम था। फिर भी जनवरी-मार्च 2002 की अवधि में इस कार्य को आरम्भ करने का साहस हमने जुटाया। हथेली पर सरसों उगाने का दावा तो हमने किया ही नहीं था। किन्तु आन्दोलन की समग्रता को कुछ पहलुओं के माध्यम से दिखाने का प्रयास हमने जरूर किया है। हमारा विश्वास है कि अपने इस उद्देश्य में हम लेशमात्र भी सफल हो पाएँ तो दस्तावेजीकरण की भावी रणनीति पर एक सार्थक चिंतन तो आरम्भ हो ही सकता है।

एक और बड़ी बात यह है कि आन्दोलन के बहुत से पहलू ऐसे भी हैं जिन पर अब तक कुछ लिखा नहीं गया है। मसलन स्थानीय स्तर पर किन मुद्दों को लेकर किस तरह के संघर्ष हुए ? कौन हैं हमारी ये संघर्षशील महिलाएँ ? संघर्ष के दौरान उनके मार्ग में किस तरह की रुकावटें आईं ? किनका सहयोग उन्हें मिला और संघर्ष की परिणति क्या हुई ? इसके परिणामस्वरूप उनकी अपनी जिन्दगियों में किस तरह का बदलाव आए ?

इन तीन महीनों में हमने इस विषय पर उपलब्ध अनेक पुस्तकों, पत्रिकाओं, लेखों और अन्य दस्तावेजों का अध्ययन किया। इनमें से कई महत्त्वपूर्ण सूचनाएँ, घटनाएँ, जीवनियाँ और आँकड़े हमने छाँटे। महिलाओं का आन्दोलन एक विशाल सागर के रूप में नजर आया। इसमें सहस्त्रों महिलाओं के छोटे-बड़े, योगदान की गाथाएँ गुँथी हुई दिखाई दीं। हमें यह प्रतीत हो रहा था कि अकेले अपने बूते हम ज्यादा कुछ कर नहीं पाएँगे। इसीलिए हमने इसे एक साझा प्रयास बनाने का प्रयास किया। जनवरी माह में हमने करीब सत्तर महिला और पुरुषों से विविध विषयों पर उनके अनुभव लिख भेजने के लिए खत लिखे।

कई साथियों ने स्थिति को अधिक सरल बनाने के प्रयास में लिखने की बजाय हमसे बातचीत करना अधिक उपयुक्त माना। आपसी चर्चा से कई सशक्त अनुभव

प्रकाश में आए। करीब पचास अनुभव हमें लिखित में या साक्षात्कार के रूप में प्राप्त हुए। कई अन्य मित्र अतिव्यस्तता के कारण सहयोग नहीं दे पाए। कुछ सहयोगियों ने इस अध्ययन के विशेष अंश से सम्बन्धित सामग्री तलाशने या लिखने की जिम्मेदारी ली। कुछ लोग अपनी जिम्मेदारी निभा पाए। कुछ ने काफी विस्तार से अपनी बात कही तो कुछ ने बहुत सतही तौर पर लिखने की रस्म अदायगी कर दी। अन्ततः इस सामग्री को संकलित करने का कार्य मैंने और मेरे सहयोगी श्रीप्रकाश ने किया। श्रीप्रकाश राजस्थान के वरिष्ठ पत्रकार थे सो सूचनाएँ जुटाने में उन्हें महारत हासिल थी। उनके हौसला अफजाई और उत्साह के अभाव में यह दुरूह कार्य कभी पूरा ही नहीं हो सकता था। खैर, संकलित सामग्री का कहीं तो हमने जस का तस उपयोग किया कहीं उसे दुबारा लिखना पड़ा। इसलिए इस दस्तावेज में एकरूपता कहीं भी नजर नहीं आती। भाषा, शैली, प्रस्तुतिकरण में पारखी लोगों को कमियाँ नजर आएँगी। जाहिर है कि पहले ही प्रयास में महिला आन्दोलन के हर पहलू को छूना तथा उन्हें समग्र और व्यापक रूप में प्रस्तुत करना बहुत ही श्रमसाध्य कार्य था।

अध्ययन की सीमाएँ

इस अध्ययन की एक सीमा तो यह है कि कुछ मुद्दों का हमने मात्र उल्लेख ही किया है। इन पर विस्तार से अध्ययन किया जाना जरूरी है जैसे महिला सन्तों, लेखिकाओं की भूमिका, शराबबन्दी आन्दोलन, औरतों पर धार्मिक कट्टरपन का प्रभाव, डाकन बनाने की राजनीति, कन्यावध और कन्या भ्रूणहत्या आदि।

दूसरी सीमा यह है कि हम मात्र उन घटनाओं का उल्लेख ही कर पाए हैं जिनका विवरण हमें मिल पाया। राज्य स्तर पर हर संभाग में ग्रामीण और शहरी क्षेत्र में कई अन्य महत्त्वपूर्ण घटनाएँ भी होंगी जिनका दस्तावेजीकरण अत्यन्त आवश्यक है।

कई अन्य सूचनाओं के स्रोतों तक हम चाहकर भी पहुँच ही नहीं पाए यथा विधानसभा पुस्तकालय, पुरातत्त्व संग्रहालय, अदालतों में हुए फैसले, लोक साहित्य, कहावतें, मुहावरे और चेतनशील महिला पुरुषों द्वारा रचा गया वैकल्पिक साहित्य—इन स्रोतों के माध्यम से भी इस विषय पर महत्त्वपूर्ण समझ बन सकती है।

एक बहुत महत्त्वपूर्ण पक्ष जो खूब काम माँगता है वह है दलित, आदिवासी, मुस्लिम महिलाओं की स्थिति के बारे में गहन सूचना लेना। संघर्षशील महिलाओं और महिलाओं के लिए कार्यरत समूहों के अनुभवों का दस्तावेजीकरण भी आवश्यक है। यह हम नहीं कर पाएँ हैं, भविष्य में यह भी किया जाना बड़ा जरूरी है।

अध्ययन का स्वरूप

हमने अपने इस दस्तावेज को चार भागों में बाँटा है। भाग एक में आजादी से पहले

महिलाओं की स्थिति (अध्याय-1) और आजादी के आन्दोलन में औरतों के संघर्ष (अध्याय-2) को रेखांकित किया गया है। इस भाग को लिखते समय हमें यह एहसास हुआ कि अंग्रेजों, रजवाड़ों और सामन्तशाहों ने किस तरह औरतों की स्थिति को सुनियोजित तरीके से कमजोर किया। आजादी के आन्दोलन में अनेक औरतों ने अपना योगदान दिया। छोटी बच्चियों से लेकर बुजुर्ग औरतें तक घर और समाज के रूढ़िवादी बंधन तोड़कर, स्वजनों का विरोध सहकर भी इस आन्दोलन से जुड़ी रही थीं। अपनी तरह से विरोध प्रकट कर रही थीं। जेल भी जा रही थीं और इस तरह सुधारात्मक आन्दोलनों में अपनी भूमिका निभा रही थीं।

भाग दो में आजादी पश्चात् औरतों की स्थिति (अध्याय-3) और महिला आन्दोलन के मुख्य पड़ावों (अध्याय-4) का उल्लेख है। महिलाओं की स्थिति को लेकर हमें यह समझ आया कि पचास और साठ के दशक में हाशिए पर फेंक दी गई महिलाओं ने सत्तर के दशक में अपने साथ हो रहे भेदभावों के विभिन्न आयामों को पहचानना शुरू किया। अस्सी के दशक में अस्मिता, सम्मान व समानता को लेकर स्थानीय स्तर पर छोटे-छोटे संघर्ष हुए। इसी दशक में महिलाओं का पहला बड़ा शक्ति प्रदर्शन भी हुआ। नब्बे के दशक में महिला उत्पीड़न के विभिन्न मुद्दों को लेकर संयुक्त रूप से व्यापक संघर्ष हुए। राजसत्ता के साथ सीधा टकराव और संवाद भी शुरू हुआ। सरकारी नीतियों में हस्तक्षेप करने और उन्हें प्रभावित करने के लिए दबाव डाला गया। महिलाएँ कुछ हद तक अपने इस उद्देश्य में सफल भी रहीं किन्तु जैसे-जैसे औरतों का विरोध बढ़ता गया समाज में उन पर हिंसा और अत्याचार भी बढ़ते गए।

भाग तीन में महिलाओं द्वारा दो बड़े मुद्दों को लेकर हुए संघर्षों को लिपिबद्ध करने का प्रयास हमने किया है। पहला संघर्ष है न्यूनतम मजदूरी को लेकर गाँवों की गरीब अशिक्षित मजदूर महिलाओं का संघर्ष (अध्याय-5)। दूसरा, महिला हिंसा के सवाल पर महिलाओं द्वारा चलाए गए तीन बड़े अभियानों, यथा घरेलू हिंसा, विधवा दहन और यौन हिंसा विरोधी अभियान को विस्तार से लिखने का प्रयास किया गया है (अध्याय-6)। चौथे भाग में महिला आन्दोलन की उपलब्धियों और चुनौतियों का विवरण है (अध्याय-7)।

भाग-एक

आजादी से पहले औरतों की स्थिति और संघर्ष

अध्याय—एक

आजादी से पहले औरतों की स्थिति

आजादी से पूर्व राजस्थान की महिलाओं की स्थिति, उनकी जकड़न और सीमाओं की बात करें तो सबसे पहले हमें मीरा के अभूतपूर्व संघर्ष की याद आती है। स्त्रियों के संघर्ष के सूत्रधार के रूप में मीरा का दृष्टान्त देना जरूरी लग रहा है। मीरा जो राजमहल के राजसी ठाठ छोड़ शहर की सड़कों पर निकल आई थी। मीरा का जन्म 1498 में मेड़ता के राजा रतनसिंह के यहाँ हुआ था। उनका विवाह मेवाड़ के प्रसिद्ध राणा सांगा के ज्येष्ठ पुत्र भोज राज से हुआ। राजस्थान के देशी राज्यों संघर्ष और स्वाभिमान की परम्परा के कारण मेवाड़ का विशिष्ट स्थान था। पन्द्रहवीं-सोलहवीं शताब्दी के राजपूत राज्यों के रनिवासों में न केवल पर्दा प्रथा प्रचलित थी बल्कि कई अन्य प्रकार के बन्धन और वर्जनाओं के कारण रानियों का जीवन जकड़ा हुआ था। वर्जनाओं के इस ताने बाने या जाल के कारण रानियों के लिए स्वेच्छा और स्वतन्त्रता से जीवनयापन करना सम्भव नहीं था। फिर भी राज परिवार की तमाम झूठी मर्यादाओं और प्रतिबन्धों को तोड़ मीरा ने 'पग में घुंघरू बाँध' लिए थे।

'लोग कहें मीरा भई बावरी, सास कहे कुलनासी रे' किसी ने मीरा को बावरी कहा, सास ने कुलनासी कहा। लेकिन मीरा को इस सब की कहाँ परवाह थी। उसने तो, 'अँसुअन जल सींच-सींच प्रेम बेल बोई' थी। कृष्ण के लिए प्रेम और भक्ति के रंग में वह कुछ ऐसी रँगी थी कि जहर का प्याला तक हँसते-हँसते पी गई थी।

मीरा ने अपनी दृढ़ इच्छा शक्ति और हिम्मत से राजस्थान के पितृसत्तात्मक राजशाही-सामन्तशाही माहौल में अपने लिए एक सम्माननीय जगह बना ली थी। घूँघट को उतार पर्दे की घुटन से वह बाहर आई थी और अपने पगों में घुंघरू बाँध लिए थे। घुंघरू प्रतीक थे मीरा की आजादी के। पति की मृत्यु के बाद विपरीत परिस्थितियों में उसने घुट-घुटकर जीना पसन्द नहीं किया। न ही अपने जीवन को पति की मौत के साथ खत्म किया। अपने कृष्ण की मूरत गले से लगाए निकल पड़ी वह राजमहल से बाहर। कृष्ण भक्ति और सन्तों के सत्संग में उसने अपना सारा जीवन न्योछावर कर दिया।

समाज द्वारा बनाए गए स्त्री-पुरुष के भेदभाव को उसने कभी स्वीकारा नहीं। वृन्दावन में जब वह एक सन्त से मिलने गई तो सन्त जी ने कह दिया कि वे स्त्रियों से नहीं मिलते हैं। मीरा ने तब एक पर्ची लिखकर उन सन्त के पास भिजवाई। पर्ची में लिखा था—

"म्हूँ तो जाणती हती बृज माँ पुरुष छे बस एक
बृज में बसी थके तमे पुरुष छो, भलो तमारो विवेक।"

मीरा के इस कथन का मतलब था वृन्दावन में रहनेवाले कृष्ण भक्तों के लिए पुरुष तो बस एक हैं वह हैं श्री कृष्ण। बाकी सब या तो उनकी गोपियाँ हैं या फिर उनके भक्त हैं, उनमें स्त्री-पुरुष का भेद कहाँ, सन्त जी ने ये सुना। बस फिर क्या था—वे दौड़े आए। आते ही अपनी इस भूल के लिए उन्होंने क्षमा माँगी।

मीरा के इस तेजस्वी व्यक्तित्व को राजस्थान का घोर परम्परावादी समाज भी नकार नहीं सका। आज भी बड़े प्रेम से मेवाड़ की इस बेटी को याद किया जाता है। उसके बनाए भजन गाए जाते हैं। यह अलग बात है कि आज भी कोई यह नहीं चाहता कि उसके घर में मीरा जन्मे।

राजस्थान की इस धरती पर समान बाई, सहजो बाई और रूपा बाई जैसी महिला सन्त भी हुई हैं। इन तीनों के भजन आज भी खूब लोकप्रिय हैं और बड़े प्रेम से गाए जाते हैं।

वृक्षप्रेम में जान लुटा दी

सन् 1737 की बात है यह। जोधपुर रियासत की। राजा के अधिकारी खेजड़ली गाँव आए। उन्हें हुक्म दिया गया था कि चूने के भट्टों को पकाने के लिए लकड़ियाँ चाहिए। आते ही वे खेजड़ी के पेड़ काटने लगे। गाँववाले अवाक्। उन्हीं में एक थी अमृता देवी भी। बाकी लोग भले ही भूल गए हों लेकिन अमृता देवी को अपने गुरु जाम्भोजी का उपदेश याद था। विश्नोई समाज का गाँव था यह। विश्नोई समाज का पर्यावरण प्रेम जग जाहिर है।

आज से साढ़े चार सौ साल पहले विश्नोइयों के गुरु जाम्भो जी ने विश्नोई समाज में इस परम्परा की शुरुआत की थी। जीवन जीने के 29 नियम तय किए गए। इन उन्तीस नियमों को माननेवाले विश्नोई कहलाए। सोलहवीं शताब्दी में बड़ा भारी अकाल पड़ा। लोग पेड़ काटने लगे, जंगली जानवर मारकर खाने लगे। जाम्भो जी ने तब उन्हें बताया कि ऐसे तो वे सालों साल के लिए अकाल को दावत दे रहे हैं। जाम्भो जी ने कहा आप जंगल की वनस्पति और जीव-जन्तुओं की रक्षा करेंगे तब ही अकाल से आपकी भी रक्षा हो पाएगी। इसी के बाद से विश्नोइयों ने हरे पेड़ काटना और जीव-जन्तुओं को मारना बन्द कर दिया।

इसी परम्परा में जन्मीं थीं अमृता बाई और उनकी अन्य साथिनें। एक तरफ →

→
गुरु का उपदेश तो दूसरी तरफ राजा का आदेश। भीड़ को चीरती हुई निकली अमृता देवी। और पीछे-पीछे चल पड़ीं उसकी तीन बेटियाँ भी। पेड़ों से लिपटकर खड़ी हो गईं। सिपाहियों ने गरदनें काट डालीं उनकी। फिर भी मरते दम तक पेड़ नहीं छोड़ा। इस कुर्बानी का चमत्कारिक असर हुआ। एक के बाद एक करके 363 लोग शहीद हो गए पेड़ों के खातिर।

जोधपुर महाराजा तक यह खबर पहुँची तो उन्होंने अपने अधिकारियों की इस भूल के लिए क्षमा माँगी। विश्नोइयों के गाँवों में पेड़ काटने और जंगली जानवरों के शिकार पर रोक लगाने के वास्ते ताम्र पत्र का फरमान राजा के द्वारा जारी किया गया। फरमान में लिखा था कि गलती से भी यदि किसी ने इस नियम का उल्लंघन किया तो राजा द्वारा उसे दंडित किया जाएगा।

अमृता देवी और अनेक शहीदों का बलिदान रंग लाया। इस घटना के बाद से राजपरिवार के सदस्यों ने भी कभी इस इलाके में शिकार नहीं किया। शहीदों की याद में इस स्थान पर एक स्मारक व मन्दिर बनाया गया है। शहीद दिवस पर हजारों विश्नोई यहाँ एकत्रित होकर शहीदों को श्रद्धांजलि देते हैं। यहाँ एक कहावत प्रचलित है, 'सर सांदे रूख रहे तो भी सस्तो जान।' आज भी बन्दूक की आवाज सुनते ही समाज के स्त्री-पुरुष और बच्चे शिकारी को चारों तरफ से घेर लेते हैं। मृत जानवर का शोक ऐसे मनाते हैं, जैसे उनके परिवार का कोई सदस्य शान्त हो गया हो।

उस दौर में एक आम महिला में भी एक जबरदस्त चेतना तो अंगड़ाई ले ही रही थी अन्याय के खिलाफ, कुरबानी का जज्बा भी उसमें पैदा हो रहा था। अमृता देवी की कहानी इसका एक ज्वलन्त उदाहरण है। वृक्षप्रेमी अमृता देवी के बलिदान की बात काफी दिनों तक गुमनामी के अँधेरों में खो गई थी। उत्तरांचल में महिलाओं द्वारा जंगलों की रक्षार्थ चिपको आन्दोलन चलाया गया तो किसी को याद आया कि जोधपुर इलाके में भी सैकड़ों साल पहले एक चिपको आन्दोलन हुआ था। राजस्थान की महिलाओं का सर यह सोचकर ही गर्व से ऊँचा हो जाता है कि मीरा, सहजो बाई, समानबाई, रूपा बाई और अमृता देवी जैसी साहसी महिलाओं ने महिला आन्दोलन की अगुवाई की है। पीड़ा, दमन, घुटन और आतंक के निराशा भरे इस माहौल में हमें सम्भावनाओं का एक झरोखा तो दिखाया है।

•••

सूक्ष्मता के साथ देखा जाए तो वास्तविक अर्थों में नारी चेतना की भावभूमि उन्नीसवीं सदी के पूवार्द्ध में बनने लगी थी। जाहिर है कि सदियों से पिछड़ेपन की शिकार महिलाओं में एक घुटन का अहसास तो हो ही रहा था। यह अलग बात है कि महलों, हवेलियों तथा गाँव के झोंपड़ों में पर्दा प्रथा के चलते तथा कतिपय अन्य परम्परागत कारणों से इस घुटन को कोई अभिव्यक्ति नहीं मिल पा रही थी। पर एक न एक दिन

तो सन्नाटा टूटना ही था और यह सन्नाटा टूटा था महलों में।

और, इसकी वजह बने थे अंग्रेज शासक, जिन्होंने पहले तो राजा-महाराजाओं से आर्थिक उगाही शुरू की जिसे खिराज कहते थे और फिर धीरे-धीरे उनके आन्तरिक मामलों में हस्तक्षेप शुरू कर दिया। उनकी राजकीय स्वायत्तता को सीमित करने लगे वे। और इसी प्रक्रिया में उनका नारी शक्ति से टकराव शुरू हुआ।

दरअसल, राजस्थान में अंग्रेजों का वर्चस्व कायम होने से पहले राज्य के संचालन का अधिकार राजा का होता था। किन्तु साथ ही यह परम्परा भी थी कि अगर राजा नाबालिग हो तो राजकाज के संचालन में और यदि राजा पुत्रविहीन हो तो गोद लिए जानेवाले पुत्र के सम्बन्ध में राजघराने की रानियों अथवा राजमाताओं की भूमिका महत्त्वपूर्ण थी। नाबालिग राजा के अभिभावकत्व का अधिकार राजमाता में निहित था तथा राजमाताएँ बखूबी अपनी भूमिका निभा भी रही थीं।

1768 में जयपुर के महाराजा माधोसिंह की मृत्यु के बाद पृथ्वी सिंह को राजा बनाया गया तो वह महज पाँच वर्ष का था। उस समय राजमाता चन्द्रावत ने प्रशासन की बागडोर सँभालकर न सिर्फ राज्य में अराजकता की स्थिति को नियंत्रित किया, अपितु सीमान्त सुरक्षा कड़ी करने के भी निर्देश दिए।

इसी तरह मेवाड़ में 1772 में हमीरसिंह तथा 1777 में भीमसिंह द्वितीय के समय राजमाता सरदार कुँवर झाली ने अभिभाविका के रूप में मेवाड़ का प्रशासन सम्भालकर चूँडावतों एवं शक्तावतों के मतभेद समाप्त करवाए तथा मराठों को निम्बाहेड़ा से निकलवाया।

अभिभावकत्व के अधिकार के बिना भी कई राजघरानों की राजमाताओं तथा पटरानियों ने संकट के क्षणों में अपनी महत्त्वपूर्ण भूमिका निभाई थी। सन् 1825 में बाँसवाड़ा में महारावल जसवन्त सिंह की रानियों ने दलपत सिंह को, सन् 1820 में जैसलमेर के महारावल मूलराज द्वितीय की मृत्यु के पश्चात् वहाँ की महारानी ने गजसिंह को, 1846 में गजसिंह की रानी रूपकँवर ने रणजीत सिंह को तथा 1864 में रणजीत सिंह की मृत्यु के पश्चात् रानी बीका ने वैरीसाल को गोद लिया।

कुल मिलाकर इतिहास में इस तरह के सैकड़ों उदाहरण मौजूद हैं। चतुर अंग्रेजों ने राजतन्त्र पर पूरी पकड़ के अभियान में जब इस परम्परा को अपने साम्राज्यवाद की राह में बाधक बनते देखा तो उन्होंने योजनाबद्ध तरीकों से राजमाताओं और पटरानियों को प्रभावहीन बनाने की कोशिशें शुरू कर दीं। उस समय कई राजमाताओं तथा पटरानियों से अंग्रेज प्रशासकों का टकराव भी हुआ। अंग्रेजों ने ऐसी रियासतों पर पूरी तरह काबिज होने के लिए सबसे पहले राजमाता के अभिभावक पद को कमजोर बनाया। फिर शासन प्रबन्ध पर उनका नियन्त्रण समाप्त कर दिया ताकि वे सक्रिय राजनीति में अपनी कोई निर्णायक भूमिका न निभा सकें। इसी तरह उन्होंने रानियों की राजकाज में भूमिका को भी क्षीण बनाने की कोशिश की। इस मकसद से उन्होंने रानियों के बीच मतभेद कराने का तो हर सम्भव प्रयास किया ही, कई रानियों के चरित्र को भी लांछित करने की कोशिश की। उनके वफादार एवं विश्वस्त व्यक्तियों को बुरे चरित्र

का बताकर या फिर रानियों से उनका सम्बन्ध बताकर, सार्वजनिक रूप से रानियों की सामाजिक प्रतिष्ठा को आघात पहुँचाया गया। पोलिटिकल एजेंटों ने रानियों के साथ अपमानजनक व्यवहार करने में भी कसर नहीं छोड़ी।

अवयस्क राजाओं की शिक्षा में राजमाताओं का महत्त्व खत्म करने की साजिश

अंग्रेज शासकों ने अपनी योजना के दूसरे चरण के तहत शिक्षा के औजार के जरिए राजमाताओं और पटरानियों के अस्तित्व पर चोट पहुँचानी शुरू की। राजमाताएँ युवा राजाओं की शिक्षा में गहरी रुचि लेती थीं। 1847 में जब जयपुर की राजमाता चन्द्रावत पर दबाव डाला गया कि वे महाराजा रामसिंह को अंग्रेजी शिक्षा दिलाएँ तो राजमाता ने इस बात पर जोर दिया कि ट्यूटर ब्राह्मण ही हो। तब आगरा से पंडित शिवदीन को बुलाकर ट्यूटर नियुक्त किया गया। शासकों को योग्य बनाने के नाम पर और अंग्रेजी सरकार के प्रति उनमें निष्ठा भरने के लिए, अंग्रेजी शिक्षा की आवश्यकता पर जोर दिया जाने लगा साथ ही उन्हें जनाना ड्योढ़ी से दूर रहने के लिए भी प्रेरित किया जाने लगा।

अभिभावक परिषदों के कार्यकाल में जोधपुर के महाराजा जसवन्त सिंह, सरदार सिंह, सुमेर माधोसिंह और मानसिंह, उदयपुर महाराजा शम्भू सिंह और सज्जन सिंह सरीखे बड़ी तादाद में राजाओं को अंग्रेजी शिक्षा दिलाने में तत्कालीन पोलिटिकल एजेंटों ने गहरी रुचि ली। एक निश्चित सी योजना के तहत अंग्रेज अधिकारियों ने बाद में इन राजाओं की शिक्षा-दीक्षा में राजमाताओं तथा रानियों के प्रभाव को रुकावट करार दिया। अंग्रेज सरकार ने ट्यूटरों को निर्देश तक दिए कि वे शासक को राजमाता और रानी के प्रभाव से अलग रखें।

1889 में कोटा के महारावल शत्रुसाल द्वितीय की मृत्यु के पश्चात् नए शासक उम्मेद सिंह को मेयो कॉलेज भेजने का दबाव रानियों पर डाला गया। उन्हें जागीर जब्त करने और सैनिक कार्रवाई की धमकियाँ दी गईं। अवकाश के दिनों में भी घर आने नहीं दिया गया। तीन साल बाद 1892 में जब उम्मेद सिंह कोटा आए तब तक रानियों का राजनीतिक अस्तित्व कमजोर पड़ गया था और शासक पर भी उनका प्रभाव नहीं रहा था।

•••

1929 में भरतपुर के शासक बृजेन्द्र सिंह को राजमाता के प्रभाव से दूर रखने के लिए धाय को संरक्षिका नियुक्त किया गया। बूँदी महाराव को तो महारानी से मिले बिना ही छह घंटों के अन्दर तैयार होकर इंगलैंड जाने का आदेश दे दिया गया।

•••

1895 में जोधपुर के महाराजा सरदार सिंह को चरित्र शिक्षा के नाम पर इम्पीरियल कैडेट कोर में भेजा गया। अवकाश के दिनों में भी उन्हें जनाना महल में जाने की इजाजत नहीं थी।

•••

यह बात अलग है कि अंग्रेजों की इस तथाकथित चरित्र शिक्षा के बाद भी राजा महाराजा व्यभिचार में डूबे रहते थे। अंग्रेजों को इसमें कोई दिलचस्पी नहीं थी, क्योंकि ऐसी परिस्थिति में राजकाज की देखभाल पोलिटिकल ऐजेन्ट किया करते थे जबकि राजाओं के अवयस्क होने की स्थिति में राजकाज राजमाता व रानियाँ सम्हालती थीं। इसीलिए राजमाताओं के प्रभाव को क्षीण करने के लिए अंग्रेजों ने यह चाल चली थी।

राजपरिवार के आन्तरिक मामलों में हस्तक्षेप

शान्ति और व्यवस्था के नाम पर राजमाताओं के समर्थकों के विरोध में कार्रवाई की गई। राव राजा लक्ष्मणसिंह की जागीर खालसा करने का प्रयास हुआ क्योंकि वे जयपुर की राजमाता के समर्थक थे। अंग्रेजों ने सैनिक टुकड़ी भी भेज दी किन्तु बाद में राजमाता के हस्तक्षेप से समझौता हुआ। कभी अफवाहें फैलाकर, कभी सामन्तों को राजमाताओं के खिलाफ बगावत के लिए उकसाकर पारिवारिक मतभेदों को हवा देने जैसे हथकंडे अपनाकर रानियों-राजमाताओं का प्रभाव क्षीण किया गया।

1819 में जयपुर राजघराने में जयसिंह तृतीय उत्तराधिकारी घोषित हुए। रानी भटियाणी राजमाता बनीं। 1824 में रपर जयपुर का एजेंट बना। उसने खबर फैला दी कि महाराजा का देहान्त हो चुका है। इस बीच षड्यन्त्र चलते रहे। 1826 में राजमाता पर दबाव डाला कि महाराजा को दिखाया जाए। सामन्तों को उकसाया गया किन्तु सामन्त राजमाता समर्थक बने रहे। राजमाता ने दरबार आयोजित करके महाराजा को दिखाया। इसके बाद भी षड्यन्त्र चलते रहे। और अन्ततः अंग्रेज राजमाता के प्रभाव को कम करने में सफल हो ही गए। 1833 में राजमाता की मौत के दो साल बाद ही राजा जयसिंह तृतीय की मौत हो गई। अंग्रेजों ने इस पर राजमाता समर्थक झूंथाराम को राजा की मृत्यु का जिम्मेदार ठहराया और दौसा भेज दिया। जनाना ड्योढ़ी में राजमाता की समर्थक रूपा बड़ारण को गिरफ्तार करके पुष्कर में कैद रखा।

दत्तक पुत्र : तय करने का हक भी नहीं

राजाओं के निःसन्तान होने पर या बिना सन्तान उनकी आकस्मिक मृत्यु हो जाने

पर अंग्रेज एजेंट तय करने लगे कि राजपरिवारों में किसे गोद लिया जाए। उनके निर्देशों के विपरीत आचरण करनेवाली रानियों को शासन प्रबन्ध से अलग कर दिया जाने लगा।

1906 में प्रतापगढ़ में रायपुर ठिकाने के ठाकुर रतनसिंह की विधवा राठौड़ चाँद कँवर ने दूलेसिंह को गोद लेना चाहा तो एजेंट ने दूलेसिंह के अवयस्क पुत्र प्रताप सिंह को गोद लेने को कहा। सात साल तक मामला अनिर्णीत रहा। फिर चाँद कँवर को जागीर के कामों से अलग कर दिया गया। साथ ही ठिकाने के दीवानी तथा फौजदारी अधिकार समाप्त कर दिए गए।

1911 में राजमाता चम्पावत द्वारा अमरसिंह को गोद लिया गया तो उन्हें शासन प्रबन्ध और राजकाज से अलग कर दिया गया।

विवाह भी पूछकर करने होते थे

राजपरिवारों में कौन किससे विवाह करे, यह भी अंग्रेज तय कर रहे थे। अपने समर्थकों को मुख्त्यार बना रहे थे। कुछ राजपरिवार इस हद तक झुक गए थे कि जनाना ड्योढ़ी में भी विशेष अवसरों पर अंग्रेज अफसरों का प्रवेश होने लगा। किशनगढ़ के महाराजा मदनसिंह के विवाह में कर्नल पियर्स को जनाना ड्योढ़ी में जाने दिया गया।

आर्थिक स्वायत्तता खत्म कर दी

राजमाताओं, रानियों, ठकुरानियों की आर्थिक स्थिति काफी मजबूत हुआ करती थी। उनके अपने नाम पर इलाके, ठिकाने और जागीरें हुआ करती थीं। राजसत्ता में रानियों का महत्त्व कम करने के बाद अंग्रेजों ने उनकी आर्थिक स्थिति को खोखला बना दिया।

अंग्रेजों ने राज्यों की आर्थिक स्वायत्तता पर नियन्त्रण कायम करने के मकसद से जो रणनीति बनाई उसका असर भी प्रत्यक्ष तौर पर राजमाताओं और रानियों के अस्तित्व पर पड़ा। अब तक जो राजमाताएँ और रानियाँ विभिन्न जागीरों से प्राप्त आय का उपभोग करने में समर्थ थीं वे शनैः शनैः अंग्रेजों की इनायत के लिए तरसने लगीं। अंग्रेज शासकों ने जागीरें छीन लीं। जागीरों की आय के स्थान पर उनके लिए नकद धनराशि देने का प्रावधान कर दिया जो जाहिरा तौर पर उन्हें आर्थिक दृष्टि से पराधीन बना देने की नीति के तहत किया गया था।

आर्थिक तंगी की स्थिति में रानियाँ आदि सेठ-साहूकारों की कर्जदार होती गईं। करौली की माजी गौड़ चन्द्रावत, शेखावत आदि पर सेठ नेमीचन्द और दरबार का 3,73,237/- रुपयों का ऋण था। रानियाँ अपने नोहरे मकान आदि बेचने को मजबूर हो गई थीं। जयपुर की माँजी झाली ने अपना नोहरा एस.के. मुखर्जी को बेचा। रानियों

के मकानों में कमी करके उनमें अन्य रानियों व पड़दायतों के अधिकारियों तथा परिवारों के रहने की व्यवस्था की गई।

एक तरफ अनेक रजवाड़ों, जागीरदारों, ठिकानेदारों के पुरुष प्रथम विश्व युद्ध में अंग्रेजों की तरफ से लड़ रहे थे दूसरी तरफ उनके परिवारों की स्त्रियाँ भूख और अभावों से जूझ रही थीं।

जयपुर राज्य में शेखावाटी के ठिकानेदार जब प्रथम विश्व युद्ध में अंग्रेजों के लिए लड़ रहे थे तब घरों में उनकी पर्दानशीन माँ और पत्नियाँ नाजिम की दया पर निर्भर हो गई थीं। उनकी वंशगत जमीन-जायदाद पर अंग्रेजों ने कब्जा कर लिया। जमींदारों से जबरदस्ती उपज वसूली जाने लगी। जमीनें छीनी गईं। इन परिवारों की औरतें भोजन के लिए भी नाजिमों पर निर्भर हो गईं। इसी सन्दर्भ में इस इलाके की राजपूत महिलाओं द्वारा गर्वनर जनरल को प्रार्थना पत्र दिया गया। 6 सितम्बर 1915 को अर्जुन सिंह ने एजेंट इलियट ग्राहम को तार देकर अनुरोध किया कि सरकार अधिकारियों को जमीन न लेने का आदेश देकर पर्दानशीन राजपूतानियों और उनके परिवार को भूख एवं अन्याय से बचाने का बन्दोबस्त करें।

कई अन्य रानियों ने भी अंग्रेज एजेंटों को अपनी खराब आर्थिक स्थिति का हाल बताते हुए उनसे अधिक धन राशि दिए जाने की माँग की।

राज परिवारों की सामाजिक स्थिति

इन्हीं दिनों परिवारों में वृद्ध राजाओं के छोटी कन्याओं से विवाह का चलन बढ़ रहा था। नतीजा, रानियाँ कम उम्र में ही विधवा हो जाती थीं।

> *जयपुर में महाराजा माधोसिंह तृतीय ने 12 साल की बालिका से विवाह किया। एक साल बाद महाराज का निधन हो गया। अतः 13 साल की उम्र में ही महारानी विधवा हो गईं।*

राज परिवारों में पर्दा प्रथा के चलते उनकी सार्वजनिक अभिव्यक्ति पर रोक लग गई थी। ऊँच और नीच के चलते औरतें पुरुषों और बुजुर्गों के सामने आपस में भी बातचीत नहीं कर पाती थीं। इस कारण पुरुषों पर उनकी निर्भरता बहुत बढ़ गई थी और उनकी सामाजिक प्रतिष्ठा काफी सीमित हो गई थी।

शासक वर्ग में झूठी शान के चलते कन्यावध भी हो रहे थे। जैसलमेर, बाड़मेर के राजपूतों और भरतपुर के जाटों में यह रिवाज प्रचलित था। इन समाजों में कन्या का जन्म ही अपशकुन माना जा रहा था। कन्याओं की शादी में दिए जानेवाले भारी दहेज के कारण भी इस रिवाज को बढ़ावा मिल रहा था। राजपूतों में लड़की की शादी में भारी खर्च हो रहा था और इस कारण भी वे कर्जदार हो रहे थे। अपनी जातिगत उच्चता

में फँसकर भाटी, चौहान, चन्द्रावतों के कुछ छोटे राज परिवार भी अपनी बेटियों के हाथ बड़े शासकों और उनके नजदीकी रिश्तेदारों को ही देते थे। अपनी बेटियों के लिए अपनी जातिगत प्रतिष्ठा के अनुरूप योग्य वर खोजना उनके लिए मुश्किल होता जा रहा था। इस बोझ से मुक्ति का एक रास्ता उन्हें कन्यावध के रूप में नजर आता था।

विवाह अक्सर राजनीतिक समझौते के रूप में हो जाते थे। कन्याओं की सहमति लेना जरूरी नहीं समझा जाता था। कई बार राजनीतिक तनावों को बचाने की खातिर राजपूत औरतों को अपना जीवन कुर्बान करके आत्महत्या का वरण करना पड़ता था। ऐसे भी उदाहरण हैं जब राज परिवारों में अपनी बेटियों का विवाह दुश्मनों से कर दिया जाता था। कुछ एक उदाहरण शादी के मंडप में ही वर को मार देने के भी हैं। इस क्रूरता से उनकी अपनी बेटी का जीवन बर्बाद हो जाता था इस बात की इन परिवारों को परवाह नहीं थी। राजाओं की अनेक रानियाँ आपस में सत्ता को या राजा से अधिक नजदीकी पाने को संघर्षरत रहती थीं। राजा अपने हरम में पत्नियों की संख्या बढ़ाते जाते थे। इस कारण रानियों को अपने पति का साथ उपलब्ध नहीं हो पाता था। वे भावनात्मक और यौन इच्छा के दमन सम्बन्धी परेशानियों का सामना करती रहती थीं।

राज परिवारों की जनाना ड्योढ़ी बहुत बड़ी रहती, जिसमें अनेक रानियाँ कैदियों की तरह जीवन बिताती थीं। जनाना ड्योढ़ियों की रक्षा हिजड़ों द्वारा की जाती थी तथा केवल वे ही इन ड्योढ़ियों में प्रवेश पा सकते थे। वे ही ड्योढ़ी की महिलाओं और शासकों के बीच सम्पर्क सूत्र का काम करते थे। इसलिए उनका प्रभाव भी बड़ा भारी था। वे इतनी तत्परता से ड्योढ़ी की रक्षा करते थे कि कुत्ते और बिल्ली भी अन्दर नहीं जा सकते थे।

विधवा दहन का रिवाज

राज परिवारों में विधवा दहन की घटनाएँ सम्मान की प्रतीक थीं। प्रचलित मान्यता यह थी कि विधवा दहन करके स्त्री अपने पूर्वजों को पवित्र करती हैं और पति को पापों से मुक्त कर देती है। समाज में प्रचलित विधवा दहन के महिमामंडन और उसके साथ जुड़े सम्मान के चलते बिधवा दहन औरतों के लिए सम्मान का विषय बन गया था। रिवाज ही इतने दबाव बनाते थे कि एक बार मन बन जाए तो बच निकलने का कोई रास्ता ही न था। वह भागना भी चाहे तो पुरुष परिजन उसे चिता में धकेल देते थे। उसकी चीखें नगाड़ों की आवाजों में दब जाती थीं।

सती का यह रिवाज केवल राज परिवारों तक ही सीमित नहीं था। अलवर की नारायणी सती और रस बाबरा की साधु सती क्रमशः ढोली और साधु जाति की थीं। (कोठारी 1987)।

राजपूतों में सती होने का रिवाज बहु विवाह प्रथा से और आर्थिक व राजनीतिक

कारणों से प्रत्यक्ष रूप से जुड़ा था। इसका सीधा सम्बन्ध सम्पत्ति के उत्तराधिकार से था। विधवा औरतों को राजस्थान में पति की सम्पत्ति में कुछ भी भाग पाने का हक नहीं था। उत्तराधिकार के अधिकार पुरुषों से पुरुषों को ही जाते थे। दीन-हीन भिखारी बनकर जीने से बेहतर मानकर कई औरतें यूँ अपने जीवन का अन्त अधिक पसन्द करती थीं। राजपूतों के जिन समुदायों में औरतों को अपने पति की सम्पत्ति से हक दिया जाता था उन समुदायों में विधवा दहन का रिवाज नजर नहीं आता था। केवल बड़े बेटे को जहाँ सम्पत्ति का वारिस बनाया जाता था उन परिवारों में बड़े बेटे की माँ की हालत बेहतर थी। अतः यह कहना कि औरतें पति प्रेम में विधवा दहन करती थीं भ्रामक है। इसका अच्छा उदाहरण रूठी रानी का है।

विधवाओं की स्थिति, सती प्रथा, पर्दा प्रथा, पुनर्विवाह की सामाजिक स्वीकृति के अभाव में राज परिवारों की स्त्रियों की दशा काफी शोचनीय हो गई थी। अंग्रेज इस स्थिति का पूरा लाभ उठाते हुए आदेश दे रहे थे कि पर्दानशीन रानियाँ न तो अवयस्क राजाओं की परवरिश कर सकती हैं ना ही वे राजकाज चलाने की क्षमता रखती हैं। जयपुर राज्य में राजमाता भटियाणी एवं चन्द्रावत, कोटा महाराज की तीन रानियों, करौली राज्य में रानी कच्छवाही, सिसोदणी, नरूक्की, और बसवा काली रानियों के साथ अंग्रेजों के अपमानजनक व्यवहार की घटनाओं के ऐतिहासिक सबूत जगजाहिर हैं।

कुल मिलाकर अंग्रेज सरकार की इस नीति का परिणाम यह हुआ कि उन्नीसवीं सदी के अन्त तक राजमाताओं और रानियों की स्थिति इतनी खराब हो गई कि वे अंग्रेज प्रशासकों पर पूर्णतया निर्भर रहने के लिए प्रायः विवश हो चुकी थीं। रियासतों में अवयस्क राजाओं को दिशा-निर्देश देने के लिए अभिभावक परिषदों का गठन कर तमाम राजमाताओं के राजसत्ता पर प्रभाव को करीब-करीब प्रभावच्युत कर दिया गया था।

सामान्य जन की स्थिति

राजाओं को नियंत्रित करने के बाद अंग्रेजों ने सामन्तों को भी प्रभावच्युत करने के प्रयास शुरू कर दिए। परिणामतः गाँवों में रहनेवाली राजपूत महिलाओं की स्थिति पर भी जबर्दस्त प्रतिकूल प्रभाव पड़ा। गाँवों की ठकुराइनों का राजनीतिक, प्रशासनिक और आर्थिक प्रभाव तो क्षीण हुआ ही कई राजपूत परिवारों में तो भूखों मरने की स्थिति पैदा हो गई। वस्तुओं की कीमतों में लगातार बढ़ोतरी तथा तरह-तरह की वसूलियों के चलते महिलाओं की आर्थिक स्थिति शोचनीय होने लगी। आर्थिक दुरावस्था का ही यह परिणाम था कि ऊँची जातियों में कन्यावध और वधूमूल्य की रीति को प्रोत्साहन मिलने लगा। निम्न वर्ग में कन्या मूल्य और नाता जैसी रीतियाँ पनपने लगीं।

विवाह सम्बन्धों में पूँजी का महत्त्व बढ़ने से सम्पन्न वर्ग में अनमेल विवाह होने लगे। कोटा एवं जोधपुर की रियासतों से सम्बन्धित दस्तावेजों में कन्याओं के वृद्धों से विवाह के सम्बन्ध में पर्याप्त जानकारियाँ हासिल की जा सकती है। उस समय कुछ ऐसी

घटनाएँ भी सामने आईं जिनसे पता चलता है कि सगाई के बाद अन्य पक्ष से अधिक आर्थिक लाभ के लालच में पुराने सम्बन्ध तोड़ दिए गए और नए जोड़ लिए गए।

राज परिवारों में रहनेवाली अन्य औरतों जैसे पड़दायत, पासवान, आदि का दर्जा भी गिरा था। उनके भी आर्थिक अधिकारों पर अंग्रेजों ने कैंची चलाई थी। किन्तु सेठ और महाजन परिवारों की स्त्रियों का सामाजिक महत्त्व बढ़ा था। यह बात इससे भी साबित होती है कि इन औरतों को पैरों में सोना पहनने की इजाजत दे दी गई थी। विधवा सेठानियों की सम्पत्ति के विवाद सुलझाने में भी अत्यधिक रुचि दिखाई गई थी। बाहर से राज परिवारों या अंग्रेजों द्वारा बुलाए गए अधिकारियों और अंग्रेज अधिकारियों की पत्नियों का सम्मान किया जा रहा था।

सामन्ती व्यवस्था की दुर्बलता और धन का महत्त्व अधिक बढ़ने के कारण निम्न वर्ग की आर्थिक स्थिति भी खराब होती चली गई। इस माहौल में सामान्य वर्ग और खासकर निम्न वर्ग की स्त्रियों में जिन्दा रहने के लिए अपराधवृत्ति का ही एकमात्र सहारा रह गया। विवाह सम्बन्धी शिकायतों, अपहरण तथा यौन अपराधों का भी एक अन्तहीन सिलसिला शुरू हो गया और इसी के साथ महिलाओं पर अत्याचार की वारदातें भी बढ़ने लगीं। जैसलमेर की जेल में स्त्रियों के गर्भवती होने, पुलिस हिरासत में स्त्रियों के साथ मारपीट करने के साथ-साथ जोधपुर में महाराज भीमसिंह की रखैल, कृष्णा एवं हरिसिंह की पत्नी के अपहरण, सिरोही में धरमी कांड, आदि के दस्तावेजी सबूत इस तथ्य की पुष्टि के लिए मौजूद हैं।

ऐतिहासिक दस्तावेजों से पता चलता है कि एक तरफ जहाँ अंग्रेजी साम्राज्यवाद के बढ़ते प्रभाव तथा रियासतों की जन विरोधी नीतियों के चलते महिलाओं की स्थिति में निरन्तर गिरावट आ रही थी वहीं समाज में एक ऐसा तबका भी उभरकर सामने आ रहा था जो न सिर्फ महिलाओं की दृष्टि से अपितु देश और समाज की दृष्टि से भी यह जरूरी समझ रहा था कि महिलाओं का सशक्तीकरण हो। सम्भवतः इसी तबके के प्रयासों और सोच का परिणाम था कि उन्नीसवीं सदी में सती प्रथा, कन्यावध, कन्या बिक्रय, बाल विवाह, अनमेल विवाह, विधवा पुनर्विवाह तथा स्त्री शिक्षा जैसे मसलों पर सुधार आन्दोलन हुए और इन आन्दोलनों के फलस्वरूप कई तरह के कानून भी बने।

स्वामी दयानन्द ने समाज में स्त्री की स्थिति पर विशेष ध्यान दिया तथा स्त्रियों की गिरी हुई स्थिति को समाज के पतन का मुख्य कारण बताते हुए विवाह एवं मृत्यु अवसरों पर कम खर्च करने के सुझाव दिए। उन्होंने नारी को पुरुषों के साथ समानता एवं समाज में महत्त्वपूर्ण स्थान दिए जाने का भी समर्थन किया।

समाज सुधार आन्दोलन का प्रभाव

भारत में नया मध्यम वर्ग समाज सुधार का नेतृत्व कर रहा था। राजस्थान में ऐसा नहीं था। उन्नीसवीं शताब्दी के अन्त तक एक धनी व्यापारी वर्ग विकसित हुआ। इसी

प्रवासी राजस्थानी व्यापारी वर्ग ने कुछ सुधार किए। यह वर्ग कलकत्ता, मुम्बई, पंजाब में बसा था और वहाँ के सुधार आन्दोलनों से प्रभावित हुआ। आर्य समाज के प्रभाव से स्त्री शिक्षा 1863 से अस्तित्व में आई। स्त्रियों की दशा सुधारने को समाज की शारदा महिला प्रतिनिधि सभा बनी। इस सभा में अनेक महिलाओं ने स्त्री शिक्षा पर जोर दिया। पर्दा प्रथा, बाल विवाह जैसे सामाजिक दोषों को दूर करने की जागरूकता पैदा करने के प्रयास हुए। विधवा विवाह का औचित्य बताया गया। करौली आदि कुछ जगहों पर बाल विवाह निषेध एवं विधवा विवाह के समर्थन में प्रस्ताव रखे गए। बेमेल विवाहों का विरोध और विवाह की न्यूनतम आयु 16 वर्ष करने की बातें भी हुईं।

विवाह सम्बन्धी नियम

सन् 1877 में उदयपुर महाराणा सज्जन सिंह की अध्यक्षता में 32 प्रमुख सामन्तों एवं राज्याधिकारियों की एक सभा में राज्य में विवाह सम्बन्धी नियम बनाने पर विचार हुआ। 'देश हितैषिणी सभा' की स्थापना की गई। यह एक मात्र ऐसी संस्था थी जिसके जरिए शासक और सामन्तों ने पहली बार सुधारात्मक कार्यों के लिए कदम उठाए। विवाह-सम्बन्धी अनेक नियम बनाए गए।

विभिन्न राज्यों में विवाह सम्बन्धी अधिनियमों की सूची

	राज्य	*अधिनियम*	*वर्ष*	*न्यूनतम विवाह आयु*	
				वर	*वधु*
1.	भरतपुर	सामाजिक सुरक्षा एक्ट	1926	15	11
2.	कोटा	बाल विवाह एक्ट	1926	15	11
3.	अलवर	सामाजिक सुधार एक्ट	1927	18	13
4.	बीकानेर	हिन्दू विवाह एक्ट	1928	15	11
5.	जोधपुर	मारवाड़ी मैरिज एक्ट	1930	16	12
6.	झालावाड़	कानून तैयान उम्रशाही	1931	18	14
7.	डूंगरपुर	बाल-अनमेल विवाह एक्ट	1935	18	15
8.	धौलपुर	दी चाइल्ड मेरिज रेस्ट्रेक्ट एक्ट	1937	15	12
9.	शाहपुरा	बाल विवाह निषेध एक्ट	1939	18	12
10.	करौली	सामाजिक सुधार एक्ट	1940	16	13
11.	उदयपुर	अनडिजायरेबल मेरिज प्रोहीबिशन एक्ट	1941	18	13
12.	जयपुर	चाइल्ड मैरिज रेस्ट्रेक्ट एक्ट	1945	18	14.

इसी दौर में कर्नल वाल्टर जब मेवाड़ के रेजिडेन्ट बने तो उन्होंने समाज में फैल

रही सुधार भावना एवं जागरूकता को आर्य समाज के बजाय अंगेजी नेतृत्व में संचालित करने का प्रयास किया। वाल्टर के आह्वान पर 18 मार्च 1888 में अजमेर में विभिन्न राज्यों के सामन्तों, सरदारों और चारणों की सभा में राजपुत्र हितकारिणी सभा की स्थापना की गई तथा विवाह सम्बन्धी नियम बनाये गए।

राजस्थान में समाज सुधार के सन्दर्भ में जाति आधारित सभा संगठनों का भी विशेष योगदान रहा। राजस्थान से बाहर गए मारवाड़ी समाज के लोगों ने समाज सुधार आन्दोलनों को प्रोत्साहन दिया। इन आन्दोलनों से उभरी जन भावना को सन्तुष्ट करने के लिए सामाजिक सुधारों के नाम पर बाल-वृद्ध विवाह निषेध कानून पारित हुए जिनका विवरण इस प्रकार है :

विभिन्न राज्यों में पारित किए गए इन कानूनों के अन्तर्गत निर्धारित आयु सीमा के पूर्व विवाह करना बाल-विवाह और 45 वर्ष की आयु के पश्चात् पुरुष द्वारा कम आयु की लड़की से विवाह करना वृद्ध-विवाह माना गया तथा किसी राज्य के नागरिक द्वारा राज्य सीमा से बाहर जाकर विवाह करने पर भी दंड लागू किए जाने की व्यवस्था थी। जोधपुर, बीकानेर, डूंगरपुर और उदयपुर राज्य में यह अवधि क्रमशः 2 एवं 1 वर्ष की रखी गई। इस अवधि में शिकायत करने पर दोषी व्यक्ति को दंडित किए जाने का प्रावधान रखा गया। बीकानेर राज्य में विवाह कानून हिन्दू प्रजा पर लागू किया गया लेकिन यह राजपूत एवं चारणों पर लागू नहीं होता था। जोधपुर एवं जयपुर राज्य में सम्पूर्ण प्रजा पर लागू होनेवाले कानून सांभर शामलात क्षेत्र पर लागू नहीं होते थे। राज्यों में प्रथम श्रेणी के दंडनायक को यह अधिकार दिया गया कि वह नियमों का उल्लंघन करनेवालों को दंडित करे, पुलिस को आदेश देकर ऐसे विवाहों को रुकवाए एवं निश्चित अवधि के भीतर उन्हें अवैध घोषित कर दे। विशेष परिस्थितियों में दंडनायक की इजाजत से निर्धारित आयु-सीमा से पूर्व विवाह करने की व्यवस्था रखी गई। यदि पिता या वैध संरक्षक लम्बी अवधि से बीमार हो और उसके जीने की कोई उम्मीद न हो तो कानूनन आयु सीमा में छूट दिए जाने का प्रावधान रखा गया। झालावाड़ राज्य में आर्थिक मितव्ययता के आधार पर भी छूट दी गई लेकिन गौना करने की इजाजत नहीं दी जा सकती थी। कानूनों में नियमों का उल्लंघन करने एवं मदद देनेवालों से जुर्माना लिए जाने एवं एक माह से तीन माह तक की सजा दिए जाने, शिकायत करनेवालों से सुरक्षा राशि लेने, वधू को अदालत में पेश न होने देने एवं स्त्री को सजा न दिए जाने का प्रावधान था। जोधपुर राज्य में 60 वर्ष की आयु के पुरुष द्वारा अविवाहित लड़की से विवाह करना अपराध करार दिया गया। झालावाड़ एवं डूंगरपुर राज्यों में विवाह करानेवाले ब्राह्मण, गाँव गुरु, शहर काजी, नाई से भी जुर्माने के 500 रुपए या एक माह की सजा देकर दंडित करने का नियम था। डूंगरपुर राज्य में बाल-विवाह करनेवाले पुरुष से यदि वह 18-21 वर्ष की आयु का है तो 1000 रुपए तक, 21 वर्ष की आयु से ज्यादा होने पर 1000 रुपए जुर्माना या एक माह की सजा देने का प्रातधान था। अन्य राज्यों में यह राशि 1000 रुपए या एक माह की सजा या दोनों का प्रावधान था।

डूंगरपुर राज्य में विवाह कमेटी के अध्यक्ष राज्य के दीवान एवं प्रशासन परिषद को अपील की जा सकती थी। भरतपुर, धौलपुर एवं करौली राज्यों के कानूनों में विधवा पुनर्विवाह करनेवाली जातियों पर आयु सीमा में छूट दी गई थी।

वधू मूल्य 300 रु. से अधिक होने पर कर वसूली शुरू हो गई थी। वधू पक्ष से 5 से 16 प्रतिशत कर जागीरदारों ने लेना शुरू किया। गोड़वाड़ के महाजन ने वधू मूल्य के 1000 रु. लिए। उसे जागीरदार को 300/- देने पड़े। 1921 में जोधपुर राज्य में सगाईनामा एक आने के स्टैम्प पेपर पर लिखा जाने लगा।

विभिन्न संगठनों और कानूनों के साथ-साथ विभिन्न पत्र-पत्रिकाओं तथा साहित्यिक कृतियों ने भी इस सन्दर्भ में अपनी विशेष भूमिका निभाई। चाँद, मारवाड़ी हितकारक, सरस्वती, स्त्री दर्पण, मीरा, सुधा, मर्यादा, तरुण राजस्थान, इंडियन सोशल रिफार्मर, दी बाम्बे क्रानिकल, कायस्थ हितकारी आदि पत्र-पत्रिकाओं के अलावा बुढ़वा री सगाई, फाटक का जंजाल, मारवाड़ी मौसर, सगाई जंजाल, वृद्ध विवाह, बाल विवाह, जयपुर की ज्योनार, गोमा जाट, बेटी की बिक्री, बहू की खरीद, बूढ़ला री डोली, बूढ़्या रासो जैसी कृतियाँ उस दौर में चर्चित रहीं।

लेकिन इन तमाम प्रयासों के बावजूद विधवा विवाह हेतु 1856 में पारित विधवा पुनर्विवाह कानून का राजस्थान में कोई असर नहीं हो पाया। 1926 में भरतपुर राज्य में विधवा पुनर्विवाह को वैधता मिली। 1946 में विधवा पुनर्विवाह अधिनियम पारित हुआ। विधवा को अपने मृतक पति की सम्पत्ति की अधिकारिणी माना गया।

विधवा विवाह

विधवा विवाह के कुछ इक्के-दुक्के उदाहरण भी मिले। 1893 में भादरा के राजपूत ने अपनी बेटी का पुनर्विवाह किया। 1925 में अजमेर के जयंती लाल भार्गव ने विधवा किशोरी देवी से विवाह किया। 1929 में इन्द्रभान भार्गव और वैश्य छतरमल ने विधवा स्त्री से विवाह किए। अलवर, कोटा, बीकानेर, बाँदीकुई में ओसवाल ब्राह्मण और महाजनों में कुछ विधवा विवाह हुए। विधवाओं के लिए वनिता आश्रम और अन्य केन्द्र बनाए गए। आर्य समाज द्वारा विधवाओं की आर्थिक आत्म निर्भरता व शिक्षा की व्यवस्था यहाँ की गई। किन्तु वे लोकप्रिय नहीं बन पाए। इस समाज पर जाति पंचायतों का नियन्त्रण था और समाज की मानसिकता तब तक बदली नहीं थी।

उन्नीसवीं सदी के उत्तरार्ध और बीसवीं सदी के तीसरे दशक तक समाज में विधवा विवाह की मनाही तथा पर्दा प्रथा जैसी परम्पराएँ सर्वोच्च पारिवारिक बन्धन के रूप में प्रचलित थी। जोधपुर में तो रतीराम नामक व्यक्ति ने जब विधवा विवाह किया तो उसकी हत्या करवा दी गई। उच्च वर्गों में ये परम्पराएँ कठोरता के साथ लागू थीं किन्तु निम्न वर्गों में नाता, गारेचा और कटेवा के नाम से विधवा पुनर्विवाह का प्रचलन था। यह अलग बात है कि उन्हें इस एवज में कर चुकाना पड़ता था।

हालाँकि अंग्रेजी भारत में 1856 में विधवा पुनर्विवाह कानून पारित हो चुका था लेकिन राजस्थान में इसका प्रभाव देखने को नहीं मिला। स्वामी दयानन्द और आर्य समाज ने इस दिशा में पहल की तो अन्य समाज सुधार संगठन भी सक्रिय हुए। अजमेर में जैन समाज, राजपूताना प्रान्तीय मारवाड़ी अग्रवाल पंचायत, राजपूताना लेडीज कॉन्फ्रेंस, राजपूताना हिन्दू विवाह सुधारक संघ, भार्गव समाज आदि संगठनों ने विशेष रुचि ली। सन् 1933 में अजमेर में हुए ऑल इंडिया विडो री मैरिज कान्फ्रेंस में विधवा विवाह के अधिकार की जोरदार तरीके से माँग उठाई गई। सन् 1926 में भरतपुर राज्य में विधवा पुनर्विवाह कानून बना, बीकानेर में भी इसे विवाह की परिभाषा में शामिल किया गया। जयपुर में 1946 में इस बारे में कानून बना। इस कानून के तहत विधवा को पति की सम्पत्ति की अधिकारिणी माना गया तथा उसकी सन्तान को वैधता प्रदान की गई।

इसी के साथ सामान्य परिवारों की विधवाओं के लिए आर्य समाज ने अनाथालयों की स्थापना की। अजमेर, बीकानेर, जोधपुर, भरतपुर आदि राज्यों में वनिता आश्रम खोले गए। लेकिन यह एक दुःखद पहलू रहा कि तमाम प्रयासों के बावजूद विधवा विवाह को अपेक्षित जन समर्थन नहीं मिल पाया। सन् 1921 की जनगणना को देखने से पता चलता है कि विभिन्न राज्यों में विधवाओं की तादाद काफी बढ़-चढ़कर थी।

श्रीमती गुलाब देवी, सत्यवती देवी, कलयंत्री, सुखदा देवी, गंगा देवी, सरस्वती देवी, जानकी देवी बजाज, जवाहर देवी, उमराव देवी, गोदावरी देवी, आनन्दी देवी, जुबार देवी, अणचा बाई, तन्नो बाई, नानी बाई, नैणी बाई, दयावती देवी, सिद्धकुँवर बाई, शान्ति बाई, रामप्यारी, कृष्णा देवी आदि ने अजमेर, शेखावाटी, सुजानगढ़, रतनगढ़, फुलेरा, शाहपुरा आदि स्थानों पर प्रचार कार्य किए। अशिक्षा, पर्दा प्रथा, विधवा विवाह, बाल विवाह जैसी बुराइयों को दूर करने एवं स्त्रियों की सामाजिक स्थिति को सुधारने पर जोर दिया। कौशल्या देवी की अगुवाई में पर्दा निवारक मंडलियाँ बनीं। सन् 1937 में जोधपुर में महिला समाज भवन, सरदारपुरा की स्थापना की गई जिसमें 30 महिलाएँ शामिल थीं। कुल मिलाकर समाज में स्त्रियों की स्थिति के सवाल पर ज्यों-ज्यों जागरूकता पैदा होती गई, स्त्री-शिक्षा और विवाह सम्बन्धी सुधारों की माँग भी जोर पकड़ती गई।

इधर ज्यों-ज्यों महिलाओं में जागृति आ रही थी, अंग्रेजों तथा सामन्तों का दमनचक्र भी बढ़ता जा रहा था। बींसवीं सदी की शुरुआत से लेकर आजादी मिलने के दौर तक कई ऐसी घटनाएं घटीं जो एक तरफ महिलाओं में बढ़ती चेतना का सुखद अहसास कराती हैं वहीं दूसरी ओर सत्तासीनों के दमनचक्र की क्रूरता को भी दर्शाती हैं।

राजस्थान में उन्नीसवीं और बीसवीं सदी के पूर्वार्द्ध में औरतों की स्थिति के इतिहास में झाँकने से एक भ्रम तो दूर हो जाता है। प्रचार यह किया गया था कि अंग्रेज अत्यन्त आधुनिक और प्रगतिवादी थे। उन्होंने हिन्दुस्तान की औरतों को आगे बढ़ाने में महत्त्वपूर्ण भूमिका निभाई किन्तु तस्वीर का एक दूसरा पहलू भी है। अंग्रेजों ने राजस्थान में औरतों के अधिकारों को न केवल छीना वरन् उनके प्रभाव को कम करने के लिए अनेक साजिशें भी रचीं।

अध्याय–दो

आजादी के आन्दोलन में औरतों का संघर्ष

अंग्रेजी राज में आजादी की आँधी जब चली तो राजस्थान की महिलाएँ भी इससे अछूती नहीं रहीं। वे महिलाएँ जो घर की चारदीवारी और घूँघट की ओट में कैद थीं, सामाजिकता की बेड़ियों से जकड़ी हुई थीं, चुप्पी की चादर ओढ़े हुए थीं। इनमें से अनेक औरतों ने अपनी इस जकड़न को उतार फेंका और कूद पड़ीं जंगे-आजादी में। एक बार घर से बाहर कदम उठ गया और अन्याय के खिलाफ उनका स्वर मुखर हुआ तो उन्हें न तो अंग्रेजी राज की फौजें दबा पाईं, न ही बन्दूकों से निकली गोलियाँ, न गिरफ्तारियों का डर और न ही सामाजिक प्रतिष्ठा की झूठी मान्यताएँ।

किसी पूर्व नियोजित तैयारियों के तहत वे घर से बाहर नहीं निकलती थीं। कुछ निकली थीं अपने परिवारजनों के प्रोत्साहन से तो कुछ आई हुई मुसीबत से अपने परिजनों को उबारने। कुछ ने जुल्मों की अति हो जाने के खिलाफ बगावत की तो कुछ ने देशप्रेम के रंग में रँगकर। कुछ अपने वैधव्य के दारुण दुख को झटककर आई थीं तो कुछ सामाजिक बन्धनों को त्यागकर मुक्ति का बिगुल बजाने आई थीं।

यह समय राजस्थान में महिला आन्दोलन के लिए बहुत माकूल था। एक तरफ स्वामी दयानन्द जैसे समाज सुधारक, औरतों के लिए अनेक सुधार कार्यक्रम चलाए जाने पर बल दे रहे थे। दूसरी तरफ सामन्तों व अंग्रेजों के जुल्मों की अति के खिलाफ अनेक स्थानीय किसान आन्दोलन जन्म ले रहे थे। तीसरी तरफ महात्मा गांधी जैसे बड़े नेताओं की प्रेरणा से औरतें भी जंगे आजादी में कूद रही थीं तो चौथी तरफ जंगे आजादी में शरीक अनेक नौजवान अपनी पत्नियों को भी इस जंग में शामिल होने को प्रोत्साहित कर रहे थे। उन्हें यह बात समझ में आ रही थी कि औरतों को साथ लिए बिना यह जंग अधूरी है। इन नौजवानों की कथनी और करनी में भेद नहीं था। वे बदलाव की शुरुआत अपने घर से कर रहे थे। अपनी पत्नियों के घूँघट उठवा रहे थे। उन्हें पढ़ने-लिखने को प्रोत्साहित कर रहे थे। घरों से निकलकर उन्हें औरतों के सुधार के कामों से जोड़ने को प्रेरित कर रहे थे। अपने पति का साथ और सहयोग पाकर उनमें समाज की आलोचना और रुकावटों को झेलने की अद्‌भुत क्षमता आ गई थी।

धनिक व्यापारी वर्ग, बाहर से आए अधिकारियों की पत्नियाँ, आम शहरी मध्यम वर्ग से लेकर ग्रामीण अंचलों और आदिवासी माहौल से भी निकलकर आई थीं ये महिलाएँ। शिक्षित भी थीं और अर्ध साक्षर या निरक्षर भी।

यह सच है कि कुछ अन्य राज्यों की तरह राजस्थान से कोई राष्ट्रीय या राज्य स्तर का प्रभावी महिला नेतृत्व नहीं उभर पाया किन्तु स्थानीय स्तर पर अनेक औरतें आजादी के आन्दोलन को प्रत्यक्ष या अप्रत्यक्ष रूप से सहयोग दे रही थीं।

कहाँ से मिली प्रेरणा

यह वो समय था जब गांधी जी ने औरतों का आह्वान किया था। वे कहते थे "पुरुष के स्वामित्व और अपने मन की परतन्त्रता से औरतों को मुक्त होना है।" उन्होंने कहा गहने पहनना छोड़ दो क्योंकि एक तो चोर-लुटेरों का भय है दूसरे जिस जगह ये गहने पहनती हो वह साफ नहीं रह पाती। सड़ जाती है और दुर्गन्ध देती है। गांधीजी के विचार राजस्थान के अनेक नौजवानों और परिवारों तक पहुँच रहे थे। इन्हीं विचारों से प्रभावित कई नौजवान अपनी पत्नियों को आगे लाने के लिए, उनका मन बदलने का प्रयास कर रहे थे।

अंजना देवी ने अपने पति रामनारायण चौधरी जो स्वतन्त्रता सेनानी थे, से जब कहा कि वे भी आजादी के आन्दोलन से जुड़ना चाहती हैं तो पति-पत्नी में संवाद कुछ इस तरह हुआ--

रामनारायण चौधरी : अंग्रेजों से लड़ना है तो सबसे पहले अपने बन्धन तोड़ो।

अंजना देवी : मेरे कौन से बन्धन हैं ?

रामनारायण चौधरी : पर्दे का बन्धन। तुम घूँघट निकालती हो। घर की चारदीवारी में रहती हो। ऐसे में कोई देश के लिए क्या कर सकता है !

उस समय अंजना जी बस बीस साल की ही थीं। पति के इस कथन पर उन्होंने बड़े साहस से अपना पर्दा उतार फेंका। उस समय पर्दा न करनेवाली औरतों को समाज अच्छी नजर से नहीं देखता था। उन्हें तरह-तरह से अपमानित और लांछित किया जाता था। अंजना देवी को पति का समर्थन था। उन्होंने इसी के बल पर समाज की चिन्ता करना छोड़ दिया और कूद पड़ीं आजादी के आन्दोलन में।

जानकी देवी बजाज परम्परागत हिन्दू नारी थीं। पति की जूठी थाली में भोजन करती थीं। उनका चरणोदक पिया करती थीं। उनके पति प्रसिद्ध उद्यमी जमनालाल बजाज जब गांधीजी के सम्पर्क में आए तो उनके मन में स्त्री की समानता को लेकर सवाल उठने लगे थे। एक दिन उन्होंने अपनी पत्नी से कहा--"मुझे तुमसे दो बातें कहनी हैं, मेरी जूठी थाली में खाना छोड़ दो और चरणोदक लेना छोड़ दो।" जानकी देवी ने पति की एक ही बात मानी और जूठी थाली में खाना छोड़ दिया। पति की प्रेरणा से

ही वे आजादी के आन्दोलन में सक्रिय हुईं।

बीकानेर की खेतू बाई अपने भाई स्वतन्त्रता सेनानी वैद्य मघाराम की प्रेरणा से इस आन्दोलन से जुड़ीं। जयपुर की नारंगी देवी, कोटा की कमला स्वाधीन और सुशीला दीक्षित को बचपन से ही राष्ट्रप्रेम का माहौल मिला। उनकी माँ तब चरखा कातती थीं। माँ के आशीर्वाद से वे इस आन्दोलन में आईं। कमला जी अपने माता-पिता से अत्यन्त प्रभावित थीं। उनकी माँ ने घर में ही विदेशी कपड़ों की होली जलाई थी।

कुछ के मन पर किसी घटना विशेष का प्रभाव पड़ा था। अजमेर की विमला चौधरी जालियाँवाला कांड से अत्यन्त आक्रोशित थीं। उस समय उन्होंने दसवीं कक्षा पास की थी। चाहकर भी सामाजिक जकड़न से उस समय निकल नहीं पाईं लेकिन मौका मिलते ही वे भी जंगे आजादी में कूद पड़ीं। जोधपुर की गोरजां देवी जोशी ने बचपन से ही अंग्रेज सरकार और राजा-महाराजाओं के अत्याचारों के किस्से सुने थे। उनका खून उस छोटी सी आयु में ही खौलने लगता था। उनका पूरा परिवार ही क्रान्तिकारी था।

गीता देवी बजाज और अजमेर की कोकिला देवी कम उम्र में विधवापन के दारुण दुख में घिरी थीं। गांधीजी ने उन्हें देश के लिए समर्पण की प्रेरणा दी। गीता देवी को गांधी जी ने खुद पत्र लिखा-"विधवापन और सधवापन मनमर्जी की चीज हैं। मरना जीना किसी के हाथ नहीं। इसीलिए शान्त रहो और अपने को सेवार्पण करो।" रमा देवी जोशी भी मात्र ग्यारह साल की उम्र में विधवा हो गई थीं। स्वतन्त्रता सेनानी लादूराम जोशी ने उनका पुनः विवाह एक स्वतन्त्रता सेनानी से करवाया इस तरह वे भी आजादी के आन्दोलन में जुड़ गई थीं। सिरोही की चन्दनबेन गोकुल भाई की प्रेरणा से, तो कोटा की रानी भार्गव जयनारायण व्यास व उनकी पत्नी के आह्वान पर आन्दोलन में आईं।

भीलवाड़ा की रमा देवी व्यास अपने स्वतन्त्रता सेनानी पति की गिरफ्तारी के विरोध में सक्रिय हुईं। उन्होंने औरतों को संगठित करके गिरफ्तारी का विरोध किया।

जिन्दगी ही बदल गई

एक बार आजादी के आन्दोलन से जुड़ते ही इन औरतों की जिन्दगी ही बदल गई। जेवर और महँगे कपड़े त्यागकर मोटी खादी पहननी शुरू कर दी। पर्दा त्यागकर निर्भीक होकर घरों से निकल पड़ीं। प्रभात फेरियाँ लगातीं। तिरंगा हाथ में लिए, गीत गाती हुई जुलूसों में शामिल होने लगीं। मार पिटाई खाई, छोटे बच्चों का मोह त्यागा, जेल गईं पर उनका हौसला कम नहीं हुआ।

जयपुर की नारंगी देवी नौ साल की उम्र से ही आर्य समाज के बाल मंडल की सदस्य बनीं। वानर सेना में शामिल हुईं। वानर सेना में रहते उन्हें तीन मूर्तियाँ दी गईं थीं। एक झाँसी की रानी लक्ष्मीबाई की, दूसरी अंग्रेज गुरिल्ला की और तीसरी लाचार

नागरिक की। वे तीनों मूर्तियाँ दिखाकर बच्चों को आन्दोलन से जोड़ा करती थीं।

उन दिनों औरतों को संगठित करने का काम बड़ा मुश्किल था। जयपुर की विद्या देवी बताती हैं—कुछ औरतें तो हमें देखते ही छुप जाती थीं। कुछ के पति उन्हें हमसे मिलने ही नहीं देते थे।

सरफरोशी की तमन्ना गाने पर कहर बरपा

कोटा की सुशीला दीक्षित ने 13 वर्ष की उम्र में सार्वजनिक मंच से सरफरोशी की तमन्ना गीत गाया। "पुलिसवालों ने रोकने की कोशिश की मैं गाती रही। पुलिस ने मुझे स्टेज से घसीटकर उतारा। डंडे मारकर कपड़े फाड़ दिए। अन्य साथियों के साथ ट्रक में भरकर दूर घने जंगलों में छोड़ आए। इस कारण मेरे पिताजी जो सरकारी नौकरी में थे उन्हें भी फटकार पड़ी। पदावनति करके दूरस्थ स्थान अकलेरा में उनका तबादला कर दिया गया।"

यही सुशीला जब ग्यारह साल की थीं तब उन्हें अपने भाई से मार और माँ से पुचकार मिली थीं : "1930-31 में कोटा के रामपुरा बाजार में विदेशी कपड़ों की होली जलाई जा रही थी। मैं उस समय ग्यारह साल की थी। मैंने भी अपनी सुन्दर मखमली जैकेट उतारकर होली में जला दी। मेरा बड़ा भाई अंग्रेजी राज का हिमायती था। उसने मुझे पीटा पर माँ ने पुचकारा और मेरी तारीफ की।"

सचमुच छोटी-छोटी लड़कियों के मन में भी गजब की आग थी। उनके मन में जो सैलाब था किसी के रोके नहीं रुकता था। कोटा की कमला स्वाधीन ने बताया कि वे जुलूस में आगे रहकर गीत गातीं। प्रधानाध्यापिका स्कूल के दरवाजे पर ताला लगवा देतीं ताकि जुलूस बाहर से लौट जाए। छात्राएँ अन्दर से ही नारों का जवाब देतीं और दीवार फाँदकर जुलूस में शामिल हो जातीं। कमला जी के भाई भी सक्रिय संघर्ष में थे। इस सबका असर सरकारी नौकरी में लगे पिता पर पड़ा। उन्हें पदावनत करके नायब तहसीलदार बनाकर फुलेरा भेज दिया गया। कुछ समय तक डॉक्टर बड़े भाई ने आन्दोलन में हिस्सा लेने पर उन्हें खूब प्रताड़ित किया। भूखा रखा, मारा-पीटा लेकिन कमला जी ने सभाओं में जाना न छोड़ा। तो भाई ने उन दोनों को अपने घर से निकालकर किसी अन्य रिश्तेदार के घर पर रखा।

उस समय की शिक्षिका भी रतन देवी शास्त्री जैसी थीं। जो वनस्थली विद्यापीठ की अपनी छात्राओं और शिक्षिकाओं को लेकर स्वतन्त्रता सेनानियों के जेल जाते समय उन्हें विदा करने और उनकी रिहाई के समय उनका स्वागत करने जाया करती थीं। 1942 के आन्दोलन के समय तो उन्होंने अपनी छात्राओं को इस राष्ट्रीय आन्दोलन में भाग लेने की खुली छूट दे दी थी।

उन दिनों घर-घर में देशप्रेम की भावना पनप रही थी। आम महिलाएँ जो सीधी

तौर पर आन्दोलन से जुड़ी नहीं थीं जरूरत पड़ने पर देश के लिए अपने आपको प्रस्तुत कर देती थीं।

चन्द्रशेखर आजाद के साथी वैद्य मुक्ति नारायण कानपुर से जयपुर आकर बसे। दवाखाना तो नाम को चलता था। खास काम था, जयपुर रियासत से हथियार और क्रान्तिकारियों को भिजवाना। एक बार क्रान्तिकारी विश्वनाथ वैशम्पायन शस्त्र लेने आए। सवाल उठा ले कैसे जाएँगे तो वैद्य जी की पत्नी कल्याणी ने इस काम का जिम्मा अपने ऊपर लिया। वे कानपुर जाने को तैयार हो गईं।

दो ट्रंक खरीदे गए। ट्रंकों में नीचे हथियार रखकर ऊपर से कपड़े रखे गए। टिफिन में कारतूस रखकर ऊपर से मिश्रीमावा रखा गया। वैद्यजी ने पत्नी से पूछा कि पकड़ी गईं तो ? वे हँसकर बोलीं "हमहुँ लाला के संग जेल जैबे और का होई।"

शिक्षा और सुधार कार्यक्रमों से नारी जागृति

भागीरथी देवी ने अजमेर हटुंडी में महिला विद्यापीठ की स्थापना की। साथ ही अनेक शिक्षण संस्थाओं से वे जुड़ी रहीं। सुशीला त्रिपाठी ने ब्यावर में महिला परिषद की शुरुआत की। शान्ता त्रिवेदी ने उदयपुर में राजस्थान महिला परिषद शुरू की। महिलाओं को आर्थिक रूप से आत्म निर्भर बनाने को उन्होंने महिला गृह उद्योग शुरू किए। नारायणी देवी वर्मा ने बिजौलिया में शिक्षा व समाज सुधार का काम शुरू किया। अनेक महिला आश्रमों की स्थापना की। आदिवासी लड़कियों के लिए छात्रावास शुरू किए। भीलवाड़ा में 1944 में महिला आश्रम की स्थापना हुई। उर्मिला काँटिया ने भीलवाड़ा के ही कस्तूरबा ट्रस्ट विद्यालय में शिक्षण किया। फूलकँवर बाई ने चित्तौडगढ़ में रहते हुए नीमच से चित्तौड़गढ़ में आजादी के आन्दोलन में औरतों की भागीदारी की जिम्मेदारी ली। नारंगी देवी ने आदिवासी इलाकों में प्रौढ़शालाएँ चलाईं। शिव देवी अग्रवाल ने स्त्री शिक्षा और सामाजिक सुधार का काम किया। कुरीतियों के खिलाफ आवाज उठाई। सुमित्रा खेतान और शिवदेवी ने नशाबन्दी आन्दोलन में सक्रियता दिखाई। गुलाब देवी सेठानी ने ब्यावर में महिला मंडल शुरू किया। धनवन्ती रांका ने महिलाओं को संगठित करने का जिम्मा लिया। जोधपुर की नारंगी देवी चरखा संघ के माध्यम से औरतों के साथ काम कर रहीं थीं। स्कूली बच्चों को प्रभातफेरियों से जोड़ने के लिए स्कूलों से सम्पर्क करती थीं। विजया देवी भावसार ने बाँसवाड़ा में महिला मंडल की स्थापना की। चन्दन बेन ने सिरोही में समाज सुधार के काम का बीड़ा उठाया। अंजना देवी ने मेवाड़ और बूँदी राज्य की औरतों को संगठित किया।

स्वदेशी अपनाओ विदेशी जलाओ

1920 से 31 तक गांधीजी का स्वदेशी अपनाओ विदेशी जलाओ आन्दोलन चला।

अनेक स्थानों पर सार्वजनिक रूप से विदेशी कपड़ों की होली जलाई गई। उन दिनों भरतपुर की मेला देवी 16-17 साल की थीं उन्होंने भी अपने सारे कपड़े जला दिए। भरतपुर की ही यमुना देवी ने विदेशी वस्त्रों की होली जलाई और सत्याग्रह में भाग लिया। दुर्गादेवी शर्मा, शारदा भार्गव, प्रियंवदा चतुर्वेदी, सुशीला दीक्षित, विमला देवी, रानी भार्गव ने इस कार्यक्रम में सक्रियता से भाग लिया। रानी भार्गव की जय-जयकार भी हुई। पर जनमत के दबाव में पुलिस उन्हें पकड़ नहीं पाई। सरदार कँवर लूनिया ने विदेशी कपड़ों की दुकान पर पिकेटिंग की। कमला स्वाधीन की माँ ने घर में ही विदेशी कपड़ों की होली जलाई।

भरतपुर में प्रजामंडल आन्दोलन की शुरुआत से ही औरतों ने सक्रिय भूमिका निभाई। 11 अप्रैल 1939 में त्रिवेणी देवी प्रजामंडल का केसरिया ध्वज लेकर लक्ष्मण मन्दिर पहुँचीं। स्टेट काउंसिल के अध्यक्ष को प्रजामंडल का माँगपत्र दिया। माँगें न माने जाने पर सत्याग्रह छेड़ने की चेतावनी दी। उनके साथ भगवती देवी समेत अनेक औरतें शामिल थीं।

21 जून 1939 को प्रजामंडल के आह्वान पर भरतपुर में आन्दोलन हुआ। उस समय महिलाओं के छह जत्थे आन्दोलनरत थे।

6 जुलाई 1939 को डीग और बयाना में प्रजामंडल आन्दोलन का नेतृत्व सरस्वती देवी ने किया। उनके साथ थीं प्रीतम कौर, कलावती देवी, गुलाब देवी और अनेक महिलाएँ। भरतपुर के सालिगराम मन्दिर पर इन्होंने गिरफ्तारी दी। 21 जुलाई को औरतों के दो जत्थों ने गिरफ्तारी दी। इस तरह छह जत्थों ने गिरफ्तारी दी। सत्यदेवी, ब्रजरानी, राजेश्वरी और रामदेई ने अंतिम चार जत्थों का नेतृत्व किया। गिरफ्तार की गई औरतों को तीन माह की सजा मिली। 22 अक्टूबर 1939 को हुए समझौते के बाद भरतपुर राज्य की प्रजा परिषद को मान्यता दी गई।

मारवाड़ लोक परिषद द्वारा सामन्तशाही के खिलाफ छेड़े गए आन्दोलन में जोधपुर की सावित्री देवी भाटी की सक्रिय भागीदारी रही। वे सन् 1942 में गिरफ्तार हुईं। उन पर तीन मुकदमे चले और दस माह सोलह दिन जेल हुई।

रामप्यारी देवी 1939 में प्रजा मंडल आन्दोलन में महिला जत्था लेकर झुन्झुनू से आईं। सत्याग्रह में भाग लिया। इस कारण उन्हें चार माह की कैद मिली।

विजया देवी भावसार ने बांसवाड़ा में आन्दोलनकारियों की गिरफ्तारी के विरोध में महिलाओं को साथ लेकर प्रदर्शन किया। पुलिस ने निर्ममता से लाठीचार्ज किया। वे घायल हुईं और चन्दन बेन व तारा बेन के साथ गिरफ्तार भी हुईं।

नागेन्द्र बाला दूर-दूर की गाँव ढाणियों में सम्पर्क करने 15-20 किलोमीटर पैदल चलकर भी जातीं। कमला जैन ने अलवर में नारा दिया—गैर जिम्मेदार मिनिस्टरों कुर्सी छोड़ो। झुन्झुनू की रामप्यारी देवी शर्मा ने इस आन्दोलन की खातिर अपने स्कूल से त्यागपत्र दे दिया और संगठन का काम सम्हाला। सुमित्रा खेतान, फूला देवी और शिन देवी प्रजामंडल आन्दोलन में भागीदारी के कारण गिरफ्तार हुईं। जयपुर की ही सरस्वती

पांडे को भी इसी कारण तीन माह की कठोर जेल हुई।

पाली की धानमंडी में 1939 में आमसभा में सामन्ती जुल्मों के खिलाफ संघर्ष छिड़ा इसमें लोक शासन की माँग की गई। रानी ने सामन्तवाद के खिलाफ आवाज बुलन्द की। रानी के जोशीले भाषण ने लोगों के मन में करो या मरो का मन्त्र फूँक दिया। 1945 में आयोजित नेहरू जी की सभा में सैकड़ों औरतें पर्दा त्यागकर आईं।

अप्रत्यक्ष सहयोग

सुशीला दीक्षित के पति सरकारी नौकर थे उनके घर पर अनेक क्रान्तिकारियों को पनाह मिलती थी। रमा बाई देशपांडे 1939 में 10-11 साल के बालकों की कमीज के अन्दर की जेब में रखकर गुप्त सन्देश भिजवाती थीं। इन सन्देशों में आन्दोलन की रूपरेखा की जानकारी होती थी। क्रान्तिकारियों को अपने घर में पनाह देती थीं।

जोखिम भरे काम

रानी भार्गव ने गुरु जयप्रकाश अग्निहोत्री से बम बनाना, रेल पटरी उखाड़ना सीखा। बम बनाने का काम मौजी बाबा की गुफा में होता था। एक दिन जरा सी गलती के कारण बम रानी जी के हाथ में ही फट गया। काँच के टुकड़े हथेली में घुए गए। उँगलियाँ फट गईं। लहूलुहान अवस्था में तब उन्हें प्राइवेट डॉक्टर के पास इलाज के लिए ले जाया गया।

गीता देवी बजाज पुरुष भेष में साफा बाँधे हुए रहकर क्रान्तिकारियों के साथ मिलकर बम बनाया करतीं थीं। जयपुर की नारंगी देवी ने मीणा समाज पर लगे जरायम पेशा एक्ट के विरुद्ध संघर्ष में भागीदारी ली। उनके इस संघर्ष के कारण उनके परिवार को सारी सम्पत्ति से बेदखल कर दिया गया। पिता व भाई को सरकारी नौकरी से निकाल दिया गया।

और महारानी कॉलेज में झंडा फहरने लगा

कुछ महिलाओं ने जुलूस निकालकर जयपुर के महारानी कॉलेज ग्राउण्ड में तिरंगा फहराने का निर्णय लिया। इस प्रयास का पुलिस ने विरोध किया। पुलिस की बर्बर लाठियों ने नारंगी देवी को लहूलुहान कर दिया पर फिर भी नारंगीदेवी ने तिरंगा नहीं गिरने दिया। हालाँकि उनकी आँख पर चोट आई थी। सर भी फूट गया था। पुलिस के डर से कोई मदद करने आगे नहीं आया तब दूर खड़ी एक जमादारिन ने दौड़कर अपनी लूगड़ी जलाकर उसकी राख घाव में भर दी। झंडा फहरानेवाली साथिनें थीं रमा बहन देशपांडे, तारा शर्मा, सुशीला सचदेव तथा सीता धवन।

1946 में अलवर जिले में आन्दोलनकारी पुरुषों की गिरफ्तारी के बाद महिला मंडल ने आन्दोलन की बागडोर सम्हाली। आन्दोलनकारी विद्या देवी की अन्य साथिनें थीं कमला देवी जैन, कलावती शर्मा, शान्ति गुप्ता और उमा माथुर। गिरफ्तारी के खिलाफ राजगढ़ से जत्थे ले जाकर वे अलवर में प्रदर्शन करतीं। एक बार पुलिस ने जुलूस में शामिल औरतों की भयंकर पिटाई की। किसी का सर फूटा, किसी की टाँग टूटी। विद्याजी की तर्जनी उँगली टूट गई थी।

बाँसवाड़ा में स्वतन्त्रता सेनानी धूल जी भाई को गिरफ्तार किया गया था। पुलिस उनको हथकड़ी लगाने लगी तो विजया देवी भावसार गरज उठीं, तुम्हें पता नहीं क्या कि क्रान्तिकारियों को हथकड़ी नहीं लगाते।

साहित्य नहीं पकड़ पाए

रानी भार्गव के जेठ डॉ. सुधीर की कृति शंखनाद को जलाने का आदेश अंग्रेज सरकार ने दिया। रामपुरा कोटा में तब खैराबाद ग्राम स्थित उनके घर और ग्वालियर में बड़े जेठ के यहाँ भी तलाशी हुई। तब शंखनाद की प्रतियों को ग्वालियर जाकर किसी अन्य स्थान पर कमला जी ने ही छुपाया था। रामगंज मंडी में तब पुलिस उनके पीछे लगी थी और वे छिपती-छिपाती ग्वालियर पहुँच गई थीं। मथुरा स्टेशन पर जब गाड़ी बदलनी पड़ी तो वे पुलिस से बचने को महिला बोगी में चढ़कर कंबल ओढ़कर लेट गईं।

इससे पहले भी प्रेस में रानी भार्गव की बहन का राष्ट्रीयता की भावना से ओतप्रोत साहित्य छपता था। खबर मिली कि प्रेस पर छापा पड़नेवाला है तो रानी जी ने प्रेस के संचालन का काम सम्हाल लिया ताकि किसी को इस प्रेस पर शक न हो और इस तरह साहित्य छपता रहा।

कितनी लम्बी जेल तुम्हारी, देखेंगी हम देखेंगी

अंजना चौधरी राजस्थान की सबसे पहली महिला थीं जिन्हें गिरफ्तार किया गया और बूँदी राज्य से बाहर निकाल दिया गया। अंग्रेज सरकार का आदेश था कि वे अनिश्चित काल तक बूँदी राज्य में कदम नहीं रखेंगी। बिजौलिया आन्दोलन में उन्होंने 500 औरतों के जत्थे का नेतृत्व किया और नाजायज तरीके से बन्दी बनाए गए लोगों को छुड़वाया। औरतों पर बूँदी राज्य में अत्याचार होने पर निषेधाज्ञा का उल्लंघन करके वे बूँदी गईं। इस पर सरकार ने उन्हें पुनः अनिश्चितकाल के लिए बूँदी से निर्वासित किया। मेवाड़ के बेगूँ क्षेत्र में किसान स्त्रियों के आन्दोलन का कई महीनों तक नेतृत्व भी उन्होंने किया। 1932 से 35 के बीच वे राष्ट्रीय सत्याग्रह आन्दोलन में भागीदारी के कारण दो

बार जेल गईं और छह महीने तक जेल में रहीं।

उन दिनों कई जगहों पर तो महिला जेल थी ही नहीं। सत्याग्रही औरतों को पकड़कर दूर जंगल में छोड़ आते थे तब वापस लौटने में बड़ी परेशानी होती थी।

1942 में भारत छोड़ो आन्दोलन तीव्र हो गया। कोटा में छात्राओं ने अंग्रेजी दमन के खिलाफ आवाज उठाई। पुलिस चौकी छीनने की योजना बनी। कोतवाली पर तिरंगा फहराना था। वकील बेनी माधव, श्याम नारायण जी व जोरावर सिंह के नेतृत्व में तिरंगा फहराने को जनता ने धावा बोल दिया। उन दिनों कोटा में आई.जी.पी. सन्त सिंह के अत्याचारों का बोलबाला था। उन्होंने सत्याग्रही औरतों की डंडे, लात और घूसों से पिटाई की। बेनी माधव की पत्नी रामकुमारी को पुलिस ने बुरी तरह पीटा। डंडे से सर फोड़ दिया। बुरी तरह घायल अवस्था में थीं वे तब उन्हें कमला स्वाधीन जी ने सम्हाला। कमला जी बताती हैं–"मेरे भी सर पर डंडा पड़ा। खूब अपमानजनक भाषा का प्रयोग हो रहा था। काफी दिन तक टीसता रहा। हम सबको बेहोशी में अस्पताल ले जाया गया।" कमला स्वाधीन, कृष्णा दुबे और अनेक औरतों को हिरासत में लिया गया लेकिन कोतवाली पर कब्जा हो गया और तिरंगा फहराने लगा। कोटा महाराजा ने जब औरतों को जेल में न बन्द करने का सन्देश भेजा तब पुलिस ने उन्हें चंबल के बीहड़ों में ले जाकर छोड़ दिया। राजकुमारी जी को सात-आठ माह तक भूमिगत रहना पड़ा।

इसके बाद से आन्दोलन ने जोर पकड़ लिया। सुबह प्रभातफेरियों को पुलिस तितर-बितर कर देती। दिन में पिकेटिंग और विदेशी कपड़ों की होली जलाई जाती। पुलिस होली जलाने पर अत्याचार करती थी। सुशीला जी इस आन्दोलन में सक्रिय भूमिका निभा रही थीं 10-12 दिन बाद उन्हें अपनी गिरफ्तारी की सूचना मिली तो वे भूमिगत हो गईं। पहले सात दिन तक वे चंबल की पुलिया के खोल में छिपीं। फिर तीन माह ग्वालियर में श्री रामजी सतारकर के घर छिपकर रहीं। इस समय सुशीला जी के पति पर दबाव डाला गया। उन्होंने लिखकर दे दिया पत्नी मेरे कहने में नहीं चलती। रेलवे प्रशासन ने उनकी पदावनति करके 300 रुपयों की जगह साठ रुपए पगार देकर असिस्टैण्ट स्टेशन मास्टर बनाकर रणथम्भौर भेज दिया।

जयपुर में 1926 में अकाल पीड़ितों की मदद के काम में जमनालाल बजाज की गिरफ्तारी के विरोध में जयपुर में विशाल सभा हुई। रमा बहन अपनी साथिनों के साथ इस सभा में आई थीं। उन्होंने जोरदार नारे लगाए। देवड़ी मन्दिर में हुए सत्याग्रह में वे गिरफ्तार हुईं। उन्हें व उनकी साथिनों सुमित्रा, इन्दिरा, सुशीला, विद्या और शारदा को तीन-तीन महीने की सजा सुनाई गई। इस गिरफ्तारी में रमा बहन की गोद का बच्चा तात्या कहीं गुम गया था।

जयपुर की दुर्गा देवी शर्मा को नमक सत्याग्रह में भाग लेने के कारण 1931-32 में तीन माह की जेल हुई। दूसरी बहनों को विशेष सुविधा न मिलने पर उन्होंने खुद भी जेल में स्पेशल क्लास की सुविधा त्याग दी।

अजमेर की भगवती देवी विश्नोई ने 1938 में प्रजामंडल आन्दोलन में तेजी लाने

के प्रयास में भीलवाड़ा में गिरफ्तारी दी। दस दिन तक गिरफ्तार रहीं वे। दूसरी बार वे उदयपुर कोतवाली में 10 दिन कैद रहीं। फिर उन्हें अजमेर लाकर छोड़ दिया गया। तीसरी बार भारत छोड़ो आन्दोलन में जुड़ीं तो चार माह का कठोर कारावास उदयपुर सैंट्रल जेल में हुआ।

कोकिला देवी ने नमक सत्याग्रह में कानून तोड़ा। अजमेर की जेल में उन्हें तीन माह तक कठोर कारावास हुआ। उनके जीवन यापन के एकमात्र सहारे सिलाई मशीन को भी जब्त कर लिया।

सरदार कँवर लूणिया अजमेर में विदेशी कपड़ों की दुकान पर पिकेटिंग करते गिरफ्तार हुईं उन्हें छह माह की सजा हुई। अपनी साथिनों के साथ रहने के लिए उन्होंने ए क्लास जेल की सुविधा त्याग कर सी क्लास में रहना पसन्द किया।

सुशीला जी को दिल्ली में धारा 144 तोड़ते हुए गिरफ्तार किया गया और लाहौर महिला सैंट्रल जेल में छह माह तक कैद रखा।

अनार देवी को 1939 में तीन माह की जेल हुई उनके साथ में छोटी बेटी भी थी। बेटी के लिए दूध चावल का इन्तजाम करने के लिए भी उन्हें सत्याग्रह करना पड़ा। सरकार ने उन पर दबाव डाला कि माफी माँगकर वे जेल से चली जाएँ तो उन्होंने साफ इन्कार कर दिया।

छोटे-छोटे बच्चे भी छीन लिए

भरतपुर में 1939 में प्रजामंडल के आन्दोलन में 32 औरतें गिरफ्तार हुईं। उन्हें तीन-तीन माह की सजा दी गई। अंग्रेजी शासकों ने अपनी दमनकारी नीति के तहत इन औरतों के दुधमुहे बच्चों को छीनकर अस्पताल में भर्ती करा दिया फिर भी औरतों ने हिम्मत नहीं हारी। वे भूख हड़ताल पर बैठ गईं। सारे भरतपुर में इस बात का जबरदस्त विरोध हुआ। अंग्रेज सरकार को झुकना पड़ा। आन्दोलनकारियों को उनके बच्चे वापस लौटाने पड़े।

भरतपुर में सत्यवती देवी ने 1939 में महिला सत्याग्रहियों का नेतृत्व अपनी दो छोटी बच्चियों को साथ ले जाकर किया और गिरफ्तार हुईं। दोनों बच्चियों को अनाथाश्रम भिजवा दिया गया। सत्यवती देवी ने इस पर छह दिन तक भूख हड़ताल की तब जाकर बच्चियाँ इन्हें सौंपी गईं।

फूल कँवर बाई चौरड़िया अजमेर आन्दोलन में भाग लेने के कारण तीन माह के लिए गिरफ्तार की गईं। 1942 के भारत छोड़ो आन्दोलन में सक्रिय भागीदारी के कारण भी उन्हें एक माह की जेल हुई।

गोरजा देवी नौ महीने जेल में रहीं। उनसे प्रेरणा लेकर अन्य बहुत सी औरतें आन्दोलन में जुड़ीं।

गीता देवी बजाज को लाहौर जेल में तीन माह की कठोर कारावास की सजा मिली। इस दौरान उन्हें तरह-तरह से यातनाएँ दी गईं। बाल पकड़कर खींचे गए। काल कोठरी में रखा गया। जेल से लौटीं तो तपेदिक और आँत की बीमारियाँ पीछे लग चुकी थीं।

जेल में भी विरोध

जेल में खराब खाना मिलता। रहने को काली कोठरी मिलती जो गन्दगी से भरी थी। नींद लेना भी कठिन था, क्योंकि क्षमता से अधिक बहनों को ठूंस-ठूंसकर भर दिया जाता था। सोते समय भी बेड़ियाँ बँधी रहती थीं। हर रविवार को हर कैदी को अपने नाम की तख्ती लेकर लाइन में खड़ा होना पड़ता था। रमा बहन ने इसका विरोध किया। कहा "जो चाहे सजा दो मैं तख्ती लेकर नहीं खड़ी होऊँगी।" जेल प्रशासन को उनकी जिद के आगे हार माननी पड़ी।

चौपाल में औरत

चौरासी साल पहले की घटना है यह। यानी बीसवीं सदी की शुरुआत की। सन् 1918 के आसपास की। रियासती और ब्रिटिशराज की दोहरी गुलामी से जकड़ी जनता के मन में विद्रोह के अंकुर फूट पड़े थे और राजस्थान में मेवाड़ राज्य के बिजौलिया इलाके में एक अलग ही किस्म का किसान आन्दोलन उभरकर सामने आ रहा था।

सामन्ती जुल्मों से त्रस्त बिजौलिया के किसान पहले एक साधु सीतारामदास की अगुवाई में एकजुट हुए और फिर इस आन्दोलन की बागडोर उस समय के प्रख्यात क्रान्तिकारी नेता विजय सिंह पथिक ने सम्भाल ली।

उसी वक्त की बात है यह। सत्याग्रह शुरू करने से पहले कार्यक्रम को अन्तिम रूप देने के लिए इलाके के किसानों की एक विशेष पंचायत बुलाई गई। इलाके के तमाम गाँवों से एक-एक गृहस्वामी को हिस्सा लेना था इस पंचायत में। एक परिवार में कोई वयस्क पुरुष नहीं था इसलिए एक विधवा पहुँच गई पंचायत में। कार्यक्रम तय हुआ। कायदे से हर एक की सहमति ली जानी थी, कार्यक्रम के बारे में। सभी लोग धड़ाधड़ अपनी सहमति दे रहे थे।

तभी अचानक वह विधवा खड़ी हो गई। भरी चौपाल में उसने घूँघट की ओट से चेतावनी दी "मर्द लोग बात के पक्के नहीं होते। स्त्रियाँ ही सब कुछ सहकर वचन पालन करती हैं। मर्दों पर जब जागीरदार के डंडे पड़ेंगे तो ये डरकर घरों में घुस जाएँगे। इनके भरोसे इतना तेज कार्यक्रम मत बनाओ।" पितृसत्तात्मक समाज की चौपाल पर नारी चेतना की सम्भवतः पहली धमाकेदार गूँज थी यह। पूरी पंचायत हतप्रभ रह गई। सभी एक-दूसरे का मुँह ताकने लगे। साधु सीतारामदास तथा विजय सिंह पथिक ने जब भरोसा दिलाया कि नहीं, सारे मर्द पूरी बहादुरी के साथ लड़ेंगे, तब जाकर वह औरत

मानी और कार्यक्रम को मंजूरी मिल पाई।

और फिर, आन्दोलन शुरू हुआ था। ऐसा आन्दोलन जो अब तक के सबसे सफल आन्दोलनों में शुमार किया जाता है।

लेकिन, बहुत कम लोग जानते हैं कि बिजौलिया आन्दोलन के दौरान किसानों में जो ऊर्जा आई थी या किसान जिस वजह से सामन्तशाही के खिलाफ लामबन्द हुए थे, वह वजह भी दरअसल औरतों से ही जुड़ी हुई थी, और शायद यही वजह थी कि चौपाल वाली औरत ने मर्दों को ललकारा था।

चँवरी

आन्दोलन के मूल में थी 'चँवरी'। चँवरी के कारण ही किसानों में इलाके के जागीरदार के खिलाफ इस कदर गुस्सा जागा कि एक बार तो बड़ी तादाद में लोग देश छोड़कर ही चल दिए थे। पितृसत्तात्मक समाज में औरत को लेकर सामन्ती सोच की खौफनाक कहानी है 'चँवरी' से जन्मी सन् 1903 की यह घटना।

सन् 1899-1900 के दौर में जबर्दस्त अकाल पड़ा। किसानों की हालत काफी खराब हो गई और इसी दौर में जागीरदार ने किसानों पर एक नए किस्म का टैक्स थोप दिया चँवरी टैक्स; यानी प्रत्येक व्यक्ति को जिसके घर में पुत्री का विवाह होगा, तेरह रुपए के हिसाब से चँवरी चुकानी होगी।

यह नया टैक्स किसानों पर एक बड़ा आर्थिक भार तो था ही, सामाजिक रूप से भी अपमानजनक था। किसानों ने तय किया कि वे इसका विरोध करेंगे और वे विरोध करने के लिए पहुँच गए जागीरदार के पास। साथ में दो सौ के करीब विवाह योग्य कुँवारी लड़कियाँ भी थीं। किसानों ने गुहार की ''अन्नदाता आर्थिक भार के कारण हम पहले ही बेटियों के विवाह में कठिनाई महसूस कर रहे हैं चँवरी से तो हमारी मुश्किलें और बढ़ जाएँगी। वापस ले लें इस टैक्स को।'' सत्तामद में चूर जागीरदार का जवाब था ''इन लड़कियों को बाजार में बेच दो, चँवरी जमा करा दो।''

भौंचक्के रह गए किसान, जागीरदार के इस व्यवहार से। उन्होंने साफ तौर पर कहा तो फिर हम भी ऐसी जगह नहीं रहेंगे जहाँ तुम्हारे जैसा शासक हो, जो हमारी बेटियों को बिकवाना चाहता हो। और फिर, उसी रात बड़ी तादाद में किसान ग्वालियर राज्य की तरफ निष्क्रमण कर चले भी गए। किसानों के इस अप्रत्याशित कदम से जागीरदार भी घबराया था। उसे माफी माँगनी पड़ी थी किसानों से। चँवरी टैक्स वापस लेना पड़ा था। तब कहीं जाकर किसान वापस लौटने को तैयार हुए थे उसके राज में।

पृथ्वीसिंह नाम था इस जागीरदार का। दिसम्बर 1913 में वह चल बसा। उसके स्थान पर उसका अल्पवयस्क बेटा केशरीसिंह जागीरदार बना। परिणामस्वरूप इलाके का सीधा नियन्त्रण मेवाड़ राजघराने के हाथ में आ गया। किसानों पर ज़ुल्म बढ़ता गया। औरतों का गुस्सा तो जैसे ठंटा ही नहीं हुआ था। अन्दर ही अन्दर घुट रही थीं वे।

उनकी यह घुटन ही घनीभूत होकर चौपालवाली औरत के मुँह से ललकार बनकर निकली थी।

चौपालवाली औरत ने सिर्फ किसानों को ललकारा ही नहीं था बल्कि उन्हें यह अहसास भी कराने की कोशिश की थी कि यदि मर्द हिम्मत करेंगे तो औरत भी पीछे नहीं रहेगी बल्कि जुल्मों के प्रतिकार के लिए कहीं ज्यादा जुझारू तेवर अपनाएँगी।

वन्दे मातरम्

औरतों ने ऐसा करके भी दिखाया। किसान आन्दोलन शुरू हुआ। ब्राह्मणों के खेड़े नामक जगह की बात है यह। एक दिन जागीरदार के कुछ छुटभैये कारिन्दों ने कुछ किसानों को जबरन ले जाकर एक रावले (हवेली) में बन्द कर लिया। औरतों को पता चला तो वे एकजुट होकर पहुँच गई रावले पर। करीब पाँच सौ की तादाद में थीं वे। घेर लिया रावले को। नारी शक्ति का अद्भुत प्रदर्शन था वह। छुटभैयों को झुकना पड़ा था। बन्दियों को छुड़ाकर तमाम औरतें अपनी विजय पताका फहराते हुए जलूस की शक्ल में लौट रही थीं, वन्दे मातरम् के गगनभेदी नारे लगाते हुए।

इन औरतों की अगुवाई करनेवाली थीं माँजी और अंजना देवी। माँजी स्वर्गीय माणिक्य लाल वर्मा की माँ थीं। जो इस इलाके में माँजी के नाम से लोकप्रिय थीं। अंजना देवी स्वर्गीय रामनारायण चौधरी की पत्नी थीं। लेकिन, सिर्फ बिजौलिया ही क्यों, राजस्थान की धरती पर नारी चेतना का दौर शायद शुरू हो चुका था । घूँघट की ओट में डरी, सहमी, सिमटी औरतें सामन्तशाही के खिलाफ खुलकर न सिर्फ बाहर आने लगी थीं बल्कि राजा के सैनिकों से भी मोर्चा लेने लगी थीं।

13 जून 1922 की बात है यह। बूँदी राज्य में किसान आन्दोलन भड़क चुका था। राजशाही दमनात्मक तरीके से पेश आ रही थी। सभाओं पर प्रतिबन्ध लगा दिए गए थे तथा जहाँ भी किसान इकट्ठा होने की कोशिश करते उन्हें गिरफ्तार कर लिया जाता। उसी समय की बात है यह। राजपुरा, नारौली और लम्बाखोह में 17 लोग गिरफ्तार कर लिए गए। औरतों को पता चला। करीब 300 की तादाद में इकट्ठा होकर घेर लिया उन्होंने राज सैनिकों को। बन्दी किसानों को मुक्त करा लिया। उस समय सैनिकों ने बहुत जुल्म ढाए थे उन पर। लाठियों एवं भालों के प्रहार से भीड़ को तितर-बितर करने के लिए भरपूर प्रयास किए। काफी महिलाएँ घायल भी हुईं मगर टस से मस नहीं हुईं वे, जब तक कि लक्ष्य को हासिल नहीं कर लिया उन्होंने।

लगान नहीं देंगे

अलवर के नीमूचाणा इलाके में तो बहुत ही दिल दहलानेवाली घटना घटी। सोलह मई 1925 की घटना है यह। राजा और अंग्रेजों के दोहरे जुल्मों से परेशान किसानों ने एक

महापंचायत बुलाई थी उस दिन। अंग्रेजों की सेना और राजा के सिपाहियों ने घेर लिया महापंचायत को। मशीनगनों से अन्धाधुन्ध गोलियाँ बरसानी शुरू कर दीं किसानों पर। लोग धडाधड़ मरने लगे।

तभी एक युवती की आवाज गूँजी वहाँ। हम किसी भी हालत में लगान नहीं देंगे। वह किसानों को मुकाबले के लिए ललकारने लगी तभी किसी सैनिक की मशीनगन का रुख उसकी तरफ हुआ और छलनी-छलनी हो गई वह। सीतादेवी नाम था उस बहादुर युवती का। गाँव के एक किसान रघुनाथ की बेटी थी वह। राजस्थान के जलियाँवाला बाग के नाम से कुख्यात इस नरसंहार के दौरान नारी चेतना के स्वर पर गोलियाँ की पहली बौछार थी यह। पहली शहादत थी।

ऐतिहासिक दस्तावेजों से पता चलता है कि 1918-22 में बिजौलिया और बेगू (उदयपुर) बरड़ (बूँदी) तथा नीमूचाणा (अलवर) में किसान आन्दोलन छेड़े गए। सन् 1922 से 24 के बीच अमरगढ़ कचेला पारसोली (उदयपुर), 1922 में खेतड़ी, 1925 और 1935 में सीकर, 1939 में शेखावाटी तथा 1941 में कागड़ और दुधवा खरा (बीकानेर) में किसान आन्दोलन हुए। इन आन्दोलनों में स्त्रियों ने भी सक्रियता से हिस्सा लिया तथा कृषिकर्मी एवं श्रम व्यवसायी वर्ग की स्त्रियों ने सामन्तों की लाग-बाग और लगान वसूली तथा बेगार नीति के खिलाफ आवाज बुलन्द की।

उदयपुर राज्य के बिजौलिया, बरड़ तथा बेगू के किसान आन्दोलनों में श्रीमती अंजना देवी, सत्यभामा देवी और नारायणी देवी के नेतृत्व में कृषक स्त्रियों ने मोर्चा सम्भाला। अलवर राज्य में श्रीमती सुशीला त्रिपाठी तथा जोधपुर में श्रीमती महिमा देवी किंकर की अगुवाई में महिलाओं ने किसान एवं सत्याग्रह आन्दोलनों में हिस्सा लिया। जयपुर में जमुना देवी बजाज, रतन शास्त्री आदि के नेतृत्व में स्त्रियों ने सामन्तों के खिलाफ सत्याग्रह किया। सन् 1942 में नाथद्वारा, भीलवाड़ा, चित्तौड़, छोटी सादड़ी, जहाजपुर, कपासन में 7 स्त्रियों ने गिरफ्तारी दी तथा सत्याग्रह किया। भरतपुर राज्य में सन् 1939 के दौरान त्रिवेणी देवी के नेतृत्व में पाँच महिलाओं ने अपने बच्चों के साथ जलुस निकाला तथा लक्ष्मण मन्दिर पर सभा करके गिरफ्तारी दी। इसके बाद वहाँ जैसे गिरफ्तारियों का ताँता लग गया। करीब 32 महिलाएँ जेल गई।

सन् 1939 में ही अकाल पीड़ितों की सहायता के मामले में अधिकारियों की दमन नीति तथा लाग-बाग शुल्कों के विरोध में शेखावाटी में किसान आन्दोलन शुरू हुआ तो 10 महिलाओं ने भी अपनी गिरफ्तारी दी। रमा देवी, गंगा देवी और कुमारी भागीरथी देवी इनमें शामिल थीं। श्रीमती पार्वती देवी ने जयपुर में जुलूस निकलवाया और हड़ताल करवाई। सुशीला देवी के नेतृत्व में सवाई माधोपुर में सत्याग्रह हुआ। ऐतिहासिक दस्तावेजों से पता चलता है कि उस दौरान आन्दोलनकारी महिलाओं को न सिर्फ पीटा गया बल्कि उनके साथ अपमानजनक व्यवहार भी किया गया।

सन् 1941 के दौरान मध्य भैरमास विसाऊ में सत्याग्रही स्त्रियों को पीटा गया उनके बाल खींचे गए। झुंझुनू में दूध-दही बेचनेवाली महिलाओं को सरेआम नंगा किया गया।

इस्माइलपुर में स्वरूपा देवी की तो मारपीट के कारण मृत्यु ही हो गई। झुन्झुनू में रामप्यारी देवी, कमला देवी शर्मा, एवं अनुसूया बगड़का ने पुलिसवालों से प्रजामंडल के नारे लगवाकर गिरफ्तारी दी।

जोधपुर में 1942 के दौरान सिरे कँवर, राजकँवर, गिरिजा देवी जोशी, महिमा देवी, सावित्री वर्मा तथा शकुन्तला त्रिवेदी के नेतृत्व में जन आन्दोलन छेड़ा गया। सन् 1930 में अजमेर इलाके में गोमती देवी भार्गव, सुशीला देवी, विमला देवी, दुर्गा देवी, भागीरथी देवी, रमा देवी जोशी, शकुन्तला गर्ग, विजया देवी, सीता देवी, कृष्णा देवी, नारायणी देवी आदि ने जन आन्दोलन में विशेष रूप से योगदान दिया। पहले ये आन्दोलन जहाँ किसान आन्दोलन के रूप में प्रारम्भ हुए वहीं बाद में ये स्वीधीनता संग्राम में समाहित होते चले गए। औरतों ने भी इन आन्दोलनों के जरिए घर की चारदीवारी से बाहर आना शुरू कर दिया।

राजशाही के खिलाफ

डूंगरपुर रियासत के रास्ता पाल गाँव की रहनेवाली थी काली बाई। यह उन दिनों की बात है जब एक तरफ जहाँ स्वाधीनता संग्राम से जुड़े लोग रियासत में आदिवासियों के शिक्षण का काम भी कर रहे थे और उन्हें आजादी की लड़ाई के लिए जोड़ने में लगे हुए थे। उन्नीस जून 1947 के दिन रियासती फौज अपने अधिकारियों के साथ पाठशाला बन्द करो अभियान के तहत रास्ता पाल पहुँची। और, वहाँ पाठशाला चलानेवाले नानाभाई खांट और अध्यापक सेंगाजी भील को पाठशाला बन्द करने का हुक्म दिया। उन्होंने जब आदेश की पालना करने के लिए मना कर दिया तो नाना भाई खांट के मर्मस्थली पर फौजी ने बन्दूक के कुन्दे से घातक चोट मारकर उनका प्रणान्त कर दिया और सेंगाजी को अधिकारी ने अपने कर्म-यज्ञ के शिविर में ले जाने के आदेश दिए। सेंगाजी यों ही उनके साथ की गई मारपीट से घायल हो चुके थे और जब वे चलने में असमर्थ हो गए तो उन्हें फौजियों ने ट्रक के पीछे रस्से से बाँधकर घसीटते हुए ले जाना चाहा। सेंगाजी को ट्रक के पीछे घसीटते हुए भारी भीड़ देख रही थी। यह अत्याचार देखकर एकत्रित जनसमूह व्यग्र हो उठा था किन्तु किसी में भी आतंककारियों के विरोध की हिम्मत नहीं थी। उसी समय उनमें से एक बारह वर्षीय बालिका हाथ में दाँतली लिए दौड़ती आई। वह खेतों में घास काट रही थी। शोरगुल सुनकर वह तो यह देखने आई थी कि हो क्या रहा है। उसने अध्यापक को ट्रक के पीछे रस्सी से बाँधकर घसीटे जाते हुए देखा। वह बिजली की भाँति कौंधती हुई, भीड़ को चीरती हुई ट्रकनुमा जीप के पीछे दौड़ पड़ी और चिल्लाने लगी—"मेरे मास्टर साहब को क्यों घसीट रहे हो ? कहाँ ले जा रहे हो ? क्यों मार रहे हो ?" और वह ट्रक के पीछे दौड़ती चली गई। सभी स्तम्भित और चकित थे। ट्रक में बैठे अधिकारियों ने काली बाई को दूर हो जाने →

→

के लिए कहा और बन्दूकें तान दीं, पर काली बाई ने कुछ सुना ही नहीं। ट्रक को कुछ रुकते देखकर उसने अपनी दाँतली से सेंगाभाई की कमर से बँधी उक्त रस्सी को एक झटके से काट दिया। सेंगाभाई के लिए उसने पानी माँगा ही था कि रियासती फौज की दनदनाती गोलियाँ काली बाई के शरीर में लगीं और वह खून से लथपथ होकर धराशायी हो गई व अन्तिम साँसें गिनने लगीं। काली बाई के पास पहुँचने के प्रयास में श्रीमती नवल बाई, मोती बाई, होमली बाई, लाली बाई और नानी बाई आदि को भी गोलियाँ लगीं।

काली बाई के गिरते ही भीलों के मारू ढोल बज गए। खतरे का यह ढोल अरावली की पर्वतमालाओं को पार करता हुआ भीलों की पालों में बजने लगा। इस परिस्थिति को भाँपकर, हत्यारे जीप और ट्रक में सवार होकर काली बाई को मरणासन्न अवस्था में छोड़, भाग निकले और गुजरात में जा छुपे। मारू ढोल को सुनकर हजारों भील हथियारों से लैस होकर वहाँ एकत्रित हो गए थे। काली बाई को घायल अवस्था में रास्तापाल से 30 मील की दूरी तय करके डूंगरपुर के अस्पताल में लाया गया, उसके साथ श्री नानाभाई खाँट का शव भी था। हजारों लोग, गाँव-गाँव से जुलूस के साथ हो गए, पर दिनांक 20.6.47 की प्रातः, 40 घंटे बेहोश रहने के बाद, काली बाई के प्राण पखेरू उड़ गए। मौत के मुँह में गए सेंगा भाई तो बच गए, पर श्री नानाभाई खाँट के साथ भील बाला काली बाई को भी हजारों ने अश्रुपूरित विदाई दी। जनता ने उस भील बाला के सम्मान में नानाभाई खाँट के साथ ही उसकी भी मूर्ति लगाई। डूंगरपुर में गेब सागर के सामनेवाले पार्क में शहादत की याद आज भी ताजा हो उठती है।

डूंगरपुर में काली बाई के अलावा भी रियासत काल में उन महिलाओं के योगदान को भी नहीं भूला जा सकता जिन्होंने साहस का परिचय देते हुए खुले रूप से राजनीति में हिस्सा लिया इनमें स्वर्गीया मणि बहन पंड्या, श्रीमती सुकीर्ति देवी गुप्ता, श्रीमती सुभद्रा जोशी, श्रीमती नर्बदा कोटड़िया, श्रीमती कमला विद्यार्थी, श्रीमती सावत्री देवी उपाध्याय, श्रीमती तोमर, मीरां बहन, श्रीमती जयन्ती बहन टामटिया, श्रीमती तुलसी देवी, श्रीमती सुमित्रा भील, श्रीमती भगवती आर्य आदि ने अग्रणी भूमिका निभाई थीं।

सामन्ती जुल्मों का विरोध

शान्ता त्रिवेदी की कहानी भी ऐसी ही एक कहानी है जो महिलाओं में उस समय फैल रही राजनैतिक चेतना का आभास कराती है। दो अप्रैल 1948 की घटना है यह। भारत तो आजाद हो चुका था मगर दोहरी गुलामी की जिन्दगी जी रहे राजस्थान की मेवाड़ रियासत के लोगों के लिए आजादी अभी दूर थी। सामन्ती शासन के जुल्मों के खिलाफ वहाँ की जनता का संघर्ष अभी जारी था। मेवाड़ के महाराजा ने मेवाड़

→

→
रियासत का भारत में विलय करने के बजाय जनता को स्वायत्त शासन देने का वायदा जरूर किया था तथा मेवाड़ विधानसभा के चुनाव कराने की घोषणा कर दी थी। स्वाधीनता आन्दोलन के दौरान इलाके में अपनी अहम भूमिका निभानेवाले प्रजामंडल के संघर्ष से विवश होकर महाराणा को यह सब करना पड़ा था। चुनाव में भी मुख्यतः प्रजामंडल और सामन्तों की पार्टी क्षत्रिय परिषद के बीच शक्ति परीक्षण तय था।

उसी वक्त की घटना है यह। सामन्तों के खिलाफ प्रजातान्त्रिक लड़ाई के इस पहले मोर्चे के लिए प्रजामंडल के चुनाव अभियान का श्री गणेश करनेवाली थीं महिलाएँ। तीन ट्रकों में भरकर महिलाओं का जत्था पहली बार सड़क पर आया था तिरंगा झंडा लगाए, इंकलाब जिन्दाबाद का नारा लगाते। जत्था ज्योंही महलों के पास पहुँचा सामन्ती तत्त्वों ने अपनी औकात दिखा दी। निहत्थी महिलाओं पर पत्थरों और लाठियों से हमला बोल दिया उन्होंने। लहूलुहान हो गईं तमाम महिलाएँ। तीनों ट्रक चकनाचूर हो गए। उस दिन जमकर हिंसा बरपाई गई। सारे शहर में तहलका मच गया। जनता में आक्रोश फैल गया। अगले दिन से ही आम हड़ताल शुरू हो गई। प्रजामंडल ने भी चुनावों के बहिष्कार की घोषणा करते हुए सामन्ती शासन के विरुद्ध आखिरी लड़ाई का ऐलान कर दिया।

हड़ताल तीन दिन तक चली और फिर तीसरे दिन केसरिया झंडा लगाये एक ट्रक को घेर लिया जनता ने। सभी बड़े नेताओं ने भीड़ को नियंत्रित करने का प्रयास किया। मेवाड़ प्रजामंडल के अध्यक्ष भूरेलाल बया, बलवन्तराय मेहता, परसराम त्रिवेदी सरीखे नेता मौजूद थे वहाँ। अचानक पुलिस ने फायरिंग शुरू कर दी। एक गोली परसराम त्रिवेदी के पाँव में लगी। वे गिर पड़े। गोलियाँ दनादन चल रही थीं। कोई उठाने का साहस नहीं कर पा रहा था उन्हें। धरती खून से लाल हो चुकी थी। त्रिवेदी जी तड़प रहे थे। उनके ऊपर से गोलियाँ सांय-सांय कर निकल रही थीं।

एक महिला ने उन्हें छह अप्रैल को चुनाव अभियान की शुरुआत करते हुए देखा था। वह भी जनता में शामिल थी और घायल भी थी। त्रिवेदी जी को घायल अवस्था में तड़पता देख वह महिला अपने जख्मों को भूलभालकर दौड़ी, घायल शेरनी की तरह। इन्कलाब जिन्दाबाद, क्रान्ति अमर रहे के नारों के साथ दहाड़ती, सनसनाती गोलियाँ से बेपरवाह, तेजी से आकर श्री त्रिवेदी के शरीर पर गिर पड़ी और अपने आँचल से ढक लिया उन्हें।

यह महिला और कोई नहीं शान्ता त्रिवेदी थीं। स्वर्गीय परसराम त्रिवेदी की पत्नी। सामन्ती शासन के खिलाफ आखिरी लड़ाई में बढ़चढ़कर हिस्सा लेनेवाली महिला शान्ता त्रिवेदी। आखिरी लड़ाई इसलिए क्योंकि गोली कांड की घटना के मात्र तेरह दिन बाद ही मेवाड़ के शासन को घुटने टेकने पड़े तथा नवगठित संयुक्त राजस्थान राज्य में विलय का प्रस्ताव मानना पड़ा। (महावीर समता सन्देश, 10 फरवरी, 2002 के अंक में परसराम त्रिवेदी के मरणोपरान्त प्रकाशित उनके लेख के आधार पर)

संयोग से इसी तरह के माहौल में जन्में तथा स्त्रियों की स्थिति और आजादी की लड़ाई में उनके योगदान के प्रत्यक्ष या परोक्ष रूप से साक्षी आज भी हमारे बीच मौजूद हैं, जाहिरा तौर पर ऐतिहासिक दस्तावेजों से कहीं अधिक रुचिकर उनकी वह दृष्टि और संस्मरण हैं जिन्हें आपके सामने प्रस्तुत कर रहे हैं।

गीता देवी बजाज की पुत्री कृष्णा जी अब अपने पति जसदेव सिंह के साथ बाल मन्दिर स्कूल का कामकाज देखती हैं वे बताती हैं–माँ का जन्म खंडवा में 1919 में महाशिवरात्रि के दिन हुआ था। पन्द्रह साल की उम्र में उनका विवाह हो गया। पिता गिरधारी लाल जी जमनालाल बजाज के परिवार से थे। माँ 1935-36 में वर्धा में रहीं। शादी के ढाई साल बाद मेरे पिता गुजर गए। उस समय मैं पैदा भी नहीं हुई थी।

गांधीजी के प्रोत्साहन पर माँ ने पढ़ना शुरू किया। मुझ छोटी सी बच्ची को छोड़कर वे वनस्थली में पढ़ने गईं। वहाँ से उन्होंने मैट्रिक किया। उसके बाद वे सत्याग्रह आन्दोलन में जुड़ गई थीं। बनारस में पढ़ने गईं तो क्रान्तिकारियों से उनका सम्पर्क हुआ। दिल्ली में मेमोबाई के साथ भी काम किया।

जयपुर में मोती डूंगरी के पीछे बारादरी में बारूद की सप्लाई होती थी। माँ आधी रात को मर्द के रूप में साफा बाँधकर निकलती थीं। बदन पर बारूद बँधी होती थी। दिल्ली में सन् 42 में भारत छोड़ो आन्दोलन में भाग लेने पर गिरफ्तार करके उन्हें लाहौर जेल भेजा गया। वहाँ खूब यातनाएँ मिलीं। काल कोठरी में रखा गया। जेलर बाल पकड़ कर खींचती तो बालों के गुच्छे निकल आते। चार-पाँच महीने जेल में रहीं। आकर बीमार पड़ीं। तब से सी.आई.डी. पीछे लग गई। वो घर बदल-बदल कर रहतीं। कभी किसी के तो कभी किसी के घर में। 1948 में बनारस से बी.ए. किया। उनके खूब साथी थे। मैं सबको मामा कहती थी। आजादी के आन्दोलन के दिनों में पुलिस की नजरों से बचाने के लिए माँ ने विजयचन्द जी जैन को घर के ऊपरवाली मंजिल के कमरे में छिपाकर और ताला लगा दिया था जब सी.आई.डी. आई तो कह दिया वो तो सूना है ताला लगा है जाकर देख लो।

मेरी छोटी मासी मेरी उम्र की थीं। हम सब लड़कियों को वे क्रान्ति के गीत सिखाया करती थीं। एक बार मैं बड़ी बीमार थी। मुझे चेचक हो गया था। उन दिनों माँ के पीछे पुलिस पड़ी रहती थी। वो पुलिस से बचती हुई मुझे देखने सलवार-कमीज पहनकर आई थीं।

श्री अनिल बोर्दिया शिक्षाविद् व सेवानिवृत्त आई.ए.एस. अधिकारी हैं, वे बताते हैं–

आजादी के आन्दोलन में बहुत सी औरतें सक्रियता से भाग ले रही थीं। सामन्ती राज में औरतों का गम्भीर रूप से शोषण हो रहा था। लेकिन कुछ नाजिम (कलैक्टर) औरतों के प्रति संवेदनशील भी थे। उन दिनों राजस्थान में सभी रियासतों में प्रजामंडल आन्दोलन चल रहा था। प्रजामंडलों के अपने महिला प्रकोष्ठ थे। इस आन्दोलन के

प्रेरणा स्रोत गांधी जी थे। महिला प्रकोष्ठ में महिलाओं को मजबूती देने के लिए शिक्षा और सामाजिक सुधार के कार्यक्रम चलाए जा रहे थे। जयपुर, उदयपुर, डूंगरपुर, बाँसवाड़ा सब जगह महिला प्रकोष्ठ थे। जयपुर में रतन देवी शास्त्री महिला प्रकोष्ठ की प्रभारी थीं। उदयपुर में एक समय नारायणी देवी महिला प्रकोष्ठ की प्रभारी रहीं। अजमेर में भी अनेक महिलाएँ आगे आई थीं।

महिला प्रकोष्ठ रचनात्मक कार्यों से जुड़ा था। खादी पहनना, शिक्षा और महिला कल्याण के कार्य करना, समस्याओं का समाधान करना और औरतों को आजादी के आन्दोलन से जोड़ना। 1942 में राजस्थान में ऑल इंडिया स्टेट पीपल्स कॉनफ्रेन्स हुई थी उस समय सुशीला जी (शिवचरण माथुर की पत्नी) घोड़े पर बैठकर प्रोसेशन लीड कर रही थीं। मारवाड़ी औरतें भारी संख्या में शेखावाटी में जुड़ी थीं। इन औरतों का कलकत्ता से सीधा सम्पर्क था इसका बड़ा असर उनकी सक्रियता पर पड़ा था।

आजादी के बाद कुछ समय बाद तक राजा-महाराजा हिन्दुस्तान में विलय के खिलाफ थे तब बीकानेर में प्रजामंडल की महिला प्रकोष्ठ में रतनबाई दामानी ने विलय के समर्थन में महत्त्वपूर्ण आन्दोलन चलाया था।

डॉ. एच.सी. भारतीय राजस्थान विश्वविद्यालय के सेवानिवृत्त प्रोफेसर हैं, वे बताते हैं, हाड़ौती अंचल की कहानी–राजस्थान की अन्य रियासतों के समान कोटा-बूँदी-झालावाड़ में भी प्रजामंडलों की गतिविधियाँ जोर पकड़ती जा रही थीं। राजनैतिक जागृति का दौर था। रियासतों में देश की आजादी के लिए संघर्षरत होने के लिए तो जनता को तैयार करने का अभियान चल ही रहा था, स्थानीय स्तर पर महाराव/महाराजा/महाराणा की छत्र-छाया में उत्तरदायी शासन प्राप्त करने की मुहिम भी छेड़ी जा रही थी। अनेक स्थानों पर 26 जनवरी को स्वाधीनता दिवस बड़े जोश के साथ मनाया जाता था। उस दिन प्रभात फेरियाँ निकाली जाती थीं, सभाएँ होती थीं तथा हरिजन बस्तियों में जाने के कार्यक्रम भी बनते थे। करीब-करीब यही सब 2 अक्टूबर को गांधी जयन्ती पर हुआ करता था। उन दिनों तिलक जयन्ती, तिलक की पुण्य तिथि तथा कहीं-कहीं जवाहर जयन्ती पर भी सभाएँ आयोजित की जाती थीं। प्रभात फेरियों में कुछ लड़कियाँ व महिलाएँ भी आ जाती थीं। लेकिन सभाओं में उनकी अधिक उपस्थिति होने लगी थी। कोटा में सन् 1939-40 से यह सिलसिला चल पड़ा था और बराबर बढ़ता जा रहा था।

9 अगस्त को अंग्रेजों भारत छोड़ो तथा करो या मरो का सन्देश सारे देश में बिजली की तरह फैल गया और आजादी का संघर्ष शुरू हो गया। एक हड़कम्प सा आ गया था देशभर में। अगस्त आन्दोलन में कोटा की एक अनूठी ऐतिहासिक भूमिका रही थी। नौ अगस्त को ही कोटा में एक बहुत विशाल जुलूस निकला, जो बाद में सभा में बदल गया। उस दिन अनेक महिलाएँ विशेषकर छात्राएँ शामिल हुईं। उनका नेतृत्व सुश्री रामप्यारी देवी शास्त्री, उमा शर्मा (डा. मथुरालाल जी शर्मा की बड़ी पुत्री), शिवकुमारी, कुसुम गुप्ता आदि कर रही थीं। यह क्रम 3-4 दिन तक चलता रहा। एक-दो दिन बाद राजकीय सेवा में होने के कारण सुश्री शास्त्री प्रत्यक्ष भाग न लेकर परोक्ष रूप

से आन्दोलन में बराबर योगदान देती रहीं और छात्राओं का मार्गदर्शन करती रहीं।

छात्राओं के जुलूसों में बड़े उत्साह से महान क्रान्तिकारी स्व. ठाकुर केसरीसिंह जी बारहट की पौत्रियों सुश्री नगेन्द्र बाला एवं योगेन्द्र बाला ने बढ़-चढ़कर हिस्सा लिया यद्यपि उस समय वे छठी-सातवीं कक्षा में पढ़नेवाली सचमुच छोटी बालाएँ ही थीं। इनमें से नगेन्द्र बाला तो आजादी के बाद अनेक दशकों तक सार्वजनिक जीवन में महत्त्वपूर्ण भूमिका निभाती रहीं। सुश्री रामप्यारी देवी शास्त्री आर्य समाज की गतिविधियों में भी सक्रिय भाग लेती रहीं। सन् 1942 के आन्दोलन में कोटा ने अपना विशेष इतिहास रचा था और करीब 60 घंटे तक कोटा नगर आजाद रहा था और उस पर तिरंगा फहरा रहा था। उसमें बड़ी संख्या में भाग लेकर छात्राओं ने आनेवाले समय में अँगड़ाई लेती महिला जागृति का स्पष्ट सन्देश दिया था। कोटा के अतिरिक्त बूँदी, बारां, माँगरोल आदि में भी कुछ अवधि के लिए आन्दोलन हुए थे।

श्रीमती शान्ता उपमन्यु जयपुर में बालघर स्कूल चलाती हैं। वे बताती हैं–

जहाँ तक राजनीति का सवाल है मास्टर आदित्येन्द्र के परिवार की तथा विश्वप्रिय शास्त्री के परिवार की महिलाएँ जरूर सक्रिय थीं। औरतें और बच्चे पिकेटिंग पर जाते थे। एक बार गोली भी चल गई। पढ़ी-लिखी महिलाएँ अन्य महिलाओं के पास जाती थीं, कहती थीं 'हमारे साथ शामिल हो। अंग्रेजों का साथ मत दो।' बा के निधन के समय के आसपास की घटना है यह।

भाग-दो

आजादी के पश्चात् औरतों की स्थिति और आन्दोलन के मुख्य पड़ाव

अध्याय–तीन

आजादी के पश्चात् औरतों की स्थिति

आजादी के पूर्व औरतों की स्थिति में सुधार और जन आन्दोलन में उनकी सहभागिता के लिए राष्ट्रीय स्तर पर जो प्रयास हुए उनका प्रभाव राजस्थान में भी हुआ था। कम से कम औरतों के विकास की एक दिशा तो तय हुई ही थी। उस माहौल में अनेक औरतों में एक ऊर्जा नजर आई थी। अनेक पुरुषों ने अपने परिवार और समाज की औरतों को उनकी जकड़न से मुक्त होने और खुली हवा में साँस लेने में सहयोगी की भूमिका निभाई थी। किन्तु आजादी के बाद यह ऊर्ज़ा कहीं सिमटती सी नजर आई। आजादी के बाद या फिर यूँ कहें कि तप काल के बाद फल काल में औरतों को महत्त्वपूर्ण सार्वजनिक पदों पर जगह नहीं दी गई। सामाजिक सुधार कार्यक्रमों की गति धीमी होते-होते थमती सी नजर आई और कुछ समय बाद विकास का यह पहिया उल्टी दिशा में घूमता सा नजर आया। प्रतिक्रियावादी पितृसत्तात्मक ताकतें राजसत्ता पर भी हावी होती नजर आईं। नतीजा, विकास के तमाम प्रयासों के बावजूद औरतों की स्थिति बद से बदतर होती गई।

प्रत्यक्षदर्शियों का कहना है कि आजादी के आठ-दस साल बाद तक महिला मंडलों की ऊर्जा बनी रही। सिंध, बलूचिस्तान से आई शरणार्थी महिलाओं को मुख्यधारा से जोड़ने के महत्त्वपूर्ण काम महिला मंडलों द्वारा किए गए। इन्दुबाला सुखाडिया उस समय खुद शरणार्थी देखभाल समिति में अग्रणी भूमिका निभा रही थीं।

इस सबके बावजूद औरतों की राजनीति से दूरी बनी रही। 1952 में पहली विधानसभा चुनाव में एक भी महिला विधायक नहीं थी। 30 मार्च 1954 में भारत के तत्कालीन प्रधानमन्त्री जवाहर लाल नेहरू राजस्थान दिवस समारोह मे भाग लेने जयपुर आए तो उन्हें इस बात की जानकारी मिली। उन्होंने तब विधानसभा में एक भी महिला विधायक के न होने पर अपनी कड़ी आपत्ति जताई थी। इसी के बाद उपचुनावों के जरिए दो महिलाएँ विधानसभा में पहुँचीं।

आजादी के बाद देश में विकास की स्थिति को समझने के लिए कालक्रम के आधार पर इस अवधि को तीन भागों में बाँटा जा सकता है।

(अ) 1947 से 1975 तक

1949 में रियासतों के विलय के बाद राजस्थान राज्य अस्तित्व में आया। इस अवधि में लड़कियों की शिक्षा का काफी विस्तार हुआ। आजादी के आन्दोलन से जुड़ी अनेक महिलाओं ने महिला शिक्षा के क्षेत्र में अपनी सेवाएँ दीं। महिला मंडलों ने आर्थिक स्वावलम्बन के पक्ष पर ध्यान दिया। अनेक स्वैच्छिक संस्थाओं का गठन हुआ और उनके द्वारा प्रौढ़ शिक्षा, साक्षरता, स्वास्थ्य और ग्रामीण विकास को लेकर कार्य आरम्भ किया गया। शिक्षित महिलाओं की सरकारी नौकरियों में भागीदारी बढ़ी। अनेक औरतें सरकारी ग्रामीण विकास कार्यक्रमों से जुड़ीं।

(ब) 1975 से 1990 तक

समता रिपोर्ट की पृष्ठभूमि और अन्तर्राष्ट्रीय महिला दशक के माहौल में इस अवधि में अनेक महिला समूहों, संगठनों और संस्थाओं का जन्म हुआ। घरेलू हिंसा के मामलों को जोर-शोर से उठाया गया। दहेज के मामलों में पुलिस की कार्यप्रक्रिया और लापरवाही को लेकर महिला संगठनों में विरोध पनपने लगा। पीड़ित महिलाओं के अस्थायी पुनर्वास का मुद्दा भी प्राथमिक बना।

राज्य स्तर पर संयुक्त मंच बनाने की प्रक्रिया शुरू हुई। राज्य सरकार द्वारा महिला विकास कार्यक्रम का अनूठा प्रयोग किया गया। राज्य स्तर पर महिला थाने खोले गए व अन्य कई महत्त्वपूर्ण निर्णय लिए गए। एक तरफ राज्य स्तर पर सरकार द्वारा महत्त्वपूर्ण निर्णय लिए गए वहीं दूसरी तरफ प्रतिक्रियावादी ताकतों ने गोलबन्दी शुरू की।

(स) 1990 से 2000 तक

इस दशक में यौन हिंसा एवं बलात्कार विरोधी राज्यस्तरीय आन्दोलन का जन्म हुआ। महिलाओं के लिए कार्यरत समूहों का मिला जुला मंच उभरा। साथ ही महिला हिंसा के मामलों में तेजी से बढ़ोतरी हुई। महिला समूहों के दबाव के चलते प्रशासन और राजसत्ता द्वारा महिला समूहों पर पलटकर वार (बैक लैश) शुरू हो गया। महिला विकास कार्यक्रम को तोड़ने और खत्म करने की सरकारी कोशिश शुरू हो गई। दशक के अन्त तक घरेलू हिंसा पर राज्य स्तरीय मंच बनने की शुरुआत हुई। राज्य स्तर पर राज्य महिला आयोग के गठन और पुलिस प्रशासन व महिला समूहों के निरन्तर संवाद के मंच बने।

जयपुर शहर और फिर राजस्थान में साम्प्रदायिक दंगे भड़के जिनका नकारात्मक असर औरतों के जीवन पर पड़ा। युवक और युवतियों ने शहरी और ग्रामीण परिवेश में विवाह जैसे अहम मुद्दों पर स्व-निर्णय के अधिकार का इस्तेमाल किया जिसके चलते उनके अपने परिजनों द्वारा तो उनका उत्पीड़न हुआ ही राजस्थान सरकार के कुछ अधिकारियों ने भी अक्सर परम्परावादी ताकतों का साथ निभाया।

आजादी के पश्चात् राजस्थान में औरतों की स्थिति की बात हम करें तो एक ओर तो नजर आता है, औरतों को विकास की मुख्यधारा से जोड़ने का प्रयास। इसी के चलते औरतें अपने समान हकों की माँग कर उठती हैं और तब वही समाज और राजसत्ता जो उन्हें विकास की मुख्यधारा से जोड़ने के प्रयास अब तक कर रही थी, महिलाओं से स्वयं को असुरक्षित महसूस करने लगती है और फिर शुरू होता है आपसी तनाव और टकराहट का सिलसिला। महिलाओं की स्थिति के इस इतिहास का विस्तार से विश्लेषण करने के लिए हम उसे निम्न बिन्दुओं में बाँट रहे हैं :

(1) राजस्थान में महिलाओं की वर्तमान स्थिति

(2) महिलाओं की राजनीतिक भागीदारी

(3) महिला शिक्षा

(4) महिला विकास को लेकर हुए विभिन्न सरकारी प्रयास

(5) परम्परागत छवियों को तोड़ती ये महिलाएँ

(1) महिलाओं की वर्तमान स्थिति

राजस्थान में औरतों की स्थिति के बारे में सोचने बैठी हूँ तो समझ नहीं आ रहा कि किस औरत की बात की जाए। पश्चिमी राजस्थान की उस औरत की बात की जाए जो एक मटकी पानी की तलाश में घंटों भटकती रहती है, या फिर माँ के गर्भ में पल रही उस कन्या भ्रूण की जिसे पता नहीं कि वो पैदा भी हो पाएगा या नहीं, या फिर उन छोटी-छोटी बालिकाओं की जिनका बाल विवाह उनके परिवार जनों द्वारा कर दिया जाता है। उस मुस्लिम महिला की जिसके ऊपर तीन तलाक की तलवार न जाने कब गिर पड़ेगी, या फिर उस दलित औरत की जो आज भी सर पर मैला ढोने को मजबूर है। उस मजदूर महिला की बात की जाए जो तीन दिन से भूखी रहकर अकाल राहत कार्यों पर काम करने आती है और चक्कर खाकर गिर पड़ती है, या उसकी जो पति की मौत के बाद अपशकुनी बनकर जीवन गुजारती है, या फिर पति के जीवित रहते हुए भी नाते के नाम पर बेच दी जाती है।

इस दृष्टि से देखें तो राजस्थान में महिलाओं की स्थिति की बात करना बड़ा मुश्किल नजर आता है। किन्तु विशेषज्ञों ने किसी क्षेत्र विशेष और वहाँ के निवासियों के विकास को आँकने के लिए कुछ सूचकांक तय कर रखे हैं। इन्हीं के आधार पर वे किसी क्षेत्र विशेष को अगड़ा या पिछड़ा घोषित करते हैं तो हम भी राजस्थान की औरतों की स्थिति को आँकने के लिए इन्हीं आँकड़ों का सहारा लेते हैं।

क्षेत्रफल की दृष्टि से राजस्थान अब भारत का सबसे बड़ा राज्य है। सबसे बड़ा रेगिस्तान भी राजस्थान में ही समाया हुआ है। तो हमारे इस निराले राजस्थान के विकास सूचकांकों में औरतों की स्थिति क्या है, आइए हम भी देखते हैं :

औरत की कहानी आँकड़ों की जुबानी

राजस्थान में औरत की स्थिति के सूचकांक	
सूचकांक	*संख्या*
लिंग अनुपात	9.22
बालिका लिंग अनुपात	908
महिला साक्षरता	44.3%
महिला की अधिकतम उम्र	58.5
मातृ मृत्यु दर (प्रति हजार जीवित जापों में)	677
मातृ सेवाओं का लाभ	47.1%
स्वास्थ्य सेवाओं तक पहुँच	35.8%
शादी की औसत उम्र	15.3%
महिला हिंसा (2000)	12476
महिला हिंसा में देशभर में राजस्थान का स्थान	4
स्रोत—भारतीय जनगणना वर्ष 2001, एन.एफ.एच.एस. 2, आई.आई.पी.एस. 98-99	

लिंग अनुपात

वर्ष 2001 में दर्शाई गई स्थिति की दस वर्ष पूर्व की स्थिति से तुलना करें तो पता चलता है कि पिछले दस सालों में स्त्री-पुरुष लिंग अनुपात 910 से बढ़कर 922 हो गया है किन्तु 1981 के मुकाबले तो यह तीन प्रतिशत ही बढ़ा है। वर्ष 1901 में लिंग अनुपात 972 था इस आँकड़े से तो लिंग अनुपात अब भी 50 अंक कम ही है। फिर अलग-अलग सर्वेक्षण में अलग आँकड़े आ रहे हैं इसका क्या जवाब है ? मसलन 1992-93 में एन.एफ.एच.एस. आँकड़े के अनुसार लिंग अनुपात मात्र 880 ही था।

वर्तमान 2001 की जनगणना में हुई बढ़ोतरी को काफी प्रचारित करके पीठ भी थपथपा ली गई है किन्तु इसी सर्वेक्षण में चौंकानेवाली यह बात भी पता चली है कि (0-6) आयु वर्ग की बालिकाओं की संख्या में गिरावट आई है जो खतरे की घंटी है।

लिंग अनुपात तालिका

वर्ष	*0-6 आयु वर्ग*	*वयस्क महिला*
1981	954	919
1991	917	910
2001	909	922

0-6 आयु वर्ग की बालिकाओं का लिंग अनुपात 1981 से लगातार घटता ही गया है। 1981 से 91 के बीच इस संख्या में तेजी से गिरावट आई थी। इस दौरान सैंतीस लड़कियाँ कम हो गई थीं। जबकि पिछले दस सालों में गिरावट तो हुई है किन्तु गिरावट की दर थोड़ी थम कर आठ हो गई है।

राजस्थान में महिला साक्षरता की स्थिति

वर्ष	*कुल*	*स्त्री*	*पुरुष*
1971	19.1	08.5	28.7
1981	30.1	14.0	44.5
1991	38.6	20.4	55.0
2001	61.0	44.0	76.5

स्रोत—भारतीय जनगणना, 1971/91/2001

साक्षरता के आँकड़े बताते हैं कि राजस्थान में वर्ष 1991 से वर्ष 2001 में साक्षरता की दर तेजी से बढ़ी किन्तु इस सफलता के बाद भी अब तक 56 प्रतिशत महिला जनसंख्या निरक्षर है।

बाल मृत्यु दर

बालकों के मुकाबले बालिकाओं की मृत्यु कहीं अधिक हो रही है। एन.एफ.एच.एस. सर्वेक्षण 2 के अनुसार जहाँ प्रति, हजार में से 29 बालक ही मरते हैं, वहाँ बालिका मृत्यु दर 52 है। तैंतालीस प्रतिशत महिलाएँ प्रजनन समस्याओं से ग्रसित हैं, जबकि इकतालीस प्रतिशत औरतों को आर.टी.आई. यानी जनन तन्त्र में संक्रमण (छूत) की बीमारी है। इनमें से 78 प्रतिशत कोई डॉक्टरी सहायता नहीं ले रही हैं।

(एन.एफ.एच.एस. 2)

प्रजनन आयु में आनेवाली महिलाओं की मृत्यु के कारण

मृत्यु का कारण	*राजस्थान*	*भारत*
आत्महत्या	7.6	8.5
फेंफड़ों का क्षय रोग	11.0	8.5
जलना	4.7	7.2
कैंसर	4.2	5.3

मृत्यु का कारण	*राजस्थान*	*भारत*
दिल का दौरा	2.5	4.8
ब्रौंकाइटिस व अस्थमा	6.4	4.3
पेट का रोग	3.4	3.8
पीलिया	1.7	3.3
मलेरिया	7.2	3.2
मोटर दुर्घटना	5.1	3.1

स्रोत—रजिस्ट्रॉर जनरल ऑफ इंडिया, सर्वे ऑफ काज ऑफ डेथ
(रूरल) इंडिया ऐनुअल रिपोर्ट 1995, नई दिल्ली

प्रजनन व उत्पादकता की उम्र में औरतों की मृत्यु के जो कारण गिनाए गए हैं उनमें फेफड़ों की टी.बी. से मरनेवाली औरतों का प्रतिशत काफी ज्यादा है। यानी कुल मौतों में से ग्यारह प्रतिशत मौतें फेफड़ों की टी.बी. से होती हैं। मलेरिया से मरने वाली औरतों की संख्या काफी ज्यादा है, 7.2 प्रतिशत; और मोटर दुर्घटनाओं में होनेवाली मौतों का आंकड़ा भी काफी ऊँचा 5.1 प्रतिशत है। किन्तु सारी सूची के आँकड़ों को जोड़ा जाए तो यह तो करीब 50 प्रतिशत ही बैठता है। सवाल उठता है बाकी मौतें किस तरह होती हैं ? इन आँकड़ों में न तो जापे के दौरान होनेवाली मृत्यु को जोड़ा गया है, न ही हिंसा के कारण हो रही संदिग्ध मौतों या हत्याओं का उल्लेख है।

कुछ अन्य आँकड़े भी हैं

कन्या वध

राजस्थान में कई इलाकों में आज भी कन्या वध की परम्परा है। इसी रिवाज के चलते बाड़मेर के हाथीसिंहपुरा गाँव में राठौड़ों के परिवारों में चार सौ लड़कों में मात्र दो ही लड़कियाँ हैं। जबकि जैसलमेर के देवरा गाँव में एक सौ दस साल बाद किसी बेटी की बारात आई है। यहाँ भाटियों के परिवार की जीवित बची पहली कन्या का विवाह 17 वर्ष की आयु में किया गया। इस गाँव में सौ भाटी परिवारों में मात्र पाँच लड़कियाँ ही जीवित हैं।

महिला हिंसा

महिलाओं पर हो रही हिंसा में लगातार बढ़ोतरी हो रही है।

महिलाओं पर बढ़ते हुए अपराध

वर्ष	कुल अपराध	महिलाओं पर अपराध	महिला अपराध का प्रतिशत
1999	168189	12232	7.27
2000	160983	12476	7.79
2001 (नवम्बर माह तक)	146742	11907	8.11

1999 के मुकाबले 2001 (नवम्बर तक) महिलाओं पर अपराध के आँकड़े 7.27 प्रतिशत से बढ़कर 8.11 प्रतिशत हो गए थे। बात आँकड़ों के विश्लेषण की भी है। पुलिस अधिकारी यह कहकर अपनी पीठ थपथपा रहे हैं कि वर्ष 2000 के मुकाबले 2001 में थानों में महिलाओं से सम्बन्धित कम अपराध दर्ज हुए हैं। महिला समूहों का कहना है कुल अपराधों के मुकाबले महिला अपराधों की संख्या में बढ़ोतरी हुई है।

महिलाओं के द्वारा दर्ज की गई शिकायतों में से एक बड़ा प्रतिशत पुलिस द्वारा झूठा करार दिया जाता है।

अदमवकू (झूठे) केस, वर्ष 2000

अपराध	झूठे केस का प्रतिशत
छेड़छाड़	22.81
बलात्कार	33.69
दहेज हत्या	25.00
महिला उत्पीड़न (498ए)	38.21
कुल	32.07

देशभर में जहाँ 10 प्रतिशत केस झूठे माने जा रहे हैं राजस्थान में ऐसे अदमवकू (झूठे) केसों की संख्या बड़ी ज्यादा है। यहाँ 22 से 38 प्रतिशत केस अदमवकू ठहराए जा रहे हैं।

बाल वेश्यावृत्ति

राष्ट्रीय महिला आयोग द्वारा करवाए गए अध्ययन से यह बात पता चली है कि राजस्थान में बड़े पैमाने पर वेश्यावृत्ति हो रही है। अलवर, भरतपुर, जयपुर, टोंक और उदयपुर वेश्यावृत्ति के बड़े अड्डे हैं। महिला जागरण मंच नाम की एक संस्था ने राज्य

के उच्च न्यायालय में इस बारे में एक याचिका भी लगाई है। अदालत ने सरकार से जवाब तलब भी किया था कि इन मामलों की जाँच क्यों नहीं करवाई जाए। समय-समय पर उठाकर ले जाई गई लड़कियों के माध्यम से भी यह सूचना मिली है। 80 के दशक की शुरुआत में जैमन कांड और धौलपुर में एक पत्रकार अश्विनी सरीन द्वारा एक औरत को खरीदे जाने का सनसनीखेज मामला उठा था। इसके बाद से अनेक बार ये बात उठी है। वर्ष 97 में शालिनी तँवर अपहरण कांड के समय भी इस तरह के सूत्र मिले थे। अजमेर रेलवे पुलिस के एक सिपाही द्वारा एक औरत को पाँच सौ रुपए में किसी चकलेवाली को बेचने की बात भी इन्हीं दिनों उठी थी। अजमेर में फोटो ब्लैकमेल कांड में बाल वेश्यावृत्ति का एक और रूप उभरकर आया किन्तु इस दिशा में अब तक कोई ठोस कार्रवाई नहीं हो पाई है।

डाकन बनाने की साजिश

यूँ तो राजस्थान के गाँवों में डाकन बनाए जाने का रिवाज बड़ा पुराना है। लोग आमतौर पर इन तथाकथित डाकन महिलाओं को परेशान नहीं करते थे या फिर इन घटनाओं का पता नहीं चलता था किन्तु 90 के दशक से ऐसी अनेक घटनाएँ प्रकाश में आई हैं। टोंक जिले की बादाम माली को जब वह सात माह के गर्भ से थी पेड़ से लटकाकर लाठियों से पीटा गया। हल बाणी गर्म करके उसके पेट पर दागा गया। सैकड़ों लोग खड़े होकर यह तमाशा देखते रहे। वर्ष 98 में महिला जन अधिकार समिति (देवली, टोंक) ने डाकन बनाए जाने के सात मामलों की जाँच की। वर्ष 99 में राजसमन्द जिले की दो औरतों को डाकन कहकर सताया गया। वर्ष 2000 में चित्तौड़गढ़ जिले में हुई जन सुनवाई में भूपालसागर अकोला की नारायणी बाई खटीक को जमीन हड़पने की खातिर डाकन बनाए जाने की बात पता चली। भीलवाड़ा जिले की महिला विकास कार्यक्रम की कार्यकर्ताओं ने भी डाकन बनाकर औरतों को प्रताड़ित किए जाने की कई घटनाओं की सूचना दी। जयपुर में एक महिला को डाकन बनाकर उसे विष्ठा खाने को मजबूर किया गया।

पुलिस प्रशासन में इन केसों को मार पिटाई की धारा में ही दर्ज किया जाता है। महिला संगठनों ने बिहार की तर्ज पर राजस्थान में भी कानून बनाए जाने की माँग की है।

महिला रोजगार की स्थिति

विभिन्न रोजगारों में कार्यरत लोगों का प्रतिशत

वर्ष	*राज्य*	*ग्रामीण*			*शहरी*			*कुल*
		पुरुष	*महिला*	*कुल*	*पुरुष*	*महिला*	*कुल*	
स्वरोजगार								
1997/78	राजस्थान	83.52	91.10	87.04	52.57	80.68	60.62	84.02
1983	राजस्थान	80.71	89.35	84.52	53.84	78.53	60.53	80.35
1987/88	राजस्थान	67.80	82.20	74.30	49.00	69.60	53.70	70.60
1993/94	राजस्थान	71.80	88.40	79.00	47.2	63.8	51.0	अनुपलब्ध
नियमित रोजगार								
1977/78	राजस्थान	5.59	0.63	3.29	39.03	12.31	31.38	6.5
1983	राजस्थान	6.4	0.86	3.95	33.98	7.05	26.68	7.91
1987/88	राजस्थान	7.2	1.8	4.8	38.2	17.8	32.8	9.8
1993/94	राजस्थान	7.4	0.90	4.60	43.2	20.2	37.9	अनुपलब्ध
अनियमित रोजगार/देहाड़ी मजदूर								
1977/78	राजस्थान	10.86	8.27	9.66	8.31	7.01	7.93	9.46
1983	राजस्थान	12.77	9.79	11.45	12.12	14.28	12.71	11.66
1987/88	राजस्थान	25.00	16.00	20.90	13.80	12.60	13.50	19.60
1993/94	राजस्थान	20.8	10.7	16.4	9.6	16.0	11.1	अनुपलब्ध

स्रोत : नेशनल सैम्पल सर्वे ऑन एम्प्लॉयमेंट एण्ड अनएम्पलॉयमेंट 32 वीं आवृत्ति, सर्वेक्षण संख्या 18, जनवरी-अप्रैल 1983, 38वीं आवृत्ति, सर्वेक्षण संख्या 35, अप्रैल 1988, 43वीं आवृत्ति, सर्वेक्षण विशेष संख्या, सितम्बर 1990, 50वीं आवृत्ति, रिपोर्ट संख्या 409, मार्च 1997, नेशनल सैम्पल सर्वे ऑर्गनाइजेशन।

राजस्थान में वर्ष 77-78 से 93-94 के बीच आँकड़े बताते हैं कि ग्रामीण महिलाओं के नियमित रोजगार के आँकड़ों में वर्ष 87-88 में (1.8) के मुकाबले वर्ष 1993-94 में (.99) गिरावट आई है। इसी तरह ग्रामीण स्तर पर अनियमित देहाड़ी मजदूर के आँकड़ों में भी इसी अवधि में 16.00 से 10.7 की गिरावट आई है। अतः आँकड़ों की यह कहानी समाज में औरतों की दोयम दर्जे की स्थिति को ही दर्शाती है। आँकड़ों की इस कहानी को अन्य अध्ययनों और अनुभवों से जोड़कर देखें तो इसी बात की और भी पुष्टि हो जाती है।

ग्रामीण महिलाओं की स्थिति

राजस्थान की ऐतिहासिक पृष्ठभूमि शाही राजपूत वंशों के प्रभुत्व की रही है। इस प्रभुत्व ने राजस्थान में बसे समुदायों को एक ऐसा सामाजिक-आर्थिक ढाँचा दिया है जो अन्य राज्यों से भिन्न है। यह ढाँचा कुटुम्ब या कुल आधारित होने के साथ-साथ श्रेणियों में बंटा हुआ भी था। इसमें किसी व्यक्ति या कुल का ओहदा शाही राजपूत वंशों के साथ सम्बन्ध और घनिष्ठता पर आधारित रहा है।

राजपूत राज्यों में जमीन तथा जन पर नियन्त्रण का कुटुम्ब के हितों से सीधा व गहरा जुड़ाव था। राजपूत 'धर्म' (नैतिकता) कुल के प्रति कटिबद्धता और एकता पर बल देता था। इस सन्दर्भ में महिलाओं का दर्जा एक ओर तो अधीन या गौण होने के साथ कुटुम्ब तथा शासकों पर निर्भर था वहीं दूसरी ओर उन्हें कुल के सम्मान का प्रतीक मान पूज्य समझा जाता था। कुल की आन-बान-शान से जुड़े होने के कारण कुल के पुरुषों का धर्म महिलाओं की सुरक्षा भी था। कुल पर निर्भर अन्य व्यक्तियों (जैसे सेवकों, मुलाजिमों आदि) की तुलना में कुल की महिलाओं का संरक्षण राजपूतों का प्रमुख सरोकार था। क्योंकि राजपूत या गैर-राजपूत विपक्षियों द्वारा कुल की महिलाओं का बलात्कार या अपहरण राजपूत कुल की पराजय का द्योतक होता था। इस अर्थ में राजपूत कुलों में महिलाओं का 'शरीर' राजपूती 'सम्मान' का 'विजय' का प्रतीक बना। फलतः राजपूत महिलाओं की प्राथमिकताएँ भी पितृसत्तात्मक कुलों की आन-बान के सरोकारों से तय होती रहीं। राजपूत कुलों में 'जौहर' की प्रथा महिलाओं की इन्हीं मान्यताओं का उदाहरण है। प्रदेश की ख्यातों, आख्यानों और मौखिक इतिहास में शत्रुओं द्वारा पराजय के बाद कुल की समस्त महिलाओं द्वारा जौहर की शौर्य कथाओं का वर्णन है, जो दरअसल पराजित कुल के 'सम्मान' को बचाने का प्रयास था।

आज भी आदिवासी क्षेत्रों समेत राजस्थान के अधिकांश गाँवों के लोगों का जीवन पितृसत्तात्मक तथा सामन्तवादी नैतिकता से बँधा और निर्देशित होता है। ग्रामीण औरतों के लिए इसका अर्थ है सामाजिक व्यवस्था में अपने पति तथा उसके सम्बन्धियों के अधीन होना। यह अधीनता कई रूपों में झलकती है, जैसे औरतों के आने-जाने पर प्रतिबन्ध, नियत तरीके के कपड़े-लत्ते, गहने पहनने का आग्रह, खानपान पर नियन्त्रण, निर्णय प्रक्रिया में उसे भागीदार न बनाना। वैसे ऊँची जाति यानी सवर्ण हिन्दू महिलाओं, कृषकों, अनुसूचित जाति या आदिवासी महिलाओं की स्थिति में काफी अन्तर है। मुख्य अन्तर है महिलाओं के 'श्रम' की कीमत के सन्दर्भ में। कृषकों, अनुसूचित जातियों और जनजातियों में महिलाओं के 'श्रम' का महत्त्व स्वीकारा जाता है। इन वर्गों की महिलाएँ दिनभर खेत में खटती हैं, घर-परिवार के साथ खेतों-पशुओं की जिम्मेदारी भी उठाती हैं। बचे रहने के संघर्ष में निरन्तर जुटती हैं। यही कारण है कि अधिकांश ऐसे समुदायों में दहेज के बदले 'दापा' की प्रथा है। इस सबके बावजूद यहाँ भी महिलाओं का न तो सम्पत्ति पर अधिकार होता है, न ही अपने श्रम या प्रजनन पर।

इन 'निचले' समुदायों में 'यौन सम्बन्धी आचार' सवर्ण हिन्दुओं से अलग हैं।

आदिवासी समुदायों में किशोरियों को स्वयं अपना जीवन साथी चुनने की छूट है जबकि सवर्ण अब्राह्मण जातियों में भी बाल विवाह का प्रचलन है (यद्यपि सामान्यतः गौना मासिक धर्म प्रारम्भ होने के बाद ही किया जाता है) फिर भी अनुसूचित जाति, जनजाति या अन्य पिछड़ी जाति के किसी समुदाय में भी, (विवाह की आयु चाहे कितनी भी क्यों न हो) 'फेरे' सिर्फ एक बार ही लिए जाते हैं। विधवा, परित्यक्ता या घर छोड़कर आई महिलाएँ इन समुदायों में दूसरे पुरुष के घर 'नाते' जा सकती हैं। नाता प्रथा उन समुदायों में अधिक है जहाँ दहेज की जगह दापे का प्रचलन है। किसी विवाहित महिला का किसी अन्य व्यक्ति से 'नाता' केवल तब ही हो सकता है जब वह दूसरा व्यक्ति उस महिला के पहले पति को 'झगड़ा' चुका दे।

औरतों को आमतौर पर उनके वैवाहिक स्तर और प्रजनन क्षमता के आधार पर ही आँका जाता है। 1988 में जयपुर जिले के 40 गाँवों में महिला विकास कार्यक्रम ने एक सर्वेक्षण किया था। इसमें महिलाओं ने बताया कि उनके समुदायों में 'सामान्य' औरत उसे माना जाता है जिसने केवल एक बार विवाह किया हो और बेटे जने हों। विधवा, परित्यक्ता या नाते आई महिला, दूसरी या तीसरी पत्नी, बाँझ या सिर्फ बेटियाँ जननेवाली औरत को 'सामान्य' की श्रेणी में नहीं गिना जाता।

एक तरफ निरन्तर अकाल के चलते और गैर बराबरी की पारिवारिक परम्पराओं के चलते औरतें गम्भीर कुपोषण और खून की कमी का शिकार हो रही हैं। दूसरी तरफ उन पर तिहैरे काम का बोझ है। बच्चे पैदा करना व उन्हें पालना, घर की जिम्मेदारी सम्हालना और नौकरी या रोजगार सम्हालना। यह सब उन्हें ही करना पड़ता है। एक ओर वैश्वीकरण के चलते औरतों से उनके रोजगार के अवसर छिन रहे हैं तो दूसरी ओर गाँवों में परम्परागत रोजगार भी खत्म हो रहे हैं।

कृषक महिलाओं की स्थिति

ग्रामीण क्षेत्रों की महिलाओं में 90.2 प्रतिशत कृषि क्षेत्र में कार्यरत हैं। इनमें से 85 प्रतिशत, सीमाँत कृषि श्रमिक रूप में काम करती हैं। कृषि विभाग के राज्य स्तरीय अधिकारियों से लेकर जिला स्तरीय अधिकारियों तक, सब यह स्वीकारते हैं कि खेतीबाड़ी के जितने भी कठिन, श्रमसाध्य, हाड़तोड़ काम हैं वे अधिकांश काम औरतें ही सम्भालती हैं। कृषि सम्बन्धी कुल गतिविधियों को 75 प्रतिशत से 85 प्रतिशत दरअसल उनके द्वारा किया जाता है। जिन गतिविधियों का मशीनीकरण हुआ है उनसे पुरुष का काम हल्का जरूर हुआ है, पर महिलाओं का नहीं।

यह स्वीकारने के बावजूद कृषि विस्तार सम्बन्धी विभागीय प्रयास पुरुषों को ही संबोधित किए जाते रहे हैं। कृषि विस्तार प्रयासों की सीमित सफलता या असफलता का कारण भी ये अधिकारी इस कमी को ही बताते हैं। इस सबके बावजूद 1992 के पहले राजस्थान में कृषि विस्तार गतिविधियों तथा प्रशिक्षणों में महिला किसानों को लेकर विशेष विचार

नहीं किया गया था। विश्व बैंक समर्थित कृषि विकास परियोजना के 1991 में लागू होने के बाद ही महिला कृषकों के प्रशिक्षणों की योजना बनाई एवं क्रियान्वित की गई।

निर्णय का हक नहीं

युवतियों को अपने बारे में फैसले करने का हक नहीं। युवतियाँ और औरतें अपने परिवारजनों के हाथ की कठपुतली बनकर रह गई हैं। परिजन जब चाहें जहाँ चाहें, उनकी शादी करें, पति के पास भेजें या कहीं और नाते दे दें, औरत को बोलने का हक ही नहीं।

मनमर्जी की शादी करने पर बवेला

पढ़े-लिखे सम्पन्न परिवारों की उच्च शिक्षा प्राप्त बेटियों ने भी जब अपनी पसन्द के युवक से विवाह की बात उठाई तो उनके ऊपर जैसे कहर ही टूट पड़ा और अगर यह अन्तरजातीय विवाह था तो वे उनके खून के प्यासे हो गए। ऐसी कुछ लड़कियों को अल्पावास गृहों में भी शरण लेनी पड़ी। अलग धर्म के अनुयायियों की शादी के सवाल पर तो धर्म के ठेकेदार भी उठ खड़े हुए। ऐसे मौकों पर कई बार आर्य समाज जैसी संस्थाओं ने भी इन नौजवानों की कमजोर स्थिति का फायदा उठाकर मोटी रकम की वसूली कर ली। महिला समूहों की पहल पर चन्द केसों में यह रकम वापस भी ली गई।

इन परेशानियों के बाद भी शहर और गाँव की अनेक युवतियों ने अपनी पसन्द के विवाह किए। किसी ने घर से भागकर, तो किसी ने वातावरण को अपने अनुकूल ढालकर। जयपुर के एक नवयुवक मनोज टाँक ने सवर्ण उच्चवर्गीय वकील पिता की बेटी से शादी की तो पिता ने अपने जवाँई पर झूठा केस लगा दिया, राठौड़ी तरीके से उसका अपहरण करके राजस्थान से मध्यप्रदेश ले गया। वहाँ सारे नियम कानून ताक पर रखकर उसे व उसके भाई को बिना अदालत में पेश किए महीनों तक जेल में ठूँसकर रखा गया। जयपुर के मानव अधिकार संगठनों की पहल पर, काफी लम्बे समय के संघर्ष के बाद राष्ट्रीय मानव अधिकार आयोग के हस्तक्षेप से उन्हें जेल से मुक्ति मिली।

औरतें बदलीं पर रिवाज नहीं बदले

आजादी के बाद अनेक औरतें पढ़-लिखकर ऊँचे पदों पर पहुँच गईं थीं। अनेक चुनौतीपूर्ण जिम्मेदारियों को वे बखूबी निभा रही थीं किन्तु पुरुष प्रधान समाज का पितृसत्तात्मक नजरिया नहीं बदला था।

आजादी के बाद मुकुलिका सेन राज्य की पहली महिला आर.ए.एस. अफसर बनीं। कोटा की कोर्ट में जब पहली बार उनकी पोस्टिंग हुई तो लोग कौतुहलवश उन्हें जालियों

से झाँक-झाँककर देखा करते। इस समस्या से निपटने के लिए तब मुकुलिका जी ने कोर्ट के दरवाजे खुले रखने का आदेश जारी किया था।

बीकानेर जिले में ग्रामीण समाज की एक युवती ने जब एक मन्त्री जी (देवी सिंह भाटी) से गाँव की महिलाओं की समस्याओं पर बात करनी चाही तो उन्होंने कह दिया मैं महिलाओं से बात नहीं करता। इस औरत का पति नहीं है क्या ?

अनेक युवतियों को उच्च शिक्षा प्राप्त करने के लिए अपने घरों में भूख हड़ताल तक करनी पड़ी। बड़ी मुश्किल से उन्हें यह अवसर मिल पाया। हमारी एक मुस्लिम मित्र ने तो जयपुर शहर में ट्यूशन पढ़ाकर अपनी पढ़ाई का खर्चा निकाला। शिक्षा के हक को पाने के लिए उसे बुर्का पहनते रहने का समझौता करना पड़ा।

धार्मिक कट्टरपंथियों के जुल्मों की शिकार

आजादी के बाद देश के बँटवारे के समय भड़की साम्प्रदायिक हिंसा का शिकार पूर्वी राजस्थान का मेव इलाका हुआ था। भरतपुर राजघराने ने मेवों को खदेड़कर अपनी सीमा से पार फेंक दिया था। महाविद्यालय से सेवानिवृत्त प्रोफेसर ओ.पी. माथुर ने बताया कि उस समय अलवर में एक कुएँ से सैकड़ों लाशें मिली थीं। ट्रेन को रोककर मुसलमानों को उतारकर भी मारा गया था। इसके बाद भी मेव इलाके में चुनावों के समय हिंसा भड़की थी। अनेक मेव औरतों ने समय-समय पर हिंसा की यह दास्तान शोधकर्ताओं को सुनाई है।

बँटवारे के बाद हिंसा का यह खुला खेल थमता नजर आया था किन्तु नब्बे के दशक में राजस्थान में साम्प्रदायिक हिंसा भड़क उठी। साम्प्रदायिक दंगों के समय औरतों को जनता के साथ पुलिस की धार्मिकता का भी शिकार होना पड़ा। पिछले बीस-तीस सालों में साम्प्रदायिक सद्भाव का माहौल बना था। मुस्लिम समाज के अनेक परिवार अपनी घनी आबादी वाली सुविधा रहित बस्तियों को छोड़कर शहर की नई बसी बस्तियों में अन्य धर्म व समुदाय के साथ घुल मिलकर रहने लगे थे। इस कारण इन परिवारों की महिलाओं को भी अधिक खुलापन और समतावादी माहौल में जीने का मौका मिला था। साम्प्रदायिक वैमनस्य के चलते इनमें से अनेक परिवार अपनी सुरक्षा की चिन्ता में वापस उन्हीं सँकरी बस्तियों में लौट गए। इस कारण कई लड़कियों की शिक्षा बीच में ही बन्द कर दी गई। उन पर इन बस्तियों की तमाम बंदिशें भी लाद दी गईं।

जानी-मानी लेखिका लक्ष्मी कुमारी चूँड़ावत ने बताया कि राजस्थान में जब सती कांड हुआ तो उन्होंने बहुत खुलकर सती की इस परम्परा का विरोध किया एवं टी.वी. में इंटरव्यू भी दिया तब वे भी इस धार्मिक कट्टरपन का शिकार हुई थीं। राजपूत समाज के लड़कों ने उनके घर पर हमला किया। काम कर रहे नौकर को पीटा एवं घर के सामान को तोड़-फोड़ डाला था।

धार्मिक वैमनस्य के इस माहौल के बावजूद गाँव और शहर के अनेक हिन्दू व मुस्लिम नौजवानों ने एक-दूसरे के धर्म को स्वीकारते हुए अनेक तकलीफें और विरोध सहकर भी आपस में विवाह किए। अपनी पसन्द के वर-वधू चुनने के लिए तमाम जोखिम उठाए।

1970 के दशक में विश्वविद्यालय में पढ़ा रहे एक मुस्लिम अध्यापक ने आर्य समाज में जाकर शादी की तो अनेक सहयोगियों ने उनका साथ दिया। अस्सी के दशक में एक अन्य युवक ने विवाह किया तो धर्म के ठेकेदारों ने लड़की की माँ पर दबाव डालकर उसे जयपुर के नारी सदन में रखवा दिया। युवती उस समय गर्भ से थी। उच्च न्यायालय की एकल पीठ से भी जब इस दम्पती को राहत नहीं मिली तो महिला समूहों की मदद से खंडपीठ में अपील की सुनवाई हुई और उन्हें साथ रहने का अधिकार मिला।

एक नौजवान ने धर्म परिवर्तन करके शादी की पेशकश की तो जयपुर शहर की विवाह करवानेवाली संस्था, पंडित/मौलवी यह जोखिम उठाने को तैयार नहीं हुए। अदालत में मजिस्ट्रेट ने बड़ी हिकारत से कागज फेंकते हुए कहा कि जो करना है कर लो, मैं हस्ताक्षर नहीं करूँगा। ऐसी स्थिति में महिला समूहों के दखल से इस समस्या का समाधान हुआ।

हिन्दू कट्टरपन का नमूना तो घरों में विधवा स्त्रियों के संघर्ष में भी खूब नजर आया। उनके अपने बेटे, पिता और भाई ही विरोधी हो गए। अस्सी के दशक में एक ग्रामीण युवती जिसके पति गुजर गए थे, ने गुलाबी चुनरी ओढ़ी तो उसके बेटे ने लूगड़ी छीनकर जला दी। एक अन्य औरत के हाथ में पहनी चूड़ियाँ तोड़ ड़ाली गईं।

औरतों में बदलाव का वो जुनून देखने में आ रहा था जो रोके नहीं रुक रहा था। अजमेर जिले के घूघरा गाँव की रुकमा को देवर की चूड़ी न पहनने पर पति की मौत के बारहवें दिन घर से निकाल बाहर किया गया। उसका छोटा सा बच्चा भी उससे छीन लिया गया। अजमेर महिला समूह की मदद से तब रुकमा ने अपने हक की लड़ाई लड़ी और बच्चे की कस्टडी भी हासिल की। भीलवाड़ा में सुवाणा की मासूम ने पति की मौत के बाद अपनी सम्पत्ति जेठ के बेटे के नाम करने से इन्कार करते हुए अपनी बेटी को लूगड़ी उढ़ाकर उसे अपने पति की सम्पत्ति का वारिस घोषित किया। घर और समाज वालों ने प्रताड़ित किया पर मासूम ने हार नहीं मानी।

दारू का विरोध

शहर से गाँव तक की औरतों ने समय-समय पर अपने गाँव और शहरों में दारू के खिलाफ स्थानीय स्तर पर अवश्य संघर्ष किए। हम सब जानते हैं कि दारू के कारण ही औरतों को अनेक प्रकार की हिंसा को झेलना पड़ता है। राजस्थान में यद्यपि दारू

को लेकर औरतों ने आन्ध्रप्रदेश की तरह कोई बड़ा आन्दोलन तो नहीं छेड़ा किन्तु अजमेर जिले में गाँव की सरपंच राजेन्द्र कँवर ने चुनाव से पूर्व वादा किया था कि वो जीती तो गाँव से दारू का ठेका हटवाएगी। चुनाव में जीतकर उसने अपना यह वादा पूरा करके दिखाया। गाँव में ठेका हैण्डपंप के पास था। औरतें पानी भरने जातीं तो दारूड़े, उन्हें परेशान करते थे। सरपंच राजेन्द्र कँवर ने ठेकेवाले को समझाया पर वह कहाँ माननेवाला था। सरपंच साब को गुस्सा आ गया। ठेके पर रखी दारू की बोतलें धड़ाधड़ फोड़ डालीं। दारू की थैलियाँ उठाकर फेंक दीं। शराबी तमाशबीन बने यह सब देखते रहे। किसी को कुछ बोलने की हिम्मत ही नहीं हुई। दूसरे दिन ठेकेवाले समेत सब लोगों ने सरपंच से माफी माँगी और ठेके पर ताला लगा दिया गया।

इसी जिले के रसूलपुरा गाँव की छग्गी बाई को उपसरपंच द्वारा गाँव में चलाए जा रहे दारू के ठेके का विरोध करने के कारण पंचायत बैठक में उपसरपंच के अभद्र व्यवहार का शिकार होना पड़ा और अपनी सरपंचाई भी खो देनी पड़ी। अलवर जिले में कारोली की पंच जुगरी ने 1995 में गाँव चिकानी और जोड़िया पट्टी की सरपंच सुखदेई और सुमन के साथ दारू बन्दी के खिलाफ आन्दोलन छेड़ दिया था। गाँव की महिलाओं के सहयोग से वे देर रात तक लट्ठ लेकर चौकीदारी कर रही थीं ताकि कोई जीप दारू लेकर गाँव में न आ पाए। साठ साल की जुगरी का हौसला देखते ही बनता था। लोग कह रहे थे–

वाह री जुगरी तूने कमाल कर दियो।
सुखदेई को साथ लेकर धमाल कर दियो।

टोंक जिले के पचेवर गाँव की महिला प्रतिनिधियों और गाँव की औरतों ने जब अपने महिला मेले में दारू के अवैध ठेकों की बात उठाई तो डी.एस.पी. ने भरोसा दिलाया कि एक माह में सारे अवैध ठेके हटा दिए जाएँगे।

वर्ष 1996 में अलवर के सारे खुर्द गाँव में केडिया समूह के द्वारा दारू की फैक्ट्री लगाए जाने का लोगों ने जोरदार विरोध किया। भीलवाड़ा जिले के केरपुरा गाँव में भी दारू का कारखाना लगाए जाने के विरोध में लम्बा आन्दोलन चला। सरकार को अपना आदेश वापस लेना पड़ा। 1996 में जिस जगह दारू की फैक्ट्री लगाई जानी थी गाँव वालों ने उसी जमीन पर 22 हजार पेड़ लगाने की योजना बनाई थी। 16 हजार पेड़ लगाए भी जा चुके थे।

निष्कर्ष

महिलाओं की स्थिति का ऐतिहासिक विश्लेषण बताता है कि पचास और साठ के दशक में महिलाएँ पृष्ठभूमि में रहकर अपनी भूमिकाएँ निभा रही थीं। उनकी अपनी न तो कोई

पहचान रही थी, न ही उनकी सकारात्मक भूमिका को पुरुष प्रधान समाज और राजसत्ता ने स्वीकार किया था। आजादी पूर्व किए गए उनके प्रयासों को समाज ने एक तरह से भुला दिया था। उस समय बने संगठनों और संस्थाओं की ऊर्जा धीरे-धीरे खत्म हो रही थी। सत्तर के दशक के आरम्भ में औरतों ने विभिन्न स्तरों पर खुद के साथ हो रहे भेदभावों को पहचाना था। अस्सी के दशक में महिला समानता, सम्मान और अस्मिता के लिए स्थानीय स्तर पर संघर्ष शुरू हुए थे। इसी अवधि में विधवा दहन के अवसर पर महिलाओं ने पहला बड़ा शक्ति प्रदर्शन किया था और समाज में अपनी उपस्थिति दर्ज कराई थी। महिला मुद्दों पर संवेदनशील पुरुषों का जुड़ना भी शुरू हो गया था। नब्बे के दशक में महिला शक्ति ने संगठित होकर संयुक्त रूप से आन्दोलन करके प्रशासन और राजनीति को प्रभावित करना शुरू कर दिया था। इस दशक में जैसे-जैसे महिलाओं का संघर्ष तेज हो रहा था वैसे ही उन पर अपराध बढ़ता जा रहा था। विभिन्न आन्दोलनों और सरकारी नीतियों पर औरतों ने अपना दृष्टिकोण स्पष्ट करना शुरू कर दिया था। इस दशक के अन्त में संगठनों और राज्य प्रशासन में निरन्तर संवाद की शुरुआत भी हुई थी।

हम अभी भी यह मानते हैं कि वर्तमान स्थितियों को प्रभावित करने के लिए महिलाओं ने मात्र शुरुआत ही की है। अभी उन्हें बहुत लम्बा सफर तय करना है। किन्तु अब वे तेल से भीगी उस बाती के समान हैं जिन्हें मात्र एक चिंगारी की ही जरूरत है।

(2) महिलाओं की राजनीतिक भागीदारी

राजस्थान में महिलाओं की वर्तमान स्थिति का एक बड़ा कारण है राजनीति में महिलाओं की कमजोर भागीदारी। भारतीय संविधान में महिलाओं को दिए गए समानता के अधिकार और लगभग आधी महिला वोटर होने के बाद भी पिछले पचास सालों में राजस्थान की राजनीति पर पुरुष ही हावी रहे। वे ही तमाम महत्त्वपूर्ण निर्णय लेते रहे।

राज्य की विधानसभा में महिला विधायकों का प्रतिशत कभी सात-आठ प्रतिशत से आगे नहीं बढ़ पाया। संसद में राजस्थान की महिलाओं को सोलह प्रतिशत से ज्यादा प्रतिनिधित्व नहीं मिला। राज्य मंत्रिमंडल में कभी कोई महिला महत्त्वपूर्ण पद पर नहीं रही। महिला मंत्रियों की संख्या कभी चार से ज्यादा नहीं बढ़ पाई। विधानसभाओं के चुनावों में महिलाओं के मुद्दे अमूमन चुनावी घोषणा के काबिल नहीं समझे गए। केवल वर्ष 1998 के चुनावों में पहली बार राज्य महिला आयोग के गठन का वादा किया गया, जिसे वर्तमान सरकार ने पूरा भी किया।

तालिका-1 : राजस्थान विधानसभा में महिला प्रतिनिधित्व

क्रम	*आम चुनाव*	*कुल स्थान*	*विजित महिला प्रत्याशी*	*महिला प्रतिनिधित्व का प्रतिशत*
1.	1952	160	-	-
2.	1957	176	9	5.1%
3.	1962	176	8	4.5%
4.	1967	184	6	3.2%
5.	1972	184	13	7.0%
6.	1977	200	8	4.0%
7.	1980	200	10	5.0%
8.	1985	200	15	7.5%
9.	1990	200	12	6.0%
10.	1993	200	12	6.0%
11.	1998	200	15	7.5%

तालिका-2 : लोकसभा में राजस्थान की महिलाओं का प्रतिनिधित्व

क्रम	*आम चुनाव*	*कुल सीट*	*विजित महिला प्रतिनिधि*	*विजित महिला प्रतिनिधियों का प्रतिशत*
1.	1952	22	-	-
2.	1957	22	-	-
3.	1962	25	1	4%
4.	1967	25	1	4%
5.	1971	25	2	8%
6.	1977	25	-	-
7.	1980	25	1	4%
8.	1985	25	2	8%
9.	1989	25	7	28%
10.	1991	25	4	16%
11.	1996	25	3	12%
12.	1998	25	2	8%
13.	1999	25	4	16%

राज्य स्तर पर महिला विधायकों और राष्ट्रीय स्तर पर महिला सांसदों की उपस्थिति नगण्य रही। उन्होंने कभी भी महिलाओं की स्थिति पर विधानसभा के अन्दर या बाहर कोई सवाल नहीं खड़े किए। महिला समूहों और संगठनों द्वारा महिला उत्पीड़न को लेकर

छेड़े गए आन्दोलनों का कभी खुलकर समर्थन नहीं किया। वामपंथी दलों के अलावा विभिन्न राजनीतिक दलों के महिला प्रकोष्ठ महिलाओं के सवाल पर निष्क्रिय रहे। बल्कि वर्ष 1998 के चुनावों में तो उन्होंने महिला संगठनों पर कीचड़ उछालने का काम ही किया।

पंचायतीराज संस्थाओं और स्थानीय निकायों में भी संविधान के तिहत्तरवें और चौहत्तरवें संशोधन से पूर्व औरतों की भागीदारी नगण्य रही। नाम के वास्ते महिला पंचों का सहवरण कर लिया जाता था। 1994 में राज्य स्तर पर पंचायतीराज कानून में संशोधन के बाद जब 1995 में पहली बार पंचायतीराज संस्थाओं के चुनाव हुए तो हजारों महिलाओं की पंचायतीराज संस्थाओं और स्थानीय निकाय के चुनावों में भागीदारी राजस्थान के लिए एक बड़ी उपलब्धि थी।

यद्यपि अब तक राजनीति में सक्रिय रहे पंच-सरपंचों ने अपने परिवारों की महिलाओं को ही मुख्यतः राजनीति में उतारा है। या फिर अनुसूचित जाति-जनजाति या अन्य पिछड़ा वर्ग की ऐसी महिला प्रतिनिधियों को चुनावी मैदान में उतारा जो उनकी कठपुतली बनकर काम कर सकती थीं। सरपंच पति, पुत्र, ससुर भी खूब चर्चा में रहे जो इन महिला उम्मीदवारों के नाम पर राजकाज चला रहे थे। अभी तक दो बार पंचायतीराज संस्थाओं के चुनाव हुए हैं। तैंतीस प्रतिशत आरक्षण के हिसाब से तीसरे चुनावों के बाद ही हर गाँव को महिला सरपंच प्रतिनिधि चुनने का मौका मिलेगा। तो जुम्मा-जुम्मा एक राउण्ड भी पूरा हुआ नहीं और पंचायतीराज संस्थाओं में महिला पदों के आरक्षण की व्यवस्था पर सवाल उठने लगे हैं। महिला प्रतिनिधियों को नाकाबिल और नाकारा साबित करने की जोरदार कोशिश चल रही है। उनकी इस कोशिश का मकसद स्पष्ट रूप से समझ आ रहा है क्योंकि आरक्षण की अगली गाज तो विधायकों और सांसदों पर ही गिरनेवाली है। विधानसभाओं और संसद में एक तिहाई सीटों पर महिलाओं को आरक्षण दिए जाने पर विचार जो चल रहा है।

पंचायतीराज संस्थाओं और स्थानीय निकायों में महिला प्रतिनिधियों की भूमिका में लाख खामियाँ हों किन्तु इसमें काफी सम्भावनाएँ भी साफ नजर आ रही हैं।

तालिका-3 : पंचायतीराज संस्थाओं में महिलाएँ

क्रम	*पद*	*कुल पद*	*महिला प्रतिनिधि*
1.	वार्डपंच	105129	35263
2.	सरपंच	3062	9186
3.	पंचायत समिति सदस्य	1755	5257
4.	प्रधान	80	237
5.	जिला परिषद सदस्य	336	1008
6.	जिला प्रमुख	11	32
	कुल	40507	120899

स्रोत—पंचायतीराज विभाग, राजस्थान सरकार, 2002

- घर की चारदीवारी से हजारों ग्रामीण और वंचित वर्ग की महिलाओं का बाहर निकलना और राजकाज से जुड़ना ही अपने आप में बड़ी उपलब्धि है। इस क्रम में कुछ औरतों की जिन्दगियों में भी बदलाव आए हैं। कुछ ने अपने घूँघट को उतारा है अपनी तथाकथित 'नारी सुलभ लज्जा' (झिझक) को तोड़कर पुरुषों से बात करना शुरू किया है।
- गाँवों में अब तक यही समझा जाता था कि औरत में अक्ल नहीं। समाज में औरत की भूमिका है 'मंगल गावनी, खाना बनावनी और वंश बधावनी' अब इस धारणा में भी बदलाव आने लगा है। गाँवों में बहस चल पड़ी है कि औरत राजकाज में भागीदारी निभा सकती है। अनेक नौजवान और बुजुर्ग लोग अब ये कहने लगे हैं कि मौका मिले तो औरतें पंचायत का काम बखूबी चला सकती हैं। यदि औरतों की परम्परागत छवि को बदलना है तो पंचायतीराज संस्थाओं में औरतों की राजनीतिक भागीदारी महत्त्वपूर्ण भूमिका निभा सकती है।
- स्थानीय चुनावों में कुछ एक जगह महिला उम्मीदवारों ने महिलाओं के जीवन को प्रभावित करनेवाले कई मुद्दे भी उठाए हैं जैसे—दारू का ठेका बन्द कराएँगी, डिस्पैंसरी या पीने का पानी नजदीक ही उपलब्ध कराएँगी। महिला प्रतिनिधि के चयन में कुछ गाँवों की महिलाओं ने भी महत्त्वपूर्ण भूमिका निभाई है।
- कुछ महिला प्रतिनिधियों ने पुरुषों के संरक्षण से बाहर निकलने का हौसला भी दिखाया है। उन्हें यह अहसास हुआ है कि उन्हें मोहरा बनाकर पंचायतों में भ्रष्टाचार किया जा रहा है और जिन्होंने मोहरा बनने से इन्कार किया, उनका पंचायतों में विरोध भी बढ़ा है। उनके खिलाफ अविश्वास प्रस्ताव लाए गए। उन पर गबन के आरोप लगाए गए। किन्तु अनेक महिला प्रतिनिधियों ने सार्वजनिक मंचों पर भ्रष्टाचार की बात खुलकर बताई। बताया कि पंचायत समिति से काम लेकर आने के लिए भी कमीशन देना पड़ता है। कुछ ने कमीशन न देने का फैसला भी किया।
- हौसले से काम करनेवाली महिला प्रतिनिधियों को ग्राम सचिव, पूर्व सरपंच, उप सरपंच आदि ने खूब प्रताड़ित किया। किसी को जातिसूचक तो किसी को चरित्र से जुड़ी गालियाँ दी गईं। किसी को पंचायत बैठक में आने से रोका गया। किसी को कार्रवाई रजिस्टर तक नहीं दिखाया गया। किसी प्रतिनिधि को कुर्सी पर नहीं बैठने दिया गया। कुछ की जबरदस्त रूप से पिटाई की गई। कुछ के साथ यौन हिंसा हुई। झूठे केस दर्ज करवाए गए। और, अन्ततः अविश्वास प्रस्ताव लाकर उन्हें पद से हटा दिया गया। कुछ एक महिलाओं ने अदालतों के दरवाजे भी खटखटाए।
- राज्य सरकार की तरफ से जिस तरह का प्रशिक्षण और सहयोग इन प्रतिनिधियों को मिलना था वह मिला नहीं। महिला प्रतिनिधि अकेली ही समस्याओं से जूझती रहीं। हाँ महिला संगठनों के सुझाव पर पंचायतीराज

विभाग द्वारा एक आदेश जरूर निकाला गया कि यदि किसी महिला प्रतिनिधि के खिलाफ अविश्वास प्रस्ताव लाया जाएगा तो उस स्थान पर उस वर्ग की किसी दूसरी महिला को ही चार्ज देना होगा। इस आदेश से पुरुष पंचों और उप सरपंचों की यह चाल तो नाकामयाब होती नजर आई कि दो साल बाद महिला प्रतिनिधि को हटाकर वे खुद राज चला सकते हैं।

- इतना अन्याय सहकर भी महिला प्रतिनिधियों का हौसला कम नहीं हुआ। अनेक प्रतिनिधियों ने बताया कि वे आगामी चुनाव भी लड़ेंगी और कुछ ने तो सामान्य सीट से चुनाव लड़ने की इच्छा भी जताई। वर्ष 2000 में पंचायतीराज कानून में हुए बदलाव के चलते वार्ड सभा के आयोजन का प्रावधान जोड़ा गया इससे वार्डसभाओं में औरतों की भागीदारी को बल मिला। औरतों की भागीदारी से कुछ व्यवस्थात्मक सवाल भी उठे जैसे कि औरतें बैठें कहाँ ? क्योंकि परम्परागत जाति पंचायतों में तो औरतों की भागीदारी का कोई रिवाज ही नहीं था। महिलाएँ तो उस चौरे पर भी नहीं चढ़ सकती थीं जिस पर पुरुष पंचायत करते थे। ग्रामसभाओं में भी औरतों की भागीदारी नहीं के बराबर थी। इसलिए वार्डसभाओं में औरतें आईं तो सवाल उठा कि वे चबूतरे (चौरे) पर नहीं बैठ सकतीं। उन्हें जमीन पर बैठाया जाए। कुछ तरक्की पसन्द नौजवानों ने इस प्रस्ताव का यह कहकर विरोध किया कि ये कोई जाति पंचायत की बैठक नहीं। यहाँ तो औरतें साथ ही बैठेंगी। इस पर एक बैठक में तो औरतों को चबूतरे पर बिठा लिया गया जबकि दूसरी बैठक का स्थान ही बदल दिया गया।

  हाँ, ग्रामसभाओं और वार्डसभाओं में कोरम के सवाल पर गम्भीरता से क्रियान्वयन ही नहीं हुआ इसलिए हर आरक्षित वर्ग की दस प्रतिशत उपस्थिति कभी सुनिश्चित ही नहीं हो पाई।

राजसत्ता द्वारा भेदभाव

दुर्भाग्य की बात यह है कि संसद और विधानसभाओं द्वारा तमाम प्रयोग और प्रतिबन्ध पंचायतीराज संस्थाओं पर लागू किए गए। जहाँ एक ओर अनुसूचित जाति-जनजातियों को राजकाज में भागीदारी का प्रावधान देश के संविधान में किया गया किन्तु औरतों के आरक्षण के सवाल पर चुप्पी बनी रही। नतीजा, संसद और विधानसभाओं में महिला प्रतिनिधियों की संख्या नगण्य ही रही। वर्ष 1993-94 में जब तिहत्तरवाँ और चौहत्तरवाँ संविधान संशोधन पारित हुआ तो भी आरक्षण की अवधारणा को सफलता की कसौटी पर कसने का बोझ सबसे कमजोर, अशिक्षित और अनुभवहीन महिलाओं के कन्धों पर आन पड़ा। संसद और विधानसभाओं के लिए आरक्षण विधेयक अब तक पास नहीं हो पाया।

संसद और विधानसभाओं में न्यूनतम बच्चों की संख्या को लेकर कभी कोई नियम नहीं बने किन्तु पंचायतीराज संस्थाओं की महिला प्रतिनिधियों पर दो बच्चों की सीमा भी लाद दी गई। जबकि सब यह अच्छी तरह जानते हैं कि बच्चे कितने और कब हों इसके निर्णय का हक औरत को नहीं है। ग्रामीण और वंचित वर्ग की औरत को तो बिल्कुल ही नहीं।

पंचायतीराज संस्थाओं में औरतों की भागीदारी को लेकर एक बात यह समझ आई कि जिन क्षेत्रों में स्वैच्छिक संस्थाओं के माध्यम से महिलाओं को लेकर काम हो रहा था वहाँ पंचायतीराज संस्थाओं में महिलाओं की भागीदारी को मजबूती मिली। इन इलाकों में महिलाओं के सवाल भी पंचायतीराज जनप्रतिनिधियों ने खूब उठाए। दक्षिण और पश्चिमी राजस्थान में दारू के खिलाफ संगठित रूप से आवाज उठी।

पंचायतीराज संस्थाओं की महिला प्रतिनिधियों के अपने मंच बनें जहाँ उनकी अपनी समस्याओं पर सतत कार्य हो। ये मंच महिला आन्दोलन से जुड़ें, संसद और विधानसभा की महिला प्रतिनिधियों से इन प्रतिनिधियों के प्रभावी रिश्ते हों तब ही अन्ततः इन औरतों की स्थिति मजबूत हो पाएगी। इन महिला प्रतिनिधियों के द्वारा ही संसद और विधानसभाओं में महिलाओं की स्थिति मजबूत होगी और इस तरह ये महिला जनप्रतिनिधि राजनीति में महिलाओं को महत्त्वपूर्ण स्थान दिला पाएँगी।

(3) महिला शिक्षा

महिला शिक्षा के इस भाग को हमने दो हिस्सों में बाँटा है। पहले हिस्से में चुनिन्दा महिला शिक्षण संस्थाएँ, उनके परिवेश व विकास की बात की गई है। दूसरे हिस्से में शिक्षा के क्षेत्र में महत्त्वपूर्ण योगदान देने वाली महिलाओं तथा कुछ आरंभिक छात्राओं के व्यक्तिगत अनुभवों को शामिल किया है।

राजस्थान राज्य, महिला शिक्षा के मामले में अन्य राज्यों के मुकाबले काफी पिछड़ा रहा है। यहाँ की 56 प्रतिशत महिलाएँ आज भी निरक्षर हैं। उच्च शिक्षा प्राप्त करने का अवसर तो एक प्रतिशत से भी कम महिलाओं को मिला है फिर भी शिक्षा ने महिलाओं के जीवन में बड़ी महत्त्वपूर्ण भूमिका निभाई है।

आरम्भ में महिला शिक्षा का मकसद उन्हें चिट्ठी पत्री लिखना सिखाना और अच्छी गृहणी बनाने तक ही सीमित रहा, फिर पढ़ना इसलिए जरूरी बना कि पढ़ी-लिखी लड़की को अच्छा वर मिल जाता था। लड़कियों से जब बात की गई तो उन्होंने भी यही बताया कि ''कॉलेज में पढ़ने के लिए जितने समय वे घर से बाहर रहती हैं, तब तक उन्हें घर के उबाऊ कामों से मुक्ति मिली रहती है।'' किन्तु इसके साथ-साथ उनके जीवन में ऐसा भी बहुत कुछ हो रहा था जिसे वे उस समय देख नहीं पा रही थीं।

शिक्षा व्यवस्था की तमाम सीमाओं और कमजोरियों के बाद भी इन लड़कियों को एक ऐसा खुला माहौल मिला जहाँ समानता की बात उन्हें बताई जा रही थी। गुलामी

से मुक्ति और अपने हकों की खातिर संघर्ष करने का इतिहास उन्हें पढ़ाया जा रहा था। सोचने, समझने, विश्लेषण करने और तर्क करने का प्रशिक्षण उन्हें दिया जा रहा था। अपने साथ हो रहे भेदभावों के प्रति वे सचेत हो रही थीं। इस नए माहौल ने उन्हें अपनी स्थितियों को बदलने और अपने निर्णय खुद लेने को प्रेरित किया था। इस पूरी प्रक्रिया के चलते इन युवतियों ने अपनी स्थितियों पर भी सवाल उठाने शुरू कर दिए थे। इस महत्त्वपूर्ण अवसर ने कुछ एक महिलाओं के जीवन में आमूलचूल परिवर्तन ला दिया था। यह अपने आपमें एक बड़ी क्रान्ति थी जो महिलाओं के जीवन में आ रही थी।

अतः महिला आन्दोलन को सही परिप्रेक्ष्य में समझने के लिए शिक्षा के प्रयास उसकी ऐतिहासिक पृष्ठभूमि और इन प्रयासों का महिलाओं के जीवन पर जो प्रभाव पड़ा उसे समझना बहुत जरूरी है।

आजादी पूर्व हुए शिक्षा के प्रयास

उन्नीसवीं सदी के मध्य में राजस्थान में लड़कियों की शिक्षा के प्रयास शुरू हो गए थे किन्तु प्रारम्भ में अंग्रेज सरकार की रुचि महिला शिक्षा में नहीं थी। आजादी से पूर्व महिला शिक्षा का विस्तार बहुत कम हो पाया था। अजमेर (मेरवाड़ा) ईसाइयों की गतिविधियों का प्रमुख केन्द्र था। यहाँ कुछ प्रयास ईसाई मिशनरियों द्वारा या रजवाड़ों की तरफ से किए गए। जैसे—1861 में ब्यावर और 1863 में अजमेर में वर्नाकुलर गर्ल्स स्कूल खुले। हरिजन, पर्दानशीन, मुस्लिम छात्राओं के लिए भी स्कूल खुले। 1891-92 में अकाल के समय विडो होम खुला। पुष्कर, नसीराबाद में कई अन्य स्कूल भी खुले पर लोगों को धर्म परिवर्तन का भय था। कुछ स्कूल बन्द कर देने पड़े। इन स्कूलों में ईसाई धर्म की शिक्षा दी जाती थी। ये लोकप्रिय नहीं हुए। अंग्रेज अधिकारियों ने तब मिशन स्कूल की असफलता को स्वीकार किया। 1893 तक स्कूल खोले जाने और नगण्य उपस्थिति के चलते बन्द किए जाने का सिलसिला चलता रहा।

1898 से गैर सरकारी स्कूल खोले जाने का सिलसिला शुरू हुआ। इन स्कूलों को जनता का विश्वास प्राप्त था किन्तु कुछ राज्यों जैसे जोधपुर व अलवर में अंग्रेज सरकार ने गैर सरकारी स्कूलों का विरोध किया। उन पर प्रतिबन्ध लगाया। कहीं अनुदान देने से मना कर दिया। उन पर राज्य का नियन्त्रण स्थापित किया गया। बाल विवाह, पर्दा प्रथा और योग्य अध्यापिकाओं की कमी को कन्या शिक्षा में बाधा बताया गया। 4 फरवरी, 1914 में श्री सावित्री कन्या पाठशाला श्रीमती रामप्यारी चन्द्रिका एवं प्रोफेसर लालजी श्रीवास्तव के प्रयासों से खुली।

बीकानेर राज्य में पहला महिला प्राथमिक स्कूल 1886-87 में खुला। 1889-90 तक यहाँ 39 लड़कियाँ और 1896-97 में महाजन वर्ग की 70 लड़कियाँ पढ़ रही थीं। इस स्कूल में हिन्दी व सिलाई की शिक्षा दी जाती थी।

जोधपुर में 1866 में महाराज कुमार सरदार सिंह ने ह्यूसन गर्ल्स स्कूल खोला। 1913 में यहाँ 136 छात्राएँ और 25 ऐसी अध्यापिकाएँ थीं जिनके पतियों की मृत्यु हो चुकी थी। भरतपुर में 1900 में एक स्कूल खुला। जैसलमेर में 1930 तक एक भी महिला स्कूल नहीं था।

1921 की सेंसस रिपोर्ट में स्कूलों के माध्यम से स्त्री शिक्षा की स्थिति स्पष्ट होती है। यथा, राजस्थान में 4,659,493 महिला जनसंख्या में से 18,851 साक्षर थीं जिनमें से 1171 अंग्रेजी में साक्षर थीं। बीसवीं सदी के दूसरे दशक में विभिन्न राज्यों की एडमिनिस्ट्रेटिव रिपोर्टों में स्त्री शिक्षा का अनुपात लगभग .1 प्रतिशत से कम ही बताया गया। ऐसा प्रतीत होता है कि इन रिपोर्टों में अंग्रेजी पढ़ने-लिखने को ही शिक्षा माना गया। यदि हम 1921 की सैंसस रिपोर्ट को देखें तो पता चलेगा कि .1 प्रतिशत की संख्या केवल अंग्रेजी पढ़ी-लिखी महिलाओं की ही है उस सेंसस में ही अंग्रेजी पढ़ी लिखी स्त्रियों से लगभग 15, 20 गुना अधिक स्त्रियों का विवरण है जिसे एडमिनिस्ट्रेटिव रिपोर्टों में संकलित करते समय छोड़ दिया गया।

अजमेर मेरवाड़ा के मिशन और सरकारी स्कूलों में महिला शिक्षा की प्रगति देखने से यह अनुमान लगाया जा सकता है कि बीसवीं शताब्दी के प्रथम दशक तक अंग्रेज प्रशासित अजमेर-मेरवाड़ा प्रान्त में ही जब महिला शिक्षा की इतनी कम प्रगति हुई तो राजस्थान के अन्य राज्यों में महिला शिक्षा का विकास न होना स्वाभाविक ही था। उन राज्यों में स्त्री शिक्षा की स्थिति खराब रही जहाँ पोलिटिकल एजेंटों के नियन्त्रण में राज्य का प्रबन्ध रहा। यहाँ नई शिक्षा व्यवस्था को तो लोगों ने स्वीकार नहीं किया और परम्परागत शिक्षा व्यवस्था भी अवरुद्ध होती गई।

डर और आशंकाओं से घिरी थीं

एक तो उस समय महिला शिक्षा की स्थिति काफी कमजोर थी। दूसरे जो महिलाएँ पढ़ती थीं और जो पढ़ाती थीं उनका भी विरोध होता था। इस सम्बन्ध में जोधपुर दरबार में राजमहल स्कूल की इन्सपेक्ट्रेस मिस सवाई के सम्बन्ध में की गई शिकायत महत्त्वपूर्ण है।...*"मिस सवाई को 600 रुपए दिए जाते हैं...वह पढ़नेवाली बहू-बेटियों से सफाई करवाती है*...यह छात्राओं को बहुत तंग करती है...नई अध्यापिकाएँ इसके डर से भाग जाती हैं...इसको देखकर हमारी कन्याएँ भी बिगड़ती हैं...यह गाँव में उस्तादनियों को गालियाँ देती है और तनख्वा कटवाने की धमकी....महाराज आप तो हमारी सुनते ही नहीं हैं....मारवाड़ की सब कन्याओं को विधवाओं को बिगाड़कर नष्ट हो जाने दो...तब जागना...अब हम अपनी कन्याओं को स्कूल भेजना बन्द कर देंगे...हमारी तो बेपढ़ी को घर बसाने दो....पढ़ी हुई होंगी तो इस भगतन की तरह आठ आँखें हो जाएँगी... ।" शिक्षा निदेशक जोधपुर ने ज्यूडिशियल मिनिस्टर आदि को लिखे गए इन पत्रों को अर्थहीन बताकर आगे से ध्यान न देने की हिदायत दी।

स्वतन्त्रता आन्दोलन से जुड़ी बीकानेर में रतन धामाणी ने अपने अनुभव कुछ यूँ लिखे—*गंगाशहर उपनगर में हम एक शिक्षार्थी बहन के घर गए तब उसकी सास ने अपनी बहू को एक कमरे में बन्द करके हमें डाँटते हुए कहा कि तुम खुद तो बिगड़ी हुई हो ही अब हमारा घर बिगाड़ने आई हो, परन्तु मैं ऐसी भौंदू नहीं हूँ। अपनी बहुओं को मैं अपनी मुट्ठी में रखती हूँ। तुम मेरे घर से निकल जाओ।* उस वक्त हमने उसके कटुवचनों का कड़वा घूँट चुपचाप निगल लिया परन्तु कुछ समय बाद जब महिला मंडल नियमित रूप से कार्य करने लगा तब इसी महिला ने हमारा कार्य देखा तो बहुत प्रसन्न हुई और हमें अपने घर भोजन के लिए निमंत्रित किया।

इन सब स्थितियों के बावजूद जयपुर शहर में वर्ष 1944 में महारानी कॉलेज की शुरुआत श्रीमती सावित्री भारतीय के अथक प्रयासों से हो चुकी थी।

महिला शिक्षा के कुछ अनोखे प्रयोग (आजादी पूर्व व पश्चात्)

आजादी से पूर्व लड़कियों की शिक्षा को लेकर अनेक प्रयोग किए गए। आजादी के संघर्ष से जुड़ी अनेक महिलाएँ अलग से महिला शिक्षण संस्थाएँ बनाने की पैरवी कर रही थीं। शिक्षण संस्थाओं के माध्यम से वे मजबूत महिलाओं का निर्माण करना चाहती थीं।

श्री सावित्री कन्या पाठशाला, अजमेर

श्री सावित्री कन्या पाठशाला की स्थापना श्रीमती रामप्यारी चन्द्रिका ने अपनी पति प्रोफेसर लालजी श्रीवास्तव के सहयोग से 4 फरवरी 1914 में की। अपने ही निजी निवास में दो अध्यापिकाओं तथा 15 छात्राओं के साथ इस शिक्षण संस्था का शुभारम्भ हुआ। कालान्तर में यह पाठशाला केसरगंज, कायस्थ मुहल्ला, घी मंडी आदि जगहों पर स्थानान्तरित होती रही।

1925 में इस निष्ठावान दम्पती ने श्रीनगर रोड पर भूमि क्रय की और वहाँ एक दुमंजिला भवन 1932 में बन कर तैयार हुआ। 1931 तक यह पाठशाला मिडल स्कूल का रूप ले चुकी थी और उसमें 140 छात्राएँ पढ़ती थीं। सन् 1934 में इसे हाईस्कूल के रूप में मान्यता मिली और छात्राओं की संख्या 161 हो गई इसके प्रबन्धन में प्रारम्भ से ही अन्य गणमान्य नागरिकों को जोड़ा गया था।

सन् 1941 में सिविल लाइन के शान्त वातावरण में 8000 वर्गगज जमीन पर विशाल भवन के निर्माण का कार्य प्रारम्भ हुआ तथा 1943 में संस्था इस नए भवन में स्थानान्तरित हुई। इसी समय इसे इंटरमीडिएट कक्षा तक की मान्यता भी प्राप्त हो गई। 1951 में बी.ए., 1952 में बी.एस.सी. की कक्षाएँ प्रारम्भ हुईं। 1951 में ही आगरा युनिवर्सिटी से स्वीकृति के बाद यहाँ हिन्दी साहित्य, संगीत, इतिहास, अर्थशास्त्र आदि विषय पढ़ाए जाने लगे।

अपने अस्तित्व के 80 वर्ष पूरे कर चुकी इस शिक्षण संस्था ने निरन्तर उन्नति की है और अजमेर-मेरवाड़ा क्षेत्र में स्त्री शिक्षा में अपूर्व योगदान दिया है। अनेकों प्रतिभावान छात्राओं ने अपने अध्ययन के बाद राजस्थान के विकास में विशिष्ट छाप छोड़ी है। अध्ययनरत छात्राओं को सर्वांगीण शिक्षा देने का संस्थापिका रामप्यारी चन्द्रिका का सपना बाद में जुड़े अध्यापिकाओं/प्रबन्धकों के अथक प्रयत्नों से पूरा हुआ। एक निजी शिक्षण संस्था होने के बावजूद, कुशल प्रबन्धन के कारण इसका अस्तित्व लगातार बना रहा है।

राजस्थान महिला विद्यालय

स्वतन्त्रता के पूर्व मेवाड़ अंचल राजस्थान के अन्य प्रदेशों से थोड़ा भिन्न था। यहाँ की परिस्थिति कुछ विशेष थी। यहाँ के शासकों ने अंग्रेजों का सांकेतिक विरोध बरकरार रखा जिसके कारण इतिहास में उन्हें एक विशेष पहचान मिली। उदयपुर की प्रजा इन कारणों से सामन्तशाही संस्कृति से बँधी रही। अंग्रेजों से जुड़े शिक्षा के उदार आयाम उनको प्रभावित नहीं कर पाए और इस कारण महिलाएँ परम्परागत सामन्तशाही प्रभावों से उभर नहीं पाई। यहाँ परदा प्रथा केवल घूँघट तक ही सीमित नहीं थी वरन बिना सहायिका को साथ लिए बाहर नहीं निकलना, दो ओढ़नी पहनना और कुछ परिवारों में चादर के अन्दर रहना सम्मान व आदर का सूचक माना जाता था। इन प्रथाओं को निर्धारित करनेवाले थे सामन्तशाही मूल्य। ऐसी परिस्थिति में महिलाओं/लड़कियों के स्कूल जाने की कल्पना ही नहीं की जा सकती थी।

इस तरह के परम्परागत वातावरण में श्री भेरूलाल जी गेलड़ा ने 1916 में विजयादशमी पर्व के दिन राजस्थान महिला विद्यालय की स्थापना की जो अपने आप में एक क्रान्तिकारी पहल थी। प्राथमिक कन्या शाला के रूप में प्रारम्भ हुई इस संस्था का निजी भवन 1935 में बना। 1944 में इसने हाई स्कूल का रूप लिया, 1950 में इंटरमीडिएट कॉलेज की स्थापना हुई और 1954 में यहाँ स्नातक स्तर की पढ़ाई प्रारम्भ हुई। 1973 में संस्था में मान्टेसरी शाला जोड़ी गई तथा 1976 में श्री दुर्गावत कला एवं औद्योगिक प्रशिक्षण केन्द्र आरम्भ हुआ। 1980 में कन्या छात्रावास भी खोला गया।

शिक्षा के क्षेत्र में इस संस्था ने विविध प्रयोग जारी रखते हुए 1982 में आँगनबाड़ी कार्यकर्ता प्रशिक्षण केन्द्र आरम्भ किया। 1985 में महिला शिक्षक प्रशिक्षण महाविद्यालय की स्थापना हुई। 1998 में राजस्थान महिला शारीरिक प्रशिक्षण विद्यालय स्थापित किया गया।

इन सभी शैक्षिक गतिविधियों को आरम्भ करने के पीछे संस्था का उद्देश्य था महिलाओं का सर्वांगीण विकास। संस्था छात्राओं में शारीरिक श्रम के प्रति आदर भाव तथा स्वावलम्बन को प्रोत्साहित करती रही है। सतत् साधना और दृढ़ संकल्प के कारण महिला शिक्षा के क्षेत्र में लगाया गया यह छोटा सा बीज आज एक विशाल वट वृक्ष के रूप में फूल-फल रहा है।

वनस्थली विद्यापीठ

राजस्थान की विशिष्ट शिक्षण संस्था वनस्थली की स्थापना जयपुर से 70 किलोमीटर दूर वीरान क्षेत्र में अक्टूबर 1935 में हुई। प्रजामंडल के अग्रणी नेता हीरालाल शास्त्री और उनकी पत्नी रतन देवी ने गांधी जी के विचारों से प्रभावित हो शान्ता बाई शिक्षा कुटीर के नाम से इसकी स्थापना की। उन्होंने अपनी पुत्री शान्ता बाई की मृत्यु के पश्चात् कुल छह लड़कियों से बिना इमारत और अन्य संसाधनों के मिट्टी के कमरों में इस संस्था का कार्य शुरू किया। कालान्तर में यही वनस्थली विद्यापीठ के नाम से प्रसिद्ध हुई। 1941 तक यह उच्च माध्यमिक विद्यालय था। 1943 में यह महाविद्यालय बना और 1983 में इसको विश्वविद्यालय का दर्जा दिया गया।

यहाँ 'पंचमुखी' शिक्षा पद्धति अपनाई गई। इसमें शैक्षणिक जानकारी के साथ ही शारीरिक शिक्षा और व्यावहारिक शिल्प शिक्षा को भी समाहित किया गया। संस्था में सादे रहन-सहन, स्वावलम्बन और खादी पहनने पर आग्रह किया जाता है। यहाँ की छात्राओं में अदम्य साहस और आत्मविश्वास दीख पड़ता है और वे चुनौतीपूर्ण कार्य करने में नहीं हिचकिचाती हैं।

श्रीमती रतन शास्त्री एक सामान्य परिवार में पैदा हुई थीं। उनके पिताजी शिक्षक थे। उनकी शादी बहुत कम उम्र में हो गई थी। उनकी औपचारिक शिक्षा बहुत कम थी। आजादी पूर्व ही वे अपने पति के साथ एक छोटे से गाँव वनस्थली में आकर बस गईं। उन्होंने पर्दा व गहने छोड़ दिए थे जो अपने आप में एक क्रान्तिकारी कदम था। शुरुआत में उन्होंने गांधी जी के विचारों को मानकर काम शुरू किया। खादी और आत्मनिर्भरता, साक्षरता, स्वास्थ्य, चेतना जागरण के अनेक कार्यक्रम उन्होंने प्रारम्भ किए।

रतन देवी शास्त्री संस्था के प्रति आजीवन समर्पित रहीं। वनस्थली के विस्तार की यात्रा की वे साक्षी भी रहीं और प्रेरणा भी। राजस्थान में स्त्री शिक्षा के क्षेत्र में उन्हें एक प्रकाश स्तम्भ माना जा सकता है।

इस संस्था की अपनी एक अलग पहचान है। आजादी पूर्व की अनेक तेजस्वी महिलाएँ वनस्थली से पढ़कर निकलीं। उस समय के इतने रुढ़िवादी समाज में भी इन लड़कियों की परम्परागत छवियों को चुनौती देने के लिए और उन्हें आत्मनिर्भर बनाने को अनेक प्रशिक्षण दिए गए जैसे घुड़सवारी, तैराकी, साइकिलिंग, हवाई जहाज उड़ाना आदि। इन्हीं सब कठिन प्रशिक्षणों से गुजरकर इन लड़कियों ने जीवन के हर क्षेत्र में अपनी एक अलग पहचान बनाई।

महिला मंडल—उदयपुर

सन् 1935 में सामन्तवाद के चलते बाल-विवाह, पर्दा-प्रथा और वैधव्य के बन्धनों से आबद्ध नारी जीवन, घर के आँगन की चारदीवारी में सिसक रहा था। देश सामाजिक कुरीतियाँ, रूढ़िवाद, अशिक्षा आदि के दौर से गुजरा रहा था।

अंग्रेजी संस्कृति नई पीढ़ी के तरुण और तरुणियों के जीवन पर हावी हो रही थी। तभी श्री दयाशंकर श्रोत्रिय ने गांधी दर्शन के प्रचार के उद्देश्य से चरखा द्वादशी का 12 दिवसीय आयोजन किया और एक परदा विरोधी भव्य जुलूस निकाला। सार्वजनिक सभा की जिसकी अध्यक्षता श्री भैंरूलाल गेलड़ा ने की। इसी सभा में महिलाओं की जागृति का संकल्प लेकर श्री दयाशंकर श्रोत्रिय ने नारी शिक्षा की संस्था प्रारम्भ करने की घोषणा की। 10 नवम्बर 1935 का यही संकल्प फलित होकर 'महिला-मंडल' के रूप में विकसित हुआ।

महिला-मंडल की स्थापना और श्री दयाशंकर श्रोत्रिय के सेवा कार्यक्रम को वस्तुतः महात्मा गांधी की प्रेरणा का ही सुफल माना जाना चाहिए। श्रोत्रिय जी को महिला-मंडल के लिए बापू का आर्शीवाद था :

"राजस्थान को बढ़ाओ
स्वयं सेविकाएँ तैयार करो,
ऐसे शुभ कार्य में मेरा आर्शीवाद है।"

श्री श्रोत्रिय उन दिनों विद्याभवन स्कूल में सेवारत थे। श्रीमती श्रोत्रिय 'प्रयाग महिला विद्यापीठ' से शिक्षण समाप्त करके 'राजस्थान महिला विद्यालय' में अध्यापन कार्य करने लगीं थी। अतः प्रारम्भिक स्तर पर महिला विद्यालय की कुछ अध्यापिका बहनों को रात्रि शालाओं की सेवा के लिए तैयार किया गया। महिला मंडल के अन्तर्गत महिला शिक्षण की प्रारम्भिक प्रवृत्ति चल निकली। अध्ययन और अध्यापन दोनों कार्य निःशुल्क किए जाने लगे।

धीरे-धीरे अध्यापिकाओं में भी इस सेवा कार्य के प्रति रुचि बढ़ने लगी। एक दिन वह भी आया जब उदयपुर के ग्यारह वार्डों में ग्यारह रात्रि शालाएँ चलने लगीं। यह वह समय था जब महिलाएँ चुपके-चुपके घूँघट निकालकर शालाओं में आती थीं। महिलाएँ, महिलाओं तक का भी पर्दा करती थीं। इन शालाओं के लिए मकान और रोशनी की व्यवस्था मकान मालिक करते थे। अध्यापिका निःशुल्क पढ़ाती थीं। इस प्रवृत्ति का प्रारम्भ में विरोध भी काफी हुआ। आम प्रचार यह किया जाता था कि 'ये लोग औरतों को बिगाड़ेंगे।' इसलिए बड़ा साहस करनेवाली महिलाएँ ही शालाओं में आ पाती थीं। शिक्षा एवं समाज सुधार हेतु वातावरण निर्माण का कार्य, पद-यात्राओं, धार्मिक-भजन, राष्ट्रीय लोक-गीत, लोक-नृत्य, देशी-खेल, पनघट व मन्दिरों के मार्गों पर भजन लिखवाकर किया जाता था।

गर्मी की छुट्टियों में साक्षरता आन्दोलन चलाए गए। इस कार्य को अधिक रुचिकर बनाने के लिए पर्दा निवारण दिवस, केम्प-हाइक, पिकनिक, सामाजिक-धार्मिक तथा राष्ट्रीय पर्वों पर उत्सवों का आयोजन, सामूहिक चर्खा कताई, सचल-पुस्तकालय, दम्पती राग्गेलन, सामूहिक-चर्चाएँ, हेलमेल-सम्मेलन, सार्वजनिक स्थानों पर सामूहिक जलपान इत्यादि की व्यवस्था की जाती थी। सन् 1941 में मृत्युभोज और पर्दा प्रथा जैसी कुरीतियों पर कार्य प्रारम्भ किया गया। 24 फरवरी, 1941 को महिला पुस्तकालय और

वाचनालय, का उद्घाटन हुआ। प्रथम वर्ष से ही 60 दैनिक, साप्ताहिक और मासिक पत्र-पत्रिकाएँ वाचनालय में आने लगीं। इसी वर्ष (1941) में महिला मंडल ने एक पंजीकृत संस्था का रूप ग्रहण किया।

प्रारंभिक कार्यक्रमों की सफलता एवं निरन्तर बढ़ते जा रहे जनसहयोग से उत्साहित होकर महिला मंडल ने सन् 1942 में अपनी प्रवृत्तियों का विस्तार किया। शहर में 23 केन्द्र चलाए जाने लगे। इनमें तीन केन्द्र हरिजन महिलाओं और बालिकाओं के लिए थे। इन केन्द्रों पर क्रमशः तीसरी, चौथी और आगे की कक्षाएँ शुरू की जाकर एक मिडिल स्कूल की शुरुआत की गई। देश की आजादी से पूर्व महिला मंडल ने अपने मिडिल स्कूल को 'हाई स्कूल स्तर' तक पदोन्नत कर दिया। सन् 1943 में श्रीमती कस्तूरबा गांधी की स्मृति में दो प्रवृत्तियों का जन्म हुआ। इनमें पहली थी कस्तूरबा छात्रावास की स्थापना, तथा दूसरी कस्तूरबा प्रशिक्षण विद्यालय का शुभारम्भ।

सन् 1952 में ग्राम सेवा के लक्ष्य की प्राप्ति हेतु मावली तहसील में केन्द्रीय समाज कल्याण बोर्ड द्वारा अनुमोदित प्रोजेक्ट हाथ में लिया गया। तहसील के सभी 133 गाँवों में प्रौढ़ शिक्षण, बाल-शिक्षण, औषधि-वितरण, खाद-बीज वितरण कार्यक्रम और सिलाई शिक्षण केन्द्रों का सफलतापूर्वक संचालन एवं आयोजन किया गया।

श्रीमती रामेश्वरी नेहरू तथा ठक्कर बापा की प्रेरणा से महिला-मंडल ने हरिजन तथा आदिवासी बहनों की सेवा का कार्य सन् 1950 से शुरू किया था। उसका क्रमशः विस्तार होता रहा। वर्तमान में श्री कस्तूरबा आदिवासी बालिका छात्रावास में रहकर लगभग 100 छात्राएँ अध्ययन कर रही हैं। इनके अतिरिक्त मीरा निराश्रित बालिका गृह के अन्तर्गत उदयपुर परिक्षेत्र की लगभग 50 अनाथ छात्राएँ शिक्षा ग्रहण कर रही हैं।

वर्ष 1973 में पीड़ित एवं जरूरतमन्द महिलाओं को रोजगार देकर आत्मनिर्भर और सशक्त बनाने हेतु 'महिला उद्योग' के स्थान पर 'महिला मंडल गृह उद्योग प्रतिष्ठान' की स्थापना राजस्थान खादी और ग्रामोद्योग बोर्ड से 10000/- रुपए ऋण प्राप्त करके की गई। यह प्रतिष्ठान खादी ग्रामोद्योग बोर्ड से मान्यता प्राप्त है तथा इसमें 95 प्रतिशत महिलाएँ कार्यरत हैं जिनकी संख्या लगभग 200 है। यहाँ पापड़, बड़ी, मसाले एवं अन्य खाद्य पदार्थ और अचार व बेकरी उत्पादन किया जाता है। मसालों की बिक्री प्रयोगशाला परीक्षण में सही पाए जाने के बाद की जाती है। जिसके लिए शुद्धता का 'एगमार्क' प्रमाणीकरण है।

सन् 1977 से 'श्रमिक-शिक्षा केन्द्र' द्वारा श्रम मन्त्रालय के सहयोग से प्रतिवर्ष 5 शिविर लगाए जा रहे हैं जिनमें महिलाओं के जीवन को सुखी बनाने की जानकारी दी जाती है। समय-समय पर महिला सम्मेलनों का आयोजन करके महिला जागृति के प्रयत्न अनवरत रूप में किए जाते हैं।

महिलाओं के उत्थान हेतु महिला मंडल की अन्य गतिविधियाँ हैं। फिल्म प्रदर्शन, अल्पना, मेंहदी आदि हैं। केन्द्रीय सरकार फल संरक्षण एवं डिब्बा बन्द विभाग के सौजन्य से फलों के संरक्षण, अचार, जेम, जैली इत्यादि के स्वास्थ्यवर्धक तरीकों से जानकारी दी जाती है।

महारानी गायत्री देवी गर्ल्स स्कूल (एम.जी.डी.)

महारानी गायत्री देवी स्कूल आमेर रोड पर जोरावर सिंह गेट के पास स्थित माधोविलास में 12 अगस्त 1943 को प्रारम्भ हुआ। मात्र 24 छात्राओं तथा आठ शिक्षिकाओं को लेकर प्रारम्भ हुआ यह स्कूल 1944 में अपने वर्तमान परिसर में स्थानान्तरित हुआ। स्कूल की प्रथम प्रिंसिपल के रूप में मिस लिलियन गॉडफ्रेडा लूटर का चयन किया गया। ब्रिटिश मूल की मिस लूटर इसके पूर्व बर्मा में मॉर्टन लेन स्कूल तथा टीचर्स ट्रेनिंग कॉलेज की प्राचार्या रह चुकी थीं। बर्मा में गर्ल गाइड मूवमेंट के लिए भी उन्होंने सराहनीय कार्य किया था।

शिक्षा को पूर्णतः समर्पित मिस लूटर का प्रथम प्रिंसिपल चुना जाना एम.जी.डी. स्कूल के लिए एक वरदान साबित हुआ। महारानी गायत्री देवी की ऊर्जा, बालिका शिक्षा का उनका संकल्प तथा मिस लूटर के अनुभव व प्रशासनिक कौशल से एम.जी.डी. की नींव मजबूत हुई। शीघ्र ही स्कूल को सीनियर कैम्ब्रिज बोर्ड की मान्यता मिली। 1949 में जब जयपुर राज का विलय राजस्थान में हुआ तो एम.जी.डी. स्कूल, बोर्ड ऑफ गवर्नर्स को सौंप दिया गया। मिस लूटर ने व्यावहारिक सूझबूझ दर्शाते हुए तत्काल इन्डियन पब्लिक स्कूल कॉनफरेन्स की सदस्यता का आवेदन लगाया। यों 1950 में महारानी गायत्री देवी स्कूल भारत का पहला और उस समय एकमात्र बालिका पब्लिक स्कूल बना।

प्रारम्भ में एम.जी.डी. में दाखिला लेनेवाली अधिकांश छात्राएँ या तो राजपूत परिवारों से थीं या फिर जयपुर राज में उच्च पदों पर कार्यरत अधिकारियों या धनाढ्य सेठों के परिवारों से थीं। राजपूत परिवारों से आई कुछ किशोरियाँ तो पूर्णतः निरक्षर थीं। मिस लूटर ने इन छात्राओं के लिए अलग से कक्षाओं की व्यवस्था की। उस दौर में छात्राओं को लानेवाली बस में पर्दे की व्यवस्था थी। ड्राइवर तथा छात्राओं के बीच भी पर्दा रहता था। स्कूल पहुँचने पर 'बाई सा' कनातों की आड़ में स्कूल भवन में प्रवेश करतीं। स्कूल में 1944 में ही छात्रावास जोड़ दिया गया था ताकि जयपुर से बाहर रहनेवाले परिवारों की बालिकाएँ भी इस सुविधा का लाभ उठा सकें। पठन, लेखन व गणित विषयों के पाठ्यक्रमों को पढ़ाने के साथ बालिकाओं के लिए खेलकूद व अनेक रचनात्मक गतिविधियों की व्यवस्था भी हुई।

मिस लूटर के कुशल नेतृत्व तथा गायत्री देवी के निरन्तर संरक्षण से कुछ ही वर्षों में एम.जी.डी. ने न केवल भारत में बल्कि विदेशों में भी खूब नाम कमाया तथा स्कूल के छात्रावास में दाखिले के लिए लम्बी कतार लगने लगी। मिस लूटर को बाद में पद्मश्री से सम्मानित किया गया। एम.जी.डी. स्कूल अपनी हीरक जयंती मना चुका है और आज भी जयपुर के लोकप्रिय निजी कन्या विद्यालयों में अग्रणी है।

महारानी कॉलेज

राजस्थान का पहला महिला महाविद्यालय जयपुर में खोला गया था। इसकी स्थापना के पीछे महारानी गायत्री देवी की प्रेरणा व प्रथम प्रिंसिपल श्रीमती सावित्री भारतीया के अथक

प्रयास थे। 1944 में इंटरमीडिएट कॉलेज फॉर विमेन नाम से यह महाविद्यालय जब प्रारम्भ हुआ तो इसका अपना कोई भवन तक न था। आमेर रोड पर जोरावर सिंह गेट के पास स्थित सवाई माधोसिंह के पुराने ग्रीष्मकालीन आवास में ही कुछ फेर-बदल के साथ कॉलेज की शुरुआत की गई थी। एक बड़ा हॉलनुमा कमरा जो शायद पहले दरबारे खास रहा होगा, कॉलेज का असेम्बली हॉल बना। वह प्लेटफॉर्म जहाँ महाराज दरबार लगाते रहे होंगे, कॉलेज के पुस्तकालय के रूप में परिवर्तित कर दिया गया। शेष कमरे में प्रिंसिपल का कमरा, स्टॉफ रूम, कक्षाएँ व ऑफिस में बदल दिए गए। महाराजा के अस्तबल तक को मरम्मत कर दुरुस्त कर दिया गया और उसमें भी कक्षाएँ लगने लगीं।

1944 में इंटरमीडिएट कक्षा में दाखिला लेनेवाली छात्राओं की संख्या मात्र 11 थी। जाहिर था 11 छात्राओं के साथ कॉलेज चलाया नहीं जा सकता था। अतः महाराजा गर्ल्स स्कूल की नवीं कक्षा की 13 व दसवीं कक्षा की 21 बालिकाओं को भी उनकी कुछ शिक्षिकाओं के साथ कॉलेज में स्थानान्तरित कर दिया गया। यूँ कुल जमा 45 छात्राओं व लगभग दस शिक्षिकाओं के साथ कॉलेज का सूत्रपात हुआ।

कॉलेज में दाखिला लेनेवाली सभी बालिकाएँ मध्यवर्ग की व जयपुर राज के अफसरों, डॉक्टरों, वकीलों व अन्य पेशेवर लोगों के परिवारों से थीं। शिक्षा निःशुल्क थी और छात्राओं को घर से लाने ले जाने की व्यवस्था भी। सभी सादी पोशाकों में सीधे पल्लू की साड़ी पहने आती थीं। नवीं-दसवीं की कुछ छात्राएँ सलवार-कमीज जरूर पहनती थीं पर ऐसे कि किसी का ध्यान न खींचें।

1947 में कॉलेज का नया भवन बन गया जो आज भी महारानी कॉलेज का परिसर है। नया भवन विशाल था जिसमें आसानी से 500 छात्राएँ पढ़ सकती थीं। परन्तु छात्राओं की संख्या प्रारंभिक वर्षों में 45 पर ही अटकी रही। व्यावहारिक सूझबूझवाली प्राचार्या श्रीमती भारतीया व उनकी उपप्राचार्या सुश्री कृष्णा तरवे को लगा कि छात्रा संख्या बढ़ाने के लिए सरकार से अनुमति व वित्तीय अनुदान ले कॉलेज भवन की दूसरी मंजिल पर छात्रावास प्रारम्भ करना चाहिए ताकि राजस्थान के दूसरे राज्यों से भी छात्राएँ आकर्षित की जा सकें। विचार अमल में लाया गया, पर आश्चर्य कि छात्राओं की संख्या तब भी नहीं बढ़ी।

तब यह साफ हुआ कि माता-पिता अपनी बेटियों की शिक्षा-दीक्षा में उस राशि को नहीं लगाना चाहते जो उन्होंने वर्षों से सहेजकर उनके दहेज के लिए जुटाई हो। साथ ही यह भी कि उच्च शिक्षा के लिए अपनी बेटियों को कॉलेज भेजने के पीछे उनका मकसद मात्र यह था कि उन्हें बेहतर 'वर' मिलें।

बहरहाल अगला तार्किक कदम था छात्रवृत्तियों के लिए राशि जुटाना ताकि बाहर से आनेवाली छात्राओं के आवास व भोजन की व्यवस्था हो सके। यह सहायता श्रीमती भारतीया व महारानी कॉलेज को उदारमना व्यवसायी सेठ दुग्गड़जी से मिली। कुल जमा तीन छात्राओं के साथ छात्रावास प्रारम्भ हुआ। कृष्णा तरवे उसकी पहली वार्डन बनीं। वर्ष के अन्त तक छात्रावास में छात्राओं की संख्या छह हो गई और आगामी वर्षों में

निरन्तर बढ़ती गई।

1948 में महारानी कॉलेज डिग्री कॉलेज बना और छात्राओं की संख्या 250 तक पहुँची। इसमें करीब 40 छात्रावास में रहती थीं। कॉलेज में प्रारम्भ से ही शिक्षा को केवल पाठ्यक्रम तक सीमित नहीं रखा गया था, वहाँ खेल-कूद, नृत्य-संगीत, नाटक, वाद-विवाद, कविता पाठ आदि गतिविधियाँ प्रोत्साहित की गईं थीं। छात्राओं के सर्वांगीण विकास में श्रीमती भारतीया के नेतृत्व में सभी शिक्षिकाओं ने अपना-अपना विशिष्ट योगदान दिया। कॉलेज के वार्षिकोत्सव, नाटक-नृत्य नाटिकाओं की प्रस्तुतियाँ हमेशा सराहनीय रहतीं। शिक्षिकाएँ अपनी छात्राओं की संरक्षिकाएँ होने के साथ उनसे इतनी घनिष्ठता भी रखतीं कि उनकी पिकनिक, सैर-सपाटे में भी साथ जुड़तीं। जयपुर के सामन्ती माहौल को हौले-हौले बदलने में इन शिक्षिकाओं व छात्राओं का बड़ा हाथ रहा। कॉलेज परिसर के ठीक सामने लड़कों के महाराजा कॉलेज परिसर में आयोजित क्रिकेट मैच हो या वाद-विवाद प्रतियोगिताएँ, महारानी कॉलेज की छात्राएँ अपनी शिक्षिकाओं के संरक्षण में अपनी उपस्थिति दर्ज कराने लगीं।

इस दौर में सामाजिक प्रतिबन्धों को क्रमशः तोड़ने के बावजूद सम्मान पानेवाली महिलाएँ जो महारानी कॉलेज से जुड़ी वे थीं—श्रीमती देवकी राव, श्रीमती मिथिलेश मुखर्जी, मिस ए. करकरे, मिस पद्मिनी, मिस कृष्णा तरवे, मिस शाह, मिस हेमलता प्रभू और सर्वोपरि श्रीमती सावित्री भारतीया।

सन् 1962 में महारानी कॉलेज राजस्थान विश्वविद्यालय के संघटक कॉलेजों ने शामिल कर लिया गया। इससे जहाँ एक ओर कॉलेज की स्वायत्तता तथा उसके समेकित स्वरूप पर आँच आई, वहीं दूसरी ओर विश्वविद्यालय के विभिन्न विभागों में कार्यरत शिक्षकों के अनुभव का लाभ भी छात्राओं को मिल सका।

बीकानेर महिला मंडल

बीकानेर महिला मंडल की स्थापना 15 अगस्त 1947 में हुई थी। इसकी स्थापना **श्री रामगोपाल जी मोहता** जो आजादी के समय में **हरिजन व नारी उत्थान** के कार्य में लगे हुए थे, ने की थी। शुरुआती दौर में यहाँ पर पंजाब विश्वविद्यालय की साहित्य रत्न की पढ़ाई होती थी। प्रारम्भ में सौ सदस्य बनीं और साखुन जागीर की ठकुरानी गुलाब कुमारी शेखावत अध्यक्ष चुनी गईं। वे बीकानेर के शासक परिवार के अत्यन्त निकट थीं। वे पर्दा त्यागकर मंडल के काम में जुट गईं। उनकी पुत्री श्रीमती सुबोध कुमारी राठौड़ प्रधानमन्त्राणी चुनी गईं और वह भी अपने सारे रूढ़िवादी बन्धनों को तोड़कर मंडल के काम में लग गईं। रतन धामाणी कोषाध्यक्ष चुनी गईं। 1949 में 20 महिलाओं ने पंजाब विश्वविद्यालय की साहित्य रत्न परीक्षा दी और वे सब उत्तीर्ण भी हुईं। उस समय परीक्षा देने के लिए रेवाड़ी व दिल्ली जाना पड़ता था। बीकानेर महिला मंडल में जो महिलाएँ पढ़ने आती थीं वे अधिकतर ऐसी प्रौढ़ महिलाएँ थीं जिनके पति

गुजर गए थे। उनकी शिक्षा का समाज द्वारा काफी विरोध भी हुआ पर मंडल की महिलाओं ने इन महिलाओं को सहारा दिया और बाद में समाज में उनको मान भी मिला।

पढ़ाई के साथ उन्होंने उद्योग विभाग भी स्थापित किया। इसमें पापड़, बड़ी, मिर्च, मसाले, अचार, खाटे की टीकड़ी, चूर्ण आदि बनाने का काम चालू किया। इसमें काम करनेवाली महिलाओं को दैनिक मजदूरी दी जाती थी और तैयार सामग्री की बिक्री की वार्षिक आय दो लाख पचास हजार तक पहुँच गई थी। विभाग का कार्य संचालन महिलाओं द्वारा होता था। चरखा चलाना भी सिखाया गया और सैकड़ों शरणार्थी महिलाओं से कशीदे का काम ऑर्डर लेकर करवाया गया। बाद में 80 प्रतिशत अनुदान शिक्षा विभाग राजस्थान से मिलने लगा। मंडल की यह बड़ी उपलब्धि रही कि बहुत सारी छात्राएँ जो यहाँ से पढ़कर निकलीं वे गाँव में अध्यापिकाओं के पद पर रहीं। यह शाला भी हाई स्कूल में परिवर्तित हो गई। इसका 90 प्रतिशत स्टॉफ मंडल में ही पढ़ा था। मंडल का, बीकानेर में, महिला शिक्षा के क्षेत्र में बहुत बड़ा योगदान रहा है।

बाल मन्दिर संस्थान

7 जुलाई 1952 को **श्रीमती गीता बजाज** ने जयपुर के मोती डूँगरी क्षेत्र में बाल मन्दिर की शुरुआत की। जिस एक कमरे में वह अपनी बेटी के साथ रहती थीं उसी घर की खुली छत पर पाँच-सात बच्चों को लेकर उन्होंने समाज सेवा के अपने व्रत का श्रीगणेश किया था। गरीब जागीरदारों का इलाका था वह। धानका, गूजर, बलाई, मीणें और दरोगों के बच्चे वे घर-घर जाकर लाई थीं। बापू द्वारा दिए गए सेवा के सन्देश को मूर्तरूप देने का गीता जी को यही ढंग सही लगा कि वे समाज के पिछड़े हुए और निर्धन बच्चों को शिक्षा और संस्कार दें और महिलाओं में जागृति पैदा करें। महारानी कॉलेज, जयपुर की प्राचार्या श्रीमती सावित्री भारतीया संस्था की सर्वप्रथम अध्यक्ष थीं। मकान खाली करने के फलस्वरूप एक साल तक विद्यालय को पेड़ों के नीचे ही चलाया गया। वहीं छात्राओं को शिक्षा दी गई।

सादगी और व्यक्तित्व की दृढ़ता को उन्होंने अपने जीवन में उतारा था। खुद पति की मृत्यु के बाद शादी नहीं की किन्तु अपनी छोटी बहन राजकुमारी जिसके पति 17 साल की उम्र में ही उसका साथ छोड़ गए थे, उसका पुनः विवाह समाज का विरोध सहकर भी उन्होंने स्वयं करवाया।

गीता देवी जी ने खुद पति की मृत्यु के बाद वनस्थली से माध्यमिक शिक्षा प्राप्त की थी। इसके बाद वे क्रमशः पिलानी और बनारस विश्वविद्यालय में पढ़ी थीं। तत्कालीन प्रधानमन्त्री जवाहरलाल नेहरू और राज्य के पूर्व मुख्यमन्त्री जयनारायण व्यास की अनुकम्पा से 10,000 वर्गगज भूमि संस्था को आवंटित की गई। अब जहाँ बाल मन्दिर संस्थान बना है उस समय वहाँ टीले ही टीले थे। गीता देवी जी ने अपनी अकेली की हिम्मत से इतना

बड़ा भवन खड़ा किया। सुनसान, बियाबान रातों को वे अकेली एक लालटेन लेकर खड़ी होकर या फिर सड़क के किनारे बैठकर ट्रकों का इन्तजार करतीं। कहतीं कि ट्रक से पत्थर खाली करवाकर ही आऊँगी। इतनी लगन थी अपने सपने को साकार करने की। इतना बड़ा भवन बनाया पर खुद 22 सालों तक एक कमरे में ही रहती रहीं।

सन् 1954 में शिक्षा विभाग राजस्थान से बाल मन्दिर को प्राथमिक विद्यालय की मान्यता प्राप्त हुई। सन् 1970 में यह उच्च प्राथमिक विद्यालय में क्रमोन्नत हो गया। राजस्थान सरकार से अनुज्ञा प्राप्त कर आवासीय महिला एस.टी.सी. विद्यालय की स्थापना की गई। शैक्षिक जगत में लगातार प्रगति की ओर उन्मुख इस संस्थान ने उच्च प्राथमिक स्तर से बढ़कर सैकेण्डरी, हायर सैकेण्डरी और फिर सीनियर सैकेण्डरी विद्यालय का स्वरूप ग्रहण कर लिया। विद्यालय में आठवीं कक्षा तक सहशिक्षा और नवीं से बारहवीं तक केवल बालिकाओं को शिक्षा दी जाती है। इस प्रकार गीता जी के कदम बालिका शिक्षा और स्त्री शिक्षा की ओर बढ़ते ही गए। सन् 1976 में महिला शिक्षण प्रशिक्षण की अगली कड़ी शिक्षक प्रशिक्षण महाविद्यालय के रूप में जोड़ी गई।

इसी तरह भीलवाड़ा में महिला आश्रम और इसी जिले के शाहपुरा में कस्तूरबा ट्रस्ट और अजमेर हटूंडी में महिला शिक्षा को लेकर अनोखे प्रयोग हुए।

आजादी पश्चात् शिक्षा के सरकारी प्रयास

आजादी के बाद भारत के संविधान में सार्वजनिक शिक्षा का अधिकार देश के नागरिकों को दिया गया। कहा गया था कि 14 वर्ष के हर बच्चे को आठवीं तक शिक्षा उपलब्ध होगी। सरकार अपना यह लक्ष्य पूरा नहीं कर पाई किन्तु फिर भी शिक्षा का काफी विस्तार हुआ।

राजस्थान राज्य में अन्य राज्यों से कम किन्तु फिर भी महिला शिक्षा पर विशेष ध्यान दिया गया। सरकारी स्तर पर स्कूलों की संख्या में काफी बढ़ोतरी हुई। पंचवर्षीय योजनाओं में स्त्रियों (लड़कियों) की शिक्षा के लिए खास प्रावधान किए गए। राज्य में प्रारम्भिक शिक्षा पर प्रथम पंचवर्षीय योजना में जहाँ 2.29 करोड़ रुपए का प्रावधान रखा गया, वहीं द्वितीय योजना में गह 1.88 तथा तृतीय में 8.05 करोड़ रुपए हुआ।

प्राथमिक शालाओं की स्थिति

वर्ष	*प्राथमिक शालाओं की संख्या*
1951	43363
1961	14548
1971	19000
1981	22500
1991	29817

इन्दिरा गांधी की अध्यक्षता में 9 मई 1958 को राष्ट्रीय स्तर पर महिला शिक्षा समिति का गठन हुआ। इस समिति ने ऐसी दो संस्थाओं के संस्थापन का सुझाव दिया जो महिलाओं को प्रशासनिक पदों पर नियुक्ति हेतु प्रशिक्षित कर सकें। सरकार ने इस प्रस्ताव को सिद्धान्ततः स्वीकार किया और संस्थाओं की स्थापना हेतु कुछ कदम भी उठाए गए। इस समिति को स्त्री शिक्षा में अपव्यय एवं प्रभावहीनता पाठ्यक्रम, प्रशिक्षण और रोजगार, व्यावसायिक शिक्षण, प्रौढ़ महिलाओं के लिए विशेष व्यवस्था, स्वायत्त संस्थाओं की भूमिका, प्रशासनिक संगठन, आर्थिक परिवेश आदि महत्त्वपूर्ण समस्याओं पर विचार करना था। सर्वेक्षण से पता लगता है कि महिला शिक्षा के प्रचार और प्रसार के लिए प्रयत्न किए गए साथ ही उसके सामाजिक और आर्थिक उत्थान के लिए भी कार्यक्रम प्रारम्भ हुए।

1958-59 में इस कमेटी के सभी सुझावों को कार्यान्वित करने पर पुनः बल दिया गया जिसमें छात्राओं के लिए व्यावसायिक शिक्षा, छात्रवृत्ति और आर्थिक सहायता एवं केन्द्र में स्त्री शिक्षा के कार्यान्वयन के लिए विशिष्ट समितियों का निर्माण प्रमुख था। श्रीमती हंसा मेहता की अध्यक्षता में निर्मित समिति के सुझावों को प्रेषित किया गया। इसके अनुसार गृह विज्ञान, संगीत एवं शिक्षा की सुविधा माध्यमिक स्तर पर व्यापकता के साथ होनी चाहिए। छात्राओं के लिए इनको अनिवार्य विषय बनाया जाए। माध्यमिक स्तर पर गणित एवं विज्ञान के अध्ययन के लिए विशेष प्रयत्न किए जाएँ और उच्चतर स्तर पर कला, विज्ञान, सामाजिक शास्त्र, ह्यूमेनिटीज एवं तकनीकी शिक्षा का स्वतन्त्र चुनाव शिक्षार्थी स्वयं करें। कुछ विश्वविद्यालयों में अनुसन्धान केन्द्र स्थापित किए जाएँ जहाँ स्त्री शिक्षा पर विशेष अनुसन्धान हो सके।

1964-66 में एजूकेशन कमीशन की रिपोर्ट के अनुसार स्त्री शिक्षा इस कार्यक्रम का प्रमुख अंग था। इसके अनुसार स्त्री और पुरुष की शिक्षा के बीच की दूरी को शीघ्रातिशीघ्र समाप्त करने का लक्ष्य रखा गया था। 1951 में प्राथमिक और माध्यमिक कक्षाओं में पढ़नेवाले छात्रों की कुल संख्या में से 26.7 प्रतिशत बालिकाएँ थीं। 13.9 प्रतिशत उच्च एवं उच्चतर माध्यमिक कक्षाओं में तथा 12.4 प्रतिशत कॉलेज तथा विश्वविद्यालयों में छात्राएँ थीं। 1955-56 में यह प्रतिशत क्रमशः 28 प्रतिशत, 16.2 प्रतिशत तथा 13.6 प्रतिशत था।

तृतीय पंचवर्षीय योजना में माध्यमिक स्कूलों को उच्च माध्यमिक स्कूलों में परिवर्तित किया गया। स्त्री शिक्षा के विस्तार की सुविधाएँ प्रदान की गईं। इन दो पंचवर्षीय योजनाओं में छात्राओं की संख्या 200,000 से 520,000 हुई। तृतीय पंचवर्षीय योजना के अन्तर्गत विज्ञान एवं समाजशास्त्र में प्रशिक्षण, विशेष वैकल्पिक विषयों का प्रावधान और शोध कार्य पर विशेष बल दिया गया तथा मूल्यांकन की नई पद्धति का प्रारम्भ हुआ। एक्सटेंशन सेन्टर बनाए गए जिनके द्वारा सेवाकाल में सेमिनार, वर्कशॉप, दृश्य-श्रव्य सुविधाएँ, पुस्तकालय, दिशा निर्देश सेवाओं एवं प्रकाशन आदि के व्यापक कार्यक्रमों द्वारा शिक्षा जगत में नई प्रेरणा आई।

स्त्री शिक्षा के लिए द्वितीय पंचवर्षीय योजना में अनेक प्रावधान किए गए थे। तृतीय पंचवर्षीय योजना के अन्तर्गत उन्हीं को और विकसित करने का निश्चय हुआ। छात्राओं को विशिष्ट छात्रवृत्तियाँ दी गईं। स्त्री शिक्षा क्षेत्र में कार्य कर रही स्वैच्छिक संस्थाओं को 1962-63 में अनुदान प्रदान करना प्रारम्भ हुआ। राजस्थान में स्त्री शिक्षा का कार्य विभिन्न स्तर और क्षेत्र में करना आवश्यक था। 6-11, 11-17 और उसके बाद की आयुवाली लड़कियों की शिक्षा का प्रबन्ध राज्य सरकार द्वारा हो रहा था लेकिन इसी आयु की विवाहित बालिकाओं, प्रौढ़ महिलाओं एवं अनुसूचित और पिछड़े वर्ग की महिलाओं की शिक्षा का कार्य बहुत कुछ स्वयंसेवी संस्थाओं के द्वारा ही प्रारम्भ हुआ। उत्तरोत्तर राज्य सरकार की ओर से भी प्रबन्ध हुआ और पहले से इस क्षेत्र में कार्य करनेवाली संस्थाओं को अनुदान भी दिया गया।

उच्च शिक्षा की स्थिति

1944 में जयपुर में महारानी कॉलेज की स्थापना हुई थी। यह राजपूताना का पहला महिला महाविद्यालय था। 1946 में इसका अपना भवन बन गया था। 1947 में राजस्थान के पहले विश्वविद्यालय की स्थापना जयपुर में हुई थी।

महिला महाविद्यालयों की स्थिति

क्रम		*50-51*	*55-56*	*60-61*	*65-66*	*69-70*	*74-75*
1.	कॉलेज में छात्राओं का नामाँकन	1577	3968	4624	7119	10200	15000
2.	छात्रों के मुकाबले नामाँकित छात्राओं का प्रतिशत।	12	14	18	21	22	-
3.	महिला महाविद्यालयों की संख्या	6	8	11	12	14	9000
4.	शिक्षिकाओं की संख्या	73	188	267	456	590	-

आजाद भारत में अनेक लड़कियाँ उच्च शिक्षा प्राप्त करके चुनौतीपूर्ण भूमिकाओं में जा रही थीं। राजस्थान विश्वविद्यालय के प्रौढ़ एवं सतत शिक्षा विभाग में वर्ष 1973 में महिलाओं की स्थिति पर आयोजित सेमिनार 'विमेन, द अनटेप्ड पोटेंशियल इन राजस्थान' में विश्वविद्यालय के समाजशास्त्र विभाग के प्रोफेसर एन.के. सिन्धी ने बताया था कि मेडिकल कॉलेज में लड़कों के मुकाबले लड़कियों का नामांकन 5:1 है। वर्ष 1966 के आँकड़ों में कुल पढ़ी-लिखी महिलाओं का 3/4 भाग शिक्षण संस्थाओं में, 15 प्रतिशत दफ्तरों में, और मात्र 2.5 प्रतिशत उच्च पदों पर कार्यरत है।

महिला एवं शिक्षा विषय पर प्रोफेसर पी.डी. शर्मा ने औरतों की शिक्षा को उनकी सामाजिक भूमिका के अनुरूप इन तीन भागों में बाँटने का सुझाव दिया था।

- वे महिलाएँ जो बौद्धिक स्तर पर समाज के उच्च पदों पर जाना चाहें।

- जो गृहस्थी की जिम्मेदारियों के साथ नौकरी भी करना चाहें।
- वे जो विशुद्ध रूप से गृहणी बनकर रहना चाहें।

उनके इस विचार पर महिला शिक्षाविदों ने तीखी प्रतिक्रिया व्यक्त की थी और इसे नामंजूर भी किया था। बहस का विषय यह था कि लड़कियों को उनकी परम्परागत भूमिकाओं में बाँधने वाली शिक्षा ही क्यों दी जाए। गृह विज्ञान आदि विषयों को पुरुषों के बीच भी लोकप्रिय क्यों नहीं बनाया जाए। अस्सी के दशक में विश्वविद्यालय में महिला अध्ययन केन्द्र खुला था। अन्य कई अध्ययन संस्थाओं और महाविद्यालयों में महिला अध्ययन प्रकोष्ठ स्थापित हुए थे। जहाँ महिलाओं से सम्बन्धित अनेक विषयों पर शोध व अन्य कार्यक्रम शुरू हो गए थे।

महिला प्रौढ़ शिक्षा और साक्षरता

यूँ तो आजादी पूर्व ही प्रौढ़ साक्षरता के प्रयास शुरू हो गए थे किन्तु राष्ट्रीय स्तर पर वर्ष 75 से साक्षरता के अनेक कार्यक्रम चलाए गए, जिनमें सामुदायिक शिक्षा, कृषक साक्षरता, साइट कार्यक्रम आदि प्रमुख रहे। किन्तु वयस्क निरक्षरों की दर तेजी से बढ़ती गई। 1978 में तत्कालीन सरकार ने राष्ट्रीय वयस्क शिक्षा कार्यक्रम आरम्भ किया। किन्तु इन सब प्रयासों के नतीजे असन्तोषजनक ही रहे। तमाम प्रयासों के बावजूद सन 1981 में महिला साक्षरता का आंकड़ा मात्र 13 प्रतिशत ही था। वर्ष 1988 में राष्ट्रीय स्तर पर राष्ट्रीय साक्षरता मिशन की स्थापना हुई।

नब्बे के दशक में देशभर में सम्पूर्ण साक्षरता अभियान चलाए गए। आजादी के बाद पहली बार इतनी बड़ी संख्या में औरतें शिक्षा से जुड़ीं। बड़ी संख्या में स्कूली लड़कियाँ इन अभियानों से जुड़ीं। महिला जत्थे, नाटकों, गीतों आदि के माध्यम से महिलाओं को साक्षरता के लिए प्रेरित किया गया। गाँवों में महिला दिवस मनाए गए। मेले आयोजित हुए। महिलाओं की नजर से संवेदनशील तरह से पुस्तकें लिखी गईं। इस सबके बावजूद सरकारों की तरफ से बढ़ा-चढ़ाकर साक्षरता के आँकड़े पेश किए गए। जिलों को सम्पूर्ण साक्षर घोषित कर दिया गया। प्रभावी अनुवर्तन कार्यक्रम न चलाए जाने से अनेक नव साक्षर पुनः निरक्षरता की स्थिति में पहुँच गईं। दूसरी बात यह रही कि सरकारों ने शिक्षा के सार्वजनीकरण में रही अपनी असफलता को जनता के माथे मढ़ दिया। निरक्षर व्यक्ति को तरह-तरह से अपमानित किए जाने का सिलसिला भी साथ-साथ चलता रहा।

अस्सी और नब्बे के दशक में शिक्षाकर्मी योजना, लोक जुम्बिश योजना जैसे कार्यक्रमों में भी कुछ अच्छे प्रयोग हुए किन्तु बहुत जल्दी ही इनके अन्दर मौजूद खुला वातावरण भी सरकारीकरण के बोझ तले दब गया। साक्षरता और शिक्षा को दैनिक जीवन से जोड़ने के प्रयास नगण्य ही रहे।

कैम्पस ही अपना नहीं रहा

पिछले चालीस सालों में शिक्षण संस्थाओं का माहौल कैसे बदलता गया, राजस्थान विश्वविद्यालय आवास में पली और बढ़ी एक सक्रिय महिला कार्यकर्ता बताती हैं—''सत्तर के दशक तक राजस्थान विश्वविद्यालय की गिनती देश के चन्द प्रतिष्ठित विश्वविद्यालयों में होती थी। विश्वविद्यालय के कुलपति डॉ. मोहन सिंह मेहता देशभर की जानी-मानी प्रतिभाओं को राजस्थान में लाए थे। शिक्षा का स्तर अच्छा था। विश्वविद्यालय और उससे संबद्ध महाविद्यालयों में खुला माहौल था। छात्र और छात्राओं का आपसी सम्पर्क नाटकों, वाद-विवाद व अन्य कई माध्यमों से होता रहता था। डिबेटिंग सोसायटी और ड्रामेटिक्स क्लब भी थे। वर्ष 67-68 में संवाद नाम का समूह छात्र-छात्राओं ने अपनी पहल से बनाया था जिसमें वे विभिन्न विषयों पर चर्चा करते थे। कुछ कार्यक्रम भी हाथ में ले रहे थे। लड़कियों को कोई भी समस्या आती थी तो छात्र-छात्राओं के समूह मिलकर अपने स्तर पर ही उसका समाधान खोजने का प्रयास करते थे। शाम को आयोजित नाटक आदि कार्यक्रमों में लड़कियाँ भी आती थीं। विश्वविद्यालय परिसर में रहनेवाली लड़कियाँ तो नाटक देखकर देर शाम छात्रों के रेले के बीच से अकेली अपने घर तक जाने में भी डरती नहीं थीं। उस माहौल में लड़कियों का आत्मविश्वास बढ़ रहा था।

किन्तु इन्हीं दिनों एक अन्य मानसिकता भी विश्वविद्यालय में नजर आने लगी थी। एक प्रोफेसर थे, वे अपने सहकर्मियों के परिवारों की महिला सदस्यों पर उल्टी सीधी टिप्पणियाँ करते थे। माँ-बहन की गाली खुलेआम देते थे। एक अन्य पुरुष प्रोफेसर को जब लड़के छेड़ते तब वे अध्यापक भी अश्लीलता पर उतर आते थे।

दो और अध्यापकों के महिलाओं के साथ छेड़छाड़ के किस्से काफी मशहूर हुए थे। एक ने मजदूर महिला के साथ बदसलूकी की थी, दूसरे ने अपने घर में काम करनेवाली नाबालिग लड़की से। एक और अध्यापक थे वे अपनी ही छात्राओं पर अश्लील टिप्पणी करते थे। एक प्रगतिवादी प्रोफेसर थे। वे बड़े ही फूहड़ अंदाज में अपने नौजवान सहकर्मियों को अपनी पत्नी के साथ बिताए अन्तरंग प्रसंगों को सुनाते थे।

मेरी आदत थी कि मैं जोर-जोर से गाने गाती थी। पड़ोस के घर से इनडाइरेक्ट शिकायत आई। इनकी बेटी जोर-जोर से गाने गाती है। पड़ोस में हमारा जवान लड़का है। कहीं कुछ हो गया तो। मेरी माँ ने सन्देश लानेवाले को कहा था कि अपनी बेटी को हम जानते हैं। उसे कुछ नहीं होगा। अपने जवान बेटे को वे सम्हालकर रखें।

विश्वविद्यालय के बाबुओं से नजदीकी पहचान तब हुई जब राजस्थान विश्वविद्यालय प्रौढ़ शिक्षा विभाग में नौकरी की। बहुत विचित्र स्थिति थी। एम.ए. करने के बाद इन्हीं बाबुओं से दफ्तर के कामकाज सीखने का मौका मिला था। सब जानते थे कि मेरे पिता युनिवर्सिटी में ही पढ़ाते हैं। फिर भी कई लोग अपनी सस्ती हरकतों से बाज नहीं आते थे। एक सहयोगी थे जो हमेशा दारू में टुल होकर दफ्तर आते थे। उनसे दूरी बनाकर

रखने के चक्कर में ऑफिस में सब बाबुओं के साथ बैठना होता था। एक दिन अचानक गोली की तरह किसी बाबू ने एक प्रश्न दाग दिया--"एक रात का क्या लेती हो।" पहले तो कुछ समझ में ही नहीं आया कि पूछा क्या गया है। जब तक समझ आया बहुत देर हो चुकी थी। और फिर कुछ कहने की हिम्मत भी नहीं हुई थी।

यू.पी. की पृष्ठभूमि के कारण मैं होली के त्योहार से काफी सतर्क रहती थी, फिर भी प्रौढ़ शिक्षा विभाग के बाबुओं ने होली से एक दिन पहले पकड़कर जिस तरह रंग लगाया उससे अपने आपको बहुत अपमानित महसूस किया था। नतीजा यह हुआ कि आनेवाले सालों में होली से तीन-चार दिन पहले से ही मैं दफ्तर जाना बन्द कर देती थी। किसी से कुछ सीखने पर जो कृतज्ञता और सम्मान का सहज भाव होता है, उसे कोई कैसे भुनाने की कोशिश कर सकता है, कैसे यौन सम्बन्धों की तरफ मोड़ता है—इसका पहला अनुभव हुआ एक बाबू के साथ। मेरी माँ की उम्र के थे वे। रिश्ते की इस घिचपिच से निकलने में काफी समय और श्रम लगा था। कई बार सार्वजनिक अवसरों पर कार्यक्रमों जैसे नाटकों के दौरान या महिला छात्रावास के बाहर, खासकर होली के दिनों में, काफी अश्लीलता होती थी। लड़के बड़े भद्दे रिमार्क पास करते थे।

समय बीतने के साथ विश्वविद्यालय का माहौल बिगड़ता जा रहा था। विश्वविद्यालय प्रशासकों की लापरवाही बढ़ती जा रही थी। उनमें से कुछ गुण्डे लड़कों से डरते भी थे। उनके खिलाफ कार्रवाई करने से कतराते थे। जो शिक्षक प्रशासनिक पदों पर रहते हुए दोषियों के खिलाफ कड़े कदम उठाते थे वे अकेले पड़ जाते थे। एक महिला प्रोफेसर जो राजस्थान विश्वविद्यालय में प्रशासकीय पद पर रहीं उन्होंने बताया कि "विदेशी छात्रों के खुले व्यवहार से भी कई प्रशासनिक समस्याएँ आ रही थीं। उनके खूब दोस्त थे और वे लड़कियाँ भी ले आते थे। इंडियन लड़कियाँ भी आती थीं। लड़कों को लेकर खूब लड़ती भी थीं। तब महिला छात्रावासों में विदेशी लड़कियों के नाइट आउट बन्द करवाए गए। छात्रावासों में अपराध बढ़ रहे थे। एक छात्रावास में दो लड़कों के पास से 200 लेडीज पर्स मिले थे।"

"गर्ल्स हॉस्टल की कुछ लड़कियाँ महिला छात्रावास के बाहर कार में लड़कों के साथ शीशे चढ़ाकर देर तक बैठी रहतीं। 1984 के बाद कैम्पस का माहौल ज्यादा बिगड़ गया था। लड़कों ने एक प्रौक्टर को पर्स छीनने के इरादे से रोक भी लिया था। कुलपति भी सस्ती लोकप्रियता चाहते थे। जो लड़के उनसे मिसबिहेव कर रहे थे उन्हीं के गले में हाथ डालकर घूमते थे। उन्हें पेस्ट्री खिलाते थे। अनुशासनहीनता के मामले आते तो प्रौक्टर समय पर आते ही नहीं थे। मैं अकेली सारी कार्रवाई करती। वे उन्हीं लड़कों की जमानत देते, उन्हें चाणक्य रेस्तराँ में खाना खिलाते।"

"महारानी कॉलेज की एक छात्रा प्रतिनिधि ने जैम टॉकीज बुक करके 60-70 हजार रुपए बना लिए थे। उसके पिता स्कूल में क्लर्क थे। कैण्टीन के बिल ही ढाई-तीन हजार के हो गए थे। प्रिंसिपल कोई भी कार्रवाई करने से खूब डरती थीं। पुरुष शिक्षक भी लड़कियों का यौन शोषण करते थे। एक लड़की रोती रहती थी। जूऑलोजी विभाग में

थी वह। पूछा तो हैरेसमेंट की बात पता चली। छात्राओं का कई तरह से हैरेसमेंट होता था। वरिष्ठ प्रोफेसर इन बातों पर कभी ध्यान नहीं देते थे। मैंने अपने विभाग में हुई घटना के खिलाफ कार्रवाई की तो सब नाराज हो गए। मुझे तंग करने को मेरी लैब का पंखा खोलकर अपने कमरे में लगा लिया। मेरा यू.जी.सी. स्वीकृत प्रोजैक्ट विभाग में आने को सहमति नहीं दी। बहाना यह बनाया कि वो तो पुराने हैड ने भेजा था। इस कारण मुझे प्रोजैक्ट अन्यत्र ले जाना पड़ा।"

डरपोक शिक्षकों को लड़के खुलेआम धमकी देने लगे थे। परीक्षाओं में नकल रोकने के कारण एक शिक्षिका पर हमला भी हुआ था। विश्वविद्यालय कैम्पस में शाम के समय लड़कियाँ तो क्या शिक्षक भी अकेले जाने में खुद को असुरक्षित महसूस करने लगे थे। बाहर के असामाजिक तत्त्व कैम्पस पर कब्जा जमा रहे थे। छात्रों में दारू और ड्रग्स के प्रचलन की बात भी कुछ अध्ययनों से निकलकर आई थी। विश्वविद्यालय इन असामाजिक तत्त्वों की ऐशगाह बनकर रह गया था। *आज माहौल यह है कि दिन के समय भी लड़कियाँ विभागों में बस कक्षा होने तक ही रुकती हैं। अकेली रह जाने के भय से उन्हें घर भागने की जल्दी रहती है।*

वर्ष 1997 में शिक्षक दिवस के दिन विश्वविद्यालय के जे.सी.बोस छात्रावास में दिन दहाड़े एक युवती के साथ सामूहिक बलात्कार हुआ। छात्रावास वार्डन से लेकर तमाम विश्वविद्यालय प्रशासन का इस घटना के प्रति रुख शर्मनाक तो था ही शिक्षा के इस मन्दिर के मुँह पर एक करारा तमाचा भी था। युवती विश्वविद्यालय में पढ़ती भी नहीं थी। बाहर से लाई गई थी। इस घटना ने कैम्पस में फैली अराजकता और गुण्डाराज की पोल खोल दी थी।

इसी दौरान छात्रों के राजनीतिक संरक्षण और शिक्षा के पाठ्यक्रमों में व्यावहारिकता के अभाव पर भी सवाल उठने लगे थे। शहरों और कस्बों की उच्च शिक्षण संस्थाओं में पढ़नेवाले ये छात्र अनेक सामाजिक और सांस्कृतिक परिवेशों से आ रहे थे। इन समाजों में महिलाओं के साथ अलग-अलग व्यवहार होते हैं। किसी समाज में मेलों से लड़कियों को खेंचकर ले जाना प्रचलित है, तो कहीं बहला-फुसलाकर। कहीं विवाहेतर यौन सम्बन्धों को सहमति प्राप्त है, तो कहीं उनके आपसी हँसी-मजाक और मनोरंजन की अलग परम्पराएँ हैं। शिक्षण संस्थाओं में अलग-अलग समाज से आए इन नौजवानों को महिला की समानता, उसके सम्मान और सहमति की बात कभी सिखाई ही नहीं गई। स्त्री-पुरुष छात्रों के आपसी रिश्तों के मापदंडों को लेकर वाद-विवाद से आम सहमति बनाने के प्रयास भी नहीं हुए। अनेक ग्रामीण नौजवान लड़के तो लड़कियों से बात करने तक की स्थिति में स्वयं को नहीं पाते थे। अनेक उन्हें अजूबा समझकर बस घूरते रहते थे। अनेक कॉलेज और यूनिवर्सिटी को ऐशगाह मानकर आ रहे थे। उद्दंड और गुण्डे छात्रों की उच्छृंखलता बढ़ती जा रही थी। लड़कियों को ब्लेड से काटना, भद्दे इशारे करना, अश्लील भाषा का प्रयोग बढ़ रहा था। इसी की चरम परिणति जे.सी.बोस कांड में हुई थी।

नारी शिक्षा के तमाम सवालों में आज सबसे बड़ा सवाल छात्राओं की सुरक्षा का है। अनेक अध्ययनों से यह बात सामने आई है कि 80 से 90 प्रतिशत छात्राओं को घर से स्कूल कॉलेज तक आने में छेड़छाड़ और यौन शोषण का सामना करना पड़ता है। अनेक छात्राओं के माता-पिता अपनी बेटी से हो रही छेड़छाड़ के चलते उन्हें प्राइवेट पढ़ाई करने की सीख दे रहे हैं। अनेक छात्राएँ विश्वविद्यालय में एम.ए. की पढ़ाई करने की जगह महिला महाविद्यालयों में पढ़ना ज्यादा पसन्द कर रही हैं क्योंकि वे वहाँ अपने को अधिक सुरक्षित महसूस करती हैं।

शिक्षा के सवाल पर महिला समूह और संगठन युनिवर्सिटी कॉलेज के छात्र-छात्राओं और ग्रामीण महिलाओं के साथ भी चर्चाएँ आयोजित करते रहे हैं। ऐसे ही एक आयोजन में जब महिला विकास कार्यक्रम की ग्रामीण निरक्षर साथिनों से शिक्षा के उद्देश्य पर चर्चा हुई तो उन्होंने कहा "शिक्षा से धड़का खुल गया, अब डर नहीं लगता। किसी से भी बात करने की ताकत आई है। कहीं भी अकेली जा सकती हूँ। सूचना की ताकत से खुद पर विश्वास और भरोसा बढ़ा है। अपनी समस्याओं का हल खोजने की हिम्मत आई है। अपने जीवन के निर्णय खुद ले सकने की ताकत आई है।" क्या ऐसी मुक्ति का अहसास यह शिक्षा व्यवस्था कभी हमारी बालिकाओं को दिला पाएगी ? क्या शहरों की सड़कों, बसों, चौराहों और शिक्षण संस्थाओं के भवनों को कभी वे अपने लिए सुरक्षित मानकर वहाँ खुलकर साँस ले पाएँगी ? इन जगहों को अपना कह पाएँगी ? यदि ऐसा हो पाया तो आजादी पूर्व बालिका शिक्षा को लेकर शुरू किया गया हमारी बहनों का सपना साकार हो पाएगा।

कैसा था माहौल

बीसवीं शताब्दी के आरंभिक दशकों में जब महिला शिक्षा का कार्य विस्तार पाने लगा तो उस समय अनेक ऊर्जावान महिलाएँ इस कार्य से जुड़ीं। उनमें से अनेक राजस्थान के बाहर से आईं थीं। देश के अन्य प्रान्तों में पली-बढ़ी, इन महिलाओं को अधिक खुलापन मिला था। उनका सांस्कृतिक परिवेश भी भिन्न था। राजस्थान के परम्परागत सामन्तवादी माहौल में ये महिलाएँ आईं तो उनके क्या अनुभव रहे, कैसे इस माहौल में वे रचती-बसती गईं, कैसे उन्होंने अपने शहर और शहरवासियों का विश्वास पाया और धीरे-धीरे इस माहौल को बदला ? यह महिला शिक्षा की अविस्मरणीय और रोमांचक यात्रा है।

इस हिस्से में समयाभाव व अन्य सीमाओं के चलते हम चन्द ही अनुभव यहाँ दर्ज कर पाए हैं। हमें अहसास है कि ये अनुभव प्रतिनिधि होते हुए भी राजस्थान के व्यापक परिदृश्य को प्रस्तुत नहीं करते हैं। राजस्थान में आज भी अनेकों ऐसी ऊर्जावान महिलाएँ हैं। जिन्होंने शिक्षा जगत में महत्त्वपूर्ण योगदान दिया है और जिनके अनुभव लिपिबद्ध और संकलित किए जाने की महती आवश्यकता है।

श्रीमती रामप्यारी चन्द्रिका व उनकी पुत्रियाँ

हमारी सखी और शिक्षा के क्षेत्र में कार्यरत पूर्वा शिक्षा को समर्पित परिवार से है। पूर्वा की नानी श्रीमती रामप्यारी चन्द्रिका व नाना प्रोफेसर लालजी श्रीवास्तव के प्रयासों से सन् 1914 में अजमेर में श्री सावित्री कन्या पाठशाला की नींव पड़ी। पन्द्रह छात्राओं के साथ प्रारम्भ हुई यह शिक्षण संस्थान आज सावित्री गर्ल्स कॉलेज के रूप में प्रख्यात है।

पूर्वा बताती हैं ''नानी का जन्म इलाहाबाद में हुआ था। नानी के पिता शक्ति नारायण सामन्त एक भाषाविद् थे और इलाहाबाद हाईकोर्ट में अनुवादक थे। नानी उनकी दो बेटियों में बड़ी थीं। बचपन से बीमार रहने के कारण उनका विवाह उस समय के हिसाब से काफी देर से, यानी सतरह साल की उम्र में हुआ। नानी के घर में काव्य-संगीत व पढाई-लिखाई का माहौल था। अतः उन्हें स्वाध्याय का मौका मिला। उन्होंने कई भाषाएँ सीखीं, ज्ञान के नए-नए दरवाजे-खिड़कियाँ खोलीं। हिन्दी, संस्कृत, अंग्रेजी, उर्दू के अलावा उन्हें बांग्ला, गुजराती, मराठी का भी ज्ञान था।

नाना प्रोफेसर लालजी श्रीवास्तव, अजमेर गवर्नमेंट कॉलेज में भौतिक विज्ञान पढ़ाते थे। नानी ने अजमेर में तत्कालीन सामाजिक मर्यादाओं का पालन करते हुए भी कई क्रान्तिकारी कदम उठाए। एक ओर वे कभी चादर ओढ़े बिना घर से बाहर नहीं निकलीं, तो दूसरी ओर गवर्नमेंट कॉलेज के प्रिंसिपल प्रोफेसर मिलर के अनुरोध पर स्त्री शिक्षा के मसले पर अंग्रेजी व हिन्दी दोनों ही भाषाओं में जबरदस्त भाषण दिया। यह भाषण बनाए गए पर्दे की आड़ से दिया गया। वे कविताएँ व आलेख लिखती थीं। उनका पहला काव्य संग्रह था 'समस्या पूर्ति' बाद में बालिकाओं को संबोधित 'लोरियाँ' नामक संग्रह भी छपा था। थियोसोफिकल सोसाइटी की सक्रिय सदस्या भी थीं। श्रीमती एनी बेसेंट के एक भाषण का जनता के समक्ष तत्काल हिन्दी अनुवाद सुनाकर उन्होंने श्रोताओं को चमत्कृत किया था।

स्त्री शिक्षा में उनकी गहन रुचि थी। उनका मानना था कि बच्चों को जैसा वातावरण परिवार के वयस्क देंगे वे उसी अनुसार ढलेंगे। बेटियों को शिक्षित कर सामाजिक दायित्व उठाने के लिए सक्षम बनाने का कार्य उन्होंने सार्वजनिक क्षेत्र में तो श्री सावित्री कन्या पाठशाला की स्थापना कर किया ही, वहीं अपनी तीनों बेटियों को भी शिक्षा पाकर आत्मनिर्भर बनाने और सामाजिक दायित्व स्वीकारने की प्रेरणा दी।

अपनी बड़ी बेटी सावित्री (श्रीमती सावित्री भारतीया) को उन्होंने 5 वर्ष की कच्ची उम्र में बनारस में छात्रावास में रखकर पढ़ाया था। अपनी दूसरी बेटी मिथिलेश की रुचि सिलाई-बुनाई-कढ़ाई में अधिक पाकर नानी खीझ जाती थीं। नाना से उन्होंने यह शिकायत भी की थी कि मिथिलेश पाँचवीं तक भी पढ़ेगी या नहीं। इधर उनकी सबसे छोटी बेटी बृजेश (मेरी माँ) को, जो बचपन में चेचक के कारण काफी कमजोर थी, नानी ने बहुत सहेजा। अनेकों घरेलू नुस्खों, अंजन आदि के प्रयोग से उसकी आँखों की ज्योति बचाई। अम्मा को वे अपनी 'गरीब बिटिया' कहती थीं।

नानी अपने युग के 'सुधारवादी' व देशप्रेम के विचारों से प्रेरित थीं। उनके द्वारा रचित लोरियाँ व कविताएँ बालिकाओं-महिलाओं को चेतन व जागृत बनने की प्रेरणा देते थे। उनके रचित गीत देशप्रेम व सामाजिक दायित्व की भावनाओं को रेखांकित करते थे।

नानी की प्रेरणा से उनकी तीनों ही बेटियों ने अपने-अपने कार्यक्षेत्र में पूरी निष्ठा से काम किया। बड़ी मौसी श्रीमती सावित्री भारतीया राजपूताने के पहले महिला महाविद्यालय की संस्थापिका थीं। 1944 में महारानी कॉलेज की स्थापना के पहले वे जयपुर राज में इंस्पैक्ट्रैस ऑफ स्कूल्स भी रहीं। वे पहली महिला थीं जिन्होंने ऊँटों या ऊँट-गाड़ियों से जाकर गाँव-ढाणियों की स्कूलों के दौरे किए। जयपुर में उन्होंने खूब मान-सम्मान पाया। उनका खूब दबदबा था, चतुर्थ श्रेणी के कर्मचारी उन्हें 'महाराज' कहते थे, अन्यथा वे 'दीदी' नाम से प्रख्यात थीं। नानाजी की मृत्यु के बाद बड़ी मौसी ने अपने भाइयों-बहनों को सम्भाला, आगे पढ़ाया-लिखाया। मँझली मौसी ने भी ग्रैज्यूएशन के बाद पहले महारानी कॉलेज में पढ़ाया और तब शिक्षा विभाग में इंस्पैक्ट्रेस ऑफ स्कूल्स बनीं। कालान्तर में उन्होंने विकास विभाग में काम किया और जब केयर कार्यक्रम प्रारम्भ हुआ तो उसकी समन्वयक बनीं। अपने पुरुष सहयोगियों से दबे-झिझके बिना राज्य भर में खूब दौरे किए, उनसे सम्मान पाया। पारिवारिक समस्याओं के बावजूद वे हिम्मत से अपने काम में जुटी रहीं।

अम्मा ने भी शिक्षा के ही क्षेत्र में काम किया। उन्होंने 1939 में अड्यार में मैडम मॉन्टेसरी द्वारा संचालित प्रथम मॉन्टेसरी प्रशिक्षण में भाग लिया था। बाद में कुछ वर्ष अहमदाबाद तत्पश्चात् कलकत्ता में शिक्षण कार्य किया। कलकत्ता में उन्होंने हिन्दी माध्यम की पहली मॉन्टेसरी शाला 'अभिनव भारती' स्थापित की। बाद में अपनी निजी शाला 'बाल शिक्षा मन्दिर' खोली। 1960-61 में राजस्थान के तत्कालीन मुख्य सचिव श्री भगवत सिंह मेहता, राजस्थान विश्वविद्यालय के कुलपति, डॉ. मोहन सिंह मेहता, वरिष्ठ प्रशासनिक अधिकारी श्री रामसिंह चौहान आदि के मिले-जुले प्रयासों से जयपुर में 'शिक्षा संस्थान' नामक स्वैच्छिक संस्था बनी। एक आदर्श हिन्दी माध्यम स्कूल जहाँ सभी वर्गों के बच्चे पढ़ सकें, जो भिन्न हो पर महँगी न हो, की योजना बनी। अम्मा को तब कलकत्ता से इसकी स्थापना के लिए बुलाया गया। जयपुर की यह पहली वास्तविक मॉन्टेसरी शाला थी।

महारानी गायत्री देवी

आजादी से पूर्व चौथे दशक के प्रारम्भ में जयपुर में बालिका शिक्षा को प्रोत्साहित करने में तत्कालीन महारानी गायत्री देवी का बड़ा हाथ रहा। 1940 में सवाई मानसिंह (द्वितीय) से विवाह के बाद वे जयपुर आईं। कूचबिहार की यह राजकुमारी शान्तिनिकेतन, इंग्लैंड व स्विट्ज़रलैण्ड में पढ़ चुकी थीं। गायत्री देवी की माता इन्दिरा देवी (कूचबिहार की

महारानी) कन्या शिक्षा की हिमायती थीं और बचपन से ही उन्होंने अपनी बेटी को इस दिशा में संस्कारित किया था।

विवाहोपरान्त जयपुर राज तथा राजघराने को निकट से देख गायत्री देवी चिंतित हुईं। उन्होंने पाया कि राजपूत परिवारों में पर्दे का कड़ा अनुशासन तो था ही पर साथ ही सभी ठिकानेदारों व जागीरदारों की बालिकाओं की शिक्षा की कोई व्यवस्था भी न थी। गायत्री देवी ने इस स्थिति का सामना दो स्तरों पर किया। उन्होंने रनिवास में, पर्दे में बन्द रहकर ऐशोआराम की जिन्दगी की निष्क्रिय भूमिका शुरू से ही ठुकरा दी। श्रीमती भारतीया (प्रथम प्रिंसिपल महारानी कॉलेज) ने अपने एक संस्मरण में युवा महारानी गायत्री देवी का वर्णन करते हुए लिखा "...नई महारानी ने जो किया उसकी उस वक्त कोई कल्पना तक नहीं कर सकता था, वे रसोड़े में जातीं, उसका निरीक्षण करतीं, वे बैडमिन्टन खेलतीं, पोलो मैच देखने जातीं, घुड़सवारी करतीं, उनके बाल छोटे कटे हुए थे, वे स्लैक्स भी पहनती थीं और स्वयं गाड़ी भी चलाती थीं, और ऐसा वे सिर्फ रामबाग पैलेस परिसर में नहीं करती थीं, महाराजा के साथ बैठ कर सड़कों पर फर्राटे से गाड़ी दौड़ा देती थीं।

उस वक्त चर्चा यह थी कि सभी अधिकारी और महल के सेवक चौकन्ने रहने लगे हैं क्योंकि नई 'असम्भव' महारानी की पैनी नजर से सब डरते थे। वे कहीं भी निरीक्षण करने निकल जातीं, कभी हिसाब-किताब जाँचतीं, तो कभी सफाई व्यवस्था। वे रामबाग महल के कमरों की साजसज्जा में तब्दीली लाने लगीं।....उनकी ऊर्जा, उनके गुण व उनकी बुद्धि उन्होंने तमाम रचनात्मक कामों में लगाई।"

वे सभी सार्वजनिक समारोहों, उत्सवों, आयोजनों में शिरकत करने लगीं। इन मौकों पर वे सिर अवश्य ढँकती, पर मुँह खुला रखतीं।

उन्होंने 'लेडीज क्लब' में जाना प्रारम्भ किया, जहाँ वे हर प्रकार की पृष्ठभूमि से आई महिलाओं से मिलने लगीं। उनके प्रयासों से अन्य 'असूर्यपश्या' अर्थात् पर्दानशीन राजपूत महिलाएँ भी आकर अन्य 'साधारण' महिलाओं से मिलने लगीं। शीघ्र ही 'लेडीज क्लब' खेल-कूद व सामाजिक समारोहों का केन्द्र बन गया और इन सभी गतिविधियों में महारानी गायत्री देवी ने नेतृत्व किया।

अपने व्यक्तिगत आचरण से गायत्री देवी ने तमाम रूढ़िवादी राजपूत मान्यताओं को तोड़ा था। पर शीघ्र ही महारानी गायत्री देवी को लगने लगा कि इन बदलावों के बावजूद वे पुरानी पीढ़ी की राजपूतनियों को बहुत दूर तक साथ नहीं ले जा पाएँगी। ऐसा न था कि सभी उनकी और उनके नए तौर-तरीकों की आलोचना करती हों उनमें से कई उनके प्रति सद्भावना रखती थीं, पर अपने 'स्वभाव' को बदलना उन्हें कठिन लग रहा था। इधर नौजवान राजपूत महिलाएँ उनके बनाव-शृंगार, उनके उठने-बैठने, कपड़े पहनने, बातचीत करने के तौर-तरीकों को अपनाने लगीं थीं। युवा व अनन्य सुन्दरी गायत्री देवी उनके लिए एक 'हीरोइन' से कम न थीं।

इन युवा राजपूत कन्याओं की शिक्षा की व्यवस्था का विचार गायत्री देवी के मन

में उठा। उन्होंने अपने पति से इस विषय में बातचीत की और तब जयपुर राज के दीवान सर मिर्जा मोहम्मद इस्माइल से। सर मिर्जा इस्माइल की मदद से यह विचार ठोस रूप लेने लगा। तब इस अवधारणा को क्रियान्वित करने का काम वित्त एवं शिक्षा मन्त्री, राजा अमरनाथ अटल को सौंपा गया। कैबिनेट में चर्चा के बाद बालिकाओं के लिए एक शिक्षण संस्थान खोलने पर राज सरकार ने सहमति दी।

श्रीमती सावित्री भारतीया उस समय इंस्पैक्ट्रैस ऑफ स्कूल्स थीं, शिक्षा निदेशक विलियम ओवन्स ने उन्हें एक ठोस योजना बनाने व क्रियान्वित करने का काम सौंपा। लालफीताशाही से बचने के लिए शिक्षा मन्त्री उन्हें सीधे आदेश देने लगे, स्कूल का बजट, शिक्षिकाओं की संख्या, भवन की आवश्यकता तथा पहला पाठ्यक्रम क्या होगा आदि तय किए गए। 1943 में जब स्कूल प्रारम्भ हुआ तो गायत्री देवी के सम्मान में उसे 'महारानी गायत्री देवी गर्ल्स स्कूल' का नाम दिया गया।

शान्ता त्रिवेदी

विगत पचास वर्षों से उदयपुर में संघर्षरत शान्ता त्रिवेदी अपनी जीवन यात्रा तथा स्वयं द्वारा स्थापित राजस्थान महिला परिषद् के विषय में वे कहती हैं : आजादी के संघर्ष के दौरान हम एक तरफ आजादी के संघर्ष में जूझ रहे थे तो दूसरी ओर राष्ट्रपिता महात्मा गांधी की प्रेरणा से रचनात्मक कार्यों के द्वारा समाज से जुड़कर समाज में आमूल-चूल परिवर्तन लाने के क्रान्तिकारी संकल्प से प्रतिबद्ध थे। आजादी के संघर्ष को बदल देने व आजादी के बाद भारत के निर्माण हेतु रूढ़िवादी मूल्यों को बदलकर नए समाज के निर्माण हेतु संघर्ष उस युग की आवश्यकता थी।

यही कारण था कि हमने आजादी के संघर्ष के साथ-साथ रचनात्मक कार्य भी तत्परता से करने का संकल्प सँजोया। हमने सर्वप्रथम छात्रों में संगठन का कार्य शुरू किया और पूना की इन्दू ताई के नेतृत्व में राष्ट्र सेवादल का गठन किया। इसके साथ ही हरिजन मोहल्लों में पाठशालाएँ शुरू कीं।

वर्षों तक उदयपुर नगर के सात गवाड़ी हरिजन मोहल्ले में तथा कानजी का हाटा स्थित हेलों के मोहल्ले में, जहाँ मुस्लिम हरिजन रहते हैं, पाठशालाएँ चलाईं। अन्य हरिजनों के मोहल्लों में भी पाठशालाएँ चलाईं। आजादी के साथ देश के बँटवारे के कारण साम्प्रदायिक दंगे भड़क उठे थे। ऐसे कठिन समय में साम्प्रदायिक दंगों को रोकने व मोहल्लों में शान्ति समितियाँ गठित करने व पाकिस्तान से आनेवाले शरणार्थियों को बसाने के काम में हम लगे थे।

उनको बसाने के साथ-साथ शरणार्थी महिलाओं के जीवनयापन के लिए उनको रोजगार दिलाने के लिए उद्योगशालाएँ खोलकर उनकी सहायता करते रहे। शरणार्थियों में काम करने के दौरान श्रीमती कलावती चौधरी व सुन्दर गोकलानी जैसे उत्साही कार्यकर्ता राजस्थान महिला परिषद् को मिलीं जिनका योगदान सराहनीय रहा।

संस्था लम्बे समय तक शरणार्थियों के पुनर्वास के कार्य में लगी रही और उद्योगशाला में उनके स्वेटर आदि बनकर बाजार में बेचकर उनको आर्थिक सहयोग प्रदान करती रही।

बाद में संस्था ने अपना कार्यक्षेत्र बढ़ाते हुए नगर के गरीब मोहल्लों व हरिजन मोहल्लों में पाठशालाएँ तथा उद्योगशालाएँ व राष्ट्र सेवादल की शाखाएँ चलाते हुए अपना कार्य फैलाया। बोहरावाड़ी में सम्पर्क काफी बढ़ जाने से संस्था का मुख्य केन्द्र बोहरावाड़ी बन गया। बोहरावाड़ी केन्द्र पर प्राथमिक शाला, बाल निकेतन व महिला उद्योगशाला प्रारम्भ की गई। उद्योगशाला में सिलाई स्कूल व एम्ब्रोयडरी प्रशिक्षण के अतिरिक्त पापड़ सेव, मिट्टी-कुट्टी के खिलौने आदि बनाए जाते थे।

रचनात्मक कार्यों के साथ-साथ संस्था महिलाओं के अधिकारों के लिए सम्मेलन कर महिलाओं के हकों के बारे में प्रस्ताव पास कर महिलाओं में जागृति लाने व शराब बन्दी के लिए धरना देना व प्रदर्शन करने के कार्यक्रम भी यथा समय करती थी। वर्ष 1950 में पूज्य बापू की निर्वाण तिथि 30 जनवरी, के दिन हरिजनों को, जिनमें अधिकांश महिलाएँ थीं, उदयपुर के विशाल जगदीश मन्दिर में प्रवेश दिलाने में भी संस्था ने अग्रणी भूमिका निभाई।

संस्था ने स्वरूप सागर पर एक भवन किराए पर लेकर वहाँ 'प्रौढ़ महिला प्रशिक्षण केन्द्र' अनुसूचित जाति कन्या छात्रावास, उच्च प्राथमिक विद्यालय आदि प्रवृत्तियों का संचालन प्रारम्भ किया। नगर के अन्य मोहल्लों में भी प्राथमिक शालाएँ व उद्योगशालाएँ पूर्ववत चलती रहीं।

मिस हेमलता प्रभू

मिस हेमलता प्रभू हममें से अनेक महिलाओं के लिए प्रेरणा स्रोत हैं। उन्होंने महिला शिक्षा के क्षेत्र में महत्त्वपूर्ण भूमिका निभाई। वे दक्षिण भारतीय थीं व मद्रास प्रेसीडेंसी कॉलेज में पढ़ी थीं। 1944 में वे जयपुर आईं। साल भर उन्होंने महारानी गायत्री देवी स्कूल में पढ़ाया और तब 1945 में महारानी कालेज से जुड़ीं। वे अंग्रेजी भाषा पढ़ाती थीं। जिस समय महारानी कॉलेज जयपुर में प्रारम्भ हुआ उस सामन्ती परिवेश का उन्होंने जो वर्णन किया वह इस प्रकार था–"....जयपुर आने के बाद ही मैंने महसूस किया कि भारतीय संस्कृति समरूप नहीं है। मेरे सहकर्मियों में अधिकांश उत्तर भारत से थीं क्योंकि वे बनारस या इलाहाबाद विश्वविद्यालय से आई थीं। उन दिनों हरेक छोटी से छोटी चीज भी भारी चर्चा का विषय बन जाती थी। याद आता है कि मैं एक सुबह सामान्य दक्षिण भारतीय युवती की तरह बालों में जूही की लड़ी लगा, चुनरी की साड़ी पहन कॉलेज बस में सवार हुई। मैंने पाया कि बस में बैठी छात्राएँ आपस में खुसुर-पुसुर कर ठिठिया रही थीं। मैं बात समझी ही नहीं। बाद में अन्य शिक्षिकाओं से पता चला कि मैं अजाने ही दो गुनाह कर बैठी थी। अव्वल तो यह कि बालों में फूल लगाए थे, जो जयपुर में सिर्फ

एक खास तरह की औरतें (तवायफें) लगाती थीं। दूसरे मैंने चुनरी की साड़ी पहनी थी जो सिर्फ विवाहिताएँ ही पहनती हैं।

मैं एक ऐसे परिवार से आई थी जहाँ क्रिकेट के प्रति बेहद उत्साह था। सो जब जयपुर में एक क्रिकेट मैच खेला गया जिसमें उस दौर के प्रसिद्ध खिलाड़ी भाग ले रहे थे, मैं मैच देखने महाराजा कॉलेज पहुँच गई। महाराजा कॉलेज के शिक्षकों व छात्रों को यह बड़ा विचित्र लगा। अगले कई सप्ताह तक मेरी यह गुस्ताखी भी बड़ी चर्चित हुई। जाहिर था कि बाहर से आई हम शिक्षिकाओं व हमारी छात्राओं का सामाजिक जीवन, हमारे मनोरंजन के अवसर लगभग शून्य थे। ऐसे में हमारे हरेक कृत्य पर सबकी पैनी नजर रहती थी। सौभाग्य यह था कि हममें से कई शिक्षिकाएँ (श्रीमती सावित्री भारतीया, कृष्णा तरवे, मिस पद्मिनी, देवकी टाक, मिथिलेश, मुखर्जी, मिस करकरे आदि) इन सामाजिक वर्जनाओं को अपनी-अपनी तरह से चुनौती देती रहीं और अपनी छात्राओं के लिए क्रमशः कुछ बड़ा दायरा बनाती रहीं।

जयपुर के स्थापित प्रतिमानों को तोड़नेवाली कई महिलाएँ ऐसी भी थीं जो महारानी कॉलेज की नहीं थीं, पर पाँचवें दशक में जयपुर के माहौल को धीमे-धीमे बदलने में अपना योगदान दे रही थीं। इनमें प्रमुख थीं नैन्सी मार्टीन जो महाराजा गर्ल्स हाईस्कूल में पढ़ाती थीं, तथा उनकी दो अन्य सहकर्मी थीं, मिसेज हेनरी व मिसेज पॉल। इसी तरह चिकित्सा के क्षेत्र में योगदान देनेवाली महिलाएँ थीं डॉ. नजारेथ, डॉ. मैकडूगल, डॉ. पीटर्स और डॉ. गोन्जाल्विस ये जनाना अस्पताल में कार्यरत थीं और उन्होंने जयपुर में खूब प्रसिद्धि पाई थी।

आज अट्ठावन वर्ष बाद मुड़कर देखती हूँ तो लगता है कि उस समय जयपुर की लड़कियों को देखकर मैंने जो सोचा था वह आकलन जरूर गलत रहा होगा। शायद नए युग के खुले वातावरण में प्रवेश के लिए उन्होंने स्वयं को पहले से ही तैयार कर रखा था। फिर भी यह नकारा नहीं जा सकता कि जो ऊँची छलाँग हमारी छात्राओं ने बाद में लगाई वह महारानी गायत्री देवी स्कूल और महारानी कॉलेज के आरंभिक प्रयासों से ही सम्भव हो पाई थी। इसके बाद प्रत्येक क्षण मानो उन्हें प्रगति के पथ पर बढ़ाता रहा।''

मुकुलिका सेन

सुश्री मुकुलिका सेन राजस्थान प्रशासनिक सेवा से जुड़नेवाली पहली महिला हैं। महारानी कॉलेज और दिल्ली स्कूल ऑफ इकोनोमिक्स में अपनी पढ़ाई पूरी कर उन्होंने कुछ वर्षों तक महारानी कॉलेज में अध्यापन कार्य भी किया था। तत्पश्चात् आर.ए.एस. अधिकारी बनीं। वे महारानी कॉलेज में बिताए अपने अनुभवों का वर्णन करते हुए कहती हैं :

आठवीं कक्षा तक मेरी शिक्षा-दीक्षा जयपुर स्थित महाराजा गर्ल्स हाईस्कूल में हुई

थी। मैं एक दब्बू सी, कम बोलनेवाली, साधारण छात्रा थी, जो शिक्षिकाओं की नजरों से ओझल रहने की कोशिश में हमेशा सबसे पिछली कतार में बैठती थी। जयपुर शहर का सामन्ती वातावरण भी हम छात्राओं को नजरें नीची कर, सामाजिक आचरण की सँकरी सीमाओं को स्वीकारते हुए चलने की प्रेरणा देता था। हम सब मानो एक अदृश्य से पर्दे की ओट से अपने घर-आँगन के बाहर की दुनिया को देखते हुए पल-बढ़ रहे थे।

तब वर्ष 1944 में श्रीमती सावित्री भारतीया (दीदी) के अथक प्रयासों से जयपुर में पहला इंटरमीडिएट कॉलेज फॉर विमेन खुला। इंटरमीडिएट अथवा फर्स्ट इयर छात्राओं की संख्या 1944 में मात्र 11 थी। अतः महाराजा गर्ल्स हाई स्कूल की नवीं तथा दसवीं कक्षाओं को भी, मय कुछ शिक्षिकाओं के, इंटरमीडिएट कॉलेज में स्थानान्तरित कर दिया गया। नवीं कक्षा में कॉलेज में आते ही मानो 'शिक्षा' का अर्थ ही बदल गया। पहली बात जो बिल्कुल नई लगी वह यह थी कि शिक्षिकाओं व छात्राओं के बीच की दूरियाँ मानो जादू से मिट गई हों। हमारी सभी शिक्षिकाएँ कम उम्र की थीं। छात्राओं की संख्या भी इतनी कम थी कि प्रत्येक छात्रा पर व्यक्तिगत ध्यान देना सम्भव था। 'दीदी' (श्रीमती भारतीया, हमारी प्रिंसिपल) तथा मिस तरवे (सुश्री कृष्णा तरवे हमारी हिन्दी शिक्षिका व बाद में वाइस प्रिंसिपल) के कुशल नेतृत्व ने शिक्षा की परिभाषा को किताबों-परीक्षाओं व प्राप्तांकों के सीमित से दायरे से बाहर निकाला और खेल-कूद, नृत्य-नाटक, घूमना-फिरना, वाद-विवाद व कविता पाठ जैसी तमाम गतिविधियों को हमारी शिक्षा-दीक्षा का अभिन्न हिस्सा बना दिया। मजेदार बात यह थी कि बड़ी बहनों समान हमारी शिक्षिकाएँ भी असीम उल्लास व उत्साह के साथ नाटकों में भाग लेतीं, खेलती-कूदतीं, पिकनिक पर जातीं।

ऐसी ही एक पिकनिक की घटना आज तक दिमाग में ताजा है। हम छात्राओं की पेशकश थी कि कक्षा की तेरह छात्राएँ व शिक्षिकाएँ मिलकर रामगढ़ जाएँ और दाल-बाटी-चूरमा का आनन्द लें। खाने-पीने, पेट्रोल और वाहन की व्यवस्था भी हम छात्राओं ने की। पिकनिक के दिन ट्रक में एक ओर बर्तन-भांडे व खाने-पीने का सामान लादा गया। ट्रक में बचे शेष स्थान पर गद्दे-चादर बिछा दिए गए और हम सब छात्राएँ अपनी शिक्षिकाओं के साथ उसमें लद गए। रामगढ़ पहुँचते ही हम छात्राएँ शिक्षिकाओं से अनुमति ले समूहों में घूमने-टहलने बिखर गईं। तब लौटकर बँधे के किनारे जा बैठीं। कुछ समय बाद हमने जो देखा उससे हमारे दिमाग पहले तो सकते में आ गए और तब लगा मानो एक सुदूर और पूर्णतः वर्जित सपना साकार हो गया हो। बनारस हिन्दू विश्वविद्यालय से आईं हमारी दो शिक्षिकाएँ—मिस तरवे और मिस पद्मिनी, काले ब्लूमर और ढीले-ढाले ब्लाउजों में रामगढ़ बाँध में तैरने उतर गई थीं। हम छात्राओं ने अपने जीवन में पहली बार औरतों को तैरते देखा था। मिस तरवे और मिस पद्मिनी देर तक तैरती रहीं, कभी हम छात्राओं पर पानी उछालतीं, कभी किसी की टाँग खींच पानी में खींच लेने का भय दिखातीं। तैरने की इस घटना से हम हैरान थे पर उत्तेजित भी। कई

दिनों तक मन में सवाल कौंधता रहा—ऐसा भी हो सकता है हमारे जयपुर में, जहाँ हम छात्राएँ अकेले घर से बाहर कदम भी नहीं रख सकती थीं? उस दिन से हमारी कल्पनाओं को भी पर लग गए। हमारे दिमाग भी ऊँची उड़ानों के सपने देखने लगे।

पर्दे के माहौल को झकझोरनेवाली एक और घटना भी याद आ रही है। घटना 1947 की थी। तय हुआ था कि छात्राओं और शिक्षिकाओं ने मिलजुल कर जो नाटक तैयार किया था उसका एक सार्वजनिक शो आयोजित किया जाए। शहर के गणमान्य लोगों को आमंत्रित किया जाना था। तैयारियाँ जोर-शोर से की जा रही थीं। इस बीच छात्रा समुदाय में खुसुर-पुसुर शुरू हो गई। वे भयभीत थीं, उन्हें लगा कि सार्वजनिक प्रदर्शन से कॉलेज की बदनामी होगी। शायद यह भय भी रहा होगा कि बदनामी होने पर उनके परिवारवाले कहीं उन्हें कॉलेज से निकाल ही न लें। पर प्रिंसिपल या शिक्षिकाओं से कुछ कहने की हिम्मत किसी में न थी। सो अन्ततः मैं ही शिक्षिकाओं के पास गई, छात्राओं की आशंका खुलकर बता दी। पर इससे कोई घबराया नहीं। नाटक का सफल सार्वजनिक प्रदर्शन हुआ। प्रशंसा पाने के साथ हम छात्राओं को जीवन की एक और सीख मिली। सही तरीका अपनाने पर, मर्यादा की सीमाओं की गिरफ्त ढीली भी की जा सकती है।

बदलाव की हवा क्रमशः हमारी दिशा में बढ़ती रही। इंटर कॉलेज वाद-विवाद प्रतियोगिताएँ, बैडमिंटन प्रतियोगिता, कविता-पाठ आदि प्रारम्भ हुए और हम छात्राएँ भी लड़कों के महाराजा कॉलेज प्रांगण में इनमें भाग लेने जाने लगीं। हाँ, यह जरूर था कि हमारे साथ हमारी शिक्षिकाएँ, संरक्षिकाओं के रूप में जातीं, क्योंकि उस समय के माहौल में इसे वे हमारे माता-पिता के प्रति अपना दायित्व मानती थीं। इस दायित्व को कितनी गम्भीरता से लिया जाता था इसका भी एक मजेदार किस्सा याद आ रहा है। कॉलेज आने और घर वापस लौटने के लिए एक बस थी, क्योंकि इस सुविधा के बिना उच्च शिक्षा पाने की शायद हमें अनुमति ही न मिलती। एक बार कॉलेज पहुँचने के बाद बस खराब हो गई। भारी समस्या यह थी कि छात्राएँ घर भला कैसे पहुँचेंगी ? अन्ततः जोड़-तोड़ बैठाकर एक वाहन की व्यवस्था हो सकी। वाहन था जेल की सींखचों से लैस बड़ी गाड़ी, जिसमें सामान्यतः कैदियों को ले जाया जाता था। हमारे साथ उस वाहन में एक शिक्षिका भी सवार हुईं जिन्होंने हरेक छात्रा को सुरक्षित उसके घर पहुँचाया।

हम छात्राओं को जितना सम्भाला गया, संरक्षण दिया गया, उतना ही आगे बढ़ने, नए प्रयोग करने व साहसी बनने को प्रोत्साहित भी किया गया। हमें हर तरह की स्वतन्त्रता मिली पर स्वच्छन्दता पर हमेशा शिक्षिकाओं ने अंकुश लगाया। हमें आत्मनिर्भर बनाने व हममें आत्मविश्वास जगाने के हमारी शिक्षिकाओं के प्रयास कुछ ऐसा रंग लाए कि मेरी जैसी फिसड्डी छात्रा, जो 33 प्रतिशत अंक पाकर आगे गुड़कने भर से स्वयं को सन्तुष्ट कर लेती थी, प्रत्येक विषय में न केवल रुचि लेने लगी, बल्कि उनमें अव्वल भी आने लगी।

रेणुका पामेचा

रेणुका पामेचा प्रसिद्ध समाजसेवी मनोहर सिंह मेहता की बेटी हैं। भीलवाड़ा जिले के माँडल कस्बे में पली बड़ी हुईं। कनोड़िया महाविद्यालय जयपुर में वे राजनीति शास्त्र पढ़ाती हैं और महिला आन्दोलन की सक्रिय सदस्य हैं। वे बताती हैं : "जब मैंने होश सम्भाला और थोड़ी समझ आई उस समय मैं गाँव में थी। गाँव में लड़कियों को पढ़ाते नहीं थे। कुछ लड़कियाँ लड़कियों के स्कूल में पाँचवीं तक पढ़ती थीं। उस गाँव में आधी आबादी मुसलमानों की थी। वे तो लड़कियों को स्कूल भेजते ही नहीं थे। गाँव में पाँचवीं के बाद मिड्ल तक लड़कों का स्कूल था। हम दो लड़कियाँ उस स्कूल में पढ़े। बाकी सबकी पढ़ाई छूट गई। मेरे पिताजी ने सबको समझाया पर कोई असर नहीं हुआ। गाँव में औरतें परदे में रहती थीं। किसी मंच पर नहीं आती थीं। उस समय के सामन्ती माहौल में आजादी की लड़ाई के दौरान मेरे घर में मेरी माँ का परदा तोड़ा गया था। मेरी माँ मेरे पिता के साथ सभाओं आदि में जाती थीं।

जब मैं छोटी थी तब पास के गाँव में महिलाओं का एक 15 दिन का शिविर लगाया था। उसमें औरतों ने पर्दा तोड़ा। गाने गाए। नाचीं-कूदीं। वह घटना आज तक भी मेरे मन पर अंकित है। उस शिविर में जयपुर से एम.एल.ए. चन्द्रकलाजी आई थीं। वे बहुत दबंग महिला थीं। दिल्ली से भी कुछ महिलाएँ आई थीं। मैं उस समय 10 साल की थी। गाँव में जो भी कार्य होता उसका केन्द्र हमारा घर था। मेरे पिताजी लड़कियों की शिक्षा के समर्थन व दहेज के खिलाफ हर जगह बात किया करते थे। इन सब बातों का असर मेरे मन पर बहुत गहरा था।

मेरे साथ भी लोग लड़कियों को बाहर नहीं भेजते थे क्योंकि मैं लड़कों के स्कूल में पढ़ रही थी। उन्हें लगता था हमारा तो परिवार कुछ अलग ही है। क्योंकि मैं लड़कों के स्कूल में पढ़ रही हूँ। आज थोड़ा माहौल बदला है। ज्यादा लड़कियाँ पढ़ने लगी हैं। कुछ शिक्षिकाएँ भी गाँव में हैं। नर्सेज भी हैं। महिला सरपंच व वार्डपंच भी हैं। अब लगने लगा है कि लड़कियों को पढ़ना चाहिए ताकि आड़े वक्त काम आए।"

(4) महिला विकास को लेकर हुए विभिन्न सरकारी प्रयास

राजस्थान सरकार ने महिला विकास को लेकर समय-समय पर कई कार्यक्रम चलाए। इन कार्यक्रमों में गरीबी उन्मूलन, रोजगार व आयवर्धन कार्यक्रम, स्वयं सहायता समूह तथा स्वास्थ्य सम्बन्धी कार्यक्रम प्रमुख रहे।

महिलाओं के विकास को लेकर सरकार की दृष्टि समय-समय पर बदलती रही। आरम्भ में सोच यह था कि महिला परिवार की एक सदस्य है। परिवार के मुखिया को दी जानेवाली सहायता से महिलाओं की स्थिति अपने आप बदलेगी। लेकिन परिवारों में असमान वितरण व्यवस्था के चलते ऐसा हुआ नहीं।

इस प्रारंभिक दौर में 'महिला कल्याण' का नजरिया अपनाते हुए केन्द्र तथा राज्य

सरकार ने ऐसे कार्यक्रम प्रारम्भ किए जिनके द्वारा 'महिला कल्याण' सम्भव हो। इस क्रम में प्रथम पंचवर्षीय योजना के दौरान प्रत्येक ग्राम में दो ग्राम सेविकाओं की नियुक्ति की गई ताकि महिला कल्याण से जुड़े मुद्दों को संबोधित किया जा सके। दूसरी पंचवर्षीय योजना में ग्राम स्तर पर महिला मंडलों के गठन का काम हुआ ताकि कल्याण कार्यक्रमों का बेहतर क्रियान्वयन सुनिश्चित किया जाए। पर यह प्रयास केवल ऊँची जाति की कुछ ही महिलाओं को आकर्षित कर सका, अतः अधिक सफल नहीं हो पाया।

एक सोच यह आया कि ग्रामीण गरीब औरतों के पास खूब खाली समय होता है। खाली समय के उपयोग के लिए आर्थिक उत्पादकता या आयवर्धन कार्यक्रम शुरू किए जाएँ किन्तु औरतें तो पहले ही घर, बच्चों और परम्परागत भूमिकाओं जैसे पशुपालन, खेत मजदूरी आदि तिहैरे कामों के बोझ तले दबी थीं। उनकी कार्य स्थिति में सुधार के प्रयासों के बिना आयवर्धन गतिविधि का कुछ मतलब नहीं था। बहरहाल महिलाओं को आयवर्धन का अवसर उपलब्ध करवाने के लिए अलग-अलग समय ग्रामीण विकास विभाग द्वारा ट्राइसम, स्काउट तथा महिला एवं बाल विकास विभाग द्वारा ड्वाकरा (डेवलपमेंट ऑफ विमेन एण्ड चाइल्ड इन रूरल एरिया) कार्यक्रम प्रारम्भ किया गया। यहाँ सोच यह था कि अगर महिलाओं के पास अतिरिक्त आय का कोई स्रोत होगा तो उसका उपयोग महिलाएँ अपने बच्चों तथा स्वयं अपने स्वास्थ्य एवं पोषण की जरूरतों की पूर्ति के लिए कर सकेंगी। ड्वाकरा राजस्थान में व्यापक स्तर पर चलाया गया परन्तु इसके बाद के मूल्यांकनों से स्पष्ट हुआ कि कार्यक्रम अपने उद्देश्यों को हासिल करने में केवल आंशिक सफलता पा सका। इसके तहत स्थापित समूह दरअसल कभी एक 'सामूहिक गतिविधि' का रूप ले ही नहीं पाए, तथा उत्पादन गतिविधियाँ भी बड़ी, पापड़, अचार-मसाले, कपड़ों की सिलाई तक सिमटे रहे।

नवें दशक में विभिन्न रोजगार व वित्तीय योजनाओं द्वारा भी महिलाओं की आर्थिक स्थिति को बेहतर बनाने के कई प्रयास किए गए। महिला राजगीर योजना, महिला हैंडपम्प मिस्त्री योजना, महिला समृद्धि योजना, बालिका समृद्धि योजना, इन्दिरा महिला योजना जैसे कार्यक्रमों के अलावा राष्ट्रीय ग्रामीण रोजगार कार्यक्रम, रोजगार गारंटी योजना तथा अकाल राहत कार्यों में महिलाओं को रोजगार उपलब्ध करवाने के विशेष प्रावधान किए गए।

यद्यपि महिला राजगीर योजना व महिला हैंडपम्प मिस्त्री योजना जैसे कार्यक्रम महिलाओं की परम्परागत छवि को तोड़ने या बदलने में सहायक हो सकते थे किन्तु यहाँ भी महिलाओं को प्रारंभिक प्रशिक्षण देने के बाद इन गैर परम्परागत व्यवसायों में स्थापित करने के प्रयास नहीं हो सके। सरकारी आर्थिक विकास कार्यक्रमों की एक सबसे बड़ी कमजोरी यह रही कि महिलाओं के परम्परागत रोजगार के स्रोतों की बेहतरी के लिए प्रयास नहीं किए गए। अर्थात् इन तमाम योजनाओं द्वारा जो प्रयास हुए वे सतही स्तर पर ही रहे।

नवें दशक के अन्त में ही महिलाओं में बचत की अवधारणा तथा आयवर्धन के

सामूहिक प्रयासों को प्रोत्साहित करने के मकसद से स्वयं सहायता समूहों का गठन किया गया। सरकारी व गैर-सरकारी संस्थाओं ने प्रदेश भर में अनेकों स्वयं सहायता समूहों का गठन किया। यह गतिविधि आज भी लोकप्रिय हैं तथा ग्रामीण क्षेत्रों में कार्यरत अधिकांश गैर-सरकारी संगठन इसे महिलाओं के साथ अपने काम का महत्त्वपूर्ण हिस्सा मानते हैं। यद्यपि अक्सर यह कहा जाता है कि ये समूह सामूहिक बचत तथा ऋण के आगे नहीं बढ़ सके हैं, न ही वित्तीय संसाधनों पर महिलाओं के इस आंशिक नियन्त्रण से पारिवारिक या सामाजिक पितृसत्तात्मक सम्बन्धों में खास बदलाव आया है, तथापि इस गतिविधि ने महिलाओं को वित्तीय स्वावलम्बन के विचार से परिचित करवाया है। उन्हें यह विश्वास दिलवाया है कि वे भी रुपए पैसे 'अंवेर' या सहेजकर आड़े वक्त के लिए रख सकती हैं। हारी-बीमारी, विवाह आदि के छोटे-मोटे कर्जों के लिए उन्हें महाजन पर निर्भर नहीं रहना है।

समाज के वंचित वर्गों की महिलाओं व बालकों के स्वास्थ्य को संबोधित करने के लिए 1975 से समेकित बाल विकास सेवाओं का आरम्भ हुआ। इस कार्यक्रम में छोटे बच्चों (0-6 वर्ष), गर्भवती व स्तनपान करवानेवाली माताओं के पूरक आहार, स्वास्थ्य जाँच व टीकाकरण की व्यवस्था की गई। साथ ही छोटे बच्चों की शालापूर्व शिक्षा पर भी ध्यान दिया गया। यह कार्यक्रम क्रमशः समूचे राज्य में फैलाया गया तथा दूरस्थ गाँव-ढाणियों तक में आँगनबाड़ी केन्द्र स्थापित किए गए। इस कार्यक्रम की सबसे बड़ी कमजोरी यह रही कि कुपोषण की स्थिति में कोई बदलाव नहीं आया। दूसरी कमजोरी यह है कि पूरक आहार के क्रय व वितरण की व्यवस्था केन्द्रीकृत ही रही और भ्रष्टाचार व कमीशनखोरी का माध्यम बनी। उच्चतम न्यायालय के निर्देश के बावजूद ग्रामीण महिला समूहों को पूरक आहार बनाने व वितरित करने की व्यवस्था से नहीं जोड़ा गया है।

राज्य के स्वास्थ्य एवं परिवार कल्याण विभाग तथा यू.एन.एफ.पी.ए. के सहयोग से इसी दौरान समेकित जनसंख्या विकास कार्यक्रम आरम्भ हुआ। सात जिलों में लागू की गई इस कार्यक्रम में प्रजनन एवं बाल स्वास्थ्य सेवाओं पर ध्यान दिया गया। इस कार्यक्रम के क्रियान्वयन में महिला एवं बाल विकास तथा शिक्षा विभाग का भी सहयोग लिया जा रहा है।

तकनीकी प्रशिक्षण जैसे कृषि विस्तार प्रशिक्षण आदि भी पहले पुरुषों को ही दिए जाते थे। किन्तु इन प्रशिक्षणों का प्रभाव भी इसलिए नहीं पड़ा क्योंकि पुरुष तो उनमें से कई भूमिकाओं में थे ही नहीं, ये काम तो महिलाएँ कर रहीं थीं। ऐसे में प्रशिक्षणों में जो वे सीखकर जाते थे या तो औरतों को बताते ही नहीं थे या फिर आधी-अधूरी सूचना औरतों को दे पाते थे। इसी के बाद औरतों के प्रशिक्षण आयोजित करने का काम शुरू हुआ लेकिन इन प्रशिक्षणों का भी अपेक्षित प्रभाव नजर नहीं आया तो यह बात समझ में आई कि औरतों के मन में उनकी आत्म छवि इतनी कमजोर है कि जब तक यह स्थिति न बदले तब तक उन्हें विकास की मुख्यधारा से जोड़ना सम्भव नहीं।

महिला विकास कार्यक्रम

इन्हीं दिनों छठी पंचवर्षीय योजना में पहली बार महिला व विकास का अध्याय जोड़ा गया था तथा महिलाओं के प्रति समाज के मूल्य व सोच बदलने को महत्त्व दिया गया था। इसी सन्दर्भ में राजस्थान में पंचायतीराज विभाग के तत्कालीन सचिव द्वारा स्वैच्छिक व सक्रिय महिलाओं के साथ मिलकर महिला विकास कार्यक्रम की योजना बनाई गई। लम्बे समय तक विचार विमर्श के पश्चात् वर्ष 1984 में यूनिसेफ की आर्थिक मदद से राज्य के छह जिलों (जयपुर, अजमेर, भीलवाड़ा, जोधपुर, उदयपुर और बाँसवाड़ा) में प्रायोगिक तौर पर महिला विकास कार्यक्रम शुरू हुआ।

उद्देश्य

महिला विकास कार्यक्रम का मूल उद्देश्य था सम्प्रेषण, सूचना, शिक्षा और प्रशिक्षण के द्वारा औरतों की सामाजिक व आर्थिक स्थिति में सुधार और इस तरह उनका सशक्तिकरण।

- कार्यक्रम में स्पष्ट तौर पर कहा गया कि काफी लम्बे समय से घर, समाज और सरकारी स्तर पर पुरुष ही महिला विकास का काम करते आए हैं। अब यह जिम्मेदारी हर स्तर पर औरतों को सौंपी जाए।
- कई सरकारी योजनाओं की सूचना औरतों तक पहुँचती ही नहीं क्योंकि इन सूचनाओं को ग्रहण करने के कोई मंच ही नहीं हैं। ग्रामीण स्तर पर औरतों की भागीदारी से ही इस तरह के मंच उभर सकते हैं।
- औरतों के प्रति हो रहे भेदभाव और असम्मानजनक स्थितियों का विरोध करने के लिए विविध स्तरों पर समूह/इकाइयों का गठन किया जाना चाहिए।

सांगठनिक ढाँचा

इन्हीं उद्देश्यों के चलते इस कार्यक्रम में हर स्तर पर केवल महिलाओं को ही जोड़ा गया। कार्यक्रम की अवधारणा में स्पष्ट रूप से यह कहा गया था कि यदि किसी कार्यक्रम को शोध संस्था का सतत् मार्गदर्शन, स्वैच्छिक संस्था की स्वायत्तता और सरकारी विभाग की सत्ता की ताकत मिले तो वह कार्यक्रम को अत्यन्त मजबूती दे पाएगा। इसी अवधारणा के चलते राज्य स्तर पर तीन स्तरीय व्यवस्था की गई। विकास अध्ययन संस्थान जयपुर की महिला इकाई ने कार्यक्रम के सतत् मूल्यांकन का दायित्व सम्हाला। राजस्थान प्रौढ़ शिक्षा समिति को राज्य स्तरीय सन्दर्भ केन्द्र-राज्य इदारा बनाया गया जिसकी जिम्मेदारी थी प्रशिक्षण, सम्प्रेषण, सूचना का आदान-प्रदान व सतत मूल्यांकन में सहयोग। राज्य निदेशालय के पास प्रशासकीय जिम्मेदारियाँ थीं।

जिला स्तर पर जिला महिला विकास अभिकरण पंजीकृत हुए जिनमें परियोजना

निदेशकों को ए.डी.एम. के बराबर का दर्जा दिया गया। वे सीधी कलैक्टर से जुड़ी थीं। कलैक्टर को जिला अभिकरण का अध्यक्ष बनाया गया। एक स्वैच्छिक संस्था को 'जिला इदारा' का काम सौंपा गया। ग्रामीण स्तर पर गाँव की एक संवेदनशील संघर्षशील महिला को 'साथिन' बनाया गया। इस साथिन को गाँव की महिलाओं के मंच बनाने, उनकी आवाज को उभारने, उनकी समस्याओं के समाधान का प्रयास; इन औरतों के साथ मिलकर ही करना था।

साथिन स्वैच्छिक कार्यकर्ता थी। उस समय प्रचलित न्यूनतम मजदूरी की दर के अनुरूप साथिनों का मानदेय 200/- प्रतिमाह तय किया गया। दस साथिनों को सहयोग देने के लिए एक पूर्णकालिक सरकारी कर्मचारी 'प्रचेता' की नियुक्ति की गई।

महिला विकास कार्यक्रम में ऊपर से कार्यक्रम बनाकर लागू करने के विपरीत गाँव स्तर से कार्य की प्राथमिकता तय करने की बात स्वीकार की गई थी। यह कार्यक्रम अपने आप में एक क्रान्तिकारी पहल थी। महिला विकास की नींव साथिन थीं। अन्य सब व्यवस्थाएँ साथिनों को सशक्त बनाने के लिए बनी थीं। इसी अवधारणा के तहत कार्यक्रम की शुरुआत अगस्त 84 में साथिन प्रशिक्षण से हुई। दरअसल इस कार्यक्रम की सफलता के मूल में सशक्त प्रशिक्षण ही रहे। पहला साथिन प्रशिक्षण सुष्मिता बैनर्जी और प्रचेता प्रशिक्षण अरुणा रॉय के नेतृत्व में आयोजित हुआ।

साथिनों को उनके काम में मदद करने में प्रचेता, अभिकरण और इदारा ने महत्त्वपूर्ण भूमिका निभाई। साथिनों के सतत् शिक्षण के मंच जैसे मासिक बैठक, जाजम, साथिन रो कागद, प्रशिक्षण, सहभागिता पूर्ण मूल्यांकन आदि की भी महत्त्वपूर्ण भूमिका रही।

कार्यक्रम का प्रभाव

प्रशिक्षण के बाद साथिनों ने अपने गाँव की गरीब व वंचित औरतों के साथ संवाद का सिलसिला शुरू किया। बदलाव की शुरुआत खुद की जिन्दगी से हुई। साथिनों के साथ हो रही मार-पिटाई व असम्मानजनक व्यवहार आरंभिक चर्चा का विषय बने। किसी ने अपने स्वनिर्णय के प्रयास में घर में हो रहे बाल विवाह का विरोध किया तो किसी ने जबरन नाते भेजे जाने का। पति की मृत्यु के बाद किसी साथिन ने बिन्दी लगानी शुरू की तो किसी ने गहरे चटक रंग की साड़ी और लूगड़ी पहनना शुरू किया। किसी ने बैंक में अपना खाता खुलवाया तो किसी ने दुकान पर अकेली जाकर अपनी मन पसन्द का फल खरीदकर खाया। साथिन फिर चाहें वे नवयुवती थीं या पचास साल की बूढ़ी, बदलाव की यह लगन सभी के मन में एक जैसी थी। साथिनों के प्रशिक्षण की एक खासियत यह थी कि उन्होंने महिलाओं की परम्परागत छवि व उनके साथ हो रहे भेदभावों के विरोध में अपनी आवाज बुलन्द करना सीख लिया था। वे गाँव की अन्य महिलाओं के लिए एक आदर्श के रूप में स्थापित होने लगी थीं।

साथिनों में नेतृत्व की अद्भुत क्षमता उभरी थी इसलिए उन्होंने अपने काम को कभी 'घंटों' या 'नौकरी' में बाँधकर नहीं देखा। जब भी किसी पीड़ित महिला ने उनसे मदद माँगी, दिन हो या रात वे हमेशा सहयोग के लिए आगे आईं। साथिनों व उनके महिला समूहों के साझे संघर्ष के चलते महिला विकास कार्यक्रम में कई महत्त्वपूर्ण मुद्दे उठाए गए। इनमें से कुछ प्रमुख हैं : अकाल राहत कार्यों के प्रभावी क्रियान्वयन व न्यूनतम मजदूरी, पेंशन, इन्दिरा आवास व अन्य सरकारी योजनाओं का लाभ, जमीन व सम्पत्ति के अधिकार, जमीन पर नाजायज कब्जों को छुड़ाना। महिलाओं की परम्परागत छवि व स्थितियों को लेकर भी संघर्ष हुए। साथिनों ने लड़कियों और महिलाओं के साथ हो रहे भेदभाव, हिंसा व यौन शोषण का भी जमकर विरोध किया। बाल विवाह, विधवा दहन, छुआछूत और मृत्युभोज जैसी सामाजिक कुरीतियों के विरोध में जनमानस बनाया पंचायतों व जाति समाज की बैठकों में महिलाओं की भागीदारी और उनके द्वारा औरतों से सम्बन्धित फैसलों पर सवाल उठाए। महिलाओं की स्थानीय समस्याओं जैसे—पानी, बलीता, सार्वजनिक शौच का स्थान तथा दारू आदि के मुद्दों पर भी काम किया।

इस कार्यक्रम के चलते गाँवों में साथिनों की एक अलग पहचान बनी कि ये औरतें न्याय और हक की बात कहती हैं। देश-विदेशों में इस कार्यक्रम ने महिला सशक्तिकरण के एक मजबूत कार्यक्रम के रूप में अपनी पहचान बनाई। इसी कार्यक्रम के आधार पर केन्द्रीय शिक्षा एवं मानव संसाधन मन्त्रालय ने उत्तरप्रदेश, गुजरात, कर्नाटक आदि राज्यों में महिला सामाख्या योजना शुरू की। इसी सफलता के साथ-साथ कार्यक्रम में कुछ समस्याएँ उठनी शुरू हो गई थीं। जिला व राज्य इदारा जिन संस्थाओं में आधारित थे उन संस्थाओं के अनेक पदाधिकारी परम्परागत पुरुष प्रधान सोच से प्रभावित थे। इदारा कार्यकर्ताओं की कार्य पद्धति और मूल्यों को लेकर उनमें काफी असन्तोष पनपता रहा। इस कारण इदारा को अपनी पेरेन्ट बॉडी से पूरा सहयोग नहीं मिला।

परियोजना निदेशकों पर सरकारी तन्त्र का दबाव सबसे अधिक आया। इस दबाव को निरस्त करने के कोई प्रभावी सांगठनिक उपाय नहीं हुए और वे इस दबाव के आगे झुकती गईं। उनका मूल सवाल यह रहा कि हम कलैक्टर को ना कैसे कर सकते हैं। कुछ प्रचेता/साथिनों का सशक्तीकरण उनके घर, परिवार, समाज और गाँव में परेशानी का कारण तो बना ही विधानसभा में भी उस पर सवाल उठे। सरकारी अधिकारी भी उनसे खफा हुए। और तो और उनकी अपनी परियोजना निदेशकों को भी साथिनों का सवाल पूछना या किन्हीं निर्णयों का विरोध करना नहीं भाया। अब ऐसा तो हो नहीं सकता था कि गाँव और समाज में तो साथिनें अन्याय का विरोध करें और अपने ही विभाग में मूल्य और निर्णय प्रक्रिया पर सवाल नहीं उठाएँ। नतीजा यह हुआ कि मजबूत और सवाल उठानेवाली साथिन और प्रचेताओं को सबक सिखाया गया। यहाँ तक कि साथिनों को उनके पद से मुक्त किया जाने लगा। इस सवाल पर राज्य इदारा ने महत्त्वपूर्ण भूमिका निभाई। राज्य इदारा 'साथिन रो कागद' में साथिनों को पदमुक्त करने के नियम तरीके बताए गए ताकि सही प्रक्रिया का साथिनों को भी ज्ञान हो। परियोजना

निदेशक नहीं चाहती थीं कि साथिन, प्रचेता विभागीय निर्णयों से असन्तोष की बात इदारा या राज्य स्तर तक ले जाएँ। इन संस्थाओं को वे बाहरी इकाई मानकर उनके हस्तक्षेप से बचना चाहती थीं। इस कारण साथिन, प्रचेताओं में असन्तोष बढ़ रहा था।

साथिनों पर ऊपर से सरकारी योजनाओं के टारगेट थोपने का सिलसिला शुरू हो गया था। अजमेर जिले की साथिन/प्रचेताओं ने 107 तरह के कामों की सूची राज्य स्तरीय मूल्यांकन में पेश की थी जिन पर उनसे कार्य रिपोर्ट माँगी जाती थी। जमीन के मुद्दों व अन्य महत्त्वपूर्ण मुद्दों पर हस्तक्षेप करने पर साथिनों को नेतागिरी करने की संज्ञा दी जा रही थी। खुद जयपुर कलैक्टर ने उन्हें सफाई रखने, बच्चों के नाखून काटने, कोफ्ते की सब्जी बनाना सिखाने के उपदेश दिए थे। साथिनों के द्वारा गाँव की औरतों के साथ कलैक्टर ऑफिस पर जाकर प्रदर्शन करने से भी कई अधिकारियों को परेशानी थी।

राज्य स्तर पर स्टीयरिंग कमेटी मुख्य सचिव की अध्यक्षता में बनी थी। इसमें दो को छोड़कर सभी सरकारी अधिकारी थे। इस कमेटी में कई निर्णय बहुत सतही ढंग से ले लिए जाते थे कई अन्य महत्त्वपूर्ण निर्णय बिना स्टीयरिंग कमेटी में चर्चा हुए, राजनीतिक स्तर पर लिए जा रहे थे। उदाहरण के लिए दिवराला कांड के बाद सीकर जिले को महिला विकास कार्यक्रम के लिए न केवल चुना गया वरन् तुरत-फुरत बिना आवश्यक प्रक्रियाओं के वहाँ कार्यक्रम शुरू भी कर दिया गया जिसका विरोध राज्य स्तर पर इदारा द्वारा यह कहकर किया गया था कि प्रक्रियाओं की उपेक्षा के परिणाम तो कार्यक्रम और उससे सीधे जुड़े लोगों को ही झेलने होंगे। इस तरह के निर्णयों से कार्यक्रम कमजोर होता है।

जिला अभिकरण जयपुर की संचालन समिति में खुद कलैक्टर ने जब अपनी परियोजना निदेशक पर चुनाव के दौरान किसी पार्टी विशेष का प्रचार करने का आरोप लगाया तो राज्य इदारा प्रतिनिधि ने इसका विरोध किया। इस पर कलैक्टर ने अगली बैठक में इदारा प्रतिनिधि के आने पर ही रोक लगा दी। महिला विकास निदेशालय की निदेशक ने प्रक्रिया को लेकर मन्त्री जी को स्पष्टीकरण देने से यह कहकर इन्कार कर दिया था कि उनसे स्पष्टीकरण लेने का हक केवल उनके सचिव को ही है। इस मजबूत जवाब से तिलमिलाकर मन्त्री जी ने तुरन्त ही निदेशक का तबादला कर दिया था। निदेशक की इच्छानुसार उस समय महिला विकास कार्यक्रम ने इसे संघर्ष का मुद्दा नहीं बनाया था। इन सब स्थितियों के बाद भी कार्यक्रम की अपनी एक पहचान बनी थी। परिवार नियोजन के लक्ष्य साथिनों को दिए जाने का, तर्क के साथ विरोध राज्य स्तरीय स्टीयरिंग कमेटी में हुआ था और साथिनों को इस टारगेट से मुक्त रखने का निर्णय हुआ था।

साथिनों पर काम का बोझ बढ़ता जा रहा था। न्यूनतम मजदूरी भी बढ़ रही थी। आँगनबाड़ी कार्यकर्ताओं के मानदेय भी बढ़े थे किन्तु साथिनों का मानदेय नहीं बढ़ाया गया था। कार्यक्रम में सरकारी स्तर पर साथिन और प्रचेताओं के सामूहिक विरोध की

शक्ति से डर बैठता जा रहा था। इसलिए उन्हें एक साथ बुलाकर गतिविधियाँ आयोजित करने से परियोजना निदेशक बचना चाहते थे।

1990 में महिला विकास कार्यक्रम के तहत बाड़ा पदमपुरा जयपुर में राज्य स्तरीय सम्मेलन और मेला हुआ। इस अवसर पर साथिनों ने सामूहिक रूप से शक्ति प्रदर्शन करते हुए हड़ताल कर दी थी। समझाने-बुझाने से हड़ताल वापस भी ले ली गई थी। इसी के बाद साथिनों के मानदेय में पचास रुपए प्रतिमाह की बढ़ोतरी हुई थी।

1990 में ही राज्य इदारा समन्वयक ने अपनी संस्था के अन्दर मूल्य और प्रक्रियाओं के हनन के विरोध स्वरूप इस्तीफा दिया था जो पदाधिकारियों द्वारा बिना किसी निर्णय प्रक्रिया को अपनाए, तानाशाही तरीके से स्वीकार भी कर लिया गया था।

1992 में बाल विवाह को लेकर प्रशासन की पुलिस कार्रवाई करने की हठधर्मिता के कारण भटेरी सामूहिक बलात्कार कांड जैसा जघन्य अपराध हुआ। इस कांड का सबसे शर्मनाक पहलू यह रहा कि पुलिस, प्रशासन और राज्य स्तरीय जनप्रतिनिधियों, यहाँ तक कि खुद तत्कालीन मुख्यमन्त्री तक ने बिना जाँच के ही इस कांड और पीड़ित साथिन को झूठा करार दे दिया था; जिसका कार्यक्रम स्तर पर जबरदस्त विरोध हुआ था। यहाँ तक कि महिला विकास सचिव व निदेशक तक को हाशिए पर फेंक दिया गया था।

भटेरी के बाद कार्यक्रम पर हुआ कुठाराघात

यूँ तो पहले से ही राज्य सरकार अनेक संस्थाओं द्वारा कार्यक्रम के बाहरी मूल्यांकन के नाम पर कार्यक्रम को कमजोर करने पर लग गई थी। 1989 में राज्य इदारा व विकास अध्ययन संस्थान ने मिलकर कार्यक्रम के चरण दो की योजना का प्रारूप जिला स्तरीय बैठकों के आधार पर बनाया था। इसी के आधार पर कार्यक्रम में अपेक्षित बदलाव की माँग की जा रही थी किन्तु राज्य इदारा समन्वयक के इस्तीफे से यह योजना खटाई में पड़ गई थी। लेकिन भटेरी कांड के बाद तो कार्यक्रम पर खुलकर वार होने लगे थे।

- पहले तो नए जिलों में जहाँ यह कार्यक्रम शुरू हुआ वहाँ बिना किसी चिन्तन और वैकल्पिक मंच के सीधे गाँव की महिलाओं के साथ साथिनों के बिना ही कार्य करने का निर्णय लिया गया।
- फिर साथिनों के सीखने-सिखाने के मंचों को कमजोर किया गया।
- प्रचेताओं के गाँवों में दौरों पर कतरब्योंत होने लगी।
- प्रचेताओं की नियुक्ति ठेके पर शुरू हुई।

कार्यक्रम के दौरान प्रचेताओं ने अपनी यूनियन बनाई जो कुछ समय तक सक्रिय भी रही। किन्तु कालान्तर में अधिकांश प्रचेताओं ने यथास्थिति को स्वीकार कर लिया। वर्ष 1991-92 में प्रचेताओं को पुनः आवेदन करने को कहा गया क्योंकि उनकी नियुक्ति की अवधि समाप्त हो गई थी। अजमेर में तीन प्रचेताओं को पदमुक्त कर दिया गया।

अन्य जिलों में भी इसी तरह की घटनाओं की सम्भावनाओं को देखते हुए उच्च न्यायालय में प्रचेताओं द्वारा कई याचिकाएँ दायर की गईं।

साथिन कर्मचारी संघ

साथिन यूनियन की नींव तो 1990 में बाड़ा पदमपुरा मेले में ही पड़ चुकी थी। वर्ष 1992 में जब साथिनों के चयन पर रोक लगाई गई तब से ही यूनियन बनाने के प्रयास में तेजी आई। भीलवाड़ा जिले की साथिनों ने राजस्थान राज्य कर्मचारी संघ से सम्पर्क किया व उनसे सहयोग माँगा।

जुलाई 1992 में पुष्कर (अजमेर) में एक सामूहिक जाजम में, सब साथिनों ने मिलकर यूनियन बनाने का निर्णय लिया व चन्दा एकत्र किया। इस कदम की तीव्र प्रतिक्रिया हुई और अधिकारियों द्वारा साथिनों को तब तक घर नहीं जाने दिया गया जब तक उन्होंने यूनियन न बनाने का लिखित वक्तव्य न दे दिया। परन्तु अब साथिनों में यूनियन बनाने का दृढ़ निश्चय हो चुका था और साथिनें हर विरोध का सामना करने को तैयार थीं। जनवरी 1993 में अजमेर जिले की साथिन यूनियन का पंजीकरण हुआ और छह माह के अन्दर इसे पूरे राजस्थान में फैलाया गया। यूनियन बनाने की प्रक्रिया में साथिनों को महिला संगठनों व ट्रेड यूनियन से मदद मिली। जुलाई 1993 में साथिन यूनियन का पहला प्रान्तीय सम्मेलन हुआ जिसमें यूनियन ने सर्वसम्मति से 11 सूत्रीय माँग पत्र पारित किया। प्रमुख माँगें थीं—साथिनों को पूर्णकालिक सरकारी कर्मचारी या मजदूर का दर्जा, न्यायपूर्ण वेतन व सेवा शर्तें, ग्रामीण मुद्दों को प्राथमिकता देना, अधिकारियों की मनमानी पर रोक, साथिनों की सुरक्षा आदि। इन माँगों की पूर्ति के लिए प्रदेश भर में संघर्ष छेड़ने का ऐलान किया गया।

साथिन यूनियन को कमजोर करने के लिए तरह-तरह के हथकंडे अपनाए गए। सक्रिय सदस्यों को डराया-धमकाया गया। अन्य नौकरी का लालच दिया गया। मासिक बैठकों का आयोजन कम करके साथिनों की आपस में मिलने की प्रक्रिया को सीमित कर दिया गया। यूनियन की मीटिंग के दिन अन्य गतिविधियाँ इस इरादे से आयोजित की जाने लगीं ताकि साथिनों को यूनियन की मीटिंग में भाग लेने से रोका जा सके। कई सक्रिय साथिन व प्रचेताओं को कार्यमुक्त कर दिया गया। इससे साथिन व प्रचेता को यह स्पष्ट सन्देश मिल गया कि उनके हकों की लड़ाई सहन नहीं की जाएगी।

एक ओर महिला विकास अभिकरणों और विभाग की पूरी ताकत साथिन यूनियन तोड़ने में लगा दी गई थी, दूसरी ओर राजस्थान क्या देश के कोने-कोने से साथिनों के संघर्ष को समर्थन मिल रहा था। राष्ट्रीय स्तर के तमाम महिला संगठन, ट्रेड यूनियन, मजदूर संगठन, प्रगतिशील नागरिक और ग्रामीण जनता ने खुलकर साथिनों का साथ दिया।

जनवरी 95 में एक उच्चस्तरीय बैठक में साथिनों की क्रमबद्ध छँटनी का निर्णय

लेकर साथिनों को उनके बेहतर काम का यह इनाम दिया गया। साथिनों ने इसका कड़ा विरोध किया। देशभर के संगठनों व गाँव की जनता ने साथिनों के इस संघर्ष में उनका साथ दिया। अन्ततः सरकार को अपना निर्णय वापस लेना पड़ा।

राष्ट्रीय महिला आयोग का समर्थन

निर्णय की इस वापसी में राष्ट्रीय महिला आयोग ने बड़ी महत्त्वपूर्ण भूमिका निभाई। साथिनों और महिला संगठनों के आमन्त्रण पर दिसम्बर 95 में राष्ट्रीय महिला आयोग की अध्यक्षा श्रीमती मोहिनी गिरी राजस्थान के तत्कालीन मुख्यमन्त्री श्री भैरोंसिंह शेखावत से मिलीं और उनसे साथिन कार्यक्रम के बारे में चर्चा की। मुख्यमन्त्री ने आयोग से साथिन कार्यक्रम पर अध्ययन करके अपनी रिपोर्ट भेजने को कहा और आश्वासन दिया कि जो सुझाव आयोग भेजेगा उन्हें लागू किया जाएगा। आयोग ने अध्ययन किया और अपनी रिपोर्ट सुझाव सहित सरकार को मार्च, 1996 में सौंप दी। रिपोर्ट में साथिन को एक सफल कार्यकर्ता पाया गया और साथिनों के माध्यम से सशक्तीकरण के स्पष्ट प्रमाण दिए गए। राजस्थान सरकार से साथिनों की स्थिति सुधार कर उन्हें सुरक्षा प्रदान करते हुए पूरे राजस्थान में साथिन कार्यक्रम को लागू करने को कहा गया। इतना ही नहीं इस रिपोर्ट के आधार पर राष्ट्रीय महिला आयोग ने केन्द्रीय सरकार को पूरे देश में साथिन कार्यक्रम लागू करने को कहा।

राजस्थान की भाजपा सरकार के महिला विरोधी रुख का शिकार भी साथिनें बनीं। सरकार के साथ संवाद के सब प्रयास विफल होने पर, माँगों को आन्दोलन द्वारा मजबूती से उठाया गया। पूरे देश की जनता ने साथिनों की माँगों का व्यापक समर्थन किया। इसके बाद भी सरकार ने साथिन कार्यक्रम को बन्द करने का मानस बना लिया और जनवरी 1999 में मुख्य सचिव ने पत्र द्वारा राष्ट्रीय महिला आयोग को इसका संकेत दिया। इस निर्णय का जोरों से विरोध हुआ। व्यापक जन विरोध के कारण सरकार को अपने कदम वापिस लेने पड़े। सरकार ने न केवल यह घोषणा की कि साथिन कार्यक्रम चालू रहेगा बल्कि साथिनों का मानदेय 250 रुपए से 350 रुपए प्रतिमाह कर दिया। यह साथिनों की संगठित शक्ति की बहुत बड़ी उपलब्धि थी। इसी के बाद साथिनों ने अपना अनुभव अपनी गाँव की जनता के बीच में रखा और देश के कोने-कोने में ऐसे आन्दोलनों में भाग लिया जहाँ जमीनी स्तर की महिलाएँ अपने अधिकारों के लिए संघर्ष कर रही थीं। लोकसभा एवं विधानसभा चुनाव साथिनों के लिए एक बहुत अच्छा मौका था और दोनों चुनावों के समय साथिनों ने अपना अनुभव जनता से बाँटा और महिलाओं की स्थिति पर जनता से व्यापक विचार विमर्श किया। चुनाव के पश्चात् राजस्थान में सरकार बदलने से साथिनों में पुनः उम्मीद जागी और संवाद का सिलसिला पुनः शुरू हुआ।

कुल मिलाकर हर दो-तीन साल में राज्य सरकार चाहे वह कांग्रेस हो या भाजपा

सरकार साथिनों को हटाने का निर्णय लेती रही परन्तु साथिनों के प्रबल समर्थक समूह के कारण उन्हें अपने निर्णय वापिस लेने पड़े। अन्तत अप्रैल 2002 में गहलोत सरकार द्वारा कार्यक्रम की विस्तृत समीक्षा के लिए एच.सी.एम. रीपा के महिला सन्दर्भ केन्द्र के तहत एक समिति गठित की गई। सेवानिवृत्त वरिष्ठ प्रशासनिक अधिकारी श्रीमती सी.पी. सुजाया के नेतृत्व में गठित इस समिति में कई प्रतिष्ठित संस्थाओं की प्रतिनिधियों को जोड़ा गया। इस समिति ने साथिनों के कार्यक्षेत्रों में जाकर और अन्य सम्बन्धित सरकारी व गैर सरकारी लोगों से बात कर अपनी रिपोर्ट प्रस्तुत की। इस पर सरकार के अन्दर काफी लंबा विचार-विमर्श होता रहा। आखिरकार निर्णय यह लिया गया कि इस कार्यक्रम का विस्तार किया जाए और प्रत्येक ग्राम पंचायत में एक साथिन नियुक्त की जाए।

अब साथिनें तो नियुक्त की जा रही हैं किन्तु उनकी सहयोगी व्यवस्था को सरकार ने पूरी तरह से ध्वस्त कर दिया है। साथिनों को नेतृत्व व प्रशिक्षण देने का काम अब समेकित बाल विकास विभाग के वरिष्ठ अधिकारियों को सौंप दिया गया है।

(5) परम्परागत छवियों को तोड़ती ये महिलाएँ

राजस्थान में चले महिला सुधार आन्दोलनों, शिक्षा और विकास कार्यक्रमों का महिलाओं की जिन्दगियों पर बहुत गहरा असर पड़ा। इस प्रभाव के चलते उनकी अपनी जिन्दगियों में छोटे-छोटे ही सही किन्तु बड़े महत्त्वपूर्ण बदलाव आए। घूँघट हटा, घर की चारदीवारी से बाहर निकलना हुआ, अन्याय का विरोध करने का जज्बा उनके मन में पैदा हुआ, कइयों ने सड़कों पर आकर खुला विरोध किया तो कइयों ने घर में रहते हुए ही अपने जीवन को बदल डाला। कुछ को उच्च शिक्षा प्राप्त करने का अवसर मिला कुछ ने अत्यन्त चुनौतीपूर्ण सरकारी नौकरियों में रहते हुए अपनी क्षमता और व्यक्तित्व की अमिट छाप छोड़ी। ऐसी ही कई ग्रामीण और शहरी महिलाओं ने अपने जीवन में आए बदलाव के बारे में अपने अनुभव हमें लिख भेजे हैं। आइए हम देखें कि ये क्या बदलाव थे और इन बदलावों का इन महिलाओं के जीवन पर क्या असर पड़ा :

रानी लक्ष्मीकुमारी चूड़ावत

शिक्षा के लिए जो संघर्ष बीस वर्ष पूर्व छोटे से गाँव की एक राजपूत कन्या को करना पड़ा लगभग उसी तरह का माहौल रियासतों और सामन्ती परिवारों में आजादी पूर्व हुआ करता था। राजस्थान की जानी-मानी लेखिका *रानी लक्ष्मीकुमारी चूड़ावत* का जन्म एक सामन्ती परिवार में मेवाड़ रियासत के देवगढ़ ठिकाने में हुआ था। आजादी के पहले महिलाओं को बहुत पर्दे में रखा जाता था और महलों में जनाना-मर्दाना का अलग विभाजन था। कोई पुरुष जनाने से नहीं मिल सकता था और 5 पहरे पार करके मिलना

होता था। सिर्फ घर के बहुत नजदीकी पुरुष ही जनाना में आ सकते थे। अगर महिलाएँ बाहर निकलती थीं तो चारों तरफ से पर्दा लगता था और अगर गाड़ी (ट्रेन) में कहीं जाना होता था तो पूरी एक बोगी रिजर्व करवाते थे एवं सिर्फ घर के लोग ही साथ रह सकते थे।

राजपूतों में बालिका शिक्षा का चलन बहुत कम था। सिर्फ चिट्ठी लिखना-पढ़ना आदि सिखाया जाता था पर, गाना, पेंटिंग, कुकिंग, बुनाई, डांस आदि खूब सिखाया जाता था। लक्ष्मी जी की पढ़ाई-लिखाई घर में ही हुई। ठिकाने में बहुत विद्वान लोग थे जो पढ़ाते थे। पढ़ाई से साहित्य की तरफ रुझान बढ़ा। रोज अखबार पढ़ा करती थीं। बच्चों की पत्रिकाएँ भी पढ़ती थीं और बाल शाखा जैसी पत्रिकाओं में लेख भी भेजती थीं। तलवार चलाना, गाड़ी चलाना, घुड़सवारी, बन्दूक चलाना आदि भी उन्होंने सीखा और शिकार भी करती थीं। आजादी के आन्दोलन में इनका सम्पर्क लगातार अखबारों से रहा और वे गांधी जी से काफी प्रभावित हुईं। वे खादी पहनने लगीं। चुपचाप चरखा चलाती थीं। वे कभी किसी आन्दोलन में भाग नहीं ले पाईं किन्तु मन से जरूर जुड़ी थीं।

उनकी शादी 18 वर्ष में ही बीकानेर ठिकाने में हो गई। शादी के बाद बहू होने के कारण पर्दे में रहना पड़ता था। इस कारण अनेक गतिविधियों पर रोक लग गई। फिर भी कभी-कभी चुपचाप वे शिकार करने चलीं जाती थीं। कुछ समय बाद उन्होंने लिखना शुरू किया। राजस्थानी एवं हिन्दी, दोनों भाषाओं में लिखती थीं वे। उनका पहला प्रकाशन 1948 में आया। उन्होंने बगड़ावतों के बारे में लिखा जिसे बहुत सराहा गया। वे अधिकतर छोटी-छोटी कहानियाँ लिखती रहीं और अब तक लिख रही हैं। अब तक उनकी 38 किताबें प्रकाशित हो चुकी हैं और 25 से ज्यादा लेख विभिन्न पत्र-पत्रिकाओं में प्रकाशित हुए हैं।

मुकुलिका सेन

पढ़ी-लिखी कामकाजी महिलाओं को चालीस-पचास साल पहले कठिन संघर्ष से गुजरना पड़ा। मुकुलिका सेन राज्य की पहली महिला आर.ए.एस. अफसर थीं। वे बताती हैं—जब उन्हें सहायक कलैक्टर की पहली नौकरी कोटा में मिली तो वहाँ महिला शौचालय नहीं थे। जब वे दौरे पर जातीं तो भी बहुत परेशानी आती थी। इस कारण वे जितने समय घर से बाहर रहती थीं कभी लघुशंका के लिए जाती ही नहीं थीं। धीरे-धीरे उन्हें इस बात की आदत ही पड़ गई थी पर कितनी नुकसानदेह थी यह आदत। जब कहीं कार्यालय में अलग टायलेट की माँग की तो कहा गया अन्य लोग भी तो जाते हैं। अब उन्हें कौन समझाता कि बाकी सब तो पुरुष हैं और खुले में भी जा सकते हैं।

पुरुष सहकर्मी कभी अपनी पत्नियों से नहीं मिलवाते थे। सामाजिक अवसरों पर

भी उन्हें साथ नहीं लाते थे। पर हमसे हाथ मिलाने को बड़े आतुर रहते। जब बी.डी.ओ. की पोस्ट पर काम किया तो पीछे से पुरुष कर्मचारी कहते थे "किस्मत में औरतों की हुकूमत उठाना भी लिखा था।"

जब ग्रामसेविका प्रशिक्षण की जिम्मेदारी उन्हें मिली उस समय एक ब्लॉक में दस ग्रामसेवक और दो ग्रामसेविकाओं की नियुक्ति की जाती थी। न कोई यात्रा भत्ता, न आवासीय सुविधा। तिस पर करीब आधे-ब्लॉक में काम करने की जिम्मेदारी उनकी होती थी। वे कहती हैं उनकी शब्दावली में 'नहीं' शब्द था ही नहीं। जो भी काम सौंपा जाता हर हालत में पूरा करतीं। जी जान से जुट जाती थीं। उस समय पुरुषों के मुकाबले स्वयं को स्थापित करने के लिए अपने को उनसे बेहतर साबित करना पड़ता था।

सन्तोष भार्गव

सन्तोष भार्गव का जन्म सन 1941 में अजमेर में हुआ। उनकी ससुराल का परिवार अजमेर का प्रभावशाली और सम्पन्न परिवार था। वह कांग्रेस से जुड़ा रहा था। वे बताती हैं—"मुझे सबसे अधिक सीखने का मौका और प्रेरणा अपनी दादी सास से मिली। वे अपना अधिकांश समय क्रान्तिकारियों के साथ बिताती थीं। यहाँ आकर उन्होंने अपनी डिग्री फाड़कर फेंक दी थी। इस पर उन्हें एक माह की कैद हुई थी। दादी जेल भी पूरी शान से जाती थीं और जेल में अपनी सिलाई मशीन से थान के थान कपड़े सिला करती थीं।

दादी ने अपनी बहू-बेटियों की शादी भी खुले मुँह से करवाई थी। अपनी बहू वे एक गरीब घर से लाई थीं। अपनी देवरानी का विधवा विवाह उन्होंने पंजाब में करवाया था। अन्तरजातीय विवाह भी हमारे अपने घर से शुरू हुए थे। दादी कहती थीं दो-तीन बच्चों से ज्यादा नहीं होने चाहिए। उनके अपने भी तीन बच्चे ही थे। मेरी सास को भी दादी सास ने एम.ए. करवाया। अपने परिवार में सभी महिलाओं को उच्च शिक्षा दिलवाई। जो भी औरतें मेरे घर में आती थीं उन्हें शिक्षा के साथ-साथ चरखा चलाना भी वे सिखाती थीं।

मेरे ससुर के मरने के बाद भी मेरी सास (स्व. सुशीला भार्गव) बिन्दी लगाती थीं। उनका यह कहना था कि हमें इस चीज का विरोध करना चाहिए। उनकी प्रेरणा से आज भी हमारे घर की हर औरत पति की मौत के बाद भी बिन्दी लगाती रही है। मैं भी अपने पति के मरने के बाद से ही (1987) बिन्दी लगा रही हूँ। हम सब जिस रंग के कपड़े पहनना चाहें पहनती हैं। अब तो यह रिवाज हमारे समाज में भी लागू हो गया है।

जब मेरे बच्चे थोड़ा बड़े हो गए तो मैं भी कुछ महिलाओं के साथ अपनी कॉलोनी में आदर्श महिला संगठन बनाकर सामाजिक कार्य करने लगी। आसपास के गाँवों में बच्चों की शिक्षा व स्वास्थ्य जैसे मुद्दों पर देख-रेख, बच्चों की प्रतियोगिता, महिला शिक्षा साक्षरता, महिला स्वास्थ्य आदि से जुड़कर कार्य करने लगी। प्रताड़ित महिलाओं की मदद करना एवं उनके बच्चों की पढ़ाई के लिए व्यवस्था करना आदि हमारा काम रहा

है। अभी मैं इस संगठन की चेयरमैन हूँ। मैं अभी एक अन्य संस्था 'महिला समूह अजमेर' की सह-अध्यक्ष भी हूँ। मेरे घर से ही इस संस्था की शुरुआत हुई है। मैं 'भार्गव महिला सभा अजमेर' की भी सचिव हूँ। आदर्श नगर से *नारी एक्सप्रेस* अखबार निकलता है उसकी भी मैं सह-अध्यक्ष हूँ। ऑल इंडिया भार्गव सभा की मैं कार्यकारिणी सदस्य हूँ।

आदर्श महिला संगठन की महिलाओं द्वारा रोजगार सम्बन्धित आर्थिक स्वावलम्बन हेतु स्वेटर बनाकर सेल करवाना, चिप्स, मुँगौड़ी, पापड़ आदि बनवाकर सेल करवाना आदि काम होते हैं। महिला सम्बन्धित कोई समस्या हो तो हम घर के साथ-साथ कोर्ट तक जाकर भी सहयोग करते हैं।''

मोहिनी चौधरी

मोहिनी चौधरी चूरू जिले के सुजानगढ़ में मरू शक्ति संस्थान चलाती हैं। बीकानेर के एक गाँव में जन्म हुआ उनका। पढ़ने का मौका था पर पढ़ाई में मन नहीं लगा। बचपन में शादी हो गई। फिर पति की मौत का दुःख। बुआ के सहयोग से पति की मौत के बाद पढ़ाई की उन्होंने। गाँव में अपने हक की खातिर खूब संघर्ष किए। वे बताती हैं—''हमारे समाज में बचपन में लड़कियों की शादी तो हो जाती थी पर डर नहीं था। वे सुरक्षित थीं। हम सब जवान लड़कों के साथ रात-रात खेलते थे। कपड़े फट जाते तो भी गाँठ मारकर खेलते थे। अन्य जातियों के साथ भी खेलते थे। राजपूतों की लड़कियाँ भी साथ खेलतीं थीं। हाँ औरतें पति से खुलकर अपनी बात नहीं कह पाती थीं। माता-पिता भी आपस में सबके सामने बात नहीं करते थे। साथ खाने का तो सवाल ही नहीं था। पर्दा था।

कन्या गुरुकुल हरिद्वार में चार साल पढ़ी। बुआ ने 300 रुपए महीना दिया। फिर ससुराल जाकर हक माँगने की बात कही। मैंने मना किया तो वो नाराज हो गईं। पढ़ाई का पैसा देना बन्द कर दिया। मेरी एक प्रिंसिपल ने तब मुझे तीन काम दिए। भैंस दुहना, लड़कियों को खाना खिलाना, सुबह चार बजे उठाना। मुझे फ्री पढ़ाया। 25 रुपए नकद साबुन-तेल के भी मिलने लगे। मैं दसवीं तक पढ़ी फिर आयुर्वेद की परीक्षा दी। मेरी सप्लीमेंटरी आई। सरकार और कन्या गुरुकुल में झगड़ा हुआ और गुरुकुल बन्द कर दिया गया। मुझे सप्लीमेंटरी देने की अनुमति भी नहीं दी। मैं फिर पीहर आ गई। निराश हो गई थी मैं। कितनी मुश्किल से पढ़ी पर पढ़ाई का कुछ फायदा नहीं नजर आ रहा था। अन्त में सासरे में अपने हक की खातिर लड़ने का मन मैंने बना लिया। सासरा सरदार शहर चूरू में था। अपना हक लेने की खातिर मैं खेत में जाकर बैठ गई। उन्होंने पहले तो गुंडे भेजे फिर पुलिस भेजी। मैं डटी रही। वो हार गए। मैंने खेत का पट्टा बनवा लिया। रिश्ते का एक देवर सरपंच था। उसने मदद की। इसी दौरान मुझे लगा मर जाना चाहिए। नहर पर गई पर ख्याल आया कि मरने से क्या दुखी औरतों

की समस्या खत्म हो जाएगी।

1988 में उरमूल ट्रस्ट संस्था में नसबन्दी कैम्प लगा। मैं अपनी भाभी को लेकर गई। संजय और मीनू जी को मेरे बारे में पता लगा तो उसी टाइम रख लिया। दो साल मैंने संस्था में काम किया। फिर कालू क्लस्टर के सात गाँवों की जिम्मेदारी दे दी। इसी दौरान 1991 में रिश्ते के एक व्यक्ति को मेरे बारे में पता लगा तो उन्होंने विवाह के प्रस्ताव का पत्र लिख भेजा। वे विधुर थे और उनके दो बच्चे भी थे। पहले तो मुझे बड़ा बुरा लगा। उन्हें कागज लिखकर मना कर दिया। 6 महीने बाद उनका दूसरा पत्र आया। तब उन्हें उरमूल संस्था में बुलाया। 15-20 मिनट गेट पर ही बात की। वे बोले नाराजी की क्या बात है। मैंने इस बारे में उरमूल ट्रस्ट में संजय और शुमिता से सलाह ली। उन्होंने कहा निर्णय आपका है। हम तो आपके साथ हैं। उन्होंने मेरी मदद की। उस व्यक्ति का बैक ग्राउण्ड पता करवाया और कहा व्यक्ति तो ठीक है।

मैंने पीहर में जिक्र किया तो कटु शब्द सुनने को मिले। वे बोले, 'हम जीवतां की नाक कटा दोगी'। हम तो जीते जी मर जाएँगे। मैंने कहा भाई की लुगाई मरी उसकी तो शादी कर दी। भाइयों से ज्यादा माँ और आसपास के परिवारों ने विरोध किया। संजय ने कहा माँ को राजी करो। सबने तय किया कि उरमूल ट्रस्ट परिसर में शादी होगी। मैंने कहा मैं चुपचाप नहीं जाऊँगी। मैं तो फेरे खाऊँगी। इसका नतीजा अच्छा रहा। हमारे समाज में एक ही बार शादी होती थी। दूसरी बार नाता होता था। मैंने यह परम्परा बदल डाली। इसके एक महीने बाद मेरे ममेरे भाई की बेटी की शादी हुई। उसके भी पति गुजर गए थे। घर-परिवार में धारणा थी कि ऐसी औरत से ब्याह करने पर घरवालों का अपशकुन होता है। हमारी शादियों के बाद जब एक महीने बाद तक भी सब परिवार राजी रहा तब सब खुश हो गए। माँ भी खुश हुई। कहा बेटी ने खुद अपनी जिन्दगी चुनी। हम तो स्वार्थवश पैसे के लालच में थे। जिस घर में मैं गई वहाँ औरतों ने कहा कि हम बहू के सामने आए तो मर जाएँगे। पति ने हँसकर कहा तो गाँव छोड़ दो। हमें मर जाने दो। इस पर वे सब चुप हो गईं।

चूरू, बीकानेर, गंगानगर में मोहिनी का विवाह एक क्रान्तिकारी कदम था। एक साल बाद मीठड़ी के एक राजपूत परिवार ने संजय से कहा मोहिनी की शादी करवाई तो अब हमारी बेटी की भी करवाओ। हम अकेले करेंगे तो सब हमें मार डालेंगे। मोहिनी साथ दे तो हम अपनी बेटी की शादी कर देंगे। हम सब स्टॉफ उनके यहाँ शादी में गए इसके बाद से चार और विधवा बेटियों की शादियाँ हुई हैं। एक कुम्हारों की, एक राजपूत की। फिर उस लड़की ने अपने सासरे में एक और शादी करवाई। सुजानगढ़ में तीन और लड़कियों के दुबारा फेरे करवाए।"

भँवरी

गाँव में पली बड़ी हुई महिला जन अधिकार समिति की जुझारू और दलित महिला सदस्य

भँवरी का जन्म मध्यप्रदेश में आज से छप्पन साल पहले हुआ। परिवार घुमक्कड़ी था। न घर न ठिकाना। वे बताती हैं–"मुझे बचपन में अपशकुनी कहा जाता था क्योंकि मेरे बाद हुए चार भाइयों में एक भी नहीं बचा। माता-पिता का लाड़-प्यार नहीं मिला और सात साल की उम्र में एक दस वर्षीय लड़के से ब्याह करवा दिया गया जिसे टी.बी. थी। मैं बचपन में मात्र एक बार ससुराल गई।

मेरे पिता का पक्का ठौर-ठिकाना नहीं था। परिवार घुमक्कड़ था। सामान ढोने के लिए ऊँट-घोड़े थे। मैं इन्हें ही चराती थी। पढ़ने की खूब लगन थी। मेरे आग्रह पर पिता ने स्लेट पेंसिल ला दी। शुरुआत में काफी सीखा पर एक जगह न टिकने के कारण ठीक से जमकर नहीं पढ़ पा रही थी। कभी मदरसा, कभी पेड़ के नीचे स्कूल। इधर पिताजी और चाचा की लड़ाई हुई तो पिता को पीसांगन के पास नूरियावास में थोड़ी जमीन मिली। वहीं झोंपड़ी बनी। मैंने टिककर पढ़ाई की और पाँचवीं पास कर ली।

मेरे पति जब 15 वर्ष के हुए तो उनकी मृत्यु हो गई। मुझे और अपशकुनी माना जाने लगा। पिता नाता करवाना चाहते थे ताकि मैं घर से विदा हो जाऊँ। 14 वर्ष की उम्र में श्रीनगर के रामपुरा में मेरा नाता कर दिया गया। मेरा दूसरा पति निकम्मा था। सोलह वर्ष की उम्र में मैं माँ बनी। परिवार बड़ा था, आठ सदस्य थे और खाने के लाले। पति को शराब की लत लग चुकी थी। स्थिति सुधारने के लिए पति और बेटे के साथ पिता के पास मध्यप्रदेश गई। पर पिता दूसरा नाता करने की सलाह देने लगे। हमें लौटना पड़ा। समय गुजरता रहा मेरे 5 बच्चे हो गए। जिम्मेदारियाँ बढ़ रही थीं।

जब प्रौढ़ शिक्षा का काम गाँव में आया तो मैं अकेली पढ़ी-लिखी औरत थी। 50 रुपए मासिक का यह काम मुझे मिला जरूर पर जातिवाद के कारण पहले संघर्ष करना पड़ा। धीरे-धीरे स्थिति बदली। 1982 से इस काम से जुड़ने के बाद घर से बाहर ट्रेनिंग आदि के लिए निकलने लगी। 1985 में राज्य सरकार की ओर से मुझे पुरस्कृत किया गया।

इस बीच ईसाई मिशन के सास्विका संगठन से परिचय हुआ। उनके कहने पर छोटे बच्चों को पढ़ाना शुरु किया ये भी 50 रुपए मासिक देते थे। मैं मीटिंगों आदि में जाने लगी पर खूब भेदभाव और छुआछूत सहना पड़ता। गाँव में चप्पल पहनकर नहीं निकल सकती थी, हैंडपंप छू नहीं सकती थी। समय के साथ दलितों के मसले पर धीमे-धीमे आवाज उठने लगी। 14 अप्रैल 1989 में हमारे गाँव में अंबेडकर जयन्ती मनाई गई। पर अहीर बहुल गाँववासियों ने बैनर फाड़े-डंडे चलाए। मेरे पति और बड़ी बेटी को पीटा। थाने गई तो पुलिस ने रपट तक नहीं लिखी।

कुछ ही दिनों बाद मेरी बारह वर्षीया बेटी के साथ अहीरों ने सामूहिक बलात्कार किया। लोगों ने इसकी रिपोर्ट लिखाने तक से रोकना चाहा। मैं थाने गई, पुलिस से मदद माँगी। यह भी कहा कि सरकारी हैंडपंप पर अहीरों का कब्जा है। पूरा गाँव व

पुलिस सब मेरे विरुद्ध हो गए। दलित परिवार भी मदद को नहीं बढ़े क्योंकि वे सब बन्धुआ मजदूर थे। गाँव में जीना हराम हो गया। मुझे अपने देवर-देवरानी के पास अजमेर आना पड़ा। पर वे भी डरते थे कि कहीं वे ही न फँस जाएँ। उन्होंने भी हमें निकाल दिया।

मैंने सास्विका संस्था को अपनी स्थिति बताई। मुझे 300 रुपए प्रतिमाह पर पास के गाँव में स्कूल चलाने की जिम्मेदारी मिली। मैं अजमेर की एक कच्ची बस्ती में झोंपड़ी में रहने लगी। मेरी बड़ी बेटी बलात्कार के बाद पागल हो गई थी, सो हम यहाँ भी नहीं टिक सके। गाँव की जमीन बेचकर कुछ कर्ज लेकर मैंने कुछ जमीन खरीदी थी। उसी जमीन में खुले में रहते रहे। इसी दौर में बेटी की 12 साल की उम्र में इस विचार से शादी कर दी कि वह शायद ठीक हो जाए। पर हालत बिगड़ती गई। वह गर्भवती हुई, एक बेटे को जन्म दिया। इसके बाद उसका पति भी मर गया।

धीरे-धीरे उसी जमीन पर झोंपड़ी बनवाई। महिला समूह से जुड़ी। दिल्ली की साक्षी संस्था ने मेरी जीवन कथा दर्ज की। दुनिया भर की तीन औरतों को रिसोर्सफुल विमेन का पुरस्कार 1995 में मिला था, उनमें एक मैं भी थी। मैं पूरे समय महिला समूह के साथ काम करने लगी। पर जल्दी ही मोहभंग हो गया। 1998 में हमने महिला जन अधिकार समिति की स्थापना की। इसका उद्देश्य था वर्ग, जाति व लिंग समानता आधारित समाज बनाने के लिए दलित, पीड़ित, शोषित वर्ग को एकजुट करना। जनहित ट्रस्ट से हमें प्रतिमाह काम में मदद के लिए 2000 रुपए मिलते हैं।

इधर पिछले दो वर्ष से पति लापता है। मेरी बड़ी बेटी जो सदमे से पागल हो चुकी थी, न जाने कहाँ चली गई है। मेरे परिवार में अब 2 बेटे और 2 बेटियाँ हैं और बड़ी बेटी का पुत्र भी। मैंने हिम्मत नहीं हारी है। अभी भी लगातार सामाजिक बदलाव के काम में लगी हुई हूँ।"

डॉ. लाड़कुमारी जैन

महाजन, बनिए और जैन परिवार की बेटियों को भी ऐसा ही कठिन संघर्ष करना पड़ा। लाड़कुमारी जैन महिला आन्दोलन की सक्रिय सदस्य हैं। ये सन् 1952 में माँडलगढ़ (जिला भीलवाड़ा) के किले पर स्थित एक प्रतिष्ठित घर में पैदा हुईं। वे बताती हैं–"हम सात भाई-बहिन, तीन लड़कियाँ व चार लड़के हैं। मैं दूसरे नम्बर पर थी। घर में लड़के व लड़की के बीच भेदभाववाली बात शुरू से नहीं थी। लेकिन मेरी शिक्षा व अध्ययन पर बार-बार प्रश्न चिन्ह लगता रहा। इसका मूल कारण था उस समय बालिकाओं की शिक्षा की समुचित व्यवस्था का न होना। माता-पिता लड़कों के स्कूल में लड़कियों को पढ़ने भेजना नहीं चाहते थे। खूब पढ़ने की तमन्ना मुझमें शुरू से थी। जब मैं पाँचवीं कक्षा में पढ़ती थी तब मेरे साथ वहाँ के एस.डी.एम. की पुत्री भी पढ़ती थी। गाँववाले उनको हाकम साहब कहते थे। एक दिन मैं अपनी उस सखी के साथ उसके घर चली

गई। उसकी मम्मी से मिली और उनसे प्रार्थना की कि आप हाकम साहब से हमारी सिफारिश करिए कि वे इस गाँव में बालिका माध्यमिक विद्यालय खुलवा दें। गाँव के कुछ और प्रतिष्ठित व्यक्तियों के जरिए भी इस काम के लिए कोशिश हुई। जैसे-तैसे माँडलगढ़ तलहटी में बालिका माध्यमिक विद्यालय की शुरुआत हुई। धीरे-धीरे आठवीं तक कक्षाएँ शुरू हुईं। उस स्कूल में जब मैं कक्षा छह की छात्रा थी उम्र होगी 10-11 वर्ष। हम लोग किले पर रहते थे और पढ़ने के लिए तलहटी में खुले इस बालिका विद्यालय में जाते थे। तलहटी में रहनेवाले लड़के किले में बने महाराणा हाई स्कूल में जाते थे।

दोनों स्कूलों का समय एक ही था। रास्ते में (किले की चढ़ाई पर) रोज लड़के व लड़कियों का आमना-सामना होता रहता था। कई बार ऐसा भी हुआ कि छुट्टी के बाद सायं पाँच बजे के लगभग हम किले की चढ़ाई चढ़ना शुरू करते उधर से किले के स्कूल के लड़के ऊपर के झरोखे पर खड़े होकर लड़कियों को आता देख जोर-जोर से गाना शुरू कर देते थे। "गोरी को पल्लो लटके", "बहारों फूल बरसाओ मेरा महबूब आया है।" तलहटी के विद्यालय में पढ़ने जानेवाली हम सात-आठ छात्राएँ थीं उनमें से दो छात्राओं के घरवालों ने इन हालात की वजह से उन्हें स्कूल भेजना बन्द कर दिया। यह बात मुझे सहन नहीं हुई, क्योंकि एक छात्रा भी कम हो जाती तो सातवीं कक्षा नहीं खुलती। एक दिन मैंने तय कर लिया कि आज से इनको गाना गाना भुला दूँगी। इस बात के लिए साथवाली छात्राओं को भी तैयार किया हालाँकि वे घबराई हुई थीं। उस दिन किले की चढ़ाई के शुरू में ही हम लोग रुक गए। अपना बैग दूसरी छात्राओं को देकर मैंने अपने हाथ में केवल एक स्केल (फुटा) रखी। उधर से तीन लड़के एक साथ आ रहे थे। हमारे पास पहुँचते-पहुँचते उन्होंने अपनी हरकत दोहराई। मैं आगे बढ़ी और उनमें से एक लड़के की शर्ट की कालर पकड़ी और दूसरे हाथ से स्केल से मारा। वे तीनों लड़के हक्के-बक्के से रह गए क्योंकि वे तो सोच भी नहीं सकते थे कि कोई लड़की ऐसा कर सकती है। वे चुपचाप नीचे की ओर उतर गए।

दूसरे दिन स्कूल जाते वक्त वे लोग रास्ते में नहीं मिले। स्कूल पहुँचने पर प्रार्थना के बाद हमारी अध्यापिकाजी ने मुझे बुलवा भेजा। मैं अध्यापिकाजी के कमरे की ओर चल दी। रास्ते में स्कूल की चपरासिन ने बताया कि कल आपने जिस लड़के को पीटा वह इन बहिन जी का चचेरा भाई था। यह सुनकर एक बार को तो मानो पाँव तले की धरती खिसकने लगी। मैं अध्यापिकाजी से मिले बिना ही पुनः अपनी कक्षा में आ गई। मेरे साथ की दूसरी छात्राओं ने जब यह सुना तो कहने लगीं अब तेरी खैर नहीं। तभी अध्यापिकाजी ने हमारी कक्षा में प्रवेश किया, उन्हें देखकर मेरी गर्दन नीचे हो गई। डर भी लगा। लेकिन जब अध्यापिकाजी ने मेरी पीठ थपथपाते हुए कहा शाबाश ! मुझे तुम जैसी लड़कियों पर गर्व है। इस गाँव को तुम जैसी लड़कियों की आवश्यकता है। बस फिर तो मैं भी फूली ना समाई। इस घटना के बाद न केवल उन अध्यापिकाजी का बल्कि उनके पूरे परिवार का आशीर्वाद मुझ पर रहा तथा समय-समय पर प्रोत्साहन

भी मिलता रहा और मेरे हौसले बुलन्द होते गए।

आठवीं कक्षा तो माँडलगढ़ में रहते हुए पास कर ली लेकिन आगे फिर बालिका विद्यालय था नहीं। ग्रीष्मावकाश में चित्तौड़ मामाजी के पास भेजने के लिए माताजी को तैयार किया। तब उन्हें यह पता नहीं था कि मैं वहाँ पर पढ़ने के लिए जा रही हूँ। पिताजी स्वयं चित्तौड़ छोड़ आए। शुरू से मेरे मन में यह था कि मैं डॉक्टर बनूँगी तो गाँवों में ही रहकर लोगों की सेवा करूँगी। साइन्स बॉयलोजी उस समय केवल लड़कों के स्कूल में थी अतः विवश होकर कन्या हायर सैकण्डरी स्कूल में कला संकाय में प्रवेश ले लिया।

दादाजी चाहते थे कि मैं अपना अध्ययन जारी रखूँ। लेकिन पास में भीलवाड़ा व चित्तौड़ दोनों जगह महिला महाविद्यालय नहीं थे। कहीं बाहर भेजने को माता-पिता तैयार नहीं हुए। बाल्यावस्था की असली लड़ाई उन्हीं दिनों लड़नी पड़ी। 3-4 दिन का अनशन भी करना पड़ा। माता-पिता को इस बात के लिए तैयार करने के लिए कि वे मुझे वनस्थली भेज दें। दादाजी का पूर्ण समर्थन मिलता रहा। आखिर माताजी-पिताजी का हृदय परिवर्तन हुआ और वनस्थली भेज दिया। वनस्थली में जुलाई, 1969 में प्रथम वर्ष टी.डी.सी. आर्ट्स में प्रवेश मिल गया। घर से जब भी वनस्थली जाना पड़ता था दादाजी एक दिन पूर्व मुझे अकेले बस में रवाना कर देते। दो दिन बाद वे स्वयं वनस्थली पहुँचते तो मैं बहुत नाराज होती थी कि आप आ ही रहे थे तो मुझे अकेले क्यों भेजा। तब उनका जवाब होता था अकेले जाओगी नहीं तो जिन्दगी में आगे कैसे बढ़ोगी।''

निशात हुसैन

समाज में बदलाव की इस हवा से मुस्लिम महिलाएँ भी अछूती नहीं रहीं। नेशनल मुस्लिम विमेन्स वैलफेयर सोसायटी की निशात हुसैन की कहानी से सत्तर के दशक में मुस्लिम महिलाओं की स्थिति का अन्दाज लगाया जा सकता है। वे बताती हैं–''मैंने जब से होश सम्भाला तब से देखा कि मैं लड़की हूँ, यह अहसास मुझे दिन में एक बार नहीं अनेक बार कराया जाता था। वैसे भी मैं एक छोटी सी जगह कस्बा करौली में पैदा हुई थी। वहाँ मुस्लिम परिवार की लड़कियों को बिल्कुल नहीं पढ़ाया जाता था। मेरे आसपास जैनी परिवार थे वहाँ लड़कियों और महिलाओं की स्थिति खराब नहीं थी। पढ़ाई जरूरी थी और महिलाओं का सम्मान होता था। मुझे मेरे पिताजी बहुत पाबन्दियों में रखना चाहते थे। स्कूल से आते समय जब जरा भी देर होती तो पूरा परिवार परेशान दिखता था लेकिन मैंने उस समय भी अपने मन की भावनाओं को नहीं मारा। मैं स्कूल में होनेवाले हर प्रोग्राम में भाग लेती और बन्धनों का विरोध करती थी।

करौली में मुस्लिम समाज की मैं अकेली लड़की थी जिसने 10वीं कक्षा तक पढ़ाई की। ये 1968 की बात है। उस वक्त मेरे पिताजी को लोग बहुत कुछ कहते थे मगर

मेरी जिद के आगे परिवार हमेशा झुका। मैं आगे बढ़ी और लोगों की प्रतिक्रिया की मैंने कभी परवाह नहीं की। मुश्किल जरूर आती थी, विरोध भी समाज का होता था, मगर मेरे परिवार में लड़की होना इतना बुरा नहीं था।

उस समय महिलाओं की अभिव्यक्ति के सामूहिक या व्यक्तिगत अवसर उपलब्ध नहीं थे। मोहल्लों में कोई सामूहिक चर्चा किसी बात पर नहीं होती, क्योंकि पारिवारिक परेशानियाँ उस समय मेरे आसपास के वातावरण में नहीं थीं। बड़ी औरतें और लड़कियाँ सभी आपस में मिलती-जुलती थीं। सावन के महीने में घर-घर झूले पड़ते थे। औरतें खूब गीत गाती थीं। हर त्यौहार मिलकर मनाते थे। करौली के माहौल में महिलाओं को ना ज्यादा आजादी थी, ना घुटन। दुपहरी के समय पोलियों में सभी बहू-बेटियाँ एक साथ बैठती थीं। अपनी-अपनी समस्या बड़ी औरतों को जो दादी-नानी होती थीं बताती थीं। वे उन्हें सुलझा देती थीं। जब स्कूल में कोई प्रोग्राम होता था, क्योंकि मैं गर्ल्स स्कूल में प्रसिडेन्ट थी, तब मैं स्कूल की छात्राओं को सशक्त बनने की प्रेरणा देती थी। एक समय ऐसा भी आया कि हमने हड़ताल भी की। तब हमारी अध्यापिकाओं ने हमारी माँगों में हमारा साथ दिया था।

मैंने शादी और तीन बच्चे होने के बाद 1983 में स्कूल खोला। तब इसका भी विरोध किया गया मगर गरीब तबके में शिक्षा देने का कार्य मैंने जारी रखा। 1990 में जब मैं बुर्का उतार के सड़क पर साम्प्रदायिक दंगों के खिलाफ खड़ी हुई तो बहुत लोगों को बुरा लगा लेकिन अपना काम जारी रखते हुए मैंने मुस्लिम महिलाओं की एक समिति गठित कर ली। समाज का सोच था कि मैं बहुत आजाद खयाल हूँ, बदचलन हूँ क्योंकि मैंने पर्दा हटा दिया है। मेरे ससुराल पक्ष ने मेरे काम को कभी गलत नहीं माना। धीरे-धीरे माहौल बदला और मेरे काम को कुछ हद तक स्वीकृति मिली।

कॉमरेड सईदा

कॉमरेड सईदा जनवादी महिला समिति की जयपुर शाखा की कार्यकर्ता हैं। बंगाली मुसलमान हैं। बड़ी जुझारू हैं। वे जयपुर में सन् 1986 में आईं। आठवीं तक पढ़ी हैं। कच्ची बस्ती में झोंपड़ी बनाकर रहती हैं। वे अपने शुरुआती संघर्ष की कहानी इस तरह बयान करती हैं—"जब हमें मालूम पड़ा कि कच्ची बस्ती में गरीब लोग झोंपड़ी डाल रहे हैं तो हम दोनों ने भी एक झोंपड़ी डालकर बस्ती में रहना शुरू कर दिया। कुछ महीनों बाद ही सरकार ने (मुख्यमन्त्री हरदेव जोशी) झोंपड़ी उजाड़ने की बात कही। उसी समय मेरी मुलाकात कॉमरेड वकार भाई से हुई जोकि झोंपड़ी उजाड़े जाने के खिलाफ लड़ रहे थे। फिर पूरे मुहल्ले को हमने इकट्ठा किया। लगभग 500 महिला-पुरुषों के साथ सरकार के पास पहुँचकर पूरी चर्चा हुई। बहुत संघर्ष के बाद सरकार मान गई। तभी से वकार साहब ने मुझे बस्ती की समस्या सँभालने की जिम्मेदारी दे दी। अब महिलाएँ जमीन के पट्टे के लिए संघर्ष कर रही हैं।

सरकार के मान जाने के बाद इसी इलाके के कुछ गुंडे हमारे पीछे पड़ गए। हमें डराने को घोड़ा दौड़ाते। सभी महिलाएँ डर जाती थीं। सभी बस्ती की महिलाएँ मुझे समझाती थीं कि तुम उन गुंडों से मत लड़ो, कहीं तुमको मार न दें, लेकिन मैं निडर होकर उनका सामना करती रही। बीच-बीच में बस्ती की महिलाओं को समझाती रही, मीटिंग करती रही। गुंडों के खिलाफ हमने सभी को लेकर जुलूस रैली भी निकाली। लेकिन एक गुंडे ने अपनी (झोंपड़ी में) स्वयं ही आग लगाकर मेरे ऊपर इल्जाम दे दिया। इस कारण मेरे ऊपर केस बन गया। दूसरे पार्टी के लोग (कांग्रेसी नेता) हमसे जलते थे क्योंकि हम बस्तीवाले उन्हें किसी काम में रिश्वत नहीं देते थे। गुंडोंवाला केस 12 साल तक चला एवं अब 2 साल पहले खत्म हुआ है। गुंडा कहीं बाहर भाग गया है। इस लड़ाई में हमारी पूरी महिलाएँ साथ रहीं। बीच-बीच में डर भी जाती थीं लेकिन पुनः मेरे समझाने पर मान जाती थीं क्योंकि सभी महिलाओं को घर व शान्ति चाहिए थी। घरवाले मना नहीं करते थे और उनका साथ देते थे। उस समय मधु जी (कनोड़िया कॉलेज की एक व्याख्याता) ने मदद की थी।

यहाँ पर महिला आन्दोलन के कारण ही इतनी महिलाएँ बाहर निकलकर आई हैं। पहले महिलाओं को अपने घर, समाजवालों का खयाल था किन्तु अब महिलाएँ भी बेड़ियाँ तोड़कर बाहर आ रहीं हैं। मैं तो अपनी बस्ती में 1986 दिसम्बर से महिला आन्दोलन की शुरुआत मानती हूँ।

दीपा जोधा

पश्चिमी राजस्थान के छोटे-छोटे गाँवों में अपनी शिक्षा के लिए राजपूत परिवार की लड़की को कितना संघर्ष करना पड़ा यह स्कूल शिक्षिका दीपा जोधा के अनुभव में बड़े खूबसूरत तरीके से निकलकर आता है—"बचपन में मेरी भी एक ही इच्छा थी कि मैं अपनी कुछ अलग पहचान बनाऊँ, कुछ बनूँ, घर की चारदीवारी से बाहर कदम रखकर कुछ करूँ। आज मेरी वही इच्छा फलीभूत हो गई। किसी ने कहा भी है जहाँ चाह, वहाँ राह। हालाँकि इस राह को पाने में मुझे काफी संघर्ष करना पड़ा, अपने बेबाक स्वभावानुसार मुझे परिवार के सामने अड़ियल रवैया भी अपनाना पड़ा।

बाड़मेर जिले के सिवाना तहसील में एक छोटा सा गाँव है 'देवन्दी', जहाँ केवल सौ घरों की बस्ती थी। यहाँ ठाकुर परिवार में 1968 को अपने माता-पिता की पहली सन्तान के रूप में मेरा जन्म हुआ। आज के शिक्षित समाज में भी लड़के के जन्म पर थाल बजाया जाता है व लड़की के जन्म पर सबके चेहरे लटक जाते हैं। लड़के को कुल का दीपक व लड़की को बोझा समझा जाता है। मेरी माँ, जो एक कर्नल की पुत्री तथा पढ़ी-लिखी हैं को मेरे जन्म पर आन्तरिक ख़ुशी थी किन्तु परिवार में कोई उत्साह न देखकर मेरी माँ अपनी नाराजगी तक जाहिर न कर सकी थी।

बचपन के पाँच वर्ष जैसे-तैसे गुजरे। मेरे गाँव में सिर्फ एक प्राथमिक विद्यालय था।

वहाँ लड़कियों की शिक्षा दुर्लभ थी। माँ के आग्रह पर इसी प्राथमिक विद्यालय में दाखिला दिलाया गया। साल गुजर गया पर सीखा एक अक्षर नहीं। मेरी माताजी ने मुझे अन्यत्र पढ़ाने का अनुरोध किया परन्तु दादाजी के रहते पिताजी स्वयं अपना निर्णय लेने में असमर्थ थे। अब तक मेरे दो भाई बहन और हो गए। आखिर कहीं दाल न गली तो मेरी माँ ने अपनी बहन (मौसी) से अपनी समस्या बताकर मुझे व मेरे भाई को जोधपुर मौसा जी के पास भेज दिया। दो वर्ष वहाँ पढ़े कि उनका स्थानान्तरण हो गया। पुनः हमारी शिक्षा पर विराम सा लग गया।

हमारे परिवार में उस समय तक लड़कियों को पढ़ने के लिए बाहर नहीं भेजा जाता था किन्तु सभी लड़कों को आवासीय विद्यालयों में पढ़ाया जाता था। 1980 में मुझे पाली जिले की विद्यावाड़ी में कक्षा छह में दाखिला दिलाया गया। यहीं से मेरे अध्ययन का एक स्थायी सफर शुरू हुआ।

पाँच वर्षों तक इस तपोभूमि में रहकर अपनी आन्तरिक क्षमताओं को विकसित करने का अवसर मिला। मुझमें एक नया आत्मविश्वास, निर्णय क्षमता जागृत हुई। मैं विद्यालय में आयोजित खेलों में भाग लेने लगी, राज्यस्तर पर भी बास्केट बॉल खेला। सांस्कृतिक कार्यक्रमों में गीत, नृत्य, वाद-विवाद, कविता आदि में बढ़-चढ़कर भाग लेना शुरू किया। पढ़ने में भी हमेशा अव्वल दर्जे पर रही। इस तरह छात्रावास में ही चार वर्ष बीते। सिर्फ गर्मी की छुट्टियों के दौरान अपने पैतृक गाँव जाना होता था। संयुक्त परिवार था, घर के सभी 6-7 बच्चे बाहर छात्रावास में ही रहकर शिक्षा ग्रहण कर रहे थे जिसकी वजह से परिवार पर आर्थिक-बोझ बराबर बना रहता।

कक्षा 10 का बोर्ड परीक्षा परिणाम निकला, मैं प्रथम श्रेणी से पास हुई पर कोई खुशी मेरे मन में न थी। बस आगे कैसे पढ़ा जाए यही फिक्र सताए जा रही थी। समय बीतता गया। कक्षा 11 में नियमित प्रवेश बन्द हो चुके थे। सिर्फ स्वयंपाठी परीक्षार्थी के रूप में परीक्षा देना ही एक आस बची थी। मैंने पुनः पिताजी से अनुरोध किया। सबका नकारात्मक रुख देखकर मेरा मन पीड़ा व विद्रोह से भर उठा। तभी मेरे विद्यालय की व्यवस्थापिका ने एक पत्र लिखकर मेरे अभिभावकों से मेरी पढ़ाई जारी रखने का आग्रह किया। माँ का भी निरन्तर दबाव था। मेरी भी जिद थी और मुझे कक्षा 11 में प्राइवेट परीक्षा देने की इजाजत मिली। कक्षा 11 की बोर्ड परीक्षा मैंने पुनः प्रथम श्रेणी से उत्तीर्ण की, तब मेरे पिताजी का सहयोगात्मक रुख मेरी तरफ बना।

मेरी माँ ने मुझे बी.ए. प्रथम वर्ष पढ़ने हेतु चूरू मेरे नानाजी के पास भेज दिया। सन् 1986 में बी.ए. प्रथम वर्ष करने के पश्चात् मात्र 19 वर्ष की अवस्था में 1987 में मेरा विवाह नागौर जिले में कर दिया गया। मुझे पति के रूप में बेहद ही अच्छा इंसान मिला। हमारी रुचियों में, विचारधाराओं में काफी सामंजस्य था। पति की प्रेरणा से मैंने अध्ययन जारी रखा। 1988 में बी.ए. फाइनल उत्तीर्ण किया तथा 1990 में मैंने बी.एड में प्रवेश लिया और प्रथम श्रेणी से उत्तीर्ण हुई।

मैं ग्रामीण परिवेश में पली-बढ़ी एक पारंपरिक स्त्री थी जो बाहर की दुनिया से बिल्कुल अनजान थी। मेरे लिए हर नया क्षेत्र एक परीक्षा थी। हमें अपने परिवार से जो संस्कार विरासत में मिले थे उन्हें एकदम झटककर नहीं फेंका जा सकता था। पर साथ ही मेरे मन में कुछ कर गुजरने का हौसला था। मैं घर से बाहर नौकरी करने निकल पड़ी। 1994 को राजकीय विद्यालय में अध्यापिका पद पर मेरा चयन हुआ। शहर से 60 किमी. दूर, साथ में छोटी बच्ची। मैंने हिम्मत से तीन वर्ष तक वहाँ कार्य किया। तत्पश्चात् मेरा स्थानान्तरण शहर के ही एक विद्यालय में हो गया।

आज सोचती हूँ कि अगर उस समय बच्चों के स्नेहपाश में जकड़कर व पारिवारिक उत्तरदायित्व के बोझ तले दबकर आगे न पढ़ती, तो मेरा जीवन केवल एक बोझा बनकर रह जाता और मेरी चाह का गला घुट जाता।

कुछ अन्य विवरण

1940-1950 के दशक में उदयपुर में उच्च शिक्षा प्राप्त करनेवाली गिनी-चुनी महिलाएँ थीं। उनमें उल्लेखनीय हैं—सुश्री कान्ता भटनागर—जिन्होंने राजनीति शास्त्र के क्षेत्र में अपनी सेवाएँ दीं तथा मुख्य न्यायाधीश के पद तक पहुँचीं। श्रीमती दिनेश नन्दिनी डालमिया ने साहित्य के क्षेत्र में एक पहचान बनाई। श्रीमती चन्द्रा भंडारी समाज कार्य में उच्च शिक्षा प्राप्त करने के बाद महिला व बाल कल्याण में सतत लगी रहीं। डॉ. सुशीला अग्रवाल ने इलाहाबाद विश्वविद्यालय से राजनीति शास्त्र में उच्च शिक्षा प्राप्त की तथा राजस्थान विश्वविद्यालय में प्रोफेसर होकर सेवानिवृत्त हुईं। इसी प्रकार डॉ. कंचन अग्रवाल उदयपुर में रहनेवाली पहली महिला चिकित्सक बनीं। इन सभी महिलाओं ने उच्च शिक्षा प्राप्त कर अपने-अपने क्षेत्र में निरन्तर कार्य किया व समाज में पहचान बनाई।

•••

तारा आर्य ने कोटा जिले के छबड़ा कस्बे में वकालत शुरू की तो लोग कहते यह महिला कैसी है पर्दा नहीं करती। आदमियों में बैठती है। सर उघाड़ी आती है। आदमियों के बराबर कुर्सी पर बैठती है।

•••

विद्या मान ने सन् 1958 में मुख्य सेविका के पद पर काम करना शुरू किया। वे सलवार-कुर्ता पहनकर गईं तो किसी महिला ने उनसे बात ही नहीं की। लोग कह रहे थे "रांडा खसमाँ ने छोड़र आवे है। म्हाँ की बहू-बेट्याँ ने भी इसा ही बणावेली।"

•••

परम्परागत छवियों को तोड़नेवाली इन महिलाओं की सूची बनाने हम बैठें तो इसका कोई अन्त नहीं होगा अपने जीवन में कुछ कर गुजरने की ताकत रखनेवाली महिलाओं की यह सूची यहीं खत्म नहीं होती। आजादी के बाद से लेकर अब तक हम न जाने

ऐसी कितनी महिलाओं को देख चुके हैं जिन्होंने अपने साहस और संघर्ष से उपलब्धियों के नए कीर्तिमान बनाए हैं। कुछ महिलाओं का नाम यहाँ उल्लेखनीय होगा जिन्होंने ऐसे क्षेत्रों में अपनी उपस्थिति दर्ज करवाई जो अभी तक पुरुषों के क्षेत्र माने जाते रहे हैं।

- *श्रीमती कमला*

राजस्थान की पहली महिला विधायक बनीं हैं।

- *सन्तोष यादव*

एक छोटे से शहर रेवाड़ी की रहनेवाली सन्तोष यादव दुनिया की पहली औरत है जो दो बार हिमालय की सबसे ऊँची चोटी एवरेस्ट पर चढ़ी हैं। वर्तमान में सन्तोष यादव भारत-तिब्बत सीमा पुलिस में कार्यरत हैं।

- *नम्रता भट्‌ट*

जयपुर में जन्मी नम्रता भट्‌ट भारत की कुछ गिनी-चुनी महिला विमान चालकों में से एक हैं, जिन्होंने मात्र 28 वर्ष की उम्र में 'कॉमर्शियल पायलेट लाइसेन्स' प्राप्त करके भारतीय वैमानिक जगत में हलचल मचा दी।

- *उमा डाबी*

1965 में जोधपुर में जन्मी उमा डाबी राजस्थान की प्रथम महिला जादूगर हैं। फूलों के रंग बदलना, खाली बक्से से 3-4 सफेद कबूतर निकालना, लड़की को हवा में तैराना उनके कुछ जादुई करिश्मे हैं।

- *प्रीता भार्गव*

धौलपुर शहर में पली-बढ़ी प्रीता भार्गव राजस्थान की पहली जेल सुपरिन्टेन्डेंट बनीं।

- 8 मार्च 2001 को महिला दिवस पर एयरक्राफ्ट ओनर एंड पायलट एसोसिएशन ऑफ इंडिया के महिला दल के नेतृत्व में वनस्थली विद्यापीठ की 'पायलट प्रशिक्षण अकादमी' की प्रशिक्षु छात्राओं ने और 'अहमदाबाद एविएशन एंड एयरोनॉटिक्स लिमिटेड' की महिला पायलटों ने सेसना 172 और सेसना 152 मॉडल के विमानों को उड़ाया।

• *विमला शर्मा*

नागौर जिले की डेगाना तहसील के सिरासना गाँव के ब्राह्मण परिवार में जन्मी विमला ने अपने पति की मृत्यु के बाद ड्राइविंग को अपना पेशा बनाया और प्रदेश की पहली महिला बस चालक बनीं।

• *मीरा*

जयपुर शहर के बगरू कस्बे की रहनेवाली मीरा जयपुर की हैप्पी प्वाइंट कूरियर सेवा में डाक बाँटने का काम करती हैं। अपने गाँव, समाज के विरोध का साहस से सामना करती यह लड़की शहर की एकमात्र महिला है जो कूरियर सेवा में है।

• *कमला*

गाँव की पहली बेयरफुट सोलर इन्जीनियर हैं। वे अजमेर जिले के सिलोरा ब्लॉक की रहनेवाली हैं।

• *बबीता सहरिया*

पहली सहरिया आदिवासी ग्रामीण युवती हैं जिन्होंने कम्प्यूटर प्रशिक्षण लिया है और अब स्थानीय संकल्प संस्था में कार्यरत हैं।

अध्याय—चार

आजादी पश्चात् महिला आन्दोलन के मुख्य पड़ाव

आजादी के पचास साल बाद जब राजस्थान में महिला आन्दोलन को लिपिबद्ध करने के प्रयास में इस आन्दोलन की जड़ों को खोजने का प्रयास किया गया तो अधिकांश महिलाओं ने अन्तरराष्ट्रीय महिला वर्ष से ही इस आन्दोलन की शुरुआत मानी। यह इसलिए हुआ कि राजस्थान में आजादी पूर्व स्थानीय स्तर पर महिलाओं के आन्दोलन का परिचय कभी आनेवाली नौजवान पीढ़ी को दिया ही नहीं गया। साथ ही उन दिनों जिन सुधारों को लागू किया जा रहा था, जिन मूल्य और प्रक्रियाओं को अपनाया गया, उन्हें भी भुला दिया गया था। यह आन्दोलन स्वतः स्फूर्त था या कुछ स्थितियों पर आधारित था इस पर भी कुछ सुझाव आए।

किन्तु बहुत कम महिलाओं की राय इस बारे में हमें मिली। यह राय किसी निष्कर्ष तक पहुँचने के लिए नाकाफी थी, इसलिए यहाँ हम इनका उल्लेख नहीं कर रहे हैं। बेहतर हो कि महिला समूह संगठन इस पर खुली चर्चा करें और मिलकर एक साझी समझ बनाएँ। किन्तु इस समझ को बनाने से पूर्व और अधिक सूचना की जरूरत पड़ेगी। फिलहाल सत्तर के दशक से पूर्व हमारे पास बहुत कम सूचनाएँ उपलब्ध हैं। जितनी सूचनाएँ उपलब्ध हैं उनसे यही पता चलता है कि सत्तर के दशक से पूर्व अधिकांशतः महिला शिक्षा के प्रचार-प्रसार हेतु अनेक संस्थाएँ खोली गईं। अनेक महिलाओं ने व्यक्तिगत स्तर पर शिक्षा पाने अथवा अपने जीवन के कुछ निर्णय खुद लेने के लिए व्यक्तिगत स्तर पर संघर्ष किया।

शुरुआती प्रयास

1954 में शाहपुरा भीलवाड़ा में कस्तूरबा गांधी नेशनल मैमोरियल ट्रस्ट की स्थापना हुई। 1962 में राजस्थान विश्वविद्यालय में कोलम्बो प्लॉन के तहत कनाडा के सहयोग से प्रौढ़ शिक्षा विभाग खोला गया। दो केनेडियन रॉबी किड व जैम्स ड्रेपर के निर्देशन में इस विभाग में काम हुआ। इस विभाग में प्रौढ़ शिक्षा का डिप्लोमा और बाद में डिग्री कोर्स

शुरू हुआ साथ ही प्रसार कार्यक्रम भी शुरू हुए।

साठ व सत्तर के दशक में अनेक जिलों में प्रौढ़ शिक्षण समितियों की स्थापना हुई। अनेक स्वैच्छिक संस्थाएँ भी शुरू हुईं। 1969 में उदयपुर में सेवा मन्दिर, 1972 में तिलोनिया अजमेर में समाज कार्य एवं अनुसन्धान केन्द्र शुरू हुए। जोधपुर में सुचेता कृपलानी संस्थान आदि कई संस्थाएँ खुलती गईं। अधिकांशतः इन संस्थाओं में प्रौढ़ शिक्षा व ग्रामीण विकास का काम हो रहा था। स्वास्थ्य, पानी, सौर ऊर्जा भी ग्रामीण विकास का हिस्सा थे। साक्षरता के माध्यम से महिलाओं के साथ गाँवों में सम्पर्क शुरू हुआ। महिला सुपरवाइजर और अनुदेशकों का चयन हुआ। महिला प्रौढ़ शिक्षा केन्द्र चलाए गए। महिलाओं के लिए कुछ प्रौढ़ शिक्षा साहित्य रचा गया।

साठ के दशक के अन्त या 1970 में जयपुर में नारी चेतना संगठन की शुरुआत राजस्थान विश्वविद्यालय में प्रौढ़ शिक्षा विभाग की निदेशक चन्द्रकान्ता डांडिया द्वारा की गई। इस संस्था ने महिला प्रौढ़ शिक्षा के कार्यक्रमों के साथ-साथ शहर के मुस्लिम बहुल क्षेत्र में सफाई व्यवस्था पर काम किया। बढ़ती महँगाई को लेकर विधानसभा के सामने महिलाओं का प्रदर्शन हुआ। गृहणियों के द्वारा अचार, पापड़, मसाले आदि तैयार करवाने का काम किया गया। एक सहकारी समिति भी बनाई गई। 1971 में पाकिस्तानी युद्ध के समय इस समिति के सदस्यों ने रेलवे स्टेशन पर जवानों की सेवार्थ स्टॉल चलाई। शहर की कच्ची बस्तियों में स्काइट कार्यक्रम के तहत आरीतारी प्रशिक्षण जैसी वोकेशनल ट्रेनिंग भी हुई। 1973 में न्यू गेट पर स्थित चाँद शिल्पशाला को नारी चेतना संगठन ने राजमाता से लेकर वहाँ महिलाओं के लिए वोकेशनल ट्रेनिंग आयोजित की व इसे विमेन्स पौलीटैकनीक का रूप दिया गया। यद्यपि इस संस्था ने अस्सी के दशक में महिला अत्याचार के कुछ मामले भी उठाए किन्तु संस्था का अधिक जोर आर्थिक गतिविधियों और कौशल प्रशिक्षण पर रहा। लगभग इसी दिशा और उद्देश्यों को लेकर सत्तर के दशक के मध्य में महिला लोक जागृति समिति बनी जिसका कार्यक्षेत्र मूलरूप से जयपुर के आसपास का ग्रामीण क्षेत्र रहा।

वर्ष 1973 में प्रौढ़ शिक्षा विभाग ने 'विमेन, द अनटैप्ड पोटेंशियल ऑफ राजस्थान' विषय पर एक सेमिनार आयोजित किया। इस सेमिनार में राज्य में महिला शिक्षा, महिलाओं के रोजगार, राजनीतिक, आर्थिक और सामाजिक स्थिति, ग्रामीण और आदिवासी औरतों की स्थिति की समीक्षा की गई। इस सेमिनार में एक ओर तो पितृसत्तात्मक सोच था जिसके चलते औरतों को उनकी घरेलू भूमिकाओं में बाँधकर उनके लिए दोयम दर्जे की शिक्षा की बात की जा रही थी। उनको रोजगार दिए जाने का विरोध हो रहा था। दूसरी तरफ अनेक संवेदनशील पुरुष और सक्रिय महिलाओं ने इस विचार का विरोध किया।

इस सेमिनार में यह बात उभरकर आई कि अब तक हुए तमाम सुधारवादी आन्दोलनों, सरकारी पहल और कानूनों का असर इसलिए नहीं हो रहा है क्योंकि महिला-पुरुष समानता की बुनियाद परिवार में पुरुषों की सत्ता पर आधारित है जिसके

तहत अब भी औरतों को सीता का आदर्श बताकर उनसे सीता जैसी आज्ञाकारिता, सहनशीलता और पवित्रता की अपेक्षा की जाती है। धर्म और परिवार औरतों को जकड़कर रखने की परम्परागत संस्थाएँ हैं। ये ही औरत की निम्न स्थिति का मूल कारण हैं। इन्हीं संस्थाओं के तहत औरत की गृहणी और मातृत्व की छवि का महिमामंडन हुआ है। जब तक यह धारणाएँ हावी रहेंगी तब तक औरतों की स्थिति में सुधार सम्भव नहीं है। वस्तुस्थिति तो यह है कि शिक्षा व्यवस्था के तहत दी जानेवाली डिग्रियों को भी एक तरह के दहेज के रूप में आत्मसात कर लिया है। इन परम्परागत मान्यताओं से औरतों की मुक्ति निहायत जरूरी है। इसी सेमिनार में यह बात भी उभरकर आई कि महिला शिक्षा, रोजगार और महिला सम्बन्धी कानूनों के मिले-जुले प्रभाव से ही महिलाओं की स्थिति बदलेगी। सेमिनार के अन्त में भविष्य में शोध और अध्ययन के लिए सुझाए गए अनेक विषयों में महिला शिक्षा, रोजगार, महिलाओं में अधिकारों और कर्त्तव्यों के प्रति जागरूकता, महिला शिक्षण संस्थाएँ, आत्महत्या की घटनाएँ, तलाक, विवाह पूर्व यौन सम्बन्ध, ग्रामीण, आदिवासी, मुस्लिम महिलाओं की सामाजिक-आर्थिक स्थिति के विभिन्न आयामों को रेखांकित किया गया, किन्तु उस समय तक महिला हिंसा के विविध आयामों पर खुलकर चर्चा नहीं हो रही थी।

राजस्थान विश्वविद्यालय महिला संस्था

विश्वविद्यालय प्रौढ़ शिक्षा विभाग में औरतों की स्थिति पर हुए इस सेमिनार में ही राजस्थान विश्वविद्यालय महिला संस्था (रूवा) की नींव पड़ गई थी। इस संस्था की एक उल्लेखनीय उपलब्धि यह रही कि ट्रेड यूनियनों की तमाम सीमाओं को तोड़ते हुए रूवा ने अपनी सदस्यता छात्राओं, गृहणियों की निजी शिक्षण संस्थाओं तथा विश्वविद्यालय की शिक्षिकाओं और विश्वविद्यालय में कार्यरत तृतीय श्रेणी की महिलाओं के लिए खुली रखी थी और अपने कार्यक्षेत्र को जयपुर शहर की हर उत्पीड़ित महिला के लिए खुला छोड़ा था। रूवा के इसी खुलेपन के कारण वह एक तरफ तो पुरुष सहकर्मियों की आँखों में खटकने लगी थी और दूसरी तरफ वह पीड़ित औरतों के लिए तो जैसे मसीहा ही बन गई थी। तमाम किशोरियाँ और पीड़ित औरतें अपनी समस्याएँ लेकर यहाँ आने लगी थीं। तमाम घरेलू औरतों ने इस तरह की गतिविधियों से जुड़ने की इच्छा जताई थी।

राजस्थान विश्वविद्यालय में आरम्भ से ही सक्रिय रहीं रूवा की पूर्व अध्यक्ष गर्डा उन्नीथान से जब पूछा गया कि क्या आपको याद है रूवा कब और कैसे बनी तो उन्होंने बताया—यह 1973-74 की बात है जब युनिवर्सिटी महिला संस्था को स्थापित करने का विचार उठा। चन्द्रकान्ता डांडिया और गर्डा उन्नीथान में प्रौढ़ शिक्षा विभाग के कार्यालय में बैठे-बैठे इस विषय पर विचार-विमर्श चल रहा था। बाद में 1973 में मानविकी भवन खंड में 'विमैन, द अनटैप्ड पोटेंशियल ऑफ राजस्थान' विषय पर एक अत्यन्त सफल

सम्मेलन हुआ था। उस समय नारी चेतना संगठन एक सक्रिय संस्था थी जिसमें चन्द्रकान्ता डांडिया, आशा दीक्षित, ममता जैतली, ममता की माँ, सरलवदा जैतली और आशा गोलेछा का सहयोग था। इन्होंने 1971 में युद्ध के दौरान जयपुर से गुजर रहे सैनिकों के लिए अच्छा काम किया था।

हमने यह समझ लिया था कि युनिवर्सिटी महिलाओं में अपार शक्ति और क्षमताएँ हैं। उनके पास ऊँची से ऊँची शिक्षा है और उनका नवयुवती छात्राओं के साथ दैनिक सम्पर्क बना रहता है। यदि महिलाओं की स्थिति में परिवर्तन को प्रभावित करना है तो इसी वर्ग के साथ काम करना ठीक रहेगा। हमने इस विचार पर आशा दीक्षित और ममता जैतली से विमर्श किया और सोचा कि इस स्थिति में हमें राजस्थान युनिवर्सिटी महिला संगठन की ओर बढ़ना चाहिए। वह भी सिर्फ महिला अध्यापकों के लिए ही नहीं, बल्कि यूनिवर्सिटी से सम्बद्ध सभी महिलाओं के लिए जैसे छात्राएँ, कार्यालय और प्रशासकीय काम में लगी महिलाएँ, लाइब्रेरियन तथा अन्य सहायक कर्मचारी। हमने महारानी कॉलेज में उन मित्रों के साथ एक मीटिंग की जो सामाजिक बदलाव के अनुकूल थीं। ये थीं लूसी जैकब, सरला ग्रोवर, राजराजेश्वरी सक्सेना, श्रीमती कौल, इन्दु माथुर तथा अन्य। सभी की दृष्टि में यह विचार अच्छा था और यह काम प्रभावी भी प्रतीत हो रहा था।

इसी दौरान विश्वविद्यालय में महिलाओं की स्थिति की समीक्षा करने के लिए बने राष्ट्रीय महिला आयोग का प्रतिनिधि मंडल आया तथा कमरा नं. पाँच में हुई परिचर्चा और विमर्श ने इस विचार को और आगे बढ़ाया। इस चर्चा ने महिलाओं की एकता के लिए यह मंच बनाने के लिए हमें और प्रेरित किया। हमने युनिवर्सिटी के अन्दर उच्च स्तर पर कार्यरत औरतों की स्थिति को देखना शुरू किया तो यह जानकर सदमा लगा कि अंग्रेजी विभाग की प्रोफेसर मिस स्टोक के विभाग छोड़ने के बाद से कोई महिला, प्रोफेसर ही नहीं बनी थी। महिला रीडर भी बहुत कम थीं। कोई महिला, सहायक रजिस्ट्रार भी नहीं थी। निर्णय लेनेवाली समिति जैसे सिंडीकेट आदि में भी कोई महिला प्रतिनिधि नहीं थी। प्रौढ़ शिक्षा और छात्र सलाहकार विभाग के अतिरिक्त कहीं कोई महिला विभागाध्यक्ष नहीं थीं। सभी महिलाएँ नौकरी के निम्न सोपानों में सिमटी हुई थीं। हमने और गौर किया तो पता चला कि महिलाओं के लिए कोई अलग शौचालय नहीं हैं। हमने धरने की धमकी दी। हमने धीरे-धीरे निर्णय लेनेवालों को यह अनुभव करा दिया कि युनिवर्सिटी के भीतर तथा वृहत समाज में महिलाओं की स्थिति में बड़े सुधार की जरूरत है। हमें अधिक तथ्यों और आँकड़ों की जरूरत थी। सुश्री त्रिखा ने लाइब्रेरी में अलग से राजस्थान में महिलाओं से सम्बन्धित पुस्तकों की सूची तैयार की। ऐसी कुल 26 पुस्तकें ही मिलीं जिनमें महिलाओं की स्थिति का वर्णन किया गया था। हमें और पता लगा कि ये सब चीजें महिलाओं की स्थिति और उनके दृष्टिकोण को जानने के लिए विभिन्न विभागों में देखी तक नहीं गईं थीं। तब सवाल यह उठा, क्या कोई योग्य महिला ही नहीं है ? उस समय सभी महिलाएँ अपनी-अपनी स्थितियों से

अलग-अलग जूझ रही थीं। कुल मिलाकर यह तस्वीर बड़ी निराशाजनक थी।

संयुक्त राष्ट्र ने 1975 को महिलाओं का अन्तरराष्ट्रीय वर्ष घोषित किया था। इस अवसर पर स्टेटस ऑफ विमेन्स कमीशन का प्रतिवेदन निराशाजनक विवरणों के साथ प्रकाशित हुआ। इसी के बाद से सरकार ने देश में महिलाओं की स्थिति में सुधार के लिए अनेक उपाय प्रारम्भ किए। हम सब तब विदेश और स्वदेश की नारीवादी लेखिकाओं को पढ़ने के लिए अत्यधिक उत्सुक रहा करती थीं। सभी समाचार पत्रों में स्त्रियों पर की जा रही नृशंसता का खूब खुलकर वर्णन किया जाता था। हमने भी अन्य स्त्रियों के साथ संगठित होने, उनके पक्ष में विरोध करने तथा उनके साथ जुड़ने की आवश्यकता महसूस की। रूवा तब तक बन चुकी थी। उसका संविधान लिखा जा चुका था। श्रीमती सावित्री भारतीया उसकी प्रथम प्रेसीडेन्ट थीं। चन्द्रकान्ता डांडिया सचिव, लूसी जैकब कोषाध्यक्ष थीं। कुछ अन्य महिलाएँ रूवा की विविध इकाइयों की सक्रिय सदस्य थीं। युनिवर्सिटी परिसर पर और कुछ हद तक शहर पर भी हमारा निश्चित प्रभाव हुआ पर आपातृकाल लगते ही हमारे सारे क्रियाकलाप एकदम रुक गए। परिसर में कोई भी संस्था अपना काम न कर सकी।

1980 के दशक में रूवा फिर से सक्रिय हुई। डॉ. माधुरी शाह, यूनिवर्सिटी ग्रान्ट कमीशन की चेयरपर्सन बनीं और हम लोगों ने उन्हें बधाई देनी चाही। रूवा फिर से जीवित हुई। तब से उसने पीछे देखा ही नहीं। उसके अनेक वर्तमान सदस्य अब भी उसके आरम्भिक क्रियाकलापों की याद करते हैं। रूवा औपचारिक रूप से 1982 में रजिस्टर्ड (पंजीकृत) हुई।

रूवा ने महिला उत्पीड़न रोकने की दिशा में उल्लेखनीय काम किया। इसी सन्दर्भ में केन्द्रीय समाज कल्याण विभाग के सहयोग से महिलाओं के अल्पावास गृह की स्थापना हुई। इन्हीं दिनों विश्वविद्यालय परिसर में कामकाजी महिला छात्रावास शुरू हुआ। पीड़ित महिलाओं के लिए कानूनी एवं परिवार परामर्श प्रकोष्ठ बने। बच्चों के लिए क्रैश 'शिशु नीड़' और अन्य प्रौजेक्ट शुरू हुए। तब से अब तक अनेक संस्था संगठनों के साथ मिलकर रूवा, महिला आन्दोलन के महत्त्वपूर्ण मसलों पर समाज और सरकारी स्तर पर प्रभावी तरीके से हस्तक्षेप करती रही है।

कुछ अन्य प्रयास

- वर्ष 1974 में एस.डब्लू.आर.सी. तिलोनिया में मजदूर महिलाओं के साथ काम शुरू हुआ जिससे न्यूनतम मजदूरी आन्दोलन का सूत्रपात हुआ।
- वर्ष 1975 में तत्कालीन सांसद आर.के मिश्रा की पहल से जयपुर शहर में गर्मी की छुट्टियों में साक्षरता अभियान चला। इस अभियान में दो महीने के आवासीय शिविर में जयपुर के महाविद्यालयों और विश्वविद्यालयों की सैकड़ों छात्राओं ने भी भाग लिया। शहर भर में अनेक साक्षरता केन्द्र चलाए गए।

अनेक सांस्कृतिक कार्यक्रम आयोजित किए गए। यह पहला मौका था जब इतनी बड़ी संख्या में लड़कियों ने दो महीने के आवासीय शिविर में रहकर साक्षरता का काम किया था। इस अभियान में जुड़ी कई छात्राएँ आज भी सक्रिय रूप से छात्राओं व महिलाओं के साथ जुड़ी हुई हैं।

छात्र युवा संघर्ष वाहिनी

- वर्ष 1977 में राजस्थान में छात्र युवा संघर्ष वाहिनी की स्थापना हुई। यद्यपि जयप्रकाश नारायण के नेतृत्व में 18 मार्च 1974 को आन्दोलन शुरू हो चुका था। जयप्रकाश नारायण ने भ्रष्टाचार के सवाल पर पूरी व्यवस्था को बदलने की घोषणा करते हुए सम्पूर्ण क्रान्ति का नारा दिया था और क्रान्ति के वाहक छात्रों और युवाओं को बताकर जनवरी 1975 में छात्र युवा संघर्ष वाहिनी की स्थापना की थी। 26 जून 1975 से देश में आपातकाल लागू हो गया था। राजस्थान में उस समय तो वाहिनी का कार्य शुरू नहीं हो पाया। हाँ वर्ष 1977 में यहाँ वाहिनी की स्थापना हुई। वाहिनी में सक्रिय रहीं शान्ति सिंह बताती हैं—राजस्थान की जो सामन्ती सामाजिक पृष्ठभूमि है उसमें युवतियों का किसी आन्दोलन में जुड़ना कोई सहज काम नहीं था। लेकिन 1978-79 के दौर में छात्र युवा संघर्ष वाहिनी से काफी युवतियों का जुड़ाव हुआ। प्रदेश में वाहिनी ने भ्रष्टाचार, बेकारी, जनप्रतिनिधियों की वापसी का अधिकार और सामाजिक बुराइयों के खिलाफ बड़ी संख्या में रैली, प्रदर्शन, धरना सहित अनेक कार्यक्रम हाथ में लिए, जिनमें युवतियों की अच्छी संख्या रहती थी।

छात्र युवा संघर्ष वाहिनी सम्पूर्ण क्रान्ति के लिए प्रतिबद्ध संगठन रहा है और मानता है कि व्यवस्था परिवर्तन के आन्दोलन में जब तक स्त्री-पुरुषों की बराबर भागीदारी नहीं होगी, तब तक इस आन्दोलन को तेज नहीं किया जा सकता। इसीलिए वाहिनी का नारा रहा ''महिला के सहभाग बिना हर बदलाव अधूरा है।'' वाहिनी में स्त्री-पुरुष की समानता की अवधारणा काफी बलवती थी।

राजस्थान वाहिनी में जयपुर, अलवर, पाली, सीकर, झुन्झुनू, बीकानेर, जोधपुर और उदयपुर में काफी युवतियाँ थीं। सामाजिक बदलाव की तड़पन लिए इन युवतियों ने अपने परिवारों में भी तिलक-दहेज, जाति-पाति और दिखावे का जमकर विरोध किया। इन युवतियों के दिल-दिमाग में कुछ कर गुजरने की इच्छा थी, जिसको उन्होंने व्यावहारिक जीवन में भी उतारा। 1981 में राजस्थान की छात्र-युवा संघर्ष वाहिनी की प्रदेश संयोजक चुनी गई रंजना गोयल ने एक दलित युवक श्री रमेश से विवाह किया। स्वयं शान्ति ने भी 1981 में एक प्रशिक्षण शिविर में ही श्री सवाई सिंह को अपना जीवन साथी

बनाने की घोषणा की। अनेक जोड़े जिन्होंने परम्परागत रूप से विवाह किया वे भी तिलक-दहेज के खिलाफ रहे। वाहिनी के संगठन में जो भी युवतियाँ रहीं, उन्होंने अपने विचार और आचार से अपनी अलग पहचान बनाई थी। इस आन्दोलन से जुड़ी अनेक युवतियाँ आज भी पूर्णकालिक रूप से सामाजिक एवं राजनैतिक दृष्टि से सक्रिय हैं।

स्वैच्छिक संस्थाओं के स्तर पर हुए प्रयास

जुलाई 1980 में उदयपुर में सेवा मन्दिर में महिला विकास इकाई की स्थापना, डॉ. जिनी श्रीवास्तव ने अनिता माथुर के साथ मिलकर की। बाद में इस इकाई से शोभा नन्दवाना भी जुड़ गई थीं। इस इकाई के माध्यम से शहर और गाँवों की महिलाओं के साथ काम शुरू हुआ। वर्ष 80-81 में विभूति पटेल के समन्वयन में मुम्बई के बलात्कार विरोधी मंच ने महिला हिंसा पर एक राष्ट्रीय बैठक बुलाई थी। इस बैठक में देशभर की 200 औरतें आई थीं। इस गतिविधि में सेवा मन्दिर की महिला विकास इकाई के प्रतिनिधियों ने भाग लिया और अपनी इकाई में काम करने के लिए उन्हें नई दिशाएँ नजर आई थीं।

- वर्ष 1980 में ही बीकानेर की जुल्म प्रतिकार समिति ने रमाकँवर पर हुए अमानुषिक अत्याचार की बात एक पर्चे में छापकर बीकानेर के नागरिकों को झकझोरने की कोशिश की।
- वर्ष 1981 में ही उदयपुर महिला समिति के पास कान्ता पोरवाल का केस व कई अन्य केस परामर्श व सहयोग हेतु आए थे। इस समिति ने चार-पाँच साल तक मिलकर काम किया था। फिर बाद में आन्तरिक समस्याओं के चलते समिति को अपना काम बन्द कर देना पड़ा था।
- नवम्बर 81 में उदयपुर में सेवा मन्दिर की महिला विकास इकाई की तरफ से एक अन्तरराष्ट्रीय महिला सम्मेलन आयोजित किया गया था। इस अवसर के लिए डॉ. जिनी श्रीवास्तव और प्रीती ओजा ने एक विस्तृत अध्ययन की रिपोर्ट छापी थी जिसका शीर्षक था 'लिंक्स फॉर द चेन्ज'। इस रिपोर्ट में दक्षिण एशिया क्षेत्र में महिलाओं को लेकर हो रही अनौपचारिक शिक्षा की सूचना संकलित की गई थी। इस संकलन में राजस्थान में हो रहे विस्तृत प्रयासों की भी सूचना थी तथा यह पता लगता था कि अस्सी के दशक के आरम्भ में प्रौढ़ शिक्षा आन्दोलन किस तरह महिलाओं के समूह बना रहा था। इस सम्मेलन का उदयपुर के एक छोटे समूह ने भारत के सांस्कृतिक रिवाजों पर अन्तरराष्ट्रीय समूह के साथ चर्चा का विरोध किया था।
- वर्ष 1984 के आसपास महिला समिति उदयपुर के पास एक सत्र न्यायाधीश द्वारा विदेशी महिला से अभद्र व्यवहार का केस आया था। पता लगा कि वे

कई अन्य महिलाओं का यौन उत्पीड़न भी करते रहे हैं। कुछ समय तक ऐसा लगा था कि इस केस में कुछ हो नहीं पाया, किन्तु आठ-दस साल बाद जब उनके प्रमोशन की बात उठी तब फिर से इस केस की फाइल खुली और उस न्यायाधीश का प्रमोशन रुक गया।

- 1984-85 में बड़गाँव प्रखंड के 'ब्राह्मणों का वर्दा' गाँव में उदयपुर जिला महिला जागृति समिति को बेनामी जमीन के विकास का काम मिला था। वह जमीन बंजर थी। महिलाओं ने उस पर वृक्ष, झाड़ियाँ व घास लगाकर जमीन का संरक्षण किया था। चारदीवारी बनाई थी। यह सब ब्राह्मण पुरुषों का विरोध सहकर किया था। इस कार्य से आर्थिक दृष्टि से भी औरतों को आमदनी हुई। महिलाओं के इस संघर्ष पर 'बकरी और शेर' नाम की फिल्म आई.एल.ओ. के लिए बनी थी।
- वर्ष 80 से 86 के बीच सेवा मन्दिर की नीति व प्रक्रियाओं को लेकर पुरानी टीम ने कार्य बन्द कर दिया था किन्तु नई टीम ने भी कई महत्त्वपूर्ण कार्य किए थे। यथा :

– साक्षरता से इतर विषयों पर ग्रामीण महिलाओं के समूह बने। इन्होंने स्वयं सहायता, बचत व ऋण समूह भी चलाए।
– प्रशिक्षण और भ्रमण कार्यक्रमों से नेतृत्व विकास किया।
– महिला समूहों के माध्यम से बालवाड़ी का संचालन किया।
– उदयपुर शहर की अनुसूचित जाति के महिला समूहों के साथ कार्य किया।
– उदयपुर महिला समिति के बने रहने में सहयोग दिया।
– 84-85 में प्रीति ओजा ने चित्तौड़गढ़ जिले के देवगढ़ में स्थित प्रयास संस्था में काम करना शुरू किया तो वहाँ की महिलाओं के साथ काम शुरू हुआ।

पुष्कर महिला सम्मेलन

अस्सी के दशक में घरेलू हिंसा के खिलाफ आई जागृति और उसके बाद भी महिलाओं से जुड़ी अन्य समस्याओं को लेकर संघर्ष की भूमिका के सन्दर्भ में पुष्कर के राम सखा आश्रम में 25 फरवरी 1983 को हुआ 'पहला राजस्थान महिला सम्मेलन' अपने आप में काफी महत्त्वपूर्ण सिद्ध हुआ। यह सम्मेलन राज्य महिला आन्दोलन के इतिहास में एक प्रभावशाली अध्याय बनकर उभरा।

राजथान प्रौढ़ शिक्षण समिति जयपुर, अजमेर प्रौढ़ शिक्षण समिति तथा सेवा मन्दिर उदयपुर के महिला विकास विभाग के तालमेल से आयोजित इस सम्मेलन में राज्य के कोने-कोने से आई महिलाओं ने हिस्सा लिया। साथ ही कुछ पुरुषों ने भी इसमें शिरकत की जो महिला विकास के काम में लगे हुए थे।

सम्मेलन में यह आम राय थी कि दहेज समस्या ने समाज में स्त्री का दर्जा घटाया

है। दूसरी समस्या अशिक्षा की सामने आई। महसूस किया गया कि बदलते हुए जमाने को देखते हुए पढ़ना-लिखना जरूरी है। सम्मेलन में महिलाओं को तकनीकी ज्ञान की शिक्षा देने, तथा उनसे जुड़ी योजनाओं को ग्रामीण क्षेत्रों तक पहुँचाने की भी आवश्यकता महसूस की गई। अकाल के कारण पलायन तथा अकाल राहत में महिलाओं की काम के स्थिति पर भी चर्चा हुई।

कुछ मुद्दे जो विशेष रूप से उभरे, वे थे--अकाल राहत के काम में महिलाओं का शोषण होता है। समाज में महिलाओं की हँसी उड़ाई जाती है। आर्थिक निर्भरता पिता एवं पति पर है। ग्रामीण और शहरी दोनों ही क्षेत्रों में शराब का बहुत प्रचलन है। असुरक्षा की समस्या गम्भीर है। वेतनमान में असमानता है। महिलाओं के चरित्र के बारे में अविश्वास किया जाता है। बाल विवाह, एकल महिलाओं की समस्या अलग समस्या है। लड़की के पालन-पोषण में भेदभाव होता है। कानून सम्मत अधिकार भी महिलाओं को नहीं मिल पाते। पुरुषों द्वारा उनके पद का दुरुपयोग किया जाता है। महिलाओं पर शारीरिक अत्याचार होता है। ठेकेदारों द्वारा महिलाओं पर अत्याचार किया जाता है।

इस बात पर जोर दिया गया कि सबसे पहले महिलाओं के स्वावलम्बन का पक्ष मजबूत होना चाहिए। जब आबादी में 50 प्रतिशत महिलाएँ हैं तो उनके लिए बजट में भी 50 प्रतिशत का प्रावधान होना चाहिए। सम्मेलन में समाज में व्याप्त अन्धविश्वासों के चलते औरतों को होनेवाली तकलीफें भी उजागर हुईं। यह बात भी उभरकर आई कि ओझाओं द्वारा झाड़ा लगाने की प्रथा के चलते 500 महिलाएँ प्रभावित हुई हैं।

महिला समूह संगठनों की चर्चा के दौरान उस समय कार्यरत दो ग्रामीण समूहों का प्रमुखता से उल्लेख किया गया।

1. उदयपुर की शान्ता गर्ग ने बताया कि पहाड़ा खैरवाड़ा में 70 महिलाओं का समूह स्वास्थ्य के क्षेत्र में काम कर रहा है।
2. नौरती और माँगी ने बताया कि हरमाड़ा में न्यूनतम मजदूरी के लिए लड़ाई के दौरान 200 महिलाएँ संगठित हुई हैं।

सम्मेलन में हुई चर्चा के दौरान तय हुआ कि महिला मुद्दों की लड़ाई को आगे बढ़ाने के लिए राज्य स्तर पर एक समन्वय समिति का गठन किया जाएगा। समन्वय समिति में हर जिले से एक महिला सदस्य को लिया गया।

26 जून 1983 को समन्वय समिति की बैठक राज्य सन्दर्भ केन्द्र जयपुर में हुई। इस बैठक में राजस्थान महिला समिति नाम की संस्था के गठन का फैसला किया गया। इस समिति की जिला शाखाएँ भी बनाने का निश्चय हुआ। समिति के जो उद्देश्य तय हुए वे थे :

- महिलाओं की यथास्थिति बनाए रखनेवाली सामाजिक बुराइयों जैसे वैश्यावृत्ति, दहेज अत्याचार, बलात्कार, बहु-विवाह, बाल विवाह व विधवाओं पर अत्याचार के खिलाफ जनमानस बनाना तथा उन्हें इन बुराइयों से मुक्ति दिलाना।
- महिलाओं को आर्थिक असमानता एवं आर्थिक परावलम्बन से मुक्ति दिलाना।

- पीड़ित महिलाओं की सहायता करना।
- महिलाओं को महिलाओं से सम्बन्धित कानूनों की जानकारी देना तथा वर्तमान कानूनों में व्याप्त खामियों की ओर सरकार का ध्यान आकर्षित करना।

दस्तावेजों से पता चलता है कि उक्त बैठक में हुए निर्णय के अनुसार संचालन समिति का गठन किया गया। इस सम्मेलन में महिला उत्पीड़न के विविध आयामों पर स्पष्ट समझ दिखाई दी। भावी रणनीति भी तय हुई पर समन्वय समिति काफी जल्दबाजी में बना ली गई। इसी कारण राजस्थान महिला समिति का गठन तो हुआ पर वह एक दो साल से ज्यादा चल नहीं पाई। लेकिन इस सम्मेलन के बाद कुछ जिलों में समितियाँ बनीं और कई उत्पीड़न के केस भी उठाए गए।

उदयपुर, सीकर में बनी महिला समितियाँ

पुष्कर सम्मेलन के बाद बनी राजस्थान महिला समिति की जिला इकाइयों की स्थापना के क्रम में उदयपुर के तमाम महिला संगठनों ने मिलकर एक ग्यारह सदस्यीय समिति का गठन किया। 22 अक्तूबर 1983 को हुई जिस बैठक में यह फैसला किया गया उसमें पहले से ही जिला स्तर पर चल रहीं महिला समिति के साथ-साथ महिला मंडल, महिला परिषद, गृह विज्ञान महाविद्यालय और शिक्षक प्रशिक्षण महाविद्यालय जैसी संस्थाओं के प्रतिनिधियों ने भी हिस्सा लिया।

25 नवम्बर 1983 को लक्ष्मणगढ़ (सीकर) में जिला स्तरीय महिला सम्मेलन का आयोजन किया गया इस सम्मेलन में महिलाओं पर अत्याचार तथा उनके अधिकारों से जुड़े मुद्दे प्रमुखता से उठाए गए। तय हुआ कि इसी तरह के सम्मेलन ब्लॉक एवं ग्राम स्तर पर भी आयोजित किए जाएँगे। सम्मेलन में लिए गए संकल्पों को अमलीजामा पहनाने के मकसद से एक समन्वय समिति गठित की गई।

राजस्थान महिला समिति द्वारा उठाए गए कुछ मामले

नर्स पुनम्मा हत्याकांड

11 जून 1983 को कोटा के रेल गाँव में नर्स पुनम्मा की हत्या हुई। इस हत्याकांड में डॉ. बंसल तथा गाँव के अन्य प्रभावशाली राजनीतिक तत्त्वों का हाथ होने तथा इसे आत्महत्या का मसला बताकर रफा-दफा करने की कोशिश के खिलाफ राजस्थान का नर्स जगत पहले से ही आन्दोलित था।

नर्सों के संगठन ने 16 जुलाई को पुनम्मा की हत्या के प्रति रोष व्यक्त करते हुए काले बैज लगाए तथा इस कांड की जाँच सी.बी.आई. से कराने की माँग की। 25 जुलाई को जयपुर में सचिवालय के सामने धरना भी दिया गया। इन कदमों के बाद भी जब सरकार पर असर नहीं हुआ तो 13 अगस्त को राजस्थान के विभिन्न महिला

संगठनों की एक संयुक्त बैठक बुलाई गई। इस बैठक में भाग लेनेवाले समस्त महिला संगठनों ने इस घटना व पुलिस प्रशासन के रवैये की निन्दा की तथा इस सम्बन्ध में नर्सों से संगठित होकर आवाज उठाने का आह्वान किया। संगठनों ने नर्सों के इस संघर्ष में पूर्ण व सक्रिय समर्थन देने की भी घोषणा की।

27 अगस्त को जयपुर के एस.एम.एस. हॉस्पिटल के सीनियर स्टॉफ नर्सेज हॉस्टल में एक बड़ी बैठक बुलाई गई। बैठक में फीमेल नर्सिंग असोसियेशन, राजस्थान महिला मंच, महिला अध्ययन प्रकोष्ठ, कनोड़िया कॉलेज, रूवा, महिला लोक जागृति समिति, तेरापंथ महिला मंडल, जनवादी महिला समिति और राजस्थान महिला समिति की प्रतिनिधियों ने भाग लिया। इस बैठक में सरकार की उदासीनता व पुलिस की निष्क्रियता पर रोष प्रकट किया। उन्होंने महसूस किया कि परम्परा यह बनती जा रही है कि इस प्रकार के अपराधियों को कठोर दंड मिलने की बजाय अनुचित संरक्षण प्रदान किया जाता है। बैठक में सर्वसम्मति से प्रस्ताव पास करते हुए निम्न माँगें की गईं -

1. पुनम्मा की मृत्यु के सन्दर्भ में तुरन्त हत्या का मामला पुलिस द्वारा दर्ज किया जाए।
2. हत्या से सम्बन्धित समस्त तथ्यों की पूर्ण व निष्पक्ष जाँच के लिए केस सी.बी.आई. को सौंपा जाए।
3. समस्त कामकाजी महिलाओं, विशेषकर सुदूर क्षेत्रों में कार्यरत महिलाओं की सुरक्षा की व्यवस्था सरकार द्वारा की जाए।

बैठक में यह निर्णय लिया गया कि उपरोक्त माँग पत्र राजस्थान सरकार को दिया जाए और दो सप्ताह में इस पर कोई कार्यवाही न होने की स्थिति में संघर्ष का रास्ता अपनाया जाएगा। महिला संगठनों का मानना था कि पुनम्मा की हत्या की घटना इस प्रकार की पहली घटना नहीं है। इसी प्रकार की तीन हत्याओं के मामले चूरू, अजमेर व जयपुर में हो चुके हैं। इस प्रकार के अत्याचार केवल नर्सों पर ही नहीं, बल्कि स्कूल-कॉलेज की शिक्षिकाओं, छात्राओं व अन्य कामकाजी महिलाओं के साथ भी होते रहते हैं। ऐसी स्थिति में जब तक संगठन मजबूत एवं संघर्षशील न हों इस प्रकार की घटनाएँ बढ़ती रहेंगी तथा अपराधियों को भी दंडित नहीं किया जा सकेगा।

इसी मकसद से महिला संगठनों ने यह अपना दायित्व समझा कि न केवल पुनम्मा के हत्यारों को दंडित कराएँ अपितु समस्त कामकाजी महिलाओं पर हो रहे इस प्रकार के अत्याचारों के खिलाफ भी संगठित होकर आवाज उठाएँ। देखा जाए तो 27 अगस्त 1983 को हुई महिला संगठनों की इस बैठक में कामकाजी महिलाओं पर हो रही हिंसा के विरोध के लिए एक मोर्चे की शुरुआत हुई।

जोधपुर में महिला रोगी से बलात्कार

जोधपुर के महात्मा गांधी अस्पताल में एक महिला रोगी के साथ दो डॉक्टरों तथा एक

टेक्नीशियन द्वारा बलात्कार की घटना ने भी महिला जगत को काफी आन्दोलित किया। राजस्थान महिला समिति ने 5 सितम्बर 1983 को इस कांड की तीव्र भर्त्सना करते हुए अभियुक्तों को तत्काल गिरफ्तार किए जाने पर जोर दिया। समिति ने अपनी जोधपुर शाखा की सदस्याओं से भी इस सम्बन्ध में उचित कार्रवाई की अपील की।

अस्सी के दशक ने महिला आन्दोलन को महिला हिंसा का विरोध करने के साथ कुछ और आयाम भी दिए।

फलौदी, जोधपुर में कन्याशाला को लेकर छिड़ी जंग

अस्सी के दशक में हिंसा का विरोध करने के साथ ही महिला चेतना ने महिला आन्दोलन को कुछ और आयाम भी दिए। फलौदी में 1983 में कन्या माध्यमिक शाला भवन को लेकर छिड़ा विवाद इस सन्दर्भ में तब सुर्खियों में आया जब पश्चिमी राजस्थान के इस सीमावर्ती कस्बे की युवतियों ने अन्याय के आगे घुटने टेकने की बजाय सत्याग्रह का रास्ता अपनाया।

राज्य सरकार ने वहाँ 1972 में किन्हीं सेठ रामचन्द्र महड़ को एक भूखंड पर दान स्वरुप शाला भवन बनाने की शर्त पर मंजूरी दी थी। यह भूखंड वहाँ के ओसवाल समाज ने इसी निमित्त निःशुल्क मुहैया कराया था। भवन बन भी गया लेकिन आठ साल बीत जाने के बावजूद उसमें कन्या माध्यमिक शाला खुलने के कोई संकेत नहीं मिले।

एकजुट होकर युवतियों ने संघर्ष का रास्ता अपनाया। वे अप्रैल 1983 में स्वयं ही शाला भवन में प्रवेश कर गईं तथा इसकी सूचना विधिवत् अधिकारियों को देकर उनकी मंजूरी भी ले ली। अचानक जुलाई माह में शिक्षा सचिव के एक तथाकथित पत्र का हवाला देते हुए शाला भवन को 'छात्र महाविद्यालय' के लिए खाली करने के प्रयास शुरु हो गए और सेठ से कहा गया कि वह एक और भवन बनाएँ।

जयपुर में महिला संगठनों के पास जब यह मामला पहुँचा तो राजस्थान महिला समिति ने भी आगे बढ़कर छात्राओं की मदद की। समिति की संचालन समिति की सदस्यों ने शिक्षा सचिव से मिलकर उन्हें ज्ञापन दिया। भवन को स्थानान्तरित करने के औचित्य को चुनौती दी तथा मौजूदा भवन को ही कन्या माध्यमिक शाला के रूप में चलाने पर जोर दिया। शिक्षा सचिव ने यह स्वीकार किया कि उन्होंने ही विद्यालय हटाने के निर्देश दिए थे मगर सेठ जी के इस आश्वासन पर कि वे एक अन्य भवन बनवा कर सरकार को सौंप देंगे। यह मामला उच्च न्यायालय में भी ले जाया गया जहाँ छात्राओं के पक्ष में स्थगन आदेश पारित हुआ।

तिलोनिया महिला मेला

वर्ष 1985 में जब देशभर की बुद्धिजीवी औरतें नायरोबी में अन्तरराष्ट्रीय महिला

सम्मेलन में भाग लेने जा रही थीं तो राजस्थान की सक्रिय महिलाओं ने अपने सशक्तिकरण का एक अनोखा प्रयोग किया। उन्होंने तय किया कि वे गाँव की गरीब वंचित औरतों के साथ अपना अलग महिला मेला बुलाएँगी। इसी सोच के साथ अरुणा रॉय के नेतृत्व में यह मेला आयोजित हुआ। एक से चार अक्टूबर 1985 को एस.डब्लू. आर.सी. परिसर तिलोनिया (अजमेर) में आयोजित इस मेले में केरल, हरियाणा, गुजरात, आन्ध्रप्रदेश, बिहार, हिमाचल, उत्तरप्रदेश, मध्यप्रदेश, राजस्थान और दिल्ली से 700 महिलाएँ आईं। अधिकांश महिलाएँ गाँवों से आई थीं। शाम को आसपास के गाँवों से सैकड़ों अन्य औरतें भी आ जाती थीं। मेले से पहले अन्य राज्यों से आईं बहनें तीन दिन तक राजस्थान के गाँवों में गाँव की औरतों के साथ रहीं ताकि वे राजस्थान की औरतों और यहाँ के रिवाजों को अच्छी तरह जान लें। वे आपस में आँखों के इशारे और आँखों से देखकर ही काफी कुछ सीख गईं। बोली की जरूरत ही नहीं पड़ी।

ऐसे सीखा

एक औरत चारा काट रही थी। बाहर से आई औरतों ने भी दिखाया कि उनके यहाँ चारा कैसे काटा जाता है। सबने सीखा, बोली की जरूरत ही नहीं पड़ी।

* * *

केरल की औरतें सर नहीं ढकतीं। उन्हें राजस्थानी औरतों का घूँघट अजीब लगा। चेहरा दिखाने को कहा। पुरुषों को बाहर भेजा। तब लजाते, शर्माते मुँह दिखाई हुई।

* * *

केरल और आन्ध्र की औरतों ने समझा, राजस्थान के गाँवों में बहुत पैसा है। कितने जेवर पहनती हैं यहाँ की औरतें। अच्छा खाना ख़ाती हैं। नाचती-गाती भी खूब हैं। उन्हें बताया गया--मेहमान को माँग के खिलाते हैं। शादी में कर्ज लेकर गहने बनवाती हैं। मेहमान औरतों ने बताया, उनके यहाँ शादी में तीन सौ रुपए से ज्यादा खर्चा नहीं होता।

* * *

इस मेले में नाच गाना, ढोल ढमाके, झूले, खेल, नाटक, माँडने, चित्रकला, प्रभातफेरी, शाम के सांस्कृतिक कार्यक्रम तो थे ही, साथ ही औरतों के अपने मन में आमतौर पर उठनेवाले सवालों के जवाब भी थे। मेले में मजदूरी, जमीन-जायदाद पर औरत का हक, शरीर की जानकारी, स्वास्थ्य, महिला हिंसा और संगठन कैसे बनाएँ जैसी बातों पर खुली चर्चा हो रही थी। मेले में हो रही गतिविधियों में कौन कहाँ जाए यह तय करने की जिम्मेदारी भी हर महिला को खुद ही निभानी थी। जो भी बात होती अलग-अलग भाषाओं में अनुवाद करके तुरन्त बताई जा रही थी। इन चर्चाओं में मन कुछ ऐसा रमा कि औरतें अपने बच्चों की सुधबुध भी भूल गई थीं।

मेले के दौरान पास के गाँव से एक बाबा अपनी बारह साल की बेटी को लेकर आया था। उसने अपनी इस बेटी के साथ हुए बलात्कार की करुण कहानी सुनाई तो

चार-पाँच सौ औरतें बाबा की बात सुनने खिंची चली आईं। झूले, नाच, गाने सब सूने रह गए। कुछ औरतें कह रही थीं झूले, नाच, गाने तो हमारे गाँव में भी मिल जाएँगे। सीखने का ऐसा मौका फिर कहाँ मिलेगा।

एक बार एकट की ताकत पर भरोसा हुआ, तो अन्याय का विरोध करने की ठानी। बाबा का दुख अपना लगा। फिर क्या था। छह सौ औरतें निकल आईं किशनगढ़ की सड़कों पर। काली पट्टी बाँधे, हाथों में नारे और पोस्टर लिए कतार में मौन चलती हुईं। दो बार बारिश आई, अनुशासन तो मन में था ही, कोई हिली भी नहीं। कपड़े भीगे और सूख गए। यही तो था असली विरोध। उपखंड जिला अधिकारी बाहर आए। औरतों ने तुरन्त न्याय की माँग की। अधिकारी ने केस दुबारा खोलने के लिए तुरन्त कार्यवाही की। मालूम है इसका नतीजा क्या हुआ ? दो दिन बाद ही केस दुबारा खोल दिया गया।

मेले में सबसे अच्छी बात यह लग रही थी कि लड़कियाँ तथा औरतें बहुत खुलापन महसूस कर रही थीं। खेलते समय लूगड़ी उतारकर एक तरफ फेंक देतीं। सबसे ज्यादा अच्छा उन्हें यह लग रहा था कि अन्य मेले तमाशों से अलग यहाँ न उन्हें घूरनेवाले पुरुषों की ललचाई आँखें थीं न उनके धक्के। न औरतों को किसी ने रोका, न ही नोचा और न ही छेड़छाड़ हुई। वे खुलकर हँस रही थीं। खिलखिला रही थीं। एक और मजे की बात यह थी कि पुरुष सहभागी सारी व्यवस्थाएँ जुटा रहे थे, परोसगारी भी कर रहे थे।

औरतों को अपनी सामूहिक ताकत का अहसास भी बड़े रोचक तरीके से हुआ। वे रस्साकशी का खेल खेल रही थीं। जोर दोनों तरफ से लगाया जा रहा था। रस्से के लिए यह तय करना मुश्किल हो गया कि किसे जिताए। उसने टूट जाने में ही अपनी भलाई समझी। रस्सा टूटते ही ढोल-ढमाके बज उठे। अपनी सामूहिक शक्ति के इस अहसास को सेलिब्रेट करने को वे सब झूमकर नाच उठी थीं।

महिला आन्दोलन की यह एक बड़ी उपलब्धि थी। इसी के साथ चेतना जगाने और सामूहिक शक्ति का अहसास कराने की प्रक्रिया में मेला आयोजन एक शक्तिशाली विधा के रूप में स्थापित हो गया था।

- डूंगरपुर में आदिवासी महिला मेला वर्ष 1987 में पी.डो. माडा संस्था परिसर में आयोजित हुआ। इस मेले में दक्षिण राजस्थान से करीब डेढ़ हजार आदिवासी औरतें आई थीं।
- वर्ष 1987 में सती विरोधी आन्दोलन चलाया गया।
- वर्ष 1990 में बाड़ा पदमपुरा में साथिनों का मेला आयोजित हुआ जिसमें साथिन व प्रचेता यूनियन बनने और साथिनों के लम्बे संघर्ष की नींव पड़ी।
- वर्ष 1991 में राजस्थान वालन्टरी हैल्थ एसोसियेशन की डा. वन्दना गर्ग की एक शिकायत के आधार पर राजस्थान मेडिकल काउन्सिल ने 26 जून 1991 को उदयपुर की गोविन्दपुरा कालोनी स्थिति इन्दिरा फर्टिलिटी क्लीनिक एण्ड

रिसर्च सेन्टर को एक नोटिस भी भेजा। शिकायत में इस सेन्टर में भ्रूण परीक्षण को लेकर प्रशिक्षण कार्यक्रम के आयोजन पर एतराज किया गया था। काउन्सिल ने इस मसले को मेडिकल एथिक्स से सम्बन्धित संहिता के खिलाफ बताया तथा एक पखवाड़े के भीतर सेन्टर से जवाब तलब किया।

बलात्कार विरोधी मंच

सितम्बर 1992 को भटेरी सामूहिक बलात्कार कांड के पश्चात् लम्बे आन्दोलन की शुरुआत और बलात्कार विरोधी महिला मंच का गठन हुआ। इस मंच ने भटेरी बलात्कार कांड का पुरजोर विरोध किया। केस में हो रही अनियमितताओं पर लगातार नजर रखी व लगातार प्रशासन को इनसे अवगत कराया। व्यापक जनसम्पर्क व समर्थन हासिल करने के प्रयास किए। राज्य और केन्द्रीय स्तर पर लगातार संवाद व पैरवी की, सी.बी.आई. से जाँच करवाई जाने में सफलता हासिल की। संयुक्त रूप से उच्चतम न्यायालय में कार्यस्थल पर महिलाओं के यौन शोषण के खिलाफ जनहित याचिका लगाई। दोषियों को गिरफ्तार करने का और दबाव उनकी जमानत न होने देने के लिए कार्रवाई की। पीड़ित महिला भँवरी के लिए सामाजिक, आर्थिक रूप से सहयोग जुटाया। वह अपने गाँव में रह सके इसके लिए उपयुक्त माहौल बनाने की पहल की, भँवरी के संघर्ष को राष्ट्रीय-अन्तरराष्ट्रीय स्तर पर मान-सम्मान दिए जाने के प्रयास किए गए। सत्र न्यायालय में इस केस पर हो रही सुनवाई पर पूरी नजर रखी व कचहरी की मानसिकता का अध्ययन किया।

- यह मंच राज्य में महिलाओं पर हो रही यौन हिंसा विरोधी आन्दोलन की दिशा में उठा राज्य की महिलाओं का एक सशक्त कदम साबित हुआ। जोधपुर जिले के देंचू थाने में 30 मार्च 1992 को तीन बच्चों की माँ 26 वर्षीया आदिवासी महिला निजरा के साथ पुलिस हिरासत में कम से कम छह पुलिसकर्मियों ने बारी-बारी से बलात्कार किया। उसी थाने में निजरा का पति रामूराम भी हत्या के आरोप में बन्द था। इस घटना से सम्भाग का भील समाज सकते में आ गया। करीब एक पखवाड़े बाद पुलिस में मुकदमा दर्ज हुआ।
- महिला संगठनों ने जयपुर में इस मामले को जोर-शोर से उठाया। ज्योंही एक मई को अखबारों में यह खबर छपी महिला पुनर्वास समूह समिति ने मुख्यमन्त्री को कड़ा विरोध पत्र लिखा। सरकार से घटना पर सार्वजनिक रूप से बयान देने तथा दोषी पुलिसकर्मियों को कड़ी सजा देने की माँग की गई। यह भी सुझाव दिया गया कि एक विशेष अभियान छेड़कर हर थाने में दो महिला पुलिसकर्मियों की भर्ती हो ताकि वहाँ के माहौल को मानवीय बनाया जा सके।
- वर्ष 1993 से साथिनों की अपनी यूनियन बनी और उनका अपना अस्तित्व का संघर्ष शुरू हुआ जो आज तक जारी है।

मरुस्थली महिला मिलन मेला

वर्ष 1995 कई दृष्टि से महत्त्वपूर्ण रहा। इसी वर्ष चीन के बीजिंग शहर में अन्तरराष्ट्रीय महिला सम्मेलन होना था। इसकी पूर्व तैयारी के रूप में बीकानेर की लूणकरणसर तहसील में उरमूल संस्था परिसर में मरू महिला मेला आयोजित किया गया। मेले को नाम दिया गया मरुस्थली महिला मिलन। यह मेला उरमूल ट्रस्ट व समन्वय इकाई बीजिंग द्वारा संयुक्त रूप से आयोजित था। 57 संस्थाओं की चौदह सौ ग्रामीण महिलाओं ने इसमें भाग लिया था। 23 से 26 मई 95 तक आयोजित इस मेले में अकाल की बात उठी और उठी राज्य सरकार द्वारा विदेशी बबूल और यूकेलिप्टस के पेड़ लगाकर पर्यावरण के विनाश की। दारू के विरोध में उड़ीसा और उदयपुर में हुए संघर्ष की बात बताई गई। नहर आने से हुए पर्यावरण विनाश और तेजी से फैलते मलेरिया की बात भी उठी। महिला और रोजगार, पलायन, अकाल, शिक्षा, नहर, महिलाओं पर बढ़ रही हिंसा, स्वास्थ्य आदि विषयों पर खुली चर्चा हुई।

औरतों का कहना था घरों में घी मिलना आसान है, पानी नहीं। दारू हर गाँव में है पर पानी नहीं। पानी के सवाल पर सभी औरतें जिलाधीश कार्यालय पर जुलूस लेकर गईं। वे नारे लगा रही थीं—दारू नहीं पानी चाहिए। आधे घंटे तक उन्होंने कलैक्ट्रेट पर नारेबाजी की। अतिरिक्त जिलाधीश उनसे मिलने आईं और उनकी समस्या के समाधान का भरोसा दिलाया।

खाली मटकी करे पुकार

घर में पानी की बूँद न थी। आदमी लोग बाहर मजूरी पर गए थे। गाँव के दस किलोमीटर दूर तक पानी नहीं मिलता था। मैंने और मेरी सास ने ऊँट जोता और पानी की खोज में निकल पड़ीं। अचानक तेज आँधी आई और हम धोरों में भटक गए। तीन दिन, तीन रात भटकते ही बीतीं। कुछ अनजाने आदमी भी दिखाई दिए पर उनसे तो हम और भी डर गए। आखिरकार घरवाले ही हमें ढूँढ़कर घर लाए। चक राइका की माँगी बाई ने अपनी आपबीती सुनाई तो सुननेवालों के दिल बैठ से गए।

जोधपुर की शान्ति बाई ने बताया कि कोसों दूर से पानी लाते-लाते सर के बाल ही उड़ गए। बाड़मेर की चन्द्रकला का कहना था पूरे घर के लिए पानी लाते-लाते थक जाती हैं। पानी भी ऐसा खारा कि जानवर भी नहीं पीना चाहते।

बीजिंग सम्मेलन में ग्रामीण बहनों की भागीदारी

अन्तरराष्ट्रीय महिला सम्मेलन के अवसर पर इस बार फिर एक बड़ा फैसला हुआ। तय हुआ कि राज्य से अधिकांश ग्रामीण बहनें सम्मेलन में भेजी जाएँगी। अनेक पढ़ी-लिखी सक्रिय महिलाओं ने अपने आपको पृष्ठभूमि में रखते हुए ग्रामीण महिलाओं को इस

सम्मेलन में भाग लेने का मौका दिया। राजस्थान से भाग लेनेवाली 14 महिलाओं में से आदिवासी केसर बाई, नापीबाई, रतनीबाई और प्रतापीबाई गई थीं। आस्था की तुलसीबाई, उदयपुर से भँवर बहन, एकट बोधग्राम नागौर से कमला चतुर्वेदी, एस.डब्लू. आर.सी. तिलोनिया से नौरती, उरमूल ट्रस्ट, लूनकरणसर, बीकानेर से गंगा, भटेरी की संघर्षशील भँवरी बाई, इसके अतिरिक्त आस्था उदयपुर से जिनी श्रीवास्तव भारत ज्ञान विज्ञान समिति से कोमल श्रीवास्तव और बाल रश्मि सोसायटी जयपुर से एलिस गर्ग ने इस सम्मेलन में भाग लिया। 14 में से सात गाँवों की कम पढ़ी-लिखी महिलाएँ थीं।

भँवरी के बीजिंग जाने के सवाल पर राजस्थान सरकार ने खूब रोड़े अटकाए। कई सक्रिय महिलाओं के घरों पर पुलिस भेजकर उनकी पृष्ठभूमि की जानकारी भी ली गई कि वे भँवरी को बीजिंग क्यों भेजना चाहती हैं। सरकार को डर था कि इससे राजस्थान सरकार की बदनामी होगी। उनकी प्रतिष्ठा को धक्का लगेगा लेकिन वे भँवरी को जाने से रोक पाने में नाकामयाब रही।

गाँवों की औरतें अपने देश से बाहर इतने बड़े सम्मेलन में पहली बार गई थीं। उन्हें वहाँ जाकर पता चला कि सभी गरीब देशों की औरतों का दुख एक जैसा ही है। दुनिया भर की औरतें अपने पर हो रहे अन्याय के विरोध में संघर्ष कर रही हैं। इस मिलन और सूचना से उन्हें संघर्ष की नई ताकत मिली। अन्याय के खिलाफ एकजुट होकर विरोध करने का नया हौसला भी मिला।

महिला अत्याचार विरोधी जन आन्दोलन (मावजा) का गठन

15 नवम्बर 1995 को भटेरी सामूहिक बलात्कार कांड पर सत्र न्यायालय के पूर्वाग्रहपूर्ण फैसले से राजस्थान की महिलाओं ने अपने को बहुत अपमानित महसूस किया। उनमें इस फैसले को लेकर बड़ा आक्रोश था। इस फैसले का सार्वजनिक रूप से खुला विरोध किया गया। फैसले के विरोध में पहला शक्ति प्रदर्शन व आमसभा 15 दिसम्बर 1995 को जयपुर में हुई जिसमें राष्ट्रीय महिला आयोग की अध्यक्ष श्रीमती मोहनी गिरी व उच्चतम न्यायालय के पूर्व न्यायाधीश जस्टिस कृष्ण अयूयर समेत देशभर से आए आठ-दस हजार स्त्री-पुरुषों ने भाग लिया। जस्टिस कृष्ण अयूयर ने इसे देश के कानून और न्याय व्यवस्था के लिए काले दिन की संज्ञा दी।

इसी दिन से इस संघर्ष को व्यापक बनाने की घोषणा करते हुए महिला अत्याचार विरोधी आन्दोलन चलाने की घोषणा की गई। इस सभा में कई अन्य महिलाओं ने अपने पर हुए यौन शोषण और अत्याचार की बात उठाई जिनमें से अनेक नाबालिग थीं।

सभा में दो प्रस्ताव पारित हुए। एक तो यह कि सत्र न्यायालय के फैसले के बाद भी हम सब भँवरी को सच्चा मानते हैं। दूसरा प्रस्ताव था कि पुलिस, प्रशासन और न्याय व्यवस्था के महिला विरोधी तौर-तरीकों का विरोध करेंगे।

इस सभा के बाद बने महिला अत्याचार विरोधी जन आन्दोलन (मावजा) के साथ

राज्य की अनेक महिला संस्थाएँ, स्वैच्छिक समूह, मजदूर संगठन, प्रगतिशील लेखक व नाट्य समूह जागरूक नागरिक और अन्य समूह जुड़ते गए। मावजा ने महिलाओं पर हो रही घरेलू हिंसा व यौन हिंसा के अनेक केस उठाए। सरकार के साथ निरन्तर संवाद कायम रखने के प्रयास किए। कार्यस्थल पर महिलाओं के साथ होनेवाली यौन हिंसा को रोकने के लिए उच्चतम न्यायालय के दिशा-निर्देशों को राजस्थान में लागू करवाने के महत्त्वपूर्ण प्रयास किए। न्यायपालिका और पुलिस विभाग में हुए कार्यस्थल पर यौन शोषण के मामलों में पीड़ित महिलाओं को न्याय दिए जाने की मुहिम चलाई। राज्य सरकार पर राज्य महिला आयोग के गठन और महिला नीति बनाने का दबाव डाला। पुलिस व प्रशासन के साथ सतत् संवाद के अनेक मंच बनाए जाने की पैरवी की। मावजा की तर्ज पर उदयपुर, अजमेर, बीकानेर आदि स्थानों पर भी महिला मुद्दों को लेकर साझे संघर्ष की शुरुआत हुई।

महिला अध्ययन का सातवाँ सम्मेलन

दिसम्बर 95 में देश-विदेश से आई आठ सौ से अधिक बहनों का एक सम्मेलन जयपुर में हुआ। बीस राज्यों और दस देशों से आई ये बहनें महिला अध्ययन के सातवें राष्ट्रीय सम्मेलन में भाग लेने जयपुर आईं थीं। चार दिन तक चले इस सम्मेलन में औरतों ने दक्षिण एशिया के देशों (भारत, पाकिस्तान, बांग्लादेश, नेपाल, श्रीलंका, भूटान) की हालत पर महिलाओं के नजरिए से विचार किया।

सम्मेलन में कुछ खास चिन्ता के विषय रहे कि इन देशों में हिंसा बढ़ रही है। धर्म और सम्प्रदाय की राजनीति खेली जा रही है। हथियारों की होड़ बढ़ती जा रही है। इन देशों की सरकारें अपने स्वार्थ और कुर्सी की खातिर आपसी समस्याओं को नहीं सुलझाना चाहतीं। हर देश में ऊँची जाति के पैसेवाले पुरुषों का बोलबाला है। इन देशों की सरकारें, औरतों, गरीबों और अल्पसंख्यक लोगों के सवालों को लगातार अनदेखा करती रही हैं।

नई आर्थिक नीति और विदेशों के लिए अपने बाजारों को खोल देने के नए फैसले से भी औरतों पर बहुत खराब असर पड़ रहा है। फैक्ट्रियों में बढ़ते मशीनीकरण से उन्हें अपनी नौकरियों से हाथ धोना पड़ रहा है। दुर्घटना मुआवजा और मातृत्व अवकाश जैसी सुविधाओं को भी उनसे छीना जा रहा है। बड़ी विदेशी कम्पनियाँ मनमाने तरीके से अपनी ही शर्तों पर इन देशों से व्यापारिक समझौते कर रहीं हैं। उन पर हमारे देशों के कानून की पकड़ नहीं रही हैं। ऐसे में औरतों और न्याय के बीच की खाई और गहरी होती जा रही है।

सभी की सहमति इस बात पर थी कि दक्षिण एशिया के सभी देशों के लोग मिलजुलकर रहना चाहते हैं। उनका मन देशों के विभाजन की इन बनावटी सीमाओं को नहीं मानता। जबकि उनके देश की सरकारें अपने फायदे के लिए तनाव बनाए रखना

चाहती हैं। नेताओं के भरोसे बैठे रहने से समस्याओं का समाधान नहीं होगा। हमें मिलजुलकर सभी समस्याओं को सुलझाना होगा। सम्मेलन के अन्त में पाँच प्रस्ताव भी पारित हुए :

1. केन्द्र सरकार द्वारा बनाई गई महिला नीति से औरतों का कोई फायदा नहीं होनेवाला। इसलिए सम्मेलन ने उसे पूरी तरह अस्वीकार कर दिया है।
2. सम्मेलन की राय थी कि नई आर्थिक नीति में कामकाजी औरतों का शोषण रोकने के लिए जरूरी उपाय नहीं किए गए हैं। कई सुझाव दिए गए कि कैसे इस शोषण को रोका जा सकता है।
3. नारीवादी लेखन (औरतों द्वारा या औरतों के विषय पर लिखी गई कविता, कहानी, लेख आदि) को महिला अध्ययन का हिस्सा मानकर उसे बढ़ावा देना चाहिए।
4. राज्य और केन्द्र सरकार द्वारा चलाए जा रहे महिला विकास कार्यक्रमों की कार्यकर्ताओं को पूरा वेतन नहीं दिया जा रहा। उनके काम को कम करके आँका जा रहा है। इन कार्यक्रमों की कार्यकर्ताओं को बराबर छँटनी का डर बना रहता है। संगठन बनाकर अपने अधिकारों की माँग करने के उनके अधिकारों का हनन हो रहा है। सम्मेलन में इस पर चिन्ता जताते हुए सरकारों के इस रुख का कड़ा विरोध किया है।
5. अन्त में साथिन भँवरी के केस में अदालत के फैसले पर चिन्ता जताते हुए देशभर में महिला हिंसा विरोधी अभियान चलाने की घोषणा की है।

इस सम्मेलन में पर्यावरण पर चर्चा करने के लिए खासतौर पर वन्दना शिवा और मेधा पाटकर आईं। नारीवादी लेखन पर प्रसिद्ध लेखिका कृष्णा सोबती ने अपने विचार रखे। देशभर में महिलाओं के मुद्दों पर संघर्ष करनेवाली कई महिलाएँ भी सम्मेलन में आई थीं। मृणाल गोरे, प्रमिला दंडवते, महिला सांसद फूल रेणु गुहा भी आई थीं।

न्यायाधीशों की लैंगिक संवेदनशीलता

वर्ष 1995-96 में पहली बार राजस्थान में न्यायाधीशों की लैंगिक संवेदनशीलता को लेकर अध्ययन हुआ।

1989 में सर्वोच्च न्यायालय ने एक नाबालिग लड़की के सामूहिक बलात्कार के मसले पर नैतिक चरित्र का प्रश्न उठाकर दो पुलिसकर्मियों की सजा को कम कर दिया। इस तरह के कई फैसले देश की विभिन्न अदालतों ने दिए। राजस्थान की ग्राम साथिन भँवरी देवी के सामूहिक बलात्कार के फैसले में भी उसके चरित्र को उछाला तथा बनी बनाई धारणाओं के आधार पर फैसला दिया। औरतों के सम्बन्ध में दिए गए कई फैसलों ने महिला आन्दोलन को बड़ा सदमा पहुँचाया क्योंकि जो लड़ाई लड़कर कानून बनवाए वे पीछे जाते हुए नजर आए। उन्हें लगने लगा था कि फैसलों में लैंगिक पक्षपात है

तो न्याय तक महिला का पहुँचना ही मुश्किल है। महिला हिंसा के मामलों में महिला को न्याय न मिल पाना महिला आन्दोलन के लिए बहुत बड़ी चुनौती रही है। इसी कारण यह अध्ययन किया गया। अध्ययन के दौरान न्यायाधीशों के जो विचार उभरकर आए उनमें कुछ खास हैं :-

- ज्यादातर न्यायाधीशों का यह मानना था कि शादी में महिलाओं पर होनेवाली हिंसा के बावजूद परिवार को बचाना प्राथमिक मुद्दा होना चाहिए।
- अगर न्यायाधीशों की बेटी पर घरेलू हिंसा हो तो 90 प्रतिशत से ज्यादा न्यायाधीशों ने कहा कि वे कानूनी कार्रवाई नहीं करेंगे।
- सीडा जैसे महत्त्वपूर्ण अन्तरराष्ट्रीय समझौते के बारे में ज्यादातर न्यायाधीशों को कोई जानकारी नहीं थी।
- ज्यादातर न्यायाधीशों का यह मानना था कि कोर्ट का वातावरण ऐसा नहीं है कि हिंसा के मामले में औरत खुलकर अपनी बात कह सके।
- वैवाहिक जीवन में यदि कभी पति, पत्नी के थप्पड़ मार दे तो वह जायज है ऐसा ज्यादातर न्यायाधीशों ने कहा।
- घरेलू हिंसा को घर का मामला माननेवाले न्यायाधीश भी काफी बड़ी संख्या में थे।
- बड़ी संख्या में न्यायाधीश मानते हैं कि महिलाओं पर सड़कों पर होनेवाला हमला घरेलू हिंसा से ज्यादा गम्भीर है।
- न्यायाधीशों ने इस बात से असहमति जताई कि जो पति अपनी पत्नी को प्रताड़ित करें, उन्हें घर में नहीं घुसने देना चाहिए।
- आधे से ज्यादा न्यायाधीश यह मानने को तैयार नहीं थे कि बालिकाओं का यौन शोषण बढ़ रहा है।
- अधिकांश न्यायाधीशों ने यह माना कि यौन हिंसा में औरत का चरित्र बहुत महत्त्वपूर्ण भूमिका निभाता है।
- महिला पर होनेवाली हिंसा के लिए महिला स्वयं जिम्मेदार है ऐसा माननेवाले न्यायाधीश भी काफी बड़ी संख्या में थे।
- न्यायाधीशों की बड़ी तादाद यह मानती है कि वे एक आम औरत व एक वैश्या के साथ होनेवाले बलात्कार में आम औरत की बात पर ज्यादा विश्वास करेंगे।
- सभी न्यायाधीश यह मानते हैं कि यौन हिंसा में औरत रिपोर्ट कराने से डरती है।

इस अध्ययन के बाद से न्यायाधीशों के प्रशिक्षण को लेकर कई सवाल उठे हैं। इसी सन्दर्भ में अब जाकर पिछले दिनों न्यायाधीशों का पहला लैंगिक संवेदनशीलता प्रशिक्षण आयोजित हुआ है।

1998 में लोकसभा चुनावों में सशक्त पहल

महिला संगठनों ने 1998 के लोकसभा चुनाव के दौरान महिलाओं के सवाल को प्रभावी तरीके से उभारने की कोशिश की। राज्य की 23 महिला एवं जनसंगठनों ने एक महत्त्वपूर्ण फैसले के तहत राज्य के चार क्षेत्रों में सामूहिक चुनावी अभियान के जरिए अपनी भावनाओं को अभिव्यक्त करने का भी प्रयास किया। उन्होंने जयपुर में एक सघन चुनाव अभियान छेड़कर महिला मुद्दों को उभारा तो झुन्झुनू, दौसा और नागौर में महिला अपराध से जुड़े उम्मीदवार के विरोध में सभाओं का कार्यक्रम भी बनाया।

इस मौके पर इन संगठनों ने महिलाओं की दृष्टि से सार्वजनिक अपील जारी कर मतदाताओं का आह्वान भी किया। इस आह्वान के साथ ही उन्होंने महिला आन्दोलन की तरफ से सामाजिक, आर्थिक व राजनैतिक मुद्दों पर अपना एक माँग पत्र भी जारी किया।

इन संगठनों ने अपनी अपील में विभिन्न राजनैतिक दलों के घोषणा पत्रों तथा नीतिगत पहलुओं की समीक्षा करते हुए इसे दुर्भाग्यपूर्ण बताया कि राजनीतिक दलों ने महिलाओं के अहम प्रश्नों को हमेशा हाशिए पर रखा। उनका कहना था कि पचास प्रतिशत आबादी के लिए किसी भी दल के पास कोई सशक्त कार्यक्रम नहीं है। आज भी महिलाओं के मुद्दे मुख्यधारा के मुद्दे नहीं बने हैं और सभी दलों के राष्ट्रीय एजेण्डा में शामिल नहीं हुए हैं। संगठनों का कहना था कि आजादी के पचासवें साल में हो रहे चुनावों के घोषणा पत्रों में भी खास बदलाव नहीं दिखता है। आज हमें राजनीतिक दलों की कथनी व करनी पर बेबाक बहस करनी होगी और सबको मिलकर राजनीतिक दलों पर दबाव बनाना होगा कि वे महिलाओं के मुद्दों को हाशिए पर डालकर वोट प्राप्त नहीं कर सकते। राजस्थान के परिप्रेक्ष्य के साथ-साथ राष्ट्रीय स्तर पर दलों के घोषणा पत्र और नीतिगत पहलुओं की समीक्षा की बात उठाई गई। सभी राजनीतिक दलों ने कितने महिला प्रत्याशियों को टिकट दिए इसकी भी समीक्षा की गई। पर्चे में निम्न मुद्दे भी असरदार तरीके से उठाए गए :

महिला प्रत्याशी कितनी ?

संगठनों ने यह तथ्य उजागर किए कि बारहवीं संसद में टिकिट बाँटने में सभी राजनीतिक दलों ने जबरदस्त कंजूसी की है। अगर टिकिट बाँटने में 33 प्रतिशत सीटें देने का मन होता तो शायद आरक्षण का प्रश्न उठता ही नहीं। परन्तु 50 सालों में राजनीतिक दलों ने जबरदस्त बेइन्साफी की है। 1998 के लोकसभा चुनावों में राजस्थान में कांग्रेस ने 25 में से 3, भारतीय जनता पार्टी ने 2, जनता दल ने 17 में से 1, समाजवादी पार्टी ने 11 में से 3, बहुजन समाज पार्टी ने 2, जनता दल ने 17 में से 1, समाजवादी पार्टी ने 11 में से 3, बहुजन समाज पार्टी ने 22 में से 1, वाममोर्चे (भारतीय कम्यूनिस्ट पार्टी व मार्क्सवादी कम्यूनिस्ट पार्टी) ने 7 में से 1, राष्ट्रीय जनता

दल ने 12 में से 1, समता ने 5 में से 1, शिवसेना ने 13 में से शून्य, भारतीय कम्यूनिस्ट पार्टी (माले) ने 4 में से शून्य, अखिल भारतीय राष्ट्रीय जनता पार्टी ने 4 में से शून्य व किसान कामगार पार्टी ने एक भी महिला को टिकट नहीं दिया है।

महिला आरक्षण

संगठनों का कहना था कि संसद और विधानसभाओं में महिला आरक्षण के मुद्दे का तो पिछले आमचुनाव के घोषणा पत्र में भी उल्लेख था इसके बावजूद पिछली लोकसभा में यह बिल पास नहीं हो पाया। इसके लिए कुछ को छोड़कर उन्होंने सभी दलों को पूरी तरह जिम्मेदार ठहराया तथा माँग की गई कि बारहवीं लोकसभा के प्रथम सत्र में सर्वसम्मति से यह बिल पास किया जाए। इस ओर भी ध्यान दिलाया कि कई राजनैतिक दलों ने महिला आरक्षण के मुद्दे पर इस बार के चुनावी घोषणा पत्र में स्पष्ट बात नहीं की है। इस अस्पष्टता की निन्दा की गई।

महिला अपराध से जुड़े व्यक्तियों को टिकिट

संगठनों ने कहा कि राजस्थान विधानसभा में हमने देखा कि किस तरह सत्ता पक्ष और विपक्ष के विधायकों ने खुलकर बलात्कार की शिकार औरतों के ही चरित्र पर कीचड़ उछाला और बलात्कारियों का बचाव किया, लेकिन उन पर उनके दलों ने न तो कोई अंकुश लगाया न ही उनके खिलाफ कोई कार्रवाई की। और तो और, उनमें से रिछपाल मिर्धा और जगदीप धनकड़ को क्रमशः भाजपा और कांग्रेस ने टिकिट दिया है। भाजपा ने तो एक कदम आगे बढ़कर, यातायात मन्त्री रोहिताश्व शर्मा को अपना प्रत्याशी बनाया जिन पर महिला शोषण के कई मामलों में लिप्त होने का आरोप है। भाजपा और कांग्रेस के इस रवैये की हम निन्दा करते हैं।

भारतीय जनता पार्टी व राजस्थान में महिला मुद्दा

महिला संगठनों ने भारतीय जनता पार्टी की महिला विरोधी नीति पर करारा प्रहार करते हुए कहा कि केन्द्र में भाजपा तो सिर्फ 13 दिनों के लिए सत्ता में आई, लेकिन राजस्थान में 1990 से अब तक, बीच में एक साल का अन्तर देकर भारतीय जनता पार्टी का ही शासन रहा है। भाजपा की तरफ से 1993 के घोषणा पत्र में स्त्रियों के लिए जो वादे किए थे, वे बहुत ही छोटे थे, लेकिन उनको भी पूरा नहीं किया गया। प्रमुख विपक्षी दल कांग्रेस ने भी औरतों के मुद्दों पर राज्य सरकार के लिए कभी कोई दबाव नहीं बनाया। इससे दलों की कथनी और करनी के अन्तर को स्पष्ट देखा जा सकता है। उदाहरण निम्न हैं–

राज्य में महिला और मानवाधिकार आयोग नहीं बनाया

महिलाओं पर बढ़ती हिंसा के सन्दर्भ में लम्बे समय से राज्य महिला आयोग व राज्य मानव अधिकार आयोग के गठन की माँग राज्य सरकार ने नहीं मानी। सरकारी नीति पर कटाक्ष करते हुए उन्होंने कहा कि भाजपा सरकार ने जनवरी 1997 में एक साधन सम्पन्न विशेषाधिकार प्राप्त गो सेवा आयोग की स्थापना में तत्परता दिखाई पर महिला आयोग व मानवाधिकार आयोग के लिए धन ना होने का बहाना बनाकर टाल दिया। महिला संगठनों का यह भी कहना था कि वादे के मुताबिक राज्य में महिला थाने नहीं खोले गए। पारिवारिक अदालतों का अन्य जिलों में गठन नहीं हुआ। कन्या भ्रूण का लिंग परीक्षण चलता रहा। कामकाजी औरतों के लिए सरकारी या गैर सरकारी स्तरों पर पालना घर नहीं खोले गए। और औरतों पर अपराध बढ़ते गए।

अभी भी 6000 हरिजन ढाणियों में पानी की व्यवस्था नहीं है व छुआछूत बरकरार है। शराब की बिक्री बढ़ी है। शराब के नए कारखाने और नए ठेके भी खुले हैं। खेतिहर व निर्माण मजदूर महिलाओं के हितों को पूरी तौर से नजर अन्दाज ही किया गया है। साथिन जैसी सशक्त भूमिकावाली महिला कार्यकर्ता का दर्जा घटाकर महिला चेतना को जबरदस्त धक्का लगाया गया है। ऐसा ही शोषण आँगनबाड़ी कार्यकर्ता का भी हो रहा है और तो और महिला और बाल विकास विभाग की नियुक्तियाँ ठेके पर हो रही हैं। भाजपा सरकार की साम्प्रदायिकता 1990 और 1992 के दंगों में खुलकर सामने आई। इन दंगों में सबसे ज्यादा नुकसान मुस्लिम महिलाओं और बच्चों को पहुँचा। आज भी मुसलमान महिलाएँ इससे उबर नहीं पाई हैं। महिलाओं को खेत, घर व बटाई में संयुक्त पट्टा व साझेदारी देने व सम्पत्ति में अधिकार देने के सवाल पर इस सरकार ने कोई विचार नहीं प्रकट किया है। पंचायत स्तर पर दो बच्चों से ज्यादा होने पर महिला प्रतिनिधियों को हटाने का काम महिला विरोधी है क्योंकि प्रजनन सम्बन्धी निर्णय लेने का अधिकार आज भी महिलाओं को नहीं है। इस तरह महिलाओं की भागीदारी घटी है।

महिला सरपंचों पर अविश्वास प्रस्ताव लाकर उन्हें हटाने का काम किया गया है। राज्य में भाजपा सरकार का रुख दमन का रहा है। कितने ही गोलीकांड व आन्दोलनकारियों की पिटाई की घटनाएँ इसकी गवाह हैं। इस दमन से औरतों और बच्चों को भी नहीं बख्शा गया है बल्कि कई जगह उन्हें निशाना ही बनाया है। महिलाओं से सम्बन्धित संस्थाओं जैसे राज्य समाज कल्याण बोर्ड, राजस्थान विश्वविद्यालय का महिला अध्ययन केन्द्र, महिला सदन व शिशु गृह आदि में भाजपा शासनकाल में गिरावट आई है।

पर्चे के अन्त में मतदाताओं का आह्वान किया गया था कि वे महिला विरोधी ताकतों को वोट न दें। वोट देने से पहले वे उम्मीदवारों की महिला मुद्दों के प्रति संवेदनशीलता को परखें। उन प्रतिनिधियों को समर्थन दें जो महिलाओं के अधिकारों के संघर्ष को प्राथमिकता देंगे, विशेष रूप से गरीब, अल्पसंख्यक और दलित महिलाओं के

प्रति जिनका सरोकार रहेगा। जो ईमानदार और पारदर्शिता में विश्वास करेंगे और जो शासन में पारदर्शिता लाने के लिए समर्पित होंगे।

महिला संगठनों पर सत्ता की गाज

वर्ष 1998 में महिला संगठनों के जोरदार प्रचार, राज्य में महिलाओं के रिकॉर्ड तोड़ वोट डालने और लोकसभा में राजस्थान से भाजपा के प्रतिनिधियों की हार से त्रस्त भाजपा सरकार ने राज्य में अपनी सोची-समझी रणनीति के तहत महिला संगठनों के खिलाफ दुष्प्रचार की मुहिम छेड़ दी। अब उसे आगामी विधानसभा चुनावों की चिन्ता जो थी। इसी के चलते बाल रश्मि सोसायटी की महासचिव एलिस गर्ग के खिलाफ 22 जुलाई से 12 अगस्त के बीच छह आपराधिक मामले दर्ज करवाए। एक था हत्या का, तीन बलात्कार के और दो भ्रष्टाचार के। सभी मुकदमे बस्सी थाने में दर्ज हुए। पुलिस जाँच के नाम पर संस्था के रिकॉर्ड बिना रसीद दिए ही अपने साथ ले गई। कार्यकर्ताओं की बेरहमी से पिटाई करके अपराध कुबूल करने को मजबूर किया। कुछ केस तो एक से चार साल पुराने तक थे जो दर्ज किए गए।

एलिस मावजा में सक्रिय भूमिका निभा रही थीं। राज्य सरकार के इस आक्रामक रुख से वे भूमिगत हो गईं। आपराधिक आरोप उनके परिवारजनों पर भी लगाए गए थे। नवम्बर 97 में एक जली हुई महिला के केस में एलिस को फिर से फँसाया गया। बिना जाँच-पड़ताल के ही संचार माध्यमों से दुष्प्रचार शुरू कर दिया। बाद में इस केस के कई विरोधाभासी तथ्य उजागर हुए। एक वर्ष से भी ज्यादा समय तक उन्हें तरह-तरह से प्रताड़ित किया गया। बाद में पुलिस विभाग की रिपोर्ट के आधार पर उच्च न्यायालय ने उन्हें सभी आपराधिक (हत्या व बलात्कार) मामलों से आरोप मुक्त कर दिया।

इसी दौरान भाजपा सरकार के मंत्रियों और वरिष्ठ अधिकारियों ने महिला आन्दोलन की सक्रिय सदस्यों पर सार्वजनिक रूप से आक्षेप लगाना शुरू कर दिया था। अगस्त 98 में राष्ट्रीय महिला आयोग के प्रतिनिधि मंडल के सामने भाजपा महिला प्रकोष्ठ ने महिला आन्दोलन की सदस्यों पर झूठे केस लाने और भटेरी बलात्कार केस तक को झूठा कह डाला। महिला आयोग की प्रतिनिधियों ने जब उन्हें लताड़ा तो आयोग पर ही पक्षपात का आरोप लगाने लगीं वे। राज्य सरकार का कहना था कि ये संगठन देश-विदेश में राजस्थान का नाम बदनाम कर रहे हैं। बलात्कार की राजनीति कर रहे हैं। एक बलात्कार की घटना पर वे 15 दिन का काम ढूँढ़ते हैं। इन सब आरोपों के चलते हुए भी राज्य विधानसभा चुनावों में महिला संगठनों ने भाजपा के खिलाफ प्रचार अभियान जारी रखा। इसके परिणामस्वरूप विधानसभा चुनावों में भाजपा की करारी हार हुई।

महिला जन अधिकार समिति

वर्ष 1998 में अजमेर और देवली में कार्यरत इस समिति ने गृह सचिव को भेजे अपने पत्र में जिला स्तर पर गठित महिला सहायता समितियों की निष्क्रियता और महिला उत्पीड़न के मामलों में पुलिस द्वारा उचित कार्रवाई न किए जाने की बात भी उठाई।

अपने पत्र में समिति ने कहा कि जिला स्तर पर गठित महिला सहायता समितियाँ प्रभावी तरीके से काम नहीं कर पा रहीं। इनमें सही महिला जनप्रतिनिधियों को नहीं जोड़ा गया है। जन अधिकार समिति द्वारा सहायता समिति को भेजे गए मामलों में प्रभावी कार्रवाई नहीं की गई है।

महिला जन अधिकार समिति के इस पत्र के अनुसार पिछले एक वर्ष के दौरान समिति के पास डायन बनाकर महिला को उत्पीड़ित करने के सात मामले आए। कासीर गाँव में महिला को डायन बताकर निर्वस्त्र घसीटा गया। इन्द्रपुरा में सोसर भीलन को रातभर भीड़ के बीच खड़ा कर प्रताड़ित किया गया। देवाखेड़ा में कल्याणी मीणा को पत्थरों से मारा गया। सावर (अजमेर) की फेफा लुहार ने लगातार चार दिन तक उत्पीड़न की रिपोर्ट थाने में दर्ज न होने पर सेल्फास की गोली खाकर आत्महत्या कर ली। कल्याणी मीणा प्रकरण में पुलिस ने दफा 323 और 341 लगाई और जाँच के एवज में खर्चा-पानी तक माँगा। फेफा कहार के मामले में सावर थाने में 6 अप्रैल 1998 को धारा 306 के तहत केस दर्ज हुआ जिसे राजनैतिक तूल देकर दबाने की कोशिश की गई।

- अजमेर जिले के रसूलपुरा गाँव की दलित सरपंच छग्गी बाई को मोहनसिंह उपसरपंच द्वारा शराब पीकर अश्लील व्यवहार करने की रिपोर्ट अजमेर के सिविल लाइन्स थाने में लिखाई गई किन्तु उस पर कोई कार्रवाई नहीं की गई।
- टोंक जिले के इन्द्रपुर गाँव में आठ वर्षीय बालिका मनभर से हुए सामूहिक बलात्कार की घटना को लेकर चले मुकदमे में अपराध सिद्ध होने पर भी सरकार द्वारा आर्थिक सहायता नहीं दी गई।
- टोंक जिले के रामथला गाँव की रामप्यारी कुमावत का शक्तिशाली गूजर परिवार द्वारा उत्पीड़न हुआ। इस मामले में दर्ज मुकदमे में कार्रवाई करने की जगह धारा 307 को हटाने का प्रयास किया गया।
- भीलवाड़ा जिले के पण्ढेर थाने के जामौलीं गाँव की बीस वर्षीया चित्रा की संदिग्ध मौत की खबर थाने में दर्ज की गई। पुलिस उसे आत्महत्या सिद्ध करने में लग गई। पोस्टमार्टम व पुलिस जाँच में गम्भीर चूक की गई। एफ.आई.आर. में धारा 304 बी तथा 498ए नहीं लगाई गई। जब एक प्रतिनिधि मंडल पुलिस अधीक्षक से मिलने गया तो उन्होंने कहा ये धाराएँ लगाना हम जरूरी नहीं समझते, यदि कोर्ट को उचित लगेगा तो वे जोड़ देंगे।

महिला पंच सरपंच जनसुनवाई

1999 में अजमेर में महिला पंच सरपंच की समस्याओं को लेकर आयोजित जनसुनवाई एक अत्यन्त महत्त्वपूर्ण कदम था। इससे पूर्व इस समिति ने महिला पंच सरपंचों के काम व समाज में उनकी स्थिति पर एक अध्ययन भी किया था। पंचायतीराज संस्थाओं में आरक्षण के फैसले के बाद 1995 में ये औरतें चुनाव जीत कर आईं थीं। उनका कार्यकाल समाप्ति के दौर में था। वर्ष 2000 में फिर से चुनाव होने थे इस परिप्रेक्ष्य में 3 मई 1999 को यह जनसुनवाई आयोजित की गई थी। जनसुनवाई में राष्ट्रीय महिला आयोग की सदस्य, अवकाश प्राप्त न्यायाधीश, सरकारी अधिकारी, महिला पत्रकार व कई सक्रिय सामाजिक कार्यकर्ता भी आए थे।

महिला जन अधिकार समिति ने इस जनसुनवाई की पृष्ठभूमि कुछ इस तरह बताई—"दरअसल छग्गीबाई की घटना के बाद उपजे माहौल को देखकर यह कदम उठाया गया। छग्गी बाई अजमेर जिले की श्रीनगर पंचायत समिति में आनेवाली रसूलपुरा ग्राम पंचायत की सरपंच थी। वह अजमेर अंचल महिला जनअधिकार समिति की सक्रिय कार्यकर्ता थी तथा उसने व कई अन्य महिला सरपंचों ने अपनी पंचायतों में विकास के मुद्दे पर काफी संघर्ष किया था। अगस्त 1998 में छग्गी बाई को अविश्वास प्रस्ताव लाकर हटा दिया गया। अजमेर, जयपुर तथा दिल्ली के महिला संगठनों ने इस घटना की स्वतन्त्र रुप से जाँच की। जाँच के दौरान पता चला कि छग्गी बाई की ही तरह कई महिला सरपंचों को कठिनाइयों का सामना करना पड़ रहा है। जाति व लिंग सम्बन्धी पूर्वाग्रहों को झेलना पड़ा है।

इन संगठनों ने तय किया कि जिन ग्राम पंचायतों में महिला सरपंच हैं,उनकी राजनीतिक और सामाजिक प्रक्रियाओं को समझने के लिए व्यापक बैठकें करनी चाहिए। 120 ग्राम पंचायतों में ये बैठकें आयोजित हुईं। इनमें से 74 को अध्ययन के लिए चुना गया। ये पंचायतें अजमेर, भीलवाड़ा, टोंक, कोटा और नागौर जिले की हैं। इस प्रयास के फलस्वरुप जनसुनवाई का आयोजन हुआ।"

अध्ययन के दौरान पाया गया कि अधिकांश उदाहरणों में महिला सरपंच दो या दो से अधिक जातियों (सवर्ण या अन्य पिछड़े वर्ग) की आपसी होड़ और तनातनी के फलस्वरूप चुनी गई थीं। यानी वर्तमान सरपंचों में अधिकांश किसी न किसी ताकतवर समूह के समर्थन से जीती थीं। कुछ ऐसे उदाहरण भी थे जहाँ वे अब तक ताकतवर लोगों के हाथों की कठपुतली बनी हुई थीं। पर जो सच में महत्त्वपूर्ण बात देखी गई वह यह कि कई प्रतिनिधियों ने अपने स्वतन्त्र अस्तित्व को रेखांकित किया। साथ ही व्यापक हित में उस समूह का विरोध भी किया जिसके समर्थन से वे जीती थीं।

कई महिला सरपंचों ने सरपंचाई का काम अपने पति, बेटे या और किसी को सम्हला दिया। कइयों ने उपसरपंच पर भरोसा कर उन्हें सारी जिम्मेदारी सौंप दी। खुद घूँघट में ही रहीं। घर बैठे कागजों पर अँगूठा लगाती रहीं। उपसरपंच, ग्राम सचिव मिलकर गड़बड़ घोटाला करते रहे। जब कुछ महिला सरपंचों को असलियत पता चली

तो उन्होंने भ्रष्टाचार का विरोध किया। वे तब बुरी बन गईं।

कई महिला सरपंचों ने शुरू से कठपुतली बनना पसन्द नहीं किया। अपनी जिम्मेदारी को समझा। उसे निभाने की पूरी लगन से कोशिश की तो वे इन नेताओं को बहुत बुरी लगीं। उनसे गाली-गलौज की गई। मार-पिटाई की गई। उनके तथा उनके परिवार पर झूठे मुकदमे लगाए गए। अविश्वास प्रस्ताव लाए गए।

गाँवों के अध्ययन से पता चला था कि–

74 पंचायतों में 68 में पुरुष उपसरपंच थे। इनमें से 50 सवर्ण थे। 40 उपसरपंचों ने महिला सरपंचों के काम में रुकावटें पैदा कीं। 74 महिला सरपंचों में से 24 को अविश्वास प्रस्ताव लाने की धमकी दी गई। 16 के खिलाफ प्रस्ताव लाया गया। 11 प्रस्ताव गिर गए। 5 के खिलाफ अविश्वास प्रस्ताव पास हो गया। एक-एक ग्राम पंचायत में इस पूरे समय में औसतन चार ग्राम सेवक बदले गए। कई पंचायतों में तो दस ग्रामसेवक तक बदल गए।

74 महिला सरपंचों में से 14 उच्च माध्यमिक और उससे भी ज्यादा पढ़ी हैं। 13 प्राथमिक शाला तक पढ़ी हुई हैं और 27 निरक्षर हैं। इनमें से 39 सरपंचों को ग्रामसेवक का सहयोग नहीं मिला। 31 महिला सरपंचों से साधारण भेदभाव हुआ। उन्हें जाति और लिंग आधारित गालियाँ दी गई। इनमें से कुल ग्यारह ने पुलिस में रिपोर्ट लिखाई। बाकी ने डर के कारण रिपोर्ट भी नहीं लिखाई। आठ महिला सरपंचों पर गम्भीर हमले हुए।

इतना सब अन्याय सहती रहीं महिला सरपंच। सरकार या अन्य राजनीतिक दलों ने उनका साथ न दिया। फिर भी इन औरतों में बड़ा जोश है। 74 में से 34 सरपंच कहती हैं वे फिर से चुनाव लड़ेंगी। 28 तो सामान्य सीट से चुनाव लड़ने का भी हौसला रखती हैं। 15 को लगता है कि वे विधायक या सांसद भी बन सकती हैं। इस जनसनुवाई का आयोजन अजमेर अंचल महिला जन अधिकार समिति तथा महिला जन अधिकार समिति, देवली (टोंक) ने मिलकर किया था।

ट्रेड यूनियन में महिलाओं की भागीदारी

सीटू के साथ सक्रियता से जुड़े रहे उच्च न्यायालय में वकील श्री पी.के. शर्मा बताते हैं कि–महिला मजदूरों के सवाल पर यूनियन में चर्चा होती थी। जागरूकता के कार्यक्रम और वर्ग विशेष की बात भी होती थी। पर लैंगिक जागरूकता नहीं थी। उस खाई को भरने के लिए चर्चाएँ होती थीं पर व्यक्तिगत या विशिष्ट केस पर काम नहीं करते थे। कभी व्यक्तिगत रूप से मदद कर देते थे। डर था कि केस करें तो यूनियन ब्रेक हो जाएगी। महिला मजदूरों का स्टेगनेशन था, प्रमोशन नहीं। आदमियों का प्रमोशन ज्यादा आसान था। कुछ समय काम करने के बाद जगह खाली होने पर जमादार जौबर, मिस्त्री या सुपरवाइजर बनने का मौका उनके लिए उपलब्ध था । औरतों के लिए मौके नहीं थे। नई मशीन आने पर औरतों की संख्या कम हो जाती थी। छँटनी हो जाती थी।

कुशल श्रमिक के रूप में महिला मजदूर बहुत कम थीं। आज भी बहुत कम हैं। रोडवेज, आर.एस.ई.बी. में फील्ड वर्क में भी महिलाएँ नहीं हैं। पानी पिलाने और दफ्तर में कुछ हों तो हों। आर.एस.ई.बी. में कोई महिला इंजीनियर नहीं हैं।

टैक्सटाइल्स मिल्स में काफी औरतें कामगार थीं इस कारण वे यूनियन की सदस्य भी थीं। जयपुर ग्लास फैक्ट्री में औरतें थीं। जयपुर स्पिनिंग के वाइन्डिंग सैक्शन में औरतें ही काम कर रही थीं। अन्य फैक्ट्रियों में कम औरतें थीं। पीस रेट पर काम करवाते थे तो औरतों को वेतन कम मिल पाता था इस दृष्टि से वेतन में असमानता होती थी। उनका आउटपुट कम रहता था। स्पीड कम रहती थी जैसे बाबिन्स भरने का काम टैक्सटाइल में स्टैण्डर्ड काम होता है। वह तो वे पूरा कर लेती थीं पर इन्सेन्टिव वेज में फर्क होता था। शायद घर की अन्य जिम्मेदारियों के कारण उनकी कार्यक्षमता पर असर पड़ता था।

पुरुष मजदूर तो 8 घंटे बाद भी ड्यूटी करते थे। वे सोलह-सोलह घंटे काम करते थे। औरतें ज्यादा से ज्यादा दो घंटे ठहरतीं थीं। स्थायीकरण में भी उनके साथ भेदभाव होता था। जैसे ग्लास फैक्ट्री में वे टैम्परेरी चलती रहती थीं। लेबर लॉज कमजोर थे। मजदूरों की कई कैटेगरी होती थीं जैसे बदली, अस्थायी, कैजुअल तब जाकर वे स्थायी होते थे। बदली मजदूरों को रोज बैठना पड़ता था। जगह खाली हो तो उन्हें काम मिलता था, नहीं तो वापस जाओ। नाम रोल पर होता था पर रोजगार की गारंटी नहीं थी। बरसों तक यह सब चलता था। इस मुद्दे पर काफी संघर्ष करना पड़ा। माँग की गई कि कम से कम न्यूनतम दिन की गारंटी तो हो। इसके बाद 15 दिन की गारंटी की टैक्सटाइल मिल में मंजूरी हुई। लेकिन कुछ तय नहीं था कि कितने समय बाद स्थायी बना देंगे।

निजी और सार्वजनिक क्षेत्र की मजदूरी में भी फर्क था। सार्वजनिक में अच्छी मजदूरी मिलती थी पर औरतें निजी क्षेत्र में ज्यादा थीं। वे मैनुअल लेबर थीं। निजी क्षेत्र में न्यूनतम मजदूरी के आसपास ही मिलता था। निजी और सरकारी क्षेत्रों में कहीं-कहीं तो दो गुने से भी ज्यादा फर्क होता था। आज न्यूनतम मजदूरी 60 रुपए के हिसाब से 1560 रुपए बनती है पर चतुर्थ श्रेणी को साढ़े चार हजार का वेतन मिलता है। इस तरह तिगुना फर्क था। निजी क्षेत्र में ओवरटाइम का कानून लागू नहीं हुआ था। फर्जीवाड़ा चलता था। काम के घंटे कम दिखाते थे। जैसे आठ घंटे काम किया तो चार घंटे का काम दिखा दिया। ई.एस.आई. की सुविधा जरूर मिलती थी। मैटर्निटी सुविधा वेज भी ई.एस.आई. से मिलते थे। जिन फैक्ट्रियों में महिला मजदूर थीं वहाँ यूनियन की आमसभा में तो महिला मजदूर सदस्य होती थीं। उनमें पुरुषों के मुकाबले ज्यादा जोश था। हड़तालों में भी वे ज्यादा भाग लेती थीं और गद्दारी भी नहीं करती थीं। किन्तु कार्यकारिणी में कभी एक चौथाई से ज्यादा प्रतिनिधित्व उन्हें नहीं मिलता था।

राजस्थान में एटक और सीटू में उच्च स्तर पर महिलाओं का नेतृत्व में प्रतिनिधित्व नहीं था। इसी कारण आन्दोलन पिछड़ा रहा। जहाँ महिला की उपस्थिति थी, वहाँ वर्ग संघर्ष के मुद्दों पर उनकी महत्त्वपूर्ण भूमिका रहती थी। वहाँ फूट नहीं पड़ती थी।

महिलाएँ गेट पर खड़ी रहकर चौकसी करती थीं। किसी की हिम्मत नहीं होती थी तब कुछ करने की। यूनियन में पैनल सिस्टम था।

स्थानीय स्तर पर लोकल लीडरशिप में अधिकांशतः पुरुष ही थे। उनकी मानसिकता परम्परागत थी। मानसिकता बदलने की थोड़ी बहुत कोशिश भी हुई पर ज्यादा नहीं। जो महिला अपने प्रयास से आगे आईं वो ही आगे बढ़ पाईं। अन्यथा पुरुष वर्चस्व कायम रहा। स्थानीय लीडरशिप से उभरकर एक दो महिलाएँ जिला स्तर तक भी पहुँचीं पर राज्य स्तर तक नहीं पहुँच पाईं। यूनियन सदस्यों और स्थानीय नेतृत्व की कभी लिंग आधारित सूची तैयार नहीं की गई। नेतृत्व में महिलाओं की अनुपस्थिति के कारण कुछ मुद्‌दों को प्राथमिकता नहीं मिल पाई जैसे कार्यस्थल पर क्रैश की व्यवस्था।

भाग–तीन

संघर्ष और अभियानों से झलकता महिला आन्दोलन

संघर्ष और अभियानों से झलकता महिला आन्दोलन

इस भाग में महिलाओं के दो किस्म के संघर्षों को उदाहरण के तौर पर लिया गया है। एक तो ग्रामीण गरीब मजदूर औरतों का न्यूनतम मजदूरी के सवाल को लेकर किया गया संघर्ष (अध्याय-5) और दूसरा औरतों पर हो रही हिंसा के विरोध में महिलाओं का संघर्ष (अध्याय-6)।

भेदभाव को बरकरार रखने के लिए समाज में इन दोनों ही स्तरों पर खूब दमन हुआ है। वर्ण और जाति की श्रेष्ठता बनाए रखने को मजदूरों पर नियन्त्रण रखा गया तो परिवार और समाज में पितृसत्ता कायम रखने के लिए औरतों के आचार और व्यवहार को नियन्त्रण में रखना जरूरी माना गया।

(1) न्यूनतम मजदूरी आन्दोलन

मजदूरों को नियन्त्रण में रखने का सबसे प्रभावशाली तरीका था रोजगार और काम-धन्धे के अवसरों पर नियन्त्रण। पूँजी और बाजार व्यवस्था पर नियन्त्रण। संसाधनों का अपने हित में अधिक से अधिक दोहन। चाहें वे प्राकृतिक संसाधन हों या मानव श्रम। आजादी के बाद से राजसत्ता ने इन संसाधनों पर पूरा नियन्त्रण बनाया था। ग्रामीण आदिवासी समाजों से उनके परम्परागत रोजगार के साधन जल, जंगल, जमीन के सरकारीकरण से छिनते गए। एक तरफ उद्योगपति, सेठ, साहूकार, जमींदार और ठेकेदार या दलाल थे तो दूसरी तरफ सरकार। दोनों ही कम से कम मजदूरी देकर मजदूर से ज्यादा से ज्यादा काम करवाना चाहते थे।

इस भाग में हम राज्य सरकार की नीतियों और नियन्त्रणों के प्रयास की इसलिए चर्चा कर रहे हैं क्योंकि राज्य स्तर पर नीतियों का नियन्त्रण उसी के हाथ में है। और मजदूर महिलाओं ने भी सरकार के खिलाफ ही संघर्ष किया था।

सरकार ने एक ओर तो कल्याणकारी राज की अपनी छवि बनाए रखते हुए न्यूनतम मजदूरी और समान मजदूरी जैसे कानून बनाए थे दूसरी तरफ खुद ही इन कानूनों को तोड़ने के अनेक रास्ते तलाश लिए थे।

- न्यूनतम मजदूरी निर्धारित करने के मापदंडों के आधार पर न्यूनतम मजदूरी की दर कभी तय नहीं की गई।
- बढ़ती महँगाई के हिसाब से बढ़ी हुई न्यूनतम मजदूरी की घोषणा कभी सरकार द्वारा खुद नहीं की गई। उसके लिए हर बार मजदूर संगठनों को आन्दोलन करना पड़ा।
- न्यूनतम मजदूरी से भी कम देने के लिए अकाल राहत कार्यों पर एक फालबैक रेट और ढूँढ़ ली गई।

नियोजक के रूप में अपनी सत्ता को बनाए रखने के लिए सरकार को जरूरत थी एक ऐसी श्रम शक्ति की जो असंगठित हो, गरीबी और भुखमरी के कगार पर हो और सरकारी नियम कानूनों के तहत काम करना जिनकी मजबूरी हो। सरकार को महिला मजदूरों से अच्छी श्रम शक्ति और कहाँ मिल सकती थी। अकाल राहत काम पर अधिकतर महिला मजदूर ही जाती हैं। एक तो अकाल की मार और परिवार के लिए रोटी जुटाने की चिन्ता, ऊपर से पूरा काम करके भी मजदूरी नहीं मिली तो महिला मजदूरों की सहन शक्ति जवाब दे गई।

अजमेर जिले के तिलोनिया क्षेत्र में न्यूनतम मजदूरी के सवाल पर एस.डब्लू.आर.सी. पहले से ही महिलाओं में चेतना जगाने का काम कर रहा था। इस पृष्ठभूमि में इन महिलाओं के लिए इस अन्याय का विरोध करना और भी आसान हो गया था। और इस तरह शुरुआत हो गई थी एक ऐतिहासिक आन्दोलन की। इन मजदूर औरतों के लिए यह उनके जीवन और मौत का सवाल बन गया था।

कालान्तर में न्यूनतम मजदूरी का यह आन्दोलन पंचायतीराज संस्थाओं द्वारा किए जा रहे विकास कार्यों में हो रहे घोटालों के पर्दाफाश करने और अन्ततः सूचना के अधिकार आन्दोलन में तब्दील हो गया। एक लम्बे संघर्ष के बाद राजस्थान में जनवरी 2000 में सूचना के अधिकार का कानून लागू हुआ। यद्यपि यह संघर्ष राजस्थान से शुरू होकर राष्ट्रीय स्तर तक फैला और इसमें पुरुषों की भागीदारी भी काफी रही, किन्तु यहाँ इस सन्दर्भ का विवरण इसलिए दिया जा रहा है क्योंकि इसमें महिलाएँ बड़ी संख्या में जुड़ी थीं, और यह समस्या उन्हें कहीं गहरे प्रभावित भी कर रही थी।

(2) महिला हिंसा के खिलाफ आन्दोलन

घर और समाज में अपनी सत्ता कायम रखने और महिलाओं पर नियन्त्रण रखने के लिए हिंसा के हथियार का इस्तेमाल पितृसत्ता द्वारा प्राचीन समय से किया जाता रहा है। ईसा से चार शताब्दी पूर्व (400 बी.सी) ही मनुस्मृति में लड़कियों और औरतों के लिए तमाम तरह के रिवाजों और नियमों का उल्लेख मिलता है। रिवाजों और परम्पराओं के चलते स्त्री-पुरुषों के बीच जो शारीरिक भेद था उसे लिंग आधारित बना दिया गया। इसी आधार पर स्त्रियों की भूमिका तय हुई। कहा गया कि वे कमजोर हैं। उन्हें हर स्तर

पर पुरुष के संरक्षण की जरूरत है। इसलिए वे घर के अन्दर की जिम्मेदारी सम्भालेंगी। पुरुषों के ऊपर क्योंकि स्त्रियों और बच्चों के संरक्षण की जिम्मेदारी थी इसलिए उन्हें घर के बाहर की जिम्मेदारी सम्हालनी थी।

औरतों की कमजोरी उनकी शारीरिक कमजोरी के साथ मानसिक और बौद्धिक कमजोरी में तब्दील हो गई। क्योंकि औरतें कमजोर मानी गईं इसलिए परिवार में उनके श्रम और योगदान को भी कम महत्त्व दिया गया। इस तरह पुरुष का वर्चस्व बढ़ता गया। पितृसत्ता की परिवार पर पकड़ और मजबूत होती गई। परिवार में सबसे कमजोर स्थिति में थीं बालिकाएँ, बेटियाँ और बहुएँ। इनके व्यवहार को नियंत्रित रखने के लिए प्रौढ़ महिलाओं का सहारा लिया गया। इन महिलाओं ने बड़ी निष्ठा से पितृसत्ता को कायम रखने में महत्त्वपूर्ण भूमिका निभाई। सतही तौर पर यही समझ आया कि औरत ही औरत की दुश्मन है।

शिक्षा और समाज सुधार आन्दोलनों के प्रभाव स्वरूप औरतों में जब समानता की चेतना जागृत हुई। उन्होंने अपने हक और स्वनिर्णय के अधिकार की माँग की तो परिवारों में उन पर हिंसा भी बढ़ती गई। जैसा कि हमने पहले ही कहा हिंसा तो समाज में पहले से ही मौजूद थी। औरतों के व्यवहार को नियंत्रित करने के लिए इस हिंसा का प्रयोग भी होता था किन्तु आजादी पश्चात् इसके बढ़ने का मुख्य कारण था महिला आरक्षण। औरतों ने पितृसत्ता द्वारा औरत और मर्द के लिए स्थापित असमान परम्पराओं पर सवाल उठाना शुरू कर दिया था। कुछ हद तक उन्हें चुनौती देने और अस्वीकार करने का चलन भी शुरू हो चुका था। इस कारण परिवारों में तनाव उत्पन्न होने लगा था। महिलाओं ने पहले व्यक्तिगत फिर संयुक्त रूप से इन अत्याचारों का विरोध शुरू कर दिया था। फिर कुछ विरोध अभियानों की शक्ल में उभरते हुए भी नजर आए थे।

परिवार के साथ-साथ इस संघर्ष में भी राज्य सरकार से टकराव शुरू हो गया क्योंकि सरकारी तन्त्र की जिम्मेदारी थी हिंसा पीड़ित औरत को न्याय दिलाने की और सरकारी मशीनरी इसमें पूरी तरह असफल हो रही थी क्योंकि राजसत्ता पर पितृसत्ता हावी थी। कभी तो वह अपराधियों को बचाती नजर आ रही थी तो कभी खुद अपराध में लिप्त नजर आ रही थी। अतः धीरे-धीरे आजादी पूर्व शुरू हुए ये समाजोन्मुखी महिला सुधार आन्दोलन आजादी के बाद सरकारोन्मुखी महिला हिंसा विरोधी अभियानों में तब्दील होते गए।

छठे अध्याय में हम महिला हिंसा से सम्बन्धित तीन अभियानों का विस्तृत विवरण दे रहे हैं। ये अभियान है :

(I) घरेलू हिंसा विरोधी अभियान
(II) विधवा दहन विरोधी अभियान
(III) यौन हिंसा विरोधी अभियान

अध्याय–पाँच

न्यूनतम मजदूरी के लिए संघर्ष

सत्तर के दशक में एक ओर शहरी मध्यम वर्गीय औरतें अपने अधिकारों के प्रति सचेत हो रही थीं। अन्तरराष्ट्रीय महिला दिवस मना रही थीं। दूसरी ओर कई स्वैच्छिक संस्थाएँ भी ग्रामीण, गरीब और वंचित वर्ग की महिलाओं में जागृति लाने का काम कर रहीं थीं। कोई संस्था साक्षरता, कोई स्वास्थ्य तो कोई ग्रामीण विकास के विविध आयामों के माध्यम से ग्रामीण समाज में अपनी पहचान बना रही थी। इसी दौरान भारतीय प्रशासनिक सेवा (आई.ए.एस.) से इस्तीफा देकर अरुणा रॉय तिलोनिया (अजमेर) आईं। वर्ष 1974 की बात है यह। उन्होंने समाजकार्य एवं अनुसन्धान केन्द्र (एस.डब्लू.आर.सी.) तिलोनिया में ग्रामीण महिलाओं के साथ मजदूरी के सवाल पर काम शुरू किया। उन दिनों एस.डब्लू.आर.सी. द्वारा तीन ग्रामीण महिला समूहों के साथ काम हो रहा था। आगामी सात-आठ सालों में मजदूर ग्रामीण महिलाएँ न्यूनतम मजदूरी के मुद्दे पर एकजुट होती गईं जिसकी चरम परिणति यह हुई कि हरमाड़ा समूह की तीन सौ मजदूर महिलाओं की ओर से अस्सी के दशक के आरम्भ में उच्चतम न्यायालय में समाज कार्य एवं अनुसन्धान केन्द्र के निदेशक श्री संजीत रॉय द्वारा जनहित याचिका दर्ज की गई। इस याचिका के सन्दर्भ में वर्ष 1983 में उच्चतम न्यायालय ने अपना ऐतिहासिक फैसला सुनाया। इस फैसले से अकाल राहत कार्यों पर कार्यरत मजदूरों को न्यूनतम मजदूरी पाने का हक हासिल हुआ।

महिलाएँ क्यों जुड़ी

राजस्थान और अकाल का चोली दामन का साथ है। यहाँ का जनजीवन और खेती वर्षा आधारित है। वर्षा न हो तो त्रिकाल पड़ जाते हैं। न पानी, न अनाज और न पशुओं के लिए चारा। ऐसे में पशुपालक तो अपना पशुधन लेकर उत्तरप्रदेश, हरियाणा, गुजरात या पंजाब के इलाकों को चले जाते हैं। घर के नौजवान मर्द रोजगार की तलाश में बड़े शहरों में आ जाते हैं। गाँवों में बच्चे, बूढ़े और औरतें ही रह जाते हैं।

राज्य सरकारों द्वारा अकाल की विपदा में लोगों को राहत देने के लिए अकाल

राहत काम शुरू करवाए जाते हैं। इन अकाल राहत कार्यों पर लगभग अस्सी प्रतिशत उपस्थिति औरतों की ही रहती है। यूँ तो निजी क्षेत्र में भी मजदूरी करने पर असंगठित मजदूरों को न्यूनतम मजदूरी का भुगतान नहीं होता किन्तु अकाल राहत काम असंगठित क्षेत्र में होते हुए भी क्योंकि सरकार द्वारा करवाए जाते हैं, उनमें एक ही कार्य पर सैकड़ों मजदूर काम करते हैं। अकाल के समय जबकि कोई अन्य रोजगार उपलब्ध न हो, अधिकांश ग्रामीण मजदूर राहत कार्यों पर ही काम करते हैं। ऐसे में पूरी मजदूरी न दिए जाने की बात ने मजदूरों को कहीं गहरे प्रभावित किया। मजदूरों में क्योंकि महिला श्रमिक अधिक थीं। इसीलिए यह महिला मजदूरों के आन्दोलन का मुद्दा बना। एक और बात यह कि इससे पूर्व कभी न्यूनतम मजदूरी की बात एक संगठित मंच से उठी ही नहीं थी इसीलिए यह मजदूर औरतों की अपने अधिकारों के लिए की गई पहली बड़ी लड़ाई के रूप में स्थापित हुई।

कैसे हुई शुरुआत

वर्ष 1974 में अरुणा रॉय ने काम करना शुरू किया तो काम की शुरुआत में ही उन्होंने तय किया था कि दलित मजदूर महिलाओं के साथ काम करना महत्त्वपूर्ण है। समाज कार्य एवं अनुसन्धान केन्द्र से जुड़ी दस्तकार महिलाएँ दलित वर्ग से थीं। *अरुणा रॉय ने इन महिलाओं के साथ कार्य के अनुभव कुछ इस तरह सुनाए*—"वर्ष 1975-76 में क्राफ्ट सैक्शन का काम शुरू हुआ था। वहाँ औरतों को पार्ट टाइम मजदूरी दी जाती थी। इस काम के लिए गाँवों से खूब दस्तकार महिलाएँ आई थीं। हम उन्हें कम से कम रेट जो देते थे वह भी न्यूनतम मजदूरी के बराबर था। वे सब औरतें फैमिन की बात करती थीं। बाद में पता चला कि फैमिन से उनका मतलब सरकारी अकाल राहत काम पर मजदूरी लगने से था। इन कार्यों पर कौन लगा, कब किसे कितनी मजदूरी मिली ये सवाल उनके लिए बड़े महत्त्वपूर्ण थे। दस्तकार महिलाएँ भी कभी-कभी मजदूरी पर जाती थीं।

अकाल के समय पलायन गाँवों के जीवन की वास्तविकता थी। फैमिन का काम चलता तो पलायन रुक जाता था। गाँवों में कृषि मजदूर और निर्माण मजदूर एक ही होते हैं। इन मजदूर औरतों की काफी समस्याएँ सामने आती रहती थीं। पलायन के पीड़ादायक अनुभव भी पता चले थे जैसे माँगी के छह बच्चे पलायन के दौरान ही खत्म हुए थे। पलायन करते समय जापा हुआ—कहीं तो अस्पताल की सुविधा नहीं मिल पाई, तो कभी सही तरीके से देखभाल नहीं हुई। औरतों के जीवन के कई पहलुओं की सूचना इस दौरान आपसी बातचीत में मिली तब समझ में आया कि ग्रामीण महिलाओं की जिन्दगी में सरकारी काम और फैमिन की मजदूरी कितनी महत्त्वपूर्ण थी।

लेकिन दस्तकार महिलाओं के लिए न्यूनतम मजदूरी का मुद्दा महत्त्वपूर्ण नहीं था। वे अपने पति के साथ मिलकर धन्धा/खेती दस्तकारी का काम करती थीं। यह उनका

अपना पारिवारिक धन्धा था। जिन महिलाओं का अपना धन्धा नहीं था वे ही मजदूरी पर जाती थीं। गाँवों में कुम्हार औरतें मजदूरी पर नहीं जाती थीं। गूजरों में जानवर पालते थे। जाट लोग खेती में थे। इनके लिए मजदूरी उतनी जरूरी नहीं थी। मेघवाल, बैरवा, बंजारा, लखारा और मुस्लिम महिलाओं के लिए मजदूरी करना बड़ा जरूरी था।

एक बार केन्द्र में कुछ काम करवाना था। पता किया तो सूचना मिली कि उन दिनों न्यूनतम मजदूरी की रेट तीन रुपए थी। केन्द्र में हम यही रेट चुका रहे थे। गाँव वाले इस पर हमसे नाराज हो गए। वे कह रहे थे हमारे गाँव में मजदूरी की रेट बिगाड़ रहे हो। इन्हीं दिनों मजदूर महिलाओं के साथ सात दिन के शिविर आयोजित करने शुरू किए। इन शिविरों में एक दिन हम न्यूनतम मजदूरी की बात जरूर करते थे। मजदूर महिलाओं को न्यूनतम मजदूरी के बारे में कुछ पता नहीं था लेकिन वे अकाल राहत काम के अन्य पहलुओं को खूब जानती थीं जैसे—*प्रभावशाली या सम्पन्न परिवारों की लड़कियों से पानी पिलाने का काम करवाया जाता है। इन्हीं शिविरों में होनेवाली सूचनाओं के आदान-प्रदान से हरमाड़ा आन्दोलन का जन्म हुआ।*

उन दिनों सार्वजनिक निर्माण विभाग द्वारा मदनगंज-हरमाड़ा रोड बनाने का काम करवाया जा रहा था। इस पर सैकड़ों मजदूर लगाए गए थे। अगस्त 1981 में इस काम पर न्यूनतम मजदूरी की दर से चुकारा नहीं किया गया। उस समय न्यूनतम मजदूरी की रेट सात रुपए हो चुकी थी। चुकारा तो कम दिया ही, किसी मजदूर की रेट कम आई, किसी की ज्यादा। इस बात को लेकर मजदूरों में बड़ा आक्रोश पैदा हो गया था।

नौरती से आन्दोलन के दौरान ही सम्पर्क हुआ। शाम को पाँच बजे हरमाड़ा के पटवारी और सरकारी कर्मचारी आए। उन्होंने बताया कि हरमाड़ा में बवंडर हो गया है। 300-400 लोग मजदूरी नहीं ले रहे। आप समझाओ। पूछा कि क्यों नहीं ले रहे ? तो बोले, कम रेट आया है। यहाँ से कार्यकर्ताओं को भेजा तो पता लगा नया गाँव हरमाड़ा और बुहारू के लोगों ने चुकारा नहीं लिया है। हरमाड़ा की नौरती और गिरजेश नाम का बामन मेट है। उन्होंने सारे मस्टररोल अपने कब्जे में कर लिए हैं। नौरती ने मजदूरों को संगठित किया है। कुछ को ज्यादा रेट से चुकारा हुआ है, बाकी को कम। अगले दिन 8 बजे हम हरमाड़ा पहुँचे तो वहाँ मेला जैसा लगा था। खूब हो-हल्ला था। हरमाड़ा में हमने एक्टिंग बी.डी.ओ. अतुल गर्ग को बुलाया। खूब सारे लोगों ने बयान दिए। पर उन्हें चुकारा नहीं दिया गया। बाद में फिर अण्डर प्रोटेस्ट पैसा लिया। गाँव में खूब विरोध का माहौल हो गया था।

अदालत में मसला

उस समय जस्टिस पी.एन. भगवती जनहित याचिकाओं के हित में खूब काम कर रहे थे। खूब प्रचार कर रहे थे। उनसे सम्पर्क किया गया। उन्होंने किसी वकील को भेजा पड़ताल के लिए। रिकार्ड का सबूत हमारे पास था इसीलिए सबूत समेत पी.आई.एल.

दर्ज करना तय हुआ। उस समय हमारे पास दो विकल्प थे। एक तो गाँव के लोग खुद इसी तरह आन्दोलन करें या फिर पी.आई.एल. दर्ज की जाए। नौरती और उस जैसी अनेक औरतें तो अदालती लड़ाई लड़ नहीं सकती थीं। इसीलिए तय हुआ कि संस्था निदेशक संजीत (बंकर) रॉय अपने नाम से पी.आई.एल. लगाएँ। बी.डी.ओ. ने सरपंच को सस्पेंड किया। पुराना सरपंच भी सस्पेंड हुआ। गिरजेश और नौरती का इस तरह गाँव में कुछ प्रभाव पड़ा, असर जमा तो कुछ विरोध भी हुआ।

हरमाड़ा आन्दोलन की बागडोर सम्भाली थी

नौरती देवी जो उस समय हरमाड़ा गाँव में रहती थी और एक मजदूर महिला थी उसी ने इस आन्दोलन का गाँव के स्तर पर नेतृत्व किया था। नौरती ने बताया कि "गाँव की दस-पन्द्रह लुगाई एस.डब्लू.आर.सी. में सिलाई सीखने आती थीं। उनकी छह महीने की ट्रेनिंग लगी थी। इन औरतों के साथ मेरी बेटी भी गई। बेटी छोटी थी। 15-16 साल की। उसको उन्होंने ट्रेनिंग तो दी पर छोटी होने के कारण उसका नाम नहीं मंड सकता था। इसलिए उसे मशीन नहीं मिली। सिलाई उसने सीखी और सीखने के पैसे 5 रुपए रोज के उसे मिले। मुझे पैसे का लालच था। लगा कि पाँच रुपया ही चोखा। छोटी तेज थी छह महीने में ही पास हो गई। पढ़ना भी सीख गई। उसी ने फिर मुझसे कहा, ए बाई, तू भी जा। वह सेन्टर से खूब नई-नई बात सीखकर आती। घर आते ही साफ-सफाई करने लग जाती।

उन दिनों गाँव में आठ-दस दिन का शिविर लगता। गाँव की लुगाइयों से बात करने कार्यकर्ता आते थे। गाँव में औरतों और बच्चों का केन्द्र चलता था। बीस औरतें आती थीं। कार्यकर्ता आकर नई-नई बातें सिखाते, कभी दाल के पकौड़े, कभी मूँगफली का दूध बनाना सिखाते, कभी दाल छमककर खिलाते। वे लुगाइयों को एकता की बात सिखाते। यह भी बताते कि कोई कम मजदूरी दे तो मत उठाओ। मैं डरती नहीं थी। फैमिन के काम पर तीन, चार या पाँच से ज्यादा रेट नहीं आती। उन दिनों न्यूनतम मजदूरी सात रुपए हो गई थी। मैं पूरा काम करती। गार खोदकर अपने दो फुट के डंडे से नाप लेती। 15 दिन में पैसा मिलता था। मुझे कार्यकर्ताओं की बात जँचने लगी थी। दो-तीन महीने बाद मैं भी गाँव की गरीब औरतों को संगठन बनाने को कहती। आदमी मजदूरी पर आते तो गार ही नहीं काढ़ते। कभी ताश खेलते, कभी यूँ ही बैठे रहते। इसी दौरान सेन्टर में सिलाई की ट्रेनिंग बन्द हो गई थी। वो औरतें भी फैमिन पर लग गई थीं।

चुकारा हुआ तो किसी को कम दिया किसी को ज्यादा। हमने पूछा कि कम क्यों दे रहे हो ? वे बोले, "पैनल्टी लाग गी। तुमने काम ही नहीं किया। पैसे लेने हैं तो लो।" हम सबने चुकारा लेने से मना कर दिया। हमारे घरवालों से हमारी शिकायत की गई। घरवालों ने अपनी औरतों की पिटाई की। मेरी भी पिटाई हुई। बात तिलोनियाँ सेन्टर में गई। अगले दिन वहाँ से चार पाँच लोग आए। मेट से बात की। मेट भी गरीब था।

वो ठेठ तक हमारे साथ रहा। गाँव के एक मजदूर 'भागरतो' ने एक सप्ताह काम किया था उसकी 15 दिन की हाजरी लगाई गई थी। लुगाई उसे पकड़ ली। वो भी हमारे साथ आ गया। गाँव के लोगों ने उसे खूब धमकाया। छह महीने तक उसे सेन्टर में ही रखा गया।

नौरती के व्यक्तित्व में ऐसा क्या था जिसने उसे इतना निर्भीक बना दिया था। पूछा तो नौरती ने बताया—"जिन औरतों के पति घर का ध्यान रखते हैं सक्षम होते हैं, वे औरतें तो चुप रह सकती हैं। मेरा पति तो था भोला। सारे घर की जिम्मेदारी मुझ पर ही थी। मुझे ही सबके हक के लिए लड़ना था। मैं चुप रह जाती तो काम कैसे चलता।" कुछ और भी था जो नौरती के व्यक्तित्व को अन्य औरतों से अलग बनाता था। नौरती की कहानी सुनी तो पता चला—मेरा जनम खोड़ा बोबानी गाँव में हुआ। यह अजमेर जिले की श्रीनगर पंचायत समिति का गाँव है। हम तीन बहनें थीं। मैं दूसरे नम्बर पर थी। पिताजी खान से पट्टी निकालते थे। मैं आठ साल की हुई तो पिता ने जमीन ली। काका-बाबा 6-7 लोग ने मिलकर बारह बीघा जमीन ली। कुआँ बनाया। साथ में पट्टी निकालने का काम करते रहे। मैंने होश सम्हाला तब से खेत में काम किया। गाँव में रावत ज्यादा थे। मुझे स्कूल भेजा पर गई नहीं। मेरा मन नहीं लगता था पढ़ाई में। वहाँ लड़कियाँ नहीं पढ़ती थीं। लड़के ही लड़के थे। मुझे किसी से डर नहीं था। मैं बड़ी शैतान थी। ट्रक के काँच फोड़ देती। चचेरा भाई गाय चराने जाता तो सर फोड़ देती। पिता कभी डाँटते नहीं थे। बड़ा प्यार करते थे। मेरी बहन तो रात में सामान लेने भी नहीं जाती। मैं रात को आठ-नौ बजे अकेली रोटी लेकर बेडा पर भी चली जाती। एक दिन एक आदमी ने मजाक में टिफिन खोंस ली। अगले दिन मैंने उसका सर फोड़ दिया। जो मुझे तंग करता मैं मौके से उसके भाटा का देती तो माथा फोड़ देती। काका-बाबा मुझसे काम कराते। कहते ढाँढा ने ताड़। मुझे खेलना अच्छा लगता। गुस्से में मैं तब कोई न कोई शैतानी जरूर करती।

बड़ी होने पर मुझे मजदूरी पर ले जाते। मैं दानगी पर जाती, कोई मुझे टोकता तो डरती नहीं थी। दूसरी लड़कियाँ-औरतें मेरे जितना काम नहीं कर पातीं। माँ के कहने पर मैं कमजोर औरत की मदद करती। मैं अकेली एक ट्रक भर देती। जो पैसा देने में टालमटोल करता तो ट्रकवाले को भी ठोक देती। तब मैं 13-14 साल की थी। घाघरे की लाँग बाँधकर मोट्यार के जैसे उछलती। पेड़ पर चढ़ जाती। बूल्या ने काट देती। एक दिन जंगलाती बोला कि आली लकड़ी क्यों काटी ? वह मेरी कुआड़ी खोंसने लगा तो उसके आली लकड़ी की मेल दी। अगले दिन उसने घर पर आकर शिकायत की। सब मुझसे डरते थे। मुझे पागल कहते। मैं पागल थोड़े थी। मेरे पिता ने पूछा तो कह दिया, मैं तो जंगल गई ही नहीं। फिर भी डाँटा नहीं। डर तो बस एक दिन ही लगा था जब मेरे बाप ने बड़ी बहन को बदले की रास से छत के कड़े से बाँध दिया था। आधा घंटा में खोल भी दिया। वो पट्टी निकालने की खान में भरे पानी में दूसरे छोरों के साथ कूदकर नहाने लगी। उसे तैरना नहीं आता था। यह सोचकर पानी में कूद गई

कि मैं भी तैरना सीख जाऊँगी। वह डूबने लगी थी। बड़ी मुश्किल से कुछ लड़कों ने उसे बचाया। पिता को पता लगा तो बड़े नाराज हुए। मेरी 12-13 साल में शादी कर दी थी। तीन-चार साल तक एक महीना जाती और चार महीना पीहर रहती। सासरे में भी अकेली बहू थी। बड़ी लाड़ की थी। सुसरा चार भाई थे। मेरे ससुर के एक ही बेटा है मेरा पति। वह बड़ा भोला है। मैं सासरे में भी नहीं डरती थी। एक बार मेरे काका ससुर ने मेरे पर दोष लगाया कि इसने कागद लिखा है। इसे अपना घरवाला पसन्द नहीं। यह दूसरी शादी करना चाहती है। मुझे पता लगा तो सबके सामने मैंने उस काका को चप्पल से ठोका और बोली मेरा आदमी जैसा है मेरा है, तुम्हें क्या ?

सास भी बड़ी भोली थी। उसे भी सब खूब सताते। रोटी नहीं देते। मैंने सासू की खातिर भी लड़ाई की। मेरे ससुरे का माथा उनके भाई के बेटे ने जमीन में पाँती के लिए फोड़ दिया तो मैं लाठी लेकर उसका माथा फोड़ आई। वे सब ससुरे की जमीन खोसना चाहते थे। ससुरा मरा तो जेठ के बेटे ने कहा बारह बीघा जमीन गिरवी रखकर नुक्ता करो। मैंने कहा जमीन पहले से ही गिरवी है। हम सबको बेच के नुक्ता कर लो। मैं ही सबसे लड़ती थी। एक-दो बार देवर-जेठ ने मुझे ठोका तो बाद में मैंने भी ठोका। पति तो डरता था कुछ नहीं बोलता। जिन औरतों के आदमी सब ध्यान रखते, जो सक्षम थे वे औरतें तो क्यों लड़तीं। मुझ पर तो अपने घर की सारी जिम्मेदारी थीं। मुझे ही सबके हक के लिए लड़ना था।

सासरे में जूते गाँठने का काम होता था। पहले जानवरों की कच्ची खाल को पकाने का काम ससुर करता। हम सब उसकी मदद करते। सीयाला में धान निकालने का काम करती थी। वे कुछ मन-दो मन धान दे देते। मेरा घरवाला तो कुछ नहीं करता। उसमें कम बुद्धि थी। ससुरे की मौत के बाद ज्यादा जमीनवालों की मेड़बन्दी का काम किया तब मेरा पति भी गार कढ़ाने जाता। मेरे जितना उससे नहीं होता पर करता तो था। इन्हीं दिनों पूरे दो सौ गाँवों में फैसला हुआ, किसी के घर जाके जूता नहीं गाठेंगे। खड़ा (धान कटाने का काम) के काम में औरतों का शोषण होने लगा। काम कराते पर धान नहीं देते। जूती गँठा लेते पर उसका भी कुछ नहीं देता। चार महीने काम करने पर एक महीने का भी खाना नहीं जुटता था इसीलिए समाज ने एकजुट होकर ये फैसला किया। ये 70-71 की बात है। उस समय टट्टी भरी जूती देकर कहते धोकर साफ करो। कई गाँवों में तो रहने भी नहीं दिया। इस फैसले के बाद हमारा विरोध और बढ़ गया। हमें पानी देना भी बन्द किया। मैं तब फैमिन पर जाती, जाँटा के खेत के नाडा, मेड़ बाँधती। मजूरी लेती। सवा रुपया 100 फुट का मिलता तब। फिर ढाई हो गया। सौ फुट गार मैं तीन घंटे में काढ़ लेती। एक चौकड़ी पति और दो मैं काढ़ती।

क्या थी यह याचिका और क्या हुआ फैसला

बंकर रॉय की तरफ से उच्चतम न्यायालय में दायर जनहित याचिका में सार्वजनिक

निर्माण विभाग के द्वारा वर्ष 1981 में अकाल राहत कार्य के दौरान बनवाई गई मदनगंज हरमाड़ा सड़क पर न्यूनतम मजदूरी के भुगतान न किए जाने को न्यूनतम मजदूरी अधिनियम (1948) का उल्लंघन माना गया था। याचिका में बताया गया था कि इस कार्य पर कार्यरत मजदूरों में अनेक अनुसूचित जाति की महिलाएँ कार्यरत हैं। सार्वजनिक निर्माण विभाग की भुगतान प्रक्रिया के चलते मजदूरों को न्यूनतम मजदूरी की तत्कालीन दर रुपए सात से काफी कम मजदूरी का भुगतान हुआ है। एक ही गैंग के मजदूरों को बिना किसी स्पष्ट नियम के अलग-अलग दर से मजदूरी का चुकारा हुआ है। व्यवस्था कुछ ऐसी है कि पूरी गैंग के काम का शामिल नाप 15 दिन में होता है। जो मजदूर पूरा काम करते हैं उन्हें तो कम पैसा मिलता है और जो कम काम करते हैं उन्हें उनके कार्य के हिसाब से अधिक मजदूरी मिल जाती है। याचिका में यह भी कहा गया कि अलग-अलग गैंग को एक ही स्तर के काम के लिए अलग दर से चुकारा किया जाता है। इस बात को लेकर मजदूरों में बहुत असन्तोष है।

जनहित याचिका के जवाब में सार्वजनिक निर्माण विभाग ने 1964 में बने मजदूरों के नियम का हवाला दिया जिसके तहत अकाल राहत काम के मजदूरों को श्रम कानून से अलग रखने की बात बताई और कहा कि क्योंकि मदनगंज हरमाड़ा सड़क अकाल राहत कार्य के अन्तर्गत बनवाई गई थी इसलिए एक्जेम्पशन कानून की धारा एस-तीन के तहत न्यूनतम मजदूरी कानून लागू नहीं होता। इसी कानून की धारा एस-चार का हवाला देते हुए यह भी कहा गया कि किसी भी अदालत में श्रम कानून के तहत इन मामलों की सुनवाई नहीं हो सकती। इसके जवाब में न्यायालय की अनुमति से प्रार्थी द्वारा एक परिवर्तित याचिका दायर की गई, जिसमें एक्जेम्पशन कानून की वैधता को चुनौती दी गई थी। ऐसा इसलिए जरूरी हो गया था कि इस कानून की वैधता पर सवाल उठाए बिना न्यूनतम मजदूरी के भुगतान की माँग उठाई ही नहीं जा सकती थी। परिवर्तित याचिका में एक्जेम्पशन कानून की वैधता को भारतीय संविधान की धारा 14 व 23 के तहत चुनौती दी गई थी।

न्यायाधीश माननीय श्री पी.एन. भगवती ने इस केस को धारा 23 का उल्लंघन मानते हुए धारा 14 के उल्लंघन पर विचार करने की जरूरत ही महसूस नहीं की। न्यायाधीश का कहना था "जब किसी गरीब व्यक्ति के पास रोजगार का कोई अन्य साधन उपलब्ध न हो, जब वह भुखमरी का शिकार हो, साधनहीन हो, तो वह न्यूनतम मजदूरी से कम मजदूरी पर भी काम करने को मजबूर होता है। 1982 में बलात् मजदूरी को लेकर पी.यू.डी.आर बनाम भारत सरकार की बलात् श्रम को लेकर दायर की गई याचिका का हवाला देते हुए न्यायाधीश ने कहा कि बलात् शब्द को संकीर्ण अर्थों में नहीं देखा जाना चाहिए। व्यक्ति की आर्थिक स्थिति, उसकी भौतिक या कानूनी स्थितियों से कहीं अधिक गहरा दबाव डालकर उसे कोई निर्णय लेने पर मजबूर करती हैं। अतः आर्थिक स्थितियों के सन्दर्भ में ही बलात् शब्द को समझा जाना चाहिए।

न्यायाधीश भगवती ने अपने फैसले में न्यूनतम मजदूरी के न दिए जाने को

संविधान की धारा 23 का उल्लंघन मानते हुए राज्य सरकार को न्यूनतम मजदूरी के भुगतान का आदेश दिया।

उक्त सन्दर्भ में निम्न फैसला दिया गया

अतः मैं प्रतिवादी (राजस्थान सरकार) को यह निर्देश देता हूँ कि वह प्रत्येक मजदूर को जो मदनगंज-हरमाड़ा सड़क पर निर्माण कार्य में मजदूरी कर रहा था, न्यूनतम मजदूरी रुपए 7 प्रतिदिन, तथा उन्हें जो राशि वास्तव में चुकाई गई के बीच जो अन्तर था, उसका भुगतान करे। सरकार के लिए ऐसा करना कठिन नहीं होगा, क्योंकि जिन लोगों ने अकाल राहत के दौरान काम किया था वे सभी आसपास के इलाकों के निवासी हैं और सार्वजनिक निर्माण विभाग के पास मौजूद मस्टर रोलों में उनका अता-पता भी दर्ज है। मैं प्रतिवादी को निर्देश देता हूँ कि इस आदेश की तिथि के दो माह के अन्दर वह सभी मजदूरों को न्यूनतम मजदूरी तथा वास्तविक भुगतान के अन्तर की बकाया राशि का भुगतान करे तथा इस बाबत एक रिपोर्ट 30 अप्रैल 1983 तक या उससे पहले न्यायालय में प्रस्तुत करे। इस रिपोर्ट में प्रत्येक मजदूर तथा उसे चुकाई गई बकाया राशि का उल्लेख हो। मैं यह निर्देश भी देता हूं कि इसके बाद भविष्य में सरकार अकाल राहत कार्य से जुड़े सभी मजदूरों को, जिसमें मदनगंज-हरमाड़ा सड़क का कार्य भी शामिल है, न्यूनतम मजदूरी का भुगतान करे तथा किसी भी सूरत में इस आधार पर न्यूनतम मजदूरी में कटौती न करे कि मजदूरों द्वारा किया गया काम सार्वजनिक निर्माण विभाग द्वारा तय किए गए मानदंडों से कम हैं, जब तक कि न्यूनतम मजदूरी अधिनियम 1948, के तहत यह नोटिस न जारी किया गया हो कि न्यूनतम मजदूरी एक निश्चित मात्रा में काम करने पर ही दी जाएगी।

क्योंकि याचिकाकर्ता अपनी रिट याचिका में सफल रहे हैं। प्रतिवादी याचिकाकर्ताओं को रिट याचिका का समूचा खर्च अदा करेगा।

न्यायाधीश श्री आर.एस. पाठक ने न्यायमूर्ति भगवती के फैसले से अपनी सहमति जताते हुए इसे संविधान की धारा 14 का भी उल्लंघन माना। उनका कहना था। कि विपदा में घिरे लोगों को राहत देने के नाम पर रोजगार देकर उनसे उनका वह अधिकार नहीं छीना जा सकता जो हर मजदूर को उपलब्ध है। हर मजदूर के अधिकार एक ही होंगे।

जब राज्य सरकार अपनी विकास योजनाओं पर कार्य करने के लिए मजदूर लगाती है तो उसे इनके लिए वित्तीय व्यवस्था भी करनी चाहिए और यह वित्तीय व्यवस्था मजदूरों को न्यूनतम मजदूरी का भुगतान करने के लिए पर्याप्त होनी चाहिए। सार्वजनिक निर्माण विभाग ने ऐसा न करके बड़ा ही घृणित भेदभाव किया है। मदनगंज-हरमाड़ा सड़क निर्माण मजदूर, न्यूनतम मजदूरी की दर रुपए सात के भुगतान के हकदार हैं। श्रम कानूनों में छूट के राजस्थान राज्य के 1964 के नियम के आधार पर उनकी मजदूरी

में कटौती नहीं की जा सकती। क्योंकि धारा 23 के नियम एस-3 का उल्लंघन संविधान की धारा चौदह का उल्लंघन है और यह अमान्य है। (सुप्रीम कोर्ट जजमेन्ट)

फैसले के बाद

नौरती ने बताया कि *"फैसले के बाद काफी समय तक गाँव में कोई सरकारी काम नहीं आया। फिर एस.डी.ओ. बंगले पर धरना दिया तो 6 महीने का काम लुगाई लेकर आई। हम 30-40 लुगाई थीं। गाँव के मेम्बर झालीवाल और बनिया, गूजरों की औरतें भी थीं। रात में हम सब की रोटी साथ ही बनती थी। मुझे रोटी बनाने को कहा। मैं तो एस.सी. की थी। मैंने कहा गूजरों की प्रेम बनाएगी। वे बोलीं यहाँ छुआछूत नहीं चलेगी। छुआछूत से संगठन नहीं चलता। तब हम सबने मिलकर रोटी बनाई और गाँव में छुआछूत तोड़ दी। बाद में बिना मेट के दो सौ आदमी का काम मैंने सम्हाला।*

केस के फैसले के बाद छह महीने में हमें पैसे चुकाए गए। पुराने कैम्पस की मीटिंग में हम सब आए। 200 औरतें थीं। मैं बोली तो उन्हें लगा यह तो मजबूत औरत है। मुझे सेन्टर में काम करने को कहा। घर जाकर खूब बात करी। पहले मैं यहाँ आने से डरती थी। केस करने के दो-तीन महीने बाद मैंने हामी भरी। मुझे 6 महीने की ट्रेनिंग में जोड़ा। औरतों के हक, शोषण, मजदूरी और स्वास्थ्य की बात बताई। पढ़ाई भी की। तब मैं गर्भवती थी। बैठने में बड़ा जोर आता था।

धीरे-धीरे लोग साथ देने लग गए। मेरे पर भरोसा बढ़ा। आसपास के गाँवों में समूह बनाने का काम हमें दिया गया। गाँव की हम तीनों बीलां, माँगी, नौरती तब यह काम करती थीं। गाँव की औरतों की समस्या सुनतीं। आठ आने से सवा या डेढ़ रुपए तक की दवाई देती थीं। पहले घर-घर जाकर बात करी फिर एक साथ बुलाकर बातें शुरू कीं। एक-दो महीने ऐसे ही चला। धीरे-धीरे हमारे समूह बनते गए। पहले ग्यारह, फिर बाइस, फिर बयालीस अब डेढ़ सौ महिला समूह हैं। शुरू में इन समूहों में हम औरतों से मजूरी की बात करते। गाँव-गाँव में हुई मजदूरी की कहानी सुनते और लिखते।"

फैसले का असर

इसके बाद कई सालों तक न्यूनतम मजदूरी से जुड़े मुद्दों को लेकर खूब काम हुआ। न्यूनतम मजदूरी क्यों नहीं मिल पाती। और कैसे मिल सकती है न्यूनतम मजदूरी। काम की नापजोख कैसे होती है। मजदूरी और नापजोख के नियम क्या हैं। मजदूरी पूरी न मिले तो क्या करें, किससे शिकायत करें। फैमिन में किसका नाम पहले माँडें और किसका बाद में। मेट का क्या काम है। मस्टररोल में हाजरी कैसे भरते हैं। कौन-सी मिट्टी कितनी खुदवानी है इसका क्या नियम है। महिला मेट बनाना क्यों जरूरी है आदि

अनेक विषयों पर जमकर काम हुआ।

उच्चतम न्यायालय के इस फैसले का एक फायदा यह हुआ कि राजस्थान के कई इलाकों में न्यूनतम मजदूरी का मुद्दा बड़े जोर-शोर से उठने लगा। इन्हीं दिनों महिला विकास कार्यक्रम काफी जोर-शोर से शुरू हुआ था। इस कार्यक्रम के प्रशिक्षणों में अरुणा और केन्द्र के अन्य साथियों का काफी हाथ रहा था। इसीलिए यहाँ भी न्यूनतम मजदूरी का मुद्दा खूब जोर से उठा।

शुरुआत एक अभियान की

लेकिन यह मुद्दा यहीं तक सीमित नहीं रहा। कई अन्य संस्थाएँ और समूह भी अब न्यूनतम मजदूरी के विविध आयामों पर काम कर रहे थे। इन्हीं में एक महत्त्वपूर्ण हस्तक्षेप था : महिला विकास कार्यक्रम। महिला विकास कार्यक्रम के जरिए अकाल से जुड़े अन्य मुद्दों को लेकर भी महिलाओं में जागरूकता पैदा हो रही थी। कालान्तर में ये सब मिले जुले प्रयास भ्रष्टाचार के खिलाफ लड़ाई और फिर सूचना के अधिकार की लड़ाई में तब्दील हो गए। सबसे पहले अकाल संहिता को सरल भाषा में लिखकर साथिनों तक पहुँचाया गया।

अकाल राहत कार्यों को समझने के लिए जगह-जगह शिविर आयोजित किए गए तो तहलका ही मच गया। ऐसा ही एक शिविर अजमेर जिले में महिला विकास कार्यकर्ताओं के लिए आयोजित किया गया। इस शिविर से पूर्व कुछ तैयारियाँ भी की गईं।

प्रचेताओं का प्रयत्न था कि जो अकाल राहत कार्य साथिनों की ग्राम पंचायतों में चल रहे हैं, उनकी सब जानकारियाँ सम्बन्धित पंचायत समिति से एकत्रित करें। कितनी रकम कार्य हेतु स्वीकृत हुई, कितने मजदूर रखने हैं, किस प्रकार का और क्या काम है, रुकावटें क्या हो सकती हैं। पंचायत समिति के कार्यालय का सहयोग न मिलने पर कई जगह हम असफल भी रहे।

प्रोजेक्ट डाइरेक्टर व इदारा विशेषज्ञ की यह कोशिश थी कि अकाल राहत कार्य के नियमों के बारे में जानकारी व सूचना विकास विभाग से इकट्ठी करें। उनकी यह कोशिश भी थी कि राज्य गजट अधिसूचना द्वारा घोषित अकाल राहत कार्यों की सालभर की तस्वीर बना लें। प्रोजेक्ट निदेशक व स्वयंसेवी कार्यकर्ताओं ने विशेषज्ञों की पहचान की। जिन्होंने शिविर में सामाजिक कार्य व अनुसन्धान केन्द्र तिलोनिया से जानकारी के रूप में सहयोग देने की स्वीकृति दी, वे थे–

- महिला कार्यक्रमों की संयोजक जिनका मजदूरी के मुद्दे पर काम का लम्बा अनुभव हो।
- भू वैज्ञानिक जो मिट्टी के नमूनों की पहचान कर सके, जिस पहचान पर अकाल में मजदूरी की दर तय होती है।

एक वकील को आमंत्रित किया गया जो इन कार्यों से सम्बन्धित उपयुक्त श्रम कानून को समझाने में मदद कर सके।

शिविर से उठी लहरें

अजमेर जिले से प्राप्त यह उद्धरण शिविर का प्रभाव दर्शाता है :

गाँव लौटने पर प्रत्येक साथिन ने अकाल राहत कार्य की जानकारियाँ सम्बन्धित औरतों को दी। इस चर्चा का अनुवर्तन कई कामों से अलग-अलग गाँवों में किया। औरतें एकजुट हो गईं और अनियमितताओं के विरोध में, गरीब औरतों के चयन में व 11 रुपए अथवा सममूल्य के 7 किलो 300 ग्राम गेहूँ प्राप्त करने में सफल हुईं। दिन में कितने घंटे व कितना कार्य करना है, इस पर समझौता किया।

इनको और कई दूसरे कार्यों को प्रचेताओं, परियोजना निदेशक और इदारा ने निरन्तर समर्थन दिया। साथिनों और प्रचेताओं के साथ इदारा और डी.डब्लू.डी.ए. ने अनुवर्ती मीटिंग और कार्यशालाएँ आयोजित कीं। अपने कार्यों पर मनन चिन्तन करने के, और जानकारी लेने के व भविष्य की योजनाएँ बनाने के कई अवसर थे। शिविर के 10 माह पश्चात् जब खरीफ ने जवाब दे दिया और चारा तक उपलब्ध न था, तब साथिन और कई औरतें गिरदावर और सरपंच से मिलीं, यह ज्ञात करने हेतु कि क्या उन्होंने सरकार को अपनी रिपोर्ट में अकाल की सही स्थिति बताई है या नहीं। साथिनों को पता था कि गिरदावरी रिपोर्ट, सरकार से अकाल के दौरान किसी भी तरह की सहायता पाने के लिए एक निर्णयात्मक रिपोर्ट होती है।

अकाल राहत काम पर नसबन्दी का दबाव

अकाल राहत कार्यों के माध्यम से जब परिवार नियोजन का दबाव डाला गया तो कार्यक्रम में इसका जमकर विरोध हुआ।

पीसांगन पंचायत समिति के कालेसरा में एक साथिन ग्यारसी है जिसने गरीब व निचली जाति की औरतों का विश्वास जीत लिया। ये औरतें अकाल कार्य में मेट के बहुत ही पक्षपाती रवैये की शिकार थीं। जो भी प्रसन्न करने का प्रयत्न करती उसका वह पक्ष लेता। उन पर दबाव डालता कि जो नसबन्दी का ऑपरेशन नहीं कराएँगी उसका नाम मजदूरी की सूची से हटा देगा, क्योंकि उसे नसबन्दी का लक्ष्य पूर्ण करना था। उसने ग्यारह नाम सूची में से हटा दिए थे जिसमें एक 18 वर्षीया एवं दूसरी 20 वर्षीया निःसन्तान औरतें भी शामिल थीं क्योंकि उनको ऑपरेशन करवाना मंजूर नहीं था। साथिन द्वारा कुछ वरिष्ठ अधिकारियों के माध्यम से हस्तक्षेप किया गया तो कालेसरा, बुधवाड़ा और सरसरी गाँवों के जिन मजदूरों के नाम मास्टररोल की सूची में से हटाए गए थे पुनः शामिल किए गए। इसके पीछे विचार यह था कि जो महिला

विकास कार्यक्रम औरतों की मदद के लिए बनाया गया है कहीं उसी कार्यक्रम के तहत उन पर जबरदस्ती न होने लगे। बाद में ग्यारसी को पता चला कि तीन अन्य औरतें ऑपरेशन के लिए तैयार थीं। इन तीनों को ऑपरेशन में सहायता दी गई। दूसरी सभी औरतों ने उनके अकाल राहत कार्यों के तहत नौकरी को बचाए रखने के लिए उनके हिस्से का काम भी किया ताकि ऑपरेशन के बाद उनको तुरन्त भारी, थकानेवाला काम न करना पड़े।

बाद में यह समान समझ उभरकर सामने आई कि विरोध तो जबरदस्ती और दबाव का था, ऑपरेशन की अवधारणा का नहीं। (रिपोर्ट जिला अजमेर, अक्टूबर 1986)

अनेक जिलों में स्वैच्छिक संस्थाओं द्वारा अकाल राहत को लेकर किए गए काम के चलते गाँव-गाँव में सशक्त महिला/ग्रामीण समूह बने और इन समूहों के माध्यम से अकाल राहत काम और न्यूनतम मजदूरी के मुद्दे बेहतर तरीके से उठाए गए। एक अन्य महत्त्वपूर्ण काम जो हुआ वह था अकाल राहत कार्यों पर महिला मेट की नियुक्ति। अकाल राहत कामों पर कार्यरत महिला मजदूरों के सशक्तिकरण की दिशा में यह एक महत्त्वपूर्ण कदम था।

शुरुआत मजदूर किसान शक्ति संगठन की

इन्हीं दिनों राजसमन्द जिले में मजदूर किसान शक्ति संगठन बनने की प्रक्रिया भी शुरू हो गई थी। अरुणा रॉय, निखिल डे और शंकर सिंह ने भीम तहसील के देवडूँगरी गाँव को अपनी गतिविधियों का केन्द्र बना लिया था। इस इलाके में संगठन के माध्यम से जमीन, मजदूरी और भ्रष्टाचार से जुड़े मुद्दे उठाए जाने लगे थे। साथ ही इन मुद्दों से जुड़ी मान्यताओं को चुनौती दी जाने लगी थी।

मजदूर किसान शक्ति संगठन में महिला मजदूर भी अत्यन्त महत्त्वपूर्ण भूमिका निभा रही थीं। महिला मजदूरों की स्थिति पर उनका स्पष्ट सोच भी था। उन्हें यह बखूबी समझ में आ चुका था कि सभी समाजों में औरतें सबसे अधिक शोषित हैं। एक गरीब समाज में अपनी गरीबी व लिंग दोनों के कारण वे पक्षपात का शिकार होती हैं। लेकिन उन्हें यह अहसास भी था कि कुछ मायनों में काम की आवश्यकता के कारण मध्यम वर्ग की औरतों की तुलना में इन औरतों में अधिक स्वतन्त्रता है। पिछले कुछ वर्षों में अन्तर यह हुआ है कि महिला मजदूरों की पहचान समाज के सर्वाधिक शोषित वर्ग के रूप में की जाने लगी है। पुरुष के साथ भूख और सामन्तवादी अत्याचार जैसे मसलों पर जिनमें आदमी और औरत दोनों ही प्रभावित होते हैं, औरतों ने शोषण के विरुद्ध आवाज बुलन्द करके अपनी पहचान बनाई।

सार्वजनिक भूमि पर सामूहिक अधिकार का मुद्दा जो सोहनगढ़ की औरतों ने उठाया था वह भी औरतों की बहादुरी से सम्बन्धित है। मजदूरी करनेवाली महिलाओं के जीवन में सार्वजनिक मामलों के सम्बन्ध में ईंधन व चारा सबसे महत्त्वपूर्ण मुद्दे हैं।

सोहनगढ़ की महिलाओं ने एक ग्रामीण संगठन खड़ा किया और वे जागीरदार के विरुद्ध अपने जमीन के अधिकार के लिए लड़ीं। उन्होंने निडरता से जागीरदार की हिंसात्मक व दमनकारी कार्रवाई का सामना किया। वास्तव में ये औरतें, पुरुषों से बहुत कम तनाव में थी। संघर्ष के चार वर्ष पश्चात् आज वे 25 हेक्टेयर भूमि का नियन्त्रण करती हैं और वहाँ एक छोटा सा जंगल लगा लिया है। उन्होंने भूमि के सामूहिक प्रबन्धन की विधियाँ भी विकसित कर ली हैं। इस सारे प्रकरण का रोचक पहलू यह था कि पुरुषों ने, विशेषतौर पर बुजुर्गों ने, औरत की पहचान को आर्थिक और राजनैतिक अधिकारों की लड़ाई की एक आवश्यक पूर्वापेक्षा समझकर बढ़ावा दिया।

सोहनगढ़ के अनुभव को जंगल व भूमि के अधिकारों की लड़ाई समझा जा सकता है परन्तु निस्सन्देह औरतें इसे अपना ही मुद्दा समझती हैं।

कुछ महत्त्वपूर्ण संघर्ष

इस दौरान किए गए कुछ महत्त्वपूर्ण संघर्षों का सिलसिलेवार विवरण कुछ इस प्रकार है–

1. राजसमन्द जिले के सोहनगढ़ गाँव में महिला समिति के माध्यम से बेनामी बीड़ की जमीन के आवंटन को लेकर सोहनगढ़ के जागीरदार हरिसिंह के खिलाफ संघर्ष। महिलाओं के नाम 25 हेक्टेयर जमीन का आवंटन। हरिसिंह ने आतंक की कार्रवाई जारी रखी। वह गिरफ्तार भी हुआ। 1990 में नेशनल वेस्ट लैण्ड बोर्ड की परियोजना इसी भूमि पर चलाई गई।
2. न्यूनतम मजदूरी के सवाल पर दिसम्बर 1987 में तत्कालीन उदयपुर जिले की बरार पंचायत में 140 लोगों ने मिलकर एक प्रयोग किया। डाडी रपट पर अपनी अलग टोली बनाकर काम किया। सबने मिलकर इतनी मिट्टी खोदी कि वह काम लोगों के बीच में भू आरा या गुफा कहा जाने लगा लेकिन इस टोली को अन्य टोलियों से भी कम मजदूरी का भुगतान हुआ। उन दिनों न्यूनतम मजदूरी की दर थी ग्यारह रुपए। मजदूरी का भुगतान हुआ छह रुपए की दर से। ये मार्च 88 की बात है। कुछ मजदूरों ने इस पर कम मजदूरी लेने से मना कर दिया।
3. 12 गाँवों का सर्वेक्षण अध्ययन (राजसमन्द जिले की भीम और देवगढ़ तहसील के 10 गाँव, भीलवाड़ा जिले की माँडल पंचायत समिति और अजमेर जिले की ब्यावर पंचायत समिति का एक गाँव) ताकि उन गाँवों के लोगों की अनाज उत्पादन, रोजगार, जमीन के बँटवारे, साक्षरता, कर्ज और गरीबी के सन्दर्भ में क्या स्थिति है, गाँवों में अनुसूचित जाति की कितनी आबादी है आदि का पता लगाया जा सके।

4. अध्ययन के निष्कर्ष सरकारी अधिकारियों के साथ बाँटने के लिए अप्रैल 1989 में स्थानीय एवं जिला प्रशासनिक अधिकारियों, फैमिन कमिश्नर, राजस्थान सरकार तथा भारत सरकार के संयुक्त सचिव (राहत) के साथ एक बैठक आयोजित हुई। इस बैठक में भारत सरकार के संयुक्त सचिव ने कहा कि न्यूनतम मजदूरी का भुगतान राजस्थान सरकार को करना चाहिए क्योंकि इसी दर से उन्हें केन्द्र द्वारा आर्थिक सहायता दी जाती है। राजस्थान सरकार के फैमिन कमिश्नर ने डाडी रपट कार्यस्थल का मुआयना किया और स्वीकार किया कि इस बारे में मजदूरों की माँग सही है। उन्हें न्यूनतम मजदूरी का भुगतान होना चाहिए।
5. जून 1989 में काम का भुगतान तो दुबारा हुआ लेकिन सिंचाई विभाग के कड़े विरोध के चलते नौ रुपए की दर से ही चुकारा किया गया।
6. वर्ष 1990 में मजदूर किसान शक्ति संगठन का औपचारिक रूप से गठन हुआ।
7. पहली भूख हड़ताल 15 मई 1990 से जवाहर रोजगार योजना के तहत अकाल राहत कार्य शुरू हुए। 28 जून 1990 को पहले चुकारे के समय करीब 300 मजदरूों ने चुकारा लेने से मना कर दिया। उस समय तक न्यूनतम मजदूरी की दर बढ़कर चौदह रुपए हो गई थी। कम चुकारे के विरोध में एस.डी.ओ. से मिलने गए। उन्होंने इस सन्दर्भ में अपनी असमर्थता जताई। जुलाई दस को 175 महिलाओं समेत 300 लोगों ने भीम तहसील में 24 घंटे का धरना लगाया। एस.डी.ओ. ने एक सप्ताह का समय माँगा।

   25 जुलाई से 12 लोगों ने भूख हड़ताल शुरू की। इनमें 3 महिलाएँ थीं। भीम कस्बे के प्रमुख नागरिकों से धरने को व्यापक समर्थन मिला। न्यूनतम मजदूरी का भुगतान न किए जाने पर उन्होंने भीम बन्द करने की धमकी भी दी। 30 जुलाई को कलैक्टर भीम तहसील आकर मजदूरों के प्रतिनिधियों से मिले। ये धरने का छठा दिन था। उनके साथ समझौता हुआ। भूख हड़ताल समाप्त की गई। 10 अगस्त को भुगतान हुआ किन्तु समझौते का उल्लंघन करते हुए मजदूरी की दर में बढ़ोतरी नहीं हुई। मजदूरों ने विरोध दर्ज करते हुए भुगतान लिया।
8. अक्टूबर 2000 में राजस्थान भर से तीन हजार मजदूर भीम आए। उनकी माँग थी कि सरकार न्यूनतम मजदूरी की दर से भुगतान करने की व्यवस्था करे। सरकार या तो कार्य का समय निर्धारित करे या फिर कार्य की माप (टास्क) तय करे।
9. नवम्बर 90 में जयपुर में विकास अध्ययन संस्थान में नीति निर्धारकों, वरिष्ठ सरकारी अधिकारियों, स्वैच्छिक संस्थाओं के प्रतिनिधियों, कानूनी व विषय विशेषज्ञों के साथ इस समस्या के समाधान हेतु एक संवाद आयोजित हुआ। बैठक में इस पर सहमति हुई कि सभी सरकारी कार्यों तथा अकाल राहत कार्यों

पर भी न्यूनतम मजदूरी का भुगतान किया जाए। कार्य अवधि के आधार पर मजदूरी का भुगतान हो। इसके बाद जनवरी 1991 में यद्यपि राज्य सरकार ने जे.आर.वाई. कार्यों के सन्दर्भ में कुछ नियम जारी किए किन्तु ये सब बेअसर रहे।

10. दूसरी भूख हड़ताल : 25 दिसम्बर 1990 से बरार ग्राम पंचायत में 13 स्थानों पर जे.आर.वाई. के तहत काम शुरू हुए। 26 दिसम्बर को मजदूरों ने सम्बन्धित अधिकारियों से शिकायत की कि मजदूरों को न तो काम दिया गया है, न ही उनके द्वारा किए जा रहे काम की कोई माप हो रही है। 15 जनवरी 91 को ये तेरहों काम बन्द हो गए। तेईस जनवरी 1991 को बरार ग्राम पंचायत में निर्णय लिया गया कि मजदूरों को जे.आर.वाई. में ग्यारह रुपए की दर से भुगतान किया जाए। पंचायत के एक सदस्य ने इस निर्णय पर अपनी लिखित असहमति दर्ज की। तीन फरवरी 1991 को 12 मजदूरों ने ग्यारह रुपए की दर से भुगतान लेने से मना कर दिया। इन मजदूरों में 8 महिला और चार पुरुष मजदूर थे। पंचायत के फैसले के खिलाफ एक अर्जी एस.डी.एम. को दी गई। एस.डी.एम. ने सात दिन की मोहलत माँगी किन्तु कोई कार्रवाई नहीं की। ग्यारह फरवरी 1991 को बरार गाँव में 300 मजदूरों ने रैली निकालकर विरोध प्रदर्शन किया। मजदूर न्यूनतम मजदूरी की दर बाईस रुपए के हिसाब से मजदूरी माँग रहे थे। उनकी माँग थी कि जे.आर.वाई. कार्यों की विस्तृत जाँच की जाए। एस.डी.एम. ने मजदूरों से मिलकर 28 फरवरी से पहले निर्णय लेने का भरोसा दिलाया। अप्रैल 91 में एस.डी.एम. ने जाँच शुरू की लेकिन सरपंच ने सहयोग नहीं दिया। दस अप्रैल से नए जिले राजसमन्द का गठन हो गया था। 15 अप्रैल से मजदूरों ने व्यापक जनसम्पर्क शुरू किया। 29 अप्रैल को भीम तहसील के बाहर धरना हुआ। इससे पूर्व 28 अप्रैल को कलेक्टर राजसमन्द से मिलकर उन्हें 24 घंटे का नोटिस दिया गया। धरने में 2 मई से अनिश्चितकालीन भूख हड़ताल का निर्णय हुआ। 30 अप्रैल को एस.डी.एम. ने अपनी जाँच रिपोर्ट कलेक्टर को सौंपी।

एक मई को मजदूर दिवस के दिन राज्यभर से बारह सौ मजदूर इस संघर्ष को अपना समर्थन देने आए। तय हुआ कि तीन मई से वे भी अपने प्रखंड स्तर पर धरना देंगे। कलैक्टर ने अनुरोध किया कि मजदूर अपना निर्णय बदल दें। कलैक्टर के अनुरोध और अधिकारियों द्वारा कुछ किए जाने के प्रयास का सम्मान करते हुए भूख हड़ताल 4 मई तक के लिए स्थगित की गई। चार मई को आमरण अनशन शुरू हो गया।

4 मई — 4 मई को आमरण अनशन आरम्भ हुआ। पाँच जिलों राजसमन्द, अजमेर, पाली, बारां और भीलवाड़ा के प्रतिनिधि अनशन पर बैठे। इसमें दो महिलाएँ थीं। दो अनशनकारी 60 वर्ष से अधिक थे।

चार मई को ही जयपुर में गवर्नर से मिलकर उन्हें स्थिति की जानकारी दी गई।

5 मई – ग्रामीण विकास विभाग नई दिल्ली से केन्द्रीय अध्ययन टोली स्थिति का जायजा लेने आई। मुख्य सचिव को ज्ञापन दिया गया।

6 मई – चुनाव प्रचार के लिए भीम आए मुख्यमन्त्री को ज्ञापन दिया गया। वे अनशनकारियों से मिलने आए। उन्होंने उपखंड अधिकारी से तहसील की जानकारी ली।

– निकटवर्ती जिलों में पचांयत समिति, तहसील मुख्यालयों पर रोजगार योजनाओं में हो रही अनियमितताओं की ओर प्रशासनिक योजनाओं का ध्यान दिलाने के लिए प्रदर्शन हुए और न्यूनतम मजदूरी की माँग की गई।

– जयपुर में विशिष्ट सचिव, ग्रामीण विकास विभाग से मुलाकात की गई। उन्होंने इस छोटी सी घटना को व्यापक नीति का सवाल बताया। उनका कहना था कि एक बार भुगतान करने पर सब मजदूरों को न्यूनतम मजदूरी का भुगतान करना पड़ेगा। इस वास्ते राज्य को 1 करोड़ की अतिरिक्त धनराशि की आवश्यकता होगी। उनका कहना था इस सम्बन्ध में निर्णय लेने में मंत्रिमंडल ही सक्षम है।

– जयपुर में ही विविध स्वैच्छिक संस्थाओं को पत्र द्वारा इस घटना की जानकारी देकर सहयोग की अपील की गई।

– दिल्ली में सचिव ग्रामीण विकास विभाग द्वारा राज्य ग्रामीण विकास के सचिव को न्यूनतम मजदूरी के भुगतान के निर्देश दिए गए।

7 मई – उपखंड अधिकारी द्वारा संगठन को सूचना दी गई कि समाधान अब जयपुर स्तर पर ही होगा। बात तहसील जिला स्तर से आगे निकल गई है। इसमें समय लगेगा।

– ग्रामीण विकास विभाग द्वारा राज्य सरकार को न्यूनतम मजदूरी का भुगतान करने के निर्देश। 12 मजदूरों के सवाल पर 22 रुपए भुगतान का भी निर्देश। राज्य सरकार द्वारा क्रियान्वयन में, असमर्थता जाहिर करते हुए कुछ और समय माँगा गया। इस पर केन्द्रीय विभाग ने जवाहर रोजगार योजना का बजट (100 करोड़) रोकने की अपनी मंशा बताई।

– सात मई की आधी रात में सोते हुए अनशनकारियों और धरने पर बैठे 50 लोगों को हथियारों से लैस 150 पुलिसकर्मियों ने घेर लिया। वे अनशनकारियों को मेडिकल जाँच के बहाने तहसील मुख्यालय ले जाना चाहते थे। संगठन के कार्यकर्ताओं ने उनकी

इस चाल को भाँप लिया। उन्होंने कहा रात में छुपकर इतने पुलिस फोर्स के साथ मेडिकल करवाने आने की क्या जरूरत थी। वह तो सुबह भी हो सकता था। आप दरअसल हमें धमकी दे रहे हैं। हम इस धोखे और अन्यायपूर्ण तरीके का विरोध करते हैं। आप हमसे निवेदन ही करना चाहते हैं तो पुलिस फोर्स को पीछे हटाइए। उपखंड अधिकारी और डी.एस.पी. हमारे बीच आकर बैठें। तब ही कोई बात हो सकती है। दोनों अधिकारी, लोगों के बीच बैठकर बात करने का साहस नहीं जुटा पाए। ना ही पुलिस फोर्स को पीछे भेजा। अनशनकारियों ने माइक के द्वारा आसपास के लोगों को बुलाने का प्रयास किया तो माइक तोड़ डाला। ढोल बजाया तो ढोल फोड़ डाला। बल्ब में लात मारकर लाइट गुल कर दी। सब अनशनकारी और धरने पर बैठे लोग एक-दूसरे को पकड़ कर बैठ गए थे। पुलिसकर्मी ने किसी को लाठी से मारा। किसी के कपड़े फाड़ दिए। औरतों की लूगड़ी खींची। चूड़ी तोड़ी। मेडिकल एड के नाम पर उन बूढ़ी औरतों और आदमियों को, जो पाँच दिन से भूखे थे, टाँग पकड़कर खींचते हुए ले गए। एक अनशनकारी को नीचे बैठाकर उस पर पाँच, छह पुलिसकर्मी पाँव रखकर बैठ गए। कई लोगों ने रात में ही जाकर अलग-अलग लोगों को सूचना देने की जिम्मेदारी ली। रात में ही भीम कस्बे के कुछ लोग हादसे की जानकारी लेने आए।

8 मई – संगठन के चार अन्य लोगों ने प्रशासन और पुलिस द्वारा की गई इस धोखे और अन्यायपूर्ण कार्रवाई के विरोध में 48 घंटे का उपवास शुरू किया। गाँव से सैकड़ों लोगों ने आकर धरने पर बैठे लोगों को अपना सहयोग और समर्थन दोहराया। भीम कस्बे के लोगों ने आकर रात की घटना की जानकारी ली। सभी ने दोपहर में आयोजित सभा में इस कार्रवाई की निन्दा की। सब जानते थे कि आन्दोलन पूर्णतः अहिंसक था। उन्हें बताया गया कि कानूनी कार्यवाही पूरी करने के लिए प्रशासन मात्र दो महिला पुलिसकर्मियों को लाया था। वे मूक दर्शक बनीं दूर से ही सब कुछ देखती रहीं। पुरुष पुलिसकर्मी औरतों को खींचकर ले जाते रहे। औरतों के साथ हुए इस अभद्र व्यवहार ने उन्हें खासतौर से उद्वेलित किया। इसी दिन शाम को कस्बे में मौन जुलूस निकाला गया।

घटना – जोधपुर हाईकोर्ट के दो वकीलों ने संगठन से सम्पर्क किया। उन्हें राय व मार्गदर्शन दिया।

– स्थानीय भाजपा ने एक पर्चा निकालकर आन्दोलन को अपना

समर्थन दिया और स्वीकार किया कि 12 मजदूरों के साथ अन्याय हुआ है।

– पुलिस द्वारा ले जाए गए अनशनकारी व अन्य देर रात वापस धरना स्थल पर लौटे। उन्होंने बताया कि अनशन करनेवालों पर आत्महत्या के प्रयास का केस (धारा 309) दर्ज किया गया है। वे जमानत देने पर छोड़े गए हैं।

9 मई – केन्द्र और राज्य में मतभेद का पता चलता रहा। न्यूनतम मजदूरी न दिए जाने पर केन्द्र ने जवाहर रोजगार योजना के राजस्थान सरकार के बजट को रोक लेने के अपने निर्णय से अवगत करवा दिया।

– उदयपुर से जनता दल और वामपंथी दलों के प्रतिनिधियों ने आकर अपना समर्थन व्यक्त किया और उपवास खत्म करने का अनुरोध किया।

– भीम की जनता के नाम एक अपील छापकर बाँटी गई जिसमें उन्हें पुलिस कार्रवाई की जानकारी दी गई थी और सहयोग की माँग की गई थी।

– संगठन ने निर्णय लिया कि जब तक माँग पूरी न हो धरना जारी रहेगा। साथ ही 13 मई तक का कार्यक्रम निर्धारित किया।

10 मई – 48 घंटे का उपवास खत्म हुआ। स्थानीय प्रशासन द्वारा समझौते के प्रयास शुरू हुए। भीम पंचायत के आडी काकर गाँव में 22 रुपए का चुकारा किया गया। जवाहर रोजगार योजना के तहत हुए इस कार्य का चुकारा पिछले तीन माह से रुका हुआ था। धरने के दौरान ही इस मुद्दे पर भी चुकारे की माँग की गई थी।

– सभी 12 मजदूरों को उपखंड अधिकारी द्वारा न्यूनतम मजदूरी 22 रुपए की दर से चुकारे की बात स्वीकार की गई। मौके पर उपलब्ध 8 लोगों को अधिकारी ने स्वयं 22 रुपए के हिसाब से चुकारा किया।

– भीम कस्बे में जुलूस निकालकर धरने की सफलता की सूचना दी गई। नागरिकों द्वारा दिए समर्थन के लिए उनका आभार व्यक्त किया गया।

सूचना का अधिकार आन्दोलन

सामाजिक अंकेक्षण, रोजगार गारंटी अधिनियम और सूचना के अधिकार की माँग भीम में हुए मजदूर आन्दोलन से ही जन्मी। सूचना के अधिकार के लिए राष्ट्रीय स्तर पर संघर्ष शुरू हुआ। एक लम्बी लड़ाई, धरनों, विरोध प्रदर्शन, निरन्तर संवाद की प्रक्रिया

के तहत सूचना वितरण के लिए जन सुनवाइयों के प्रभावी तरीके का प्रयोग काफी सफल रहा। जन सुनवाइयों में सार्वजनिक रूप से सरकारी विकास कार्यों की पोल खुलने लगी। लाखों के घोटाले पकड़े गए। गरीबों को स्पष्ट रूप से समझ आया कि आखिर उनके नाम पर आया मजदूरी का पैसा, ग्रामीण विकास का पैसा, कौन और कैसे खा लेता है। सरपंचों, ग्राम सेवकों ने संगठित होकर सूचनाएँ दिए जाने का विरोध किया। विकास कार्यों पर हुए खर्च, बिल, वाउचरों की सूचना देने से इंकार कर दिया लेकिन राज्य में अन्ततः सूचना के अधिकार का कानून बन गया।

कानून बनने के बाद भी संघर्ष खत्म नहीं हुआ। राजसमन्द जिले की जनावद पंचायत में पंचायत से सूचना लेने में एक वर्ष का समय लगा। बाद में सरकारी जाँच हुई। बन्नालाल कमेटी रिपोर्ट का क्रियान्वयन किया गया। दोषी लोगों के खिलाफ पहली बार कार्रवाई हुई।

समस्याएँ अब भी खत्म नहीं हुई हैं। अब तक तमाम जगहों पर स्थानीय स्तर पर ग्रामीणों को सरपंचों और स्थानीय सरकारी कर्मचारियों के विरोध का सामना करना पड़ रहा है। किन्तु कानून का बनाया जाना ही अपने आप में एक बड़ी उपलब्धि है। इस कानून के प्रति राज्य स्तरीय अधिकारियों और जनप्रतिनिधियों की प्रतिबद्धता है। वे अपनी तरफ़ से इस कानून को लागू करने के कुछ प्रयास भी कर रहे हैं। मजदूर किसान शक्ति संगठन द्वारा अपनाई गई जनसुनवाइयों की विधा को राज्य सरकार द्वारा अपनाया जाना भी एक सफलता है मजदूर-आन्दोलन की। इनके माध्यम से सामाजिक अंकेक्षण का कार्य करने का प्रयास इस दिशा में राज्य सरकार द्वारा उठाया गया एक सराहनीय कदम है।

अरुणा रॉय और उनके साथियों को उनके इस महत्त्वपूर्ण लम्बे संघर्ष और उपलब्धियों के लिए बहु प्रतिष्ठित रैमन मैगसेसे पुरस्कार वर्ष 2000 में दिया गया है। यह राजस्थान के मजदूर आन्दोलन की एक बड़ी जीत है।

बड़ी मुश्किल से माँग पूरी हुई

रुकमा दाई माँ मजदूर किसान शक्ति संगठन की एक सदस्य है। लम्बे समय से महिला समूह निर्माण प्रक्रिया से भी जुड़ी रही है। उम्र होगी साठ-पैंसठ साल। उसने भी अकाल संघर्ष में प्रभावी भूमिका निभाई थी। अजमेर जिले के पिगून गाँव की रुकमा दाई ने अपने संघर्ष की बात इस तरह सुनाई : अकाल के समय में पंचायत की तरफ से बहुत महिलाओं ने काम किया था, जिसका रुपया नहीं मिला था। इस कारण हम सभी औरतें भीम गए थे कि सभी महिलाओं को मजदूरी मिलनी चाहिए। रिकॉर्ड भी निकाला गया तो उसमें काफी घोटाला निकला। महिलाएँ जो मजदूरी पर थीं उन्हें भी नहीं पता था कि उनके नाम पर इतना रुपया उठा है। जब सबने देखा तो कहा कि अब तो पूरा रुपया देना ही होगा। मैं मजदूर किसान संगठन की सदस्या भी हूँ। बहुत कहने पर भी

वहाँ रुपए महिलाओं को नहीं मिले। फिर हम सभी 6 जिलों के लोग कोटा, बाराँ, राजसमन्द, जयपुर पाली, उदयपुर सभी जिलों की महिलाएँ एवं कुछ पुरुष 11 दिनों की भूख हड़ताल पर तहसील के सामने बैठे रहे। सभी की हालत ऐसी हो गई कि अब हम मर जाएँगे। सरकार की तरफ से कभी डॉक्टर आते, नींबू-पानी पिलाते, कभी तोलते, तो कभी कोई सहयोग करने आता। पुलिस पूरी रात हमारे पास रहती। सभी कहते कि हम सभी यहीं गेट पर भूखे मरेंगे जब तक कि हमको न्याय नहीं मिलेगा।

अन्त में भैरोसिंह शेखावत आए। अफसरों आदि ने रात को मीटिंग कर यह तय किया कि सभी को अपहरण कर उठा लो। सारे जब सो गए तो कुछ लोग जगते थे। हालत गम्भीर थी। रात में 12 बजे 8-10 गाड़ियाँ आईं और हम सबको उठाया। हम सभी चिल्लाने लगे, ढोल बजाने लगे ताकि लोगों को जगा सकें। फिर पुलिस ने तार-बल्ब सब तोड़ दिए। सभी महिलाएँ कमर पकड़कर इकट्ठा हो गई। कोई हाथ पकड़कर साथ हो गई थीं। फिर भी 6 पुरुष और 1 महिला को पकड़कर नाथद्वारा ले गए। अस्पताल में ग्लूकोज चढ़ाने ले गए। क्योंकि उन्हें डर था कि कहीं हम सभी मर ना जाएँ। लेकिन हम सभी इतना चिल्लाए कि सब देखने लगे। डॉक्टर दवा पिलाने लगा तो हम उसे ठोकने लगे। फिर दूसरे अस्पताल ले गए। 3 हजार लोगों के सामने हम चिल्लाए। इधर फल आदि सब ले आए लेकिन इनमें से किसी ने भी नहीं लिए। अस्पताल में ही हमने बड़ा धरना कर दिया हमने छुपकर शंकर जी के द्वारा सभी जगह फोन करवा दिया। फिर धीरे-धीरे काफी लोग आ गए। बड़े-बड़े अफसर आ गए। सबको लेकर भीम आ गए। तीसरे दिन फिर 700 लोग भूख हड़ताल पर बैठ गए। फिर बहुत मुश्किल से हमारी माँग पूरी हुई।

मैं बहुत सी मीटिंग, ट्रेनिंग, रैली, धरना, भँवरी कांड में, हर जगह गई। जोधपुर में बड़े धरने में भी गए। महिला अत्याचार जहाँ-जहाँ होता था वहाँ हम जाकर सहयोग करते रहे। अब मैं दाई का काम गाँव में कर रही हूँ। महिला समूह को भी सम्भाल रही हूँ। मेरा नाम दाई प्रशिक्षण लेने के बाद से ही रुकमणी से दाई माँ पड़ गया। तिलोनियाँ तक सारे लोग अब दाई माँ ही कहते हैं।

अध्याय—छह

महिला हिंसा के खिलाफ आन्दोलन

(I) घरेलू हिंसा विरोधी अभियान

'तुमसे ही घर घर कहलाया', 'घर की शोभा', 'गृहलक्ष्मी', 'अन्नपूर्णा' जैसे न जाने कितने विशेषणों से औरतों को नवाजा गया, लेकिन मध्यमवर्गीय घरों की चारदीवारी में रहते हुए औरत पर क्या गुजरती रही किसी ने नहीं देखा, न ही उस पर सवाल उठाया। औरत के मुँह पर तो शालीनता और संस्कृति के नाम पर चुप्पी के ताले जड़ दिए गए थे।

घरों, परिवारों, मोहल्लों और पड़ोस में औरतों पर हो रही हिंसा के खौफनाक साये तले बड़ी होती लड़कियाँ आखिर अपने ऊपर हो रही हिंसा की बात कहतीं भी तो किससे ? राजस्थान के घोर राजशाही और सामन्तवादी माहौल में मुट्ठीभर लड़कियाँ और औरतें अपनी शिक्षा, रोजगार या फिर अपने जीवन के निर्णय खुद ले पाई थीं। ये मौके भी सम्भव हुए थे उनकी अपनी दृढ़ इच्छा शक्ति, जिद, या फिर किसी संवेदनशील परिजन या रिश्तेदार के सहयोग से। बाकी तमाम लड़कियों और औरतों के जीवन में अँधेरा ही अँधेरा था। घर-परिवार में हो रही हिंसा के द्वारा उनके शरीर और मन को कुचलने और दबाकर रखने का पूरा प्रयास होता रहा था। उन दिनों व्यक्तिगत रूप से ऐसी तमाम औरतों की बातें पता चलती थीं जिन्हें उनके पति या ससुरालवाले तंग करते थे। महाविद्यालय की प्रधानाध्यापिकाओं, विश्वविद्यालय छात्र परामर्श केन्द्र के पास तमाम लड़कियाँ अपनी फरियाद लेकर आया करती थीं कि अभिभावक उन्हें आगे पढ़ाना नहीं चाहते। उनकी शादी कर देना चाहते हैं।

सत्तर के दशक तक आते-आते राजस्थान में, शहरों में, मध्यम वर्ग की तमाम ऐसी शिक्षित औरतें सार्वजनिक जीवन में आने लगी थीं जो स्वयं किसी न किसी तरह के संघर्ष करके अपने घरों से बाहर आई थीं। उन्हें घर-परिवार में औरतों पर हो रही यह हिंसा स्वीकार नहीं थी। उन्हीं की पहल पर 1980 के दशक से जयपुर में राजस्थान विश्वविद्यालय महिला संस्था (रूवा) और उदयपुर में महिला समिति की सदस्यों ने महिला हिंसा के मामले उठाने शुरू कर दिए थे।

दहेज हत्या के खिलाफ पहला जुलूस

जयपुर में रूवा का सबसे पहला घरेलू हिंसा का केस था आशा रानी हत्याकांड। आशा रानी एक निम्न मध्यमवर्गीय परिवार की बहू थी। 9 अगस्त 1982 की सुबह साढ़े सात बजे के करीब जवाहर नगर निवासी आशा रानी को दहेज के लालच में कैरोसीन डालकर ससुराल पक्ष ने जला दिया। आशा की गोद में एक डेढ़ माह का बच्चा था। डेढ़ साल पहले ही उसकी शादी हुई थी। माँगा गया दहेज न लाने के अपराध में उसे जला दिया गया था। नब्बे प्रतिशत जली हुई हालत में उसे एस.एम.एस. अस्पताल में भर्ती कराया गया। उसी रात, साढ़े आठ बजे उसने दम तोड़ दिया।

मृत्यु से पहले उसका औपचारिक बयान तो नहीं हो पाया किन्तु डॉक्टर के सामने उसने कहा था कि देवर अशोक ने उसे कैरोसीन डालकर जलाया था। आशा का इलाज कर रही डॉक्टर ने आशा का यह मृत्यु पूर्व कथन उसके बैड टिकट पर लिख दिया था।

अखबार में छपी मौत की इस नृशंस खबर को पढ़कर रूवा के कुछ सदस्य बड़े उद्वेलित हुए थे। आपस में इस विषय पर चर्चा की और तय किया कि इस केस के बारे में तथ्यों का पता लगाया जाए। आशा रानी की ससुराल जवाहर नगर में सम्पर्क किया, मौका मुआयना किया और पड़ोसियों से बात की तो पता चला कि केस की जाँच में पुलिस द्वारा काफी कमियाँ छोड़ दी गई हैं। दोषी लोग अब तक गिरफ्तार नहीं हुए हैं। गवाहों के बयान नहीं लिए गए हैं। इसी दौरान आशा की माँ गुलशन रानी ने आकर रूवा से मदद माँगी। रूवा ने न केवल केस पर कार्य करने का निर्णय लिया वरन् उच्चतम न्यायालय तक इस केस की पैरवी हेतु निःशुल्क कानूनी सहायता उपलब्ध करवाई और दोषी को सजा दिलवाई। तय हुआ कि जन चेतना जगाने और पुलिस के रवैये के विरोध में प्रदर्शन किया जाए।

जयपुर की सड़कों पर महिला हिंसा के सवाल पर यह पहला विरोध प्रदर्शन था। लोगों को अचम्भा हो रहा था। राजस्थान विश्वविद्यालय महिला संस्था के नेतृत्व में महाविद्यालय की महिला शिक्षकों, छात्राओं, गृहणियों व मध्यम वर्ग की महिलाओं ने एक रैली निकाली। *लगभग 500 महिलाएँ इसमें शामिल थी। हाथ में बैनर,पोस्टर व नारे लगाते हुए सड़कों पर आकर प्रदर्शन करने जैसा काम पहली बार हुआ था। जुलूस ने थाने पर प्रदर्शन किया। मोहल्ले में घूमे। मृतका के घर पर भी गए। समाचार पत्रों में मुखपृष्ठ पर इसके समाचार छपे। पुलिस की जाँच में छोड़ी गई कमियों को विस्तार से लिखकर पुलिस को ज्ञापन दिया। मुख्यमन्त्री से प्रतिनिधिमंडल मिला।*

इस आन्दोलन का महत्त्व इस कारण है कि मध्यमवर्गीय परिवारों में दहेज व दहेज जनित हत्याओं पर चर्चा हुई। महाविद्यालयों में दहेज को लेकर चर्चाएँ प्रारम्भ हुईं। पुलिस, जाँच व्यवस्था, न्याय व्यवस्था पर चर्चाएँ हुईं मध्यम वर्ग की पढ़ी लिखी महिलाओं का सड़क पर आना, प्रदर्शन करना, नारे लगाना बहुत महत्त्वपूर्ण मुद्दा बना। इसको काफी अहमियत मिली। यहाँ तक कि आरोपियों को बचानेवाले वकीलों ने कोर्ट में दलीलें दीं कि यह हत्या नहीं है। महिला संगठनों ने सड़कों पर प्रदर्शन करके और बार-बार अखबारों में समाचार देकर, न्याय व्यवस्था व न्यायाधीशों को प्रभावित करने

का प्रयास किया है।

आशा रानी केस में रूवा के प्रयासों से देवर अशोक की गिरफ्तारी हुई। आशा के बेटे को आशा की माँ गुलशन को सौंपे जाने की व्यवस्था हुई। अदालत में चालान पेश हुआ तो रूवा की सदस्यों ने चन्दा करके अनुभवी वकील की फीस चुकाई। लेकिन सत्र न्यायालय में इस केस के अपराधी बरी हो गए। फैसले में कहा गया क्योंकि डॉक्टर एक महिला है इसलिए उनके टिकिट पर लिखे वक्तव्य पर भरोसा नहीं किया जा सकता। इस फैसले के खिलाफ प्रदर्शन किया गया। महिलाओं तथा महिला चिकित्सकों में अदालत के इस फैसले को लेकर बड़ा आक्रोश था। वे कह रही थीं कि हमने तो कभी नहीं पूछा कि आप पहले पुरुष हो या डॉक्टर, वकील, पुलिस या जज। अब आप भी बताएँ कि पहले आप क्या हैं ?

पहले पुलिस हो या पहले पुरुष हो
पहले वकील हो या पहले पुरुष हो
ये फैसला तुम आज ही कर लो
तब हक की हम बात करेंगे
तब न्याय की हम बात करेंगे।
पहले हम औरत हैं या पहले डॉक्टर
पहले हम औरत हैं या पहले शिक्षक
ऐसे सवाल क्यों तुमने उठाए
न्याय के माथे कलंक लगाए
पुलिस तुम्हारी प्रशासन तुम्हारा
राज तुम्हारा कानून तुम्हारा
फिर भी हमी पर तोहमत लगाते
झूठे साक्ष्य गढ़ने का आरोप लगाते
समझी है हमने भी चाल तुम्हारी
नहीं गलेगी दाल तुम्हारी
करेंगे हम अन्याय का प्रतिकार
न्याय पाने का हमें भी अधिकार

• • •

फैसले के खिलाफ उच्च न्यायालय में जाने का निर्णय हुआ। इस बार श्री विमल चौधरी ने केस की निःशुल्क पैरवी की। इस पहले आन्दोलन का महत्त्व इस कारण भी है कि सत्र न्यायालय से केस हारने के बाद राजस्थान उच्च न्यायालय में इस केस की जब अपील हुई तो न्यायाधीश महोदय ने डॉक्टर के लिखे हुए शब्दों पर डॉक्टरों को उच्च न्यायालय में बुलाकर बयान लिए जो पहले कभी नहीं हुआ। अदालत ने मजिस्ट्रेट के बिना डॉक्टर द्वारा मरीज टिकिट पर लिखी बात को मृत्यु पूर्व बयान माना। उनके धीरज, लगन और मेहनत से 2 जुलाई 1986 को राजस्थान उच्च न्यायालय के न्यायाधिपति

श्री दिनकर लाल मेहता ने पीड़िता के हक में फैसला दिया। देवर अशोक को आजीवन कारावास और पाँच सौ रुपए जुर्माने की सजा सुनाई गई।

इसी दौरान खबर मिली थी कि आशा का पति दूसरी शादी कर रहा है। तमाम प्रयासों के बावजूद शादी रुक नहीं पाई थी। उच्च न्यायालय के फैसले के खिलाफ अभियुक्त पक्ष ने उच्चतम न्यायालय में जाने का फैसला किया था।

उच्चतम न्यायालय में रूवा की तरफ से मशहूर वकील कपिला हिंगोरानी ने निःशुल्क पैरवी की। सितम्बर 1990 में उच्चतम न्यायालय ने राजस्थान उच्च न्यायालय के फैसले को वैध ठहराया। अशोक को आजीवन कारावास की सजा बरकरार रखी। तब से अशोक दिल्ली की तिहाड़ जेल में उम्र कैद की सजा काट रहा है।

कान्ता पर अत्याचार

1980 में उदयपुर महिला समिति की सदस्य, कान्ता को उसकी ससुराल से छुड़ाकर लाई थीं। उसे ताले में बन्द करके चेन से बाँधकर रखा जा रहा था।

कान्ता को इलाज के लिए जयपुर के मनोचिकित्सा केन्द्र में भर्ती कराया गया। कान्ता की देखरेख करने के लिए रूवा से मदद माँगी गई थी। रूवा की सदस्य कान्ता के इलाज की जानकारी लेने तथा कान्ता से मिलने जाया करती थीं। एक दिन अचानक खबर आई कि कान्ता की हालत खराब है। जाकर देखा तो पता चला कि वह कोमा में है और सवाई मानसिंह अस्पताल में भर्ती करवा दी गई है। खबर थी कि उसे इनस्यूलिन का इंजेक्शन दिया जाता था। उस दिन इंजेक्शन लगाने के बाद यह हादसा हुआ।

महिला समिति के सदस्यों को खबर की गई। मन्दसौर से कान्ता के पीहरवाले आए। काफी दिनों तक वह कोमा में रही। इसी बीच माता-पिता उसे मन्दसौर ले गए। कोमा में रहते हुए ही उसकी मौत हो गई। कान्ता को तो नहीं बचा पाए, लेकिन औरतों को ताले में बन्द करके रखने के कई केस आते रहे। उनमें सफलतापूर्वक हस्तक्षेप भी हुए और सबसे महत्त्वपूर्ण केस यह रहा कि गीता को बचा लिया गया।

अँधेरे से उजाले की ओर बढ़ते कदम

गीता शर्मा धौलपुर में रहती थी। छोटी उम्र में ही उसे भयंकर यातनाएँ झेलनी पड़ी। राष्ट्रीय मानव अधिकार आयोग को उसके साथ हो रहे अमानवीय व्यवहार की सूचना मिली तो उन्होंने रूवा से सम्पर्क किया। 23 अक्टूबर 97 को रूवा का प्रतिनिधिमंडल गीता शर्मा को दहेज प्रताड़ना और उसकी हत्या के प्रयास की प्राथमिक जानकारी हेतु धौलपुर गया। प्रतिनिधिमंडल में 'रूवा' की अध्यक्षा प्रो. इन्दु माथुर, प्रो. पवन सुराणा, सचिव डॉ. नंदिनी उप्रेती तथा कार्यकारिणी सदस्या डॉ. तारा सिंघल सम्मिलित थीं। प्रतिनिधिमंडल ने जिला कलेक्टर, एस.डी.एम., मुख्य चिकित्सा अधिकारी, पुलिस अधीक्षक, गीता शर्मा, गीता शर्मा

के पिता, उनके पड़ोसी, गीता शर्मा के पति श्री पोप सिंह तथा अध्यक्षा नगर पालिका श्रीमती मंजु सिंघल से मुलाकात की व जानकारी प्राप्त की। नगर पालिका अध्यक्षा ने विशेष रुचि दिखाई व प्रतिनिधिमंडल का मार्गदर्शन भी किया।

प्रतिनिधिमंडल को पता चला कि श्रीमती गीता शर्मा का विवाह 1994 में हुआ था। वह कुछ महीनों के लिए पति पोप सिंह के पास रहने गई थी किन्तु सामंजस्य के अभाव में वापस अपने पिता के घर आ गई। किन्तु पिता के घर में उसे शारीरिक तथा मानसिक यातनाएँ लगातार दी जाती रहीं। गीता के पाँच भाई हैं जिनमें से एक भाई इंद्रेश तथा उसके पिता ही गीता के साथ रहते थे। इसी भाई द्वारा बहिन को एक कमरे में अमानवीय स्थिति में तथा स्त्री की गरिमा का ख्याल रखे बगैर रखा गया, जिसमें उसे नैसर्गिक आवश्यकताओं की पूर्ति के लिए भी कमरे से बाहर जाने की इजाजत नहीं थी। यह स्थिति एक दिन, हफ्ते, महीने नहीं बल्कि दो वर्ष तक चली। 19 तारीख को मानवाधिकार आयोग की टीम द्वारा उसे मुक्ति दिलाने के पश्चात् तथा कैदी बनाए रखने के दौरान भी कोई भी निकट का रिश्तेदार उसकी सहायता के लिए नहीं आया। लड़की के पिता बीमार हैं व बातचीत बहुत सीमित कर रहे हैं। वैसे वह चल-फिर लेते हैं परन्तु अधिकतर खाट पर जिसकी मूँज लगभग टूट चुकी है, पड़े रहते हैं। जितना वह बोले उससे उनकी सहानुभूति लड़के इन्द्रेश के प्रति नजर आई। यद्यपि जैसा कि गीता ने भी बताया कि इन्द्रेश पिता को भी बहुत मारता था। इन्द्रेश का भय कुछ उनमें भी नजर आया। वैसे उनका रवैया बहुत सहयोगी नहीं था।

गीता शर्मा को धौलपुर महिला चिकित्सालय में जनरल वार्ड में भर्ती कराया गया था। अस्पताल का नर्सिंग स्टॉफ तथा एक महिला पुलिस कांस्टेबल उसकी देखभाल को रखी गई। वहाँ के चिकित्सकों का रवैया सहानुभूतिपूर्ण था। मुख्य चिकित्सा अधिकारी डॉ. जे.पी. गर्ग स्वयं केस की देख-रेख कर रहे थे। उन्होंने बताया कि "गीता का हीमोग्लोबिन बहुत ही कम लगभग 4.5 प्रतिशत है, उसमें क्षय के लक्षण विद्यमान हैं, उसे थॉयराइड की समस्या हो सकती है। दोनों पैर तथा हाथ इतने दिनों तक काम में न लाने के कारण जकड़ गए हैं। इन सभी रोगों के लिए विशेषज्ञ जाँच तथा गहन चिकित्सा की आवश्यकता है। धौलपुर में विशेषज्ञ की सीमित ही सुविधाएँ हैं। कदाचित जाँच तथा लम्बे समय की चिकित्सा के लिए टी.बी. सेनेटोरियम में रखने की आवश्यकता होगी। प्रशासन तथा चिकित्सा अधिकारी सभी ने यह चिन्ता व्यक्त की कि कोई भी निकट का सम्बन्धी गीता की देखभाल करने के लिए नहीं आ रहा है। गीता की चिकित्सा के लिए सरकार द्वारा कोई भी धनराशि उपलब्ध नहीं की गई है। उसकी स्थिति को देखते हुए उसके लिए चिकित्सा व्यवस्था पर्याप्त नहीं है। उसको जनरल वार्ड के स्थान पर विशेष चिकित्सा सुविधा प्रदान करवाई जाए ताकि वह अपनी त्रासदी से उबर सके।"

पहले गीता का इलाज धौलपुर में हुआ फिर जयपुर के सवाई मानसिंह अस्पताल में हुआ। उसके बाद से गीता लगातार रूवा के अल्पावास गृह शक्ति स्तम्भ में रह रही है। लगातार इलाज, हौसले और रूवा सदस्याओं के स्नेहपूर्ण व्यवहार से गीता में नई

हिम्मत आई है। उसके हाथ-पैरों की जकड़न अब जाकर काफी कम हुई है। धीरे-धीरे सहेलियों की मदद से वह अब खड़े होने का प्रयास करने लगी है। पहले उसे पुकारने पर वह केवल कुछ विशेष तरह की आवाज से ही अपने होने का अहसास कराती थी। अब वह खुलकर बोलने लगी है।

इस बार (यानी वर्ष 2002 की आठ मार्च) के महिला दिवस पर उसका उत्साह देखते ही बनता था। सभा में गीत गाती हुई, मन की बात माइक पर कहती, शक्ति बुलेटिन का विमोचन करती और फोटो खिंचाती गीता में एक नया जीवन और जोश साफ नजर आ रहा था।

गायत्री की मौत पर

किशनपोल बाजार के 'आँकड़ों के रास्ते' जयपुर की गायत्री का केस भी इन्हीं दिनों रूवा के पास आया। गायत्री की भी संदिग्ध परिस्थितियों में मौत हुई थी। नौ जून 1984 को गायत्री के पति चन्द्रशेखर ने अपनी पत्नी की रस्सी से गला घोटकर हत्या कर दी। हत्या से पहले गायत्री की पिटाई की। गायत्री के पीहरवालों को पता चला तो एफ.आई.आर. करवाई गई। अभियुक्त चन्द्रशेखर के खिलाफ हत्या का केस दर्ज हुआ। गिरफ्तार किए जाने पर उसके द्वारा छुपाई गई लकड़ी और रस्सी बरामद हो गई। किन्तु केस के दौरान उसने कहा कि वह तो मृत्यु के समय घटनास्थल पर मौजूद ही नहीं था। वह निर्दोष है। उसका अपनी पत्नी के साथ दहेज को लेकर कोई विवाद नहीं था। उनके आपसी सम्बन्ध मधुर थे। उसकी ससुराल के बाहर जाकर प्रदर्शन किया। आस-पड़ोस की सैकड़ों औरतें बुलाने पर महिला प्रतिनिधियों के साथ आ गई थीं। ससुरालवाले घर पर ताला लगा था। प्रदर्शनकारी महसूस कर रहे थे कि परिवार के सदस्य घर के अन्दर ही हैं। काफी बुलाने पर भी वे लोग बाहर नहीं आए। प्रदर्शनकारी महिला और पुरुषों के खिलाफ तोड़फोड़ और हिंसा के झूठे केस अभियुक्त परिवार द्वारा दर्ज किए गए। किन्तु सत्र न्यायालय में इसे सत्य नहीं मानते हुए इन केसों को निरस्त कर दिया गया। अन्ततः आशा रानी केस के विपरीत इस केस में सत्र न्यायालय द्वारा दोषी व्यक्ति यानी गायत्री के पति को सजा दी गई।

22 अगस्त 1985 को सत्र न्यायालय के न्यायाधीश श्री सुन्दर लाल मेहता ने गायत्री के पति चन्द्रशेखर शर्मा को अपराधी मानते हुए उसे आजीवन कारावास की सजा सुनाई।

जैमन या तीन शादी कांड

देशभर में तीन शादी कांड के नाम से प्रसिद्ध यह केस धोखे से तीन शादियाँ करनेवाले अंबे प्रसाद जैमन के खिलाफ किया गया था।

जैमन ने पहला विवाह जयपुर की मुन्नी देवी के साथ 1974 में किया। दूसरा विवाह भरतपुर की विद्या देवी के साथ 1981 में हुआ और तीसरा विवाह 1983 में जयपुर

की संगीता के साथ हुआ तो भेद खुल गया। पहली दो पत्नियों के जीवित रहते और उन्हें कानून सम्मत तरीके से तलाक दिए बिना ही उसने तीसरा विवाह अपनी वैवाहिक स्थिति को छुपाकर किया था। संगीता के परिजनों को जब इस धोखाधड़ी का पता चला तो वे चन्द घंटों में ही अपनी बेटी को वापस ले आए।

28 अप्रैल 1983 को जवाहर नगर थाने में धोखाधड़ी की नामजद रिपोर्ट दर्ज करवाई गई। मामला तब और भी गम्भीर हो गया जब जैमन की पूर्व पत्नियों ने अपने पति और ननद पर वेश्यावृत्ति का अड्डा चलाने की बात अपने अदालती बयान में कही। उनका कहना था कि इस अड्डे पर बड़े-बड़े सरकारी अधिकारी और राजनेता आया करते हैं। इन दो पत्नियों को इस कुकृत्य में शामिल करने के लिए निरन्तर यातनाएँ दी गईं। इस पर भी उन्होंने जब भागीदार बनना स्वीकार नहीं किया तो पीट-पीटकर उन्हें घर से बाहर निकाल दिया गया। मुन्नी देवी ने घर से निकाले जाने की रिपोर्ट वर्ष 1979 में कोतवाली थाने में दर्ज करवाई थी। मेडिकल जाँच में डॉक्टर ने मुन्नी के शरीर पर चोट के निशान प्रमाणित किए किन्तु इस पर भी पुलिस ने कोई कार्रवाई नहीं की। इस दौरान संगीता के पिता मुख्यमन्त्री शिवचरण माथुर से मिल चुके थे। प्रधानमन्त्री, राष्ट्रपति और राज्यपाल को भी वे ज्ञापन दे चुके थे। उनका कहना था कि केस पर कार्रवाई इसलिए नहीं हो रही क्योंकि सत्तारूढ़ पार्टी के भूतपूर्व सांसद व निवर्तमान विधायक समेत कई अन्य बड़े अधिकारी इस षड्यन्त्र में शामिल हैं।

संगीता के पिता द्वारा दर्ज रिपोर्ट पर भी जब कोई कार्रवाई नहीं हुई तो उन्होंने रूवा के प्रतिनिधियों से सम्पर्क किया। 27 जून 1983 में रूवा ने *नारी चेतना संगठन और महिला लोक जागृति समिति* के साथ मिलकर एक संयुक्त पत्रकार सम्मेलन बुलाया। पत्रकार सम्मेलन में अम्बे प्रसाद जैमन की पहली पत्नी मुन्नी देवी को भी पेश किया गया। इस कांड की निन्दा की गई। अंबे प्रसाद जैमन की जो खुद नगर परिषद में राजस्व निरीक्षक के पद पर नियुक्त था और अब तक निलंबित नहीं किया गया था, इस बात पर बड़ी भर्त्सना की गई। यह खबर राजस्थान की यू.एन.आई. एजेन्सी के सहयोग से देशभर में प्रचारित हुई। चारों तरफ तहलका मच गया। अन्ततः अम्बे प्रसाद जैमन निलंबित हुआ। अदालत में संगीता के विवाह को रद्द माना गया। यद्यपि इसमें कई वर्ष लग गए किन्तु एक नौजवान लड़की का जीवन बर्बाद होने से बच गया।

जैमन कांड पर मुख्यमन्त्री को दिया गया ज्ञापन

दिनांक 15.7.83

माननीय मुख्यमन्त्री
राजस्थान

विषय : जैमन कांड में उचित कार्यवाही हेतु प्रेषित ज्ञापन दिनांक 6 जुलाई 83 के क्रम में।

माननीय महोदय,

1. आपकी पार्टी के प्रमुख पदाधिकारी की छत्रछाया में धोखा देकर तीन शादी रचाने वाले अपराधी अम्बे प्रसाद जैमन के खिलाफ अब तक की कार्यवाही साबित करती है कि आपका प्रशासन सर्वथा प्रभावहीन है या फिर आपने झूठा आश्वासन देकर अब तक जनता को धोखे में रखा है।
2. घटना का मुख्य अभियुक्त अम्बे प्रसाद जैमन ढाई महीने बीत जाने पर भी अब तक गिरफ्तार नहीं किया जा सका है।
3. पुलिस कभी तो पीड़ित पक्षों को बुलाकर उनसे बार-बार पूछताछ करती है, डराती-धमकाती है या फिर महिला स्वयंसेवी संस्थाओं के प्रतिनिधियों के आगे पीछे घूमती है और उनसे निरर्थक प्रश्न पूछकर अपने समय व शक्ति का दुरुपयोग करती है। क्या इससे यह निष्कर्ष नहीं निकलता कि ये सब दौड़-भाग मात्र एक दिखावा है जो महज खानापूर्ति के लिए की जा रही है।
4. एक ओर तो पुलिस व प्रशासन की नाकामी दूसरी ओर राजनीतिज्ञों के राजनीतिपूर्ण वक्तव्य से क्या यह स्पष्ट नहीं हो जाता कि सम्पूर्ण घटना पर पर्दा डालने का प्रयास किया जा रहा है।
5. पिछले कुछ अरसे से महिलाओं के साथ घटी घटनाओं का जायजा लें तो चाहे जयपुर में आशा रानी की मृत्यु हो या विधायक महादेव सिंह का कथित बलात्कार कांड, सरकारी अधिकारी के सहयोग से घटा पाँच शादी कांड हो या जैमन का तीन शादी कांड, कोटा में नर्स की हत्या का मामला हो या फलौदी जोधपुर में माध्यमिक कन्या पाठशाला के भवन के प्रति बेईमानी की नीयत, निष्कर्ष यही निकलता है कि महिलाओं को न्याय नहीं मिल पाता।
6. जयपुर शहर में हमारी आँख के ठीक नीचे हर रोज जलकर अस्पताल लाई गई महिलाओं के पाँच-सात मामले नजर आ जाते हैं। किन्तु इनमें से इक्का-दुक्का घटनाओं की खबर ही समाचार पत्रों में प्रकाशित हो पाती है। फिर राज्य के अन्य भागों से जहाँ सम्पर्क के पर्याप्त साधन न हों इन ज्यादतियों की भनक पाना कितना मुश्किल है इसका अनुमान सहज ही लगाया जा सकता है।

उपरोक्त परिस्थितियों में राज्य स्तरीय कार्यवाही और झूठे आश्वासनों से हमारा विश्वास उठ गया है अतः हम स्पष्ट रूप से आपसे यह माँग करते हैं

अ. घटना के मुख्य अभियुक्त जैमन को अविलम्ब गिरफ्तार किया जाए।

ब. कांड की जाँच सी.बी.आई. को सौंपी जाए।

घटना को दबाने व काल के अन्तराल में भुला देने के प्रयास को सहन नहीं किया जाएगा। जैमन की अविलम्ब गिरफ्तारी न होने पर हम जनमानस बनाने और आन्दोलनात्मक कार्यवाही करने को विवश होंगे। नुक्कड़ नाटक, नुक्कड़ सभाओं आदि से इस तरह का अभियान चलाया जाएगा।

तरह-तरह की बाधाएँ

इसके बाद से रूवा के पास अनेक केस आते रहे। अनेक केस पति और ससुराल के सदस्यों द्वारा प्रताड़ना के आए। कुछ महिलाओं ने अपनी स्थितियों और मानसिक द्वन्द्व के चलते अपने पतियों से समझौता करके उनके खिलाफ दर्ज हुए केस वापस भी ले लिए। एक और बात जो देखने में आई वो यह थी कि लड़कियों द्वारा अपने पति और ससुरालवालों के खिलाफ की गई शिकायतों को माता-पिता कभी पूरी गम्भीरता से नहीं ले रहे थे या फिर विकल्पहीनता की स्थिति के चलते वे बार-बार उन्हें ससुराल जाकर रहने को मजबूर कर देते। लड़कियों की हालत ऐसे में फुटबाल जैसी हो जाती थी। सासरे में लात लगी तो पीहर में आ गई। पीहर से धकियाकर फिर से ससुराल में भेज दी गई। यह सिलसिला तब तक चलता रहता था जब तक लड़की की मौत न हो जाए। मौत होने के बाद भी आधे मन से केस किए जाते। उस समय रुख यह रहता कि जिसे जाना था वो तो चली गई अब इस सब कानूनी कार्रवाई से क्या फायदा ? या फिर बेटी के बच्चों के भविष्य की बात सोचकर वे कुछ न कहने का मन बना लेते थे। वे जानते थे कि इन बच्चों को अपने पिता के घर ही रहना है। हो सकता है कि केस करने से इन बच्चों के पिता को जेल हो जाए और बच्चों का जीवन अन्धकारमय हो जाए।

जनता की पहल पर

इधर जिन परिवारों में दहेज हत्याएँ हो रही थीं उनमें से अनेक के परिजन अपने स्तर पर भी सार्वजनिक विरोध प्रदर्शन का रास्ता अपना रहे थे।

जयपुर में आशा चौपड़ा की हत्या के बाद मोहल्लेवालों ने जबर्दस्त पहल करके मोहल्ले में धरना दिया। जुलूस निकाले। पुलिस अधिकारियों को मजबूर किया कि वे हत्यारों को गिरफ्तार करें। जगह-जगह नुक्कड़ सभाएँ कीं। यहाँ तक कि मोहल्लेवालों ने कोर्ट में जाकर बयान भी दिए। दोषी परिवारों का बहिष्कार भी किया गया। लेकिन कोर्ट में जमानत मिलने और बाद में सजा न मिलने से लोगों के मन में न्याय व्यवस्था को लेकर काफी आक्रोश पनपा। मोहल्लेवालों द्वारा उठाए गए आन्दोलन को महिला संगठनों का पूरा सहयोग मिला। अखबारों में यह आन्दोलन खूब छाया रहा। एक बार जब केस कोर्ट में चला जाता है तो आन्दोलन के रूप में ज्यादा कुछ नहीं बचता, पर चारों तरफ परिवारों में होनेवाली हिंसा व औरत की स्थिति पर चर्चा प्रारम्भ हो जाती है। इस दौरान यह जरूर लगा कि दहेज जैसा मुद्दा सारे समाज के सोच का मुद्दा क्यों नहीं बन पाता है। शिक्षा का मुद्दा क्यों नहीं बन पाता है। कुछ दिन तक चर्चा रहती है। पर ज्यादा लोग उससे जुड़ नहीं पाते।

दहेज हत्याओं के इर्द-गिर्द प्रारम्भ हुए प्रदर्शनों से राजस्थान की पुलिस ने दहेज हत्याओं को आत्महत्या कहना थोड़ा कम किया। अभी तक इस तरह के मामलों को घरेलू मसला मानकर

पुलिस ज्यादा ध्यान नहीं देती थी। कुछ ही दिनों में महिला संगठनों ने इस तरह के सोच को उलट दिया। इस तरह की मृत्यु को दहेज यातना से जोड़ा जाने लगा। महिला संगठनों ने इस बात पर जोर दिया कि लड़की को मरने नहीं देना है। जब पता लगे कि किसी लड़की को दहेज के कारण सताया जा रहा है तब उसे बचाना जरूरी है। परिवारों के पितृसत्तात्मक सोच को बदलना प्रारम्भ किया। खासतौर से लड़की जब परेशानी में हो और माता-पिता को अपनी यातना बताए उस समय उसकी मदद करनी चाहिए। उसे मरने के लिए ससुराल में नहीं छोड़ना चाहिए, मोहल्लेवालों, पड़ोसियों आदि को बयान देना चाहिए। नुक्कड़ नाटक, नुक्कड़ सभाओं आदि से इस तरह का अभियान चलाया गया।

जिस घर में महिला को मारा जाता है उसके बाहर सभा करने का दौर भी तभी से प्रारम्भ हुआ। इससे आस-पड़ोस के लोगों का हौसला बढ़ा और कई लोग बयान देने को तैयार हुए। इस सबका परिणाम यह हुआ कि दहेज या अन्य कारणों से जब लड़की को परेशान किया जाता था तो घरवालों ने पुलिस व महिला संगठनों के दफ्तरों में शिकायत दर्ज कराना प्रारम्भ किया। अखबारों में भी रिपोर्ट लिखाना प्रारम्भ किया। देश में दहेज विरोधी अभियान ने इतना जोर पकड़ा कि 1980 में दहेज सम्बन्धी अपराधों के लिए एक कानून पास किया गया। इस कानून में दहेज माँगने के कारण हुई आत्महत्या के मामलों में आत्महत्या के लिए प्रेरित करनेवालों को भी दोषी ठहराया गया। यानी इसे भारतीय दंड संहिता की धारा 306 के तहत 'अबेटमेन्ट टु स्यूसाइड' माना गया। पर राजस्थान में इस बदलाव का भी ज्यादा फायदा नहीं हुआ।

दिल्ली में दहेज की बढ़ती घटनाओं के कारण आन्दोलन तेज हो रहा था। उसका असर राजस्थान पर भी पड़ा। 1983 में आपराधिक कानून में एक और संशोधन किया गया। इसमें पत्नी के साथ की जानेवाली क्रूरता को संज्ञेय बना दिया और उसे गैर जमानती बनाया, जिसमें अधिकतम तीन वर्ष की सजा हो सकती थी। इसमें शारीरिक व मानसिक दोनों तरह की यातना को शामिल किया गया। शादी के सात साल के अन्दर होनेवाली मौत को संदिग्ध माना गया। शिकायतकर्ता महिला को साक्ष्य नहीं जुटाना था। कानून के इस परिवर्तन के बावजूद न्यायालयों में अपराधियों को सजा दिलाना असम्भव था। राजस्थान में जगह-जगह छोटे-छोटे आन्दोलनों से दहेज व घरेलू हिंसा के मुकदमे दर्ज होने लगे परन्तु साक्ष्य के अभाव में तथा कुछ पुलिस द्वारा साक्ष्य नष्ट करने, सही जाँच न करने तथा गलत व कमजोर चालान करने के कारण न्यायालय में सजा मिलना मुश्किल हो गया।

अस्सी के दशक के मध्य तक आते-आते राजस्थान भर में कई छोटी-बड़ी संस्थाएँ, समूह अपने-अपने स्तर पर घरेलू हिंसा से सम्बन्धित केस उठाने लगे थे। दो तरह के विचार महिला आन्दोलन में उभर रहे थे। एक तरफ जनता में जागरूकता बढ़ाने का काम चल रहा था जिससे लोग सामने आने लगे। परन्तु पुलिस व न्यायालय ने लोगों को बहुत निराश किया। महिला संगठनों ने कुछ मामलों को परीक्षण के तौर पर लेकर उसकी एक-एक प्रक्रिया को मॉनिटर किया। झुन्झुनू की विनीता शर्मा का केस 1986 से 1999 तक महिला संगठनों ने मॉनिटर किया। स्पष्ट तौर पर दहेज हत्या व क्रूरता का मामला था। बहुत बड़ा

आन्दोलन इसके इर्द-गिर्द चला। ढेरों ज्ञापन, प्रेस नोट छपे पर 13 साल तक वह केस सत्र न्यायालय से आगे नहीं बढ़ पाया। लड़की के माता-पिता ने वकीलों को खूब फीस दी। हर सुनवाई पर कोर्ट में उपस्थित रहे पर वे केस हार गए।

1984 से महिला विकास कार्यक्रम के माध्यम से भी ग्रामीण महिलाओं का जुड़ाव इस आन्दोलन से हो गया। राजस्थान का महिला आन्दोलन 1984 में एक नए मोड़ पर आया। ग्रामीण महिलाओं के सशक्तिकरण की दिशा में महिला विकास कार्यक्रम की शुरुआत हुई। राज्य सरकार व स्वयंसेवी समूह का अनूठा संगम था यह। साथिन के रूप में ग्रामीण सशक्त महिला व गाँव का सशक्त महिला समूह उभरा। इससे आन्दोलन व्यापक हुआ। यह सिर्फ महिला हिंसा व दहेज पर नहीं अटका। न्यूनतम मजदूरी, पानी, शिक्षा, रोजगार जैसे कई मसले उठे। आन्दोलन हुए। क्षेत्रीय समस्याओं में से महिला आन्दोलन उभरा। इस कदम से ग्रामीण स्तर पर महिला आन्दोलन को अधिक व्यापकता मिली। महिला हिंसा से जुड़े अनेक मुद्दे इस कार्यक्रम में उठाए गए। इन्दिरा विश्नोई प्रकरण भी उनमें से एक था।

महिला विकास कार्यक्रम में घरेलू हिंसा के कई स्वरूपों को लेकर काम हुए। जैसे पति द्वारा पत्नी को छोड़ देना, स्त्रीधन का मामला, विधवा को ससुराल में सताया जाना। एक के बाद एक बेटियाँ होने पर प्रताड़ित करना, देवर की चूड़ी पहनने या नाते जाने के लिए दबाव डालना, गोद के बच्चे को छीनकर घर से बाहर निकाल देना, पति की मौत होने पर बेटियाँ होते हुए भी काका-ताया के बेटों के पगड़ी बाँधे जाने का विरोध आदि। घरेलू हिंसा की शिकार अनेक औरतों को इस कार्यक्रम में संरक्षण और हौसला दिया गया। इसके बावजूद भी पुलिस के साथ संयुक्त रूप से केस सुलटाने के अनेक मामलों में पुलिस का सहयोग नहीं मिला।

जाति पंचायत ने फैसला किया

उदयपुर में ससुराल में मार पिटाई का एक मुद्दा काफी चर्चित रहा। खबर मिली थी कि गुडली पंचायत की एक आदिवासी लड़की जख्मी हालत में पड़ी है। जाकर देखा तो उसे गरम कलछियों से अनेक जगह जलाया गया था। बात फैल जाने के डर से डॉक्टरी इलाज भी नहीं करवाया गया था। लड़की को ससुराल में अच्छी तरह से नहीं रखा जाता था। इसलिए वह ससुराल नहीं जाती थी। घर के पास की एक फैक्ट्री में वह काम पर जाने लगी थी। इसी कारण उसका पति व अन्य लोग उसे जबरन उठाकर ले गए और यह हाल बना डाला। जाति पंचायत की बैठक करनी चाही तो पूरी पट्टी दोषी को बचाने में लग गई। इस पर भी साथिनों ने हिम्मत नहीं हारी। जन जागरण पदयात्राएँ महीनों तक चलीं। जिला स्तर की पंचायत बुलाई गई। पंचायत ने फैसला दिया कि अगर पट्टी बचा रही है तो पट्टी को जाति बाहर कर दिया जाएगा। इसके बाद दोषी को पंचायत के सामने पेश किया गया। पंचायत ने दोषी को दंड दिया और लड़की को उसके पति से छूट दिलाई।

अब पिटाई नहीं करूँगा

उदयपुर जिले की एक आदिवासी साथिन की उसके पति ने पिटाई की तो वह अपनी एक अन्य साथिन के यहाँ आकर छुप गई। अन्य साथिनों की मदद से उसने पंचायत बुलाई। सारी बात पंचायत के सामने रखी गई। पति ने पंचायत के सामने अपनी पत्नी से माफी माँगी और कहा आगे से मैं पत्नी की पिटाई नहीं करूँगा।

अपहरण से मुक्ति

कोटा जिले की महिला विकास कार्यक्रम की एक प्रचेता जो अपने पति के अत्याचार से तंग आकर ससुराल नहीं जाती थी उसे अपने मुख्यालय से जबरन उठाकर ससुराल के गाँव ले जाया गया। यह गाँव दूसरे जिले में पड़ता था। महिला विकास की परियोजना निदेशक ने बड़ा हौसला दिखाया। खुद कुछ पुलिसकर्मियों को लेकर गईं और अपनी कार्यकर्ता को मुक्त करा लाईं।

स्त्रीधन की वापसी के लिए संघर्ष

जयपुर की चाकसू पंचायत समिति की 20 साल की बादाम रैगर को आखिर स्त्रीधन मिल ही गया। पहले तो पति और ससुरालवालों से संघर्ष फिर अपने खुद के पिता से वह राशि जो ससुराल से मिली थी वसूलना कोई आसान काम नहीं था। थली की इस बेटी की शादी कुन्दनपुरा गाँव में लादूराम से हुई थी। तीन साल बाद मुकलावा हुआ। कुछ साल चैन से गुजरे। इसी बीच पाँच सालों में वह तीन बार गर्भवती हुई। दुर्भाग्य से तीनों ही बच्चे जीवित नहीं रह पाए। इसी के बाद से उस पर यातनाओं का सिलसिला शुरू हो गया। कभी कहा जाता कि उसने अनाज चुराकर बेच दिया तो कभी लहसुन। मारपीट कर उसे पीहर भेज दिया गया। एक साल तक वह पीहर में रही।

थली के गाँववालों और पंच के सहयोग से आपसी बातचीत से तय हुआ कि अब पति और ससुरालवाले बादाम को नहीं सताएँगे। इसके बाद वे बादाम को ससुराल छोड़ आए। लेकिन बादाम को यातनाएँ देने का सिलसिला रुका नहीं। उसकी चाँदी की कनकती और सोने का जालिया उससे छीन लिया गया। शारीरिक हिंसा के चलते बादाम का गर्भ एक बार फिर से गिर गया। बादाम को कहा गया कि वह अकेली जाकर अपने बच्चे को गाड़कर आए जिसके लिए उसने मना किया तो फिर बुरी तरह उसे पीटा गया। लाचार होकर बादाम एक बार फिर थली लौट आई। थली पंच के लादूराम से बात करके उसे बादाम को ले जाने के लिए राजी करने के प्रयास विफल हो गए। कुन्दनपुरा के पंचों ने भरोसा दिलाया कि वे लादूराम को बादाम को ले जाने को राजी कर लेंगे। इस बात को भी एक महीना बीत गया था। बादाम की हालत थली की रैगर औरतों से देखी नहीं गई। उन्होंने थली की साथिन गुलाब से बात की। वे सब मिलकर साथिनों की

मासिक बैठक 'जाजम' में दौराला भी गईं। सबने मिलकर कुन्दनपुरा में मीटिंग करने का निर्णय लिया। 18 अक्टूबर 1987 को कुन्दनपुरा की बैठक में कुन्दनपुरा के सरपंच, थली की 18 औरतें महिला विकास कार्यकर्ता, लादूराम व उसके परिवार ने भाग लिया। लादूराम ने स्पष्ट रूप से कह दिया कि वह बादाम को साथ नहीं ले जाएगा। इस पर औरतों ने उसे चेतावनी दी कि बिना बादाम को तलाक दिए तुम दूसरी शादी नहीं कर सकते। ऐसा करने पर तुम्हारे खिलाफ कानूनी कार्रवाई की जाएगी। लादूराम कोर्ट कचहरी के चक्कर में नहीं पड़ना चाहता था। इसलिए वह बादाम को छूट माँडने (तलाक) को तैयार हो गया। लेकिन बात बादाम के जेवर वापस करने और गुजारा भत्ता देने के सवाल पर अटक गई। मीटिंग बिना किसी निर्णय के खत्म हो गई।

कुन्दनपुरा पंचों ने लादूराम और उसके परिवार को काफी समझाया तो कुन्दनपुरा से एक और बैठक आयोजित किए जाने के लिए थली भेजा गया। इस बैठक में एक महिला वकील भी बुलाई गई थीं। औरतें पहली बार एक ही चबूतरे पर पंचों के साथ बैठीं। यह अपने आप में एक बड़ी उपलब्धि थी। इस बैठक में भी कोई फैसला नहीं हो पाया। 29 नवम्बर को लादूराम और उसके परिवार ने बादाम के पिता के साथ समझौता कर लिया। चार हजार रुपए बादाम के स्त्रीधन के रूप में पिता को दे दिए गए। न तो बादाम और न अन्य औरतों को इस फैसले से जोड़ा गया। पैसा तो मिल गया पर बादाम को नहीं। बादाम के पिता ने कह दिया कि जब यह नाते जाएगी तब इसे यह धन दे दूँगा। फिर अनेक बैठकें हुईं। खूब प्रयास किए गए। तब बादाम को पिता द्वारा 30 जून 88 को मात्र एक हजार सात सौ रुपए दिए गए। बादाम और संघर्षशील औरतों के लिए यही एक बड़ी जीत थी।

वर्ष 1991 से 2001 के दशक में महिला आबादी में 28 प्रतिशत वृद्धि हुई किन्तु थानों में दर्ज दहेज, आत्महत्या और महिला उत्पीड़न के मामलों में 300 प्रतिशत वृद्धि हुई। यह बात भी स्पष्ट है कि सामान्य स्थितियों में केस पुलिस तक पहुँचते ही नहीं। पहले तो औरतें खुद सहन करती हैं। सहन शक्ति जवाब देने लगे तो घर-परिवार की भूमिका शुरू होती है। पानी जब सर के ऊपर से गुजरने लगे तब ही पुलिस तक बात जाती है। पुलिस थानों में दर्ज केसों से वास्तविक जीवन में महिला उत्पीड़न की समस्या कहीं अधिक व्यापक है। न्याय मिलने की बात तो दूर थानों में इन औरतों के केस दर्ज होने में भी बड़ी मुश्किल होती है।

पीहर में रहने का हक

धरियावद (उदयपुर) के चरी गाँव की एक बेटी को पीहर में रहने का हक बड़ी मुश्किल से मिला। खेटली पर बचपन से ही दुःख के पहाड़ टूट पड़े थे। पहले तो वह कुँवारी माँ बनी। गाँव के एक आदमी ने उसे इस हाल में पहुँचाया। ऐसी हालत में खेटली से कौन शादी करता। बजपुरा का एक आदमी उसे नाते ले गया। उस आदमी की पहले ही एक

पत्नी थी। नाते जाने पर उसके आठ बच्चे हुए आठों ही मर गए। नवाँ बच्चा पेट में था तो पति ने घर से निकाल दिया। पीहर आई तो पीहरवालों ने भी उसे घर में रखने से मना कर दिया। खेटली मजदूरी करके किसी तरह गुजारा करने लगी। महिला विकास की कार्यकर्ताओं ने उसकी मदद की। समस्या समाधान शिविर में खेटली की मकान की समस्या बताई। जिलाधीश ने प्रार्थना मंजूर की। गाँव के गड्डे गमेती, सचिव अड़ गए। खेटली को जमीन नहीं मिल पाई। छह महीने इसी तरह बीत गए। साथिन ने पूछा तो वे बोले, बेटी को पीहर में जमीन नहीं मिलती। इसे इस गाँव में रहने का हक नहीं। इस पर काफी बहस हुई। साथिनों ने पूछा कौन-सी किताब में यह लिखा है। जिलाधीश को शिकायत की गई तब कहीं जाकर खेटली को जमीन मिली।

पुलिस की टालमटोल

पीलवा सवाई माधोपुर का रहने वाला नसरू एक ग्यारह साल की बच्ची सलमा को उसके परिवार से अलग अपने कब्जे में रखे हुए था। बच्ची के पिता शकूर माँडलगढ़, भीलवाड़ा में रहते हैं। उन्होंने उसे वहाँ से छुड़ाने के लिए बहुत कोशिशें की। पहले वो नसरू के घर सीधे गए पर उन्हें धमकाकर भगा दिया गया। फिर वे भीलवाड़ा जिले की माँडलगढ़ पुलिस से मदद माँगने गए। पुलिस ने उन्हें सवाईमाधोपुर पुलिस से शिकायत करने का कहा। सवाई माधोपुर में बहुत समय तक पुलिस शकूर की शिकायत को टालती रही। प्रथम सूचना रपट भी दर्ज नहीं की। कोर्ट से सर्च वारंट लाने को कहा। शकूर ने 15 दिन एस.डी.एम. के लगातार चक्कर लगाए। पर उन्होंने कार्यक्षेत्र का वास्ता देकर कहा कि कोर्ट से मदद नहीं हो सकती। इस बीच जयपुर से बड़े अफसरों और राज्य महिला आयोग का दबाव पड़ा इस पर सवाईमाधोपुर पुलिस ने सलमा के धारा 164 के बयान करवा लिए। शकूर को बताया कि बच्ची नसरू के साथ राजी-खुशी से है और वहीं रहना चाहती है। एक साल पहले नसरू सलमा की माँ गुलशन को ले भागा था। सलमा भी उसके साथ गई थी। 5 जुलाई 99 को गुलशन की जलकर मौत हो गई। गाँववालों ने बताया कि नसरू ने उसे मार डाला और शक जताया कि नसरू के घर सलमा का बलात्कार हो रहा है। इसी वजह से शकूर अपनी बेटी को जल्द से जल्द नसरू के कब्जे से छुड़ाना चाहता था। जब पुलिस और कोर्ट से सहायता नहीं मिली तो शकूर और भीलवाड़ा के कुछ समाजिक कार्यकर्ताओं ने राज्य महिला आयोग को चिट्ठी लिखी और अध्यक्ष से मिले। राज्य महिला आयोग ने दो-तीन बार एस.पी. सवाई माधोपुर को हिदायत दी कि बच्ची को बरामद किया जाए। उसको सुरक्षित रखा जाए, डॉक्टरी जाँच करवाई जाए। तब जाकर पूरे डेढ़ महीने बाद पुलिस ने सलमा को नसरू के घर से निकाला। मेडिकल बोर्ड से उसकी जाँच करवाई। इस घटना से पता चला कि पुलिस और प्रशासन एक नाबालिग बच्ची की सुरक्षा को लेकर कितने लापरवाह होते हैं।

सासरे के सात दिन

उदयपुर जिले के केदारिया गाँव में तेरह मई 1994 को भगवान लाल की बेटी कृष्णा की शादी में दहेज की माँग पूरी न करने पर ससुराल पक्ष ने शादी तो कर ली लेकिन सात दिन के अन्दर ही बुरी तरह मार-पीट कर वे उसे पीहर छोड़ आए। पुलिसवालों ने शिकायत नहीं लिखी तो गाँव के बीस लोगों ने अपने हस्ताक्षरों से शिकायत दर्ज करवाई।

भाई बना कसाई

अलवर जिले के लोठावास गाँव में वर्ष 1994 में एक भाई ने अपनी दो नाबालिग बहनों गीता बारह साल और पारबती आठ साल का अपहरण करके उन्हें पैंतीस हजार रुपयों में बेच दिया। स्थानीय संस्था मुक्तिधारा संस्थान द्वारा अलवर के कलैक्टर और राज्य के मुख्य सचिव से भी शिकायत की गई किन्तु शादी रोकी नहीं गई।

इन उदाहरणों से स्पष्ट है कि अस्सी और नब्बे के दशक में राज्यभर में अनेक छोटी बड़ी संस्थाएँ अपने-अपने स्तर पर घरेलू हिंसा के केस उठा रही थीं और अपने ही स्तर पर उनसे निपट रही थीं। घरेलू हिंसा के सवाल पर कभी राज्यस्तरीय आन्दोलन नहीं बन पाया था। किन्तु स्थानीय पुलिस व प्रशासन के रवैये के प्रति असन्तोष जताया जाने लगा था। घरेलू हिंसा से सम्बन्धित मामलों में पुलिस की भूमिका से असन्तुष्ट संगठनों ने एक तरफ जहाँ रणनीति के तौर पर पुलिस के साथ विभिन्न मंचों पर केस समीक्षा शुरू करने की प्रक्रिया अपनाई तो दूसरी तरफ पुलिस की लापरवाह मानसिकता के खिलाफ धरने और प्रदर्शन भी जारी रहे।

महिला संगठनों का कहना था कि घरेलू हिंसा के मामलों को पुलिस पर्याप्त गम्भीरता से नहीं लेती। दहेज निषेध अधिनियम में बदलाव के जरिए 304 बी और 498ए के प्रावधानों के बाद भी राजस्थान पुलिस की मानसिकता में कोई बदलाव नहीं हुआ। एक बड़ी बात यह देखी गई कि पुलिस रिकॉर्ड में औरतों से सम्बन्धित अदमवकू (झूठे) केसों का प्रतिशत बढ़ता गया। वर्ष 2000 में 39 प्रतिशत केसों में अदमवकू लगाया गया। वस्तुस्थिति तो यह है कि अक्सर पुलिस उन केसों को भी अदमवकू ठहरा देती है, जिनमें पुलिस व समाज के हस्तक्षेप से समझौता करा दिया गया। दहेज हत्या और महिला उत्पीड़न के ये मामले दंडनीय अपराध की श्रेणी में आते हैं। इस तरह के अपराधों में समझौते का कोई प्रावधान ही नहीं है। इसलिए समझौते कराने के बाद कानून की नजर से बचने के लिए महिला व उस पर हुए अपराध को ही झूठा ठहरा दिया जाता है। यह अध्ययन का विषय है कि इन अदमवकू मामलों में जिन महिलाओं का समझौता कराया गया, वे इस स्थिति से सन्तुष्ट हैं या नहीं। महिला समूहों ने तमाम मंचों पर महिलाओं के मामलों में अदमवकू लगाए जाने का विरोध कया। वे पूछ रही थीं कि क्या औरतें ज्यादा झूठ बोलती हैं ?

क्या औरतें ही झूठ बोलती हैं ?

सपना की शादी 1994 में हुई। कम दहेज लाने पर उसे मारा-पीटा जाता था। तब भी जब उसके पेट में बच्चा था। बच्चा होने के बाद भी उसकी पिटाई बन्द नहीं हुई। ससुरालवालों का कहना था कि बच्चा पैदा होने पर लड़की के पिता ने उनके अनुसार सामान नहीं दिया। कई बार सपना ने वहाँ से निकलना चाहा लेकिन किसी ने भी उसकी मदद नहीं की। छह साल तक वह मार-पिटाई सहती रही। एक दिन गला पकड़कर ससुरालवालों ने उसे जान से मारने की कोशिश की। वह भागकर थाने गई। पुलिस ने राजीनामा करने के लिए सपना पर खूब दबाव डाला। उसे ससुरालवालों के पक्ष में गवाही देनी पड़ी। खाली कागजों पर हस्ताक्षर करवाए गए। बड़ी मुश्किलों में वह अपने पीहर वापस आई। पीहर आकर उसने फिर से केस दर्ज करवाया। खबर है कि पुलिस ने ससुरालवालों से पैसे खा लिए और उन्हें बचाने की कोशिश में लग गई। अब स्थानीय महिला समूह की मदद से सपना पुलिस, कोर्ट-कचहरी का सामना कर रही है।

हमने कभी सोचा है कि कितनी महिलाएँ अपने घरों में ये अत्याचार सहती हैं। कई जिन्दगी भर सहती रहती हैं पर कुछ महिलाएँ इस अत्याचार के विरोध का मन बनाती हैं। वे हिम्मत जुटाकर थाने भी जाती हैं। लेकिन थाने में भी उन्हें न्याय नहीं मिलता। ऊपर से उन्हें झूठा कहा जाता है। राजस्थान में पिछले साल में 5425 केस दर्ज हुए। पुलिस ने इनमें से करीब 40 प्रतिशत केस झूठे माने। ऐसा क्यों है कि महिलाओं द्वारा दर्ज कराए गए केस ही झूठे मान लिए जाते हैं। क्या महिलाएँ ज्यादा झूठ बोलती हैं या हमारी जाँच व्यवस्था ?

रानी के साथ भी बहुत अत्याचार हुआ। वह तो एक पढ़ी-लिखी महिला है। फिर भी पति के अत्याचार से नहीं बच सकी। रोज पिटती रही। ऐसा बहुत महिलाओं के साथ होता है। पर वे सब चुप रहती हैं। परिवार और समाज के दबाव के कारण किसी से कुछ कह नहीं पातीं। यह अत्याचार अक्सर हमें नजर नहीं आता। नजर आता भी है तो अड़ोसी-पड़ोसी भी आँखे मूँद लेते हैं, ये सोचकर कि क्यों किसी लफड़े में पड़ें। रानी की शादी चार साल पहले हुई थी। उसका पति उसके साथ मार-पिटाई करता था। मार की वजह से उसका बच्चा भी गिर गया। उसने अस्पताल जाकर अपनी बच्चेदानी की सफाई करवाई। थाने में केस भी दर्ज करवाया। पुलिस ने केस दर्ज करने के दो हजार रुपए लिए। पुलिसवाले जब गिरफ्तार करने के लिए गए तो उससे अलग से खर्चा-पानी लिया। रिश्वत लेना तो आजकल बहुत आम बात हो गई है। रानी के लिए कोई गवाही देने को ही तैयार नहीं था। कोई पुलिस के झमेले में नहीं पड़ना चाहता। पुलिस ने रानी की मदद करने की जगह उसी को टालने के लिए गलत गवाही दी। पुलिस ने कहा कि मारपीट से बच्चा नहीं गिर सकता। आप ही सोचिए कि इसमें कितना सच है। कोई भी औरत खुद पर हुए अत्याचार की शिकायत करती है तो पुलिस औरत के चरित्र की जांच क्यों करने लगती है ? रानी को केवल अपने पति के साथ

ही नहीं लड़ना पड़ रहा है। डॉक्टर और पुलिस भी उसके दुश्मन बन गए हैं। उनके द्वारा हो रहा अन्याय भी उसे झेलना पड़ रहा है। रानी और सपना की लड़ाई बेकार नहीं जाएगी। ऐसे ही हजारों हजार महिलाओं के संघर्षों के कारण पुलिस-प्रशासन, कोर्ट-कचहरी को अपने रवैये को बदलना ही होगा।

पुलिस के लापरवाहीपूर्ण व्यवहार को लेकर अजमेर के सारवाड़ थाने के बाहर 14 सितम्बर 1999 को प्रदर्शन हुआ।

घरेलू हिंसा को लेकर जयपुर में 23 फरवरी 2000 को एक कार्यशाला का आयोजन किया गया था। इस कार्यशाला में पुलिस के साथ रिश्ते को लेकर निम्न विचार व्यक्त किए गए थे :-

1 अभी भी घरेलू हिंसा के मामले में कई बार एफ.आई.आर. दर्ज नहीं होती है। केवल रोजनामचे में ही लिख लिया जाता है। गाँव में औरतों को एफ.आई.आर. की नकल नहीं देते। आँकड़े बढ़ जाएँगे इस कारण केस दर्ज नहीं करते।

2 पति द्वारा पीटने या मानसिक यन्त्रणा देने को पुलिस बड़ा मुद्दा नहीं मानती। अक्सर कहती है पति ने ही तो पीटा है। ऐसी क्या खास बात हो गई ? पति मारता है तो प्यार भी तो करता है, यह कहकर टाल जाती है। शारीरिक चोट दिखाई नहीं देती तो पुलिस मामले को गम्भीरता से नहीं लेती है।

3 498ए के मामले में पुलिस बिना किसी प्रशिक्षित पारिवारिक परामर्शदाता के सलाह देती है। समझौता करा देती है। समझौते की भाषा ऐसी होती है कि औरत उसमें झूठी नजर आती है। न तो इस समझौते में घटना का ब्यौरा होता है और न ही पति द्वारा यह लिखाया जाता है कि भविष्य में वह ऐसा नहीं करेगा।

4 पुलिसवाले पैसे लेकर औरत को समझौते के लिए मजबूर करते हैं या केस को कमजोर करते हैं।

5 बड़े शहरों में महिला आन्दोलन व जन संगठनों के साथ पुलिस का रिश्ता बनने से थोड़ा परिवर्तन आया है। जहाँ रिश्ता नहीं है वहाँ दिक्कतें हैं।

6 थाना स्तर पर संवेदनशील लोग नहीं हैं।

7 498ए औरत को प्रताड़ना से बचाने के लिए कानून बना है पर पुलिस उसमें कई बार दहेज प्रताड़ना को अवश्य डलवाती है उससे केस कमजोर हो जाता है।

8 डाकन, नाता आदि से जुड़े अपराधों के प्रति पुलिस असंवेदनशील है। पुलिस का कहना है यह सामाजिक मुद्दा है पुलिस का नहीं है।

9 एक बात यह उभरकर आई कि हर थाने में एक या दो जो महिला सिपाही हैं भी, उनकी आवाज भी दब जाती है क्योंकि अधिकारी सहित बहुमत पुरुष पुलिस का है। इससे वे महिलाएँ भी घरेलू हिंसा की शिकार महिला की ज्यादा मदद नहीं कर पाती हैं। कई बार तो उनका भी शोषण होता है।

इसी तरह 18 अगस्त 2001 को जयपुर में आयोजित जनसुनवाई में भी निम्न समझ

उभरकर सामने आई थी–

- पुलिस अक्सर यह मानती है कि महिलाएँ अभियुक्तों की सूची में ज्यादा परिवारजनों के नाम डाल देती है। इसलिए वह कुछ ही अभियुक्तों पर कार्रवाई करती है। स्त्रीधन बरामदगी व गिरफ्तारी के समय अक्सर दोनों पक्षों से पैसा लिया जाता है। पूर्ण स्त्रीधन की बरामदगी कभी नहीं होती। महत्त्वपूर्ण सामान बरामद ही नहीं किया जाता। थानों का माहौल महिलाओं को और भयभीत करनेवाला होता है। उनकी मानसिकता संवेदनशील नहीं होती। पुलिस शान्ति और व्यवस्था को अधिक महत्त्वपूर्ण मानती है। उनकी नजर में महिला उत्पीड़न के मुद्दों को प्राथमिकता नहीं दी जानी चाहिए। पुलिस महिला पर गवाह लाने का भी दबाव बनाती है। महिलाओं को उनके केस में हो रही कार्रवाई की सही सूचना माँगने पर भी नहीं दी जाती।

1990 के दशक में जहाँ एक ओर संस्था, संगठनों और व्यक्तियों द्वारा घरेलू हिंसा की घटनाओं का विरोध बढ़ता गया, दूसरी ओर घरेलू हिंसा के मामलों में तेजी से वृद्धि हुई।

घरेलू मामलों में हुई वृद्धि

क्रम	*वर्ष*	*दहेज हत्या 304 (बी) भा.द.सं.*	*महिला उत्पीड़न 498 (ए) भा.द.सं.*	*दहेज आत्महत्या की दुष्प्रेरणा 306 भा.द.सं.*
1.	1991	327	1612	59
2.	1992	280	2011	45
3.	1993	321	2054	47
4.	1994	330	2608	69
5.	1995	369	3202	91
6.	1996	349	3920	99
7.	1997	356	4304	102
8.	1998	433	4947	105
9.	1999	443	5425	88
10.	2000	429	5437	99
11.	2001	376	5532	95

- राजस्थान में पुलिस 498ए की शिकायतों में दहेज जबरदस्ती जोड़ देती है। वह यह नहीं मानती कि मानसिक व शारीरिक हिंसा भी 498ए के तहत हिंसा के अन्य आयाम हैं। पुलिस को मुस्लिम कानून की जानकारी नहीं होती। वह कह

देती है कि दहेज तो मुसलमानों में होता ही नहीं। इसलिए सही धारा में अपराध दर्ज ही नहीं करती।

काफी समय से महिला समूहों को घरेलू हिंसा के एक समेकित कानून की आवश्यकता प्रतीत हो रही थी। दिल्ली के लॉयर्स क्लैक्टिव के विमेन्स राइट्स इनिशिएटिव ने घरेलू हिंसा कानून का प्रारूप तैयार किया; और उस पर चर्चा के लिए देशभर में कार्यशालाएँ आयोजित की जा रही थीं। इसी क्रम में 29 अप्रैल 2001 को जयपुर में एक कार्यशाला का आयोजन किया गया। प्रारूप कानून की कुछ खास बातें थीं :

1. थानों और पुलिस के झंझट में पड़े बिना जिस औरत पर हिंसा हो रही हो वह सीधी अदालत में शिकायत कर सकती है। मतलब, यह कानून दीवानी है फौजदारी नहीं।
2. अदालत शिकायत को सुनकर सभी जरूरी मदद देगी जैसे आर्थिक सहायता, साझा घर जिसमें औरत विवाह के बाद रह रही थी, उसी में रहने का हक दिलवाएगी।
3. इस कानून में पत्नी, बच्चों, बूढ़ों, विवाहितों की तरह साथ रहनेवाली महिलाओं, पहले विवाह को छुपाकर धोखे से दूसरी शादी करनेवालों या फिर रीति-रिवाज न निभाने के कारण शादी को गैर कानूनी कहनेवालों की पत्नियों को राहत मिल सकती है।
4. अदालत के आदेश का पालन करवाने की जिम्मेदारी पुलिस को दी गई है।
5. घरेलू हिंसा को रोकने के लिए जिले में एक संरक्षण अधिकारी की नियुक्ति होगी। यह अधिकारी आदेशों की पालना करवाएगा।
6. अदालत के आदेश न मानने पर दोषी के खिलाफ गिरफ्तारी वारंट जारी होगा।
7. पीड़ित महिला, उसके रिश्तेदार या कोई संस्था समूह भी महिला की सहमति से अदालत में शिकायत कर सकेंगे।
8. शिकायत सुनते ही अदालत औरत पर हिंसा रोकने के अन्तरिम आदेश तुरन्त जारी करेगी। इस आदेश के खिलाफ अदालतों में स्थगन आदेश नहीं मिल सकेगा।
9. कई महिला संस्थाएँ, ग्रामसभाएँ, जाति-समाज भी पीड़ित औरत की मदद करेंगे।

प्रारूप कानून का खास जोर इस बात पर था कि घर, परिवार और समाज मिलकर औरत के हक की रक्षा करें। उसकी मदद करें, संरक्षण दें। हिंसा करनेवाले को पता चले कि समाज और कानून औरत पर हो रही हिंसा को सहन नहीं करेगा। दोषी को समय-समय पर रोका-टोका जाए ताकि औरतों पर घर के अन्दर होनेवाले गम्भीर अपराधों में कमी आए। सरकार ने हालाँकि लॉयर्स कलेक्टिव के इस ड्राफ्ट कानून को स्वीकार नहीं किया किन्तु उसे लेकर बने देशव्यापी माहौल के चलते वह संसद के मौजूदा सत्र में एक विधेयक जरूर लाई है। 'द प्रोटेक्शन फ्रॉम डोमेस्टिक वायलेन्स बिल 2001' नाम के विधेयक पर देश के पैमाने पर प्रतिक्रियाएँ भी आने लगी हैं। उदयपुर सिटीजन ग्रुप की तरफ से 23 जनवरी 2002 को इस विधेयक पर चर्चा के दौरान उभरकर आए

सुझावों का सार संक्षेप कुछ इस प्रकार है :

- प्रारूप कानून में बालिकाओं पर हो रही घरेलू हिंसा को शामिल किया जाना चाहिए।
- घरेलू हिंसा की परिभाषा को अधिक व्यापक बनाते हुए उसमें मानसिक हिंसा भी शामिल की जानी चाहिए।
- रक्षा अधिकारी (प्रोटेक्शन ऑफिसर) के रूप में ऐसी महिलाओं को नियुक्त करना चाहिए जिन्हें ग्रामीण पृष्ठभूमि की समझ हो।
- रक्षा अधिकारी को हिंसा पीड़ित बालिकाओं/महिलाओं की सुरक्षा सुनिश्चित करनी चाहिए।
- कानून का व्यापक प्रचार-प्रसार होना चाहिए तथा विभिन्न इलाकों में हो रही हिंसा पर सर्वेक्षण/अध्ययन आदि किए जाने का प्रावधान भी कानून में ही किया जाना चाहिए।
- कानून के तहत हर स्तर पर बनाए जाने वाले सम्पर्क कार्यालयों का स्थान ऐसा हो जहाँ सभी महिलाएँ आसानी से पहुँच सकें।

भावी रणनीति

घरेलू हिंसा से जूझने की भावी रणनीति पर विचार करने के लिए 23 फरवरी 2001 को कनोड़िया महाविद्यालय परिसर जयपुर में आयोजित बैठक में राज्य के 47 संस्थाओं की 150 से अधिक प्रतिनिधियों ने भाग लिया। एक दिवसीय इस बैठक में घरेलू हिंसा के स्वरूप, कारण, परिवार, पुलिस, जाति पंचायतों, पारिवारिक व अन्य अदालतों की भूमिका पर विचार किया गया। साथ ही यह भी तय हुआ कि हस्तक्षेप किस स्तर पर हो। कहा गया कि घर व शिक्षण संस्थाओं के स्तर पर घरेलू हिंसा पर साझी समझ बनने पर ही उचित रणनीति भी बनाई जा सकती है। इस कार्यशाला से निम्न रणनीति व सुझाव उभरकर आए :

घर व शिक्षण संस्थाओं के स्तर पर

1. जहाँ-जहाँ स्कूल कॉलेज हैं वहाँ विद्यार्थियों के साथ घरेलू हिंसा, घर में होनेवाले भेदभाव, आदि विषयों पर व्यवस्थित तरीके से बातचीत शुरू होनी चाहिए। लड़के व लड़कियों के मन को बदलने का प्रयास इस स्तर पर होना चाहिए। स्कूल-कॉलेज में परामर्श-प्रकोष्ठ होने चाहिए ताकि उस उम्र की लड़कियाँ या लड़के जिस तरह की घरेलू हिंसा झेल रहे हैं उनका समाधान खोजा जा सके।
2. घर में या बाहर छोटी-छोटी बालिकाओं का यौन शोषण होता है। उसके लिए मजबूत कानून का दबाव बनाना चाहिए और इसको चर्चा में लाया जाना चाहिए।

3. शिक्षा के साथ-साथ लड़कियों में आत्मविश्वास पैदा हो ऐसा प्रयास करना चाहिए। यह काम शिक्षकों का है। शिक्षकों के प्रशिक्षण में इस मुद्दे को डाला जाना चाहिए। जिससे उन्हें यह समझ आ सके कि पाठ्यक्रम को पूरा करना ही शिक्षा का उद्देश्य नहीं है। शिक्षा का उद्देश्य सशक्त महिला का निर्माण है। उसमें आत्मविश्वास पैदा करना, अन्याय का मुकाबला करने की ताकत देना भी शिक्षा का महत्त्वपूर्ण अंग माना जाना चाहिए।
4. लड़कियों को हर हालत में स्वावलम्बी बनने का प्रशिक्षण देना जरूरी है। अभी हम लड़कों से डॉक्टर, इंजीनियर बनने की बात कहते हैं और लड़कियों से विवाह की बात। यह सोच गलत है।
5. सम्पत्ति में लड़कियों का पूरा हक होना चाहिए। घर का सहयोगपूर्ण वातावरण लड़की को आत्मविश्वासी बनाता है। उसे मजबूत करने की आवश्यकता है।
6. घर का काम सबका काम हो। लड़के-लड़की में भेद नहीं हो ताकि बाद में यह लड़का पति बनकर रौब जमाना प्रारम्भ न करे।
7. आदमियों/लड़कों के साथ काम करने की आवश्यकता है। परिवारों में उनका पालन-पोषण अलग तरह से होता है उसमें बदलाव की आवश्यकता है। अभी तो लड़कों के साथ घरेलू हिंसा या बाल शोषण जैसी बातें कोई नहीं करता है। इस कारण वे इस समस्या की गम्भीरता को नहीं समझ पाते हैं।

समुदाय के स्तर पर

घरेलू हिंसा का निवारण समुदाय के स्तर पर होना चाहिए। कोर्ट, पुलिस में तब जाना चाहिए जब बात बहुत गम्भीर हो। जहाँ महिला समूह या संगठन काफी मजबूत हैं वहाँ समुदाय की भूमिका भी उभर रही है। गाँव में औरतों की बैठक बुलाकर इस तरह की समस्याओं के समाधान खोजे जा रहे हैं। समुदाय को वैधानिक अधिकार दिए जाने चाहिए। पंचायतों को भी इस तरह के अधिकार दिए जाने चाहिए।

जिला स्तर पर

1. जिला महिला सहायता समितियों का मूल्यांकन होना चाहिए। इनमें सही तरीके से काम नहीं हो रहा है। इन समितियों में पुलिस अधिकारी व महिलाओं के लिए काम करनेवाले सभी संगठन होने चाहिए। महिला आयोग इनकी समय-समय पर समीक्षा करे।
2. पुलिस की भूमिका को काफी संवेदनशील बनाने की आवश्यकता है। उनकी ट्रेनिंग में घरेलू हिंसा व महिला संवेदनशीलता को खास तौर से शामिल किया जाना चाहिए।
3. हर थाने पर 'समस्या-समाधान शिविर' हर महीने आयोजित करने का आदेश

निकल चुका है पर उसकी किसी को भी जानकारी नहीं है। इसका व्यापक प्रचार-प्रसार किया जाना चाहिए। इसका दिन व समय तय होना चाहिए और अखबार/रेडियो/दूरदर्शन पर प्रचार होना चाहिए।

4. थाना स्तर पर काउन्सलर हों। खास तौर से घरेलू हिंसा के मामलों में पुलिस जब समझौता कराती है तो एक प्रशिक्षित काउन्सलर की मदद लेनी चाहिए।
5. थाने पर घरेलू हिंसा के मामलों पर शोधकर्ताओं को शोध का अवसर दिया जाना चाहिए।
6. 498ए के मामलों में जब थाना स्तर पर पति-पत्नी में समझौता होता है तो समझौते की भाषा ऐसी नहीं होनी चाहिए कि औरत झूठी लगे।
7. थाना स्तर पर भारतीय दंड संहिता की एक पुस्तिका अवश्य होनी चाहिए। सरल भाषा में घरेलू हिंसा से सम्बन्धित किताबें वहाँ होनी चाहिए।
8. हर थाने पर यह सूचना होनी चाहिए कि महिलाओं को मुफ्त कानूनी सहायता कहाँ से व किस तरह मिल सकती है।
9. थाने पर गाँव की औरतों के साथ अच्छा सलूक नहीं होता है। इसको सुधारने की आवश्यकता है।
10. थाने में मोटे-मोटे अक्षरों में यह भी लिखना चाहिए कि कौन से अपराध के लिए कौन सी धारा लगती है।
11. घरेलू हिंसा के मामलों में मानसिक यन्त्रणा को समझकर केस बनाना चाहिए। हर समय केस में दहेज की बात को डालने की मानसिकता से पुलिसवालों को मुक्त किया जाना चाहिए।
12. स्त्रीधन थाने पर बरसात, धूप, सर्दी सबमें खुले में पड़ा रहता है। कोई टीन शेड बनाकर उसमें रखा जाना चाहिए।
13. पुलिस से लगातार संवाद की प्रक्रिया हर स्तर पर बननी चाहिए।

पारिवारिक अदालतों के स्तर पर

1. पारिवारिक अदालतों के न्यायाधीशों व परामर्शदाताओं के साथ बैठकर संवाद करने की आवश्यकता है। इन अदालतों के मामलों की जनसुनवाई होनी चाहिए। यह काम महिला आयोग व मुख्य न्यायाधीश के माध्यम से होना चाहिए।
2. परामर्शदाताओं की नियुक्ति में पारदर्शिता होनी चाहिए जिससे वे वहाँ पर औरत विरोधी रवैया न अपनाएँ। महिला के प्रति संवेदनशीलता प्रमुख आधार होना चाहिए।
3. वकील पैसे बहुत माँगते हैं। औरतों को बहुत परेशानी होती है। इस समस्या के समाधान हेतु कुछ प्रतिबद्ध वकीलों का समूह कोर्ट में हो जो औरतों की मदद करे ताकि उनकी परेशानी न बढ़े।

राज्य महिला आयोग के स्तर पर

1. राजस्थान में राज्य महिला आयोग का कानून मजबूत है पर व्यावहारिक रूप में आयोग सशक्त नहीं है। उसकी स्वतन्त्र जाँच इकाई हो। वह केस वर्क नहीं करे बल्कि नीतिगत हस्तक्षेप करे। हर केस की सुनवाई महिला आयोग के स्तर पर होना व उसका फॉलोअप सम्भव नहीं है।
2. अभी आयोग का कार्य सिर्फ जयपुर तक सीमित है। हर सम्भाग पर इसकी शाखा हो हर जिले में हो ताकि ज्यादा महिलाओं तक पहुँचा जा सके।
3. पारिवारिक अदालतों में महिलाओं को बहुत दिक्कत आ रही है। उस पर जनसुनवाई आयोजित करनी चाहिए।
4. थानों पर घरेलू हिंसा के मामलों में औरतों को काफी दिक्कतें आती हैं। उसमें हस्तक्षेप करना चाहिए।
5. महिला सशक्तिकरण के लिए जितने भी आदेश निकले हैं उनका बराबर परीक्षण करना चाहिए। यह देखना चाहिए कि उनकी क्रियान्विति क्या है।
6. आयोग का कोई सन्देश सरकार को मिलना चाहिए। वह ताकतवर है, यह सन्देश नहीं जा रहा है। वह अपने ही निर्णयों को लागू नहीं करवा पा रहा है—यह स्थिति बदलनी चाहिए।
7. आयोग को नीतिगत स्तर पर हस्तक्षेप करना चाहिए। जैसे महिला नीति कार्यस्थल पर महिला के यौन शोषण के बारे में उच्चतम न्यायालय के आदेश का क्रियान्वयन कैसे हो रहा है। महिला विकास कार्यक्रम की क्या उपादेयता है। उसे कैसे सार्थक बनाया जा सकता है। ऐसे कौन से निर्णय व कार्य हैं (सरकार के) जो महिलाओं पर विपरीत असर डाल रहे हैं इन सब पर आयोग को नजर रखनी चाहिए और समय-समय पर हस्तक्षेप भी करना चाहिए।

अन्य सुझाव

1. जगह-जगह अल्पावास-गृह होने चाहिए। इसमें मनोवैज्ञानिक व मनोचिकित्सक की सेवाएँ जुड़ी हुई होनी चाहिए।
2. पंचायतों में पाँच स्टैंडिंग कमेटियों का प्रावधान है। इनमें से एक कमेटी खाली है। इस जगह महिला सशक्तिकरण स्टैंडिंग कमेटी बने ताकि घरेलू हिंसा के मामलों पर वहाँ विचार हो सके।
3. एक नियत समय में जाँच व कोर्ट से फैसला होना चाहिए।
4. इस तरह की हिंसा पर जन अदालतें जगह-जगह लगनी चाहिए।
5. हर महीने थाने पर एक दिन ऐसा होना चाहिए जब कोई भी किसी भी तरह की जानकारी हासिल कर सके।

6. घरेलू हिंसा पर न्यायिक फैसलों का सरल भाषा में व्यापक प्रचार-प्रसार करने की आवश्यकता है।

घरेलू हिंसा पर जनसुनवाई

घरेलू हिंसा के खिलाफ एक महत्त्वपूर्ण गतिविधि के रूप में 18 अगस्त 2001 को जयपुर के स्टैच्यू सर्कल पर दहेज अत्याचार व सम्पत्ति के अधिकार को लेकर एक जनसुनवाई आयोजित की गई। जनसुनवाई में पहली बार औरतों की दहेज-अत्याचार की समस्या को उनके सम्पत्ति के अधिकार से जोड़कर देखा गया। इस जनसुनवाई में यह बात उभरकर आई कि औरत का अपना कोई घर नहीं। पति जब चाहे घर से बाहर खदेड़ देता है। औरतें बेघर होने के डर से पति व उसके परिवार के अत्याचार सहने को मजबूर होती हैं। केस दर्ज करवाएँ तो भी समझौता कर लेने की मजबूरी उन पर होती है। ससुराल में यातना दिए जाने पर पीहरवाले आकर पीड़ा से मुक्ति दिलाते हैं। अपनी बेटी को साथ ले जाते हैं। कुछ समय बीतते ही वहाँ भी ताने मिलने शुरू हो जाते हैं। पीहर में भी वह बोझ ही समझी जाती है। बेटे की तरह बेटी का अपने पिता के घर में पैदाइशी हक समाज मानता ही नहीं। ससुराल में वह पराई जाई है और पीहर में पराया धन।

वास्तविकता सम्पत्ति के अधिकार की

जहाँ एक तरफ सामाजिक मान्यताओं और रीतियों ने महिला को छत का भी हक नहीं दिया है वहाँ जमीन-जायदाद व अन्य संसाधनों का हक प्राप्त करना कितना कठिन हो सकता है यह ग्रामीण महिलाओं के संघर्षों से प्रतीत होता है। प्रगतिशील विचारधारा का मानना है कि जब अधिकांश सम्पत्ति व संसाधन चन्द लोगों के हाथ में हो तो करोड़ों मेहनतकश महिला और पुरुष, दोनों ही सम्पत्ति के मालिकाना हक से वंचित होंगे। इस सन्दर्भ में महिलाओं के मालिकाना हक का सवाल उठाना एक सीमित वर्ग विशेष का हित साधन करेगा। इसलिए मालिकाना हक के सवाल के साथ सम्पत्ति एवं संसाधनों का सवाल भी जोड़ना चाहिए। पुनर्वितरण के संघर्षों में महिलाओं की मिल्कियत का हक भी निहित हो यह सुनिश्चित करना होगा। लेकिन महिलाओं को मिल्कियत देने में बाधाएँ निम्नलिखित उदाहरणों से पता चलती हैं :

राजस्थान के गरीब और आदिवासी परिवारों में उन महिलाओं, जिनके पति नहीं रहे, को पति की सम्पत्ति एवं संयुक्त साझी सम्पत्ति जैसे हल, बैल, खेती के औजार आदि से बेदखल किया जाता है। अक्सर देखा गया है कि संयुक्त परिवार में ससुर, जेठ और देवर विधवा महिला को उसके सम्पत्ति के हक से अनेक तरीकों से बेदखल कर देते हैं। जैसे मारकर और आतंकित करने के अलावा डाकन बताना, नाता भेजने

के जरिए महिला को जबरदस्ती उसका घर व सम्पत्ति छुड़वा देना तथा मृत्यु भोज पर इतना खर्च कर देना कि महिला अपने मृतक पति के भाइयों के नाम अपने हक की जमीन खर्च के एवज में छोड़ दे।

आदिवासी कानून के तहत जमीन महिला के नाम नहीं हो सकती। अक्सर यह देखा गया है कि महिलाओं को पति के परिवार द्वारा भगा दिया जाता है और क्योंकि आदिवासी कानून के तहत बच्चे पति के परिवार की सम्पत्ति है इसलिए उन्हें भी छोड़ना पड़ता है। गरीब आदिवासी और दलित परिवारों की भूमि पर अक्सर ताकतवर जाति का कब्जा होता है, या फिर यह जमीन सरकार या साहूकार के यहाँ गिरवी रखी होती है। इन स्थितियों में गरीब विधवा महिलाओं का पहला संघर्ष तो इस जमीन को पति के नाम करवाने का ही होता है, फिर कब्जा प्राप्त करने का। गरीब दलित और आदिवासियों में अक्सर दूसरी पत्नी लाने का रिवाज मान्य है। इस परिस्थिति में दोनों ही पत्नियों को कोई हक नहीं मिलता। पहली पत्नी, जिसका कानूनी दावा रहता है, उस जमीन को हासिल नहीं कर पाती और दूसरी पत्नी का कानूनी हक ही नहीं बनता।

महिलाओं का सम्पत्ति पर अधिकार नहीं होने से उनकी इतनी बुरी गत होती है कि जहाँ एक तरफ मृतक पति की सम्पत्ति बेटे के नाम हो जाती है वहीं उस महिला को बेटे और बहू की इच्छा पर घर, रोटी और पैसा प्राप्त होता है। सरकार भी महिला के हकों को अनेक बार नजरअंदाज करती है।

मुस्लिम पर्सनल लॉ में संयुक्त सम्पत्ति व स्वयं अर्जित सम्पत्ति में भेद नहीं है। अतः हिन्दू उत्तराधिकार कानून के विपरीत पैतृक सम्पत्ति में पुरुष और महिला का बराबर का हक होता है। कोई भी मुस्लिम अपनी सम्पत्ति से एक तिहाई भाग से अधिक की वसीयत नहीं कर सकता है। महिला को अपने भाई को दी गई सम्पत्ति का आधा भाग पाने का हक होता है। कानून में यहाँ तक कहा गया है कि बच्चों के वयस्क होने तक उनका भरण पोषण पिता करेगा। यदि महिला को पति द्वारा निकाला जाता है या तलाक दिया जाता है तो बच्चों के भरण पोषण का हक वह लागू करवा सकती है लेकिन इस नियम का क्रियान्वयन कम ही होता है।

रेवेन्यू बोर्ड के अनुसार दो लाख से भी ज्यादा जमीन सम्बन्धी मामले राज्य में तहसील से लेकर बोर्ड तक विचाराधीन पड़े हैं। लगभग हर जिले में ऐसे 6000 केस लम्बित हैं और 20000 बोर्ड के स्तर पर। यह अध्ययन का विषय है कि इनमें कितने केस महिलाओं के हैं। एक संगठन के मुताबिक कोटा जिले में 400 से अधिक केस विधवा महिलाओं के मालिकाना हक प्राप्त करने के हैं जिनमें अनेक 25-25 सालों से बिना फैसले के पड़े हैं। टोंक के एक अन्य संगठन के मुताबिक करीब 250 केस जिले के विभिन्न रेवेन्यू बोर्डों में विचाराधीन हैं। महिलाओं को अपने पीहर में सम्पत्ति का अधिकार प्राप्त न हो या किसी भी सूरत में वे हक का इस्तेमाल न करें, यह मानसिकता राजस्थान में बहुत सख्त है।

सन् 2000 में उस पुराने महिला विरोधी कानून को बदला गया जिसमें महिला केवल

100 रुपए के स्टाम्प पेपर पर अपने नाम की जमीन भाई को दान कर सकती थी। इसके बदले नया नियम लाया गया कि बहन के नाम की सम्पत्ति, बँटवारा होने के बाद और बहन के नाम की रजिस्ट्री हो जाने के बाद ही स्थानान्तरित हो सकती है। प्रक्रिया के जटिल और श्रमसाध्य बन जाने की बात कहकर इसका राजस्थान में जबरदस्त विरोध हुआ। अखबारों ने इसे इतना उछाला कि सरकार ने एक महीने के अन्दर ही पुराने नियम को दुबारा लागू कर दिया। इससे महिलाओं को मिलनेवाला हक समाप्त कर दिया गया।

18 अगस्त 2001 को हुई इस जनसुनवाई में राष्ट्रीय महिला आयोग की वर्तमान अध्यक्ष पूर्णिमा आडवाणी और उच्चतम न्यायालय की वकील इन्दिरा जयसिंह भी मौजूद थीं। कई पीड़ित औरतों ने उन पर हुए अत्याचारों की आपबीती भी सुनाई।

असमा और नजमा दो बहनों की शादी एक ही परिवार के दो भाइयों नफीस और जाकिर से 5 नवम्बर 1988 को हुई थी। दहेज की खातिर लम्बे समय तक मार-पिटाई होती रही। दिसम्बर 98 को कोतवाली थाने में मुकदमा भी दर्ज हुआ किन्तु समाज द्वारा राजीनामा करवाने पर केस में एफ.आर. लग गई। ग्यारह जून 2001 को नजमा की इतनी बुरी तरह पिटाई हुई कि वह बेहोश हो गई। विरोध करने पर नजमा को तीन मंजिला छत से नीचे सड़क पर फेंक दिया। असमा की रीढ़ की हड्डी टूट गई थी। पड़ोसियों की मदद से अस्पताल भिजवाया गया। 12.6.2001 को असमाँ व नजमा के पीहर पक्ष ने एफ.आई. आर. कोतवाली थाने में दर्ज कराई। एफ.आई.आर. 304/2001, धारा 147ई, 149, 307, 328, 498ए, 323, 352 आई.पी.सी. में दर्ज हुई। निम्न को अभियुक्त बनाया गया—सलाम, दहोलया (ससुर) नफीस (असमा का पति) साबिद (देवर), कालू, जाकिर (नजमा का पति), बुग्गी (देवर) और माफिया (सास) व दूसरी सास।

नेशनल मुस्लिम वेलफेयर सोसायटी के दबाव के चलते पति व देवर गिरफ्तार हुए। 20 जून को जयपुर एस.पी. बैठक व 26 जून को एस.पी. से मिलकर महिला अत्याचार विरोधी आन्दोलन ने अन्य अभियुक्तों की गिरफ्तारी की माँग की किन्तु गिरफ्तारी के करीब 25 दिन बाद ही अभियुक्त की जमानत हो गई।

जनसुनवाई के दौरान फौजदारी मामलों में न्याय प्रक्रिया के बारे में पीड़िताओं ने अपने अनुभव बताए।

बाड़मेर के अतिरिक्त मुख्य न्यायिक अधिकारी के कोर्ट में वर्ष 1999 में भा.द. सं. के तहत 498ए के 9 मामलों में चालान पेश हुए। इनमें से 6 मामलों के आरोपियों को दोषमुक्त करार दिया गया। वर्ष 2000 में भी इस धारा के तहत 9 केस दर्ज हुए जिनमें से 5 आरोपी दोषमुक्त हो गए। जिला एवं सत्र न्यायालय बाड़मेर में वर्ष 99 में भारतीय दंड संहिता की धारा 304बी व 306 के 5 केसों में चालान हुए। इनमें से सभी अभी विचाराधीन हैं। सनू दो हजार में 7 मामलों में चालान हुए, उसमें से एक अभियुक्त दोषमुक्त ठहरा दिया गया।

कहने को तो इन मामलों में त्वरित फैसला हो गया पर दरअसल यह न्याय था

ही नहीं। पीड़ित महिला के दुख को तो इस फैसले ने और भी बढ़ा दिया। अब देखें महिला को अपनी सम्पत्ति स्त्रीधन को प्राप्त करने में क्या पापड़ बेलने पड़ते हैं। राजस्थान के थानों का एक विशेष चरित्र है, खासकर महिला थानों का। यहाँ के थानों के अन्दर व बाहर अनेक सोफा, डबलबेड, गोदरेज की अलमारी, डाइनिंग टेबल, ड्रेसिंग टेबल, फ्रिज, गद्दे, बक्से, कुर्सियाँ आदि लावारिस वस्तुओं की तरह पड़े रहते हैं। मूल्यवान आभूषण व प्रतिष्ठा का माध्यम बनी नकद राशि जो शादी के आगे पीछे लड़की वालों द्वारा दी जाती है; बहुत ही कम बरामद की जाती है और थानों में पड़ी हुई उपभोक्ता वस्तुएँ थाने पहुँचने के अनेक महीनों बाद भी लड़की को नहीं मिल पाती हैं, क्योंकि कोर्ट की जटिल प्रक्रिया के जरिए ही सामान छुड़ाना पड़ता है। औरत की सम्पत्ति के नाम पर स्त्रीधन का कुछ अंश एवं 500-700 रुपए गुजारा भत्ता ही मिलता है। हमारे अनुभव हैं कि अधिकांश महिलाओं को खुद मेहनत कर अपने हाथों से काम करके ही अपना आगे का जीवन बनाना पड़ता है।

जहाँ तक मुसलमान और ईसाई पर्सनल लॉ का सवाल है, राजस्थान की अदालतें उनकी गम्भीरता से न व्याख्या करती हैं, न उन पर ठोस अमल करवाने की कोशिश की जाती है। मुस्लिम पर्सनल लॉ में स्पष्ट रूप से कहा गया है कि मुस्लिम कानून के तहत शादी के बाद पत्नी का भरण पोषण करना पति की जिम्मेदारी है। तलाक के बाद इद्दत की अवधि के दौरान भी पत्नी को गुजारा नहीं दिया जा सकता, यह कहीं भी नहीं लिखा हुआ है। भरण पोषण के नियम इतने विस्तार से परिभाषित करने के बाद भी मुस्लिम औरतों को गुजारा भत्ता नहीं मिल पाता क्योंकि पति अपनी जिम्मेदारी से बचने के लिए तीन तलाक का इस्तेमाल करते हैं। ईसाई महिलाओं को अपने पति की सम्पत्ति में से एक बटा पाँच भाग पाने का हक है। इस सबके बाद भी इन औरतों को उनका हक नहीं मिलता क्योंकि पुलिस को इन कानूनों की जानकारी ही नहीं है।

इस जनसुनवाई में यह बात साफतौर पर उभरकर आई कि ग्रामीण औरतें अपने हक के लिए अपने स्तर पर प्रयास कर रही हैं।

संघर्ष कृष्णा का

कृष्णा देवी एक गरीब परिवार की लड़की थी। उसकी शादी चौदह वर्ष की उम्र में चौथमल (ग्राम ताथेड़ जिला कोटा) के साथ की गई थी। चौथमल के पास 28 बीघा जमीन थी। शादी के बाद कृष्णा देवी ने आठ बच्चों को जन्म दिया। उसका पति जमीन होते हुए भी मजदूरी करके अपने बच्चों का पालन-पोषण करता था, क्योंकि उसकी जमीन पर अनुसूचित जाति के छीतर लाल धाकड़ ने 27 साल से अवैध कब्जा कर रखा था। कृष्णा देवी और उसके पति ने अपनी जमीन वापिस लेने के लिए बहुत कोशिश की। लेकिन नहीं ले पाए और हार मानकर बैठ गए। दोनों मजदूरी करके अपना व अपने बच्चों का पेट पालन करते थे। तीन बच्चों की उन्होंने शादी कर दी व पाँच अभी कुँवारे हैं। लेकिन तीन

साल पहले चौथमल का स्वर्गवास हो गया। उसके बाद कृष्णा देवी और दुखी हो गई। अपने बच्चों का पेट कैसे भरे इसकी चिन्ता उसे लगने लगी।

इस पर एकल नारी शक्ति संगठन ने एक बैठक बुलाई, उस बैठक में श्रीमती मंजुला जोशी व एडवोकेट राजेश गोस्वामी को बुलाने का प्रस्ताव रखा गया। बैठक 14.5.2001 को रखी गई। उस मीटिंग में संगठन की सभी बहनें उपस्थित हुई। वकील साहब वहाँ पहुँच गए। कृष्णा देवी के मुद्दे पर चर्चा प्रारम्भ हुई। वकील साहब ने कृष्णा देवी के जमीन के सभी दस्तावेज देखे। जिला कलैक्टर के आदेश के मुताबिक तहसीलदार ने 6.2.2001 को कृष्णा देवी को भूमि का कब्जा सम्भला दिया था। इसके बावजूद छीतर लाल धाकड़ उसे कब्जा नहीं दे रहा था। यह सब जानकर वकील साहब और मंजुला जी ने सभी बहनों को बताया जमीन आप के नाम पर है और कब्जा भी आपको सम्भला दिया तो आप अपनी जमीन ले सकते हैं। उन्होंने कहा कि आपके संगठन में इतनी शक्ति है, तो आप संगठन द्वारा सभी बहनें मिलकर इस जमीन को दिलवा सकते हैं। सभी बहनों ने पूछा कि क्या करना होगा।

वकील साहब ने बताया कि यदि छीतर लाल धाकड़ ने खेत में कुछ नहीं बो रखा तो आप सभी संगठन की बहनें जाकर उस खेत पर ट्रेक्टर द्वारा हकाई कर दीजिए। इस मीटिंग की बातें इसी गाँव के ठाकर साहब सुन रहे थे, तो उन्होंने कहा कि यह बहन कृष्णा देवी गरीब भी है और दुखी है। मैं इस बहन की मदद करना चाहता हूँ। मेरे पास ट्रेक्टर है। मैं बिना कुछ रुपए लिए इन्हें ट्रेक्टर हकाई के लिए दे दूंगा। तो सभी बहनों ने उसी समय सोच लिया कि हम खेत को जाकर जरूर हाँकेंगे और उन्होंने 17.5.2001 का दिन निश्चित किया। संगठन की सभी बहनें परिहार, कुसुमलता सोलंकी, गोपाल कंवल आदि 40-45 बहनें मिलकर ट्रेक्टर से खेत की हकाई करेंगी। इसके पश्चात् दिनांक 17.5.2001 को प्रातः दस बजे सभी बहनें कृष्णा देवी के खेत पर ट्रेक्टर लेकर पहुँच गई। उनमें से तीन बहनें ट्रेक्टर पर बैठ गई और कुछ बहनें खेत के आसपास खड़ी हो गई और खेत जोतना शुरू कर दिया। इतने में छीतर लाल धाकड़, चार गुंडों को लेकर खेत पर पहुँच गए और उसने खेत को जोतने में रोक लगाई तो सभी बहनें उनसे लड़ पड़ी और कुछ बहनों ने जाकर कैथुन थाने में फोन कर दिया और पुलिस वहाँ आ गई। पुलिस की सुरक्षा में उन्होंने खेत को जोत लिया। तत्पश्चात् उन्होंने उसी समय पुलिस को बताया कि हम आज से बीस दिन बाद खेत में बीज बोएँगे और हमें पुलिस सुरक्षा की आवश्यकता है। इसके बीस दिन बाद पुलिस सुरक्षा व संगठन के द्वारा खेत में बीज बोया गया और अपना कब्जा प्राप्त कर लिया। छीतर लाल धाकड़ ने संगठन की शक्ति के आगे अपने घुटने टेक दिए और आसपास के सभी गाँवों में संगठन की धाक जम गई। सभी को अहसास हुआ कि संगठन में बहुत शक्ति है।

इसी जनसुनवाई में कई अन्य महत्त्वपूर्ण मामले भी प्रकाश में आए। इनमें से कुछ थे :

सावित्री की हत्या

दहेज अत्याचार व हत्या के केस में पुलिस की लापरवाही सावित्री केस में उजागर हुई। विधानसभा में प्रश्नकाल में इस अत्याचार की बात उठाई गई। शादी के ढाई महीने बाद ही दहेज अत्याचार के चलते संदिग्ध परिस्थितियों में दिनांक 1 मार्च 2001 को सावित्री की मौत हो गई। मौत के समय वह पाँच माह के गर्भ से थी। उसे पेट पर बुरी तरह मारा गया व जहर भी दिया गया। ससुरालवालों ने पीहर में खबर नहीं दी। सीधे गाँव से एस.एम.एस. अस्पताल जयपुर लेकर आए। पता चला अस्पताल पहुँचने से पहले ही वह मर चुकी थी। केस चार मार्च को दर्ज हुआ। बारह मार्च तक कोई कार्रवाई नहीं की गई। पीहर पक्ष के बयान लेते समय उन पर समझौते के लिए दबाव डाला गया। सावित्री की ससुराल से भी 30-35 लोगों ने आकर समझौते के लिए दबाव डाला। पाँच दिन तक घटनास्थल को सील नहीं किया गया। थाने स्तर पर अभियुक्तों को बचाने के क्रम में कई महत्त्वपूर्ण सबूतों को नष्ट हो जाने दिया गया। 17 मार्च को तो पति गिरफ्तार हुए।

स्थानीय संगठनों के दबाव के चलते केस सी.आई.डी. को सौंप दिया गया। 13 जून 2001 को पति, सास व ससुर के खिलाफ चालान पेश कर दिया गया, किन्तु अन्य अभियुक्तों के खिलाफ कोई कार्रवाई नहीं की गई। सावित्री के पिता ने अन्य अभियुक्तों के खिलाफ कार्रवाई के लिए चौमूँ कोर्ट में इस्तगासा दायर किया तो खारिज हो गया।

दर्द मौसमी सरकार का

संजय ने मौसमी से केवल दहेज की खातिर शादी की। उसके सम्बन्ध अपनी भाभी से थे। मौसमी व उसके बच्चे का उत्पीड़न हुआ। पाँच बार समाज की पंचायत ने समझौता करवाया। आखिरकार पति मौसमी को उसकी माँ के पास कलकत्ता छोड़ आया। बाद में पुलिस की कार्रवाई से कुछ दिन साथ रखा फिर छोड़ दिया। आठ साल पहले पारिवारिक न्यायालय में केस हुआ। इन आठ सालों में संजय केवल तीन बार अदालत में आया। बाद में संजय का वकील आता रहा। आठ साल से अब तक मौसमी व उसके बच्चों को गुजारा भत्ता भी नहीं मिला।

पारिवारिक न्यायालय : हाल बेहाल

अजमेर की ममता असनानी को पूरा स्त्रीधन नहीं मिला। खातीपुरा जयपुर की ललिता के केस में गुजारा भत्ता पूरा नहीं दिया जा रहा। कभी दो महीने तो कभी चार महीने चक्कर लगाने पर थोड़े से पैसे मिलते हैं। जज साहब कहते हैं जो दे दिया वही ले लो। 5 जुलाई 2001 को ललिता के पति ने जज के सामने गाली-गलौज की। यह बात भी

आई कि हर साल फाइल के नवीनीकरण के मुंसिफ पैसे माँगता है।

रशीदा के केस में दहेज का मामला बनाने पर ही आपत्ति हुई। अपर न्यायालय किशनगढ़ में दोषी को जमानत इस आधार पर दे दी गई कि मुस्लिम समाज में दहेज नहीं होता। पारिवारिक अदालतों की भूमिका को लेकर इस जनसुनवाई में काफी मजबूत बहस हुई।

वर्ष 2001 में महिला समूह के प्रतिनिधियों ने राजस्थान राज्य उच्च न्यायालय के न्यायाधीश से मिलकर पारिवारिक न्यायालयों की स्थिति पर मुख्य न्यायाधीश का ध्यान आकर्षित किया। न्यायाधीश ने भरोसा दिलाया कि वे इस सन्दर्भ में शीघ्र ही कार्रवाई करेंगे।

अपने घर की खातिर

औरतों का अपना घर हो। उन्हें अपनी सम्पत्ति पर मालिकाना हक मिले तब ही औरतों पर हो रही घरेलू हिंसा के मामलों में कुछ कमी आ सकती है। दहेज अत्याचार की समस्या का जवाब है औरतों को सम्पत्ति में मालिकाना हक। किन्तु यह काम आसान नहीं। औरतों को अपनी कमाई पर ही हक पाना बड़ा मुश्किल है।

कहानी शबनम की

जयपुर में रानी उर्फ शबनम पत्नी वहीद खाँ उम्र 29 साल निवासी गुलजार मस्जिद ऊँट वालों का मौहल्ला तोपखाना हुजूरी। जयपुर में रानी उर्फ शबनम की शादी वहीद खाँ पठान से 28.09.95 को हुई। शबनम का ये दूसरा विवाह था। शबनम राजस्थानी डांस की मशहूर कलाकार है। निकाह के बाद डांस पार्टी में वहीद भेजता रहा और वह विदेश से तीन-चार लाख रुपया बराबर पति को देती रही। पति ने धीरे-धीरे जेवर आदि सब ले लिया। शबनम ने घाट की गूणी पर मकान बनाया जहाँ पूरा परिवार रहने लगा। शबनम ने वहीद की फिजूलखर्ची से तंग आकर पैसे देने से मना किया तो वहीद ने शबनम को मारना पीटना चालू कर दिया। तीन-चार दिन के अन्दर इक्कीस जुलाई 2001 को वह दूसरी शादी कर लाया। इसी दिन रात को शबनम को उसके जेठ, ससुर, पति ने खूब मारा। शबनम का हाथ टूट गया। मौहल्लेवालों ने देखा तब किसी ने रामगंज थाना फोन किया। पुलिस आई। मगर किसी को नहीं पकड़ा और ना शबनम को लेकर आए। शबनम टैक्सी से स्वयं ही थाने गई वहाँ पर वो बराबर से रोकर कहती रही कि मेरी खूब पिटाई की है। मेरी टाँगों में दर्द है। मेरा हाथ काम नहीं कर रहा। तब भी पुलिस को रहम नहीं आया। इंचार्ज ने चिल्लाकर कहा कि सुबह दिखा देना, क्या बकबक कर रही है। शबनम को वहाँ से भगा दिया। फिर वह रातभर दर्द से तड़पती रही। सुबह जब थाने गई तो कहा कि कोठी में जाओ तुम्हारी फाइल वहाँ गई। शबनम निराश होकर बड़े हॉस्पिटल गई वहाँ पर एक्सरे हुआ। हाथ में फ्रेक्चर पाया गया।

नेशनल विमेन्स वैलफेयर सोसायटी की मदद से शबनम का मुकदमा दर्ज करवाया। 498ए, 406, 323 आई.पी.सी. में केस दर्ज हुआ। थाने ने फीस लेकर मेडिकल करवाया। अभी तक एक भी अपराधी नहीं पकड़ा गया है। शबनम ने 8 लाख के करीब पैसा जेवर के स्त्रीधन का दावा किया है। उसके बिल थाने ने माँगें हैं। निकाह की कापी और बिल वह थाने को दे आई है।

तसलीम बानो की आपबीती

जयपुर की तसलीम बानो के केस में कोर्ट के फैसले के बाद भी नियमित रूप से गुजारा भत्ता न दिए जाने की बात उभरकर आई। दहेज के लिए शादी के बाद से ही उसे तंग किया गया। माँगें पूरी की तो और माँगें बढ़ती गईं। आठ साल तक वह पीहर रही। पति इरफान लेने नहीं आया।

आठ साल बाद लोगों की मध्यस्थता से ससुरालवाले ले गए। पर तंग करते रहे और एक महीने बाद वापिस पीहर भेज दिया। फिर दो-तीन साल नहीं बुलाया। फिर मौहल्ले व रिश्तेदारों के बीच-बचाव से ले गए। इसी बीच एक बच्ची हुई जो बाद में मर गई। दूसरी बच्ची जीवित है। पिता के रिटायर होने पर उससे 50 हजार रुपए की माँग की। पैसे देने से मना करने पर तसलीम को फिर से तंग करने लगे। इसी बीच एक लड़के का जन्म हुआ। एक रात लड़के को वहीं रख लिया और तसलीम को घर से बाहर निकाल दिया। कहा बाप से रुपए लेकर आ तभी रखेंगे। महिला संगठन के बीच-बचाव से भी उन्होंने बच्चा नहीं दिया। अन्ततः थाने में केस किया। थाना कोतवाली में 498ए का मामला दर्ज हुआ। पुलिस ने कोई कार्रवाई नहीं की। आखिरकार पति को जमानत मिल गई। तब लड़की के पिता ने इस्तगासा करके न्यायालय के मार्फत बच्चा लिया। चार जनवरी 97 को गुजारे भत्ते का केस न्यायालय में किया। सोलह जून को फैसला हुआ। इसमें दोनों बच्चों के दो-दो सौ रुपए व बच्चों की माँ तसलीम बानो के 500 रुपए माहवार तय हुए। तसलीमा को जुलाई के महीने में 900 रुपए मनीऑर्डर से मिले। फिर कोर्ट जाना पड़ा तो कुर्की वारंट जारी हुआ पर पुलिस ने लिख दिया उसकी कोई सम्पत्ति नही। महिला संगठन के प्रतिनिधि ने जज से अनुरोध किया कि वे कुर्की वारंट हमें दें। इसी के बाद वह गिरफ्तार हुआ और 7 महीने के 6300 रुपए एक साथ जमा कराए। अब भी तीस हजार रुपए बकाया हैं। पुलिस उससे मिल गई है और कोई कार्रवाई नहीं करती है। पुलिस वारंट को लौटा देती है कि आदमी मिलता ही नहीं है। नवम्बर 1999 में पति ने तसलीम बानो को तलाक दे दिया। जिसके बाद से जुलाई 2000 में स्त्रीधन का केस कोर्ट में विचाराधीन है। इरफान, कभी भी न्यायालय में उपस्थित नहीं होता। तसलीम की माँ के साथ भी ससुरालवालों ने 1996 में मारपीट की। उसका फौजदारी मुकदमा दर्ज हुआ। मुल्जिमों को हाजरी माफी कोर्ट ने दे रखी है। पूरे 5 साल हो गए यह केस चल रहा है। सवाल है तसलीम अपना गुजारा कैसे चलाए।

सामाजिक मानसिकता के खिलाफ

- दहेज व सम्पत्ति पर औरत के मालिकाना हक का सवाल सिर्फ कानून, पुलिस और कोर्ट-कचहरी के स्तर पर हल नहीं किया जा सकता। सामाजिक चेतना के स्तर पर इससे जूझना कहीं ज्यादा जरूरी है क्योंकि कानून, पुलिस और कोर्ट कचहरी के स्वरूप को भी सामाजिक चेतना ही निर्धारित करती है। इसलिए दहेज और सम्पत्ति पर औरत के मालिकाना हक का सवाल दरअसल सामाजिक सुधार आन्दोलन का भी सवाल है।
- इस आन्दोलन में समाज के वर्तमान दकियानूस सोच को बदलना होगा जैसे लड़कियों को बोझ मानना, उसकी पहचान दहेज की रकम से करना न कि उसके व्यक्तित्व एवं स्वावलम्बन से, लड़कियों को सम्पत्ति में हक न देना पर मोटी रकम से दूल्हे को खरीदना आदि।
- इस मानसिकता के बदलाव के लिए समाज के हर तबके, युवा वर्ग, जाति, समाज, नेता मीडिया, शिक्षक आदि से भी संवाद जरूरी होगा। साथ ही इस संघर्ष में बढ़ती उपभोक्तावादी संस्कृति के सवालों को जोड़ना होगा।

आयाम कानूनी लड़ाई के

लम्बे समय से औरतों को सम्पत्ति से वंचित करने की मानसिकता को बदलने की आवश्यकता है। दहेज कानून को पूरी तरह से लागू करने की आवश्यकता है। सभी संगठनों ने महसूस किया कि :-

- सम्पत्ति के पारम्परिक व वैधानिक कानूनों में महिलाओं को असमान हकवाले कानून बदले जाने चाहिए।
- दुकान, घर, मकान, जमीन सभी पर पति-पत्नी का संयुक्त अधिकार अनिवार्य किया जाना चाहिए।
- ग्रामीण व शहरी इलाकों में झोंपड़ी व कृषि जमीन पर संयुक्त पट्टा होना चाहिए।
- अविवाहित/विधवा/परित्यक्ता/तलाकशुदा महिला का पिता की चल-अचल सम्पत्ति में बराबर का हक सुनिश्चित किया जाए।
- किसी भी परिस्थिति में पत्नी का पति के घर में रहने का हक सुनिश्चित किया जाना चाहिए।
- विवाह के बाद अर्जित की गई सम्पत्ति में पति-पत्नी का बराबर हक होना चाहिए।
- पैतृक सम्पत्ति में व पिता द्वारा अर्जित सम्पत्ति में महिला को बँटवारे का अधिकार दिया जाना चाहिए।
- विवाह का पंजीकरण अनिवार्य किया जाना चाहिए।

- विवाह के समय दी गई वस्तुओं की सूची इस पंजीकरण के साथ अनिवार्य रूप से लगाई जानी चाहिए।
- दहेज व घरेलू हिंसा से सम्बन्धित कानूनों की क्रियान्विति कड़ाई से होनी चाहिए।

सवाल पुनर्वास का

महिलाओं के पुनर्वास एवं मानसिक रूप से सामान्य होने के लिए अल्पावास गृह एवं 'हीलिंग केन्द्र' की स्थापना हर शहर में करनी होगी। पीड़ित महिलाओं के पुनर्वास का सवाल सरकार एवं न्याय व्यवस्था में भी बनना चाहिए। महिला आन्दोलन से जुड़े लोगों ने ही घरेलू हिंसा को सामाजिक मुद्दा बनाया। औरतें घर की बात बाहर आकर कहने लगीं। अन्याय का विरोध करने लगी। कानून व सामाजिक सोच का अन्तर उभरकर सामने आने लगा है।

(II) विधवा दहन विरोधी अभियान

चार सितम्बर 1987 को राजस्थान में सीकर जिले के दिवराला गाँव में 18 वर्ष की रूपकँवर को मृत पति की देह के साथ जिन्दा जला दिया गया। सती के रूप में महिमामंडन के साथ हुई इस वहशी घटना का राज्य के महिला संगठनों द्वारा जिस तरह विरोध हुआ वह यही दिखाता है कि इस समय तक इन महिलाओं के जागरूकता, संघर्ष और संवेदनशीलता का स्तर काफी विस्तारित हो चुका था। प्रशासन की निष्क्रियता, चुप्पी और इस घटना के महिमामंडन के चलते महिला अस्मिता के सवाल पर एक बड़ी चुनौती खड़ी हो गई थी। माहौल इस तरह का बन रहा था जिससे कट्टरवादी विचारधारा को समाज की स्वीकृति मिल रही थी। यह अहसास गहराने लगा था कि किसी औरत की जिन्दगी की सबसे बड़ी उपलब्धि यही हो सकती है कि वह अपने पति के शव के साथ उसी चिता पर जलकर मर जाए। यह विचारधारा 1980 के दशक में राजस्थान की औरतों को स्वीकार नहीं थी।

पति की मौत के बाद रूपकँवर का देह दहन राजस्थान राज्य की औरतों के लिए सती होने की पहली घटना नहीं थी। इससे पहले और आजादी के बाद से राजस्थान में विधवा दहन या दहन के प्रयास की दस घटनाएँ और घट चुकी थीं, जिनकी हमारे पास जानकारी है। इनमें से तीन को प्रशासनिक दखल से बचा लिया गया। उत्तर प्रदेश के बुन्देलखंड और बाँदा, मध्यप्रदेश के विलासपुर, पंजाब और राजस्थान में मिलाकर विधवा दहन के 18 प्रयास नजर आए हैं। एक बात जरूर देखने में आई कि 1955 से 1958 के बीच मात्र तीन घटनाएँ ही सामने आई जबकि 1958 से 4 सितम्बर 1987 के पूर्व 11 घटनाओं का ब्यौरा हमारे पास है।

1. 16 अगस्त 1955 को चूरू जिले के भीमसर थाने के गाँव बामणिया में टोडाराम

नामक ब्राह्मण की लम्बी बीमारी के बाद मृत्यु हो गई। घरवालों ने उसकी पत्नी सरस्वती को सती होने के लिए मजबूर किया। पुलिस वहाँ पर पहुँची भी, परन्तु उपस्थित भारी भीड़ के दबाव के सामने उसकी एक न चली व सरस्वती पति के शव के साथ ही जलकर राख का ढेर बन गई।

2. सात दिसम्बर 1957 को ब्रिगेडियर जबरसिंह की मृत्यु हुई। मृत्यु के समय वे कंट्रोलर, हाउस होल्ड, जयपुर के पद पर कार्य कर रहे थे। वे अत्यन्त प्रतिष्ठित व मिलनसार व्यक्ति थे। उनकी मृत्यु पर उनके परिवारवालों के अतिरिक्त विभिन्न वर्गों के लोगों ने दाह संस्कार में भाग लिया जिनमें शिक्षित, प्रतिष्ठित व कई भूतपूर्व सैनिक अधिकारी भी थे। उनके सामने ही उनकी विधवा पत्नी चिता पर चढ़ गई व देह दहन कर लिया।
3. 6 अप्रैल 1973 को सीकर (राजस्थान) के पास ही एक व्यक्ति की साँप के काटने से मृत्यु हो गई। इस पर उसकी पत्नी उसकी मृत देह को लेकर चिता पर चढ़ गई व थोड़ी ही देर में उसकी देह जलकर भस्म हो गई। उसे वहाँ एकत्रित जनसमुदाय में से न तो किसी ने रोका और न समझाया बल्कि उसके दहन के बाद इस घटना का व्यापक प्रचार किया गया व महिमामंडित करने के प्रयास हुए।
4. वर्ष 1978 में जिला सीकर (राजस्थान) में गाँव हाथीदेह के हरदास बास में महाजन जाति की एक युवती ने पति की मृत्यु होने पर देह दहन कर लिया। उस समय भी भारी संख्या में लोग एकत्रित थे। उसे किसी ने नहीं रोका बल्कि वहाँ पर स्मृति भवन बना दिया व पूजा-अर्चना प्रारम्भ कर दी जो लम्बे समय तक चलती रही।
5. वर्ष 1979 में ही जिला सीकर (राजस्थान) के गाँव झाड़ली में राजपूत जाति की अठारह वर्षीय युवती ओम कँवर ने पति की मृत्यु होने पर उसकी चिता पर चढकर अपने प्राण त्याग दिए। इस गाँव में राजपूत व महाजन जाति के लोगों का बाहुल्य है। उसके मृत पति के साथ जलने की तैयारी पर भारी जनसमुदाय एकत्रित हुआ पर किसी ने उसे देह दहन करने से नहीं रोका बल्कि कुछ दिनों बाद ही वहाँ पर उसकी स्मृति में एक विशाल मन्दिर का निर्माण किया गया। इसके लिए मुम्बई व कलकत्ता जाकर चन्दा तक एकत्रित किया गया व प्रबन्ध हेतु ट्रस्ट की स्थापना की गई। यद्यपि इस घटना के बाद पुलिस ने वहाँ के सरपंच व कुछ अन्य लोगों को गिरफ्तार भी किया पर बाद में वे रिहा हो गए। वहाँ प्रति वर्ष मेला लगने लगा व इस घटना को महिमामंडित किया जाने लगा।
6. 29 फरवरी 1980 को नागौर (राजस्थान जिले की तहसील डेगाना) के गाँव नीमड़ी कोटीहारी में एक महिला सोन कँवर ने जो काफी बड़ी आयु की थी, पति की मृत्यु होने पर नववधू का वेष धारण कर लिया। भारी संख्या में वहाँ लोग एकत्रित हो गए। उनके सामने ही वह पति की चिता पर चढ़ गई व

आत्मदाह कर लिया।

7. सीकर जिले के गाँव कोटड़ी में स्वर्णकार जाति की सावित्री नाम की महिला ने अपने पति की मृत्यु होने पर उसकी चिता पर देह दहन कर लिया। उस महिला के छोटे-छोटे बच्चे थे व उनके पालन-पोषण की समस्या भी थी। महिला की आयु भी अधिक नहीं थी। वहाँ पर भारी भीड़ एकत्रित हो गई पर उसे देह दहन करने से किसी ने नहीं रोका बल्कि उसकी मृत्यु के बाद वहाँ उसकी स्मृति में अत्यन्त ही भव्य व विशाल मन्दिर का निर्माण कर लिया गया जहाँ प्रतिवर्ष मेला लगने लगा व लाखों रुपयों का चढ़ावा एकत्रित होने लगा।
8. 12 मार्च 1983 को जयपुर जिले के गाँव देवीपुरा में श्रीमती जसवंत कौर को उसके पति की मृत्यु होने पर देह दहन के लिए तैयार किया गया। इसकी खबर भी आस-पास फैल गई। इस पर जहाँ एक ओर गाँववाले भारी संख्या में एकत्रित हो गए, जिला प्रशासन को सूचना मिलने पर पुलिस भी पहुँच गई। भारी भीड़ को देखते हुए पुलिस को सशस्त्र बल भी बुलाना पड़ा। स्थिति इतनी तनावपूर्ण हो गई कि दंगा-फसाद की नौबत आ गई। जब पुलिस ने फायरिंग की धमकी दी तभी भीड़ वहाँ से छँटने लगी, अन्यथा उस महिला को चिता पर जलाने के लिए वह भीड़ आमादा थी। पुलिस के हस्तक्षेप से ही उसके प्राणों की रक्षा हो पाई।
9. 27 जनवरी 1987 को राजस्थान में जयपुर जिले के राजनोता गाँव में श्री बिहारीलाल जी की मृत्यु हुई। इस पर उसकी पत्नी श्रीमती गोकुलबाई को सती होने के लिए तैयार किया गया। यह खबर बिजली की तरह चारों ओर फैल गई। जनसमुदाय उसे देखने के लिए उमड़ पड़ा। किसी व्यक्ति ने पुलिस को भी सूचना दी। भारी पुलिस बल के वहाँ पहुँचने से ही उसके प्राणों की रक्षा हो पाई।
10. इन्हीं दिनों शेखावटी क्षेत्र के ही गाँव देपालिया, चिराना में एक युवती अपने पति के शव के साथ चिता पर चढ़ने जा रही थी वहाँ काफी गाँववासी एकत्रित हो गए। किसी व्यक्ति ने स्थानीय प्रशासन को सूचित कर दिया जिस पर पुलिस बल वहाँ पहुँचा व उस युवती को देह दहन से रोक दिया गया। जब उसे पुलिस थाने में ले जाया गया तो बताते हैं कि उसने कहा "मैं राणी सती की तरह महान बनना चाहती हूँ।" राणीसती का भव्य विशाल मन्दिर शेखावाटी क्षेत्र के ही प्रमुख शहर झुंझनू में स्थित है।
11. सबसे पहली घटना जिसे पढ़कर बड़ा रोष आया था वह थी 16 मार्च 1980 के राजस्थान पत्रिका समाचार पत्र में छपी सोनकुँवर के सती होने की घटना। पत्रिका के रविवारीय परिशिष्ट में एक विस्तृत लेख छपा था। सोनकुँवर के परिवार के चित्र, सती के प्रतीक चिन्हों समेत यह लेख हर तरह से सती का महिमामंडन कर रहा था। लेख में पूरे घटनाक्रम को विस्तार से बताया गया, कैसे अनपढ़ होते

हुए भी उसके मन में सती होने का विचार था। कैसे वह सजधजकर निकली, कैसे श्मशान की जगह तालाब की पाल पर दाह संस्कार का निर्णय हुआ। कैसे लोग तमाशबीन बने विधवा दहन देखते रहे। कैसे मेला भरा। कैसे भक्तगण और महिलाएँ जय-जयकार करती दहन स्थल पर पहुँचती रहीं।

अन्त में इसी लेख में यह भी कह दिया गया कि कैसे मीरा के वंश के इस परिवार में एक औरत सती हुई।

नागौर जिले की सौ घरों की छोटी सी बस्ती का नीमड़ी गाँव। होली से ठीक एक दिन पहले 29 फरवरी 1980 को गाँव का माहौल ही कुछ अजीब सा हो गया। अधिकतर कच्चे घरोंवाली बस्ती में यह समाचार हर किसी व्यक्ति के पास ठीक 11 बजे दिन में ही पहुँच गया था कि 75 वर्षीय सुगनसिंह की मृत्यु हो गई। उन्हें कच्ची तिबारी में खाट से नीचे उतार दिया है। सभी घर वाले रो रहे हैं किन्तु उनकी 65 वर्षीय पत्नी की आँखों में न आँसू हैं न चेहरे पर पीड़ा की तनिक सी भी झलक। सोनकुँवर ने मृत पति के हाथ जोड़े। परिवारवालों को सुगनसिंह को श्मशान घाट ले जाने की तैयारी की बात कही और खुद ने ताजा पानी मँगाया। अपने घर में स्नान किया, पुराने कपड़ों को मूज की तणी पर डाल दिया और खुद विवाह के समय बनी दुल्हन की तरह शृंगार करने बैठ गई। आखों में काजल, माथे पर टीकी, बेशकीमती पोशाक पहनने की असाधारण बात खेतीहर गाँव के लोगों के भी कानों में पड़ी। किसी के मुँह से यह भी निकला 'सोनकुँवर' सती हो रही है।

सुगन सिंह खेती करते थे। पाँच लड़कों में से एक की मृत्यु हो गई पर चार भंवरसिंह, गुमानसिंह, मानसिंह, भगवानसिंह वहीं मौजूद थे। सोनकुँवर ने पति की असाध्य बीमारी जानकर अपने पाँचों लड़कों की बहुओं, तीनों लड़कियों और नाते रिश्तेदारों को पहले ही बुला लिया था। भरा-पूरा परिवार। खाने को अनाज की कमी नहीं पर इनमें पढ़ा हुआ कोई नहीं। स्वयं सोनकुँवर ने शायद ही कभी कोई किताब पढ़ी हो किन्तु सती होने की बात उसके दिमाग में अवश्य थी। इसीलिए पति की बीमारी के दिनों में ही उसके स्वभाव की क्रियाएँ शुरू हो गई थीं। जैसे ही सुगनसिंह की शव यात्रा शुरू हुई सोनकुँवर ने अपने सोने के गहने निकालकर अपने घरवालों को सौंप दिए। लोगों को सन्देह हो गया कि सती हो रही है। बेटों ने माँ को अपनी पीड़ा भी सुनाई पर वह सती होने के निश्चय से हटने को तैयार नहीं थी।

आखिर अपने घर से आधा किलोमीटर दूर, गाँव के तालाब का किनारा, बड़े-बड़े वट वृक्ष, कैरों के पेड़, इसी के पास गाँववालों ने सुगनसिंह की चिता सजाई। पीपल के सूखे पेड़ की लकड़ियाँ भी लगाई इसके बाद सोनकुँवर चिता पर चढ़ी। श्मशान में खड़े लोगों को चिता से दूर रहने को कहा। 50 वर्ष पूर्व जिस पति ने सोनकुँवर का पास ही के गाँब जैसास में हाथ पकड़ा था उस दिन दोनों चिता में थे। चारों ओर से राम-राम आवाज आ रही थी। सती होने से पूर्व सोनकुँवर के चिता पर रखे, अपने पति को गोद में लिया। इसी के साथ चिता ने आग पकड़ी। प्रत्यक्षदर्शियों के अनुसार

जब दस मिनिट से भी कम समय में उसके शरीर को लपटों ने घेर लिया। उसका मस्तक पति के शरीर की ओर झुकते देखा और गाँव-गाँव में आवाज पहुँच गई—नीमड़ी में सोनकुँवर सती हो गई। मेड़ता परगना मीरा की जन्मभूमि रही है। इसी वंश में से थे सुगनसिंह। पर गत 250 वर्ष में भी गाँव के बड़े-बूढ़ों ने कभी सती होने की बात नहीं सुनी। पर आज प्रत्यक्ष किसी महिला को अपने पति के साथ सती होते हुए देखा। इस छोटे से गाँव के 40, 50 लोग यह सब नहीं देख सके, वे पास के गाँव चले गए थे।

डेगाना से नीमडी 18 कि.मी. दूर। गाँव में मोटर तो शायद कभी-कभार चुनावों में ही गई हो किन्तु अब नियमित बसें सती के स्थल तक जाती हैं। सैंकड़ों यात्री बसें, ऊपर, नीचे भरी हुई। इनमें भी अधिकतर महिलाएँ सती माता की जय, सती माता की जय के नारों के साथ गाँव में एक के बाद एक पहुँच रही हैं। तीन-चार दिन तो लोगों को विश्वास ही नहीं हुआ कि इस छोटे से गाँव के साधारण परिवार की महिला सती हुई है किन्तु जब से प्रत्यक्षदर्शियों ने इस दृश्य को देखा है—छोटे से गाँव ने नियमित मेले का रूप ले लिया है। माँ-बाप दोनों ही अचानक चले गए। अनपढ़ खेतिहर परिवार करे तो क्या करे; किन्तु जब से गाँव में हजारों दर्शनार्थियों का नित्य ताँता बँधा है, वे भी हक्के-बक्के रह गए हैं। जयपुर में राज्य सरकार ने इस घटना के प्रति पूर्ण अनभिज्ञता प्रकट की। इसी विचार से मैं यह जानने उस गाँव में जा पहुँचा कि वास्तव में वह सती हुई अथवा यह केवल अफवाह मात्र है। डेगाना से बस में अधिकांश सती के जानेवाली सवारियाँ थी। बसवाला सिर्फ सवा रुपया ले रहा था। नीमड़ी कला गाँव सती के गाँव से सिर्फ 2 ढाई किलोमीटर दूर। सरकारी आयुर्वेद औषधालय के युवा वैद्य जी ने बताया कि वे इस घटना को सुनकर तत्काल भागकर गए किन्तु 6 बजे तक तो सती हो चुकी थी। सती ने चिता पर बैठने से पूर्व राम-राम के सिवा कुछ भी शब्द नहीं बोला, न किसी को आशीर्वाद दिया, न भविष्य का वरदान ही दिया। सिर्फ अपने समर्पण का प्रत्यक्ष स्वरूप प्रकट किया किन्तु अब भूत-प्रेत से पीड़ित अन्धे, लूले, लँगड़े भी दुआएँ माँगने आ रहे हैं। सती की चिता की अग्नि 29 फरवरी से आज तक प्रज्वलित है। इसके पास तालाब की पाल पर भर रहे 'मेले' में नारियल प्रसाद बेचनेवालों की दुकानें लगी हुई हैं। जो भी दर्शनार्थी आता है नारियल अवश्य चढ़ाता है। चिता के चारों और हजारों नारियलों की दीवार-सी बन गई है। काँचली, कुर्ती, फीतों, हजारों की संख्या में गोटे लगे हुए कपड़े टँगे हैं। नारियलों की आग से आसपास का क्षेत्र स्वतः सुगन्धित हो रहा है।—(बिशन सिंह, राजस्थान पत्रिका, 16 मार्च, 1980)।

इस खबर को पढ़कर महिला संगठनों की तरफ से सम्पादक के नाम पत्र भी लिखा गया लेकिन वह कभी छपा ही नहीं।

रूपकँवर के दहन कांड का घटनाक्रम

विधवा दहन को लेकर समाज और मीडिया में महिमामंडन की इसी मानसिकता का

परिणाम था कि सीकर जिले के दिवराला गाँव में रूपकँवर को पति की मृत देह के साथ जिन्दा जलाने की घटना को शुरुआती तौर पर बहुत ही सतही रूप में लेने का प्रयास किया गया। बाद में महिलाओं ने पूरी एकजुटता दिखाते हुए इस घटना को नारी अस्मिता का मुद्दा बनाया तो लोगों की आँखें खुलीं। इस घटनाक्रम का सिलसिलेवार विवरण शारदा जैन, नीरजा मिश्रा व कविता श्रीवास्तव ने इकॉनोमिक एण्ड पोलिटिकल वीकली के 7 नवम्बर 1987 के अंक में इस तरह से दिया है :-

5 सितम्बर – एक स्थानीय अखबार में आठ लाइन की खबर छपी कि चार सितम्बर 1987 को दिवराला में रूपकँवर सती हो गई। खबर को ऐसे स्थान पर छापा गया था जहाँ आसानी से उस पर ध्यान न जाए।

6 सितम्बर – इंडियन एक्सप्रेस अखबार में भी एक संक्षिप्त रिपोर्ट छपी।

- जयपुर में तीन महिला समूहों के प्रतिनिधियों ने इस घटना पर मिलकर चर्चा की। इस घटना पर उन्होंने अपना आक्रोश और चिन्ता जताई। तय हुआ कि कुछ अन्य समूहों से इस घटना की चर्चा की जाए तथा मुख्यमन्त्री से तुरन्त इस सन्दर्भ में मिला जाए।
- महिलाओं का एक प्रतिनिधिमंडल इसी दिन शाम को मुख्यमन्त्री से मिला, माँग की गई कि अपराधियों के खिलाफ कड़ी कार्रवाई की जाए। मुख्यमन्त्री जी ने प्रतिनिधिमंडल से बहुत सतही तौर पर बात की। दो मिनट बातचीत के बाद ही घंटी बजाकर अन्य प्रतिनिधिमंडल को बुलाए जाने का संकेत दे दिया। प्रतिनिधिमंडल ने इस तरह के व्यवहार से खुद को आहत महसूस किया।

7-10 सितम्बर – राज्य सरकार द्वारा इस घटना पर कोई प्रतिक्रिया नहीं व्यक्त की गई। कोई वक्तव्य नहीं दिया गया। जिला प्रशासन द्वारा बड़े ही औपचारिक तरीके से रूपकँवर के ससुराल पक्ष के सदस्यों पर धारा 306 के तहत केस दर्ज किया गया व रूपकँवर के 15 वर्षीय नाबालिग देवर पुष्पेन्द्र सिंह को गिरफ्तार कर लिया।

- महिला समूहों का आक्रोश सरकार व प्रशासन की इस तनाव भरी चुप्पी और निष्क्रियता से बढ़ता ही जा रहा था।

11-12 सितम्बर – *टाइम्स ऑफ इंडिया* अखबार के जयपुर संस्करण में पहले पेज पर प्रमुखता से इस प्रकरण की खबर छपी। इस खबर में विस्तार से बताया गया कि दिवराला तीर्थ स्थान बन गया है। हजारों भक्तगण दिवराला पहुँच रहे हैं। दुकानदारों का व्यापार

भी जम गया है। ट्रिक फोटोग्राफी से रूपकँवर की गोद में पति का सर रखा हुआ है, रूपकँवर के फोटो हजारों की संख्या में बिक रहे हैं। रूपकँवर के विधवा दहन को महिमामंडित करते हुए पर्चे बाँटे जा रहे हैं। इन्हीं पर्चों में चुनरी रस्म पर लोगों से बड़ी संख्या में आने की अपील की गई है।

- कुछ महिलाओं और पुरुष मित्रों द्वारा इस घटना को लेकर तरह-तरह के सवाल किए जा रहे थे। यथा—क्या वह पति को खा गई ? क्या रूपकँवर पर सत चढ़ा था या फिर कुण्ठा के कारण वह सती हुई ? क्या उसने अन्त समय में अपना निर्णय बदलने का प्रयास किया और उसे इसकी अनुमति नहीं दी गई ? क्या वह मदद के लिए चिल्लाई और उसकी आवाज घंटे-घड़ियालों और जयकारों में जानबूझकर दबा दी गई ? क्या वह वास्तव में अपने पति मालसिंह के प्रति इस हद तक समर्पित थी ? क्या उसने स्वेच्छा से विधवा दहन स्वीकार किया ?

12 सितम्बर — ग्रामीण और शहरी क्षेत्र में कार्यरत सात महिला समूहों के प्रतिनिधि, पी.यू.सी.एल. की महामन्त्री मिस हेमलता प्रभु व कनोड़िया महिला महाविद्यालय की पूर्व प्राचार्या के नेतृत्व में मिले व तय किया कि उन्हें :

- 'सती' की घटना की औपचारिक निन्दा करनी चाहिए व रूपकँवर को जिन्दा जलाए जाने को हत्या कहना चाहिए।
- जनता से अपील की जाए कि वह इस प्रकरण में तुरन्त कार्रवाई की माँग उठाए।
- प्रधानमन्त्री राजीव गांधी, महिला व बाल विकास राज्यमन्त्री मागरेट अल्वा को तार देकर उनसे हस्तक्षेप करने व 16 सितम्बर को आयोजित हो रहे चुनरी महोत्सव के दौरान होनेवाले महिमामंडन को रोकने की माँग की जाए क्योंकि राज्य सरकार इस प्रकरण में कोई भी कार्रवाई करने में असफल रही है।
- ऐसे समूहों के साथ संवाद आरम्भ हो जो इस परम्परा को अपनी स्वीकृति देते हैं।
- चौदह सितम्बर को एक प्रदर्शन किया जाए और मुख्यमन्त्री से माँग की जाए कि वे रूपकँवर की हत्या के खिलाफ कानूनी कार्रवाई करें और सोलह सितम्बर को होनेवाले समारोह को रोकें।

14 सितम्बर — शहर और गाँव के 13 महिला समूहों की साढ़े तीन सौ महिलाओं के साथ कुछ पत्रकार, शोधकर्ता, छात्र-छात्राएँ, महाविद्यालय और विश्वविद्यालय के शिक्षक, डॉक्टर व नाटककारों ने प्रदर्शन में शिरकत की। यह एक मौन प्रदर्शन था। प्रदर्शनकारियों का प्रतिनिधिमंडल मुख्यमन्त्री से मिलने सचिवालय गया। मुख्यमन्त्री उपलब्ध नहीं थे। गृहमन्त्री, महिला मन्त्री या अन्य मन्त्री भी उपलब्ध नहीं थे। प्रतिनिधिमंडल जनप्रति-निधियों से ही मिलना चाहता था। करीब पैंतालीस मिनट इन्तजार करने के बाद मुख्यमन्त्री के सचिव को ज्ञापन सौंप दिया गया। सचिव ने उसे जल्दी से जल्दी मुख्यमन्त्री तक पहुँचाने का आश्वासन दिया।

मंत्रिमंडल के इस रुख के बाद उच्च न्यायालय में याचिका पेश करने का निर्णय हुआ। शाम हो रही थी। उच्च न्यायालय के बन्द होने से पूर्व ही याचिका लगाकर 16 सितम्बर को आयोजित समारोह को गैरकानूनी घोषित करने व राज्य सरकार को इस समारोह को रोकने के निर्देश देने की माँग की गई।

- इसी दिन इंडियन एक्सप्रैस अखबार में विधवा दहन की घटना की निन्दा करते हुए सम्पादकीय छापा गया।

15 सितम्बर — इस दिन उच्च न्यायालय में याचिका पर सुनवाई हुई और याचिका स्वीकार कर ली गई। कोर्ट का माहौल अत्यन्त तनावपूर्ण था। अदालत परिसर सती समर्थकों से ठसाठस भरा हुआ था। महिला समूहों की तरफ से एडवोकेट सुनीता सत्यार्थी ने पैरवी की। न्यायमूर्ति सुरेश चन्द्र अग्रवाल व पन्नालाल जैन ने राज्य सरकार को आदेश दिया कि 16 सितम्बर को दिवराला में कोई भी सार्वजनिक आयोजन न होने देने के लिए अपेक्षित कदम उठाएँ।

- इसी दिन टी.वी. पर दिए गए सार्वजनिक वक्तव्य में मुख्यमन्त्री ने पहली बार अपनी चुप्पी तोड़ी व विधवा दहन की घटना को गैर-कानूनी और अनुचित कहा। मुख्यमन्त्री के अतिरिक्त सभी जनप्रतिनिधि (पक्ष व विपक्ष दोनों ही) इस पूरे मामले में अब तक चुप ही रहे थे।
- इसी दिन महिला समूह की कुछ सदस्याएँ स्थिति का जायजा लेने दिवराला गईं।

16 सितम्बर — उच्च न्यायालय के आदेशों के बावजूद लोग बड़ी संख्या में दिवराला गए। सरकार की तरफ से चुनरी महोत्सव को रोकने

के कोई प्रयास नहीं हुए। असहाय दर्शक की भूमिका मात्र ही उन्होंने निभाई। सबसे ज्यादा हैरत की बात तो यह रही कि पक्ष विपक्ष के अनेक विधायकों ने भी यहाँ अपनी उपस्थिति दर्ज कराई।

- इसी दिन शाम को महिला संगठन के प्रतिनिधियों ने इस विषय पर एक मीटिंग की। अनेक शोधकर्ता, छात्र, वकील और सक्रिय कार्यकर्ता जो पहले नहीं जुड़े थे इस मीटिंग में जुड़े। मीटिंग में औरत की समाज में पहचान व दर्जे की बात उठी। दिवराला घटना का कुछ राजपूत नौजवानों द्वारा समर्थन व महिमामंडन पर गहरी चिन्ता जताई गई। इस पूरी घटना को धर्म और जाति विशेष के गौरव से जोड़ने के कारण इस समस्या में एक नया मोड़ आ गया था। इस मीटिंग में व्यापक स्तर पर इस तरह की बहस और रचनात्मक संवाद आयोजित करने की आवश्यकता महसूस की गई।

17 सितम्बर – राजस्थान विश्वविद्यालय के महिला अध्ययन केन्द्र में महिला एवं बाल विकास की केन्द्रीय राज्य मन्त्री मार्गरेट अल्वा का सन्देश मिला। यह सन्देश तार द्वारा सचिव महिला एवं बाल विकास रोमा मजूमदार द्वारा भिजवाया गया था। तार का मजमून था–"सीकर जिले में सती की घटना तथा जन प्रतिक्रिया की रिपोर्टें दुख व चिन्ता से पढ़ीं हैं। हमें आशा है कि राज्य सरकार अपराध करनेवालों के विरुद्ध जल्द से जल्द कठोर कदम उठाएगी और जिस उत्सव की चर्चा की जा रही है उसे रोकेगी। भविष्य में ऐसी घटनाओं को रोकने के मकसद से अगर जनमत तैयार किया जाए तो आभारी होऊँगी।" सरकार की तरफ से इस आन्दोलन के समर्थन में यह पहली सकारात्मक प्रतिक्रिया थी।

18 सितम्बर – केन्द्रीय समाज कल्याण बोर्ड की अध्यक्ष सुष्मिता श्रीवास्तव का सन्देश महिला समूहों के नाम प्राप्त हुआ। सन्देश में बताया गया था कि वे और गृहमन्त्री पी.चिदम्बरम अगले दिन जयपुर आ रहे हैं। वे लोगों से मिलेंगे और इस प्रकरण की जाँच करेंगे और तय करेंगे कि इस मामले में किस तरह के हस्तक्षेप की जरूरत है।

- जनता पार्टी मुम्बई की मृणाल गोरे ने इस घटना की निन्दा करते हुए एक वक्तव्य जारी किया जबकि उन्हीं की पार्टी के

सदस्य राजस्थान में इस विषय पर विपरीत राय रखते थे।

19 सितम्बर – केन्द्रीय समाज कल्याण बोर्ड की अध्यक्ष के साथ महिला संगठनों के प्रतिनिधियों की मीटिंग हुई। इस बैठक में कुछ पुरुष व कुछ सरकारी अधिकारी भी उपस्थित थे। मीटिंग काफी सौहार्द्रपूर्ण वातावरण में चली। बैठक के अन्त में तुरन्त और दीर्घ समय में सरकार द्वारा उठाए जाने वाले कदमों के सन्दर्भ में एक प्रारूप तैयार किया गया। तुरन्त उठाए जानेवाले कुछ कदम थे–(i) जो मन्त्री व प्रशासक इस घटना में लिप्त हों, या जिन्होंने आवश्यक कदम न उठाए हों उनके विरुद्ध दंडात्मक कार्रवाई, (ii) दिवराला न्यास द्वारा एकत्रित की गई धनराशि को अकाल राहत कार्यों के लिए हस्तान्तरित करना। सुझाया गया कि दूरगामी उपायों में निम्न बातें शामिल की जाएँ-(i) विधवाओं के लिए नौकरी/रोजगार के अवसर बढ़ाएँ जाएँ, (ii) विधवाओं या निःसन्तान महिलाओं के विरुद्ध सामाजिक भेदभाव को संज्ञेय अपराध की श्रेणी में रखा जाए, (iii) सती महिमामंडन के सार्वजनिक उत्सवों जैसे राजस्थान के विभिन्न स्थानों पर आयोजित होनेवाले 'सती मेलों' पर पूरी रोक लगा दी जाए।

- गृहमन्त्री पी. चिदम्बरम के साथ महिला समूहों की मीटिंग हुई। समूह को सूचना दी गई कि चार गिरफ्तारियाँ और हुई हैं। इस बात का भरोसा दिलाया गया कि अब स्थिति नियन्त्रण में है। दाह स्थल पर कोई मन्दिर नहीं बनाने दिया जाएगा।
- इसी दिन शाम को करीब पाँच सौ राजपूत नौजवान बसों में भरकर तलवार भाँजते हुए जयपुर की मुख्य सड़कों से गुजरकर गृहमन्त्री से मिलने गए। पुलिस द्वारा इन्हें न तो रोका गया, न ही उनकी कोई जाँच की गई। केन्दीय गृह मन्त्री के सती विरोधी दृढ़ निर्णय से वे असन्तुष्ट थे। बैठक में भी काफी गरमा-गरमी चली। सती धर्म के संरक्षण हेतु संघर्ष समिति गठित की गई।

20 सितम्बर – महिला समूह की कुछ सदस्याओं को धमकी भरे फोन आने लगे।

- राजपूतों के विरोध प्रदर्शन द्वारा इस प्रकरण को साम्प्रदायिक रंग देने की कोशिश शुरू हुई। संघर्ष समिति के नेताओं ने राजपूत परम्परा और गौरव से जोड़कर इस पूरे प्रकरण को एक खतरनाक मोड़ दे दिया था।

- चूँदड़ी महोत्सव के आयोजन को लेकर अदालत की अवमानना का केस न करने का निर्णय महिला समूहों ने लिया। अपनी रणनीति को बदलते हुए महिला समूहों ने ग्रामीण महिलाओं के साथ व्यापक संवाद करने का मन बनाया। इस वर्ग की महिलाओं से महिला समूहों को बड़ा समर्थन मिला। उन्होंने बड़े स्पष्ट शब्दों में कहा कोई भी औरत स्वेच्छा से जलना पसन्द नहीं करती।
- अटल बिहारी वाजपेयी ने एक सार्वजनिक सभा में दिवराला में हुए महिमामंडन और महिमामंडन का समर्थन करनेवाले अपनी पार्टी के सदस्यों की निन्दा की। इस निन्दा से बी.जे.पी. के अन्दर विरोधी मत उभरकर आए।

25-28 सितम्बर – महिला संगठनों ने दिवराला जाकर स्थिति का मुआयना किया।

- सीकर जिले में 25 सितम्बर को महिला समूह के गठन हेतु जयपुर से कई महिला प्रतिनिधि गईं। सीकर की औरतों का स्पष्ट मत था कि इस पूरे प्रकरण को धार्मिकता का रंग दिया जाना अनुचित है। यह सीधे तौर पर हत्या का मामला है जिसकी स्पष्ट रूप से निन्दा की जानी चाहिए, किन्तु संगठन बनाने के लिए लम्बे काम की जरूरत थी।
- देशभर के महिला समूहों से सन्देश आने आरम्भ हुए।
- राष्ट्रीय स्तर के अखबारों में लिखनेवाली महिला पत्रकारों से कुछ महिला समूहों की सदस्याओं की अनौपचारिक वार्ता हुई। यह समझ बनी कि जाति और धर्म से जोड़ दिए जाने से यह मुद्दा अत्यन्त गम्भीर हो गया है।

29 सितम्बर – महिला समूहों ने अपनी मीटिंग करके अब तक हुई घटनाओं का जायजा लिया। एक संयुक्त संघर्ष समिति बनाई गई व एक वक्तव्य जारी किया गया। "धर्म या समुदाय के नाम पर महिलाओं पर किए जानेवाले अत्याचारों की हम भर्त्सना करते हैं।" इसी वक्तव्य में यह भी कहा गया कि हमारे संघर्ष का मूल मुद्दा औरत की पहचान व समाज में औरत की स्थिति का है। यह तय हुआ कि जो चुप हैं खासतौर से वे जो राजपूत समाज के हैं, उनसे सहयोग लेने के लिए हस्ताक्षर अभियान चलाया जाए।

- 5 अक्टूबर को कनोड़िया कॉलेज में एक खुली चर्चा आयोजित हो ताकि इस संघर्ष का गैर-दलीय राजनीतिक स्वरूप उभर सके।

- सती के बारे में अपनी राय जताने हेतु एक पर्चा छापा जाए।
- देश के कई अन्य भागों से नागरिकों व महिला समूहों द्वारा समर्थन मिल रहा था। दिल्ली में भी सती-विरोधी समिति बन गई थी। जयपुर और दिल्ली के समूहों में संवाद कायम था।

1 अक्टूबर – राष्ट्रीय स्तर पर सती विरोधी संघर्ष में एकजुटता दिखाने के लिए 6 अक्टूबर को एक रैली के आयोजन का निर्णय लिया गया। विभिन्न पार्टियों की कई महिला सांसदों, दिल्ली, अहमदाबाद व राजस्थान की अनेक स्वैच्छिक संस्थाओं ने भागीदारी की इच्छा जताई।

2 अक्टूबर – केन्द्र सरकार के निर्देश पर राज्य सरकार ने सती विरोधी अध्यादेश निकाला।

3 अक्टूबर – संयुक्त समिति द्वारा रैली की तैयारी हेतु कुछ निर्णय लिए गए–

- मौन जुलूस निकाला जाएगा।
- किसी राजनीतिक दल या संस्था विशेष का बैनर नहीं लगाया जाएगा।
- किसी को भी आने-जाने का खर्च आदि नहीं दिया जाएगा।
- रैली के बाद आयोजित सभा के निम्न वक्ता होंगे–एक ग्रामीण महिला, एक बस्ती की महिला, दो विश्वविद्यालय की महिलाएँ, दो पुरुष जो इस आन्दोलन के समर्थक हैं। और दो राजपूत महिलाएँ जिन्होंने खुले तौर पर इस घटना की निन्दा की है। सारे वक्ता राजस्थान के होंगे।
- किसी भी राजनीतिक दल को मंच नहीं उपलब्ध करवाया जाएगा। न ही बाहर से आए सहभागियों को यह मंच दिया जाएगा।

5 अक्टूबर – कनोडिया महाविद्यालय, जयपुर में आयोजित संवाद में राजस्थान के विभिन्न भागों से तथा दिल्ली, अहमदाबाद और पुणे से आई महिला प्रतिनिधियों ने अपने विचार व्यक्त किए। सबसे खास बात थी राजस्थान विश्वविद्यालय के पुरुष प्रोफेसर्स, स्वैच्छिक संस्थाओं और नाट्यकर्मियों की भागीदारी।

- राजस्थान प्रौढ़ शिक्षण समिति द्वारा पोस्टर व पर्चे छपवाए गए व इस हेतु पूरा आर्थिक व्यय वहन किया गया।
- कई दुकानदारों व अन्य सहयोगियों ने अपनी पहचान जाहिर किए बिना ही रात-रात भर शहर में पोस्टर लगाने

में मदद की।

6 अक्टूबर — जयपुर की मुख्य सड़कों पर 3000 महिलाओं ने सती के विरोध में रैली निकाली। यह रैली एक बड़े बैनर के नीचे निकली जिस पर लिखा था "सवाल है नारी के सम्मान का, सवाल है नारी की पहचान का।" कई अन्य बैनरों और तख्तियों पर अन्य नारे जो लिखे गए वे थे :

औरत भी जिन्दा इंसान
नहीं जलाने की सामान

•••

हत्या के बाद औरत की पूजा ढोंग है

•••

सवाल है नारी के सम्मान का
सवाल है नारी की पहचान का

•••

जो औरत को न्याय न दे
वो कानून बदल डालो

•••

भूख गरीबी सब सह लेंगे
दिवराला में बेटी न देंगे

•••

कानून को गिरवी न धरो
रूपकँवर का न्याय करो

•••

हम बेबस लाचार नहीं
अन्याय हमें स्वीकार नहीं

•••

नए-नए कानून बनाते
फिर दोषी क्यों बरी हो जाते

•••

अदालत ने क्या किया
अपराधी को बरी किया

•••

इस धरती से विधवा दहन का
नाम मिटा दो, नाम मिटा दो

•••

यह कैसा कलजुग आया है
बहुओं को जिसने जलाया है

•••

सती विरोधी सभा

इस मौके पर हुई सभा में राजस्थान की 25 से अधिक और नागपुर, पुणे, दिल्ली, अहमदाबाद से 31 से अधिक संस्थाओं की भागीदारी रही। कई महिला सांसद, केन्द्रीय महिला मन्त्री भी रैली में आईं। न्यू गेट पर आयोजित सभा में किसी भी मन्त्री को मंच पर नहीं बैठाया गया। न ही किसी को बोलने का अवसर दिया गया। सब जनसामान्य की तरह जनता के बीच बैठी थीं। मंच से बोलते हुए अजमेर जिले की ग्रामीण महिला नौरती ने दिवराला प्रकरण में सही कदम न उठाने के लिए राज्य सरकार को दोषी ठहराया। पूर्व विधायक व साहित्यकार लक्ष्मी कुमारी चूँडावत ने कहा कि विधवा दहन एक वहशियाना कृत्य है तथा इसे किसी भी धर्म की स्वीकृति नहीं प्राप्त है। संस्कृत के पंडित राम चरण

द्विवेदी ने चुनौती दी कि उन्हें बताया जाए यदि किसी शास्त्र में सती होने की पैरवी की गई हो। सभा में कहा गया कि जाति व धर्म के नाम पर औरतों का शोषण नहीं होना चाहिए। सभा में यह बात भी उभरकर आई कि हम किसी घटना का विवरण देने में कैसी भाषा का प्रयोग करते हैं। किसी युवती के जलाए जाने को सती क्यों कहा जाता है ? समाचार पत्रों में छपी पहली खबरों में भी इसे हत्या क्यों नहीं कहा गया ? गाँव के ग्रामीण लोगों द्वारा विधवा को लेकर निकाले गए जुलूस को सरकारी कर्मचारियों ने कानून का उल्लंघन क्यों नहीं माना? उनके द्वारा इस घटना को सती की संज्ञा देना और इसे धर्म का मामला बताया जाना उनकी अपनी मानसिकता को दर्शाता है। 'सती' शब्द को क्योंकि भारतीय शब्दावली में स्वीकृति प्राप्त है। यह सम्मान व श्रद्धा सूचक शब्द माना जाता है। इसके साथ चमत्कार, उम्मीद और अपेक्षाएँ जुड़ी हैं। एक ऐसे समाज में जहाँ लोग रोजमर्रा की वास्तविकताओं में दखल देकर उन्हें बदल न पाएँ तो चमत्कार ही उनकी भविष्य की एक मात्र उम्मीद बन जाते हैं। समस्या जनता की मानसिकता में नहीं, एक अपराध को सती कहकर उसे धर्म से जोड़ने में है।

यह भी कहा गया कि रूपकँवर के पीहर व ससुराल दोनों ही पक्ष शिक्षित थे। खुद वह भी दसवीं कक्षा तक पढ़ी थी। इससे शिक्षा व्यवस्था का खोखलापन भी जाहिर होता है। जिसके तहत सामाजिक रूढ़ियों और अन्धविश्वासों को जड़मूल से मिटाने का प्रयास नहीं किया गया। इस रैली व सभा को संचार माध्यमों द्वारा व्यापक कवरेज दी गई।

राज्य सरकार की निष्क्रियता

राज्य सरकार ने सोचा था कि सती की अब तक घटी घटनाओं की तरह यह घटना भी भुला दी जाएगी। चूँदड़ी समारोह के बाद यह अध्याय स्वतः ही समाप्त हो जाएगा, लेकिन सरकार का अनुमान गलत सिद्ध हुआ। इस घटना की गम्भीर प्रतिक्रिया हुई। समाचार पत्रों में सरकार की निष्क्रियता की घोर निन्दा हुई। देखते ही देखते देशभर में विधवा दहन के विरोध में माहौल बन गया।

सबसे ज्यादा गफलत राज्य के मुख्यमन्त्री हरिदेव जोशी के उस वक्तव्य से हुई जिसमें वे कह रहे थे कि रूपकँवर स्वेच्छा से सती हुई है। किन्तु मुम्बई से आई पत्रकार यूनिगन जाँच टोली के समक्ष 29 सितम्बर को श्री जोशी ने ऐसा कोई भी बयान देने का खंडन किया।

ऑल इंडिया कांग्रेस कमेटी (इन्दिरा) के जनरल सैक्रेटरी नरेश चन्द्र चतुर्वेदी का कहना था कि हाईकोर्ट के ऑर्डर के बाद राज्य सरकार का किसी भी प्रकार का हस्तक्षेप सम्भव ही नहीं था क्योंकि राजपूतों का सशक्त विरोध होने की सम्भावना थी।

नरेश चतुर्वेदी ने स्पष्ट रूप से कहा कि तत्कालीन प्रधानमन्त्री राजीव गांधी से लेकर निचले स्तर तक के सभी कांग्रेसी कार्यकर्ता इस परम्परा के खिलाफ हैं किन्तु श्री चतुर्वेदी के पास इस बात का कोई जवाब नहीं था कि खुद प्रधानमन्त्री ने 27 सितम्बर

को राजस्थान के मुख्यमन्त्री को तत्कालीन नागरिक उड्डयन मन्त्री, जो राजस्थान के प्रभारी मन्त्री भी थे, के माध्यम से एक पत्र भेजा। इससे पहले इस घटना पर कोई प्रतिक्रिया व्यक्त करने की जरूरत उन्होंने नहीं समझी। श्री चतुर्वेदी एक तरफ तो मुख्यमन्त्री श्री हरिदेव जोशी के इस्तीफा देने की नैतिक जिम्मेदारी को नकारते रहे दूसरी तरफ यह सफाई भी देते रहे कि कोई कांग्रेसी विधायक दिवराला नहीं गया।

विधि सचिव एस.आर. बंसल कह रहे थे कि सती उन्मूलन एक्ट 1829 ईस्ट इंडिया कम्पनी द्वारा पारित किया गया था। यह एक्ट वर्तमान संदर्भों पर लागू नहीं हो सकता था। किन्तु दोषियों पर धारा 302 और धारा 306 के तहत अपराध दर्ज किए गए हैं।

समाधि स्थल पर बनाए जानेवाले मन्दिर पर रोक लगाने के सन्दर्भ में भी श्री चतुर्वेदी को बहुत सन्देह था। उनके वक्तव्य में बड़ा विरोधाभास था। एक तरफ तो वे कह रहे थे कि कोई भी कांग्रेसी नेता सती प्रथा के पक्ष में नहीं है, दूसरी तरफ वे कह रहे थे कि सरकार मन्दिर निर्माण पर रोक कैसे लगा सकती है। सरकार तो खुद पार्टी है। झुन्झुनू के रानी सती मन्दिर में हर साल अगस्त माह में लगनेवाले मेले में सरकार तो खुद दुकानें लगाती है। साथ ही मेले के दिनों में सरकारी अवकाश की घोषणा करती है। बिक्री हुए सामान पर टैक्स भी वसूल करती है। झुन्झुनू तक आने-जाने के लिए सरकारी यातायात व्यवस्था उपलब्ध करवाई जाती है।

राजस्थान के एक सरकारी अधिकारी ने मुम्बई से आई पत्रकारों की टोली को बताया था कि तीन कारणों से यह मुद्दा अनावश्यक रूप से प्रचारित हो गया। ये कारण इस प्रकार थे :

- समाचार पत्रों के द्वारा चूँदड़ी महोत्सव की घटना को अनावश्यक विस्तार से छापा जाना।
- पूर्व वित्त व रक्षामन्त्री वी.पी. सिंह का राजस्थान में अपने पैर जमाने के इरादे से इस घटना को तूल देना। हालाँकि राजपूत होने के नाते श्री सिंह को खुद इस सम्बन्ध में वक्तव्य देना था जो उन्होंने अब तक नहीं दिया है।
- उच्च न्यायालय द्वारा चूँदड़ी महोत्सव पर रोक लगाना। इन अधिकारी का मानना था कि न्यायपालिका ने प्रचार पाने के लिए यह सब किया। एक अन्य अधिकारी को चिन्ता थी कि विदेशी मीडिया में राजस्थान की आदिम राज्य की छवि पेश किया जाना चिन्ता का विषय है। मीडिया में खबर छपने या अदालत द्वारा चूँदड़ी महोत्सव पर रोक लगाने से सती प्रथा पर रोक नहीं लगेगी।

जिला स्तरीय प्रशासनिक अधिकारी और स्थानीय कर्मचारियों की भूमिका की जाँच करने के लिए भारतीय प्रशासनिक सेवा के अधिकारी तेज कुमार की नियुक्ति काफी पहले हो चुकी थी किन्तु सितम्बर अन्त तक उन्होंने काम ही नहीं शुरू किया था। प्रशासकीय व सार्वजनिक क्षेत्र में इस जाँच को लेकर भी काफी संशय था। लोग कह रहे थे कि इस जाँच के माध्यम से भी लीपापोती ही की जाए।

चूँदड़ी महोत्सव पर रोक लगाने में पुलिस की निष्क्रियता की भी बड़ी आलोचना

हुई थी। लोगों का मानना था कि अदालत के आदेश को लागू करने में पुलिस ने बहुत ढिलाई दिखाई। सीकर जिले के तत्कालीन डी.एस.पी. आत्रे कह रहे थे कि हमें अदालती आदेश ही 15 सितम्बर को मिला। तब तक घटना स्थल पर कम से कम पन्द्रह हजार लोग जमा हो चुके थे। वे यह भी कह रहे थे कि अदालती आदेश में महोत्सव पर रोक लगाने की बात नहीं कही गई थी। उसमें तो सती के महिमामंडन को 'डिस्करेज' (हतोत्साहित) करने की बात कही गई थी। हम तो 16 सितम्बर को लोगों को दिवराला जाने से रोक ही सकते थे।

राजपूतों का सती समर्थन

अदालत द्वारा चूँदड़ी महोत्सव पर रोक लगाने से राजपूत समाज में काफी आक्रोश था। आक्रोश की इस आग में घी डालने का काम किया रूपकँवर के ससुर, देवर और जेठों की गिरफ्तारी ने। इस घटना के बाद कई प्रमुख राजपूत नेताओं ने चूँदड़ी महोत्सव पर रोक लगाने और इन गिरफ्तारियों का खुलकर विरोध किया। वे कह रहे थे कि चूँदड़ी महोत्सव का आयोजन तो परिवार का अधिकार है उच्च न्यायालय इस पर रोक कैसे लगा सकता है। उनका दूसरा तर्क था कि रूपकँवर स्वेच्छा से सती हुई तो फिर उसके परिवारवालों की गिरफ्तारी क्यों ? केन्द्रीय गृहमन्त्री पी. चिदम्बरम के जयपुर आने के दौरान तलवार लेकर निकले राजपूत नौजवानों के जुलूस ने स्पष्ट तौर पर यह बताने का प्रयास किया था कि 'सती' एक धार्मिक परम्परा है। उन्हें इस रिवाज को मानने का हक है। राजपूत सभा यह भी मान रही थी कि 'सती' होना एक बहादुरी पूर्ण कार्य है व राजपूत संस्कृति का अभिन्न हिस्सा है। साथ ही ये भी कि घटनास्थल पर मन्दिर बनाने से उन्हें कोई रोक नहीं सकता। इस समय तक घटनास्थल पर चबूतरा बन चुका था। चबूतरे पर चूँदड़ी ही लगी थी। रूपकँवर की फोटो थी। त्रिशूल गाड़े जा चुके थे। चबूतरे के चारों तरफ उल्टी तलवारें गाड़ी गई थीं। कुछ राजपूत नौजवान वहाँ तैनात थे। सुबह शाम आरती होने लगी थी। कुछ दूर पर अस्थायी दुकानें लग गई थीं, जिन पर पूजा का सामान और रूपकँवर के चित्र बिक रहे थे।

धर्मरक्षा के नाम पर

उधर राजपूतों ने धर्मरक्षा समिति का गठन कर लिया था। इस समिति ने 27 सितम्बर को दिवराला में एक सार्वजनिक सभा की, जिसमें राजपूत समाज के प्रमुख नेताओं ने भाग लिया। इस सभा में कल्याण सिंह कालवी ने विरोधाभासी बयान दिए। एक तरफ वे कह रहे थे मैं सती प्रथा के विरोध में हूँ। दूसरी तरफ उनका यह भी कहना था कि जब सती हो ही गई तो निर्दोष लोगों को सताने से क्या फायदा। यह भी कि सती होने के बाद कुछ रिवाज तो किए ही जाते हैं। कालवी का कहना था आजादी के बाद से कुल 22 सती की

घटनाएँ ही तो हुई हैं तो इस बारे में कानून बनाने की क्या जरूरत है ?

सभा में बी.जे.पी. के सदस्य ओमप्रकाश गुप्ता ने सती का विरोध कर रही औरतों को बाजारू और अविवाहित बताते हुए कहा कि वे क्या जाने पतिव्रता क्या होती है और सती होने की इच्छा क्या होती है। सभा में बार-बार कहा गया कि इन औरतों का समाज में कोई मान नहीं। इन औरतों के मन में हिन्दू धर्म के लिए कोई सम्मान नहीं। ये तो विदेशी विचारधाराओं में पली चरित्रहीन औरतें हैं। इनकी बगल में सुबह एक आदमी होता है तो शाम को एक और। ये "परकटी, बालकटी, भौंकती औरतें जो क्लबों में जाती हैं, दारू पीती हैं, एयर कण्डीशन्ड घरों में रहती हैं, ये तो सूरज की गर्मी नहीं सह सकतीं तो चिता के पास भी कैसे खड़ी हो सकती हैं।"

सभा में बी.जे.पी. के अनेक सदस्यों व नेताओं ने लोगों की गिरफ्तारी का विरोध किया और घटना स्थल पर मन्दिर बनाने की घोषणा की तथा इन घटनाओं को छोटी-मोटी घटनाओं की संज्ञा दी। दिवराला में ट्रस्ट बनाकर पचास लाख रुपए एकत्रित कर लिए गए। सभा में सती समर्थकों ने सत की महिमा का बखान किया। कहा गया कि जिस औरत में सत चढ़ता है उसे सती होने से कोई रोक नहीं सकता। जयपुर में इसी के साथ सती के विरोध में सक्रिय महिलाओं को फोन पर धमकियाँ दी जाने लगीं। बरकत नगर जयपुर में आयोजित एक सभा में पत्थर फेंके गए।

अन्ततः 6 अक्टूबर को हुई महिलाओं की सभा के जवाब में राजपूतों ने जयपुर में एक बड़ा जुलूस निकाला। इसमें हजारों लोगों ने भागीदारी निभाई। खास बात यह कि जो राजपूत औरतें कभी घूँघट से बाहर नहीं निकलतीं, उन्हीं हजारों राजपूत औरतों को इस सभा में लाकर सती का उन्हीं से समर्थन करवाया गया ताकि औरतों को औरतों के खिलाफ खड़ा दिखाया जा सके। चार हजार महिलाओं की सती विरोधी रैली के जवाब में पाँच हजार राजपूत औरतों को सती के समर्थन में लाकर खड़ा कर दिया गया। इस सभा में तमाम नेताओं और धार्मिक गुरुओं ने भाग लिया।

इस सभा में भी सती विरोधी महिलाओं क़े बारे में तरह-तरह की बातें कही गईं। बाद में राज्य सरकार द्वारा सती विरोधी अध्यादेश लागू होने और सती निषेध कानून बन जाने से सती समर्थक ज्यादा कुछ कर नहीं पाए। न ही दिवराला में मन्दिर बना। ऊपर से इस कानून के तहत करीब 32 लोगों की गिरफ्तारी हुई। इन सबकी आग तो उनके मन में सुलग ही रही थी किन्तु परिस्थितिवश कुछ समय के लिए उनकी सती समर्थक गतिविधियों पर अंकुश लग चुका था।

महिला आन्दोलन की भूमिका

यह पहला आन्दोलन था जिसने राजस्थान में आजादी के बाद किसी महिला मुद्दे पर महिला समूहों को एक मंच पर लाकर खड़ा किया था। आन्दोलन के जोर पकड़ने पर सीकर के कलैक्टर और एस.पी. का तबादला हुआ था। सरकारी निष्क्रियता से व्यथित

इन महिलाओं के हस्तक्षेप से ही यह मुद्दा सार्वजनिक बहस का मुद्दा बना था। सवाल उठ रहा था कि क्या संविधान में नागरिकों को किसी भी धर्म को मानने और उसके अनुरूप आचरण करने हेतु दिया गया अधिकार महिला समानता के अधिकार का विरोधी है। उसके खिलाफ है ?

इस आन्दोलन के दौरान धर्म, राजनीति और पितृसत्ता में खुला गठजोड़ नजर आया था। यह बात भी साफतौर पर समझ में आई थी कि राज सत्ता के पुरुष प्रधान मानसिकता से ग्रसित होने के कारण उसका स्पष्ट झुकाव इन्हीं ताकतों के प्रति है। यह मान भी लें कि रूपकँवर का विधवा दहन तो रोकना सम्भव न था पर चूँदड़ी महोत्सव को रोकने का प्रशासन द्वारा कुछ भी प्रयास क्यों नहीं किया गया ? अदालती आदेश से पूर्व प्रशासन ने अपनी ओर से इसे नियंत्रित करने के कारगर कदम क्यों नहीं उठाए ? कैसे घटना स्थल पर 15-20 हजार लोगों को जमा होने दिया ?

महिला समूहों ने आम जनता को शिक्षित करने उन्हें अपने साथ लेने के लिए अनेक बैठकें आयोजित की। अखबारों में वक्तव्य दिए। पर्चे छपवाए। यहाँ एक ऐसे ही पर्चे को हूबहू प्रस्तुत कर रहे हैं :

सवाल है नारी की पहचान का
सवाल है नारी के सम्मान का ?

आपने रूपकँवर की मौत के बारे में पढ़ा होगा। रूपकँवर जो पति की चिता में जलकर मर गई। यह घटना चार सितम्बर 87 को राजस्थान के सीकर जिले के दिवराला गाँव में हुई। वह दसवीं पास थी। कुल अठारह साल की थी। उसकी शादी को आठ महीने ही हुए थे। कुछ लोग रूपकँवर की मौत को महान कह रहे हैं। शान और गौरव की बात मान रहे हैं। हमारे कानून ने आज से डेढ़ सौ साल पहले इस रिवाज को मानव समाज के लिए कलंक माना था। इसे बन्द करने का आदेश दिया था। नया कानून तो बन गया था पर हमारा मन नहीं बदला था। इसीलिए पिछले चालीस सालों में अट्ठाइस औरतें यूँ जलकर मरीं। दुर्भाग्य की बात है कि आज फिर से यह चर्चा का विषय बना है। ऐसा लगता है कि हमारे कदम पीछे लौट रहे हैं। हम इस बहस को आगे बढ़ाना चाहते हैं। इसीलिए आपके और समाज के सामने अपने विचार रख रहे हैं। इस पर खुलकर विचार करें और मिलकर तय करें कि हम समाज में नारी को किस रूप में देखना चाहते हैं। हमारा सवाल है औरत को हमेशा इन खांचों और कटघरों में बन्द करके क्यों देखा जाता है ? जैसे--सधवा या विधवा। औरत को हम कैसे पहचानना चाहते हैं ? चुप रहकर अन्याय सहनेवाली या फिर सम्मान से जीने का हक माँगनेवाली। हक एक इंसान होने का। विधवा के साथ जुड़े बन्धनों और मनहूसियत को तोड़ने का। यह तय है कि अपनी स्वतन्त्र पहचान बनाने का यह रास्ता बहुत कठिन है। इस रास्ते पर चलनेवाली औरतों को समाज इतनी सरलता से मान्यता और सहमति नहीं देता। इसीलिए बहुत सी औरतें अपने हक की बात कहने से हिचकती हैं। न्याय की बात कहने का साहस नहीं जुटा पातीं। वह समाज के विरोध से डरकर विधवापन को अपनी

बदकिस्मती मान उसके साथ जुड़े अन्याय को सहती हैं या फिर अपने जीवन का अन्त करने को मजबूर हो जाती हैं।

पतिहीन औरत के जीवन में झाँका है कभी ?

हममें से कितने हैं जो पतिहीन औरत की पीड़ा समझते हैं और उसके बन्धनों को पहचानते हैं ? कैसे अचानक कोई औरत पति के मरते ही दूसरों पर आश्रित हो जाती है। परिवार और समाज के ताने सहने को मजबूर हो जाती हैं।

- इतनी मनहूस हो जाती है कि शुभ कामों में उसका मुँह देखना भी बुरा समझा जाता है।
- न वह मन का खा सकती है न पहन सकती है।
- न कहीं जाकर हँस-बोलकर अपना गम भुला सकती है।
- रोजगार पाना चाहे तो घर-परिवार की इज्जत आड़े आती है। वे कहते हैं क्या हम एक विधवा को रोटी नहीं दे सकते। वास्तविकता यह है कि न वे खिला सकते हैं न झूठी इज्जत के खयाल से नौकरी करने दे सकते।
- बेसहारा औरत की मजबूरी का फायदा ही अक्सर घर-परिवार और समाज के लोग उठाना चाहते हैं।
- तो फिर कौन से विकल्प हैं जिनके लिए वह जीने की इच्छा करे।

गाँवों और शहरों की काफी औरतों से बात की है। वे कहती हैं, हमें भी हर स्थिति में सम्मान से जीना मिले, ठीक वैसे ही जैसे पुरुष जीते हैं, तो हम क्यों मरना चाहेंगे। भीलवाड़ा की अनेक गाँवों की औरतों ने कहा—जिस पर दुःख पड़े वह तो टूट जाता है। उसके सोचने-समझने की ताकत कुछ देर को खत्म हो जाती है। इसीलिए कभी-कभी वह मर ही जाना चाहती है। औलाद मरे तो माँ से ज्यादा दुःखी कौन होता है ? उसे तो लोग जलकर नहीं मरने देते। मरने से रोकते हैं, समझाते हैं, हौसला देते हैं। तभी तो जीने का मन बनता है। हमारे समाज के दोहरे मानदंड भी इस विचार को आगे बढ़ाते हैं। हम अपने लिए कुछ और सोचते हैं दूसरे के लिए कुछ और। हम में से कितनी औरतें पति की मौत पर जिन्दा जलने को तैयार हैं ? दूसरे को ही हम देवी बनाते हैं। उसकी मौत की स्वेच्छा की मौत मानते हैं। तथ्यों को मोड़कर ऐसा आभास देते हैं जैसे उस पर जुनून या सत चढ़ा है। कोई भी इस प्रश्न को पूछने का साहस नहीं करता। अपने माँ-बाप, भाई-बहन भी होठ भींचकर चुप्पी साध लेते हैं—ऐसा है सामाजिक संस्कारों का दबाव। धर्म और परम्परा के नाम पर हम कई अन्यायों और कुप्रथाओं को सही ठहराते हैं। धर्म को सामाजिक अन्याय व कुप्रथाओं को सुरक्षित रखने का साधन बनाते हैं। अब समय आ गया है कि हम विशुद्ध तर्क से इन मुद्दों पर खुलकर विचार करें और अपनी राय व्यक्त करें।

हमारे देश में भी औरतों की स्थिति में सुधार के लिए उन्नीसवीं शताब्दी में कई महापुरुष हुए। राजा राममोहन राय, दयानन्द सरस्वती, ईश्वरचन्द विद्यासागर, ज्योतिबा

फुले, महादेव गोविन्द रानाडे आदि। इन्होंने साहस के साथ निडर होकर प्रचलित परम्पराओं का विरोध किया। इससे सामाजिक चेतना का विकास हुआ और सुधार का वातावरण बना। इसके साथ हम औरत के जिन्दा जल जाने की परम्परा को बिना किसी पूर्वाग्रह के देखने की कोशिश करें तो कुछ सवाल उठते हैं :

- क्या पति के बिना औरत की कोई जिन्दगी नहीं, इज्जत नहीं ?
- इस पाशविक और अमानवीय कृत्य को सार्वजनिक गौरव क्यों दिया जाए ?
- सत की महिमा के प्रचार से फायदा किसे है :

(अ) उन दुकानदारों को जिनकी बिक्री रातों-रात सैकड़ों गुणा बढ़ जाती है।

(ब) समाज या परिवार के उन लोगों को जिनकी नियमित आमदनी और सामाजिक पूजा का साधन जुट जाता है।

(स) उन फोटोग्राफरों को जो चालाकी से लोगों की आँखों में धूल झोंककर हजारों रुपए कमा लेते हैं।

(द) पुरुष प्रधान समाज के उस सोच को जिसमें औरत से ही त्याग, बलिदान और देवी बनने की अपेक्षा की जाती है।

हमारा स्पष्ट सोच है—हम जलकर औरत को मान दिए जाने के पक्ष में नहीं हैं। हमें जिन्दा रहकर सम्मान चाहिए। जो धर्म और परम्परा विधवा को मनहूस मानती है, हम उसे बदलना चाहते हैं। हम समाज से कहना चाहते हैं विधवा औरत एक इंसान है। उसकी इंसान के रूप में पहचान हो। हर इंसान की तरह उसे जीवन में सम्मान मिले। मरकर सम्मान देनेवाली हर परंपरा का हम विरोध करते हैं। जीवन धर्म है, और आत्महत्या अधर्म है, इस सोच को हम हर घर तक पहुँचाना चाहते हैं। हमें सती शब्द के प्रयोग पर ही एतराज है। इस शब्द के साथ सामाजिक सहमति, पूर्वाग्रह और प्रतिष्ठा का सवाल जुड़ गया है। हम कहते हैं—पति की मौत के साथ औरत के जीवन की समाप्ति का सोच गलत है, इसे बदलना चाहिए। क्या आप हमारे सोच से सहमत हैं, तो आइए, इसे घर-घर तक ले जाएँ। किसी भी जीवन की ज्योति को असमय बुझने से बचाएँ। नारी की सही पहचान बनाएँ। उसे यथोचित सम्मान दिलाएँ।

हम हैं : नारी के जीवन और सम्मान के समर्थक
जागरूक नागरिक व महिला संगठन

यह बात अलग है कि आन्दोलन के दौरान महिला संगठनों को अनेक बाधाओं का सामना करना पड़ा। जब राजपूत समाज सड़कों पर तलवार और भाले लेकर निकल आया तो औरतों ने अपनी रणनीति बदलते हुए छोटे समूहों में सम्पर्क करना जारी रखा। उनके द्वारा आरम्भ किए गए इस संवाद के कारण अनेक राजपूत पुरुष व महिलाओं ने खुलकर सार्वजनिक रूप से इस प्रथा का विरोध किया। अपने घर-परिवार में इस विषय पर बहस शुरू की। एक महिला ने अपने सती समर्थक पति से कहा, सोचो हमारी बेटी के साथ यह होता तो क्या तुम उसके बारे में भी यही सोचते और करते जो रूपकँवर के लिए कह रहे हो ?

अनेक प्रौढ़ राजपूत मित्रों ने बताया कि एक समय उनके परिवारों में खुलापन आया था। अब माहौल फिर से बदल रहा है। उन्हें हैरत थी कि इतने पढ़े-लिखे, आधुनिक शिक्षा प्राप्त खुले माहौल में पले उनके अपने नौजवान बेटे भी उग्ररूप से सती का समर्थन कर रहे हैं। उन्हें भी धर्म और राजपूत संस्था की रक्षा के तर्क ने गहरा प्रभावित किया है जिसके चलते औरत के जिन्दा रहने के हक की बात कहीं पीछे छूट गई है। सरकारी कार्यक्रम का हिस्सा होते हुए भी राज्य के महिला विकास कार्यक्रम ने सती के विरोध में महत्त्वपूर्ण भूमिका निभाई। राज्य इदारा की तरफ से 'साथिन रो कागद' के मंच का उपयोग इस बहस को गाँवों तक पहुँचाने के लिए किया गया। इस कागद के द्वारा हर महीने किसी न किसी विषय पर साथिनों को सूचना दी जाती थी और उनके विचारों और प्रतिक्रियाओं को अन्य साथिनों तक पहुँचाया जाता था।

इस कागद पर गाँव-गाँव में खूब चर्चा हुई। किसी-किसी साथिन को उग्र विरोध का भी सामना करना पड़ा। एक साथिन ने बताया कि जब उसने एक छोटे समूह में कागद को पढ़कर सुनाया तो एक व्यक्ति इतना नाराज हुआ कि उसने साथिन से छीनकर कागद के टुकड़े-टुकड़े कर दिए।

दूसरी साथिन ने बताया कि उसके अपने घर में सती के मुद्दे पर भारी बहस छिड़ गई। कुछ लोग रूपकँवर के विधवा दहन का समर्थन कर रहे थे तो कुछ जमकर विरोध कर रहे थे।

तीसरी साथिन ने बताया कि उसे यह सुनना पड़ा कि ये शहरी जीजियाँ तो हमारी औरतों को बिगाड़कर छोड़ेंगी। इस सबके बावजूद अनेक साथिनों ने गाँवों में सती के विरोध में सार्थक संवाद शुरू किया। अनेक विधवा साथिनों को अलग तरह के आक्रोश का सामना करना पड़ा। सबसे ज्यादा सार्थक संवाद साथिनों के साथ महिला समूहों की सदस्यों का हुआ। साथिनों ने बड़े स्पष्ट शब्दों में अपनी राय जाहिर की।

ग्रामीण साथिनों से संवाद

भीलवाड़ा की तीस महिलाओं से नीचे दिया गया संवाद स्थापित हुआ। डा. शारदा जैन द्वारा इस सन्दर्भ में तैयार किया गया यह दस्तावेज उन सभी विचार-विमर्शों का प्रतिनिधित्व करता है जो ग्रामीण राजस्थान के विभिन्न अंचलों में कार्यरत महिला संगठनों और स्वयंसेवी संस्थाओं द्वारा आयोजित किया गया था। उसी संवाद के सार को उसके कालक्रम, भाव एवं विषमताओं के साथ प्रस्तुत किया जा रहा है।

सीता (एक वणिक विधवा, आयु करीब 40 वर्ष, खाँकला गाँव)

मैं अपने गाँव में एक छोटी सी दुकान चलाती हूँ। रिबन, बिन्दियाँ, चूड़ियाँ इत्यादि बेचती हूँ। औरतों के ब्लाउज सिलती हूँ। इसलिए सभी जाति की औरतें रोज मेरे घर आती

हैं। जब मैंने रूपकँवर के बारे में सुना तो मैंने दूसरी औरतों से उसके बारे में बातचीत की। उनका मानना था कि वो लड़की इतनी छोटी थी कि 'सत' के भाव से प्रेरित नहीं हो सकती थी। उसके परिवार के सदस्यों को उसे वेदी पर चढ़ने से रोकना चाहिए था। वो सती होने लायक नहीं थी। उन औरतों ने यह भी कहा कि जब औरत सत से अभिप्रेरित होती है तब उसकी चमत्कारिक शक्ति इतनी प्रबल होती है कि दरवाजे अपने आप खुल जाते हैं और उसका शरीर स्वयं अग्नि पकड़ लेता है।

मुझे सती की चमत्कारिक शक्ति में विश्वास नहीं है। हमारी सुनार जाति में सती माता सरदारगढ़ के आमेट गाँव के पास है। चबूतरे पर सती माता की मूर्ति स्थापित है। हमारी जाति के लोग सती माता को पूजने बच्चों के जन्म के बाद व शादियों पर जाते हैं। जब मेरा दो साल का बेटा बहुत बीमार हुआ तब हम उसे मन्दिर ले गए। बच्चा मर गया और हम रोते-बिलखते घर लौटे। यदि सती माता के पास चमत्कार होता तो मेरा बेटा बच जाता। मेरा दूसरा बेटा भी चल बसा, जब वह सिर्फ एक साल का ही था। हँसते-खेलते सती मन्दिर गया था और यूं ही बिना कारण अचानक वहीं चल बसा। मेरा सती माता में अब बिल्कुल विश्वास नहीं रहा। "धूप पूजा कौन बोऊँ, धोक भी कौन लगाऊँ।"

यशोधरा (पति द्वारा छोड़ी हुई, आयु 35 वर्ष, जालमपुरा गाँव की जाट)

मेरे गाँव की औरतों ने कहा, जीव तो सबको प्यारा लगता है (जीवन सबको प्यारा लगता है)। कोई भी औरत खुशी से अपना जीवन नहीं दे देती है। विधवा की बदतर जिन्दगी जीने के विचार और भय से ही वे सती होने का निर्णय करती हैं। जब किसी तरह की कोई भी आशा नहीं रहती है तभी औरतें जीना नहीं चाहती हैं। हर वर्ष कितनी औरतें कुएँ में छलाँग लगाकर जान दे देती हैं। हम उनको सती क्यों नहीं कहते हैं। परन्तु ऐसा करने का अर्थ यह होगा कि हम इस तथ्य को मान रहे हैं कि औरतें दुख के कारण सती होती हैं। और समाज यही नहीं देखना चाहता है।

कुछ अरसे पहले मेरे गाँव की एक भील औरत अन्ना अपने पति भीसा की मृत्यु के पश्चात् सती होना चाहती थी। उसकी शवयात्रा के पीछे भागी। हममें से कुछ (पुरुष और स्त्री) ने उसे पकड़कर रोका और वापस ले आए। हमने उसे जीने की ताकत और हौसला दिया और उसके साथ होने का आश्वासन। हम चाहते थे कि वह जिए। यदि उसके परिवार के सदस्य और गाँववाले चाहते तो रूपकँवर को भी रोका जा सकता था।

सीता (पति द्वारा छोड़ी हुई, आयु 30 वर्ष, कछौला गाँव)

जब मैंने अपने गाँव की राजपूत महिलाओं से बातचीत की तब उन्होंने बताया कि जब राव साहब (बिजौलिया गाँव) की मृत्यु हुई तब रानी साहिबा भी सती होना चाहती थी

परन्तु उन्हें रोका गया। औरतों ने आगे बताया कि राजपूत घरानों में विधवाओं की स्थिति बहुत दयनीय है। पति की मृत्यु उपरान्त छह महीने तक वे घर से बाहर नहीं निकल सकतीं। रंग-बिरंगे कपड़े नहीं पहन सकती। सिर्फ हरा या नीला। चूड़ियाँ भी नहीं पहन सकतीं। घड़ा तक नहीं छू सकतीं। विधवा को नमकीन राबड़ी खाने को मिलती है जिसे एक लकड़ी से उस तक खिसका देते हैं। खाना भी उसे सभ्य तरह से नहीं परोसा जाता। ऐसी भयावह स्थिति में रहने के बजाय अपने पति के साथ मरना मंजूर करती हैं। औरतों ने यह भी बताया कि केवल अमीर औरतें ही सती होना पसन्द कर सकती हैं। एक गरीब घर में यदि विधवा भी सती हो जाए तो बच्चों की देखभाल कौन करेगा ? उसके पास मेहनत करके बच्चों को पालने के अलावा कोई विकल्प नहीं है। जब मैं इस मुद्‌दे पर औरतों से बात कर रही थी तो कुछ पुरुषों ने मेरा अपमान किया। उन्होंने कहा सत और पति प्रेम के बारे में सीता क्या जानती है ? उसके पति ने उसे छोड़ दिया इसलिए वह तो सती के विरोध में ही बोलेगी।

मालती (विधवा, आयु 35 वर्ष, सेपा गाँव की बनिया)

जब मेरे गाँव की कुछ औरतों ने कहा कि विधवा के लिए ऐसी बदतर जिन्दगी जीने से तो मरना बेहतर है तो मैंने कहा कि मैं विधवा होकर भी बहुत खुश हूँ। मैंने उन्हें याद दिलाया कि किस तरह मैंने रूढ़ियों व परम्पराओं को तोड़ा और तीस दिन के अन्दर ही बगैर घूँघट घर से बाहर कदम निकाला। मुझे अपने छह बच्चों का पेट पालने के लिए ऐसा करना पड़ा। सुहागनों सहित सबने मेरा चेहरा देखा पर कोई भी विधवा नहीं हुई। कुछ भी नहीं हुआ। मैंने उनसे कहा यदि एक विधवा का चेहरा देखना अपशकुन है तो पूरा महिला विकास कार्यक्रम, राजस्थान का सत्यानाश होगा क्योंकि इस कार्यक्रम में अनेक विधवाएँ हैं। मैंने उन्हें यह भी याद दिलाया कि सेपा की भूतपूर्व सरपंच एक राजपूत महिला थी। वह भी तो अपने घर से बाहर निकली थी। यदि हम औरतें चाहें तो बाहर निकल सकती हैं। और हम इकट्ठा होकर यह कर सकती हैं।

सरजू (विधवा, आयु 50 वर्ष, टिक्कड गाँव की साध)

जब मैं अपने गाँव में दिवराला सती के बारे में बात करने निकली किसी ने भी दिलचस्पी नहीं दिखाई। मेरे गाँव के ज्यादातर लोग मीणा जाति के हैं। उनका सती में कोई विश्वास नहीं है। बेरूखी से उन्होंने कहा, लोगों ने लड़की को अपने पति की जलती चिता पर धक्का दे दिया होगा और अब उसे सती कह रहे हैं। क्या बकवास ! इस युग में कोई सती नहीं होता है। अपने पति की चिता पर मरने से कोई सती नहीं होती। हमारे क्षेत्र के मीणा सती माता या बाबा रामदेव में विश्वास नहीं रखते। वे तो केवल महादेवजी को मानते हैं। सती को नहीं पूजते।

लाड़ (विवाहित, आयु 35 वर्ष, पंडेर गाँव की ब्राह्मण)

हमारे गाँव में एक तालाब है। तालाब के किनारे एक पत्थर है, जिस पर औरतें कपड़े धोती हैं। एक बार पास के गाँव के कुछ बलाई (बुनकर जाति) जाति के पुरुष आए और बोले कि यह पत्थर तो उनकी सती माता है और रातों रात उन्होंने चबूतरा बनाकर पत्थर स्थापित कर दिया। रातभर रतजगा किया, भजन गाए और दूसरे दिन सुबह ब्राह्मण भोज कराया।

कुछ दिन बाद औरतों ने फिर उसी पर कपड़े सुखाने शुरू कर दिए। दूसरे गाँव के बलाई बहुत नाराज हुए और कहा कि सती माता उन्हें इस असम्मान के लिए जरूर परेशान करेगी। औरतों ने जवाब दिया कि अभी तक वे लोग वहाँ पर कपड़े धोती और सुखाती थीं तब तो कुछ नहीं हुआ। इसलिए उन्हें दुष्परिणामों की कोई चिन्ता नहीं। पहले के जैसे हम उसे साधारण स्थान जैसा ही मानते हैं।

पारस (एक ब्राह्मण विधवा, आयु करीब 40 वर्ष, शम्भू गढ़ गाँव)

लेकिन इसको मन्दिर बनाकर पुजारी को इसकी देख-रेख के लिए बिठा दिया होता तो आप औरतें इस प्रकार का व्यवहार जैसा आपने किया वैसा नहीं कर पातीं।

रूपा (अकेली रहती है, आयु 45 वर्ष, तिलन्श्वर गाँव की अहीर)

तब तो पुजारी की चढ़ावे में दिलचस्पी होती। वो इसको अवश्य ही पवित्र बनाने का प्रयत्न करता।

यशोधरा

हमें इस व्यापार के खिलाफ लड़ना पड़ता है। यह लड़ाई बहुत दुष्कर है। पुजारी के फायदे के लिए औरतों को सती होना पड़ता है ताकि वे भोले-भाले गाँववालों के अन्धविश्वास को बढ़ावा देकर अधिक से अधिक चढ़ावा लें।

यशोदा (विवाहित, आयु 30 वर्ष, रसद गाँव की ब्राह्मण)

केवल पुजारियों का ही हित पूरा नहीं होता, जैसा हमने देखा रूपकँवर केस में परिवार को 20 लाख रुपए से ज्यादा मिले। ठेले वालों की भी खूब बिक्री हुई रूपकँवर इत्यादि की तस्वीरें बेचकर।

यशोधरा

मुझे अपने गाँव की एक जाट औरत सायरा की कहानी याद है। उसका पति उसको रोज पीटता था। जब बर्दाश्त से बाहर हो जाता तो वह भागकर अपने पीहर चली आती। वे उसे हमेशा वापस भेज देते। एक बार वह आई और अपने माँ-बाप को बताया देखो अब मुझे वापस नहीं भेजो। मेरी अँगुली तोड़ दी है। लेकिन माँ बाप ने उसकी मदद नहीं की। पंच ने भी गाँव में रहने की अनुमति नहीं दी और पति के पास जबरदस्ती भेज दिया। उसको विश्वास हो गया कि कोई उसकी सहायता करने को तैयार नहीं, तो वह कुएँ में कूद गई। किसी ने उसे बचाया नहीं।

कमला (विवाहित, 22 वर्ष, गोडुकोटा की रैगर)

सही बात तो यह है कि जाति की अपनी पंचायत भी औरत के पक्ष में नहीं है। आदमी पंच है। वे अपनी औरतों के साथ भी ऐसा ही खराब बर्ताव रखते हैं इसीलिए औरतों का दुख-दर्द औरतों की तकलीफ गम्भीरता से नहीं विचारते।

चर्चा से उभरे सवाल

इस चर्चा से पूर्व जो सवाल हमारे सामने थे अब उनसे भी अधिक अब खड़े हो गए हैं। क्या औरत के सोचने का झुकाव ही पुरुष से अलग है ? या उनका ज्ञान तन्त्र जिस पर उनका दृष्टिकोण निर्भर करता है, अलग है ? क्या गरीब औरत की जिजीविषा अधिक है जो यथार्थवादी विश्व दृष्टि को समर्थन देती है ? क्या जाति भी प्रतिक्रिया का एक कारण हैं ? क्या चमत्कारों में विश्वास रखने की इच्छा इतनी प्रबल है कि वह अपनी मृगतृष्णाएँ उत्पन्न करती हैं ? क्या एक अधिक कठोर तर्क के उलझन का सामना कर सकती हैं ? इन सवालों की शायद एक प्रतिक्रिया यह हो सकती है कि एक बड़ा सवाल पूछा जाए, क्या हम किसी तरह से अपनी शिक्षा, कार्य व जीवन में सवाल उठाने को पर्याप्त स्थान दे सकते हैं ? क्या हम अपनी शंकाओं को चाहे किसी भी क्षेत्र में उठे, उन्हें मुखरित करने के लिए व्यवस्थित ढंग से एक सहयोग तन्त्र प्रदान कर सकते हैं ? हमारा यह मानना है कि यदि हममें इसके प्रति सकारात्मक रवैया रखने का साहस है, तो अन्य प्रश्न खुद ब खुद अपने उत्तर उन आवाजों में ढूँढ़ लेंगे जो अब तक नहीं सुनाई दीं।

देशभर में इसी आन्दोलन के चलते मुख्यमन्त्री हरिदेव जोशी को अपना मुख्यमन्त्री पद खोना पड़ा।

नौ साल बाद

सती समर्थकों का विरोध बदले हुए माहौल को देखते थम जरूर गया था किन्तु रुका

नहीं था। सती निषेध कानून लागू होने के बाद राज्य में एक सती निवारक अदालत भी गठित हुई। किन्तु रूपकँवर केस इस कानून के दायरे में नहीं आ पाया क्योंकि वह कानून बनने से पहले का था। इस केस की सुनवाई सत्र न्यायालय नीम का थाना में ही हुई। घटना के नौ साल बाद इस अदालत ने सभी 32 अभियुक्तों को बरी कर दिया।

फैसला : सभी छूट गए

पुलिस ने 38 लोगों के खिलाफ धारा 147, 302, 149 व 201 के तहत मामला दर्ज किया था। इनमें से तीन नाबालिग थे जिन पर बाल न्यायालय में मुकदमा चल रहा था। कोर्ट ने अपने 21 पेज के फैसले में कहा अभियोजन पक्ष अभियुक्तों के खिलाफ कोई भी प्रत्यक्ष गवाह नहीं पेश कर सका। जो गवाह थे वे सुनी-सुनाई बातें कह रहे थे। यद्यपि रूपकँवर को खींचकर चिता तक ले जाने और चिता को आग 15 साल के देवर पुष्पेन्द्र सिंह द्वारा लगाई जाने की बात आई थी लेकिन अदालत ने इस पर ध्यान नहीं दिया।

फैसले के बारे में कुछ तथ्य

रूपकँवर विधवा दहन कांड की दो स्वतन्त्र समूहों ने रिपोर्ट बनाई थी। एक 'बॉम्बे यूनियन ऑफ जर्नलिस्ट' ने दूसरी 'मानुषी' पत्रिका ने। इन दोनों रिपोर्टों में कई प्रत्यक्षदर्शी गवाहों का उल्लेख किया गया था। इन गवाहों को अभियोजन पक्ष द्वारा पूरी तरह अनदेखा किया गया।

सुना यह भी गया कि नीम का थाना में सती से सम्बन्धित अब तक नौ मुकदमों की सुनवाई हुई। इन सबमें बचाव पक्ष के वकील केदारनाथ अग्रवाल थे। इन सबके सब केसों में किसी को भी सजा नहीं मिली। स्पष्ट है कि केस को भरतपुर में स्थानान्तरित करवाने का पीड़ित पक्ष का दबाव पर्याप्त नहीं बन पाया।

फैसले के कमजोर पक्ष

1. गवाहों के बयान थे कि रूपकँवर करीब-करीब चिता पर गिर गई थी। उसे बाद में कुछ लोगों ने मदद करके उठाया था। इस तथ्य की पूर्णरूप से उपेक्षा की गई। ठीक उसी तरह से जैसे पुष्पेन्द्र सिंह द्वारा चिता में आग लगाने की बात को अनदेखा किया गया।
2. रूपकँवर की मृत्यु संदिग्ध स्थितियों में हुई थी। उसकी मौत कैसे हुई इस पर विचार ही नहीं किया गया। यदि उसकी हत्या नहीं हुई तो क्या ये आत्महत्या थी। इस परिस्थिति में आत्महत्या के लिए उकसानेवालों के खिलाफ भी तो अपराध बनता था।

3. सरकारी कर्मचारियों तथा अधिकारियों से जिरह करने पर अधिक ध्यान नहीं दिया गया, जिन्होंने घटना के समय मौके पर मौजूद लोगों के नाम बताए थे। इसी के साथ अदालत ने मजिस्ट्रेट चन्द्रकला के प्रभाव को महत्त्व नहीं दिया जिनकी अदालत में इनमें से तीन गवाह बाबूलाल, बोधू और बंसी के बयान हुए थे। इनमें कहा गया था कि इनमें से किसी के बयान किसी दबाव में नहीं करवाए गए हैं।
4. रूपकँवर के माता-पिता को घटना की सूचना नहीं दिए जाने के बारे में बचाव पक्ष की बात को पूरी तरह अनदेखा किया गया।
5. न तो इस बात पर ध्यान दिया गया कि रूपकँवर का शृंगार किसने किया, न ही यह पूछा गया कि दाहस्थल तक आने की उसे अनुमति क्यों मिली।
6. कोर्ट ने बड़ी आसानी से यह तो मान लिया कि रूपकँवर के ससुर सुमेर सिंह उस दिन अस्पताल में भर्ती थे। अभियोजन पक्ष के इस तर्क को पूरी तरह नकार दिया गया कि डॉ. मगन सिंह (सुमेर सिंह के भाई) ने अस्पताल के झूठे रिकॉर्ड तैयार किए। माननीय न्यायाधीश ने हीरालाल के इस बयान को कि अस्पताल के रिकॉर्ड में सुमेर सिंह का नाम डॉ. मगन सिंह के कहने पर लिखा गया था विश्वसनीय नहीं माना।
7. डॉ. मगन सिंह को झूठे रिकॉर्ड गढ़ने के दोष से मुक्त करने के लिए अदालत ने कहा कि सुमेर सिंह दोपहर साढ़े बारह बजे अजीतगढ़ अस्पताल में भर्ती नहीं थे। इस बारे में कोई निष्कर्ष नहीं निकाला जा सकता, क्योंकि बारह बजे भर्ती होने के बाद दो घंटे में वे पाँच किलोमीटर की दूरी तय करके दिवराला नहीं पहुँच सकते थे।

राजनीतिक चुप्पी

12 अक्टूबर 96 को एक स्थानीय अखबार ने खबर छापी 'आखिर दिवराला के लोगों को न्याय मिल ही गया।' कल्याण सिंह कालवी ने पहले ही 1988 में कह दिया था कि सब अभियुक्त बरी हो जाएँगे क्योंकि उनके खिलाफ प्रमाण नहीं मिलेंगे।

तत्कालीन प्रधानमन्त्री वी.पी. सिंह चुप थे और कांग्रेस आई के केन्द्रीय राज्य वाणिज्य मन्त्री प्रियरंजन दास मुँशी हिन्दू धर्म की रक्षार्थ दिवराला पदयात्रा का नेतृत्व करने की बात कह रहे थे। वी.पी. सिंह के बाद प्रधानमन्त्री बने चन्द्रशेखर ने कल्याण सिंह कालवी को केन्द्रीय मन्त्रिमंडल में शामिल किया था, यह कहकर कि चाहे उन्होंने सती का महिमामंडन किया था लेकिन यह तो लाखों दूसरे लोग भी करते हैं। बी.जे.पी. की उपाध्यक्ष विजयराजे जो खुद विधवा थीं और जिन्होंने धर्म रक्षा समिति बनाए जाने में महत्त्वपूर्ण भूमिका अदा की थी, उन्होंने भी वक्तव्य दे डाला कि सती हिन्दू आस्था का हिस्सा है जो औरत सती होना चाहे उसे इस कार्य से वंचित न किया जाए।

महिलाओं का विरोध

इस फैसले से आहत महिलाएँ फिर अकेली ही विरोध के मैदान में खड़ी थीं। महिलाओं ने मुख्यमन्त्री को तुरन्त एक पत्र लिखा :

माननीय मुख्यमन्त्री
राजस्थान सरकार
जयपुर

विषय :—रूपकँवर, दिवराला केस में नीम का थाना अपर सत्र न्यायालय के फैसले के सन्दर्भ में।

महोदय,

नीम का थाना अपर सत्र न्यायालय के फैसले से, एक बार फिर राजस्थान का नाम दुनिया भर में बदनाम हो गया है। रूपकँवर की हत्या के 9 साल बाद इस न्यायालय ने अपराधियों को दोषमुक्त कर दिया है। हम सब इस फैसले की घोर निन्दा करते हैं। इस फैसले से राजस्थान की महिलाओं को बहुत आघात लगा है। इस बात का भी संकेत है कि राज़स्थान के वर्तमान माहौल में औरतों के लिए न्याय के मंच बचे ही नहीं। न समाज, न सरकार, न न्यायालय औरतों की फरियाद सुन रहें हैं।

हम पूछना चाहते हैं कि दिवराला की जिस अमानवीय घटना को पूरे गाँव ने देखा उसे न्याय व्यवस्था की आँखें क्यों नहीं देख पाई। इस फैसले में 38 में से 32 अभियुक्तों को बरी कर दिया गया। सच यह है कि रूपकँवर को सती के नाम पर जबरन जिन्दा जला दिया गया। दिवराला केस की फाइल को गहराई से देखें तो अपराध को साबित करने के लिए पर्याप्त साक्ष्य हैं किन्तु फैसले में उन्हें नजरअन्दाज कर दिया गया है। यह सवाल भी नहीं उठाया गया कि रूपकँवर को जलने से रोकने के लिए उसके घर वालों ने क्या प्रयास किए। हम सबके मन में एक ही सवाल हैं कि जिन पाँच सरकारी कर्मचारियों ने रूपकँवर को जलते हुए देखा उनके बयानों पर गौर क्यों नहीं किया गया।

हम राजस्थान सरकार से पूछना चाहते हैं कि जब अभियोजन पक्ष ने मुकदमे का स्थान नीम का थाना से बदलकर भरतपुर करने की माँग की थी तो उसे स्वीकार क्यों नहीं किया गया। कुछ साक्षी का पक्षद्रोही होना स्वाभाविक था क्योंकि उस इलाके में एक समुदाय विशेष का दबदबा लगातार बना रहा, उस माहौल में कमजोर वर्ग के साक्षी कैसे साहस जुटा पाते ? इसी कमजोरी का सामना करने के लिए अभियोजन पक्ष ने राजस्थान सरकार से मुकदमे का स्थान बदलने की माँग की थी। इस फैसले ने डेढ़ सौ साल पहले के सामन्ती उत्पीड़न का क्रूरतम रूप प्रस्तुत किया है। उस समय भी औरतों को जबरदस्ती जलाया जाता था। गोरी सरकार ने तब जन आन्दोलन के प्रति

संवेदनशीलता दिखाते हुए 1829 में सती निरोधक कानून पास किया था। लेकिन इस बार हमारी सरकार व न्यायालय इस कानून को लागू नहीं कर पाए।

औरत को भी सम्मान के साथ जिन्दा रहने का हक है। रूपकँवर को जलती चिता में जिन्दा झोंक देने की घटना औरत के जिन्दा रहने के हक पर सबसे बड़ा हमला है। हम सब इसका तीव्र विरोध करते हैं। हम उस कानून को बदलने की माँग करते हैं, उन न्यायकर्ताओं की तटस्थता (न्यायप्रियता) पर सवाल उठाते हैं कि जो सती के नाम पर नारी को जीवित मार डालनेवालों को सजा नहीं दे सके। हम चाहते हैं कि यह घटना कानून की कसौटी पर फिर से रखी जाए। हमारी माँग है—

1. *इस मामले में राजस्थान सरकार तुरन्त उच्च न्यायालय में अपील दायर करे।*
2. *एक विशेष न्यायालय गठित किया जाए जो तीन महीने के अन्दर-अन्दर अपना फैसला सुनाए।*
3. *एक विशेष लोक अभियोजक की नियुक्ति की जाए जो दोषियों को दंड देने के लिए भरपूर प्रयास करे।*
4. *राजस्थान सती विरोधी कानून को समुचित व सक्षम बनाया जाए ताकि कोई भी अपराधी इसके चंगुल से बच नहीं पाए।*

हम हैं—

महिला अत्याचार विरोधी जन आन्दोलन
द्वारा 76 शान्ति निकेतन कालोनी, किसान मार्ग
जयपुर-302015

जयपुर में इस फैसले के विरोध में तीखा प्रदर्शन हुआ। औरतें बसों में भरकर आईं और सचिवालय के अन्दर घुस गईं। सुरक्षाकर्मी देखते रह गए। बाद में सचिवालय मुख्य गेट बन्द किया गया। काफी देर तक सचिवालय गेट पर आने-जाने के मार्ग को अवरुद्ध किया गया।

पुलिस अधिकारियों के चेहरे पर हवाइयाँ उड़ रही थीं। बड़ी मुश्किल से मुख्य द्वार को बन्द करवा पाए थे। औरतें इतने बड़े गेट के ऊपर तक चढ़ आई थीं। उनके हाथ में काले झंडे थे। बहुत सी औरतें और आदमी मुख्य द्वार को घेरकर खड़े थे। महिला पुलिस के नाम पर काफी देर बाद चार लुगाइयाँ वे जुटा पाए थे। सचिवालय के सामने वाली सड़क पर बड़े नेताओं और अधिकारियों की सुरक्षा के लिए धारा 144 लगी रहती है। इसका मतलब पाँच लोगों से ज्यादा एक साथ सड़क पर नहीं आ जा सकते। जुलूस नहीं निकाल सकते। नारे नहीं लगा सकते। औरतों ने इस धारा को तोड़कर मुख्य गेट पर कब्जा कर लिया था।

यह सब कुछ इतनी जल्दी हो गया कि पुलिसवाले समझ नहीं पा रहे थे कि क्या करें। दिल्ली से जनवादी महिला समिति व अन्य संगठनों की तीन बस भरकर औरतें यहाँ आई थीं। पत्रकार और टी.वी. वाले भी मौजूद थे। अखबारों में भी गोल-मोल खबरें छपी थीं। पुलिसवालों की सारी जासूसी फेल हो गई थी। औरतों ने तीन घंटे तक रास्ते पर आना-जाना रोक दिया था। जो लोग सचिवालय में अपने काम से आए थे उनसे

भी साथ देने का अनुरोध किया था। प्रदर्शनकारियों के समूह में तीन विधायक भी थे। सड़क पर ही सभा की गई। दिल्ली व जयपुर की कई महिलाओं ने इस अन्ध फैसले का विरोध किया। विधि राज्य मन्त्री श्रीमती शशि दत्ता सचिवालय से बाहर आकर प्रदर्शनकारियों से मिलीं। उन्होंने कहा, कि इस फैसले के विरोध में उच्च न्यायालय में अपील की जाएगी। इस सम्बन्ध में महाधिवक्ता को आदेश दे दिए गए हैं।

तीन घंटे के धरने व सभा के बाद यह जुलूस उच्च न्यायालय के बाहर प्रदर्शन करने व मुख्य न्यायाधीश को ज्ञापन देने चल पड़ा। तब तक काफी पुलिस आ चुकी थी। उन्हें भी कुछ तो करना था। इसीलिए न्यायालय से पहले रस्से बाँध दिए गए। लोगों को आगे बढ़ने से रोक दिया गया। विरोध करनेवालों का मकसद पूरा हो गया था। उन्होंने अपना मन बदल दिया और जुलूस खत्म कर दिया। बाद में एक प्रतिनिधि मंडल मुख्य न्यायाधीश से मिला और उन्हें ज्ञापन दिया। ज्ञापन में माँग की गई कि इस केस की उच्च न्यायालय में सुनवाई के लिए एक विशेष न्यायालय गठित किया जाए। यह न्यायालय तीन महीने के अन्दर-अन्दर अपना फैसला सुनाए। केस के लिए एक विशेष अनुभवी लोक अभियोजक की नियुक्ति हो जो दोषियों को दंडित करवाने के लिए पूरी लगन से प्रयास करे। सती विरोधी कानून को इतना सक्षम बनाया जाए कि कोई भी अपराधी इसकी पकड़ से बच न पाए। इस विरोध प्रदर्शन का आयोजन 24 अक्टूबर को महिला अत्याचार विरोधी जन आन्दोलन ने किया।

राज्य सरकार के साथ हुई अनेक मुलाकातों और ज्ञापनों के बाद राज्य सरकार ने हाईकोर्ट में अपील में जाने का निर्णय किया। तब से यानी वर्ष 1997 से आज तक पिछले सात सालों से यह केस उच्च न्यायालय द्वारा ठंडे बस्ते में डाल दिया गया है। अनेक बार महिला संगठनों ने उच्च न्यायालय के मुख्य न्यायाधीश से मिलकर केस पर जल्दी सुनवाई की माँग की है किन्तु लगता है न्यायपालिका भी इस विवादास्पद विषय पर कोई फैसला देने से कतरा रही है। दबे-घुटे शब्दों में अदालत के गलियारों में यह भी सुनाई दे रहा है कि फैसले के साथ ही फिर से उग्र प्रदर्शन शुरू हो जाएँगे।

सती प्रथा का पुनः प्रचलन

सती प्रथा के समर्शन का उग्र रूप अभी थमा जरूर है लेकिन खत्म नहीं हुआ है। कहा जाता है इस प्रथा के पुनः प्रचलन का सम्बन्ध झुन्झुनू के रानी सती मन्दिर की सफलता व व्यापारीकरण से है। इसके अतिरिक्त राजस्थान में सौ से अधिक सती मन्दिर हैं।

झुन्झुनू अनेक मारवाड़ी उद्योगपति परिवारों की जन्मस्थली है। उसका पूरा अर्थशास्त्र मन्दिर में आनेवालों द्वारा किए जानेवाले खर्च पर टिका है। अनुमान है कि झुन्झुनू के रानी सती मन्दिर में मेले से करीब चार करोड़ रुपए की आमदनी होती है। व्यापारी वर्ग के परिवारों द्वारा मन्दिर को काफी दान भी प्राप्त होता है। मन्दिर के सात ट्रस्टी हैं। सभी मुम्बई और कोलकाता में रहनेवाले मारवाड़ी परिवारों के हैं। झुन्झुनू की

आम जनता का इस मन्दिर की व्यवस्था से कोई सरोकार नहीं। ट्रस्ट का मुख्यालय कलकत्ता में है जो राजस्थान के कई अन्य मन्दिरों का प्रबन्ध भी देखता है।

एक औरत के सती होते ही उस परिवार और समाज की स्थिति रातों रात बदल जाती है। राजपूत समाज में वैसे भी औरतों की स्थिति काफी खराब है। वे कड़े घूँघट में रखी जाती हैं। प्यासी बैठी रहें पर कुएँ से पानी लाकर पीने की उन्हें छूट नहीं है। राजपूत विधवाओं की स्थिति वैसे भी काफी खराब है। विधवा होने पर सुबह मुँह अँधेरे उठना ताकि कोई उनका मुँह न देख सके। दीवार की तरफ मुँह करके सारा-सारा दिन बैठे रहना। दीपक की ज्योत देखते रहना। खाने को कुछ अर्ध पेय पदार्थ दिया जाना। खाते समय पति का नाम लेकर विलाप करना। गाढ़े रंग के कपड़े पहनना, ताने सुनना और भी न जाने क्या-क्या।

सती मेलों के आयोजन पर रोक

सती विरोधी आन्दोलन के जोर पकड़ने पर राजस्थान सरकार द्वारा 21 मार्च 1988 में राज्य में आयोजित होनेवाले सती मेलों पर रोक लगा दी गई थी। 1987 से पहले तक राज्य सरकार तमाम सती मेलों को अपना सहयोग दे रही थी। उनमें भागीदारी निभा रही थी। मेले के दिन अवकाश घोषित किया जाता था ताकि लाखों लोग मेले में आ सकें। मुंबई और कलकत्ता से विशेष रेलगाड़ियों की व्यवस्था की जाती थी, जहाँ से बड़ी संख्या में मेलार्थी आया करते थे।

वर्ष 1987 में पारित सती निषेध कानून तीन जनवरी 1988 से लागू हुआ। इसी के तुरन्त बाद कलकत्ता में रहनेवाले मन्दिर के एक ट्रस्टी ने कलकत्ता उच्च न्यायालय में याचिका लगाकर झुन्झुनू में अपने पैत्रिक रानी सती मन्दिर में 10 अगस्त को पूजा का अधिकार माँगा। अदालत के द्वारा उन्हें 10 सितम्बर को अन्तरिम आदेश दे दिया गया। केन्द्रीय और राज्य सरकारों को अदालत ने मन्दिर में जानेवालों और भक्तगणों को मन्दिर के अन्दर स्थापित देवताओं की दैनिक सेवा और पूजा करने से न रोकने और परेशान न करने का निर्देश दिया गया। इस केस की पैरवी करनेवाले थे केन्द्रीय विधि मन्त्री अशोक सेन व पूर्व राज्यपाल सिद्धार्थ शंकर रे। राजस्थान सरकार ने जब उच्चतम न्यायालय में इस आदेश को चुनौती दी तो ये महानुभाव वहाँ भी पैरवी करने गए।

उधर दिल्ली में वर्ष 1988 में डॉ. सुदेश वैद्य द्वारा रानी सती मन्दिर के विरोध में एक केस दर्ज किया गया जिसमें इस मन्दिर को सती प्रथा के पुनः प्रचलन में सक्रिय रूप से भागीदार बताया।

रानी सती मन्दिर के खिलाफ दर्ज केस के कुछ अंश

डॉ. सुदेश वैद द्वारा दायर रिट याचिका संख्या 193, 1988 एडड्वा बनाम भारतीय संघ :

(15)...उदाहरण के लिए, सीकर जिले के पास कोटड़ी में स्थित मन्दिर, जो सावित्री की स्मृति में बनाया गया है, वहाँ भी द्विचक्षी त्रिशूल की पूजा की जाती है। सावित्री 1 अप्रैल 1973 को अपने पति की चिता में जलाई गई थी। इस मन्दिर में स्थापित मूर्ति इस मुद्दे को स्पष्ट करती है, वहाँ गर्भ-गृह में एक नारी आकृति है जिसमें पीतल का बना त्रिकोण है तथा उसे घाघरा पहनाया गया है, साथ ही सिंह पर सवार दुर्गा व त्रिशूल की आकृतियाँ भी हैं। जाहिर है कि यहाँ दुर्गा व सती के बीच सीधा सम्बन्ध दर्शाया जा रहा है।

''यहाँ मान्यता यह है कि स्त्री (इस उदाहरण में सावित्री) को दुर्गा की शक्ति प्राप्त होती है, जो स्त्री में प्रवेश कर उसे सती-माता बनाती है--जो एक नई सशक्त देवी है, जिसका प्रतीक है द्विचक्षी त्रिशूल। यह द्विचक्षी त्रिशूल, एक स्त्री सावित्री का सती माता या देवी सावित्री में बदलने का प्रतीक है।

(17) यद्यपि दुर्गा शक्ति की पूजा-अर्चना और जलाई गई स्त्री की पूजा में एक हद तक समानता है, फिर भी दुर्गा मन्दिरों तथा सती मन्दिरों में स्पष्ट अन्तर है। यह अन्तर इस बात में है कि सती मन्दिरों के साथ हमेशा एक कथा/विश्वास/किंवदंति जुड़ी होती है।

(18) प्रतिवादियों का यह दावा कि (रानी सती) मन्दिर व न्यास किसी भी प्रकार विधवा दहन की प्रथा से जुड़ा नहीं है और सती प्रथा का विरोध करता है, पूर्णतः गलत है, क्योंकि उनके 13 मन्दिर जलाई गई औरतों के नाम पर बने हैं। प्रत्येक गौण सती मन्दिर उन औरतों की स्मृति में है जिनकी पूजा, द्विचक्षी त्रिशूल के प्रतीक के माध्यम से देवी के रुप में की जाती है। प्रत्येक समाधि संगमरमर से जुड़ी है और उस पर एक महिला, उसका देवी नाम, तथा उस व्यक्ति का नाम भी लिखा है जिसने उस स्थान को बनवाने के लिए दान दिया था।

(20)...दिवराला में जिस सती की स्मृति में पूजा स्थल बना है। उसमें तथा श्री रानी सतीजी मन्दिर, झूंझनू...में कोई अन्तर नहीं किया जा सकता है...दोनों ही महिला दहन की परम्परा के ही हिस्सा हैं जो दुर्भाग्य से आज तक चली आ रही है। बल्कि सच्चाई तो यह है कि कुछ समय पहले तक यह प्रथा देश में प्रायः खत्म हो चली थी, उसे फिर से पुनरुज्जीवित किया गया है। स्त्री दहन की इस प्रथा को पुनरुज्जीवित करने में श्री रानी सती मन्दिर का सक्रिय योगदान है।'' (लॉयर्स कलैक्टिव, जून 1997, पृ. 10)

9 सितम्बर 1992 को उच्चतम न्यायालय ने आदेश दिया कि रानी सती मन्दिर में चूँदड़ी महोत्सव नहीं आयोजित हो। मन्दिर में एकत्रित राशि को अलग से राष्ट्रीयकृत बैंक में जमा करवाया जाए। ट्रस्टी इस पर भी नहीं डरे। उन्होंने मन्दिर के बाहर चूँदड़ी महोत्सव आयोजित किया। जहाँ तक एकत्रित की गई राशि का सवाल था कानून की धारा आठ के तहत सरकार या अदालत द्वारा इसे जब्त किया जाना था। वह किया ही नहीं गया।

वर्ष 1992 तक उच्चतम न्यायालय में 16 याचिकाएँ दर्ज हो चुकी थीं। 29 अप्रैल 1992 में जस्टिस एस. रंगनाथन, जस्टिस वी. रामास्वामी और जस्टिस योगेश्वर दयाल ने इन सोलहों याचिकाओं के सन्दर्भ में फैसला दिया कि यह संविधान की धारा 25 के तहत दिए गए मौलिक अधिकार का मामला है अतः इसे संवैधानिक पीठ के हवाले कर दिया। उसी के बाद से काफी समय तक केस पर विचार नहीं हो पाया।

धारा 25 से जोड़ने का तर्क

सती समर्थकों का तर्क था कि सती मन्दिर में पूजा करना धारा 25 के तहत उनका मौलिक अधिकार है। इन मन्दिरों में पूजा करने से सती निषेध कानून का विरोध नहीं होता। इन मन्दिरों में तो वे अपनी कुल देवी की पूजा करते हैं। उन्होंने यह भी कहा कि वे दिवराला सती घटना की निन्दा करते हैं। इस तर्क से राजपूतों के द्वारा गठित धर्मरक्षा समिति के उस तर्क को ही बल मिला जो उन्होंने 87 में दिवराला में कहा था। विचार का विषय यह है कि देवी की पूजा और सती के महिमामंडन की विभाजक रेखा कहाँ है। पूजा के सवैधानिक हक और औरत के समानता और जिन्दा रहने के हक की विभाजक रेखा कहाँ है ?

वर्ष 1996 में सती समर्थकों के पक्ष में न्यायपालिका का झुकाव साफ नजर आया।

- 11 अक्टूबर 1996 को सत्र न्यायालय का दोषियों को बरी करनेवाला फैसला।
- रानी सती की चार सौवीं शताब्दी के अवसर पर झुन्झुनू में दस दिन के महायज्ञ का आयोजन।

एक तरह से देखा जाए तो झुन्झुनू में सती समर्थकों की जीत का मेला भरा था। राजस्थान में भाजपा सरकार की निष्क्रियता से व्यथित महिला अत्याचार विरोधी जन आन्दोलन के सदस्यों ने उच्च न्यायालय में महायज्ञ पर रोक लगाने की याचिका लगाई। न्यायमूर्ति अंशुमान सिंह ने मन्दिर परिसर के अन्दर इस समारोह के आयोजन पर 27 नवम्बर को रोक लगाई। चूँदड़ी महोत्सव और 51 किलो के स्वर्ण कलश के मन्दिर पर चढ़ाए जाने पर पूर्ण पाबन्दी लगाई गई।

यह आदेश यज्ञ के चौथे दिन प्राप्त हुआ। जब याचिका लगानेवालों ने जिला प्रशासन को आयोजकों पर अदालत की अवमानना का आरोप लगाते हुए अदालती आदेश दिया गया तो बचाव पक्ष को अपना जवाब देने का तीन सप्ताह का समय दे दिया गया। इस तरह महायज्ञ निर्विघ्न पूरा हो गया। अदालती आदेश में मन्दिर परिसर को परिभाषित नहीं किया गया था। ट्रस्टियों ने इस स्थिति का पूरा फायदा उठाया।

फिल्मों और धारावाहिकों में सती का महिमामंडन

कानूनी लड़ाई तो चल ही रही है। इधर संचार माध्यमों में भी धारावाहिकों और फिल्मों में सती को महिमामंडित करना शुरू हो गया है।

- जी.टी.वी. पर राजस्थान की पृष्ठभूमि में बने एक कार्यक्रम में अचानक एक औरत के विधवा दहन की साजिश चली। औरतों ने इस पर हो हल्ला मचाया तो यह सीरियल आना ही बन्द हो गया।
- राजस्थानी में एक फिल्म रूपकँवर बाई सा बनने की बात पता चली। महिला संगठनों ने इसका विरोध किया तो फिल्म का नाम बदलकर सरूप बाई सा कर दिया लेकिन फिल्म में वही सती का महिमामंडन किया गया।

- वर्ष 1999 में फिल्म 'हम आपके दिल में रहते हैं' में भी सती का महिमामंडन दिखाया गया, उसके खिलाफ महिला पुनर्वास समूह की रेणुका पामेचा ने उच्च न्यायालय में याचिका लगाई जिस पर अभी तक सुनवाई नहीं हुई है।
- ग्यारह नवम्बर 1999 को राजस्थान के एक दैनिक ने अपने मुखपृष्ठ पर उत्तरप्रदेश के महोबा जिले के सतपुरवा गाँव में सती होने की खबर दी। राष्ट्रीय महिला आयोग ने इस घटना की जाँच की और घटना को असत्य पाया। महिला संगठन के प्रतिनिधियों ने अखबार के दफ्तर में जाकर उनसे जब इस सन्दर्भ में चर्चा की तो वे काफी नाराज हो गए किन्तु अन्त में उन्होंने नाम के वास्ते ही सही इस घटना पर खेद प्रकट किया।

वर्ष 2001 जाते-जाते महिला संगठनों को फिर से एक झटका दे गया। उच्चतम न्यायालय ने दिसम्बर 2001 में सती को लेकर एक आधा-अधूरा-सा फैसला दिया। इस फैसले में सती-प्रथा और सती के महिमामंडन पर रोक को सही माना गया। लेकिन पुराने मन्दिरों के सवाल पर कुछ नहीं कहा गया। इस फैसले का पूरा-पूरा फायदा सती समर्थक उठा रहे हैं। इस सबके बावजूद महिला आन्दोलन के प्रयासों से बना सती निषेध कानून बड़ा महत्त्वपूर्ण रहा क्योंकि 1987 के बाद रास्थान में कोई भी विधवा दहन की घटना नहीं हुई। महिमामंडन पर रोक लगने से राजनीतिज्ञों द्वारा सार्वजनिक रूप से सती की जय-जयकार बन्द हो गई।

(III) यौन हिंसा विरोधी अभियान

राजस्थान के राजशाही, सामन्तवादी और पितृसत्तात्मक माहौल के बाद भी यहाँ एक सशक्त यौन हिंसा विरोधी आन्दोलन चलाया गया। इस आन्दोलन की गूँज विधानसभा, संसद, अदालतों, राष्ट्रीय महिला आयोग और उच्चतम न्यायालय तक भी पहुँची। कार्यस्थल पर यौन शोषण का अभूतपूर्व फैसला उच्चतम न्यायालय द्वारा वर्ष 1997 में दिया गया। इस फैसले में कामकाजी औरतों पर हो रहे बलात्कार को मानव अधिकारों का हनन माना गया। रजवाड़ों और सामन्तों के इस प्रदेश में प्रभावशाली वर्ग द्वारा दलित, कमजोर वर्ग की औरत के साथ यौन शोषण और बलात्कार बहुत आम बात थी। कुछ एक ग्रामीण क्षेत्रों में तो यहाँ तक भी सुनने में आया था कि एक समय ऐसा भी था जब गाँव में आनेवाली बहू की पहली रात ठाकुर की हवेली में ही गुजरा करती थी। घरों के अन्दर भी शोषण और बलात्कार हो रहे थे।

बलात्कार औरत पर होनेवाला सबसे अमानवीय कृत्य है जिसका असर वह ताउम्र झेलती है। इसके विषय में औरत किसी से कुछ कहे, यह बात पहले सोची भी नहीं जा सकती थी। कोई लड़की या औरत यदि बलात्कार की बात किसी से कहे तो उसे औरत की बदनामी का डर दिखाकर चुप रहने की हिदायत दी जाती थी। औरत का तो दोनों ही तरह से मरण था। वह कहे तो बदनामी, न कहे और पकड़ी जाए तो

चरित्रहीनता का आरोप। पुरुष अपनी मूँछ मरोड़कर बड़ी बेशर्मी से समाज में अपने इस उद्दंड व्यवहार की शेखी बघार सकता था और औरत की जुबान पर ताले पड़े थे। बलात्कार शब्द बोलने पर भी पाबन्दी थी। खोटा काम, इज्जत लूटी जैसे शब्दों से उसे काम चलाना पड़ता था। जिसका निहितार्थ था कि कोई जोर जबरदस्ती करे यौन शोषण करे तो औरत की ही इज्जत लुटती है। इस सोच में ही खोट था। पुलिस अकादमी में हुए एक प्रशिक्षण में भी यही बात सुनने में आई कि हम बलात्कार पीड़ित औरत से पूछते हैं कि क्या तुम्हारी इज्जत लुटी। यदि वह कहती है हाँ तो हम बलात्कार का केस दर्ज करते हैं। इस पर उनके साथ बड़ी बहस हुई कि हम तो कभी नहीं कहेंगे कि हमारी इज्जत लुटी तो क्या आप बलात्कार का केस ही दर्ज नहीं करेंगे।

एक और बात यह कि कोई बलात्कार करे तो कहा जाता था कि "यह तो जूठी हो गई। अब पति क्या इस जूठी थाली में खाएगा ? इसीलिए पति उसे छोड़ दिया करते थे। परिवार के अन्दर यौन शोषण की बात उठे तो कहा जाता था कि यह तो अपवाद है। सामान्यतया तो ऐसा होता नहीं है। यौन हिंसा हो तो भी दोष औरत का ही माना जाता था। यह तो है ही चरित्रहीन, पुरुषों के साथ घूमती है। उनसे नैन मटक्का करती है। ऐसे भड़कीले कपड़े पहनती है। जोर-जोर से हँसती है, बोलती है, गाने गाती है। शाम को देर से घर वापस आती है आदि आदि।" अन्य औरतें भी अपने को उस औरत से अलग कर लेतीं, यह कहकर कि "हमारे साथ तो कभी भी ऐसी कोई घटना नहीं हुई। जरूर दोष इसी औरत का होगा।"

पितृसत्तात्मक समाज के इतने जकड़न भरे माहौल के बाद भी राजस्थान की औरतों ने हौसला दिखाया। बलात्कार से जुड़ी चुप्पी की संस्कृति को तोड़ा। अन्य औरतों ने भी यौन हिंसा पीड़ित महिला का दुख-दर्द समझा। उसका साथ दिया। देखते ही देखते यौन हिंसा के खिलाफ राज्य में आन्दोलन उठ खड़ा हुआ। आन्दोलन ने जितनी तेजी

तालिका-एक : राजस्थान में महिलाओं के विरुद्ध दर्ज हुए अपराध

(1999 से 2001)

क्रम	*अपराध का प्रकार*	*दर्ज मामलों की संख्या*			*वृद्धि/कमी*		*बदलाव का प्रतिशत*	
		1999	2000	2001	1999 से 2001	2000 से 2001	1999 से 2001	2000 से 2001
1.	बलात्कार	1198	1242	1049	-149	-193	-12.44	-15.54
2.	छेड़छाड़	3109	3022	2878	-231	-214	-7.43	-6.92
3.	अपहरण	2652	2682	2155	-497	-527	-18.74	-19.64
4.	अन्य	137	182	382	+245	+200	+178.83	+109.89
5.	कुल	7096	7128	6464	-632	-734	140.22	67.79

तालिका-दो : **महिला उत्पीड़न**

वर्ष 1990 से 2001

साल	*बलात्कार*	*छेड़छाड़*
1990	740	1413
	+2.63	+4.97
1991	803	1430
	+8.51	+1.18
1992	848	1733
	+5.60	+21.18
1993	893	1749
	+5.30	+0.92
1994	1002	1776
	+12.20	+1.54
1995	1036	2121
	+3.39	+19.42
1996	1162	2583
	+12.16	+21.78
1997	1255	2815
	+8.00	+8.98
1998	1266	2908
	+0.87	+3.30
1999	1198	3109
	-5.37	+6.25
2000	1242	3092
	+3.67	-0.55
2001	1049	2878
	-15.54	-6.92

पकड़ी महिलाओं पर यौन हिंसा की घटनाएँ और दमन भी उतनी ही तेजी से बढ़ा। देशभर में महिला आन्दोलन और अन्तरराष्ट्रीय दबाव के चलते नए-नए और प्रभावशाली कानून तो बनते रहे, राज्य स्तर पर राज्य महिला आयोग जैसी संस्थाएँ भी बनीं किन्तु पीड़ित औरत को राहत नहीं मिली।

आन्दोलन का शुरुआती दौर

पचास से सत्तर के दशक में औरतों पर यौन हिंसा होने के उदाहरण तो थे किन्तु महिलाएँ या तो उन्हें छुपा रही थीं या फिर अपने स्तर पर ही उनसे संघर्ष कर रही थीं। किन्हीं हादसों में उन्हें रिश्तेदारों, पुरुष मित्रों या पड़ोसियों से भी व्यक्तिगत स्तर पर मदद मिल रही थी।

* * *

एक मुख्य सेविका को पहली पोस्टिंग 1959 में जयपुर जिले के फागी कस्बे में मिली थी। वह बताती है—"मीटिंग के लिए जयपुर बुलाया जाता था। पहली बार अपनी महिला सहकर्मी के साथ जयपुर गई तो अकाउटेंट के घर रुकी। अगली बार बुलाया तो अकेली जाना पड़ा। शाम हो गई पहुँचते। अगले दिन सुबह मीटिंग थी। अकाउटेंट घर पर नहीं मिला। उसी समय पाते के परिचित फागी के दो लोग मिले। एक था तहसीलदार और एक ठेकेदार। बेटा-बेटा करके अपने साथ ले गए। बोले पहले पिक्चर देखेंगे। हम पोलोविक्ट्री गए तो मेरे साथ उन्होंने गलत हरकत की। पिक्चर हॉल से बाहर निकलते ही मैंने घर जाने की जिद पकड़ ली। मेरे पास पैसे भी नहीं थे। बस बीस रुपए थे। मैं फागी वापस नहीं गई। स्टेशन पर जो गाड़ी खड़ी थी उसी में बैठ गई। बाँदीकुई स्टेशन पर उतर गई। उतरकर अकेली बैठी रो रही थी। उसी समय एक लड़का मेरे पास आया। बोला क्यों रो रही हो। मैंने पहले तो बताया नहीं। वह बोला मैं पुलिस में हूँ। पूछना मेरी ड्यूटी है। मैंने उसे सारी बात बताई। उसने बड़े भाई की तरह सहारा दिया। मुझे जयपुर तक छोड़ने आया। रात मैं अकाउटेंट के घर के नीचेवालों के साथ रही। सुबह अकाउटेंट को बताया तो उसने उस तहसीलदार को बुलाकर खूब डाँटा। मैंने भी उसे दो-तीन जूते मारे।

1962-63 में फिर मेरे साथ एक घटना घटी। उन दिनों अलवर में मेरी पोस्टिंग थी। ताल ट्रेनिंग सेन्टर पर अकाउटेंट बृजपाल नहा रहा था। अचानक बोला मुझे पकड़ो मैं गिरा। मैंने नहीं पकड़ा। नहाने के बाद आया। मेरे कूल्हे पर हाथ मारकर बोला, हाथ नहीं पकड़ा। इस पर मैंने उसकी पिटाई की।

शार्दूलपुर में आर.ए.एस. अफसर जो बी.डी.ओ. था मेरे पीछे पड़ गया। 19_3 की बात होगी। मेरा टूर प्रोग्राम ही पास नहीं किया। बोला बाद में आना। ड्राइवर को भेजा तो बोला उन्हीं को भेजो। मैं गई तो टेबल के नीचे से मेरे पैर लगाने लगा फिर उठकर मेरी छाती पर चिकोटी काटी। मैंने गुस्से में उसकी टाई पकड़ ली। टाई से गला घोटने लगी। थप्पड़ भी मारे। शोर सुनकर प्रधान जी भी आ गए वे भी उसी का पक्ष लेने लगे। मैंने जोर से बोला तुम्हारी बहन की छाती कोई नोचे तो भी तुम यही कहोगे। वे सब एक दूसरे का मुँह देखने लगे। मैंने सर्विस को कभी अपनी मजबूरी नहीं माना। उन्होंने मेरे पर केस बनाया। मेरा कैरियर चौपट कर दिया। कितने सालों तक मुझे निलम्बित रखा गया।"

* * *

वर्ष 1964 में राजस्थान विश्वविद्यालय के सामने थड़ी पर एक लड़की को कुछ लड़कों ने छेड़ा तो दुकानदार ने हस्तक्षेप किया, बोला—बाबू मेरी दुकान पर यह सब नहीं चलेगा।

* * *

वर्ष 1966 में विश्वविद्यालय के एक प्रोफेसर ने अपनी एक छात्रा से दुर्व्यवहार किया तो लड़की ने एक झन्नाता हुआ झापड़ उन्हें रसीद कर दिया।

* * *

वर्ष 1968 में राजस्थान विश्वविद्यालय में अपने एक पुरुष मित्र के साथ अकेले में बैठकर बातें करनेवाली एक लड़की से कुछ लड़कों ने अभद्रता की। लड़की इस हादसे से डर गई थी। इस पर उसके पुरुष मित्र उसे सारे परिसर के महत्त्वपूर्ण स्थानों पर घुमाने ले गए। यह कहकर कि सबको देखने दो कि तुम्हारी मित्रता किन लड़कों से हैं, अब कोई तुम्हरी तरफ आँख उठाकर भी नहीं देख सकता।

* * *

कोटपुतली बलात्कार कांड

राजस्थान विश्वविद्यालय महिला संस्था बनने के बाद पहला चर्चित केस था कोटपुतली बलात्कार कांड। अस्सी के दशक के आरम्भ में सन् 82-83 की बात है। मानसिक रूप से विक्षिप्त पति द्वारा छोड़ी गई युवती गायत्री के साथ पुलिसवालों ने बलात्कार किया। स्थानीय जनता द्वारा पुलिस के इस कृत्य का विरोध किया गया। थाने का घेराव हुआ। गोलियाँ चलीं। भीड़ में फँस गए स्कूली छात्र जो तमाशबीन की तरह प्रदर्शनकारियों के साथ हो लिए थे। गोलियों के शिकार हुए एक छात्र की मौत हुई। कई घायल हुए। राजनीतिक दल इस स्थिति का राजनीतिक फायदा उठा रहे थे। पीड़ित औरत की किसी को परवाह नहीं थी। इस पर रूवा संस्था ने पीड़ित औरत का पुनर्वास करने की जिम्मेदारी उठाई। कोटपुतली में जब उस युवती के घर गए तो घरवाले उसे काफी प्रताड़ित कर रहे थे। "उसने तो हमारा मुँह काला कर दिया।" "कुएँ में गिरकर मर जाती तो अच्छा था।" परिवारवालों से आपसी संवाद के बाद युवती को जयपुर लाया गया। पहले जयपुर के मानसिक चिकित्सालय और फिर प्राकृतिक चिकित्सालय में काफी समय तक उसे रखा गया। उसका इलाज चलता रहा। बाद में परिवारजन उसे अपने साथ वापस ले गए। सत्र न्यायालय में अभियुक्त पुलिसकर्मियों का दोष साबित हुआ और उन्हें दंडित किया गया।

सहजीवन के नाम पर यौन शोषण और वादाखिलाफी

अस्सी के दशक की ही एक दर्दनाक कहानी है इस युवती की कहानी। छात्रयुवा संघर्ष वाहिनी से जुड़ी हुई थी वह और उड़ीसा से राजस्थान में आकर काम कर रही थी।

वाहिनी में नौजवान युवक-युवतियाँ एक साथ मिलकर सामाजिक व राजनीतिक बदलाव का कार्य कर रहे थे। नए रीति-रिवाज और परम्पराएँ कायम कर रहे थे। एक परपंरा कायम हुई थी बिना आडम्बर और दहेज के विवाह करने की। वह युवती कुछ सक्रिय महिला कार्यकर्ताओं से मिली तो उसे चार माह का गर्भ था। उसने बताया कि उसने अपने एक सहकर्मी के साथ मिलकर सहजीवन का निर्णय लिया था। किन्तु परम्परा के अनुसार सहकर्मी ने सार्वजनिक रूप से सहजीवन की घोषणा नहीं की। वह इस मामले को टालता रहा। युवती ने बताया सर्व सेवा संघ के भवन में हम एक ही कमरे में रहते रहे हैं। यह बात सबको पता है। मैं गर्भवती हुई तो भी उसने कहा कि मैं बता दूंगा लेकिन तब से अब तक वह इस समस्या को गम्भीरता से नहीं ले रहा।

महिला कार्यकर्ताओं ने सर्वोदयी नेताओं से सम्पर्क किया। ये वरिष्ठ नेता नौजवान युवतियों को बेटियाँ बनाकर लाते थे किन्तु अभिभावक धर्म उन्होंने नहीं निभाया। वरिष्ठ नेता दोषी सहकर्मी से बात न करके उल्टा युवती को गर्भ गिराने की सलाह देने लगे। युवती इसके लिए राजी नहीं थी। सहकर्मी वाहिनी के महत्त्वपूर्ण पदाधिकारी भी थे। कुछ नौजवान मित्रों के उनसे अच्छे सम्पर्क थे सोचा बात करके इस समस्या का समाधान खोजते हैं। बुलाने पर नहीं आए। राजस्थान से बाहर यात्रा पर निकल गए। यह भी कहा कि "कैसे मानूँ बच्चा मेरा है। यह तो औरों के साथ भी मिलती थी।" सहकर्मी की इस घिनौनी हरकत और वादाखिलाफी की घटना को बाद में उनके सभी मित्रों, वाहिनी के अन्य सदस्यों और उनके समस्त सम्पर्क सूत्रों को पत्र के जरिए बताया गया। पत्र में यह भी लिखा कि यदि सहकर्मी को युवती पर शक था तो वे उसके साथ एक ही कमरे में कैसे रहते रहे ? पत्र में सभी से अपील की गई कि वे सब दोषी सहकर्मी का बहिष्कार करें। युवती ने तय किया कि वह अपना गर्भ नहीं गिराएगी। एस.डब्लू.आर.सी. तिलोनिया में उसके अस्थायी तौर पर रहने की व्यवस्था हुई। जयपुर के जनाना अस्पताल में उसने एक कन्या को जन्म दिया। इधर सहकर्मी महाशय जहाँ भी गए वहाँ से प्रताड़ित किए गए। जिस दिन युवती के बेटी जन्मी उसी दिन वे जयपुर पहुँचे। युवती की इच्छानुसार उन्हें उससे मिलने की इजाजत नहीं दी गई। उसी दिन संदिग्ध परिस्थितियों में रेल से कटकर उनकी मौत हो गई। युवती ने बड़े हौसले से अपनी बेटी को पाला, बड़ा किया। बाद में अपने एक पुरुष मित्र से उन्होंने विवाह कर लिया। ये वर्ष 84-85 की घटना है।

छात्रावास की युवती से बलात्कार

वर्ष 1982-83 में राजस्थान विश्वविद्यालय के लक्ष्मीबाई छात्रावास की एक छात्रा से एक रेलवे कर्मचारी ने बलात्कार किया। लड़की उदयपुर में रहती थी। अक्सर अपने घर जाने के लिए टिकट खरीदने में इन व्यक्ति का अहसान ले लेती थी ताकि लम्बी लाइन में खड़े होने की जहमत से वह बच जाए। उस दिन जब इन महाशय ने अपने वाहन से छात्रावास तक छोड़ने का प्रस्ताव रखा तो उसने सहज ही स्वीकार कर लिया।

महाशयजी उसे एक सूने घर में ले गए। युवती अपने भोलेपन में उनके साथ अन्दर तक चली गई, जहाँ पर उसका सामूहिक बलात्कार हुआ। लड़की के पिता आए। वे इस बात को दबा देना चाहते थे। उनका कहना था कि बात फैल गई तो इससे कोई शादी नहीं करेगा। लड़की की सहमति और आपसी संवाद से केस दर्ज हुआ। कोर्ट में चालान पेश हुआ पर दोषी को सजा नहीं हो पाई।

और पढ़ाई छूट गई

वर्ष 82-83 में ही छात्रावास की एक छात्रा को यौन शोषण का शिकार होना पड़ा। छात्रा पुस्तकालय में स्टैक्स से किताब ले रही थी तभी एक छात्र उसके पास आया और उससे दोस्ती करने का दबाव डालने लगा। लड़की के इन्कार करने पर उसने जेब से चाकू निकाला। चाकू से अपना अँगूठा चीरकर खून निकाला और लड़की की माँग में भर दिया। कहने लगा दूसरे लड़कों के साथ घूमती है। अब मुझे कैसे मना करेगी।

इस घटना ने छात्रावास की छात्राओं को काफी आक्रोशित किया। वाइस चाइंसलर के कार्यालय के बाहर उत्तेजित छात्राओं ने प्रदर्शन किया। रूवा के सहयोग से आयोजित बैठक में इस घटना की निन्दा हुई। वी.सी. साब ने भी पिटी-पिटाई बात दोहरा दी। "यह लड़की चरित्रहीन है। बिना दुपट्टे कैम्पस में घूमती है। (उन दिनों बिना दुपट्टे का ढीला कुर्ता पहनने का फैशन था) इससे छात्र 'प्रोवोक' होते हैं। लड़कों से दोस्ती करती है।" लड़कियों का तर्क था लड़के अपनी कमीज के सारे बटन खोलकर, कभी जालीदार बनियान में घूमते हैं तो उन पर तो ये टिप्पणी नहीं की जाती ? लड़की के माता-पिता आए। लड़की की बदनामी के डर से वे उसे अपने साथ ले गए। लड़की का वह साल बर्बाद हो गया। उस वर्ष वह परीक्षा नहीं दे पाई। भविष्य में क्या हुआ कौन जाने ?

नाबालिग लड़की से बलात्कार

वर्ष 85 में तिलोनिया (अजमेर) मे आयोजित महिला मेले में देशभर से गाँव और शहर की औरतें आई थीं। मेले की खबर सुनकर गाँव का एक बूढ़ा व्यक्ति अपनी नाबालिग बेटी को साथ लेकर आया। बेटी से हुए बलात्कार की बात बताई। यह भी बताया कि डॉक्टरी जाँच में 12 साल की बेटी को सम्भोग का आदी बता दिया गया। अब केस बन्द कर दिया है। इस हादसे ने मेले का माहौल ही बदल दिया। सब औरतों ने इस केस पर विचार किया। तय हुआ कि इस घटना के खिलाफ औरतें मिलकर विरोध प्रदर्शन करेंगी। बरसते तेज पानी में सैकड़ों औरतों ने किशनगढ़ में सड़कों पर रैली निकाली। केस दुबारा खोले जाने और अपराधी को गिरफ्तार करने की माँग की गई। बाद में एस.डब्लू.आर.सी. तिलोनिया के प्रयास से केस दुबारा खोला गया।

महिला विकास कार्यक्रम में उठे यौन हिंसा के कुछ मामले

वर्ष 1984 में राजस्थान में महिला विकास आरम्भ होने के साथ ही महिला हिंसा के मुद्‌दे ग्रामीण स्तर पर बड़ी संख्या में उठने लगे। यौन हिंसा को लेकर महिलाओं के सोच को बदलने और वर्तमान परम्पराओं पर सवाल खड़े करने का काम पहले साथिन प्रशिक्षण कार्यक्रम से ही शुरू हो गया था। प्रशिक्षणों के दौरान महिला हिंसा के सवाल पर किस तरह चर्चा की जाती थी, उसके कुछ उदाहरण–

दोषी तो बाप है

प्रशिक्षण के दौरान यौन हिंसा पर चर्चा हो रही थी। जयपुर में चाकसू पंचायत की एक साथिन ने बताया कि उसके गाँव में एक लड़की खराब है। वह अपने पिता के साथ ही खाती-पीती (यौन सम्बन्ध रखती) है। उससे पूछा गया कि कितनी बड़ी लड़की है। वह बोली ग्यारह साल की। फिर पूछा क्या किया उसने ? वह बोली माँ तो थी नहीं उसकी। अपने पिता से बोली कि मुझे शरीर की भूख है। पिता 'बेचारा' क्या करता ? इस पर प्रशिक्षकों ने कहा कि बेटी तो छोटी थी। उसने पिता से नासमझी में यह सब कह दिया होगा। पिता तो समझदार था। उसने तो दुनिया देखी थी। उसकी क्या जिम्मेदारी थी ? उसने बेटी को समझाने की जगह उसी के साथ रिश्ता बना लिया। बाकी सब साथिनें इस पर काफी नाराज हो गई थीं। वे बोलीं ये तो तेरी बिल्कुल गलत बात है। बेटी का क्या दोष ? दोषी तो बाप है।

* * *

एक अन्य प्रशिक्षण के आरम्भ में, प्रशिक्षण लेने आईं साथिनों ने अहिल्या पर एक भजन गाया। इस पर उनसे अहिल्या की कहानी पूछी गई। उन्हें मालूम नहीं थी जब कहानी बताकर उनसे सवाल पूछा गया कि दोष किसका था। उन्होंने कहा अहिल्या का। वह अपने पति को ही नहीं पहचान पाई ? प्रशिक्षकों ने बताया कि इन्द्र तो उसके पति का वेश बनाकर ही आए थे। इस पर साथिनों का जवाब था कुछ भी हो गलती तो अहिल्या की ही थी। इस पर लम्बी चर्चा हुई कि हम सारा दोष औरत को ही क्यों देते हैं। इन्द्र ने अपराध किया। उस पर एक बार भी उँगली क्यों नहीं उठाई। बात कहीं गहरे उनके मन में बैठ गई थी।

* * *

प्रचेता प्रशिक्षण जोबनेर में शाम के समय प्रशिक्षकों को कृषि विश्वविद्यालय के दो छात्र धक्का देकर भाग गए। प्रशिक्षण सत्र में इस घटना को नाटक के रूप में दिखाया गया तो प्रशिक्षणार्थियों में काफी आक्रोश पनपा। इसी के बाद अनेक प्रशिक्षणार्थियों ने खुद पर हुई यौन हिंसा के अनुभव सुनाए। इसी के बाद एक युवती ने शाम को एक गीत बनाया जो अगले दिन के सत्र में सुनाया गया।

वेश्यावृत्ति को मजबूर करना

पहले साथिन प्रशिक्षण के दौरान अगस्त, सितम्बर 1984 में बाड़ा पदमपुरा जयपुर में हिंसा की चर्चाओं से यह साथिन काफी परेशान हो गई थी। पूछने पर उसने बताया कि उसके परिवारजन उसे वेश्यावृत्ति के लिए मजबूर करते हैं। उसने हमें यह भी बताया कि वह इस कार्य को करने को मना करती रही है। बाद में पता चला कि उससे परिवारजन वेश्यावृत्ति करवा रहे थे। प्रशिक्षण के बाद उसने जब इससे इन्कार करना शुरू किया तो वह घर-परिवार और समाज दोनों की बुरी बन गई। एक तो घर में आता हुआ पैसा बन्द हो गया तो सास और पति ने उसकी पिटाई शुरू कर दी। गाँव के लोगों को भी उसका यह रूप सहन नहीं हुआ। कहने लगे बड़ी सती सावित्री बन गई है यह। इसी दौरान जब उसके गाँव में साथिनों की मासिक बैठक 'जाजम' रखी गई तो गाँव के एक व्यक्ति ने उस साथिन के साथ दुर्व्यवहार किया। साथिन ने अन्य साथिनों को यह बात बताई। सभी साथिनों व सम्बन्धित प्रचेता ने गाँववालों से इस बारे में बात की तो उस व्यक्ति की पत्नी के साथ गाँव के अनेक लोग इस साथिन को मारने आ गए। सात साथिन और एक प्रचेता ने तुरन्त उस साथिन को अपने घेरे में ले लिया। गाँव के लोगों से कहा हमारे रहते आप इसे नहीं मार सकते। आपने हमें हाथ भी लगाया तो सरकारी काम में बाधा पहुँचाने के आरोप में आप जेल जाओगे। इस पर गाँव के लोग वापस लौट गए, पर गाँव में खूब तनाव था। साथिन प्रचेताओं ने किसी तरह यह खबर जयपुर पहुँचाई।

जयपुर से महिला बाल विकास की अतिरिक्त निदेशक, राज्य इदारा समन्वयक और जिले की परियोजना निदेशक तुरन्त उस गाँव में पहुँचे। गाँव में मुखिया लोगों की बैठक बुलाई। लोगों का कहना था यह औरत ही खराब है। इस पर उनसे चर्चा हुई "अब तक तो आपको इस औरत में खराबी नहीं नजर आई। अब इसने आपकी अनुचित माँगों को मानने से इन्कार कर दिया तो यह बुरी लग रही है। क्या इस औरत को अपने आपको सुधारने का कोई हक नहीं ?" वे लोग इस तर्क पर उतर आए कि इसका तो पति खराब है जो अपनी औरत से धंधा करवाता है। उनसे फिर पूछा गया कि "गाँव की बहू है इसे आप लोगों की मदद की जरूरत है। क्या आपकी कोई जिम्मेदारी नहीं।" इस बातचीत से गाँव का तनाव खत्म हुआ। साल दो साल तक बार-बार जाकर उस साथिन और गाँव में बातचीत की गई। साथिन की व्यक्तिगत समस्याओं में भी परामर्श दिया गया। अन्य साथिन और प्रचेताओं की उस साथिन के प्रति मानसिकता को बदलने में भी काफी मेहनत करनी पड़ी। उनसे पूछा गया कि इस जैसी पीड़ित युवती की हम मदद न करें तो यह कार्यक्रम किसलिए खोला गया है। अन्ततः सबकी मेहनत रंग लाई। इस साथिन का आज गाँव में बड़ा मान है। अनेक महत्त्वपूर्ण कार्यों में उसकी राय जरूर ली जाती है। साथिन का पति भी उसका पूरा सम्मान करता है।

महिला विकास कार्यक्रम के कुछ अन्य मामले

वर्ष 1986 में जयपुर की भटेरी पंचायत समिति के भटेरी गाँव की एक ढोली औरत विमला राणा के साथ बलात्कार का प्रयास हुआ। विमला गाँव के कुएँ पर नहा रही थी। सरपंच के भतीजे गंगाराम मीणा ने उसे पकड़ लिया। विमला बड़ी मुश्किल से छुड़ाकर भागी। कुछ दिनों बाद भटेरी से तीन किलोमीटर दूर गाँव पाटन में साथिनों की एक बैठक में इस पर चर्चा हुई। सबने मिलकर गंगा राम 'गंगल्या' को सबक सिखाने का फैसला किया। साथिन प्रचेता मिलकर गंगल्या की तलाश में निकल पडीं। वह गाँव में एक कुएँ पर नहाता मिल गया। सबने उसे घेर लिया। वे सब नारे लगा रही थीं "गंगल्या मीणा डूब मर", "गंगल्या मीणा हाय हाय" गंगल्या अपनी धोती समेट नंगे पाँव साइकिल छोड़ भाग छूटा। आगे-आगे गंगल्या पीछे-पीछे साथिन प्रचेता। डेढ़ किलोमीटर दूर तक वे उसे खदेड़ती रहीं। इस पर भी उनका गुस्सा शान्त नहीं हुआ। उन्हें पता चला था कि गंगल्या पहले भी चार औरतों से बलात्कार कर चुका है। विमला की सास केस को परिवार की इज्जत के डर से आगे नहीं बढ़ाना चाहती थी, लेकिन विमला और उसके पति ने गाँव समाज में यह बात उठाने का मन बनाया।

गाँववालों को पता चला तो उन्होंने रात में ही अपनी पंचायत करके गंगाराम को सजा दे दी। विमला को यह फैसला मंजूर नहीं था। उसने कहा "अपराध चौड़े में किया तो सजा भी सबके सामने मिलनी चाहिए।" इसी के बाद गाँव में एक बड़ी मीटिंग हुई। गंगाराम इसमें नहीं आया। उसे डर था कि गाँव-समाज के सामने उसका मुँह काला कर दिया जाएगा। विमला ने खुलकर अपनी बात इस बैठक में कही लेकिन गंगाराम के न आने से मीटिंग स्थगित हो गई। लेकिन उल्लेखनीय बात यह रही कि इस मंच पर पहली बार गाँव की औरतें बलात्कार के मुद्दे पर एकत्रित हुईं और खुलकर बोलीं भी।

ससुराल में रहने का हक मिल गया

वर्ष 1986 में बालेसर (जोधपुर) की बानी देवी के साथ पारसमल और लच्छीराम ने बलात्कार किया। इस कारण उसे ससुराल से निकाल दिया गया। ओसियाँ की साथिन व प्रचेता के साथ बात हुई। गाँव में कई बार बातचीत की गई। बानी के ससुराल उम्मेदनगर में उसकी सास से बात की गई। इसी के बाद बानी का पति उसे वापस अपने घर ले आया। सास का व्यवहार भी ठीक रहा। साथिन गवरी और प्रचेता मुन्नी के प्रयास से यह सम्भव हुआ। यह एक बड़ी उपलब्धि थी।

माफीनामा लिखवाया

नेतड़ा गाँव की 38 वर्षीय घेवरी बाई के साथ जुलाई 86 में बलात्कार हुआ। कुछ समय बाद उसे पता चला कि वह गर्भवती है। दो बार उसने गर्भ गिराने की कोशिश की किन्तु

असफल रही। गर्भ की बात तेजी से गाँव में फैल गई। गाँववाले उसके चरित्र पर उँगली उठाने लगे। पीहर और ससुराल में भी उसे मदद नहीं मिली। पास के गाँव दइजर की साथिन दाखू बाई को इस घटना का पता चला। घेवरी के उन दिनों बच्चा होने के दिन थे। गाँववाले पैदा होने के बाद बच्चे को मारने की बात कर रहे थे। दाखू ने इसका विरोध किया। साथिन व महिला विकास कार्यक्रम के सहयोग से बच्चे का जन्म हुआ। घेवरी बाई की सहमति से उसे एस.ओ.एस. बालग्राम को दे दिया गया। इसके बाद भी गाँव में बैठकों का सिलसिला चलता रहा। पता चला कि मुल्तान जी के बेटे उगला राम ने यह बलात्कार किया है। गाँववालों ने घेवरी की बात पर भरोसा करते हुए उगला राम से लिखित में माफीनामा लिखवाया। घेवरी इस निर्णय से बड़ी खुश थी। उसे बलात्कार की बदनामी से मुक्ति मिली थी। गाँव में उसका सम्मान भी बना रहा था।

आँगनवाड़ी कार्यकर्ता से बलात्कार का प्रयास

भीलवाड़ा जिले के महेन्द्रगढ़ गाँव की साथिन आँगनवाड़ी भी चलाती थी। एक अक्टूबर 1987 को श्यामा कलाल ने आँगनवाड़ी केन्द्र में उसके साथ बलात्कार का प्रयास किया। श्यामा कलाल वार्ड पंच था। वह अपने घर पर दारू का ठेका भी चलाता था। केन्द्र की दीवार ठेके से सटी हुई थी। उस दिन साथिन ने केन्द्र पर ताला लगाया। सहायिका के साथ मोड़ तक आई। याद आया, कल छुट्टी है। रजिस्टर घर पर भर सकती हूँ। यह सोचकर वापस आई। ताला खोला। अन्दर जाने लगी तो वार्ड पंच ने उसे पकड़ लिया। एक हाथ से साथिन का मुँह दबा दिया। धकेल कर कमरे में ले गया और जमीन पर गिरा दिया। माधोगारी उधर आ निकला। वार्ड पंच ने उसे जाने का इशारा किया। वह डरकर चला गया। इशारा करने में पकड़ ढीली हुई। साथिन खड़ी हो गई। वार्ड पंच को जोर से धक्का दिया। दारू के नशे में वह गिर पड़ा। साथिन बाहर भागी। बाहर आकर ताला उठाया। वार्ड पंच पर फेंका। पंच की छाती पर चोट लगी। रास्ते में स्कूल की चपरासन गीता बाई मिली। साथिन ने सारी बात उसे बताई। गीता बोली गाँव में रोज ही ऐसी बातें होती हैं। इसे चौड़े में मत कहना तेरी ही इज्जत खराब होगी। सहायिका से कहा तो उसकी भी यही राय थी। साथिन सारी रात चिन्ता करती रही नींद नहीं आई। सुबह वार्ड पंच घर आया। इशारे से माफी माँगने लगा। पति ने पूछा—यह क्यों तेरे पैर पड़ता है ? साथिन ने बात बना दी। कल शाम इसने नशे में गाली दी। इसलिए माफी माँग रहा है। साथिन को डर था सही बात कही तो पति मारपीट करेगा। वार्ड पंच बड़ा आदमी है। उससे जीतना मुश्किल है। हम पर उल्टा केस लगा देगा। बात धीरे-धीरे फैलने लगी। सरपंच घर आया। साथिन से पूछा तो उसने सारी बात बताई। लिखित में शिकायत भी की।

अन्य साथिनों को यह बात पता चली तो गाँव में चलकर बात करने का निर्णय हुआ। उन्होंने तय किया कि "गाँव में हम लड़ेंगे नहीं। शान्ति से बात करेंगे।" अगले

दिन सब साथिन के गाँव गईं। स्कूल में जाजम बिछी। गीत गाए। एक साथिन, प्रचेता गाँव में गईं। गाँव की हालत देखने। औरतों और सरपंच को बुलावा देने। डेढ़ सौ औरतें, तीन सौ आदमी और सौ बच्चे जमा हो गए। साथिनें गाँव की औरतों के बीच बिखरकर बैठ गईं। जिससे उनके मन की बात जान सकें। बैठक शुरू हुई। एक साथिन ने लुगाइयों के एकट की ताकत की बात बताई। बाद में गाँव की साथिन के साथ हुई जबरदस्ती की बात सबको बताई। कहा आप गाँव की बात गाँव में निपटाते तो हम यहाँ नहीं आते।

वार्ड पंच के लोगों ने कहा। यह गलत है। वार्ड पंच शरीफ आदमी है। आप सबूत बताओ। साथिन ने कहा। ऐसी बातों का सबूत नहीं होता। सोचो साथिन गलत बात क्यों कहेगी ? यह बात गलत है तो वार्ड पंच ने माफी क्यों माँगी ? गाँव की औरतों ने कहा। साथिन ठीक कहती है। वार्ड पंच ने आज इसे छेड़ा। कल किसी और को छेड़ेगा। "म्हारो धणी अठे है। वो मारी बात सुन ले तो मने मारे। अणी वास्ते म्हू सबके सामने नी कह सकूँ।" भीड़ और शोर में बात हो नहीं पा रही थी। साथिनों ने सुझाव दिया। आप अपने गाँव के पाँच प्रतिनिधि चुनकर हमारे सामने बैठाओ। हम उनसे बात करेंगे। गाँव के लोगों ने पाँच पंच चुने—पोस्टमैन, मास्टरजी, सहकारी समिति अध्यक्ष, सेठ और सरगरा मिस्त्री। अन्त में पाँचों पंचों ने न्याय किया। सबके सामने साथिन से माफी माँगी। उसकी सुरक्षा की जिम्मेदारी ली। बैठक में सरपंच नहीं आया था। बाद में उसने साथिन से कहा—मैं आता तो लोग मुझे मारते। मेरी सरपंचाई छिन जाती।

गाँव की औरतों ने कहा—किसी के साथ ऐसी बात हो तो छुपानी नहीं चाहिए। चौड़े में कहने से औरत की इज्जत खराब नहीं होती। इस घटना से यह बात समझ में आई कि सरपंच और दूसरे अधिकारी न्याय की बात नहीं कहते। गाँव के विरोध और सरपंचाई छिनने से डरते हैं। औरतें अपने पति और समाज के डर से चुप रहती हैं। खुलकर अपनी बात नहीं कह पातीं। इस घटना की खबर जब राज्य स्तर से इदारा द्वारा साथिन रो कागद में लिखकर भेजी गई तो जवाब में बहुत सारे खत भेजे गए। इन सारे खतों को मिलाकर फिर से एक नया साथिन रो कागद बन गया। महेन्द्रगढ़ की साथिन का जवाब मिला "हाँ आज मैं अपनी जगह पहले से ज्यादा लोगों के मन में बना चुकी हूँ। उन्हीं लोगों ने 15 अगस्त को मुझे सम्मानितों के साथ कुर्सी पर बिठाया। तमाम बहनों के लिए उनकी हिम्मत बढ़ाने के लिए किसी को तो आगे आना था, बस मैं आई। गाँव से टकराने की हिम्मत औरतों में हो सकती है। बेचारों ने पहली बार देखा, और वे घबरा गए।"

इस कागद के जवाब में पचास खत आए। इनमें से 43 खत दूसरे जिलों की साथिनों के आए। सबसे ज्यादा खत जोधपुर से आए। इन खतों में लिखा था :—"इसमें साथिन का कोई कसूर नहीं है। आपने जो-जो शब्द लिखे वही साथिनियों पर बीत रहा है। बड़े आदमी को हम लोग नजर भी नहीं आते, पर हम अपनी हिम्मत पर अटल

हैं। गाँव में कम से कम 50 प्रतिशत लोग हमारे साथ हैं।'' गलत व्यवहार करने पर उसी समय हो-हल्ला करके उसको खोलो। प्रत्यक्ष प्रमाण हो जाए। गलत बात को छुपाकर नहीं रखना चाहिए। औरतों को हमेशा चुप ही रखा। इस कारण न जाने क्या-क्या गाँवों में बीतती है। वो लोग हमेशा औरतों को गलत कहते हैं। जब यह पत्र मैंने अपनी सभी साथिनों को बताया तो कहने लगी कि अगर अपन भी उस साथिन के नजदीक होतीं तो उस कमीने को ऐसा मजा चखातीं जो जिन्दगी में कोई औरत से ऐसी हरकत करता ही नहीं। इस आदमी को बख्शना ठीक नहीं। इसको कड़ी सजा होनी चाहिए।

खतों में कुछ सवाल उठाए गए और कुछ सुझाव भी दिए गए।

जिसके घर दारू का ठेका हो उसके घर केन्द्र क्यों चलाया ? क्या गाँव में किसी और जगह केन्द्र नहीं चला सकते थे ? क्या आँगनबाड़ी चैक करनेवाले कोई अफसर नहीं आते थे ? उसको भी कहना चाहिए दारू के ठेके पर केन्द्र क्यों चलाते हो ? गाँव में और जगह नहीं है क्या ? सरपंच मीटिंग में क्यों नहीं आया ? दारू के ठेके से केन्द्र उठा लें। वार्ड पंच बनाता कौन है ? जैसे बनाने की हिम्मत रखते हैं वैसे वापस लेने की भी हिम्मत है। हमारे गाँव में ऐसी बात हो तो हम चुप बैठनेवाली नहीं। बस इन्तजार इस मामले के परिणाम का है। इस घटना से गाँवों की साथिनों के लिए साथिन रो कागद की भूमिका स्थापित हुई।

भटेरी सामूहिक बलात्कार कांड

1992 में सामूहिक बलात्कार की वह क्रूरतम घटना हुई जिसने पूरे राजस्थान को हिलाकर रख दिया। महिला विकास की समर्थक प्रगतिवादी शक्तियों के मुँह पर यह पितृसत्ता का करारा तमाचा था। इस बलात्कार कांड ने महिला विकास कार्यक्रम के कामकाज में बदली हुई कार्य प्रक्रिया की पोल खोल दी थी। इस कांड ने राज्य सत्ता के चेहरे पर लगा मुखौटा साथिनों को साफतौर पर दिखा दिया था। यह कांड 'चेतावनी और सबक' था महिला सशक्तिकरण के काम में लगी तमाम ग्रामीण महिलाओं के लिए कि पितृसत्तात्मक ढाँचे की उपेक्षा करने का अंजाम क्या हो सकता है। यह कांड राजस्थान में महिला आन्दोलन के इतिहास में एक मील का पत्थर साबित हुआ क्योंकि इससे जन्म हुआ एक राज्यव्यापी आंदोलन का।

पृष्ठभूमि

वर्ष 1992 तक आते-आते महिला विकास कार्यक्रम के आरंभिक मूल्य बदलने लगे थे। कार्यक्रम में लक्ष्य पूरा करने का दबाव अत्यन्त बढ़ गया था। पहले जोर ऐसी गतिविधियों के आयोजन पर था जिससे लोगों का मन बदले और वे खुद उन बुराइयों

से मुक्त होने का संकल्प लें जो औरतों/लड़कियों के विकास में बाधक थीं। बाल विवाह एक ऐसा ही मुद्दा था जिस पर इस कार्यक्रम में आरम्भ से ही कार्य हो रहा था। बदलाव साथिनों के अपने जीवन से शुरू हुआ था। किसी साथिन ने अपनी बेटी का विवाह देर से करने का निर्णय लिया था तो किसी ने मुकलावा पीछे खिसकाया था। एक साथिन ने तो अपनी नाबालिग बेटी के विवाह पर कन्यादान करने से ही मना कर दिया था। इस पर आसपास के गाँवों में काफी चर्चा हुई थी। साथिनें इसी प्रकार से अपने गाँवों में बाल विवाह को लेकर अन्य लोगों को समझाने का काम करती थीं। अचानक सरकार ने फैसला किया कि महिला विकास के तरीके से तो रुक चुके बाल विवाह, अब कानूनी हस्तक्षेप हम करेंगे। साथिनों ने इस फैसले का विरोध किया। उनका कहना था हमें गाँवों में रहना है। गाँव का माहौल खराब हो जाएगा, लेकिन सरकार अपने फैसले पर अटल रही। नतीजा सभी साथिनों से उनके गाँवों में हो रहे बालविवाहों की सूची परियोजना निदेशक महिला विकास ने मँगवाई। कोर्ट के आदेश से पुलिस के हस्तक्षेप द्वारा बाल विवाह रुकवाने का अभियान शुरू हो गया। जयपुर में परियोजना निदेशक ने कोर्ट से आदेश लाने से इनकार किया तो एस.डी.ओ. के माध्यम से आदेश हुआ। भटेरी गाँव में भी बाल विवाह रुकवाया गया।

जयपुर के बस्सी तहसील की साथिन भँवरी 1985 से साथिन का काम कर रही थी। वह कुम्हार जाति की थी। कुम्हार जाति का इस गाँव में एक ही परिवार था। गाँव में गूजर और मीणा जाति के अनेक घर थे। उनका बड़ा प्रभाव था। गूजरों के चालीस घर थे। रामकरण गूजर वार्ड पंच भी था। मई 92 में आखातीज पर रामकरण गूजर की एक साल की बेटी का विवाह पुलिस हस्तक्षेप से रोका गया। खुद एस.डी.ओ. और डी.एस.पी. शादी रुकवाने आए थे। किन्तु इसके लिए साथिन भँवरी को जिम्मेदार ठहराया गया। गूजरों को इस बात पर बड़ा आक्रोश था कि शादी-विवाह के शुभ काम में कुम्हारी ने बाधा डाली। शादी रुकी भी नहीं। तड़के दो बजे विवाह कर दिया गया लेकिन गूजरों के मन में भँवरी के लिए दुश्मनी की गाँठ यहीं से पड़ गई। उन्होंने तरह-तरह से भँवरी को परेशान किया।

सबक सिखाने के लिए किया सामूहिक बलात्कार

22 सितम्बर 1992 को भँवरी व उसका पति मोहन अपने खेत पर काम कर रहे थे। मोहन कुछ दूर पर निबटने गया। वहाँ पाँच लोगों रामकरण, रामसुख, बद्री, ग्यारसा (सभी गूजर) और श्रवण पण्डा ने उसे आ दबोचा। ग्यारसा और श्रवण ने उस पर लाठी से वार किया। मोहन की चीख सुनकर भँवरी दौड़ी आई। वह लगातार मोहन को आवाज दे रही थी। भँवरी पहुँची तब तक श्रवण पण्डा और रामकरण गूजर ने मोहन को जमीन पर गिरा दिया था। रामसुख ने भँवरी को पकड़ लिया। भँवरी चिल्ला न सके इसके लिए उसकी लूगड़ी उसके मुँह में ठूँस दी। बद्री और ग्यारसा ने बारी-बारी से भँवरी से

बलात्कार किया। बाद में धमकी दी कि यदि इस कांड की खबर किसी को दी तो इसके गम्भीर परिणाम भुगतने होंगे।

भँवरी ने साथिन प्रचेता की मदद से अगले दिन बस्सी थाने में एफ.आई.आर. दर्ज करवाई। बस्सी थाने पर मौजूद पुरुष डॉक्टर ने जाँच करने से मना कर दिया। दोनों महिला डॉक्टर उपलब्ध नहीं थीं। अतः उसे जयपुर के सवाई मानसिंह अस्पताल में भिजवा दिया गया। बाद में पता लगा कि पी.एच.सी. डॉक्टर ने पर्ची पर पीड़िता की उम्र प्रमाणित करने की बात लिखी थी न कि बलात्कार की। मैडिकल ज्यूरिस्ट ने बिना मजिस्ट्रेट के आदेश के डॉक्टरी जाँच करने से मना कर दिया। शाम पाँच बजे बाद मजिस्ट्रेट के पास पहुँचे तो उन्होंने आदेश देने से मना कर दिया। रात में भँवरी को महिला थाना गांधी नगर में ठहराया गया। पुलिस द्वारा इस तरह केस में देरी की जाती रही। 24 सितम्बर रात में भँवरी की डॉक्टरी जाँच हुई। रात ग्यारह बजे भँवरी बस्सी थाने पहुँची। थाने पर उसका घाघरा सबूत के तौर पर रख लिया गया तो पति का साफा लपेटकर वह आधी रात में पास की साथिन के घर पहुँची।

तब तक महिला संगठनों के प्रतिनिधियों तक बात पहुँच गई थी। महिला संगठन महिला व बाल विकास मन्त्री तथा गृह मन्त्री से मिले किन्तु उसका कोई नतीजा नहीं निकला। भटेरी में आयोजित सार्वजनिक सभा में प्रभावशाली वर्ग ने कहा भँवरी झूठ बोल रही है। तभी से इस मुद्‌दे को लेकर राज्य सरकार में भी विरोधाभासी रुख नजर आया।

मुख्यमन्त्री, उनका मन्त्रिमंडल, बस्सी के तत्कालीन विधायक कन्हैयालाल मीणा और पुलिस सब कह रहे थे भँवरी झूठी है। महिला विकास सचिव, निदेशक महिला विकास की हजारों कार्यकर्ताएँ, महिला और स्वैच्छिक संगठन कह रहे थे भँवरी सच बोल रही है।

निदेशक महिला विकास कार्यक्रम को कहा गया कि वे भावुकता से इस प्रकरण को देख रही हैं। सोचने की बात यह है कि यही बात अगर वह कलैक्टर या मजिस्ट्रेट की कुर्सी पर बैठकर कहतीं तो कोई उनकी तरफ यह कहकर उँगली नहीं उठाता। इस केस ने यह सरेआम उजागर कर दिया कि महिला विकास कार्यक्रम का सरकार की नजर में कितना महत्त्व था, उसकी निदेशक की जाँच और वक्तव्य का क्या मूल्य था।

राष्ट्रीय महिला आयोग की प्रतिनिधि जयपुर आई। किसी राज्य में हुई यौन हिंसा के मामले में हस्तक्षेप का उनके लिए यह पहला मौका था। उन्होंने स्वतन्त्र रूप से जाँच की। प्रथम दृष्टि में इस घटना को सत्य पाया और अपनी इस रिपोर्ट का व्यापक स्तर पर वितरण किया।

विरोध प्रदर्शन

एक माह तक किए गए अनेक प्रयासों के बाद भी अभियुक्तों को गिरफ्तार नहीं किया

गया। अतः घटना के ठीक एक माह बाद 22 अक्टूबर को जयपुर में एक विशाल रैली और सभा आयोजित हुई इसमें राज्यभर से साथिनें, स्वैच्छिक समूह के प्रतिनिधि व देशभर के महिला समूहों ने भाग लिया।

कुछ खास नारे

1. इज्जत लुटी किसकी,
   राजस्थान सरकार की
2. भँवरी को न्याय दो
   न्याय दो, न्याय दो
3. मूँछ कटी किसकी,
   बलात्कारियों की
4. इज्जत गई किसकी
   बलात्कारियों की
5. इज्जत गई किसकी
   मुख्यमन्त्री भैरोसिंह शेखावत की
6. नाक कटी किसकी
   राजस्थान सरकार की

सचिवालय के बाहर आयोजित सभा में पहली बार अनेक ग्रामीण व शहरी औरतों ने झूठी शर्म छोड़कर खुद पर हुए यौन शोषण के अनुभव सार्वजनिक रूप से सुनाए। सहभागी कह रही थीं कि हम सब झूठे हैं। हमें गिरफ्तार करो। राज्य सरकार ने उन्हें गिरफ्तार तो नहीं किया हाँ उन पर लाठी जरूर बरसाईं। रैली में औरतें अपने छोटे-छोटे बच्चों को गोद में लेकर आई थीं। सत्तर साल की बूढ़ी औरतें भी थीं। राज्य सरकार को इस सबसे क्या मतलब। चला दी लाठियाँ। हर कोई औरतों से पूछ रहा था कि तुम्हारा नेता कौन है। उनका जवाब था हम नेता हैं। हमें कोई लाया नहीं। हम खुद आए हैं। साथिनें अड़ी हुई थीं कह रही थीं आज हमारे लिए ये गेट बन्द हैं। मन्त्री को हमसे मिलने और हमारा दुख सुनने तक का समय नहीं है। उल्टा हम पर लाठियाँ बरसा दीं। अन्ततः गृहमन्त्री से मिलने एक प्रतिनिधिमंडल अन्दर गया।

अगले दिन साथिनों की मीटिंग में साफ कहा गया कि हमें सरकार के दो चेहरे साफ नजर आए हैं। एक चेहरे से वह हमसे कहती है अन्याय का विरोध करो हम तुम्हारे साथ हैं। उनकी बात पर भरोसा करके हम काम करते हैं। इस कारण हम पर अन्याय होता है तो हमारी मदद करना तो दूर सरकार हमें ही झूठा कहती है। इसी बैठक में तय हुआ कि उच्चतम न्यायालय में जनहित याचिका लगाई जाएगी। प्रशासन और पुलिस द्वारा महिलाओं के साथ किए गए इस अमानवीय व्यवहार की अखबारों में जमकर आलोचना हुई। आखिरकार राज्य सरकार ने केस सी.बी.आई. को सौंपने का निर्णय लिया। जाँच पूरी होने में एक साल लग गया। इस बीच महिला समूहों ने 22 सितम्बर को काला दिन घोषित किया।

22 सितम्बर : काला दिन

जयपुर और दिल्ली के कई महिला समूहों ने औरतों पर हो रहे अन्याय के खिलाफ आवाज उठाई। औरतों के साथ काम करनेवाले समूहों को पत्र लिखे। पत्र में इस बात पर रोष व्यक्त किया गया कि अत्याचार दिनों-दिन बढ़ रहे हैं। घर-परिवार, सड़क, बाजार, शहर-गाँव हर जगह शैतानियत का राज है। औरतें यौन हिंसा के डर में जी रही हैं। इस सबको लोग या तो अनदेखा कर देते हैं या फिर ताने देकर औरतों को दोषी ठहराते हैं। पुलिस और कोर्ट-कचहरी में भी औरतों को झूठा साबित कर दिया जाता है। न्याय कहीं नहीं मिलता।

पत्र के जरिए औरतों ने ऐलान किया "हम चुप नहीं रहेंगे। इस अन्याय का विरोध करेंगे। इतनी मुश्किल से मिली आजादी को छिनने नहीं देंगे।" आज औरतों का हक छिना तो कल औरों की बारी भी आ सकती है। इसीलिए जहाँ कहीं भी हो, जैसे भी हो, विरोध करना है। काला दिवस के आह्वान को जबर्दस्त समर्थन मिला। राजस्थान, उत्तर प्रदेश और दिल्ली में बाईस सितम्बर को जगह-जगह औरतों पर हो रही हिंसा के खिलाफ विरोध जताया गया। कहीं पर आमसभा की गई, कहीं धरने हुए। कहीं जिलाधीश को ज्ञापन दिए गए।

— भीलवाड़ा, राजसमन्द जिले में औरतें जुलूस बनाकर गईं। जिलाधीश को ज्ञापन दिया गया।

— उदयपुर में सैकड़ों औरतों की बैठक में महिलाओं पर बढ़ती हिंसा पर चर्चा की गई।

— कोटा में गाँव-गाँव में इस दिन औरतों ने बैठकें की। भटेरी केस की जानकारी ली।

उत्तरप्रदेश के बाँदा जिले में महिला समाख्या कार्यक्रम में गाँव की औरतों को बलात्कार पर नाटक दिखाया गया और भटेरी केस की जानकारी दी गई। औरतों ने भँवरी को खत लिखे। बनारस जिले के महिला समाख्या ने इस दिन अखबार में खुला पत्र छपवाया। सकलपुर बाग में औरतों पर बैठक हुई। सखियों ने कसम खाई वे भँवरी को सहयोग देती रहेंगी। दिल्ली में पिछले दिनों अफ्रीकन छात्रा के साथ बस में छेड़छाड़ हुई थी। दिल्ली की महिलाएँ बसों में काले कपड़े पहन कर गईं। छेड़छाड़ के विरोध में पर्चे बाँटे। गीत गाए। साथ ही उन्होंने मौन जुलूस निकाला और फिरोजशाह कोटला मैदान में बैठक की।

सी.बी.आई. की जाँच भी प्रारम्भ में पुलिस जाँच से भिन्न नहीं थी। सी.बी.आई. ने भँवरी को नौ बार बयान देने को मजबूर किया। दिल्ली और जयपुर की महिलाओं के लगातार दबाव के कारण सी.बी.आई. के चोटी के अफसरों को हस्तक्षेप करना पड़ा। भँवरी और उसके पति के बयान आखिर में दफा 164 के तहत एक मजिस्ट्रेट के द्वारा लिपिबद्ध किए गए। अन्ततः इन बयानों के आधार पर ही एक वर्ष बाद अभियुक्तों

पर आरोप पत्र दाखिल किया गया। जाँच में सी.बी.आई. ने भँवरी की बात को सच माना। सत्ताईस सितम्बर को जयपुर की अदालत में केस का चालान पेश कर दिया गया। गिरफ्तारी वारन्ट जारी हो गए। इसके बाद भी अभियुक्तों की गिरफ्तारी में पाँच माह लग गए।

कुल मिलाकर इस घटना को लेकर एक साल तक देशभर में न्याय की माँग होती रही। हजारों लोगों ने भँवरी पर भरोसा किया। उसके दुख से वे दुखी हुए। हजारों अनदेखे भाई-बहनों ने न्याय की लड़ाई में उसका साथ दिया। तरह-तरह से एक-दूसरे का हौसला बढ़ाया और इस लड़ाई को जीवित रखा। इस पूरे एक साल के दौरान दिल्ली और जयपुर में न्याय की माँग लगातार की जाती रही। उच्चतम न्यायालय में याचिका लगाई गई। डॉक्टरों-वकीलों से सलाह ली जाती रही। इसी बीच भटेरी में भँवरी को डराने-धमकाने का काम अपराधी लगातार करते रहे। कभी उसके खेते में ऊँट घुसा दिया, कभी भैंस की टाँग तुड़वा दी। कभी घर में चोरी करवा दी, पर भँवरी घबराई नहीं। साथिनें भी उसका हौसला बढ़ाती रहीं। इस बात की शिकायत थाने में और जिलाधीश से की। भँवरी के अपने जाति समाज ने भी भँवरी को जाति से बाहर कर दिया था। गाँव में बनी चौकी से भँवरी को सहयोग मिलता रहा। साथियों ने आर्थिक सहायता दी। बेटे की नौकरी लगवाने में भी मदद की। कुम्हार जाति पंचों से बातचीत चलती रही।

मुख्य घटनाक्रम

- *22 सितम्बर 1992 को पाँच लोगों ने भँवरी के साथ उसके पति मोहन की मौजूदगी में सामूहिक बलात्कार किया।*
- *23 दिसम्बर 1992 को एफ.आई.आर. बस्सी थाने में दर्ज हुई।*
- *24 सितम्बर 1992 को सायं 8.00 बजे मेडिकल जाँच हुई।*
- *पहले स्थानीय पुलिस, फिर सी.आई.डी. अन्ततः सी.बी.आई. ने इस केस की जाँच की।*
- *अक्टूबर 1992 में जयपुर व दिल्ली के पाँच महिला संगठनों ने सर्वोच्च न्यायालय में याचिका दायर कर यह माँग की कि कार्यस्थल पर महिलाओं की सुरक्षा, भँवरी को मुआवजा, सी.बी.आई. से जाँच व जाँच में देरी करनेवाले डॉक्टरों व मजिस्ट्रेट पर उचित कार्यवाही की जाए।*
- *नवम्बर 1992 में राष्ट्रीय महिला आयोग की टीम ने जयपुर आकर इस केस की जाँच की। उनकी रिपोर्ट में अपराधियों की गिरफ्तारी, भँवरी को मुआवजा व सी.बी.आई. द्वारा जाँच की माँगें थीं।*
- *पूरे एक वर्ष बाद 27 सितम्बर 1993 को सी.बी.आई. ने जयपुर में अपर मुख्य न्यायिक मजिस्ट्रेट के सम्मुख चालान प्रस्तुत किया। चालान में निम्न धाराएँ*

147, 149, 323, 354 व 376 लगाई गईं। तब तक किसी भी अपराधी को गिरफ्तार नहीं किया गया था।

- 4 नवम्बर 1993 को ग्यारसा गिरफ्तार हुआ। अन्य अभियुक्त बद्री, रामसुख, रामकरण व श्रवण 24 जनवरी 1993 को गिरफ्तार हुए।
- 1 मार्च 1994 को सत्र एवं जिला न्यायाधीश की अदालत में चालान पर बहस होकर चार्जेज फ्रेम किए गए। 147, 323, 376, 134 धारा के अन्तर्गत आरोप लगे।
- आरोपियों ने सत्र न्यायालय व उच्च न्यायालय में कई बार जमानत याचिकाएँ लगाई जो अस्वीकार कर दी गईं। तीन अभियुक्तों की जमानत राजस्थान उच्च न्यायालय ने 11 अप्रैल 1994 को स्वीकार कर ली। ये अभियुक्त थे रामकरण, रामसुख व श्रवण। दो प्रमुख अभियुक्त जिन्होंने भँवरी के साथ बलात्कार किया बद्री एवं ग्यारसा गूजर जेल में रहे।
- 26 अक्टूबर 1994 से इस केस पर बहस प्रारम्भ हुई। 19 लोगों के बयान हुए।
- 26 अक्टूबर 1994 से 5 सितम्बर 1995 के बीच केस तीनों न्यायालय में चला।
- सत्र एवं जिला न्यायालय जयपुर में भँवरी व मोहन सहित 19 लोगों के बयान हुए।
- राजस्थान उच्च न्यायालय में दो अभियुक्तों की जमानत याचिका प्रस्तुत हुई जिसे 31 जुलाई 1995 को अस्वीकार कर दिया गया।
- सर्वोच्च न्यायालय में महिला संगठनों द्वारा तैयार की गई गाइड लाइन्स को स्वीकार करते हुए भारत सरकार को यह निर्देश दिए कि इसको व्यापक बनाते हुए 28 सितम्बर 1995 तक प्रस्तुत करें। विभिन्न अदालतों में घटना के तीन वर्ष बाद तक 154 तारीखें पड़ चुकी थीं।
- सत्र न्यायालय में पाँच न्यायाधीश बदले गए।
- उच्च न्यायालय में 5 न्यायाधीशों के समक्ष यह मामला सुनवाई के लिए आया।
- भँवरी की तरफ से सत्र न्यायालय में श्री सुबोध तिवारी, उच्च न्यायालय में श्री अरविन्द गुप्ता, सर्वोच्च न्यायालय में नयना कपूर एवं मीनाक्षी अरोड़ा ने पैरवी की।
- इस केस में सी.बी.आई. की तरफ से विशिष्ट अभियोजक श्री वीरेन्द्र गोविका बनाए गए। इनकी नियुक्ति महिला संगठनों के अनुरोध पर भारत सरकार ने की।
- राजस्थान सरकार ने भँवरी को कानूनी मदद के तहत 8000 रुपए दिए हैं जो कागजों व वकीलों पर खर्च हो गए।
- भँवरी गाँव में ही रहकर सारे प्रतिरोध का सामना कर रही है। उसे दो बहादुरी के पुरस्कार मिले हैं। 14 नवम्बर 1994 को नीरजा भनौत ट्रस्ट ने नीरजा भनौत पुरस्कार व प्रशस्ति पत्र दिया।
- 7 मई 1995 को सेवी 'वीमेन ऑफ द ईयर' का पुरस्कार सेवी पत्रिका द्वारा

दिया गया।

- *प्रधानमन्त्री सहायता कोष से 10 हजार रुपए की राशि अन्तरिम राहत के रूप में भँवरी को मिली।*
- *सर्वोच्च न्यायालय के निर्देश से राजस्थान सरकार ने अन्तरिम सहायता के रूप में 25 हजार रुपए सर्वोच्च न्यायालय को भेजे।*
- *गैर सरकारी मंच के समूह में भँवरी भी चतुर्थ अन्तरराष्ट्रीय महिला सम्मेलन में भाग लेने के लिए चीन गई।*
- *भँवरी के केस को समर्थन देने के लिए कई महिला संगठन पूरी निष्ठा के साथ जुड़े हुए हैं।*

मुकदमा वापस लेने का दबाव

भँवरी पर कचहरी से मुकदमा वापस लेने के लिए लगातार दबाव पड़ रहा था। अगस्त 94 में जब तीन अभियुक्त जमानत पर रिहा कर दिए गए तो गाँव के बुजुर्गों ने एक मीटिंग बुलाई जिसमें उन्होंने भँवरी से मुकदमा वापस लेने की प्रार्थना की। वे इस सीमा तक आ गए कि उन्होंने अपनी पगड़ी उसके पैरों पर रख दी। भँवरी ने दृढ़तापूर्वक उनसे कहा कि वे एक बार अपने गुनाह को खुलेआम स्वीकार करें। गूजरों ने भँवरी के समर्थकों से भी यही अनुरोध किया। जब उनकी इच्छा पूरी नहीं हो पाई तो उन्होंने दबाव के आक्रामक दाँवपेच शुरू कर दिए। भँवरी और उसकी समर्थक साथिनों को डराने-धमकाने के लिए पंचायतीराज प्रतिनिधियों का साथ पकड़ा। फरवरी 1995 में बस्सी क्षेत्र के तीस से अधिक नवनिर्वाचित पंचायतीराज प्रतिनिधियों ने स्थानीय एम.एल.ए. की अगुवाई में भँवरी और उनकी सहकर्मी साथिनों पर एक बैठक में इल्जाम लगाने शुरू कर दिए। उनकी मंशा थी कि भँवरी अदालत से मुकदमा वापस ले ले। उन्होंने कहा कि भँवरी झूठी है। उसने मीडिया की सहायता से इस इलाके को बदनाम किया है। उन्होंने भँवरी के बहिष्कार का आह्वान किया। यह अधिकार का खुला दुरुपयोग था। इसकी समूचे देश की महिलाओं ने तत्काल निन्दा की। राष्ट्रीय महिला आयोग ने इस घटना की जाँच करने का आदेश राजस्थान सरकार को दिया।

जाँच प्रक्रिया

अक्टूबर 94 से सत्र न्यायालय में केस की सुनवाई शुरू हुई जो नवम्बर 95 तक चली। इस दौरान पाँच न्यायाधीश बदल चुके थे। छठे ने फैसला सुनाया था। हर न्यायाधीश ने खंड-खंड में सुनवाई की प्रक्रिया पूरी की, और इस केस का खंड चित्र ही वे प्रत्यक्ष रूप से देख पाए। जिन न्यायाधीश ने भँवरी और मोहन के बयान लिए वे इस केस की वास्तविकता को अधिक संवेदनशीलता से समझ सकते थे, फैसला उन्होंने नहीं दिया।

भँवरी का बयान 'इन कैमरा' हुआ किन्तु इससे तो उसकी परेशांनी और भी बढ़ गई। सत्रह पुरुषों के बीच वह अकेली महिला थी। इन सभी की उपस्थिति कानून की नजर में वैध थी। बलात्कार के सभी अभियुक्त भी मौजूद थे। न्यायाधीश के अलावा अन्य लोग थे रीडर, क्लर्क, भँवरी के दो पुरुष वकील और अभियुक्तों के सात वकील। बचाव पक्ष के वकील उससे खोद-खोदकर बलात्कार के प्रसंग पूछ रहे थे। पैनीट्रेशन हुआ या नहीं, हाथ किसने पकड़ा और पैर किसने, पानी निकला या नहीं आदि अपमानजनक सवाल एक के बाद एक गोली की तरह उस पर दागे जा रहे थे। सवाल पूछते समय बचाव पक्ष के एक वकील जिस तरह अपने अंग विशेष को खुजा रहे थे वह सब कुछ बड़ा ही भौंडा था। अभद्र और अमानवीय था। उस दिन बयानों के बाद भँवरी ने रो-रोकर कहा था, "एक बलात्कार तो मेरा गाँव में हुआ और आज अदालत में सबके सामने फिर से बलात्कार हो गया।" भँवरी की यह पीड़ा उसकी साथी महिलाएँ बखूबी समझ पा रही थीं इसीलिए अगले दिन की सुनवाई से पूर्व दिल्ली से एक मित्र जो महिला वकील थीं उन्हें बुलाया गया। आनेवाले दिनों में भँवरी से जब तक जिरह हुई वे अदालत में मौजूद रहीं।

सत्र न्यायालय का फैसला

सत्र न्यायालय में हुई पूरी सुनवाई में महिला समूह की अनेक प्रतिनिधि मौजूद रहीं। मेडिकल जाँच पर हुई बहस में खुद न्यायाधीश भी सभ्यता की तमाम सीमा पार कर गए। वीर्य की जाँच रिपोर्ट पर उन्होंने कटाक्ष किया कि घाघरे पर पाया गया वीर्य का नमूना किसी भी अभियुक्त से नहीं मिलता। उसके पति से भी नहीं मिलता। अब यह तो वही बता सकती है कि वीर्य किसका था। इसके बाद बड़ी विद्रूप हँसी हँसे थे वे सब। सारी औरतें अपमान का घूँट पीकर रह गई थीं। उनके मन में इस पूरी प्रक्रिया को लेकर बड़ा आक्रोश था। किन्तु 15 नवम्बर 1995 को सत्र न्यायालय के फैसले ने सबके सब्र के बाँध को तोड़ दिया था। चालीस-पचास महिला पुरुष इस फैसले को सुनने पहुँचे थे। सबकी आँखों में आँसू थे। कुछ तो जार-जार रो रहे थे।

सी.बी.आई. दिल्ली ने जाँच के बाद अपराधियों पर कई आरोप लगाए थे, जैसे छेड़छाड़, मार-पिटाई, मिलकर अपराध की योजना बनाना और सबसे गम्भीर अपराध था सामूहिक बलात्कार, भारतीय दंड संहिता की धारा 376 के तहत। जिला एवं सत्र न्यायालय ने अपने फैसले में अपराधियों को बलात्कार के आरोप से मुक्त कर दिया था। केवल मार-पिटाई की धारा 323 और मिलकर अपराध की योजना बनाने की धारा 147 के लिए अपराधियों को 6 और 3 माह की सजा और 500 रुपए जुर्माने की सजा दी गई। अदालत ने यह भी मान लिया कि अपराधी बद्री और ग्यारसा करीब दो वर्ष तक जेल में रहे। इस तरह उनकी सजा पूरी हो गई। बाकी तीन अपराधियों को भी अदालत ने एक माह का समय उच्च न्यायालय में अपील करने के लिए दे दिया। फैसले के साथ ही बहुत सी पूर्वाग्रहपूर्ण वक्तव्य भी दिए गए, जिस पर अखबारों ने जमकर लिखा।

देशभर में विरोध

राष्ट्रीय महिला आयोग की अध्यक्षा श्रीमती मोहिनी गिरी ने इस फैसले की निन्दा की। उन्होंने कहा कि यह फैसला न्याय के सभी सिद्धान्तों को अनदेखा करता है। उन्होंने भारत के मुख्य न्यायाधीश को पत्र लिखकर उनसे इस हालत में दखल देने की अपील की। अखिल भारतीय कांग्रेस की अध्यक्षा और सांसद डा. गिरिजा व्यास ने इस फैसले को राजनीति से प्रेरित बताया। भारतीय कम्यूनिस्ट पार्टी की राष्ट्रीय कार्यकारिणी ने भी फैसले की निन्दा की। देशभर के जागरूक नागरिकों, स्वैच्छिक और महिला संगठनों ने एकजुट होकर इस अन्याय के विरोध का फैसला किया।

महिला संगठनों ने इस फैसले पर तीखी प्रतिक्रिया जताई। उन्होंने एक पर्चा छापा, इस पर्चे में सवाल उठाए गए जैसे :-

1. 1983 में बलात्कार कानून को और मजबूत बनाया गया था। यह तय हो गया था कि बलात्कार के मामले में औरत की शिकायत ही काफी है। दोषी को ही सिद्ध करना है कि वह निर्दोष है। इस फैसले में कानून के इस बदलाव को कोई स्थान नहीं मिला।
2. सामूहिक बलात्कार जैसे गम्भीर मामले में भी औरत के बयानों को महत्त्व नहीं दिया गया, जबकि सुप्रीम कोर्ट ने न जाने कितने फैसलों में औरत के बयानों के आधार पर ही अपराधियों को सजा दी है। उसने अन्य साक्ष्यों जैसे डॉक्टरी जाँच आदि को भी जरूरी नहीं माना है।
3. भँवरी और मोहन के अदालत में दिए गए 164 के बयानों को पूरी तरह अनदेखा किया गया।
4. मेडिकल जाँच में 52 घंटे की देर हुई थी। फैसले में देरी के इस प्रभाव को देखने का प्रयास नहीं किया गया।
5. सी.बी.आई. वकील के अनुरोध पर भी मेडिकल विशेषज्ञों को मेडिकल रिपोर्ट पर अपनी राय देने का मौका नहीं दिया गया। डॉक्टर साहब कोर्ट में आकर बैठे रहे। वकीलों के साथ खड़े होकर किताबें दिखाते रहे, फिर भी उन्हें अपनी बात कहने की अनुमति नहीं मिली।
6. बलात्कार से पीड़ित महिला के मन को जो पीड़ा होती है, उसके लिए परिवार के सम्मान और भावना को इससे जो ठेस पहुँचती है उसे भी समझने की कोशिश नहीं की गई।

इस केस में समाज की घिसी-पिटी मान्यताओं, परम्पराओं और दृष्टिकोण के आधार पर ही फैसला हुआ। पर्चे में फैसले को लेकर मन में बहुत से सवाल उठाए गए। पूछा गया कि यह कौन सी कानून की किताबों में लिखा है :

- कि गाँवों में बलात्कार नहीं होते ? कि साठ-सत्तर साल की उम्र के व्यक्ति बलात्कार नहीं कर सकते ?
- कि गाँव का मुखिया बलात्कार नहीं कर सकता ? रिश्तेदारों और बड़े-बूढ़ों के

सामने बलात्कार नहीं किया जाता?

- कि अलग-अलग जातियों के लोग मिलकर बलात्कार नहीं कर सकते ?
- कि जिस औरत के साथ बलात्कार हो वह रात के समय ही थाने में जाकर रिपोर्ट लिखवाए तब ही वह सच्ची मानी जाएगी ?
- कि चिकित्सा शास्त्र के अधूरे ज्ञान के आधार पर औरत के चरित्र पर अदालत ही अँगुली उठाए ? यह कहाँ का न्याय है कि जाँच में रह गई कमी के कारण औरत को न्याय न मिले ?
- कि बलात्कार की शिकार औरत को अपमानित कर उसका मजाक उड़ाया जाए ?

महिला संगठनों ने आरोप लगाया कि इस फैसले में समाज और परम्पराओं की बस उन्हीं बातों को सामने लाया गया जिनसे अपराधियों को बचाया जा सके। बाकी सभी परम्पराएँ, जो औरतों के व्यवहार को प्रभावित करती हैं, उनका इस फैसले में कहीं भी उल्लेख नहीं किया गया। जयपुर, उदयपुर और देश भर के कई प्रमुख अखबारों ने इस बारे में खुलकर लिखा। फैसले का विरोध करनेवालों की आवाज को जनता तक पहुँचाया। किसी ने तो सम्पादकीय लिखकर अपनी राय भी दी। बहुतों ने खत लिखकर अपनी सहमति जताई तो किसी ने फोन पर।

अखबारों में क्या छपा

- "ऊँची जाति के लोग नीची जाति की स्त्री के साथ बदसलूकी कैसे कर सकते हैं या ऊँची जाति के लोग बदसलूकी ही कैसे कर सकते हैं। फिर वे बड़ी उम्र के वयस्क लोग हैं कोई बच्चे तो नहीं हैं, ऐसे लोग भी बदसलूक नहीं हो सकते।" ऐसी बातें जयपुर के जिला एवं सत्र न्यायाधीश ने साथिन भँवरी देवी के साथ बलात्कारवाले मामले में कही।
- भँवरी देवी के साथ अगर बलात्कार हुआ तो यह जानने की कोशिश न्यायालय ने नहीं की कि बलात्कारियों के पास बलात्कार करने के क्या कारण थे।
- अगर कोई न्यायाधीश इस तरह की टिप्पणी कर सकता है या उसके फैसले से ऐसा निष्कर्ष निकलता है कि ऊँची जाति का अधेड़ आदमी बलात्कार नहीं कर सकता तो इससे यही पता चलता है कि हमारे समाज में कैसी धारणाएँ व्याप्त हैं और वे हमारे जनतन्त्र को भी कैसे प्रभावित करती हैं। इससे यही पता चलता है, हमारे न्यायतन्त्र में अभी भी वह परिपक्वता और संवेदनशीलता नहीं आई कि वह ऐसे मामलों में न्याय कर सकें। (जनसत्ता, सम्पादकीय, 27.11.95)
- महिलाओं को घर में न्याय नहीं मिलता। गाँव के पास जाती हैं तो कहा जाता है कि परिवार की बदनामी होगी। न्याय की खातिर जब देश से माँग करती हैं तो कहा जाता है राज्य की बदनामी होगी। महिलाएँ न्याय के लिए कहाँ

जाएँ। (पत्रिका, 25 नवम्बर)

- भँवरी के अनुसार राष्ट्रीय महिला आयोग से लेकर देश भर में सक्रिय संस्थाओं के प्रयास के बावजूद अपराधियों को दंड नहीं मिला। फिर उन महिलाओं के साथ क्या होता होगा जिनके बलात्कार का मामला प्रकाश में नहीं आता। (नवभारत टाइम्स, 25 नवम्बर 95)
- विश्व सम्मेलन की समन्वय इकाई (दिल्ली) की प्रीती ओजा ने कहा कि भँवरी के साथ बलात्कार का मामला एक सामान्य मामला नहीं है, बल्कि राजनीतिक व जातीय बलात्कार की श्रेणी में आता है और इसके खिलाफ लड़ाई लड़ी जाएगी। महाराष्ट्र की संगीता प्रभु ने कहा कि इस प्रकरण के साथ ही न्यायिक क्षेत्र में व्याप्त भ्रष्टाचार का मामला भी उठाया जाएगा। (राजस्थान पत्रिका, उदयपुर, 23.11.95)
- आस्था संस्था की जिनी श्रीवास्तव ने बताया कि न्यायपालिका में भ्रष्टाचार के मुद्दे को उठाया जाएगा, क्योंकि इस फैसले से दूसरी औरतें भी बलात्कार के विरोध में आवाज उठाने में संकोच करेंगी।
- भँवरी के केस में सरकार का यह फोकस होना चाहिए था कि बलात्कार को कैसे इस्तेमाल किया जाता है महिलाओं की आवाज दबाने के लिए। खासतौर से सम्पत्ति विवाद और जातीय झगड़ों में बदले की भावना से अभी भी जितने केस दर्ज होते हैं उनमें भी बहुत कम में न्याय मिल पाता है। भँवरी के केस में हाईकोर्ट राजस्थान ने बेल रिजेक्शन जजमेन्ट में यह कबूल किया था कि यह बलात्कार बदले की भावना से किया गया है। इस केस में न्याय नहीं मिलने से अब यह जरूरत बन गई है कि हमारी न्यायपालिका को अधिक संवेदनशील बनाया जाए। (टाइम्स ऑफ इंडिया, सम्पादकीय, 20.11.95)
- इस केस का एक और महत्त्वपूर्ण पहलू यह रहा कि भँदरी की जाति के लोगों तथा भारत के तमाम महिला संगठनों ने उसे सच्चा माना तथा इसमें बहुत बड़ी शक्ति महिलाओं की बनी है। (इंडियन एक्सप्रेस, 22.11.95)
- महिला आयोग की अध्यक्ष श्रीमती मोहिनी गिरी ने कहा कि उन्हें बहुत दुख एवं आश्चर्य हुआ कि भटेरी केस में अभियुक्तों को छोड़ दिया गया है।
- उन्होंने आगे कहा कि इस केस में न्यायिक सिद्धान्तों को ताक में रखकर फैसला दिया है। (इंडियन एक्सप्रेस, 17.11.95)
- पदमा सिंह (राष्ट्रीय महिला आयोग) ने कहा है कि हमें आज भी बलात्कार के पुराने कानून को ही झेलना पड़ रहा है या तो हमें इस कानून को बिल्कुल खत्म कर देना चाहिए या फिर इसमें व्यापक फेरबदल करने चाहिए। (इंडियन एक्सप्रेस, 25.11.95)
- कम्यूनिस्ट पार्टी ने अपनी नेशनल कार्यकारिणी में प्रस्ताव पारित किया कि सारे प्रजातान्त्रिक संगठनों और सभ्य नागरिकों को भँवरी के साथ होना चाहिए तथा

उसे अपनी लड़ाई लड़ने के लिए प्रोत्साहित करना चाहिए। पार्टी ने अदालत के निर्णय को बहुत ठेस पहुँचानेवाला कहा, इसने बलात्कार के कानून का उल्लंघन किया है। (हिन्दुस्तान टाइम्स, 25.11.95)

- तीन साल बाद भी भँवरी एक दोराहे पर खड़ी है। एक तरफ राष्ट्रीय महिला आयोग न्याय दिलाने में संलग्न है। महिला संगठन भी उसके साथ हैं। एक विशाल रैली 15 दिसम्बर को आयोजित है और लड़ाई जारी है।
- दूसरी तरफ अभी भी कुछ सवाल बने हैं। हमारी राजनीतिक पार्टी, सांसद, प्रजातन्त्रवादी, कम्यूनिस्ट, बुद्धिजीवी धार्मिक नेता और न्याय पालिका क्या इस लड़ाई में साथ आएँगे ?
- क्या यह केस हमारे हीनता बोध से ग्रसित समाज को कुछ क्षणों के लिए मुक्ति का अहसास दे पाएगा ?
- महिला और मानवीय अधिकारों की पुनर्स्थापना हो पाएगी। यदि कोई इन मुश्किलों का हल खोज रहा है तो वो हैं भटेरी की साथिन भँवरी और साथ देनेवाली वो पीड़ित औरतें जो अपने बन्धन और दुखों को अब और नहीं सहना चाहतीं।" (इकोनोमिक टाइम्स, 25.11.95)
- कुछ लोगों पर सत्र न्यायालय के इस फैसले का विरोध करने के कारण अदालत की अवमानना का मुकदमा भी चला। इनमें से एक हैं मुम्बई में महानगर टाइम्स के सम्पादक निखिल वागले।

फैसले का सार्वजनिक विरोध

जयपुर में इस फैसले के विरोध में 15 दिसम्बर को बड़ी चौपड़ पर एक विशाल सभा आयोजित की गई। इस सभा में राष्ट्रीय महिला आयोग अध्यक्ष मोहिनी गिरी, उच्चतम न्यायालय के पूर्व न्यायाधीश जस्टिस कृष्ण अय्यर समेत अनेक जाने-माने लोगों ने भाग लिया। जस्टिस कृष्ण अय्यर ने इस फैसले को भारतीय न्यायपालिका के इतिहास का काला दिन कहा। उन्होंने आगे कहा भँवरी अकेली नहीं मैं भी उसके साथ हूँ। पूरा देश साथ है। आज मुझे अपने पुरुष होने पर शर्म महसूस हो रही है। इस फैसले से पता चलता है कि जज साब का कानूनी ज्ञान अधूरा है।

जयपुर शहर ने पहली बार आठ-दस हजार पुरुषों और महिलाओं की यह सभा देखी। महिला अत्याचार विरोधी मंच द्वारा बुलाई गई इस रैली और सभा में राजस्थान, गुजरात, दिल्ली और यू.पी. के करीब 200 महिला समूहों, स्वैच्छिक संस्थाओं और जन संगठनों ने भाग लिया। सभा की खास बात यह रही कि तीन हजार पुरुष भी आए थे। गाँव और शहर, ढाणी और कच्ची बस्ती, कॉलेज की छात्राएँ और अध्यापिका, मजदूर और नौकरी पेशा सभी महिलाएँ आई थीं। किसी के सिर पर थैला था तो किसी की गोद में बच्चा। जयपुर की चौड़ी सड़कों पर एक से दूसरे किनारे तक फैलकर वे

चल रही थीं, मानो अपने मन के डर को वह पीछे छोड़ आई हों। किसी के हाथ में नारे लिखी तख्ती थी तो किसी के गले में गत्ते पर लिखा बड़ा सा नारा झूल रहा था। हाथ उठाकर बड़े जोर-शोर से वे नारे लगा रही थीं।

पुरुष साथी भी बड़े जोर से नारे लगा रहे थे—नारी शरीर पर अत्याचार नहीं सहेंगे, नहीं सहेंगे। भँवरी बाई सच्ची है। सोलह आने सच्ची है। भँवरी को न्याय दो। नारी को सम्मान दो। भँवरी तुम संघर्ष करो—हम तुम्हारे साथ हैं। कई राजनीतिक दलों ने भी इसे अपना समर्थन दिया था जैसे सी.पी.आई.एम. एल. की राजस्थान महिला समिति और छात्र संगठन आइसा, जनवादी महिला समिति, जनता दल, कांग्रेस (आई) की महिला प्रकोष्ठ। कई नामी महिलाएँ और जनप्रतिनिधि औरतों के साथ कन्धे से कन्धा मिलाकर खड़े थे। प्रमिला दंडवते, विमला फारूकी, एमामुद्दीन खान, बीना काक आदि।

सुबह ग्यारह बजे रामनिवास बाग से शुरू होकर यह रैली महारानी-महाराजा कॉलेज के सामने होकर अजमेरी गेट, छोटी चौपड़ होती हुई बड़ी चौपड़ पहुँची। और एक बजे सभा में बदल गई। सबसे पहले जोधपुर उच्च न्यायालय के वकील महेश बोड़ा ने भँवरी बाई के केस में हुए फैसले पर बात शुरू की। इसके बाद सात साल की माँगी और लाली, तेरह साल की छगनी, 14 साल की मंजू जो अपनी बीस दिन की बच्ची को लेकर आई थी, सीमा, रामकली, नाथडी और कानी ने अपने आप पर हुए बलात्कार की बात बताई। लोगों की आँखें कभी-कभी भर आती थीं। कभी वे गुस्से में नारे लगाते थे। इसके बाद भँवरी बाई ने कहा इतनी सब बहनों पर हुए अन्याय की बात सुनकर मैं बहुत दुखी हूँ। मैं इन सब बहनों की न्याय की लड़ाई में उनके साथ हूँ। हम सब मिलकर लड़ेंगे। न्याय लेकर ही रहेंगे। सभा में सब लोग जोश से नारे लगाने लगे थे। अदालत का ये फैसला हमें मंजूर नहीं। भँवरी को न्याय दो। भँवरी की हिम्मत जिन्दाबाद। भँवरी तुम संघर्ष करो—हम तुम्हारे साथ हैं।

भँवरी के बाद उच्चतम न्यायालय के पूर्व न्यायाधीश श्री वी.आर. कृष्ण अय्यर ने कहा, जीवन के अंतिम क्षणों में मैं महिलाओं के साथ हूँ। कश्मीर से कन्या कुमारी तक की महिलाओं को बलात्कार विरोधी इस अभियान से जुड़ना चाहिए। अपने साथ पुरुषों को भी जोड़ना चाहिए। पुलिस विभाग में किरण बेदी जैसी हजारों महिला अफसर आएँ। जब पुलिस न्याय व्यवस्था और प्रशासन में ऊँचे पदों पर हजारों महिलाएँ आएँगी तब ही औरतों पर अत्याचार रुकेगा। अपराधियों को सजा मिलेगी। उन्होंने महिलाओं से उसी राजनीतिक दल को वोट देने को कहा जो औरतों की रक्षा का वचन दे।

श्री अय्यर का कहना था कि विदेशों में जाकर मानव अधिकारों की बात करनेवाली ये सरकारें किसी बच्ची को सुरक्षा नहीं दे सकतीं। ऐसे में मानव अधिकारों की बात करना एक ढोंग है। महिलाओं से बलात्कार समाज, संस्कृति और प्रगति से भी बलात्कार है। हमें नए कानून बनाने होंगे। अपराधियों को सजा देने के नए तरीके खोजने होंगे। महिला आयोग को और ताकत देनी होगी। पीड़ित महिलाओं को समाज

में सम्मान दिलाना होगा। यह जिम्मेदारी सरकार की है। हत्या के केसों में बड़ा मुआवजा मिलता है वैसे ही बलात्कार होने पर औरतों को तुरन्त एक लाख रुपए का मुआवजा दिया जाना चाहिए। सभा की अध्यक्षता राष्ट्रीय महिला आयोग की अध्यक्ष श्रीमती मोहिनी गिरी ने की। उनका कहना था कि राष्ट्रीय महिला आयोग हर पीड़ित महिला के साथ है। बलात्कार कानून में बदलाव के लिए विचार चल रहा है। बलात्कार होने पर औरत का बयान ही काफी है। किसी और गवाह की जरूरत नहीं होनी चाहिए। उन्होंने कहा कि हम सबको मिलकर देशभर में महिला अत्याचार विरोधी आन्दोलन चलाना चाहिए।

सभा के अन्त में दो प्रस्ताव पारित हुए। एक तो यह कि हम सब मानते हैं कि भँवरी सच बोल रही है। इस केस में हम आगे अपील करके न्याय दिलाएँगे। दूसरा प्रस्ताव यह कि पुलिस प्रशासन और न्याय व्यवस्था के महिला विरोधी तौर-तरीकों का विरोध करेंगे। देशभर में महिला हिंसा के खिलाफ आन्दोलन चलाएँगे। इसी दिन से महिला अत्याचार विरोधी मंच ने बलात्कार और यौन हिंसा के विरोध में आन्दोलन छेड़ने की घोषणा की। सभा के अवसर पर यौन हिंसा पीड़ित औरतों पर किताब छापकर बाँटी गई।

दिसम्बर में जयपुर में महिला अत्याचार विरोधी मंच की बैठक में 10 बलात्कार पीड़ित महिलाओं के केस प्रस्तुत किए गए। उनमें से पाँच लड़कियाँ नाबालिग हैं। आइए देखें इनके साथ क्या बीती।

लड़की होने की सजा

झुन्झुनू के छापड़ा गाँव की मंजू के केस में पहले तो एफ.आई.आर. दर्ज नहीं की। बाद में शिकायत लिखी तो बलात्कार की धारा ही नहीं लगाई। कोर्ट में अर्जी लगाने पर कोर्ट के आदेश से बलात्कार की नई शिकायत लिखी और कुछ दिन बाद इस केस को बन्द कर दिया गया। 14 साल की मंजू ने एक बच्ची को जन्म दिया फिर भी बलात्कारी खुला घूमता रहा।

राजसमन्द के तालगाँव की छगनी के केस में पहले तो थानेदार सोने का बहाना करता रहा फिर पहले से लिखी शिकायत की जगह नई शिकायत लिखी और पिता केशूराम को पढ़कर सुनाए बिना ही दस्तखत करवा लिए और इस तरह राजपूत लड़के पप्पूसिंह को बचा लिया।

झोटवाड़ा पं.स. की लाली के केस में बलात्कार की धारा तो लगी पर जाँच में आरोपी बागड़ा ब्राह्मण रूपनारायण की उम्र 22 से घटाकर 16 साल दिखा दी गई। नतीजा यह हुआ कि उसे बाल अपराध कानून के तहत सजा मिली।

गोठ गाँव झुन्झुनू की अनुसूचित जाति की चार साल की निर्मला ने अपराधी की पहचान परेड के समय अभियुक्त को दो बार पहचान लिया फिर भी दोष एक गरीब लड़के कमलेश पर डाल दिया गया। असली अपराधी सरकारी कर्मचारी मगन चहर को एम.एल.ए. सुन्दर लाल बचा रहे थे। थानेदार इस अन्याय के साथ नहीं था। उसका

तबादला करवाकर कमलेश को गिरफ्तार कर लिया। पाँच हजार लोगों ने थाने के बाहर विरोध प्रदर्शन किया। दो-तीन महीने के विरोध के बाद कमलेश की जमानत हुई।

छगनी के केस में गाँववालों और मजदूर किसान शक्ति संगठन के प्रयास से एस.पी. को शिकायत की गई। इस पर डी.वाई.एस.पी. ने पप्पू सिंह पर भी बलात्कार का केस लगाया। साथ ही अनुसूचित जाति जनजाति पर अत्याचार करने का केस भी बना। कुछ समय बाद भील लड़के को पकड़ लिया। पर पप्पू सिंह की जमानत हो गई। मंजू छठी कक्षा में पढ़ रही थी। उसका पढ़ना बन्द हो गया। निर्मला इतना डर गई कि रात में सोते-सोते चिल्लाती थी। किसी भी पाजामेवाले आदमी को देखकर डरती थी। सब के केस दर्ज हुए पर किसी को अब तक कोई मुआवजा नहीं मिला।

महिला संघर्ष तोड़ने की साजिश

इस रैली के जवाब में भारतीय जनता पार्टी के बस्सी क्षेत्र के विधायक कन्हैयालाल मीणा के नेतृत्व में 28 जनवरी 1996 को एक सभा उसी जगह यानी बड़ी चौपड़ पर हुई जिसमें बलात्कारियों का सार्वजनिक अभिनन्दन किया गया।

भँवरी और उसके सहयोगी अभी जिला व सत्र न्यायालय के उस फैसले के खिलाफ उच्च न्यायालय में जाने की तैयारी कर ही रहे थे कि उन्हें एक और बड़े विरोध का सामना करना पड़ा। भारतीय जनता पार्टी के विधायक कन्हैयालाल मीणा के नेतृत्व में भँवरी को झूठा साबित करने, अपमानित करने व बलात्कारियों का सम्मान करने के लिए आयोजित यह रैली भारतीय जनता पार्टी के राज में निकाली गई थी इसलिए और भी गम्भीरता से ली गई थी।

रैली के लिए गाँव के लोगों से चन्दा वसूला गया। कहीं डराकर, तो कहीं धमकाकर, कहीं लालच देकर, तो कहीं गंगा व गाय की सौगन्ध देकर, कहीं जाति से बाहर करने का डर बताकर, कहीं विकास के कार्यों से वंचित करने का भय दिखाकर, लोगों को झूठी कहानी बताकर रैली में आने का वादा लिया गया। इस गतिविधि में पंचायतीराज व्यवस्था के प्रतिनिधियों को जोड़ने के लिए बस्सी पंचायत समिति में क्षेत्रीय विकास के नाम पर एक विशेष बैठक बुलाई गई। बैठक में इस क्षेत्र के सभी जिला परिषद, पंचायत समिति सदस्य, सरपंच और वार्ड पंचों को बुलाया गया था। विधायक के साथ बलात्कार के आरोपी भी मौजूद थे। इसी बैठक में हाथ खड़ा करके सबसे रैली में आने का समर्थन लिया।

ग्रामीण महिला विकास एवं संघर्ष समिति के नाम से आयोजित इस रैली को ज्यादातर भारतीय जनता पार्टी के विधायक, सरपंच, पंच व अन्य प्रतिनिधियों का सहयोग मिला। भारतीय जनता पार्टी महिला मोर्चा भी रैली की मदद के लिए साथ आ गया था। बस्सी में कांग्रेस पार्टी के प्रधान ने भी इस रैली को समर्थन दिया। आमेर, सांगानेर, दौसा व जयपुर जिले के करीब चार पाँच हजार महिला, पुरुष रैली में आए थे। रैली उसी रास्ते से चली जिस पर 15 दिसम्बर को आयोजित महिला हिंसा विरोधी

रैली निकाली गई थी। उसी बड़ी चौपड़ पर सभा की गई जहाँ पहले हुई थी। फर्क यह था कि इस बार महिला संगठनों व भँवरी के खिलाफ नारे लग रहे थे। गाली दी जा रही थी—'भँवरी रंडी झूठी है, झूठी है भई झूठी है।' सभा मंच पर पिछली बार बलात्कार की पीड़ित महिलाएँ बैठी थीं। इस बार बलात्कार के पाँचों आरोपी विराजमान थे। सभा के दौरान विधायक ने आरोपियों का परिचय करते हुए कहा, आप ही देखिए क्या ये लोग बलात्कार कर सकते हैं ?

इस रैली में महिला अत्याचार के विरुद्ध होनेवाले पूरे संघर्ष को काफी पीछे धकेलने की कोशिश की गई। इस रैली ने स्पष्ट तौर पर यह सन्देश दिया कि बलात्कार के विरोध में अगर कोई महिला बोलने का साहस करेगी और शक्ति संरचना को तोड़ने का दुस्साहस करेगी तो उसे भँवरी की तरह झूठा कहकर अपमानित किया जाएगा। अस्वीकार किया जाएगा। गाँव में अलग-थलग कर दिया जाएगा और सब तरफ ऐसा माहौल बनाया जाएगा कि उस पर कोई विश्वास ही न करे। रैली न्यायालय के निर्णय के पक्ष में व राजस्थान सरकार के द्वारा उच्च न्यायालय में अपील करने के निर्णय के विरोध में आयोजित की गई थी। भँवरी को साथ देनेवाले संगठनों को अपमानित करने के लिए आयोजित की गई थी।

15 दिसम्बर को इन संगठनों ने रैली क्यों की और जस्टिस कृष्ण अय्यर को यहाँ क्यों बुलाया इस पर इस रैली में बहुत एतराज उठाया गया। कहा गया कि इससे न्यायपालिका का अपमान हुआ है और प्रजातन्त्र कमजोर हुआ है। रैली में महिला संगठनों पर आरोप लगाया गया कि महिला संगठनों ने सत्र न्यायालय के न्यायाधीश जगपाल सिंह को भी डराया-धमकाया है। अब हाईकोर्ट में कोई भी न्यायाधीश इस केस को नहीं लेना चाहता। पुरुष सरपंचों व एम.एल.ए. ने इस रैली में आई महिलाओं से कहा, आप सब इस देश की सच्ची नारियाँ हैं, देवियाँ हैं। बस्सी की नारी देवी समान है। भारत की संस्कृति औरत को भोग की वस्तु के रूप में नहीं मानती। यहाँ चाचा, भतीजे द्वारा बलात्कार नहीं होता है। महिला संगठनों पर सीधे टिप्पणी की गईं कि वे बालकटी औरतें, क्लबों में जाती हैं, डांस करती हैं, अंग्रेजी में बोलती हैं, ये सब भारत के समाज को भ्रष्ट कर रही हैं। हमारी संस्कृति को बिगाड़ रही हैं। महिला विकास कार्यक्रम की साथिनें कोई काम नहीं करती हैं। यह कार्यक्रम बन्द कर देना चाहिए।

भँवरी के केस पर टिप्पणी करते हुए सरपंचों, एम.एल.ए. व प्रधान ने कहा कि भँवरी 22 सितम्बर 1992 को गाँव में ही नहीं थी और उस दिन मोहन व अन्य लोगों के बीच में कहासुनी हुई थी। भँवरी तो शाम को गाँव आई। अगले दिन सुबह वह अपने पति के साथ पड़ोस की साथिन से मिली, फिर वह जयपुर से अपनी अधिकारी को लेकर आई, फिर यह पूरी कहानी तैयार की गई। भँवरी तो बेचारी गाँव की सीधी-सादी औरत है जिसे महिला विकास कार्यक्रम से 250 रुपए मिलते हैं। उसे अधिकारियों ने समझाया कि तू बलात्कार का केस कर दे तो तुझे खूब पुरस्कार मिल जाएँगे और पैसे भी मिल जाएँगे। इस प्रकार महिला संगठन व महिला विकास अभिकरण ने मिलकर अपनी

रोटियाँ सेंकने के लिए इस महिला को भट्टी में झोंक दिया।

बस्सी के एम.एल.ए. कन्हैयालाल मीणा ने कहा कि भटेरी केस के सत्य को बताने के लिए यह रैली आयोजित की गई है। उन्होंने सारी सभा से पूछा कि क्या भारत में कोई गाँव ऐसा है जहाँ औरत के साथ छेड़छाड़ हो और गाँववाले उसका साथ दें। 15 दिसम्बर को जिन संगठनों ने रैली आयोजित की, वे अपनी रोटी सेंकना चाहते हैं। इन संगठनों ने कभी भी कोई भला पवित्र काम नहीं किया। इसके बाद एम.एल.ए. ने पाँचों अभियुक्तों का सम्मान किया और उनका लोगों से परिचय करवाया। और कहा, आप देखिए, क्या ये लोग बलात्कार कर सकते हैं ? दिल्ली में राष्ट्रीय महिला आयोग और अनेक महिला संगठनों ने इस रैली का विरोध किया है। जयपुर में कई जागरूक नागरिकों और महिला संगठनों के प्रतिनिधियों ने मुख्यमन्त्री से मिलकर अपना विरोध प्रकट किया। राजस्थान के कई राजनीतिक दलों जैसे भारतीय कम्यूनिस्ट पार्टी भाकपा (माले) और कांग्रेस (आई) ने भी अपना विरोध प्रकट किया है।

इसी के बाद से वर्ष 1996 से यह केस उच्चतम न्यायालय के ठंडे बस्ते में पड़ा है। महिला संगठनों की बार-बार माँग करने पर भी इस केस की सुनवाई शुरू नहीं हुई है।

उत्पीड़न व सामाजिक बहिष्कार से सम्मान तक का सिलसिला

भँवरी को अपने गाँव में सालों तक सामाजिक बहिष्कार व अपमान झेलना पड़ा। कभी उससे मार-पिटाई हुई, कभी उसके बाड़े का पेड़ काट लिया गया। कभी बाड़े पर कब्जा हुआ तो कभी अन्य तरीकों से अपमानित होना पड़ा। गाँव के प्रभावशाली लोगों ने उससे मटके खरीदना बन्द किया, दूध जैसी जरूरी चीज व अन्य सामान देना बन्द कर दिया। महिला विकास कार्यकर्ताओं और महिला समूहों के निरन्तर प्रयास से स्थिति कुछ सामान्य हुई। गाँव में भँवरी की अपनी साथिनें थीं कमजोर वर्ग की महिलाएँ। वे सब गरीब थीं। वे भी इन प्रभावशाली वर्गों के खिलाफ सार्वजनिक रूप से कुछ नहीं कह सकती थीं।

इधर भँवरी के गाँव में लगातार देशभर से महिला संगठनों के प्रतिनिधि, पत्रकार भँवरी से मिलने आते रहे। भँवरी को अन्तरराष्ट्रीय महिला सम्मेलन में वर्ष 1995 में बीजिंग, चीन भेजने की बात हुई तो सरकारी स्तर पर विरोध खड़ा हो गया। यह कहा जाने लगा कि राजस्थान की नाक कट जाएगी। महिला संगठनों का कहना था यह तो इस बात पर निर्भर है कि सरकार स्वयं को किस तरफ मानती है। आखिरकार यह प्रयास सफल हुआ। भँवरी ने बीजिंग सम्मेलन में भाग लिया।

भँवरी ने बलात्कार के विरोध में जिस तरह बहादुरी से संघर्ष किया यह अपने आप में एक उपलब्धि थी। भँवरी के बिना यह संघर्ष हो ही नहीं सकता था। भँवरी की बहादुरी को सबसे पहले सम्मान से 1994 में नवाजा गया जब उसके बलात्कार के खिलाफ संघर्ष को वीरता की श्रेणी में रखा गया। यह था नीरजा भनौत पुरस्कार।

वर्ष 2001 में मुख्यमन्त्री अशोक गहलोत ने पहली बार भँवरी को आवासीय जमीन

का पट्टा और मकान बनाने को 40 हजार रुपए की आर्थिक सहायता दी है। तमाम कड़वे-मीठे दौर से गुजरते हुए भँवरी और महिला संगठनों का साथ और दोस्ती बनी रही है। यह आन्दोलन की एक बड़ी उपलब्धि है।

महिला अत्याचार विरोधी जन आन्दोलन

राज्य में महिलाओं पर बढ़ रहे अत्याचार को लेकर गठित महिला अत्याचार विरोधी जन आन्दोलन (मावजा) में अनेक समूह संगठनों ने भागीदारी लेने में सक्रियता दिखाई। इस तरह राज्य स्तर के अस्सी संगठनों का मिला-जुला एक संगठन उभरकर आया 'मावजा' यानी महिला अत्याचार विरोधी जन आन्दोलन। इस जन आन्दोलन में वे समूह और संगठन भी सदस्य बने जो महिलाओं के साथ सघन रूप से कार्य नहीं कर रहे थे। इस संगठन के बैनर तले महिलाओं पर बढ़ रही हिंसा के खिलाफ आठ जुलाई 1996 को बड़ी चौपड़ पर प्रदर्शन किया गया। इन दिनों विधानसभा का सत्र चल रहा था। विधानसभा में सभी रैली बनाकर गए व अपना ज्ञापन दिया।

विधानसभा के बाहर हुए भाषणों में और इस अवसर पर प्रकाशित महिला अत्याचारों को बयान करनेवाली पुस्तक 'न्याय की गुहार' की प्रस्तावना में निम्न बातें कही गईं : 15 दिसम्बर 1995 को यौन हिंसा की शिकार महिलाओं ने जयपुर में आम जनता के बीच आकर न्याय की माँग की। महिलाओं को लग रहा है कि बलात्कार उनकी आजादी पर हमला है और आम जनता को इसकी भयानकता से परिचित कराना बहुत आवश्यक है। बड़े अफसोस की बात है कि पीड़ित महिला को न्याय नहीं मिलता। हमें मिलकर न्याय का रास्ता हर हाल में खोजना ही होगा।

भँवरी के साथ सामूहिक बलात्कार हुआ। हर स्तर पर उसे झूठा माना गया। आज लग रहा है हर औरत को झूठा ही माना जाता है और अब हमें यह लड़ाई मिलकर लड़नी होगी। राजस्थान भर में सामाजिक संगठन व संवेदनशील नागरिकों ने मिलकर यौन हिंसा के खिलाफ लड़ने के लिए महिला अत्याचार विरोधी जन आन्दोलन का गठन कर राजव्यापी संघर्ष करना तय किया है। हम, आप सबके बीच अपनी बात, पीड़ा और आक्रोश लेकर आए हैं। हम, जनप्रतिनिधियों को अपनी बात सुनाने विधानसभा के दरवाजे आए हैं। औरतों पर ज्यादती के मामले कुछ जनप्रतिनिधियों ने विधानसभा में समय-समय पर उठाए हैं। लेकिन प्रशासन, कानून और न्याय की औरत-विरोधी प्रक्रियाओं की भूल-भुलैया को इन जनप्रतिनिधियों ने कभी नहीं भेदा। वे औरत को न्याय दिलाने की तार्किक परिणति तक कोई मामला कभी नहीं पहुँचा पाए।

बलात्कार या अन्य उत्पीड़न की शिकार औरत जब न्याय माँगने घर से निकलती है तो पुलिस, प्रशासन और न्यायालय की लम्बी चौड़ी प्रक्रियाएँ उसका धीरज तोड़ देती हैं। वर्तमान कानूनी प्रक्रियाओं पर सही दृष्टि और संवेदनशीलता भी न्याय के लिए अकेली औरत की लड़ाई को थोड़ा सरल कर सकती हैं, इसलिए इस बारे में हमने

राजस्थान सरकार से भी बातचीत की।

यह बातचीत इसलिए महत्त्वपूर्ण थी कि राजस्थान में देश के कई अन्य हिस्सों की तरह ही नारी उत्पीड़न के मामलों में कई वर्तमान कानूनी प्रावधानों का भी पालन पुलिस और प्रशासन नहीं करती रही है। इसी बातचीत के फलस्वरूप हम अभी-अभी एक आदेश जारी कराने में सफल हुए।

राजस्थान सरकार के गृह विभाग द्वारा 2.7.96 को जारी आदेश के अनुसार बलात्कार के मामलों में धारा 376 तुरन्त लगाई जाएगी न कि इसके लिए मेडिकल रिपोर्ट आदि की प्रतीक्षा की जाएगी। बिना समय व्यर्थ किए उत्पीड़ित औरत का डॉक्टरी मुआयना तुरन्त कराया जाएगा। आदेश के अनुसार अभियोग दर्ज होते ही उत्पीड़ित औरत का बयान धारा 164 के तहत दर्ज कराया जाएगा। जाँच संवैधानिक वरिष्ठ अधिकारी के प्रत्यक्ष पर्यवेक्षण में कराई जाएगी, एस.पी. और रेंज डी.आई.जी. दर्ज मामलों की पाक्षिक समीक्षा कर तुरन्त कार्यवाही सुनिश्चित करेंगे और एस.पी. इन मामलों की पाक्षिक रिपोर्ट समीक्षा के लिए डी.जी. पुलिस और राज्य सरकार को भेजेंगे। उपरोक्त कानूनी प्रक्रियाओं का प्रावधान पहले से ही था। लेकिन उनका उल्लंघन होता था, नए आदेश की जरूरत इसीलिए पड़ी।

संगठनों की माँग थी कि

नारी उत्पीड़न के मामलों में प्रशासन के विभिन्न स्तरों (चिकित्सक, विधि विज्ञान प्रयोगशाला, पुलिस और सामान्य प्रशासन) में जवाबदेही सुनिश्चित की जाए। पुलिस जाँच और अदालती फैसले की समय सीमा बाँधी जाए। नारी उत्पीड़न के मामलों की समीक्षा के लिए विधानसभा की स्थायी समिति बनाई जाए। संवेदनशीलता के लिए पुलिस और न्यायपालिका में महिलाओं का पचास प्रतिशत प्रतिनिधित्व हो। बलात्कार की पुरानी परिभाषा बदलकर योनि के साथ किसी भी छेड़छाड़ को उसमें शामिल किया जाए। अनुसूचित जाति/जनजाति आयोग की तरह राज्य स्तरीय संवैधानिक शक्ति सम्पन्न महिला आयोग जल्द बनाया जाए। विधि विज्ञान प्रयोगशाला को स्वायत्त अधिकार, जाँच में पारदर्शिता लाई जाए। हर उत्पीड़ित औरत को उचित मुआवजा दिया जाए और उसका उचित पुनर्वास हो।

राजस्थान सरकार

गृह (ग्रुप-13) विभाग

क्रमाँक : प6(46)गृह/ग्रुप-13/96 *जयपुर, दिनांक 2/7/96*

परिपत्र

विषय : महिला अत्याचारों के प्रकरणों से त्वरित कार्यवाही बाबत दिशा निर्देश।

जैसा कि आपको विदित है, महिला अत्याचार का विषय अत्यन्त ही संवेदनशील

है। गत महीनों में राज्य में महिलाओं पर अत्याचार की निन्दनीय घटनाएँ हुई हैं। इन प्रकरणों में त्वरित कार्यवाही करने बाबत राज्य सरकार द्वारा समय-समय पर निर्देश दिए गए हैं। वैसे प्रायः इन प्रकरणों में तत्काल कार्यवाही की जाती है, परन्तु फिर भी कुछ ऐसे प्रकरण होते हैं, विशेषकर दूर दराज ग्रामीण क्षेत्रों में, जिनमें कार्यवाही में विलम्ब होता है। इससे अभियुक्तगण के विरुद्ध साक्ष्य एकत्रित करने में कठिनाई आती है और पीड़ित पक्ष को न्याय भी नहीं मिल पाता। इससे जन आक्रोश भी उत्पन्न होता है।

महिला अत्याचार के प्रकरणों में त्वरित कार्रवाई करने से पीड़ित पक्ष को न्याय मिल सकेगा व इससे ऐसे प्रकरणों में कमी भी अवश्य आएगी। अतः इन प्रकरणों के सम्बन्ध में निम्न दिशा निर्देश जारी किए जाते हैं, जिनकी पालना सुनिश्चित की जाए :

1. यदि कोई महिला बलात्कार का प्रकरण दर्ज कराने पुलिस थाने जाती है, तो उसके आवेदन पर अभियोग अन्तर्गत धारा 376 भा.दं.स. तत्काल दर्ज किया जाएगा न कि उसमें मेडिकल रिपोर्ट आदि की प्रतीक्षा की जाए।
2. बिना समय व्यर्थ किए उत्पीड़ित महिला का डॉक्टरी मुआयना कराया जाए।
3. अभियोग दर्ज करने के पश्चात् अविलम्ब उस महिला के बयान सम्बन्धित मजिस्ट्रेट के समक्ष धारा 164 जा.फौ. के अन्तर्गत दर्ज कराए जाएँ जिससे आगे अनुसन्धान में समस्या नहीं आए।
4. इन प्रकरणों का अनुसन्धान सम्बन्धित वृत्ताधिकारी के प्रत्यक्ष पर्यवेक्षण में कराया जाएगा।
5. जिला पुलिस अधीक्षक एवं उप महानिरीक्षक पुलिस रेंज अपने क्षेत्राधिकार में महिला अत्याचार के समस्त दर्ज प्रकरणों की पाक्षिक समीक्षा कर यह सुनिश्चित करेंगे कि प्रत्येक दर्ज प्रकरण में त्वरित कार्रवाई की जा रही है।
6. महिला अत्याचार के समस्त प्रकरणों का पाक्षिक प्रतिवेदन महानिदेशक पुलिस एवं राज्य सरकार को जिला पुलिस अधीक्षक प्रेषित करेंगे जिससे कि इन स्तरों पर भी महिला अत्याचार के दर्ज प्रकरणों के सम्बन्ध में की जा रही कार्रवाई की समीक्षा की जा सके।

आज्ञा से
शासन विशिष्ट सचिव
गृह विभाग

'न्याय की गुहार' पुस्तक में दिए गए औरतों पर हो रही यौन हिंसा के कुछ उदाहरण साफतौर पर दर्शाते हैं कि यौन हिंसा का फैलाव किस वीभत्सता की हद तक होने लगा है।

धापूबाई मीणा

सोलह जून 1996 को चालीस वर्षीया धापूबाई मीणा के साथ टोंक जिले के उथरणा गाँव

में बलात्कार हुआ। रात दो बजे टोंक जिले के शराब के ठेकेदार के करीब बीस गुण्डों ने धापूबाई, उसके पति और पुत्र का अपहरण किया। गुंडों की टोली में टोंक थाना क्षेत्र की पुलिस चौकी का हैड कांस्टेबल बन्ना खाँ और सिपाही भँवर सिंह भी शामिल थे। गाँव से छह-सात किलोमीटर दूर पति और पुत्र के सामने उससे सामूहिक बलात्कार हुआ और बाद में हाथ से खींचकर उसकी योनि को क्षत-विक्षत कर दिया। पति और पुत्र को भी पीटा गया। बाद में घायल अवस्था में वे तीनों को टोंक के सदर थाने के बाहर छोड़कर भाग निकले। मेडिकल जाँच में डॉक्टरों ने धापू की योनि पर हड्डी तक गहरे घाव का हवाला तो दिया किन्तु बलात्कार की बात तीन दिन बाद धापू को होश में आने पर दर्ज हुई। बाद में मेडिकल बोर्ड ने जाँच की। सोलह जनों के खिलाफ केस दर्ज हुआ। जनता के विरोध प्रदर्शन और गिरफ्तारी की माँग के चलते इक्कीस दिन बाद पाँच अभियुक्त गिरफ्तार हुए। दोनों पुलिसकर्मी भी कुछ समय बाद निलम्बित किए गए।

बाद में मावजा की शिकायत पर राष्ट्रीय मानवाधिकार आयोग ने इस केस की जाँच की और धापू बाई को 50 हजार रुपए मुआवजा देने की सिफारिश की। बलात्कार के किसी मामले में ऐसी पहल राष्ट्रीय मानवाधिकार आयोग ने पहली बार की। इस तरह बलात्कार को भी पूरी तरह मानवाधिकारों का हनन मान लिया गया।

अलवर ब्लैकमेल कांड

अलवर जिले की बीस वर्षीया युवती रचना गुप्ता के साथ भाजपा कार्यकर्ता शालिनी शर्मा के पति राजेश ने उनकी उपस्थिति में उनके सामने ही बलात्कार किया। रचना के विरोध करने पर उसे अन्य लड़कियों के आपत्तिजनक फोटो दिखाकर कहा गया तुम्हारे भी ऐसे ही फोटो खींच लिए हैं। इस सबके चलते एक वर्ष तक रचना को ब्लैकमेल किया गया। मुख्यमन्त्री और अन्य प्रभावशाली लोगों से सम्बन्ध की दुहाई देकर रचना का उत्पीड़न होता रहा। मई 96 में शालिनी शर्मा ने रचना को प्रभावशाली लोगों को लड़कियाँ सप्लाई करने के काम से जोड़ने का प्रयास किया। इसमें असफल रहने पर रचना को धमकाया गया। इसी के बाद 16 जून 1996 को रचना ने अलवर में एस.पी. को लिखित एफ.आई.आर. दर्ज कराई। जयपुर और अलवर स्तर पर जन समूहों के दबाव और मुख्यमन्त्री से बयान करने की अपील के बाद भी धारा 164 में रचना के बयान 28 जून से पहले नहीं हो पाए। इस बीच शालिनी और राजेश फरार हो गए थे। रचना के बयान बड़े दबाव में हुए। राजनीतिक पार्टियों के दबाव, कोर्ट प्रांगण में पुरुषों की भीड़ के चलते बयानों में इस कांड में लिप्त मंत्रियों और पदाधिकारियों के नामों का उल्लेख रचना ने नहीं किया।

महिला संगठनों का मानना था जब लड़की बयान देने गई तो उस पर असाधारण दबाव थे। विभिन्न राजनैतिक पार्टीयों के लोगों का लगभग उस पर आक्रमण रहा, जिससे उसका व उसके परिवारवालों का मनोबल कमजोर हुआ। बयानवाले रोज भारी

संख्या में पुरुष कोर्ट के प्रांगण में खड़े थे। लड़की ने बयान में राजेश व शालिनी शर्मा को मुख्य अभियुक्त बताया लेकिन किसी भी मन्त्री या पदाधिकारी का नाम नहीं बोली। महिला अत्याचार विरोधी जन-आन्दोलन के प्रतिनिधि जब उससे बयानों के बाद मिलने गए तो वह निरन्तर रो रही थी।

इस मुद्दे पर 1 जुलाई को कांग्रेस के विधायकों द्वारा भाजपा सरकार के इस कांड में लिप्त होने पर विधानसभा में 7 से भी अधिक घंटों तक लम्बी बहस हुई। मुख्यमन्त्री ने केस को सी.बी.आई. में देने से इन्कार कर दिया। बाद में महिला संगठनों ने सरकार से माँग की कि सी.बी.आई. द्वारा इस केस की जाँच, समाज कल्याण मन्त्री को इस प्रकरण में नैतिक जिम्मेदारी लेते हुए इस्तीफा देना चाहिए। राज्य समाज कल्याण सलाहकार बोर्ड को तुरन्त निरस्त करना चाहिए और नया बोर्ड गठित करना चाहिए। प्रशासन व पुलिस उन लोगों के विरुद्ध कार्रवाई करे जिन्होंने इस केस में जाँच व गिरफ्तारी में देरी की। शालिनी शर्मा की सभी संस्थाओं के तमाम मामलों की तहकीकात कर उन्हें काली सूची में डालना चाहिए। शालिनी शर्मा व राजेश शर्मा की गिरफ्तारी तुरन्त हो।

महिला अत्याचार विरोधी जन आन्दोलन ने इस क्रम में सी.बी.आई. जाँच के लिए हाईकोर्ट में याचिका दायर की एवं शालिनी व राजेश शर्मा को बेल मिलने के विरुद्ध वकील खड़ा किया। अलवर में इस पूरे कांड का पर्दाफाश करने व अपराधियों को सजा दिलाने के लिए नारी शोषण विरोधी मोर्चा का गठन किया गया जिसमें प्रगतिशील महिला समिति, बन्धुआ मजदूर मोर्चा, अनेक राजनैतिक दल, पत्रकार, समाज सेवी शामिल थे।

अन्ततः अलवर यौन शोषण कांड के नाम से कुख्यात इस प्रकरण में शालिनी शर्मा आखिरकार गिरफ्तार हुई। 30 नवम्बर को उसे जेल भेज दिया गया। पहले अलवर और फिर जयपुर में उसकी जमानत याचिका रद्द कर दी गई। ताजा स्थिति यह है कि न्यायालय ने उसे और उसके पति को यौन शोषण का दोषी मानते हुए दंडित किया है।

चन्दूड़ी बावरी बलात्कार प्रकरण

गंगानगर जिले की पड़साना गाँव की विधवा चन्दूड़ी बावरी के साथ रामचन्द्र बावरी (भाजपा के श्रीगंगानगर जिला परिषद के सदस्य) तथा उसके दो साथियों ने दस मई 96 को बलात्कार किया और बुरी तरह पीटा। उसके वजाइना में डंडा घुसेड़ा और मिर्च पाउडर डालकर उसे बुरी तरह घायल किया गया, जिससे वह बेहोश हो गई। चन्दूड़ी की जमीन पर नाजायज कब्जे को बनाए रखने के लिए यह बलात्कार किया गया। इस पूरे मामले में पुलिस बहुत देर से पहुँची। घड़साना के स्थानीय डॉक्टरों ने मेडिकल रिपोर्ट में बलात्कार तथा किसी भी तरह की चोट का होना प्रदर्शित नहीं किया। राजनैतिक दबाव के कारण उसे 12 मई को ही अस्पताल से छुट्टी देने लगे लेकिन जनवादी महिला समिति के दबाव के सामने वो ऐसा कर पाने में सफल नहीं हो सके। रामचन्द्र बावरी तथा उसके साथियों की गिरफ्तारी की माँग को लेकर जनवादी महिला समिति, अन्य संगठनों एवं राजनैतिक पार्टियों ने लम्बा

संघर्ष किया। 9 जून, 96 को हजारों लोगों ने थाने का घेराव किया, तब जाकर पुलिस ने रामचन्द्र बावरी व उसके अन्य साथियों पर धारा 307 लगाई।

संघर्षकारियों ने माँग की कि चन्दूड़ी की झूँठी मेडिकल रिपोर्ट बनानेवाले घड़साना के डॉक्टरों पर मुकदमा चलाया जाए। चन्दूड़ी के बलात्कारियों पर धारा 376 लगाई जाए। चन्दूड़ी की जमीन पर कब्जा रामचन्द्र बावरी से उसे वापिस दिलाया जाए। चन्दूड़ी के बलात्कार के संघर्ष के सन्दर्भ में उसे 2 लाख रुपए का मुआवजा दिया जाए। बाद में प्रशासन से यह जानकारी मिली कि चन्दूड़ी ने बलात्कार का आरोप वापस ले लिया है। महिला संगठनों का मानना है कि राजनैतिक दबाव में आकर ही उसे ऐसा करना पड़ा होगा। चन्दूड़ी बहुत ही गरीब थी। गरीब औरतों पर अक्सर ऐसे ही दबाव पड़ते हैं।

चार साल की निर्मला से बलात्कार

चार साल की हरिजन बालिका निर्मला से ग्यारह जून 1996 को बलात्कार किया गया। झुन्झुनू जिले की खेतड़ी तहसील के गोठ गाँव की रहनेवाली यह लड़की गाँव के एक खेत में बुरी तरह घायल अवस्था में मिली। उसका पूरा शरीर (योनि) बलात्कार की बर्बरता से बाहर झूल गया था। किसी चमत्कार से वह जीवित तो बची पर बेहद दहशत में रहती। कुर्ते-पजामे में किसी व्यक्ति को देखते ही चीखने लगती। सोते-सोते रोने लगती। गाँव में दलितों के पाँच-छह परिवार ही थे। बलात्कारी खेतड़ी कौपर प्रोजैक्ट में कार्यरत सरकारी कर्मचारी था। उसे स्थानीय विधायक का संरक्षण मिला हुआ था।

बलात्कार की रिपोर्ट 12 जून को ही सिंघाणा थाने में लिखी दी थी। बाईस जून को हुई पहचान परेड में निर्मला ने दो बार बलात्कारी को पहचान लिया था फिर भी प्रभावशाली विधायक एक अन्य निर्दोष लड़के कमलेश को फँसाना चाहते थे। इसी के चलते थाना अधिकारी का तबादला करवाया गया। नए थाना अधिकारी ने आते ही 31 जून को कमलेश को हिरासत में ले लिया। उस पर बलात्कार और दलित अत्याचार का केस लगा दिया। बाद में कमलेश की जमानत हुई। इस केस में भी व्यापक जनसमर्थन हुआ। 29 जून को गिरफ्तारी की माँग को लेकर पाँच हजार से ज्यादा लोगों ने प्रदर्शन किया। सी.पी.आई. (एम.एल.) किसान संगठन और छात्र संगठन आइसा का मिला-जुला अत्याचार विरोधी मंच बना। दो महीने तक आन्दोलन हुआ तो मामला सी. आई.डी. को सौंपा गया।

काफी दिनों तक न तो असली अभियुक्त गिरफ्तार हुआ और न ही मामले में चालान पेश हुआ तो महिला अत्याचार विरोधी जन आन्दोलन के प्रतिनिधि मंडल ने गृह सचिव अरुण कुमार से अपनी मुलाकात में 28 जून, 1996 को माँग की कि देरी के लिए जिम्मेदार पुलिसवालों के खिलाफ तुरन्त कार्यवाही की जाए, चालान पेश किया जाए और असली अभियुक्त मगन चाहर को तुरन्त गिरफ्तार किया जाए। निर्मला को राहत व मुआवजा तुरन्त दिया जाए।

कामकाजी छात्रावास में पार्षदों व अधिकारियों का अनाधिकृत प्रवेश एवं छेड़छाड़

5 मई 1995 को जयपुर के टोंक रोड़ लालकोठी स्थित कामकाजी महिला छात्रावास में रात साढ़े ग्यारह बजे 15-20 लोग अनाधिकृत तरीके से घुस आए। वे शराब के नशे में धुत्त थे। वे नगर निगम के चेयरमैन थे। साथ में कमिश्नर सिद्दीकी भी थे और वे हॉस्टल की तथाकथित 'चैकिंग' के लिए आए थे। हॉस्टल की लड़कियों ने जब उनसे सुबह आने को कहा तो वे गाली-गलौज पर उतर आए। उनके चरित्र को लांछित करने लगे। एक युवती का हाथ पकड़ लिया। गार्ड और अन्य लड़कियों की मदद से उन्हें बाहर करवाया गया। बाहर भी वे सफेद अम्बेसेडर कार नम्बर आर.एस.टी. 1196 में बैठकर गालियाँ बकते रहे। उनके साथ एक जीप भी थी जिसका नम्बर लड़कियाँ देख नहीं पाईं। बाद में लालकोठी सब्जी मंडी के लोगों ने उन पर पत्थर फेंके तो वे सब भाग गए। कुछ लड़कियों ने पास के पी.सी.ओ. पर जाकर पुलिस थाना गांधीनगर को इस घटना की सूचना दी। पुलिस आई भी पर अभियुक्तों को पकड़कर उनका मेडिकल मुआयना करवाने को तैयार नहीं हुई। न ही कोई एफ.आई.आर. दर्ज की। यह कह दिया कि मेयर के द्वारा एफ.आई.आर. दर्ज करवाओ। अगले दिन मेयर मोहन लाल गुप्ता से छात्रावास की युवतियाँ मिलीं तो उन्होंने भी रात में चैकिंग की बात को सही ठहराया तथा एफ.आई.आर. दर्ज कराने से मना कर दिया तब जाकर गांधीनगर थाने में युवतियों की नामजद रिपोर्ट दर्ज की गई। युवतियाँ मुख्यमन्त्री से भी मिलीं किन्तु अन्ततः पुलिस जाँच में इसे मात्र गलतफहमी कहा गया जबकि स्थानीय निकाय के निदेशक की जाँच के अनुसार इस घटना में पार्षद श्याम खंडेलवाल (चेयरमैन), पार्षद रामकिशोर रावत (चेयरमैन), राजस्व अधिकारी राधेश्याम गुप्ता और निगम आयुक्त सिद्दीकी प्रथम दृष्टया अपराधी पाए गए। इनके अलावा तीन अज्ञात व्यक्ति और थे।

निदेशक, स्थानीय निकाय की यह रिपोर्ट आने पर भाजपा पार्षदों ने निदेशक अजय सिंह चितौड़ा की भर्त्सना की और उनके खिलाफ कठोर कार्यवाही की माँग करते हुए वे मुख्यमन्त्री से मिले। इसके बाद भी मामला लम्बित रहा तथा अपराधी खुले घूमते रहे। इधर नगर निगम ने भी एक जाँच कमेटी बनाई। कमेटी की जाँच रिपोर्ट अखबारों में प्रकाशित भी हुई किन्तु कमेटी की अध्यक्ष रिपोर्ट जारी करने से साफ मुकर गईं।

इसी के बाद से भाजपा पार्षदों ने पलटकर छात्रावास पर आरोप लगाने शुरू कर दिए। छात्रावास की महिलाओं को भ्रष्ट और संदिग्ध चरित्रवाली तथा छात्रावास को भ्रष्टाचार का अड्डा बताया गया। छात्रावास की युवतियों ने मानहानि का मुकदमा दर्ज करने का मन बनाया तो उन्हें उनके शहर में बदनाम करने की धमकी दी गई। हॉस्टल की युवतियों का आरोप था कि तथाकथित चैकिंगकर्ता चैकिंग के लिए अधिकृत ही नहीं थे। न ही उन्होंने रात में चैकिंग की वैधानिक प्रक्रियाएँ पूरी की थीं। न वे छात्रावास की महिला पदाधिकारियों, न ही किसी अन्य जिम्मेदार महिला को साथ लाए थे। ऐसे

में साबित होता है कि बदनीयती से उन्होंने छात्रावास में प्रवेश किया था। युवतियों की माँग थी कि इस हॉस्टल पर नगर निगम का प्रशासन तुरन्त समाप्त कर इसकी एक पाँच सदस्यीय प्रबन्ध समिति बनाई जाए जिसकी सभी सदस्य महिलाएँ हों जो राजनीतिज्ञ न हों। इस समिति में एक सेवानिवृत्त प्रशासनिक अधिकारी, एक सेवानिवृत्त डॉक्टर, एक सामाजिक कार्यकर्ता, एक स्वतन्त्रता सेनानी तथा कलैक्टर को सम्मिलित किया जाए। इस समिति की सलाह से इसका प्रशासन कलैक्टर द्वारा किया जाए। हॉस्टल की वार्डन यहाँ रहनेवाली राजपत्रित या समकक्ष अधिकारी हो। हॉस्टल में फोन की सुविधा शीघ्रातिशीघ्र उपलब्ध करवाई जाए। महिलाओं की सुरक्षा की समुचित व्यवस्था की जाए। इस घटना की सी.बी.आई. से निष्पक्ष जाँच करवाई जाए ताकि अपराधी जाँच को प्रभावित न कर पाएँ। इसके लिए छात्राओं ने माँग की कि 5 मई 95 को हॉस्टल के अन्दर आनेवाले सभी पदाधिकारियों तथा जनप्रतिनिधियों को उनके पद से तत्काल प्रभाव से हटाया जाए। साथ ही एस.पी. जैसे वरिष्ठ पुलिस अधिकारी को, जिन्होंने दुर्भावनावश अथवा किसी लाभ की आशा में गलत रिपोर्ट दी थी, निलम्बित किया जाए।

कुछ तो हुआ

विधानसभा के बाहर हुए इस प्रदर्शन के बाद एक तो यह फायदा हुआ कि महिला समूहों और सरकार के बीच संवाद की शुरुआत हुई। गृह सचिव के साथ महिला हिंसा से सम्बन्धित केसों की समीक्षा के लिए आयोजित 17 अगस्त 1996 की बैठक में महिला संगठनों के प्रतिनिधियों को बताया गया कि आठ जुलाई को मुख्यमन्त्री से जिन 13 मामलों की शिकायत की गई थी, उनमें से आठ में कार्रवाई शुरू हो गई है। झुन्झुनू की मंजू, बहरोड़ अलवर की माया देवी, नागौर की नाथड़ी और देवली की धापू के केस में चालान पेश कर दिया गया है। मंजू केस में दोषी अधिकारियों के खिलाफ कार्रवाई शुरू हो गई है। धापू केस में 21 लोगों के खिलाफ चालान पेश हो चुका है और तीन के अलावा सब गिरफ्तार कर लिए गए हैं। नाथड़ी केस के पाँचों बलात्कारी गिरफ्तार हो चुके हैं। सुमन के बलात्कारी संजय को भी गिरफ्तार कर लिया गया है। जयपुर के कामकाजी छात्रावास में पार्षद और अधिकारियों के गैर कानूनी प्रवेश का मामला एक साल बाद फिर से खुल गया है। कस्तूरी बाई के साथ मारपीट के केस में दो लोगों के खिलाफ चालान पेश हो गया है।

चार साल की निर्मला, चौदह साल की मंजू, जयपुर की सात साल की लाली और साठ साल की कानी बाई, देवली की चालीस साल की धापू के साथ बलात्कार हुआ है। उनमें से हर एक को मुख्यमन्त्री सहायता कोष से दस हजार रुपए की सहायता राशि मंजूर की गई है। यह राशि कलैक्टर के द्वारा दी जाएगी। तीन केस में फिर से जाँच करवाई जाएगी। ये हैं धरियावाद की अध्यापिका निशा का हत्याकांड, झुन्झुनू की निर्मला

से बलात्कार, गंगानगर की चन्दूड़ी देवी से बलात्कार। सरकार ने आश्वासन दिया है कि जयपुर की मोनिषा के केस में मिल रही धमकियों पर गम्भीरता से कार्रवाई होगी।

दिसम्बर 97 तक हर माह गृह सचिव के साथ होनेवाली बैठकों में महिला संगठनों ने करीब चालीस मामलों में प्रशासन से प्रगति की रिपोर्ट माँगी।

इस सबके बावजूद बलात्कार व यौन शोषण के हादसे, अपने क्रूरतम रूप में घटित होते रहे। वर्ष 1997 से 2002 तक राजस्थान के विभिन्न महिला संगठनों ने जिन प्रमुख मामलों को उठाया, उन्हें कई श्रेणियों में बाँटकर देखा जा सकता है।

शिक्षण संस्थाओं में यौन शोषण व बलात्कार

- रठांजना में पी.टी.आई. द्वारा नाबालिग छात्राओं का यौन शोषण/बलात्कार (मई 1997)।
- जे.सी.बोस. छात्रावास सामूहिक बलात्कार कांड (सितम्बर 1997)
- फागी पंचायत समिति, जयपुर के डाबिच गाँव में अध्यापक द्वारा बलात्कार (नवम्बर 2000)।

नाबालिग युवतियों से बलात्कार व यौन शोषण

- अजमेर में छात्राओं का यौन शोषण व ब्लैकमेल कांड (जनवरी 1992)।
- कोटा में नाबालिग स्कूली छात्रा नीलू राणा से बलात्कार व हत्या (1998)।
- दौसा जिले के गीजगढ़ कस्बे में नाबालिग दलित युवती से सामूहिक बलात्कार (दिसम्बर 1999)
- हनुमानगढ़ में एक दलित बालिका का यौन शोषण व बलात्कार (दिसम्बर 2001)
- भीलवाड़ा के सवाईपुर गाँव में तीन साल की बालिका से बलात्कार व उसकी हत्या (नवम्बर 2001)
- भारत सर्करा में दो किशोरियों का यौन शोषण व बलात्कार।
- चित्तौड़गढ़ जिले के निम्बोदा गाँव के ठाकुर द्वारा पेमोखेड़ा गाँव की नाबालिग किशोरी का बलात्कार (सितम्बर 1997)।

धार्मिक स्थलों पर यौन शोषण व बलात्कार

- जालौर जिले के भीनमाल कस्बे में जैन मुनि द्वारा एक महिला का बलात्कार (सितम्बर 1997)
- भर्तृहरि मन्दिर परिसर में बलात्कार (जुलाई-अगस्त 2000)

पुलिसकर्मियों द्वारा यौन शोषण व बलात्कार

- किशनगढ़, रैनवाल में पुलिसकर्मी द्वारा घर में घुसकर माँ-बेटी के साथ बलात्कार का प्रयास (सितम्बर 1999)
- राज्य पुलिस के वरिष्ठ पुलिस अधिकारी द्वारा अपने अधीनस्थ पुलिसकर्मी की पत्नी से बलात्कार (1997)

पिता द्वारा पुत्री का बलात्कार

- अजमेर में नाबालिग पुत्री का पिता द्वारा यौन शोषण व बलात्कार (जून 2001)।
- जयपुर में नाबालिग पुत्री का पिता द्वारा यौन शोषण व बलात्कार।
- जयपुर जिले की एक ग्रामीण बालिका का पिता द्वारा यौन शोषण व बलात्कार।

शीलभंग/बलात्कार के अन्य मामले

- जमीन की खातिर भीलवाड़ा जिले के रूपाहेली गाँव में एक महिला को चौपाल पर निर्वस्त्र किया गया (मार्च 1998)
- जयपुर शहर में एक तिब्बती युवती का अपहरण व बलात्कार (दिसम्बर 1999)
- उदयपुर में एक अनुसूचित जाति की महिला से बलात्कार का प्रयास, विरोध करने पर गुप्तांग में तेजाब डाला (दिसम्बर 1999)।

उपरोक्त मामलों में अनेक अपराधियों को तो सजा मिल चुकी है किन्तु कई पुलिस की लापरवाही से दोषमुक्त हुए हैं, या उन पर हल्का अपराध ही साबित हो पाया है। इनमें से कुछ का विवरण नीचे इसलिए दिया जा रहा है क्योंकि इन्हें लेकर स्थानीय व राज्य स्तर पर जबरदस्त संघर्ष किया गया।

बलात्कारी स्कूल मास्टर को सजा

रठांजना के एक पी.टी.आई. मास्टर शंकर सिंह स्कूल की लड़कियों का लम्बे समय तक यौन शोषण करता रहा। स्कूल की तीन लड़कियों के गर्भवती होने पर मई 97 को इस कुकर्म का भंडा फूट गया। दो केस तो उसने पैसे देकर रफा-दफा करवा दिए। तीसरी लड़की के परिजनों ने चित्तौड़गढ़ एस.पी. को एफ.आई.आर. लिखाई। जयपुर और चित्तौड़गढ़ में हुए भारी विरोध के चलते शंकर सिंह गिरफ्तार हुआ। शिक्षा विभाग ने उसे निलम्बित किया। प्रतापगढ़ सत्र न्यायालय ने शंकर सिंह को दस साल के कठोर कारावास की सजा और दो हज़ार रुपए जुर्माने की सजा सुनाई।

जनसंगठनों के सहयोग से एक स्थानीय संस्था में छात्रा का प्रसव हुआ और इसी संस्था को परवरिश के लिए बच्चे को दे दिया गया। इस बच्चे की डी.एन.ए. जाँच से

भी साबित हो गया था कि शंकर सिंह ही उस बच्चे का पिता है। राष्ट्रीय मानवाधिकार आयोग के हस्तक्षेप से पीड़ित लड़की और उसके परिवार को राज्य सरकार से एक लाख रुपए का मुआवजा मिला।

निपटारा गाँव स्तर पर

यूँ तो जाति पंचायत के फैसलों को लेकर महिला आन्दोलन में कई तरह के सवाल उठते रहे हैं। पहला तो यही कि इन पंचायतों में औरतों की कोई भागीदारी नहीं होती और दूसरा यह कि इसमें तर्कयुक्त गम्भीर फैसले नहीं दिए जाते। किन्तु यदाकदा कोई अच्छा फैसला नजर आ ही जाता है। इनमें से एक है ब्यावर के भरियाखेड़ा की एक जाति पंचायत का फैसला हम नीचे दे रहे हैं।

जाति पंचायत का अच्छा फैसला

भूरियाखेड़ा/ब्यावर। यहाँ जाति पंचायत की एक बैठक में बलात्कारियों को कड़ी सजा दी गई। प्रेम सिंह पुत्र हुकम सिंह निवासी भाड़ेता ने अपनी रिश्ते की काकी के साथ बलात्कार किया। गाँव भूरियाखेड़ा के पूनम सिंह पुत्र उदय सिंह ने रिश्ते की बहन से बलात्कार किया। सूबेदार तेज सिंह के बुलाने पर 18 सितम्बर को 24 गाँवों के पंचों की सभा हुई। पंचायत ने पूरे मामले पर सोच-विचार कर यह फैसला दिया : बलात्कारियों को पाँच साल तक समाज में उठना-बैठना, आना-जाना, चिलम-तम्बाकू, पूरी तरह बन्द। हर एक अपराधी इक्यावन हजार रुपया जुर्माना भरेगा। पूनम सिंह के पिता उदय सिंह को पाँच दिन पहले पंचायत की सूचना दे दी गई थी, पर वे सभा में नहीं आए। इस कारण उन पर भी ग्यारह हजार पाँच सौ रुपए का जुर्माना किया गया। पंचायत ने यह भी आदेश दिया कि अगले पाँच साल तक मजदूरी, खेती-बाड़ी आदि में जो भी इन लोगों का सहयोग करेगा वह समाज का दोषी होगा। उसे इक्कीस हजार रुपए जुर्माना भरना पड़ेगा। पंचायत का यह भी फैसला था कि आगे से जो यह अपराध करेगा उसे बीस साल के लिए समाज से बाहर कर दिया जाएगा और एक लाख दो हजार रुपयों का जुर्माना भरना पड़ेगा।

सितम्बर 97 में दो बड़े चर्चित बलात्कार कांड हुए। एक था जालौर जिले के भीनमाल कस्बे में जैन मुनि द्वारा उपासरे में किया गया बलात्कार। दूसरा था राजस्थान विश्वविद्यालय के जे.सी. बोस छात्रावास में एक युवती से हुआ सामूहिक बलात्कार कांड। दोनों ही बलात्कार कांड की जाँच राष्ट्रीय महिला आयोग ने की। राज्य सरकार द्वारा दोषियों को प्रश्रय दिए जाने के खिलाफ महिला संगठनों ने बड़ी चौपड़ पर चालीस दिन का एक लम्बा धरना आयोजित किया।

जे.सी. बोस छात्रावास सामूहिक बलात्कार कांड

पाँच सितम्बर को जे.सी. बोस छात्रावास में एक युवती के साथ आठ लोगों ने दिन दहाड़े सामूहिक बलात्कार किया। पचास-साठ लड़कों की मौजूदगी में कमरे के अन्दर बलात्कार होता रहा। वे सब लड़के न केवल तमाशबीन होकर इस हृदय विदारक घटना को देखते रहे वरन् युवती पर अश्लील फब्तियाँ भी कसते रहे। युवती ने अत्यन्त अपमानित अवस्था में हॉस्टल के वॉर्डन से सम्पर्क किया। उन्हें तमाम घटना की जानकारी दी किन्तु उन्होंने उसे कोई सहयोग नहीं दिया। शिक्षक दिवस समारोह में विश्वविद्यालय के कुलपति को खबर दी गई तो उन्होंने भी कुछ कार्रवाई करने की जरूरत नहीं समझी। युवती उसी अवस्था में स्वयं चलकर गांधीनगर पुलिस थाने पहुँची। थाने में युवती के परिजनों को तुरन्त बुलाकर एफ.आई.आर. दर्ज करने या डॉक्टरी जाँच करवाने की जगह पुलिसकर्मी उसे लेकर अपराधियों को खोजते फिरे। देर शाम युवती के पिता थाने पहुँचे। तब जाकर एफ.आई.आर. दर्ज हुई। थाने में युवती ने बताया कि पूर्व में भी कई सालों से उसका यौन शोषण होता रहा है। अतः दो एफ.आई.आर. दर्ज हुईं। राजस्थान के कई सक्रिय महिला समूहों से मिली सूचना के आधार पर राष्ट्रीय महिला आयोग ने इस केस की अपने स्तर पर सुनवाई की। अपनी रिपोर्ट में आयोग ने पुलिस प्रशासन और विश्वविद्यालय के अधिकारियों के दोषी पाया।

आयोग की रिपोर्ट थी कि "ज्यादातर मामलों में प्रथम सूचना रिपोर्ट, जाँच की कमी या फिर कोर्ट में सही पैरवी न हो पाने से अपराधी छूट जाते हैं। इसी कारण आयोग ने इस केस की जाँच की और नवम्बर माह की 16 तारीख को अपनी रिपोर्ट राज्य के गृह मन्त्री को सौंप दी। आयोग का मत है कि इस केस में पुलिस ने कानूनी प्रक्रियाओं का पालन नहीं किया। पीड़ित युवती के अभिभावकों को तुरन्त सूचना नहीं दी गई। युवती की डॉक्टरी जाँच तुरन्त नहीं करवाई गई। उसके कपड़े सील नहीं किए गए। युवती को पीड़ित हाल में, अभियुक्त की खोज में जगह-जगह घुमाते रहे। इस तरह की गई देरी के कारण अभियुक्तों को भागने का मौका मिल गया। सात दिन तक कोई भी गिरफ्तारी नहीं की गई। नियम कानून का पालन न करनेवाले अफसरों के खिलाफ कोई कदम नहीं उठाया गया।" आयोग ने अपनी रिपोर्ट में आगे लिखा है, "वकील सुनीता सत्यार्थी के मुख्यमन्त्री से अनुरोध करने पर मेडिकल बोर्ड बनाया गया तब जाकर नौ घंटे बाद युवती की जाँच हुई। आयोग की जाँच समिति समझ नहीं पाई कि शहर में स्त्री रोग विशेषज्ञ क्यों नहीं मिल पाई। उनका मानना है कि चिकित्सा अधिकारी भी इस केस में दोषी हैं। उन्हें भी दंड दिया जाना चाहिए।

राजस्थान सरकार या विश्वविद्यालय प्रशासन किसी ने भी इस घटना की जाँच नहीं करवाई, न वे इस घटना में शामिल युवकों को दंड ही दे पाए। छात्रावास के वार्डन द्वारा इस पूरी घटना से आँख मूँद लेने पर भी उनके खिलाफ कोई कार्यवाही नहीं की गई। उन्हें बस वार्डन के पद से हटा दिया गया। यह तो कोई दंड ही नहीं हुआ।

विश्वविद्यालय और छात्रावासों के दरवाजे अपराधियों, गैर-छात्रों के लिए खुले हुए थे। इसी कारण छात्रों, खासकर छात्राओं की सुरक्षा खतरे में पड़ गई। विश्वविद्यालय प्रशासन को ऐसी व्यवस्था करनी चाहिए कि अनचाहे लोग परिसर में न आएँ।

वाइस चांसलर का विश्वविद्यालय परिसर में न रहना, छात्रावासों का शादी और शोक सभाओं के लिए दुरुपयोग किया जाना, इन सब बातों की तरफ कभी विश्वविद्यालय के कुलाधिपति ने भी ध्यान नहीं दिया। समिति का सुझाव था कि विश्वविद्यालय प्रशासन राज्य सरकार को तुरन्त वे तरीके सुझाए जिससे विश्वविद्यालय में कानून और व्यवस्था की स्थिति में सुधार हो। समिति का कहना था कि इस घटना से विश्विद्यालय की छवि बहुत खराब हुई है। पहलेवाले वाइस चांसलर ने अपने पद का गलत उपयोग किया। इस घटना से स्त्रियों की शिक्षा को धक्का पहुँचा है। ऐसे खराब माहौल में कोई भी माँ-बाप अपने बच्चों को पढ़ने नहीं भेजना चाहेंगे। इस तरह की घटनाओं में जब तक विशेष अदालतें नहीं बनेंगी, जब तक वे लगातार केस की सुनवाई नहीं करेंगी, तब तक न्याय नहीं मिल पाएगा।

समिति का मत था कि न केवल अपराध करनेवालों बल्कि उन सभी अधिकारियों को भी दंड दिया जाना चाहिए जो सीधे या किसी न किसी रूप में इस अपराध में भागीदार रहे हैं। जब तक अपराध की इस कड़ी में जुड़े सभी लोगों पर आरोप नहीं लगेगा, उनके खिलाफ सुनवाई नहीं होगी, दंड नहीं दिया जाएगा, तब तक न्याय नहीं हो पाएगा। (उ.छ. दिस. 97)

राष्ट्रीय महिला आयोग और महिला आन्दोलन के दबाव के कारण चार महीने में पुलिस ने चालान पेश कर दिया। दोषी लोगों के वकीलों ने टालमटोल की नीति अपनाई। दो साल तक अदालत में युवती के बयान नहीं होने दिए। हर बार वे तारीखों पर तारीख लेते रहे। अर्जियों पर अर्जियाँ लगाते रहे। पिछले महीने राजस्थान उच्च न्यायालय से दखल की प्रार्थना की गई। इस पर उच्च न्यायालय ने सत्र न्यायालय को फटकारा। उन्हें निर्देश दिया कि युवती के बयान तुरन्त लिए जाएँ। इसी के बाद बीस नवम्बर से लगातार बयान लिए गए। बयानों पर बहस 'इन कैमरा' यानी बन्द कमरे में हो रहे बयानों में आठ दोषियों के अलावा आठ-दस वकील और कई पुलिसवाले अन्दर कमरे में होते। अकेली युवती इन सबके बीच बड़ी हिम्मत से पूछे गए सवालों के जवाब दे रही थी।

पिछले कई सालों से इस युवती और उसके परिवार को इस कठिन कानूनी लड़ाई से गुजरना पड़ा है। एक तरफ न्याय के लिए लड़ रहे कुछ लोगों का उन्हें साथ मिला है तो दूसरी तरफ समाज के एक वर्ग ने उन्हें कई तरह से सताया भी है। युवती की बड़ी बहन को इसी कारण तीन बार नौकरी से हाथ धोना पड़ा है फिलहाल उसने नौकरी का ख्याल ही मन से निकाल दिया है। छोटे भाई को इसी कारण अपने कई दोस्त गँवाने पड़े हैं। कुछ रिश्तेदारों ने अपनी तरह से एक दूरी बनाकर रखी है। इस सबके बाद भी यह परिवार न्याय की लड़ाई लड़ रहा है। युवती के साथ हुए अन्याय

के विरोध में डटकर खड़ा है। किसी कारण से यह युवती और परिवार अपनी पहचान जाहिर नहीं करना चाहते।

यह केस पिछले पाँच सालों से सत्र न्यायालय में विचाराधीन है। इस कांड पर कोई फैसला नहीं हुआ है। न ही विश्वविद्यालय स्तर पर उच्चतम न्यायालय के कार्यस्थल पर यौन शोषण को रोकने के लिए दिए गए दिशा-निर्देशों की अनुपालना में कोई शिकायत समिति गठित की गई है।

भीनमाल बलात्कार कांड

चार सितम्बर 1997 को जालौर जिले के भीनमाल कस्बे में जैन मुनि लोकेन्द्र विजय द्वारा उपासरे में एक महिला से बलात्कार किया गया। महिला पर एफ.आई. आर. दर्ज न करवाने का पूरा दबाव बनाया गया था किन्तु महिला अपने निर्णय पर अटल रही। बड़ी मुश्किल से छह सितम्बर को इस केस की एफ.आई.आर. दर्ज हुई। एस.पी. श्री हेमंत प्रियदर्शी ने पूछताछ के लिए इसी दिन मुनि को थाने बुलाया। आठ सितम्बर को महिला के बयान धारा 164 में दर्ज हुए। 9/10 सितम्बर की रात मुनिजी की संदिग्ध परिस्थितियों में मौत हो गई। जैन समाज ने अपना सारा आक्रोश एस.पी. पर निकाला। एस.पी. को निलम्बित करने की माँग की गई। 13 सितम्बर को समाज के दबाव में आकर मुख्यमन्त्री ने एस.पी. को निलम्बित कर दिया। इस घटना से जालौर के आसपास के इलाके में काफी असन्तोष फैल गया। पाली, जालौर और सिरोही में एस.पी. के निलम्बन के खिलाफ व्यापक प्रदर्शन हुए। सरकार ने गोलियाँ चलवाईं जिसमें एक व्यक्ति मारा गया। राजस्थान उच्च न्यायालय में जनहित याचिका दर्ज हुई तब कहीं जाकर एस.पी. का निलम्बन रद्द हुआ।

महिला को न्याय दिलाने के लिए जयपुर में महिला संगठनों का बड़ी चौपड़ पर एक महीने तक धरना चला। महिला संगठनों का जाँच दल भी भीनमाल गया। महिला आयोग की रिपोर्ट पाँच फरवरी को जारी की गई। रिपोर्ट में साफ कहा गया कि मुनि द्वारा बलात्कार करने की सम्भावना से इन्कार नहीं किया जा सकता। रिपोर्ट में एस.पी. के निलम्बन का विरोध किया। कहा गया कि सरकार किसी एक समुदाय के दबाव में आकर ऐसा निर्णय कैसे ले सकती है। रिपोर्ट में यह भी कहा गया कि धार्मिक स्थानों पर महिलाओं का शोषण कोई नई बात नहीं है।

इस कांड में एक नया मोड़ आया। महिला ने बलात्कार के समय जो पेटीकोट पहना था, उस वीर्य से सने पेटीकोट और मुनि के खून के नमूनों को जाँच के लिए हैदराबाद भेजा गया था। डी.एन.ए. जाँच की रिपोर्ट बीस फरवरी को अखबार में छप गई। रिपोर्ट में कहा गया कि पेटीकोट के वीर्य के नमूने का मुनि के शरीर से लिए खून के नमूने से मेल नहीं हुआ। समाज तो पहले ही औरत को झूठी कह रहा था। इस रिपोर्ट के बाद उसने जोर-शोर से कहना शुरू कर दिया कि मुनि ने बलात्कार नहीं

किया। महिला आन्दोलन से जुड़े संगठनों ने सन्देह व्यक्त किया कि हैदराबाद भेजे गए नमूनों में फेरबदल भी हो सकता है। जो समाज मुख्यमन्त्री पर दबाव डाल सकता है क्या वह नमूने नहीं बदलवा सकता। संगठनों का यह भी कहना था कि अदालतों में कभी केवल डॉक्टरी जाँच के आधार पर बलात्कार के केस में फैसला नहीं होता। महिला के बयान, घटना से जुड़े दूसरे सबूतों को ध्यान में रखकर ही फैसला किया जाता है।

मुनि की मृत्यु कैसे हुई इसकी जाँच के लिए राज्य सरकार ने एक जाँच आयोग गठित किया। न्यायाधीश श्री वी.एस. कोकजे इस आयोग के अध्यक्ष बने। आयोग ने जाँच शुरू की। राज्य सरकार को आदेश दिया गया कि पहले वह अपनी बात कहे। दूसरा पक्ष था बलात्कार की शिकार महिला और उसका साथ दे रहा महिला अत्याचार विरोधी जन आन्दोलन। इनकी तरफ से दो प्रमुख वकील श्री गोविन्द माथुर व महेश बोड़ा ने बहस की। जैन मुनि, जिसने बलात्कार किया, उसकी तरफ से जैन समाज व समता वाहिनी भी अपनी बात कह रहे हैं।

फरवरी 2001 तक आयोग की सुनवाई पूरी हो चुकी थी किन्तु अन्य जैन मुनियों के बयान नहीं हुए। मुनिश्री हेमेन्द्र सूरी, लेखेन्द्र विजय व उस घटना के समय मौजूद अनेक मुनि लोगों के बयान होना इसलिए बहुत जरूरी है कि उनके नाम से आयोग के सामने कुछ सबूत पेश किए गए। इन सबूतों पर मुनिजनों की राय जानना बहुत जरूरी था। खबर थी कि मुनिगण उन दिनों दक्षिण भारत में विराजे थे। आयोग द्वारा बुलाए जाने पर उन्होंने सन्देश भिजवाया कि राजस्थान में उनकी वापसी में दो साल लग जाएँगे। शायद बयानों से बचने के लिए ही मुनिजनों ने विपरीत दिशा में गमन किया था।

आयोग ने ऐसी सूरत में मुनियों के बयान को लेकर अपनी असमर्थता जताई। परेशानी यह थी कि आदरणीय मुनियों के नाम वारंट भी जारी नहीं किया जा सकता था। मुनिजन तो आ नहीं सकते थे पर आयोग तो चलकर मुनियों के पास जा ही सकता था।

इस सन्दर्भ में महिला संगठनों की उच्च न्यायालय में दर्ज याचिका के बाद मुनिजनों के बयान होने का निर्णय हुआ था। किन्तु उसके बाद से इस प्रकरण में कोई प्रगति नहीं हो पाई।

पेमाखेड़ा बलात्कार कांड

20 सितम्बर 1997 को चित्तौड़गढ़ जिले के निम्बोदा गाँव के ठाकुर महेन्द्र सिंह ने पेमाखेड़ा गाँव के निवासी नानूराम भाम्बी की 14 वर्षीया बेटी भोली के साथ दिन दहाड़े बलात्कार किया। नानूराम और उसके भाई देवीलाल ने जब विरोध किया तो महेन्द्र सिंह और उसके भाई विजय सिंह ने मिलकर दोनों की पिटाई की। नानूराम तो भाग छूटा पर देवीलाल की इस पिटाई के बाद इलाज में देरी से मौत हो गई।

बलात्कार की इस घटना के विरोध में 20 अक्टूबर 1997 को पेमाखेड़ा गाँव के मन्दिर में एक महापंचायत बुलाई गई। निम्बोदा, गुन्दारेल, रावलिया, आजोदा, धारेश्वर, पटपड़िया, लक्ष्मीपुरा, देवपुरिया, लापिया, नयाखेडा और पेमाखेडा गाँव के तीन सौ से ऊपर स्त्री-पुरुष इसमें आए। महापंचायत का आयोजन चित्तौड़गढ़ की संस्था प्रयास ने किया था। स्थानीय गाँववासियों के अलावा, जयपुर, उदयपुर और अजमेर के कई सामाजिक और राजनीतिक कार्यकर्ताओं ने भी इसमें भाग लिया। उ.छ.अक्टू 97-9

इसी सन्दर्भ में 20 नवम्बर को एक प्रतिनिधिमंडल कलैक्टर से मिला। कलैक्टर ने भरोसा दिलाया कि

1. गाँव पेमाखेड़ा में बलात्कार की शिकार बालिका व उसके ताऊ देवीलाल की हत्या के मुकदमे में पुलिस एवं मेडिकल मुआयने में कोई अनियमितता है तो दोषी अधिकारियों के खिलाफ कार्रवाई की जाएगी।
2. बलात्कार की शिकार बालिका को आर्थिक राहत दो दिन के अन्दर दे दी जाएगी। यह राशि कम से कम 15,000 रुपए होगी। मृतक देवीलाल की हत्या से सम्बन्धित प्रकरण में भी आर्थिक सहायता दी जाएगी।
3. कनेरा थाने के पुलिसकर्मी आतंक को बढ़ाने के दोषी पाए गए तो उनको तुरन्त प्रभाव से हटा दिया जाएगा। (उ.छ. दिसं 97-5)

अनुसूचित जाति, जनजाति न्यायालय प्रतापगढ़ के न्यायाधीश कुन्दनलाल यदुवंशी द्वारा दिए गए फैसले में निम्बोदा के ठाकुर महेन्द्र सिंह और विजय सिंह को आजीवन कारावास और पाँच सौ रुपए जुर्माने की सजा हुई। घटना के लगभग तीन साल बाद ठाकुरों को उनके किए की सजा मिली।

अजमेर ब्लैकमेल कांड

1992 में स्कूल-कॉलेजों की भोली-भाली लड़कियों को ब्लैकमेल करके उनका यौन शोषण करने की घटना प्रकाश में आई थी। बहुत चर्चित भी रही थी। जनवरी 1992 में जब पहली बार एक अखबार ने भोली-भाली लड़कियों के फोटो खींचकर देह शोषण का मामला छापा तो किसी ने इस ओर ध्यान तक नहीं दिया। धीरे-धीरे सच्चाई सामने आने लगी। छोटी-छोटी लड़कियों का बाहर निकलना मुश्किल हो गया। उनकी नंगी तस्वीरें खींचना, तस्वीरें दिखाकर अनजान जगहों पर बुलाना, फिर बलात्कार करना और दूसरी लड़कियों को लेकर आने का वादा लेना, यह सब अन्दर ही अन्दर चलता रहा। पुलिस ने इस केस की जाँच में बहुत ही ढीलापन बरता। घटना के छह साल बाद मई 1998 में इस कांड में दोषी लोगों के खिलाफ एक अच्छा फैसला हुआ।

ब्लैकमेल कांड के 8 अपराधियों को आजीवन कारावास की सजा सुनाई गई। जिला एवं सत्र न्यायाधीश कन्हैयालाल व्यास ने सभी आठ आरोपियों को बलात्कार के षड्यन्त्र के आरोप में दोषी माना। फैसले में पत्रकारों के साहस की प्रशंसा और पुलिस द्वारा

जाँच में छोड़ी गई कमियों का भी उल्लेख किया गया। फैसले में कहा गया कि पुलिस ने शुरू से ही इस मामले को गम्भीरता से नहीं लिया। इस कारण कई सबूत नष्ट हो गए। कई लड़कियों ने आत्महत्या कर ली। पुलिस को यह हक नहीं कि वह लड़की के चरित्र पर कीचड़ उछाले। पुलिस ने ऐसा किया है, सरकार को चाहिए वह पुलिसकर्मियों के विरुद्ध कार्रवाई करे। न्यायाधीश ने अपने फैसले में कहा है कि अश्लील फोटो खींचकर ब्लैकमेल करना ऐसा अपराध है जो पीड़ित लड़की को अन्दर तक तोड़ डालता है। न्यायाधीश ने यह भी कहा कि इन अपराधियों को ऐसी सजा दी जानी चाहिए ताकि भविष्य में ऐसा अपराध न हो। न्याय व्यवस्था में लोगों का विश्वास बना रहे, इसके लिए भी कठोर सजा जरूरी है।

सबसे पहले जिस लड़की को इसमें फँसाया गया उसे 25 हजार रुपए की राशि मुआवजे के रूप में देने का आदेश दिया गया। अभी तक 6 अपराधी फरार हैं। न्यायाधीश ने अपने आदेश में कहा कि पुलिस इन्हें तुरन्त गिरफ्तार करे।

भर्तृहरि मन्दिर परिसर में बलात्कार

अलवर जिले के जाने-माने भर्तृहरि मन्दिर में पिछले दिनों एक दिल दहला देनेवाली घटना हुई। यहाँ एक सत्रह साल की लड़की के साथ ग्यारह आदमियों ने बलात्कार किया। यह लड़की मन्दिर में दर्शन के लिए अपने भाँजों के साथ यहाँ आई थी। धर्मशाला के कमरे में रात को उसे सोते से जगाकर उसके भाँजों ने उस पर बलात्कार किया। शोर सुनकर मन्दिर के पुजारियों और छह दुकानदारों ने भी बलात्कार किया। सुबह मालाखेडा थाने में रपट दर्ज हुई तो अपराधी गिरफ्तार किए गए।

सत्रह साल की यह लड़की मंडावर तहसील के बिलासपुर गाँव की थी। पिछले साल उसका दरबारपुर गाँव में ब्याह हुआ था और वह गर्भवती थी। इस हादसे से उसे बहुत गहरा सदमा पहुँचा। अलवर के सरकारी अस्पताल में उसे भर्ती कराया गया। जयपुर से राजस्थान महिला प्रगतिशील संगठन व जनवादी महिला समिति के सदस्य इस घटना की जांच के लिए गए थे। लड़की के माता-पिता ने जाँच दल को बताया कि बिलासपुर गाँव में कहा जा रहा है कि लड़की ने गाँव और जाति की नाक कटवा दी। गाँववालों ने यहाँ तक कहा है कि लड़की और उसके पिता को गाँव में घुसते ही वे गोली मार देंगे। इस घर की दो बेटियों का ब्याह एक ही परिवार में हुआ है। पिता ने बताया कि हादसे के बाद लड़की के ससुर ने बड़ी बहन को भी ससुराल से निकाल दिया है। महिला संगठनों ने मुख्यमन्त्री को ज्ञापन दिया जिसमें तीन माँगें रखीं हैं—

- भर्तृहरि के रहनेवालों से पूछताछ करने पर पता चला कि इस मन्दिर में यह पहली घटना नहीं है। मन्दिर से जुड़े कर्मचारी शायद पहले भी ऐसे घिनौने अपराध करते रहे हैं। अतः प्रदेश के सभी धार्मिक स्थलों के नियमित कर्मचारियों के बारे में पूरी छानबीन की जाए। उनके रिकार्ड रखे जाएँ। उनके

आचरण के लिए भी जवाबदारी तय हो।

- लड़की को दी गई पाँच हजार की मुआवजा राशि बहुत कम है। इस पर मुख्यमन्त्री ने यह राशि बढ़ाकर बीस हजार रुपए करने की घोषणा की।
- लड़की के धारा 164 के बयान करवाए जाएँ। मुख्यमन्त्री के आदेश से ये बयान भी तुरन्त कराए गए।

यौन शोषण के खिलाफ एक ऐतिहासिक फैसला

भटेरी सामूहिक बलात्कार कांड को लेकर हुए आन्दोलन की एक बड़ी जीत उच्चतम न्यायालय के इस फैसले के रूप में हुई। वर्ष 1992 में राजस्थान की तीन (विशाखा महिला शिक्षा एवं शोध समिति, महिला पुनर्वास समूह समिति, राजस्थान वॉलेण्ट्री हैल्थ एसोसिएशन) व दिल्ली की दो संस्थाओं ने मिलकर यह याचिका लगाई थी। उन दिनों कार्य के दौरान कामकाजी औरतों के यौन शोषण को लेकर देशभर में बहस छिड़ी थी। 13 अगस्त 1997 में उच्चतम न्यायालय ने अपने ऐतिहासिक फैसलों में कार्यस्थल पर औरतों के यौन शोषण को मानव अधिकार का उल्लंघन माना था। न्यायालय ने अपने फैसले में कहा था : *कार्य के दौरान कामकाजी महिलाओं का यौन शोषण औरतों के साथ भेदभाव है। औरतों के मौलिक अधिकारों का हनन है और इस तरह मानव अधिकारों का उल्लंघन है। दुनिया के इतिहास में पहली बार यौन शोषण को मानव अधिकारों का उल्लंघन माना गया है। यह बहुत बड़ी बात है। न्यायालय ने कार्यस्थलों पर यौन शोषण रोकने के लिए कुछ दिशा निर्देश बनाए हैं। अपने फैसले में यह भी कहा है कि जब तक इस विषय पर संसद में कानून न बने तब तक इन निर्देशों को कानून मानकर इनका पालन करवाया जाए। न्यायालय ने सब नियोक्ताओं को आदेश दिया है कि कार्यस्थल पर औरतों का यौन शोषण रोकने के लिए वे इन दिशा निर्देशों का पालन करें।*

यौन उत्पीड़न का मतलब

न्यायालय ने यौन उत्पीड़न की परिभाषा में इन बातों को शामिल किया है :-

- शारीरिक सम्पर्क या उसकी कोशिश।
- यौन सम्पर्क के लिए दबाव या अनुरोध।
- अश्लील बात करना।
- कामुक (अश्लील) चित्र, फोटो, पोस्टर दिखाना।
- अन्य अशोभनीय शारीरिक, मौखिक या गैर मौखिक आचरण करना।

ये सब आचरण किसी औरत को अपमानजनक लग सकते हैं। औरत के लिए स्वास्थ्य और सुरक्षा की समस्या पैदा कर सकते हैं। नियोक्ताओं और जिम्मेदार

अधिकारियों को यह सुनिश्चित करना होगा कि यौन शोषण का विरोध करनेवाली औरतों को रोजगार और तरक्की में कोई नुकसान न हो।

रोकथाम

यौन उत्पीड़न को रोकने के लिए अदालत ने नियोक्ताओं और कार्यस्थल प्रभारी को निर्देश दिए हैं कि :

(क) न्यायालय द्वारा दी गई यौन शोषण की परिभाषा की सभी कार्यस्थलों पर सूचना दी जाए। इसे प्रकाशित और वितरित किया जाए। इसके बारे में अधिसूचना जारी हो।

(ख) सभी विभागों, संस्थाओं, निजी निकायों में कार्यकर्ताओं के आचरण सम्बन्धी जो नियम बने हैं उनमें यौन शोषण की रोकथाम और इस नियम को तोड़नेवालों को सजा देने की बात भी जोड़ी जाए।

(ग) सभी निजी नियोक्ताओं द्वारा औद्योगिक नियोजन (स्थायी आदेश) अधिनियम 1946 में इन नियमों को जोड़ा जाए।

(घ) महिला कार्यकर्ताओं को कार्यस्थल पर अवकाश, स्वास्थ्य और सफाई से सम्बन्धित स्थितियाँ प्रदान की जाएँ जिससे कार्यस्थल पर औरतों के प्रतिकूल माहौल न बन पाए। उन्हें यह न महसूस हो कि रोजगार के मामले में उन्हें नुकसान उठाना पड़ता है।

शिकायतें

नियोक्ताओं को अपने संस्थानों में शिकायत करने की व्यवस्था करनी चाहिए। न्यायालय ने एक शिकायत कमेटी बनाने का आदेश दिया है। समिति की अध्यक्ष एक महिला हो तथा कम से कम आधे महिला सदस्य हों। संस्थान के अन्दर के लोगों के दबाव को रोकने के लिए इस कमेटी में तीसरे पक्ष को भी शामिल किया जाए जो किसी गैर-सरकारी संगठन से सम्बन्धित हो और यौन उत्पीड़न के विषय का जानकार हो। शिकायत को गोपनीय रूप से तथा एक सुनिश्चित समय में निपटाया जाना चाहिए।

अनुशासनात्मक कार्यवाही

सेवा नियमों के अन्दर जब इस प्रकार का आचरण/दुराचरण किया जाए तो इन नियमों के अनुसार अनुशासनात्मक कार्रवाई की जाए।

जागरूकता के लिए

यौन उत्पीड़न की रोकथाम तथा सुधार के लिए उठाए गए कदमों के अलावा न्यायालय

ने इसके सम्बन्ध में जागरूकता फैलाने की आवश्यकता पर भी बल दिया है।

(1) कर्मचारियों को यौन उत्पीड़न से सम्बन्धित मामलों पर अपनी मीटिंग, अन्य मंच फोरम तथा नियोक्ता व कर्मचारियों की मीटिंग में सकारात्मक रूप से विचार विमर्श करना चाहिए।

(2) महिला कर्मचारियों के अधिकारों पर प्रकाश डालनेवाले निर्देशों की खासतौर से सूचना दी जानी चाहिए।

यौन उत्पीड़न एवं आपराधिक कानून

(क) अपराध गम्भीर हो तो नियोक्ता को कानून के अनुसार कदम उठाने चाहिए। यह देखना चाहिए कि पीड़ित महिला या अन्य गवाहों के साथ कोई भेदभाव न हो। केस की सुनवाई के दौरान पीड़ित महिला चाहे तो उसका खुद का या पीड़ित करनेवाले का तबादला किया जाना चाहिए।

(ख) कार्यस्थल पर यौन शोषण करनेवाला कोई बाहरी आदमी हो तो नियोक्ता को वे सभी कदम उठाने चाहिए जिनसे पीड़ित महिला को सहारा मिल सके।

न्यायालय ने यह भी निर्देश दिया है कि राज्य सरकारें इस आदेश को सार्वजनिक (सरकारी) नियोक्ताओं के द्वारा भी लागू करवाने के उपाय करें। कानून के लिए भी यह बाध्यकारी (अनिवार्य) तथा लागू हो।

इस फैसले से अब पीड़ित महिला को थाने जाने की जरूरत नहीं है। संस्था के स्तर पर सुनवाई और सजा देने की सुविधा अब उन्हें मिल गई है।

किन औरतों को लाभ मिल सकता है

वेतन, मानदेय लेकर काम करनेवाली या स्वयंसेवक के रूप में बिना पैसे काम करनेवाली औरतों को इस फैसले का लाभ मिल सकता है। सरकारी विभागों, निजी कम्पनियों, असंगठित क्षेत्र, खाली मजूरी करनेवाली हर महिला के लिए यह कानून बनाया गया है।

महिलाएँ क्या करें

आप सरकार या अपने विभाग में अपनी कमजोरी या लाचारी के खिलाफ कोई विशेष संरक्षण नहीं माँग रही हैं। आजादी और सम्मान से जीना आपका मानव अधिकार है और इसमें रुकावट पैदा करनेवाले को रोकना और सजा देना राज्य, सरकार और आपके नियोक्ता की जिम्मेदारी है। इस अधिकार की रक्षा के लिए सबसे पहले अपने विभाग, दफ्तर के बड़े अधिकारी और महिला सहकर्मी या ठेकेदार को इस कानून के बारे में बताएँ। औरतों को भी इस कानून के बारे में बताएँ। उनके साथ मिलकर एक

अर्जी लिखकर माँग करें कि यौन शोषण रोकने के लिए वे कदम उठाएँ और शिकायत कमेटी बनाएँ। इस कानून का अधिक से अधिक प्रचार-प्रसार करें। अन्य स्थलों पर जहाँ आपकी नाबालिग बेटियों को जाना होता है जैसे स्कूल, अनौपचारिक केन्द्रों, अस्पतालों में भी इस तरह की समिति बनवाने का, मिलकर प्रयास करें।

इस फैसले की विषय वस्तु पर स्थानीय अखबारों में बहुत कम लिखा गया है। महिला समूहों ने अपने स्तर पर ही अनेक बैठकों के द्वारा इस फैसले का प्रचार किया। राज्य सरकार से अनेक अवसरों पर इस फैसले को लागू करने की माँग की गई किन्तु सरकार द्वारा इस फैसले के करीब तीन साल बाद वर्ष 2000 में आधा-अधूरा सा आदेश जारी हुआ। इसी वर्ष के नवम्बर माह में उद्योग विभाग द्वारा एक अन्य आदेश जारी हुआ।

परिपत्र I
राजस्थान सरकार
कार्मिक (क-3) विभाग

क्रमांक : प.9(2)(59) कार्मिक/क-3/97-1 *जयपुर, दिनांक—14 जून 2000*

अधिसूचना

भारत के संविधान के अनुच्छेद 309 के परन्तुक द्वारा प्रदत्त शक्तियों का प्रयोग करते हुए, राजस्थान के राज्यपाल, राजस्थान सिविल सेवाएँ (आचरण) नियम, 1971 में और संशोधन करने के लिए, इसके द्वारा, निम्नलिखित नियम बनाते हैं, अर्थात :

1. (i) इन नियमों का नाम राजस्थान सिविल सेवाएँ (आचरण) (संशोधन) नियम, 2000 है।
(ii) ये राजपत्र में इनके प्रकाशन की तारीख से प्रवृत्त होंगे। राजस्थान सिविल सेवाएँ (आचरण) नियम, 1971 में, नियम 25-क के पश्चात् निम्नलिखित नया नियम 25-कक जोड़ा जाएगा, अर्थात :
25 कक, कार्यरत महिलाओं के यौन उत्पीड़न का प्रतिषेध—

(1) कोई सरकारी कर्मचारी किसी महिला के साथ उसके कार्यस्थल पर यौन उत्पीड़न के किसी कृत्य में लिप्त नहीं होगा।

(2) प्रत्येक सरकारी कर्मचारी जो किसी कार्यस्थल का प्रभारी है, उसके प्रसंज्ञान में आने पर ऐसे कार्यस्थल पर किसी महिला को यौन उत्पीड़न से बचाने के लिए समुचित कदम उठायेगा।
स्पष्टीकरण—इस नियम के प्रयोजन के लिए 'यौन उत्पीड़न' में ऐसा अवांछनीय यौन सम्बन्धी नियत व्यवहार चाहे प्रत्यक्षतः हो या अन्यथा, सम्मिलित हैं, जैसे—
(क) शारीरिक सम्पर्क और अग्रसरता;
(ख) यौन सम्बन्धों की सहमति की माँग या उसके लिए अनुरोध;
(ग) यौन सम्बन्धी फब्तियाँ;

(घ) कोई अश्लील साहित्य दिखाना या;

(ड़) यौन प्रकृति का कोई अन्य अवांछनीय शारीरिक, मौखिक या क्रियात्मक व्यवहार।

राज्यपाल के आदेश से

(एस.एन. शर्मा)
शासन उप सचिव

•••

परिपत्र II
राजस्थान सरकार
श्रम विभाग

क्रमांक प.1(18)अनि/97 दिनांक : 25.11.2000

परिपत्र

कार्यस्थलों पर महिलाओं को गरिमापूर्वक कार्य करने का अवसर देने, संवैधानिक अधिकारों की गारन्टी प्रदान करने एवं महिलाओं के यौन उत्पीड़न को समाप्त करने के उद्देश्य से माननीय सर्वोच्च न्यायालय द्वारा विशाखा एवं अन्य तथा राजस्थान सरकार व अन्य के मामले में दिनांक 13.08.1997 को एक महत्त्वपूर्ण निर्णय पारित करते हुए केन्द्र व राज्य सरकारों को दिशा-निर्देश जारी कर उनकी अनुपालना सुनिश्चित करने के निर्देश प्रदान किए गए हैं।

इन दिशा-निर्देशों की अनुपालना का दायित्व सार्वजनिक एवं निजी क्षेत्र के सभी नियोजकों, जिनमें दुकान एवं वाणिज्यिक संस्थान के नियोजक भी सम्मिलित हैं, का भी है क्योंकि इन कार्यस्थलों पर महिलाओं को नियोजित किया जाता है।

अतः माननीय सर्वोच्च न्यायालय के निर्णय की अनुपालना सुनिश्चित करने हेतु निम्नलिखित दिशा-निर्देश जारी किए जाते हैं :

1. सभी कार्यस्थलों पर एक नोटिस प्रदर्शित किया जाएगा जिसमें महिलाओं के प्रति अवांछनीय एवं अशोभनीय अश्लील व्यवहार जिसमें अश्लील इशारेबाजी एवं शब्दावली का प्रयोग भी सम्मिलित है को गम्भीर दुराचरण मानते हुए निषिद्ध करने का उल्लेख किया जाएगा तथा ऐसे कृत्य कारित होते पाए जाने की स्थिति में सम्बन्धित कर्मचारी के विरुद्ध अनुशासनात्मक कार्यवाही की जाएगी।
2. सम्बन्धित संस्थान के नियोजक का यह दायित्व भी होगा कि किसी महिला कर्मचारी द्वारा ऐसे मामलों की शिकायत किए जाने पर दोषी कर्मचारी के विरुद्ध सम्बन्धित पुलिस थाने में शिकायत दर्ज कराकर आपराधिक कार्यवाही प्रारम्भ करेगा। साथ ही शिकायतकर्ता महिला को नौकरी, जीवन एवं अवसरों की सुरक्षा का दायित्व भी सम्बन्धित नियोजक का होगा ताकि महिला कर्मचारी सुरक्षा व गरिमा के वातावरण में कार्य कर सकें।

3. *ऐसे औद्योगिक संस्थान जिनमें 100 अथवा अधिक श्रमिक नियोजित हैं तथा जिन पर औद्योगिक नियोजन स्थायी आदेश अधिनियम, 1946 के प्रावधान लागू होते हैं, इन संस्थानों के लिए बने स्थायी आदेशों में महिला कर्मचारियों के प्रति पैरा 1 में वर्णित आचरण को दुराचरण माना जाएगा एवं इसके लिए एकांतिक जाँच कार्यवाही लागू की जाकर दोषी कर्मचारी के विरुद्ध अनुशासनिक कार्यवाही की जाएगी। उक्त प्रावधान समस्त स्थायी आदेशों में स्वतः प्रभावी माना जाएगा एवं इसके लिए किसी संशोधन की आवश्यकता नहीं होगी।*
4. *औद्योगिक नियोजन स्थायी आदेश अधिनियम 1946 से अधिशासित होनेवाले संस्थानों में ऐसे मामलों में शिकायत निवारण की प्रभावी प्रक्रिया कारखाना प्रबन्धक की अध्यक्षता में विकसित की जाए जिसमें कार्मिक प्रबन्धक भी सम्मिलित होंगे। उक्त शिकायत निवारण प्रक्रिया की कार्यवाही माननीय सर्वोच्च न्यायालय के निर्णय में वर्णित दिशा निर्देशों के अनुसार होगी।*
5. *श्रम विभाग एवं कारखाना व बॉयलर्स विभाग के क्षेत्रीय अधिकारियों एवं निरीक्षकों का यह दायित्व होगा कि वे संस्थानों के निरीक्षण के दौरान उपरोक्त निर्देशों की अनुपालना को सुनिश्चित करेंगे।*

परिपत्र में वर्णित निर्देशों की अनुपालना को सर्वोपरि प्राथमिकता प्रदान की जावे।

(बि.बि. महन्ति)
शासन सचिव
श्रम एवं नियोजन

राजस्थान सरकार ने कामकाजी औरतों का कार्यस्थल पर यौन शोषण रोकने के लिए नियम बना दिए हैं। राज्य के कार्मिक विभाग मन्त्री बी.डी.कल्ला का कहना है कि महिला संगठनों की माँग पर यह नियम बने हैं। यद्यपि इससे पहले महिला बाल विकास विभाग की तरफ से राज्य के सब विभागों को जारी हुए प्रपत्र में इस फैसले को लागू करने को कहा गया था। जिला महिला विकास अभिकरणों के सहयोग से कलैक्टर की अध्यक्षता में जिला महिला सहायता समितियाँ भी बनाई गईं किन्तु यह सब केवल नाम के वास्ते ही हुआ। वास्तविकता तो यह है कि तमाम प्रयासों के बावजूद वर्ष 2001 तक राज्य सरकार के विभागों में इस फैसले का क्रियान्वयन नहीं हो रहा था। राज्य में कार्यस्थल पर यौन शोषण के अनेक मामले उठ रहे थे किन्तु सभी विभाग इन मामलों को परम्परागत रूप से ही निपटा रहे थे।

उच्चतम न्यायालय द्वारा इस कानून की समीक्षा

वर्ष 2001 में मुम्बई की मेधा कोतवाल केस के सन्दर्भ में उच्चतम न्यायालय का ध्यान फिर से अपने इस फैसले की तरफ गया। उच्चतम न्यायालय ने राज्य सरकारों से पूछा कि वे इस फैसले को कैसे लागू कर रही हैं। उच्चतम न्यायालय के सामने विचारणीय

विषय थे :

- राज्य सरकारों ने अदालत के फैसले को लागू करने के लिए क्या कदम उठाए हैं। यदि फैसला लागू नहीं हो पाया है तो क्या कमजोरियाँ हैं। उच्चतम न्यायालय राज्य सरकारों को एक निश्चित समय में इन कमजोरियों को दूर करने को भी कह सकता है।
- राज्य सरकारों, निजी कम्पनियों के मालिकों को और किस तरह के दिशा-निर्देश देने की जरूरत है ताकि कार्यस्थल पर औरतों के यौन शोषण को रोका जा सके।

उच्चतम न्यायालय के इन सवालों के जवाब में 24 राज्यों ने अपने उत्तर भेजे। कई सरकारों ने बड़ा गोलमोल-सा जवाब भेजा। राजस्थान सरकार के जवाब में कहा गया कि : दिशा-निर्देशों के व्यापक प्रचार-प्रसार के लिए पर्चे छापकर बाँटे गए। सभी सम्बन्धित पुलिस व प्रशासनिक अधिकारियों को इन्हें लागू करने, कर्मचारियों को इनके बारे में संवेदनशील बनाने के आदेश दे दिए गए हैं। जिला कलैक्टर की अध्यक्षता में जिला सहायता समितियाँ बनाई गई हैं। इन समितियों के सदस्य, पुलिस अधीक्षक और जिला जज भी हैं। पीड़ित महिलाओं को परामर्श और सुरक्षा हेतु सामाजिक सुरक्षा कोष बनाया गया है। राज्य स्तर पर सचिव महिला बाल विकास की अध्यक्षता में बनी समिति, जिला समितियों के काम पर नजर रखती है। राज्य में 1999 से राज्य महिला आयोग का गठन हुआ है। आयोग महिलाओं के हितों और अधिकारों की रक्षा के लिए बनाया गया है। कामकाजी महिलाओं के यौन शोषण को रोकने के लिए राज्य के सेवा नियमों में जरूरी बदलाव किया गया है। श्रम विभाग एवं उद्योग विकास निगम ने आदेश जारी किए हैं ताकि औरतें सरकारी और निजी क्षेत्रों में सम्मान से काम कर सकें।

राज्य सरकार के जवाब की क्रमवार समीक्षा करें तो पता चलता है कि दिशा-निर्देशों के प्रचार-प्रसार की आज तक कोई व्यवस्था नहीं की गई है। न तो अखबारों या दूरसंचार माध्यमों से इस विषय पर कोई विज्ञापन छप रहे हैं न ही कोई सशक्त कार्यक्रम प्रसारित होते नजर आए हैं। दफ्तरों में या अन्य सार्वजनिक स्थानों पर इन दिशा-निर्देशों के पोस्टर आदि भी नजर नहीं आते हैं। अनेक सरकारी विभागों के अधिकारियों और कर्मचारियों को इन दिशा-निर्देशों की कोई जानकारी नहीं है। सच तो यह है कि प्रचार-प्रसार का काम केवल नाम के वास्ते किया गया है।

पुलिस विभाग की संवेदनशीलता का हाल तो ये है कि अत्याचार के हर मामले की तरह कामकाजी औरतों पर यौन शोषण के मामले भी बिना किसी दबाव के थानों में दर्ज ही नहीं होते। सीकर की नर्स रेखा यादव, उदयपुर और सिरोही जिले की दो शिक्षिकाएँ, झालावाड़ की नर्स उषा नागर और खुद महिला मजिस्ट्रेट सुशीला नागर के मामले भी किसी जन प्रतिनिधि या महिला संगठनों के दबाव में आकर ही दर्ज किए गए। राज्य की न्यायपालिका से लेकर किसी भी सरकारी विभाग में कार्यस्थल पर यौन शोषण की सुनवाई के लिए समितियाँ गठित नहीं की गई। न्यायपालिका में ही तीन मामले महिला कर्मियों के यौन शोषण के उजागर हुए हैं। इन तीनों में एक अनुसूचित

जाति की महिला मजिस्ट्रेट के यौन शोषण का मामला भी शामिल है। तीनों ही केसों में महिला संगठनों को भारी दबाव बनाना पड़ा।

आश्चर्य तो इस बात पर होता है जब उच्च न्यायालय के तत्कालीन मुख्य न्यायाधीश ने महिला संगठनों के प्रतिनिधिमंडल से पहले तो कहा कि उन्हें ऐसे किसी फैसले की जानकारी ही नहीं है। फिर महिलाओं से ही पूछा कि "क्या उच्चतम न्यायालय का ये फैसला हम पर भी लागू होता है।" पुलिस और अदालतों की असंवेदनशीलता के चलते पीड़ित महिलाओं को समझा दिया जाता है कि उनके केस में कोई दम नहीं। मजबूर होकर उन्हें शोषणकर्ताओं से समझौता करना पड़ता है। किसी भी केस में थाने में रिपोर्ट नियोक्ता द्वारा दर्ज करवाई गई हो ऐसा हमारी जानकारी में नहीं है। स्कूल, कॉलेज और यूनिवर्सिटी में सहपाठियों और मास्टरों द्वारा यौन शोषण के मामले प्रकाश में आए हैं। इन संस्थानों में छात्राओं को इस दिशा निर्देश का लाभ मिल सकता है या नहीं इस बात को लेकर बहुत अस्पष्टता है। छात्राओं, अस्पताल में इलाज करवा रही महिला मरीजों पर यह कानून लागू होता है या नहीं, स्पष्ट किया जाना जरूरी है। शिक्षण संस्थाओं में कोई शिकायत समिति भी नहीं बनी है। पंचायतीराज के तहत चुनी गईं महिला जनप्रतिनिधियों के बारे में भी यही अस्पष्टता बनी हुई है।

राज्य सरकार ने जिन जिला महिला सहायता समितियों की बात की है वे औरतों पर होनेवाले हर किस्म के अन्याय के सन्दर्भ में गठित की गई हैं। इनका स्वरूप भी उच्चतम न्यायालय के दिशा- निर्देशों के अनुरूप नहीं। कारण कि न तो ये नियोक्ता के स्तर पर बनी हैं, न इनकी अध्यक्ष कोई महिला है। दूसरी बात ये कि इन समितियों में गैर सरकारी महिला प्रतिनिधियों की भागीदारी नगण्य हैं। वर्तमान में ये समितियाँ भी निष्क्रिय पड़ी हैं। राज्य महिला आयोग का कानून बहुत मजबूत है लेकिन इसमें नियुक्तियाँ राजनीतिक हो रही हैं। आयोग की अध्यक्ष खुद को सरकारी विभाग के विस्तार के रूप में देखती हैं।

विश्वस्त सूत्रों से पता चला है कि मई 99 से 20 मई 2000 के बीच आयोग में कार्यस्थल पर यौन शोषण के 14 केस दर्ज हुए। इनमें से मात्र चार केसों में ही आरोपी के खिलाफ कोई कार्रवाई की जा सकी। बाकी दस केस अभी तक पड़े हैं। पुलिस और प्रशासन अपने को आयोग के प्रति जवाबदेह नहीं मानते। एक बड़ी बात यह भी देखने को मिली है कि किसी भी केस के हवाले से आयोग ने सरकारी विभागों में शिकायत समिति गठित करने या उच्चतम न्यायालय के दिशा-निर्देशों की पालना के कोई आदेश अब तक नहीं दिए हैं। ये सच है कि राज्य सरकार ने कार्यस्थल पर यौन शोषण को लेकर आदेश जारी किए हैं लेकिन इन आदेशों में शिकायत समिति बनाए जाने की बात कहीं नहीं है। इन शिकायतों का निपटारा कितने समय में हो यह भी कहीं लिखा नहीं गया है। निर्देशों को लागू नहीं करनेवाले विभागों को क्या दंड दिया जएगा, इस बात का भी कहीं उल्लेख नहीं है। जो भी कदम राज्य सरकार ने उठाए हैं, वे केवल अपनी खाल बचाने को ही उठाए हैं। कई अन्य राज्यों का भी यही हाल है।

बलात्कार कानून में अपेक्षित बदलाव हेतु सुझाव

वर्ष 1998-99 में राष्ट्रीय महिला आयोग की पहल पर बलात्कार कानून की समीक्षा की गई ताकि इस कानून की प्रभाविता पर विस्तार से विचार किया जा सके और अपेक्षित बदलावों पर राष्ट्रव्यापी बहस शुरू हो सके। जयपुर में विकास अध्ययन संस्थान की पहल पर 11 फरवरी 1999 को इस विषय पर एकदिवसीय बैठक आयोजित की गई। इस बैठक में राजस्थान न्यायपालिका, पुलिस व चिकित्सा एवं स्वास्थ्य विभाग, अनेक सक्रिय महिला कार्यकर्ताओं, शोधकर्ताओं, महिला समूहों की प्रतिनिधि और स्वैच्छिक संस्था की प्रतिनिधियों ने भाग लिया। इस कानून के जिन कानूनी, प्रक्रियात्मक व सामाजिक पहलुओं पर विचार होना था उनके आधार पर इस कार्यशाला में निम्न प्रस्ताव एवं सुझाव दिए गए :

प्रथम सत्र

- सहमति की आयु के सम्बन्ध में सुझाया गया कि यहाँ 12 व 15 वर्ष हटाया जाए। आयु के विषय पर आम सहमति बनने से पूर्व चर्चा करने की आवश्यकता है (यह आयु सम्भवतः 16 या 18 वर्ष की हो सकती है) भाग 155(4) में से अभियोजिका के अनैतिक चरित्र का उल्लेख करनेवाला हिस्सा हटाया जाए।
- जाँच तथा सुनवाई की समय सीमा छह माह की हो। (On a day to day basis ?)
- बलात्कार की परिभाषा बदली जाए खासकर बालिकाओं के सन्दर्भ में। यौनांग का किसी भी प्रकार का स्पर्श बलात्कार माना जाए। समूह में इस सम्बन्ध में सम्पूर्ण सहमति नहीं है।
- कौटुम्बिक व्यभिचार (इन्सेस्ट) तथा बालिका बलात्कार को बलात्कार तथा दंड की विशेष श्रेणी में रखा जाए।
- एक अर्से तक लगातार यौन शोषण की भी अलग श्रेणी हो।
- बालिकाओं के बलात्कार के मामलों की जाँच व सुनवाई की समीक्षा हो। 'इन कैमरा' सुनवाई के दौरान अदालत में पीड़िता के साथ उसके अभिभावक/या सामाजिक संगठन के प्रतिनिधि की उपस्थिति सुनिश्चित की जाए। इन मामलों में जाँच की विशेष संहिता बनाई जाए।
- बलात्कार के मामलों से निपटने के लिए विशेष जाँच दल हों। जाँच प्रक्रिया के दौरान महिलाओं तथा/या सामाजिक संगठनों के प्रतिनिधियों की मौजूदगी सुनिश्चित की जाए। अग्रिम जमानत का प्रावधान समाप्त किए जाए।

द्वितीय सत्र

- प्राथमिकी (एफ.आई.आर.) दर्ज करवाने में होनेवाले विलम्ब को जागरूकता

अभियानों द्वारा जन सामान्य में जागरूकता पैदा कर कम किया जा सकता है। क्योंकि तब ही लोग समझेंगे कि पुलिस में शिकायत देर से दर्ज करवाने के नतीजे कितने घातक हो सकते हैं। कई पीड़िताएँ कम उम्र की (10 से 16 वर्ष) होती हैं, यह जानकारी स्कूली स्तर तक पहुँचाने की भी जरूरत है। इस अभियान में गैर-सरकारी संगठनों को जोड़ना फायदेमन्द होगा।

- पुलिस बल भी पुरुष प्रधान है, वहाँ जेण्डर पूर्वाग्रहों का बोलबाला है, अतः पुलिस व्यवस्था के हर स्तर में महिलाओं का प्रतिनिधित्व बढ़ना चाहिए तथा सभी मुख्य शहरों में महिला पुलिस थाने होने चाहिए।
- सभी बलात्कार के मामलों को ऐसे जघन्य अपराध मानना चाहिए जैसे विशेष रिपोर्ट (एस.आर.) वाले मामले माने जाते हैं। उनकी जाँच एस.एच.ओ. से निचले स्तर के अधिकारी द्वारा नहीं की जानी चाहिए तथा जाँच एक निश्चित समय अवधि में पूर्ण होनी चाहिए।
- जाँच अधिकारी को यह शक्ति दी जानी चाहिए कि वह मेडिकल जाँच के लिए मेडिकल बोर्ड की सेवाएँ बिना किसी अन्य एजेंसी के प्राप्त करे। मेडिकल बोर्ड के लिए यह अनिवार्य हो कि वह तत्काल अपनी रिपोर्ट दे। रिपोर्ट में विलम्ब को न्याय प्रक्रिया में बाधक मानना चाहिए तथा इसके लिए स्वतः ही दंड देने का प्रावधान होना चाहिए।
- दंड प्रक्रिया संहिता की धारा 164 के तहत बयान की कठिन प्रक्रिया को हटा कर यह प्रावधान किया जाना चाहिए कि जाँच एजेंसी के अनुरोध करने पर कोई भी निर्दिष्ट अथवा लिंक मैजिस्ट्रेट अनिवार्य रूप से बयान ले। इस तरह दर्ज किए गए बयान की प्रति तत्काल पुलिस को उपलब्ध करवाई जानी चाहिए।
- आरोपी के लिए जाँच एजेंसी के समक्ष अपना बचाव पक्ष रखना अनिवार्य होना चाहिए। अगर वह इस वक्त बचाव प्रस्तुत नहीं करता है तो बाद में सुनवाई के दौरान इस प्रकार का घात-बचाव (एम्बुश डिफेंस) की अनुमति नहीं दी जानी चाहिए।
- विशेषज्ञों की रिपोर्ट प्रस्तुत करने की समय सीमा होनी चाहिए तथा डी.एन.ए. परीक्षण जैसी जाँचों की सुविधा सर्वसुलभ बनाई जानी चाहिए।
- जाँच तथा सुनवाई में विलम्ब होने पर विलम्ब करनेवालों की जिम्मेदारी तय की जानी चाहिए तथा ऐसा करनेवालों को दंडित करना चाहिए।
- इलैक्ट्रॉनिक तथा स्क्रीन द्वारा पहचान का प्रावधान होना चाहिए ताकि आरोपी के समक्ष पहचानकर्ता को झिझक या डर न लगे।

तृतीय सत्र

- बलात्कार के मामलों में चिकित्सकीय जाँच का भाग अपर्याप्त है। इसमें महिला/बालिका की स्थिति, विभिन्न प्रकार के दर्द, जंघा में दर्द आदि पर टिप्पणियाँ शामिल नहीं की गई हैं। साथ ही पीड़िता की मानसिक स्थिति को भी छोड़ दिया गया है।
- चिकित्सकीय जाँच रिपोर्ट का उपयोग अस्पष्ट है। कभी इसे बलात्कार की पुष्टि करनेवाला सबूत माना गया है तो कहीं समर्थक सबूत। यह स्पष्ट किया जाना चाहिए।
- बालिका के जननांग पर लगी चोटों को कानूनी शब्दों में 'गम्भीर' की श्रेणी में रखा जाना चाहिए। अगर पीड़िता के कपड़े चिकित्सक या पुलिस परीक्षण के लिए जब्त करते हैं तो उसे वैकल्पिक वस्त्र देने के प्रावधान का उल्लेख होना चाहिए।
- परीक्षण के लिए गए योनि स्वैब/खून आदि के दो-दो नमूने लेकर उन्हें सील बन्द कर, दो अलग-अलग एजेंसियों के पास भावी परीक्षणों के लिए सुरक्षित रखा जाना चाहिए।
- चिकित्सकीय प्रमाणों के उपयोग तथा उसका अर्थ निकालने के लिए चिकित्सकों, मेडिकल, छात्रों, विशेष पुलिस दस्तों तथा न्यायिककार्मिकों को प्रशिक्षित करना चाहिए।
- मेडिकल छात्रों को भी इस विषय में जानकारी के स्रोत उपलब्ध होने चाहिए। अस्पतालों में बलात्कार के मामलों की जाँच के लिए प्रशिक्षित दल होने चाहिए।
- जो चिकित्सक बलात्कार पीड़िताओं की जाँच करें तथा अदालत में अपना बयान दें, उनकी सुरक्षा के प्रबन्ध किए जाने चाहिए।
- सभी जिला स्तरीय अस्पतालों को पीड़िताओं की जाँच के सम्पूर्ण किट उपलब्ध करवाने चाहिए। सम्मति की आयु या वयस्कता की उम्र 18 वर्ष तय की जानी चाहिए क्योंकि 15 से 17 वर्ष की उम्र में किशोरियों की हड्डियाँ लचीली होती हैं और उस वक्त आयु तय कर पाना कठिन होता है। इससे आयु के सम्बन्ध में जो भ्रम हैं वे खत्म हो सकेंगे।

कार्यस्थल पर यौन-शोषण : बढ़ते हादसे

उच्चतम न्यायालय द्वारा कार्यस्थल पर औरतों के यौन शोषण के खिलाफ दिए गए दिशा-निर्देशों को लेकर पहले तो अनेक सरकारी विभागों का कहना था कि हमारे यहाँ तो ऐसी घटनाएँ होती ही नहीं। फिर यह कहना शुरू हुआ कि हमारे विभाग में दिए गए प्रावधानों के तहत ही हम इनसे निबटते हैं। राजस्थान उच्च न्यायालय के एक न्यायाधीश ने पूछा कि क्या हम पर भी यह नियम लागू होता है। इसी बीच जिन औरतों

ने कार्यस्थल पर हो रहे यौन शोषण की बात उठाई या तो उन्हें जयपुर स्थित संस्थाओं, अखबारों, विधानसभा में सवाल उठने से अपने केस में मदद मिली, या फिर उन्हें यौन शोषणकर्ताओं से समझौता करने को मजबूर होना पड़ा। कुछ को तो अपनी नौकरी तक से हाथ धोना पड़ा। अक्सर देखा गया कि शिकायत के बाद इन महिलाकर्मियों को ज्यादा परेशान किया जाने लगा।

विकास अध्ययन संस्थान जयपुर द्वारा वर्ष 2000 में इस विषय पर किए गए एक अध्ययन में यह बात निकलकर आई कि सरकारी दफ्तरों में जहाँ एक ओर यह दावा किया जा रहा है कि शिकायत समिति बना दी गई हैं वहीं पुरुष और महिलाकर्मियों को इन समितियों के बारे में कुछ पता नहीं था। यह भी बताया गया कि नौजवान लड़कियाँ और निचले स्तर की महिलाकर्मी यौन शोषण की ज्यादा शिकार होती हैं। यौन शोषण के इस अध्ययन के प्रस्तुतिकरण के दौरान यह बात भी निकलकर आई कि शिकायत समितियों में स्वैच्छिक संस्थाओं के प्रतिनिधियों को रखे जाने को लेकर विभागों/शिक्षण संस्थाओं में सबसे ज्यादा परेशानी है। इस पर राज्य महिला आयोग की सदस्य सचिव ने बताया कि उन्हें सूचना है कि 65 सरकारी विभागों में शिकायत समितियाँ बन गई हैं। वे पता करेंगी और अगर यह समितियाँ उच्चतम न्यायालय के दिशा-निर्देशों के अनुरूप नहीं बनाई गई हैं तो इन विभागों से इनमें अपेक्षित बदलाव करने को कहा जाएगा।

कार्यस्थल पर यौन शोषण की समीक्षा के दौरान महिला अत्याचार विरोधी जन आन्दोलन से वर्ष 1999 से अब तक राज्य स्तर पर निम्न महत्त्वपूर्ण मामलों में मदद माँगी गई है :

1. न्यायपालिका में उठाए गए कार्य-स्थल पर यौन शोषण के मामले	महिला कर्मचारी 2	महिला मजिस्ट्रेट 1
2. पुलिस विभाग	महिला पुलिसकर्मी 2	
3. चिकित्सा एवं स्वास्थ्य विभाग	रेखा यादव	
4. महिला शिक्षक/शिक्षा विभाग	1	

(1) मजिस्ट्रेट पर यौन शोषण का आरोप

ए.सी.जे.एम. कोर्ट की एक महिला कर्मचारी के साथ खुद मजिस्ट्रेट ने बदतमीजी की। प्रतापगढ़ चित्तौड़गढ़ की आशालता उस समय इस कोर्ट में आशुलिपिक के पद पर काम कर रही थी। मजिस्ट्रेट अशोक जैन पहले भी कई बार उसे देर शाम तक काम के बहाने से रोक लिया करता था। उसकी बुरी नजर आशा ने महसूस की थी। सात अप्रैल 98 को अशोक बेशर्मी पर उतर आया। उसने आशा के साथ बदसलूकी की। साथ ही धमकाया कि किसी से कहा तो तुम्हें नौकरी से निकलवा दिया जाएगा। आशा सीकर जिले की

रहनेवाली है। घर की अकेली कमानेवाली सदस्य। नए शहर में अकेली रहती थी और नौकरी करती थी। वह इस धमकी से बेहद डर गई। इसी कारण अवकाश लेकर घर चली गई। इसी दौरान जून 98 में उसका तबादला चित्तौड़गढ़ कर दिया गया। फिर छोटी सादड़ी में तबादला कर दिया गया। इसी घटना को लेकर एक अन्य न्यायिक कर्मचारी ने तीस नवम्बर को आत्मदाह का प्रयास किया। उसका कहना था कि आशा की घटना का वह अकेला गवाह था। इसलिए उसे लगातार डराया-धमकाया जा रहा था।

स्थानीय संस्था और जयपुर में हुए प्रयासों के चलते मजिस्ट्रेट अशोक जैन को निलम्बित कर दिया गया। उनके खिलाफ सेवा नियमों के तहत 16 सी.सी. की कार्रवाई की गई। अशोक जैन पर लगे आरोप को विभागीय जाँच में साबित पाया गया है। इसीलिए जोधपुर उच्च न्यायालय के अधिकारी रजिस्ट्रार, विजिलेन्स ने यह आदेश जारी किए। इस सबके बावजूद आशालता-जैन के केस में अब तक उसके बयान नहीं लिए गए हैं।

(2) मजिस्ट्रेट पर यौन शोषण का आरोप

झालावाड़ जिला एवं सत्र न्यायाधीश अशोक शर्मा ने अपने अधीन काम करनेवाली कर्मचारी सन्ध्या भारद्वाज के साथ बलात्कार का प्रयास किया। सन्ध्या ने दस अगस्त को जयपुर में आयोजित पत्रकार सम्मेलन में जज के इस काले कारनामे को उजागर किया। राज्य के महिला और मानव अधिकार संगठनों ने इस कांड की कड़ी निन्दा की। सन्ध्या ने बताया कि उन्तीस अप्रैल 1999 को उसके साथ अशोक शर्मा ने पहली बार बलात्कार का प्रयास किया। अपनी पत्नी से फोन करवाके उसने सन्ध्या को अपने घर बुलवाया और फिर पत्नी को कहीं बाहर भेज दिया। सन्ध्या ने अगले ही दिन इस घटना की शिकायत कर्मचारी संगठन के पदाधिकारी से लिखित में की। जज ने अगले दिन दिखाने के लिए सन्ध्या से उसके पति के सामने माफी माँग ली। लेकिन अगले ही दिन से उसे परेशान करना शुरू कर दिया। आठ बार झालावाड़ के विभिन्न न्यायालयों में उसका तबादला किया। आखिर में वे यह भी भूल गए कि सन्ध्या महिला कर्मचारी है। उसकी कुर्सी-मेज उन्होंने अपनी कोठरी में लगवा ली। अब वे हर रोज सन्ध्या के साथ अश्लील हरकतें करते थे। सन्ध्या अपने साथियों से शिकायत करती पर वे सब भी लाचार थे।

सन्ध्या ने इस पर भी जब घुटने नहीं टेके तो जज ने पुलिस के साथ साँठ-गाँठ कर उसे यातनाएँ दिलवाईं। चौदह फरवरी 2000 की शाम को साढ़े सात बजे पुलिस निरीक्षक राजीव दत्ता और उपनिरीक्षक आशीष भार्गव के साथ पुलिस सन्ध्या के घर में घुस आई। सन्ध्या के सहयोगी अमित जैन की बुरी तरह पिटाई की। अमित सन्ध्या के बेटे को पढ़ाने आया करता था। अमित के सारे कपड़े उतरवा दिए। पुलिस, सन्ध्या और उसके दस साल के बेटे को घसीटते हुए थाने पर ले गई। सन्ध्या रात में पहननेवाले कपड़ों में थी। सन्ध्या पर आरोप लगाया कि वह धन्धा करती है। थाने में

सन्ध्या को मारा-पीटा, मुर्गा बनाया, उससे अभद्र व्यवहार किया। धमकी दी कि तेरे बेटे को नंगा करके तेरे ऊपर सुलाएँगे। रात ग्यारह बजे के करीब पुलिस सन्ध्या को अशोक जज के घर ले गई, जहाँ फिर से सन्ध्या को तरह-तरह से अपमानित किया गया। जज ने सन्ध्या को लात मारकर कहा तू मेरी बात मान लेती तो यूँ अपमानित नहीं होना पड़ता। सन्ध्या ने इस पर भी जज की बात नहीं मानी। पुलिस तब उसे घसीटकर फिर से थाने ले गई। पुलिस उस पर धन्धा करने का केस बनाना चाहती थी, इसलिए उसकी डॉक्टरी जाँच करवाई गई। जाँच में पता चला कि सन्ध्या को माहवारी का तीसरा दिन है तो उनकी सारी योजना मिट्टी में मिल गई। रात साढ़े तीन बजे सन्ध्या के पति थाने पहुँचे तो उन्हें बताया गया कि सन्ध्या संदिग्ध अवस्था में अमित जैन के साथ देखी गई। उस पर 109 का केस लगा है।

पुलिस अपने बनाए जाल में खुद ही उलझती जा रही थी। सन्ध्या एक सरकारी कर्मचारी है। उसकी अपनी पहचान है। पुलिस रिपोर्ट में सन्ध्या को उसी के घर के बाहर से पकड़ा जाना बताया गया। ऐसे में सन्ध्या पर 109 का केस बनाया जाना ही गलत था। दूसरी बात यह कि पुलिस सन्ध्या को जमानत के लिए झालावाड़ एस.डी.एम. के पास नहीं ले गई। झालरापाटन के तहसीलदार के सामने उसे पेश किया गया। तब कहीं जाकर उसकी जमानत हो पाई। जज ने सन्ध्या को पागल साबित करने की कोशिश की। इसी दौरान हुई कर्मचारी हड़ताल के बाद भी चालीस दिन तक उसे काम पर नहीं लौटने दिया। अमित जैन को नौकरी से निकाल दिया गया। सन्ध्या को धमकाया गया कि वह जज या पुलिस के खिलाफ बोली तो उसे भी नौकरी से निकाल दिया जाएगा। सन्ध्या ने झालावाड़ के एस.पी. को तीन बार शिकायती पत्र लिखा लेकिन उन्होंने पत्र स्वीकार ही नहीं किया।

एक जून को जज ने अपनी कोशिशों से सन्ध्या का कोटा तबादला करवा दिया। इसी के बाद सन्ध्या ने राजस्थान उच्च न्यायालय के मुख्य न्यायाधीश, मुख्यमन्त्री, राष्ट्रीय मानव अधिकार आयोग व राष्ट्रीय महिला आयोग को शिकायती पत्र लिखे। दो महीने तक शिकायत की सुनवाई नहीं हुई तो सन्ध्या ने जयपुर के महिला संगठनों से मदद माँगी। संगठनों के साथ मिलकर राज्य के मुख्य न्यायाधीश व मुख्यमन्त्री से अपनी आपबीती सुनाई। मुख्यमन्त्री ने तुरन्त पुलिस जाँच शुरू करवा दी। जयपुर के सी.आई.डी. अपराध शाखा के एस.पी. पी.डी. शर्मा को जाँच का काम सौंपा गया। उच्च न्यायालय ने भी न्यायाधीश गिरधारी लाल गुप्ता को जाँच का काम सौंपा। इधर राज्य महिला आयोग ने भी अपनी तरफ से इस केस की जाँच शुरू कर दी।

जब भी किसी युवती ने यौन हिंसा के विरोध में आवाज उठाई तो उसे चरित्रहीन और पागल साबित करने की चाल चली गई। सन्ध्या के साथ भी यही हुआ। उसे चरित्रहीन और पागल साबित करके दोषियों ने अपने अपराध पर पर्दा डालना चाहा। झालावाड़ में जज अशोक शर्मा और पुलिस अधिकारियों को पता चला कि सन्ध्या को महिला और मानव अधिकार संगठनों का सहयोग मिल गया है तो कांग्रेस पार्टी की

स्थानीय इकाइयों, कुछ व्यापारियों और अन्य समूहों की तरफ से जयपुर में पत्रकार सम्मेलन बुलाया गया। इस सम्मेलन में सन्ध्या का चरित्र हनन किया ग्रया। कुछ पत्रों को सन्ध्या के प्रेम पत्र कहकर दिखाया गया। राजीव दत्ता को अच्छा पुलिस अफसर बताया गया। कहा गया कि सन्ध्या सटोरियों और अपराधियों के साथ मिलकर राजीव दत्ता का तबादला कराना चाहती है। इसी सम्मेलन में यह धमकी भी दी गई कि राजीव दत्ता का तबादला हुआ तो झालावाड़ में आन्दोलन किया जाएगा।

मुख्यमन्त्री द्वारा करवाई गई जाँच में पुलिस अधिकारी दोषी पाए गए। सन्ध्या पर धारा 109 का केस बनता ही नहीं था। पुलिस अधिकारी राजीव दत्ता और आशीष भार्गव को निलम्बित करके लाइन हाजिर कर दिया गया। मुख्य न्यायाधीश ने भी जज अशोक शर्मा को उनके पद से हटा दिया है। महिला और मानव अधिकार संगठनों का कहना था पुलिस के खिलाफ तीन अपराध बनते हैं सन्ध्या व अमित जैन के साथ हिरासत में मार-पिटाई व सन्ध्या पर यौन हिंसा, सन्ध्या पर झूठा केस बनाना, सन्ध्या व उसके बेटे को मानसिक यातना देने का।

झालावाड़ के जिला जज अशोक शर्मा को निलम्बित कर दिया गया है। उनके खिलाफ विभागीय कार्यवाही चल रही है।

(3) महिला मजिस्ट्रेट के लिए भी न्याय पाना आसान नहीं

राज्य की न्याय व्यवस्था ने अपनी महिला मजिस्ट्रेट को भी यौन शोषण का शिकार बना डाला है। भीम तहसील राजसमन्द जिले में ए.सी.जे.एम. के पद पर कार्यरत सुशीला नागर को पिछले आठ-नौ सालों से सताया जा रहा है, क्योंकि उन्होंने कुछ अन्य अधिकारियों के गलत प्रस्तावों को मानने से इन्कार कर दिया था। सुशीला राज्य की, अनुसूचित जाति की एकमात्र महिला न्यायिक अधिकारी हैं। वर्ष 2001 में विधानसभा के सत्र में अट्ठारह विधायकों ने सुशीला के साथ हो रहे अत्याचार का मामला जोर-शोर से उठाया। अखबारों में इस अन्याय की खबरों को खूब छापा गया। महिला संगठनों ने इस अन्याय का जमकर विरोध किया। उन्होंने राष्ट्रपति, विधिमन्त्री, उच्चतम न्यायालय के मुख्य न्यायाधीश, अनुसूचित जाति एवं जनजाति आयोग, राष्ट्रीय महिला आयोग, राज्य महिला आयोग के अध्यक्ष व राज्य के उच्च न्यायालय के मुख्य न्यायाधीश को पत्र लिखकर इस अन्याय को रोकने की माँग की। राज्य न्यायिक सेवा के लिए सुशीला का चयन 1992 में योग्यता के आधार पर हुआ था। अजमेर जिले में मुंसिफ मजिस्ट्रेट के पद पर सुशीला ने पहली बार नौकरी शुरू की थी। इसी जिले में एक अन्य मुंसिफ मजिस्ट्रेट थे उमाशंकर व्यास। उन्होंने सुशीला से नजदीकी रिश्ता बनाने की कोशिश की। सुशीला ने विरोध किया तो व्यास जी ने उसे बदनाम करना शुरू कर दिया।

एक बार उन्होंने सुशीला के साथ अपमानजनक व्यवहार किया। सुशीला ने जिला न्यायाधीश अजमेर श्रीदलेला से शिकायत की। न्यायाधीश ने व्यास जी को फटकार

लगाई। उन्हें लिखित में माफी माँगनी पड़ी। न्यायाधीश के कहने पर सुशीला ने इस बात को वहीं खत्म कर दिया। व्यास जी ने माफी तो माँगी पर वे और चिढ़ गए। उन्होंने अपने अंकल के.एल. व्यास जो जिला जज थे, की शरण ली। यहीं से सुशीला को सताने का लम्बा सिलसिला शुरू हुआ। के.एल. व्यास के मन में उमाशंकर ने सुशीला के खिलाफ जहर भर दिया। जुलाई 98 में जब जिला जज बनकर वे अजमेर आए तो ब्यावर के कुछ वकीलों को बुलाकर उन्होंने सुशीला के खिलाफ शिकायत लिखवाई। सुशीला को पता चला तो उसने उच्च न्यायालय की न्यायाधीश ज्ञान सुधा मिश्रा व अन्य से शिकायत की।

दिसम्बर 98 में जब मुख्य न्यायाधीश ब्यावर आए तो सुशीला ने अपनी आपबीती उन्हें सुनाई। न्यायाधीश ने भरोसा दिलाया कि उसके खिलाफ कोई पूर्वाग्रहपूर्ण कार्रवाई नहीं की जाएगी। के.एल. व्यास अपनी सेवानिवृत्ति से पहले ब्यावर बार असोसिएशन से सुशीला के खिलाफ शिकायत लिखवाने में सफल हो गए। उन्होंने खुद भी उच्च न्यायालय के रजिस्ट्रार (सतर्कता) को सुशीला की शिकायत लिखकर भेजी।

सुशीला उस समय एक अविवाहित युवा महिला अधिकारी थी जो अकेले रहती थी। आठ साल के कार्यकाल में उसे तरह-तरह से सताया गया। सुशीला की जाँच रिपोर्ट अनुपालना के लिए दिए बगैर या सुशीला से कोई स्पष्टीकरण माँगे बगैर सीधे उच्च न्यायालय के रजिस्ट्रार (सतर्कता) को भेज दी गई। उसे तरह-तरह से परेशान किया गया। आरोप था, टेलीफोन के गलत इस्तेमाल का। जबकि एक अन्य न्यायिक अधिकारी जी उसे लगातार फोन पर तंग करते रहे। उसे मार्च-अप्रैल 98 के बीच 22 दिनों में चित्तौड़ से 28 फोन किए। गुमनाम पत्र लिखे गए। बाद में टेलीफोन के गलत उपयोग की शिकायत जाँच में झूठी भी साबित हो गई। इसके बाद भी उस शिकायत को रजिस्ट्रार (सतर्कता) को भेज दिया गया। सुशीला अदालत में उचित यूनिफार्म पहनकर नहीं आती। आकस्मिक अवकाश के सभी प्रार्थना पत्रों पर उससे स्पष्टीकरण माँगा गया। यहाँ तक की शादी के बाद गर्भपात होने की स्थिति में उसे 42 दिन की छुट्टी लेने का हक था लेकिन केवल 15 दिन की छुट्टियों पर ही जाने को उसे कहा गया। गुपचुप ताकझाँक की जाती रही कि वह छुट्टियों के दिनों में मुख्यालय छोड़कर बाहर तो नहीं जाती। छुट्टी के दिनों में मुख्यालय छोड़ने की अर्जियों को नामंज़ूर कर दिया गया। प्रोटोकॉल अधिकारी के तौर पर उसकी ही ड्यूटी लगाई गई जबकि अन्य महिला अधिकारी भी थीं। इस कारण उसे रात को भी काम पर बुलाया जाता। दीवाली के दिनों की छुट्टी भी वर्ष 98 में उसे नहीं दी गई। कर्मचारी यूनियन से शिकायत लिखवाकर व्यास जी ने सुशीला की पदोन्नति भी खटाई में डाल दी। एक अन्य अधिकारी के.सी. सिंघल ने अनुरोध किया कि उनका कुछ सामान वह अपने साथ लेकर आ जाए। सामान लाई तो पता चला वे दारू की बोतलें थीं।

सुशीला को जो सरकारी मकान ब्यावर में आबंटित हुआ था वो कैलाश सिंघल (ए.डी.जे.) ने खाली नहीं किया। मजबूरन उसे दूसरा मकान लेना पड़ा। इस पर उसी

से स्पष्टीकरण माँगा गया। इस मामले की जाँच हुई। सच साबित भी हुआ पर दोषियों के खिलाफ कार्रवाई नहीं की गई। एक बाबू जो लड़कियाँ छेड़ता था और इसी कारण उसका तबादला किया गया था, उसे ड्यूटी पर लगाया सुशीला की अदालत में। सुशीला भीम जिले में ए.सी.जे.एम. के पद पर काम कर रही थी। उन दिनों वह अवकाश पर थी तो उसकी अदालत के रीडर ने 2600 रुपए की रिश्वत खाई। कर्मचारी के खिलाफ कोई कार्रवाई नहीं हुई पर सुशीला के खिलाफ झूठी रिपोर्ट दर्ज हुई। अप्रैल 2000 में सुशीला ने एक अन्य न्यायिक अधिकारी से शादी की। शादी के बाद पति और पत्नी के एक स्थान पर नौकरी दिए जाने के सरकारी नियम का लाभ सुशीला को नहीं मिला। अन्य सभी अधिकारियों को लाभ मिल रहा था। कार्य के दौरान सुशीला को अनेक स्पष्टीकरण देने पड़े। आखिरी पत्र उसे फरवरी माह में मिला। इस पत्र का जवाब उसने दिया फिर भी उसे अपने पद से बीस अप्रैल से निलम्बित कर दिया गया।

इस घटना के उजागर होने और तीखे विरोध के बाद सुशीला जी का निलम्बन रद्द हो गया। उनकी नौकरी अब उनके पति के कार्य स्थान पर लगा दी गई है। निलम्बन की अवधि का छह माह का वेतन भी चुका दिया गया। गर्भपात के दिनों की उनकी 42 दिनों की छुट्टी भी मंजूर हो गई। इसके बावजूद सुशीला का यौन शोषण करनेवालों के खिलाफ न तो कोई आरोप दर्ज हुआ है और न ही कोई विभागीय जाँच चालू हुई है।

सुशीला नागर की शिकायत पर राष्ट्रीय महिला आयोग ने राजस्थान उच्च न्यायालय के मुख्य न्यायाधीश जस्टिस ए.आर. लक्ष्मण को एक पत्र लिखा। पत्र में विशाखा फैसले के अनुसार कार्रवाई करने को कहा गया। दूसरी तरफ राष्ट्रीय अनुसूचित जाति एवं जनजाति आयोग ने भी इस मामले में उच्च न्यायालय से रिपोर्ट माँगी। आयोग ने अपने खत में साफ माना कि सुशीला नागर के साथ भेदभाव हुआ है और उसका यौन शोषण भी किया गया है। पत्र में यह भी कहा गया कि ज्ञापन में उठाए गए सवालों का पन्द्रह दिन में जवाब दें। दिए गए समय में जवाब न देने पर आयोग कानूनी अधिकार का प्रयोग करेगा।

एक तरफ सुशीला को कुछ राहत मिली तो दूसरी तरफ उसे नौकरी से निकालने की साजिश शुरू हो गई। नोटिस जारी हुई। उनसे पूछा गया कि कार्यस्थल पर यौन शोषण के मामले में आप महिला संगठनों के पास क्यों गई ? अखबारों में खबरें क्यों छपवाईं ? टेलीविजन पर इंटरव्यू क्यों दिया ? विधानसभा में मामला क्यों उछलवाया ? इस केस की नवीनतम प्रगति यह है कि सुशीला जी का निलम्बन रद्द हो गया है वे अब पदस्थापन की प्रतीक्षा में हैं।

प्रतापगढ़ में महिला पुलिसकर्मी का यौन शोषण

रिजर्व पुलिस लाइन चित्तौड़गढ़ की महिला कांस्टेबल (बेल्ट नं. 1355) सुश्री कोमल

भट्ट के साथ प्रतापगढ़ के उप पुलिस अधीक्षक श्री गुलजारी लाल सारस्वत ने जबरन यौन शोषण व अश्लील हरकतें कीं। यह घटना 24 मार्च 1999 की है। हत्या के मामले में जाँच के दौरान कोमल भट्ट को उप अधीक्षक अपने घर ले गए। वहाँ के चौकीदार व दूसरे कर्मचारियों को भगा दिया। कोमल के साथ अश्लील बातें करने लगे और बलात्कार का प्रयास किया। प्रमोशन का लोभ भी दिया। यह महिला जैसे-तैसे वहाँ से अपने आप को बचाकर प्रतापगढ़ थाने आईं। उसने सब अधिकारियों को इस घटना का ब्यौरा दिया। पर कोई एफ.आई.आर. दर्ज होकर कार्रवाई नहीं हुई। बाद में स्थानीय संस्थाओं और जयपुर के महिला समूहों के हस्तक्षेप से जयपुर के अपर पुलिस अधीक्षक अपराध ने इस कांड की जाँच की। इसके बाद भी सारस्वत के खिलाफ न तो केस दर्ज हुआ न ही उन्हें निलम्बित किया गया। सारस्वत को जयपुर बुला लिया गया है। पीड़ित महिला और दूसरे गवाहों को धमकियाँ मिलने लगीं। लालच दिए गए। दबाव डाले गए ताकि घटना को रफा-दफा किया जा सके। प्रतापगढ़ के स्थानीय संगठनों व जयपुर स्तर पर इस यौन शोषण की बात उठाने पर इस महिला पुलिसकर्मी को राहत मिली। पुलिस अधिकारी का पहले निलम्बन किया गया। विभागीय जाँच हुई और उसका तबादला कर दिया गया।

भीलवाड़ा में महिला पुलिसकर्मी का यौन शोषण

वर्ष 2001 में भीलवाड़ा जिले की महिला पुलिसकर्मी मीना सूत्रकार के साथ यौन शोषण हुआ। मीना अनुसूचित जाति की महिला है। शोषणकर्ता हैं डिप्टी एस.पी. राजकुमार। मीना ने बड़ी चतुराई से डिप्टी साब की बातों को टेप कर लिया। पिछले दिनों मीना को साथ लेकर जयपुर के महिला संगठनों के प्रतिनिधियों ने राज्य के गृह सचिव और पुलिस अधिकारियों से चर्चा की। पुलिस विभाग ने साफ माना कि अब तक उच्चतम न्यायालय के फैसले की अनुपालना में कोई शिकायत समिति पुलिस विभाग में नहीं बनी है। जाँच करने के लिए जयपुर से एक महिला पुलिस अधिकारी को भेजा गया। जयपुर में शिकायत होने और महिला अधिकारी द्वारा जाँच करने आ जाने के बाद भी डिप्टी एस.पी. राजकुमार मीना को धमकाते रहे। जाँच रिपोर्ट जारी होने में ढाई-तीन महीने लग गए। रिपोर्ट में दोषी पाए जाने पर राजकुमार का तबादला कर दिया गया। इसके बाद भी राजकुमार मीना को धमका रहे थे।

जनवरी माह में गृह सचिव के साथ आयोजित बैठक में गृह सचिव ने भरोसा दिलाया कि ऐसा कुछ नहीं होगा। इसी के बाद फरवरी 2002 में मीना के खिलाफ 4-5 झूठे केस दर्ज कराए गए। इस पर भी शोषणकर्ताओं को चैन नहीं मिला तो मीना को उसके घर से उठाकर थाने ले गए। उस पर भी वही चरित्रहीनता का आरोप लगा। ये कांड एक अन्य अधिकारी से करवाया गया जो राजकुमार के मित्र बताए जाते हैं। थाने में मीना की पिटाई करते समय बार-बार कहा गया कि..."जयपुर में शिकायत की

थी। अब जयपुरवाले ही बचाएँगे। और जाओ जयपुर।'' इस घटना में मीना का साथ दे रहे पुलिसकर्मी को तो इतना मारा कि उसकी टाँगें ही तोड़ दी गईं। ये वही पुलिसकर्मी हैं जिसने मीना के हक में बयान दिए। एक बार फिर मीना ने जयपुर आकर गृह सचिव से मिलने का साहस दिखाया है। जयपुर से फिर जाँच अधिकारी भीलवाड़ा भेज दी गई हैं। अन्याय और शोषण का सिलसिला बेखौफ जारी है।

ए.एन.एम. के साथ यौन शोषण

रेखा यादव उप स्वास्थ्य केन्द्र में काम कर रही थीं। इलाके के नेता रामेश्वर का आवारा बेटा जयसिंह अपने दोस्त प्रकाश के साथ वहाँ आया। दवा लेने के बहाने वे लोग रेखा से छेड़छाड़ करने लगे। रेखा भागकर बाहर आ गई। दोनों आवारा नौजवानों ने उसे पकड़ लिया। उसके कपड़े फाड़ डाले। इतनी पिटाई की कि रेखा की नाक की हड्डी टूट गई। रोती-सिसकती लहूलुहान रेखा थाने पर पहुँची।

थाने में रिपोर्ट तो लिखी गई लेकिन बलात्कार के प्रयास की धारा 375 नहीं लगाई गई। यह घटना सीकर जिले के दलपतपुरा गाँव में तीस अगस्त 2000 को हुई। अपर सैशन न्यायाधीश महेन्द्र माहेश्वरी ने जयसिंह की अग्रिम जमानत आठ सितम्बर को खारिज कर दी। इसके बावजूद किसी की गिरफ्तारी नहीं हुई। पुलिस ने बड़ी बेशर्मी से कहा कि जब तक उच्च न्यायालय अर्जी पर विचार नहीं कर ले हम किसी को गिरफ्तार कैसे कर सकते हैं ?

एस.एम.एस. अस्पताल में यौन शोषण

जनवरी-फरवरी 2002 में एस.एम.एस. अस्पताल की दो महिला नर्सों ने कार्यस्थल पर यौन शोषण का मामला उठाया। यौन शोषण में लेडी वार्डन के साथ एक लेडी सुपरिंटेंडेंट भी शामिल थी। शोषणकर्ता था एक मेल कम्पाउंडर। दोनों नर्सों में एक अनुसूचित जाति की महिला थी। अस्पताल प्रशासन ने नर्सों की शिकायत पर ध्यान नहीं दिया। उल्टे नर्सों को धमकियाँ मिलने लगीं। एक नर्स जो नर्सिंग छात्रावास में रहती थी, उसे हॉस्टल से बाहर निकाल दिया गया। इससे क्षुब्ध नर्सों ने पत्रकार सम्मेलन में आत्महत्या की धमकी दे डाली। अस्पताल प्रशासन ने तब दो पुरुष डॉक्टरों की एक जाँच समिति बना दी। महिला समूहों तक बात पहुँची तो उन्होंने पीड़ित नर्सों को मुख्यमन्त्री से मिलवाया। मुख्यमन्त्री ने सम्भागीय आयुक्त अलका काला को जाँच का काम सौंपा। इधर महिला आयोग के हस्तक्षेप से अस्पताल प्रशासन ने जाँच समिति में एक महिला डॉक्टर को शामिल किया। महिला आयोग ने अपने स्तर पर भी जाँच की।

श्रीमती काला व महिला आयोग दोनों की ही जाँच में नर्सों द्वारा लगाए गए आरोप सही पाए गए। महिला वार्डन का तबादला हुआ। यौन शोषण के दोषी कम्पाउंडर का

निलम्बन हुआ। खबर है इस हादसे के बाद से अस्पताल प्रशासन ने विशाखा फैसले के अनुरूप शिकायत समिति गठित कर ली है।

सिरोही में शिक्षिका का यौन शोषण

प्रधानाध्यापक कान्तिलाल उपाध्याय फूल लेकर मजनू बने क्लास रूम में ही पहुँच गए। अध्यापिका को लगे फूल देने। अध्यापिका ने फूल लेने से मना किया तो फूल मेज पर रख दिया फिर कुछ सोचकर फूल एक छात्र को दे दिया। अध्यापिका ने स्टॉफ के अन्य अध्यापकों को सारी बात बताई। कान्तिलाल के इस व्यवहार पर आपत्ति की तो वह भड़क गए। कहने लगे "तू अपने आपको समझती क्या है ? अपने आपको अप्सरा समझती है ?" 'रूपांजलि' ने उन्हें याद दिलाया कि वह अध्यापिका है। उससे ठीक से बात की जाए। कान्तिलाल कहने लगे "ऐसे ही बोलूँगा। जा कर ले, क्या करेगी ? सिरोही के जिला शिक्षा अधिकारी से शिकायत कर दे। कह दे कि कान्तिलाल मुझे फूल देता है। थाने में रिपोर्ट लिखा दे। मेरा कोई कुछ नहीं बिगाड़ सकता। अभी से सिरोही कार्यालय के लिए तुझे कार्यमुक्त कर देता हूँ।"

अन्य अध्यापकों के समझाने-बुझाने का भी कुछ असर नहीं हुआ। यह घटना सिरोही जिले में आबू रोड के राजकीय प्राथमिक विद्यालय अर्बुद में तीन जनवरी को हुई। अध्यापिका ने इस घटना की लिखित शिकायत राष्ट्रीय राज्य महिला आयोग, मुख्यमन्त्री और शिक्षा मन्त्री समेत राज्य के अनेक अधिकारियों से की है। अध्यापिका के पत्र के साथ स्कूल के अध्यापकों का गवाही पत्र भी संलग्न किया गया। अपने शिकायती पत्र में अध्यापिका ने आरोप लगाया कि कान्तिलाल ने विद्यालय समय में उसे कई बार परेशान किया। कई बार विद्यालय कार्य के बहाने अकेले बुलाकर अश्लील हरकतें करने का प्रयास किया। वह आबू रोड की बहू होने के कारण चुप रह गई। इस चुप्पी के कारण कान्तिलाल का हौसला और बढ़ता गया। अपने गलत इरादों में असफल रहने पर कान्तिलाल ने अध्यापिका का मनोबल तोड़ने के लिए कई कार्यालयी पत्र भी लिखे। राज्य महिला आयोग सदस्य नगेन्द्र बाला के सामने चौबीस मार्च को रूपांजलि और उसके सहकर्मी अध्यापकों के बयान दर्ज हुए।

इस घटना का हवाला देते हुए पी.यू.सी.एल. संस्था और रीहैबिलिटेशन ग्रुप की तरफ से एक संयुक्त पत्र पंचायतीराज सचिव आशीष बहुगुणा को लिखा गया। श्री बहुगुणा ने भरोसा दिलाया कि इस केस में वे जल्दी ही कार्रवाई करेंगे।

उदयपुर में शिक्षिका का यौन शोषण

उदयपुर में एक शिक्षिका ने अपने साथ स्कूल के अध्यापक द्वारा किए गए यौन शोषण का मामला राज्य महिला आयोग की जनसुनवाई में उदयपुर में उठाया था। स्थानीय

महिला समूहों के तमाम प्रयासों और राज्य महिला आयोग के स्तर पर जयपुर के संगठनों के प्रयास के बावजूद इस केस में कुछ नहीं हो पाया। शिक्षिका को धमकियाँ मिलती रहीं। समझौता करने के लिए उन पर दबाव डाला जाता रहा। उनके अपने वकीलों ने भी यही राय दी कि कोर्ट केस में कुछ साबित नहीं होगा। यद्यपि विभागीय जाँच में अध्यापक दोषी पाए गए थे। इस सूरत में शिक्षिका को शोषणकर्ता से समझौता करने को मजबूर होना पड़ा।

यौन शोषण के इन सभी मामलों में यौन शोषण के मार्गदर्शक बिन्दु में दिए गए प्रावधानों के तहत कार्रवाई नहीं की गई। बस विभागीय जाँच ही की गई। शिकायत करने के बाद भी इन पीड़ित महिलाओं को राहत मिलने में बहुत समय लगा। इस दौरान तरह-तरह से इन महिलाओं को अपमानित किया गया। उन्हें नीचा दिखाने के लिए चरित्रहीन साबित करने का खेल खेला गया।

बड़ी चिन्ता का विषय यह है कि उच्चस्तर पर शिकायत करने पर भी अपराधियों में इतना दुस्साहस बना रहा कि वे पीड़िता को अमानवीय यातना देते रहे, अपराधियों के इस दुस्साहस को भंग करने के लिए प्रशासन को कोई प्रभावशाली तरीका अपनाना ही होगा।

महिला पुनर्वास समूह की रेणुका पामेचा ने उच्च न्यायालय में याचिका लगाई जिस पर अभी तक सुनवाई नहीं हुई है।

- ग्यारह नवम्बर 1999 को राजस्थान के एक दैनिक ने अपने मुखपृष्ठ पर उत्तरप्रदेश के महोबा जिले के सतपुरवा गाँव में सती होने की खबर दी। राष्ट्रीय महिला आयोग ने इस घटना की जाँच की और घटना को असत्य पाया। महिला संगठन के प्रतिनिधियों ने अखबार के दफ्तर में जाकर उनसे जब इस सन्दर्भ में चर्चा की तो वे काफी नाराज हो गए किन्तु अन्त में उन्होंने नाम के वास्ते ही सही इस घटना पर खेद प्रकट किया।

वर्ष 2001 जाते-जाते महिला संगठनों को फिर से एक झटका दे गया। उच्चतम न्यायालय ने दिसम्बर 2001 में सती को लेकर एक आधा-अधूरा सा फैसला दिया। इस फैसले में सती प्रथा और सती के महिमामंडन पर रोक को सही माना गया। लेकिन पुराने मन्दिरों के सवाल पर कुछ नहीं कहा गया। इस फैसले का पूरा-पूरा फायदा सती समर्थक उठा रहे हैं। इस सबके बावजूद महिला आन्दोलन के प्रयासों से बना सती निषेध कानून बड़ा महत्त्वपूर्ण रहा क्योंकि 1987 के बाद राजस्थान में कोई भी विधवा दहन की घटना नहीं हुई। महिमामंडन पर रोक लगने से राजनीतिज्ञों द्वारा सार्वजनिक रूप से सती की जय-जयकार बन्द हो गई।

भाग-चार

महिला आन्दोलन : उपलब्धियाँ और चुनौतियाँ

अध्याय—सात

महिला आन्दोलन : उपलब्धियाँ और चुनौतियाँ

राज्य में महिला आन्दोलन के इस अध्ययन के दौरान कई बार खुद को गौरवान्वित महसूस किया तो कई बार अपने अज्ञान पर काफी कोफ्त भी हुई। सबसे ज्यादा आक्रोश इस बात पर था कि आजादी के बाद जन्मी पीढ़ी को आजादी के आन्दोलन में महिलाओं की तेजस्वी भूमिका का कभी अहसास ही नहीं कराया गया। हमारे देखते-देखते अनेक संघर्षशील महिलाएँ एक-एक करके परलोकवासी होती गईं। इनमें से कुछ महिलाओं से मिलने का अवसर भी आया किन्तु हम इन्हें कभी सही रूप में पहचान ही न पाए। उनके भौतिक परिवेश में उलझकर उनको सामान्य महिला समझने की भूल हमने की, वरना आज के इस इतिहास में उनके अनुभवों को महिलावादी नजर से उन्हीं के शब्दों में कलमबद्ध करने का गौरव हमें जरूर मिल सकता था।

हमें बचपन से हजारों साल पहले का इतिहास बड़े ही उबाऊ अंदाज से रटा-रटाकर परीक्षाएँ पास करने को मजबूर किया गया, किन्तु पिछले सौ सालों में हमारे अपने शहरों, कस्बों और गाँवों में क्या हो रहा था, हमारे अपने कॉलेज, स्कूलों, शिक्षिकाओं का क्या इतिहास था, यह हमें कभी बताया ही नहीं गया। शिक्षण की तमाम पद्धतियाँ ज्ञात से अज्ञात की तरफ ले जाने की पक्षधर रही हैं, किन्तु हमारी इस शिक्षा प्रणाली पर आजादी के बाद गौर करने की किसी को जरूरत ही नहीं महसूस हुई। हमें केवल अज्ञात से अज्ञात में ही उलझाकर रख दिया गया। हमारे लिए यह बड़े क्षोभ और दुर्भाग्य की बात रही।

हम जिस महारानी कॉलेज जयपुर से पढ़कर निकले उस कॉलेज में भारत छोड़ो आन्दोलन के दौरान तिरंगा फहराने के लिए हमारी कुछ बहनों ने कितना अत्याचार सहकर भी सफलता पाई। यह सूचना हमारे लिए बड़े गौरव की बात है किन्तु यही इतिहास हमें अगर हमारे अध्ययनकाल में पता चलता, तो शायद हममें से कइयों के जीवन की दिशा ही बदल जाती। हमारे अपने युवा सपने और आदर्श एक नई ही दिशा लेते।

हमें याद है कि छात्र जीवन में हम भी अपने आसपास की घटनाओं से अछूते नहीं रहे थे। 1962 में भारत-चीन युद्ध में स्कूल में पढ़ रही एक छोटी बच्ची द्वारा

राष्ट्रीय सहायता कोष में अपनी पायल देने की बात आज तक याद है। इसी प्रकार तत्कालीन प्रधानमन्त्री लालबहादुर शास्त्री के आह्वान पर सोमवार की शाम को महीनों तक अन्न नहीं खाने का सिलसिला हमारे अपने घरों में चला था किन्तु हम तो ऐसे त्रिशंकु बन गए थे जो बालपन में ही अपनी जन्मभूमि छोड़कर पिता की नौकरियों के साथ घूमते रहे। हमें तो मात्र अपने जन्म स्थान की चन्द घटनाएँ जो हमारे माता-पिता ने सुनाईं, वही याद थीं। या फिर राष्ट्रीय महत्त्व की घटनाएँ याद थीं। हम तो अपने अतीत से पूरी तरह कट गए थे। उस समय हमें अपनी कुछ सहेलियों की नानी-दादियों के संघर्ष की बात पता चलती, महिलाओं का आजादी में योगदान पता चलता, अपनी शिक्षण संस्थाओं का इतिहास पता चलता तो हम समाज में व्याप्त राजनीति से परहेज की अवधारणा को कभी आत्मसात न करते। इसी विचारधारा के चलते हममें से अनेक महिलाओं ने अनेक वर्षों तक दलगत राजनीति तो दूर, औरतों, दलितों और वंचितों के खिलाफ रची जा रही पितृसत्तात्मक, सामन्तवादी ढाँचे की साजिश को पहचानने में भी बहुत देर कर दी जिसका खामियाजा हम आज तक भुगत रहे हैं।

अपने इस अध्ययन के दौरान राजस्थान के महिला आन्दोलन की एक विशेष पहचान उसकी कुछ खासियतें हमें नजर आईं जिनका यहाँ उल्लेख किया जाना बड़ा जरूरी प्रतीत हो रहा है।

इन स्थितियों में उपजा था महिला आन्दोलन

राजस्थान राज्य को अक्सर पिछड़ा हुआ प्रदेश कहा जाता है। विकास के तमाम सूचकांक इस राज्य के पिछड़ेपन की तरफ इशारा करते हैं, लेकिन यह भी सच है कि राजस्थान की इस बंजर धरती का सीना चीरकर ही यहाँ न केवल एक सशक्त महिला आन्दोलन जन्मा था वरन् किसान आन्दोलन, सामन्तवाद का विरोध और आज़ादी के आन्दोलन में भी राजस्थान की औरतों ने महत्त्वपूर्ण भूमिका निभाई थी।

राजस्थान की महिलाएँ आन्दोलन करने और कुर्बानी देने में किसी से पीछे नहीं थीं। स्वतन्त्रता आन्दोलन के दौरान देशी राज्यों के अधीन होते हुए भी राजस्थान की महिलाओं ने सक्रिय रूप से भाग लिया था। अखिल भारतीय व स्थानीय गतिविधियों में राजस्थान की महिलाएँ कन्धे से कन्धा मिलाकर खड़ी नजर आई थीं।

1927 में अखिल भारतीय महिला कॉन्फ्रेंस की स्थापना हुई। राजस्थान भी तब इससे अछूता नहीं रहा। इस संस्था की राजस्थान में भी शाखा बनी। महारानी गायत्री देवी इसकी अध्यक्ष बनीं। उदयपुर की सक्रिय कार्यकर्ता खुर्शीद बानो तहसीन ने उपाध्यक्ष का काम सम्हाला। यह एक साझे रिश्ते की शुरुआत थी राजशाही और आम महिला की, बहुसंख्यक सत्ता सम्पन्न व अल्पसंख्यक महिला की। उदयपुर जिले के स्तर पर तब शान्ता त्रिवेदी ने इस संस्था का मार्गदर्शन किया था।

भागीदारी

महिला आन्दोलन के इस गठजोड़ में भागीदारी भी बड़ी व्यापक थी। नौजवान लड़कियों से लेकर बूढ़ी महिलाओं तक ने भागीदारी निभाई। शहर या गाँव की, सवर्ण हों या दलित, अनपढ़ हों या पढ़ी-लिखी, छात्राएँ हों या नौकरीशुदा, पैसेवाली हों या गरीब, सब की साझी भागीदारी से ही इस आन्दोलन को ताकत मिली थी। महिला आन्दोलन घरेलू महिलाओं से लेकर शोधकर्ताओं, तकनीकी (प्रोफेशनल) विशेषज्ञों, नारीवादियों, बुद्धिजीवियों और सक्रिय महिलाकर्मियों के साझे संघर्ष से ही उपजा था। इस आन्दोलन में वामपंथी दलों और स्वायत्त महिला संगठनों की बहनें एक मंच पर एक साथ आई थीं। राजस्थान के संघर्ष की एक बड़ी खासियत यह है कि यहाँ पुरुषों ने भी अपनी उपस्थिति दर्ज कराई। चाहे आशा रानी दहेज हत्याकांड हो या रूपकँवर विधवा दहन कांड, पुरुष इन आन्दोलनों में हमेशा साथ रहे। जो स्त्री-पुरुष इस आन्दोलन से जुड़े वे सब नारीवादी नहीं थे। अधिकांश लोग ना तो इस शब्द से परिचित थे, न इस विचार से फिर भी वे नारी अधिकारों की बात कर रहे थे यानी नारीवादियों की माँगों के अनुरूप माँग कर रहे थे।

पहचान और उपस्थिति

राज्य में एक महिला आन्दोलन है। कुछ लोग हैं जो नर-नारी समानता की बात करते हैं। औरतों पर हो रहे अन्याय का विरोध करते हैं। यह बात राज्यभर में दर्ज होने लगी थी। राज्य में ऐसे समूहों-संगठनों के पास पीड़ित महिलाओं की शिकायतें भी आने लगी थीं।

अखबारों में कुछ खास तरह की खबरों को स्थान मिलने लगा था। कुछ घटनाओं के सन्दर्भ में महिलाओं के संघर्षों के वक्तव्य भी छपने लगे थे। राज्य सरकारों के साथ निरन्तर संवाद और पैरवी का सिलसिला शुरू हुआ था। सरकारी नीतियों और कार्यक्रमों में महिलाओं पर ध्यान दिया जाने लगा था।

राज्य सरकार को महिला मुद्दों की प्राथमिकता समझ आई थी। इसी के चलते राज्य में महिला विकास कार्यक्रम जैसे सशक्त कार्यक्रमों की शुरुआत हुई थी। महिला आन्दोलन के दबाव और संघर्ष के चलते पुराने कानूनों में बदलाव हो रहे थे। नए कानून बनाए जा रहे थे। सरकारों को संसद या विधानसभाओं में स्पष्टीकरण या वक्तव्य देने पड़ रहे थे यहाँ तक कि विधवा दहन के मामले में राज्य सरकार ही गिर गई थी।

आपसी रिश्ते

राज्य सरकार के साथ आन्दोलन का रिश्ता दुतरफा था। एक तरफ सरकार और महिला समूह एक साथ मिलकर एक मंच पर काम कर रहे थे तो दूसरी ओर सरकारी नीतियों

और दोषी अफसरों/कर्मचारियों की लापरवाहियों के विरोध में महिला समूह धरने प्रदर्शन भी आयोजित कर रहे थे।

मीडिया और महिला समूहों का रिश्ता भी दोस्ती और परस्पर लेन-देन का था। कभी अखबारों की खबरें पढ़कर महिला समूह आन्दोलन करते थे तो कभी महिला आन्दोलन की गतिविधियाँ अखबारों में प्रमुखता से छापी जाती थीं।

अन्य आन्दोलनों, संगठनों में भी परस्पर भागीदारी का रिश्ता बना था। एक दूसरे के मुद्दों पर साथ देने का सिलसिला बना था। पी.यू.सी.एल. जैसे मानवाधिकार संगठनों में भी महिला मुद्दे प्राथमिकता से उठाए जाने लगे थे और महिला आन्दोलन के वे सक्रिय भागीदार बन गए थे। दूसरी ओर सब की क्षमताएँ अलग थीं। विचार अलग थे फिर भी एक न्यूनतम समझ विकसित हो पाई थी और यही इस साझा संघर्ष की ताकत थी।

स्वैच्छिकता की भावना

सब स्वतःस्फूर्त प्रेरणा से इस आन्दोलन में भागीदारी निभा रहे थे। न तो यह भागीदारी किसी बड़े अधिकारी के कहने से थी, न ही परिवार के मुखिया के द्वारा वो हाँककर लाए जा रहे थे। न तो यह उनकी नौकरी के तहत उनकी जिम्मेदारी का हिस्सा था, न ही किसी राजनीतिक दल द्वारा जुटाई गई भारी भीड़ का हिस्सा बनकर वे आए थे।

यह तो उनकी भावना थी जो उन्हें यहाँ खींचकर लाई थी। कोई काम से छुट्टी लेकर आती थीं तो कोई अपनी मजदूरी छोड़कर। इसी के चलते जब भटेरी सामूहिक बलात्कार कांड में गाँव की महिलाओं से पुलिस ने पूछा था कि तुम्हारा नेता कौन है तो उन सबका एक ही जवाब था। हम नेता हैं। हम अपने आप इस संघर्ष में अन्याय का विरोध करने आए हैं। दरअसल यह औरतों की जिन्दगी और अस्तित्व का संघर्ष था। अन्याय और उत्पीड़न सह रही इन औरतों के जीवन में खोने को था ही क्या ? न तो उनके अपने कोई निहित स्वार्थ आड़े आ रहे थे, न ही उन्हें कोई ऐसी विशेष सुविधा मिल रही थी जिसके खो जाने का उन्हें डर था। वे निडर थीं, उनके निर्णयों में खुलापन था। इसलिए बिना डरे अपनी शर्तों पर सरकार और प्रशासन से संवाद का हौसला वे जुटा पाई थीं।

यह आन्दोलन कभी अत्यन्त तेजी से चला, कभी धीमी गति से तो कभी विलुप्त प्राय होता भी नजर आया किन्तु यह खत्म नहीं हुआ। गुप्त ऊर्जा की तरह यह अन्दर ही अन्दर गर्माता रहा, एक नए आन्दोलन की भावभूमि तैयार करता रहा।

राजस्थान में महिला आन्दोलन के दस्तावेजीकरण के दौरान राजस्थान के इस महिला आन्दोलन, उसकी पृष्ठभूमि, खासियत, उपलब्धियाँ और चुनौतियों पर विचार करने का अवसर हमें मिला। इनका जायजा लिए बिना हमारा यह इतिहास पूरा हो ही नहीं सकता।

आन्दोलन की पृष्ठभूमि : संवाद से संघर्ष तक

राजस्थान की आधी आबादी यानी औरतों के संघर्ष का यह एक आधा अधूरा सा अफसाना है। अफसाना उनकी अपनी जिन्दगी में ताजी हवा और रोशनी आने के लिए छोटे-छोटे झरोखे खुलने का। अपने लिए थोड़ा सा हक माँगने का। खुद के बारे में छोटे-छोटे निर्णय लेने की जद्दोजहद का। इतना आसान नहीं था संवाद से संघर्ष तक का यह सफर। कभी तर्क से, कभी मचलकर, कभी रूठकर, कभी भूख हड़ताल करके तो कभी किसी परिजन या शुभचिन्तक की मदद से मिले थे जिन्दगी में आगे बढ़ने के मौके। कभी लगता था चार कदम आगे बढ़े तो कभी दो कदम पीछे हटाने पड़ते थे। महिलाओं को आगे लाने में परिवार के किसी पुरुष ने भी बड़ी महत्त्वपूर्ण भूमिका निभाई थी।

संवाद और संघर्ष के इस दौर को दो दृष्टियों से वर्गीकृत किया जा सकता है। पहला तो है व्यक्तिगत (एकाकी) या सामूहिक प्रयास और दूसरा है स्थानीय, राज्यव्यापी या राष्ट्रव्यापी प्रयास। जैसा हमने पहले ही कहा है यह एक आधा अधूरा सा अफसाना है। इस दस्तावेज में चन्द चुनिन्दा उदाहरण ही हम शामिल कर पाए हैं। अनेक क्षेत्रीय प्रयास उजागर नहीं हो पाए हैं। वे अदृश्य ही रह गए हैं। इन्हें खोजना, इनका विवरण और विश्लेषण करना कठिन है पर असम्भव नहीं। आवश्यकता है कालान्तर में ऐसे ही अन्य दस्तावेजों के माध्यम से इन प्रयासों का विस्तृत संकलन हो और इन्हें भी उद्घाटित किया जाए।

व्यक्तिगत या एकाकी प्रयास

औरतों के जीवन में अपने लिए थोड़ा सा स्थान बनाने, अपनी एक स्पष्ट पहचान बनाने और सार्वजनिक जीवन में प्रवेश का दौर तो आजादी पूर्व ही शुरू हो गया था। घूँघट हटाने से लेकर घर की चारदीवारी से बाहर आना, स्कूलों में पढ़ाई करना, सम्मानपूर्ण जीवन जीना, पति की मौत के बाद आर्थिक स्वावलम्बन, पुनः विवाह, समाज द्वारा उन पर हो रही हिंसा का विरोध, व्यक्तिगत और देश की आजादी के लिए प्रयास जैसे कितने ही मुद्दों पर औरतों के द्वारा प्रयास हुए और उनका जीवन बदलता देखा गया।

ओरतों में बदलाव की लहर तो आजादी पूर्व ही शुरू हो गई थी। राजस्थान जैसे सामन्ती माहौल में औरतों का घूँघट त्यागकर घर से बाहर निकलना। सार्वजनिक मंच में घूँघट के पीछे या बिना घूँघट अपनी बात प्रभावी तरीके से कह पाना एक क्रान्तिकारी कदम था।

उन दिनों आजादी के आन्दोलन में भाग लेने की तमन्ना औरतों में भी दिखाई दे रही थी। इसी के चलते अंजना देवी ने अपने स्वतन्त्रता सेनानी पति रामनारायण चौधरी से आजादी के आन्दोलन में जुड़ने की इच्छा जताई तो उन्होंने अंजना जी को पर्दे का

बन्धन तोड़ने की सलाह दी। तब मात्र बीस साल की अंजना जी बड़े जोश से आजादी के आन्दोलन में कूद पड़ी थीं। माँगीलाल जी पंडया की पत्नी महिमा देवी डूंगरपुर के आदिवासी क्षेत्र में आश्रम चला रही थीं और इस क्षेत्र में वे 'बा' कहलाती थीं।

जानकी देवी बजाज ने अपने पति जमना लाल बजाज के कहने पर उनकी जूठी थाली में खाने के रिवाज को तोड़ दिया था।

गीता देवी बजाज के पति काफी कम उम्र में ही उनका साथ छोड़ गए थे। उन्होंने स्वयं तो दुबारा विवाह नहीं किया किन्तु उनकी छोटी बहन पर जब यही दुख आन पड़ा तो उसका पुनर्विवाह उन्होंने अपनी पहल से करवाया। गीता देवी बजाज ने पति की मौत के बाद अपनी छोटी सी बेटी को परिजनों के पास छोड़कर वनस्थली विद्यापीठ जाकर शिक्षा ग्रहण की, तो रानी लक्ष्मी चूड़ावत ने घर पर ही रहते हुए शिक्षा पाई। अनेक युवतियों को आजादी के बाद तक औपचारिक शिक्षा प्राप्त करने के लिए अपने परिवारों में कठिन संघर्ष करना पड़ा जो आज तक जारी है।

एक दूसरा संघर्ष था शिक्षित महिलाओं का सार्वजनिक जीवन में प्रवेश का। फिर चाहे सवाल हो आजादी के आन्दोलन, किसान आन्दोलन, प्रजा मंडल या महिला परिषदों में अपनी भूमिका तलाशने का। औरतों को पढ़ाने-लिखाने का या फिर उनमें व्याप्त कुरीतियों से उन्हें मुक्त कराने का। चाहे वह पर्दा प्रथा हो या कन्याओं और महिलाओं के साथ हो रहे भेदभावों से उन्हें मुक्ति दिलाने की बात हो। हर जगह संघर्ष और संवाद जारी था।

आजादी से पहले ही अनेक शिक्षित महिलाओं ने कन्या पाठशाला खोलने और उन्हें शिक्षित बनाने का महत्त्वपूर्ण काम अपने हाथ में लिया था। अजमेर में 1914 में सावित्री कन्या पाठशाला के आरम्भ होने के बाद से अनेक जिलों में कन्या शिक्षा के प्रयासों में स्कूलों के माध्यम से कई महिलाओं ने अग्रणी भूमिका निभाई। इनमें कुछ महत्त्वपूर्ण नाम हैं—श्रीमती रामप्यारी चन्द्रिका, महारानी गायत्री देवी, रतनदेवी शास्त्री आदि। इनमें से कुछ महिलाएँ राजस्थान से थीं पर अधिकांश अन्य राज्यों और प्रान्तों से आई थीं। ऐसे माहौल में पहले तो खुद को स्थापित करना फिर समाज में महिला शिक्षा के बारे में व्याप्त दृष्टिकोण और बाधाओं को धीरे-धीरे दूर करना एक अत्यन्त चुनौती भरा काम था।

सामूहिक प्रयास

राष्ट्रीय स्तर पर चलाए जा रहे सांस्कृतिक पुनरुत्थान व महिला सुधारवादी कार्यक्रमों का असर राजस्थान में भी देखने को मिला था। आजादी पूर्व ही राजस्थान में सती प्रथा, कन्या वध, कन्या विक्रय, बाल विवाह, अनमेल विवाह, विधवा पुनर्विवाह जैसी कुरीतियों को लेकर समाज सुधार कार्यक्रम चलाए गए। अनेक रजवाड़ों में विवाह सम्बन्धी अधिनियम बनाकर विवाह की उम्र तय की गई।

आजादी के आन्दोलन में औरतों ने सक्रिय भागीदारी निभाई। कोटा में सार्वजनिक

मंच से सरफरोशी की तमन्ना गीत गाने पर 13 साल की सुशीला दीक्षित को प्रताड़ित होना पड़ा। जगह-जगह पर अंग्रेजी राज के विरोध में महिलाओं ने विदेशी कपड़ों की होली जलाई। सत्याग्रहियों का जुलूस आने पर कन्या पाठशालाओं के दरवाजे बन्द कर दिए जाते थे फिर भी वे शाला भवन के अन्दर से नारे लगाकर जुलूस में अपना जुड़ाव जताती थीं।

किसी महिला ने बम बनाए तो किसी ने गुप्त सन्देश पहुँचाए। किसान आन्दोलन में महिलाएँ बढ़ चढ़कर भाग ले रही थीं। अनेक महिलाएँ इन आन्दोलनों का नेतृत्व भी कर रही थीं। सामन्ती जुल्मों का विरोध भी कर रही थीं। इन्हीं जुल्मों के खिलाफ डूंगरपुर रियासत की आदिवासी बाला काली बाई आतंककारियों की गोलियों का शिकार हुई तो अलवर के नीमूचाणा में रघुनाथ किसान की बेटी सीता देवी सिपाहियों, राजा और अंग्रेज सरकार की गोलियाँ खाकर शहीद हो गई।

बिजौलिया इलाके में अकाल के समय बेटी की शादी पर 13 रुपए का चँवरी टैक्स जागीरदार ने थोपा और इसका विरोध करने आए किसानों से अपमानजनक व्यवहार किया। विरोध स्वरूप तमाम किसान उस क्षेत्र से पलायन करने लगे। तब जागीरदार को न केवल चंवरी टैक्स वापस लेना पड़ा, किसानों से माफी भी माँगनी पड़ी।

सामूहिक विरोध के चलते जेल जाने में भी राजस्थान की औरतें पीछे नहीं रहीं। अंजना चौधरी राजस्थान की सबसे पहली जेल जाने वाली महिला थीं। उन्होंने बिजौलिया आन्दोलन के दौरान 500 औरतों के जत्थे का नेतृत्व करके नाजायज रूप से बन्दी बनाए लोगों को छुड़वाया था। अंग्रेज सरकार ने उन्हें बूँदी राज में कदम न रखने का हुकुम दिया था।

आजादी के बाद ये तेजस्विनी महिलाएँ राजनीतिक परिदृश्य से लगभग अदृश्य हो गईं। यहाँ तक कि राजस्थान की पहली विधानसभा में भी कोई महिला विधायक न चुने जाने पर तत्कालीन प्रधानमन्त्री जवाहरलाल नेहरू के आपत्ति जताने पर दो महिलाओं को उपचुनावों से लाया गया।

आजादी के बाद से वर्ष 1980 तक शिक्षा के प्रचार-प्रसार, विवाह और नौकरी आदि से सम्बन्धित मुद्दों को लेकर मुख्यतः संघर्ष होते रहे। कन्याओं, महिलाओं और विधवा औरतों की स्थिति में सुधार के कार्यक्रम पीछे छूटते गए।

शिक्षा के प्रचार-प्रसार से औरतों में जो जागरूकता आई। उन्हें बाहरी दुनिया देखने समझने का जो मौका मिला उससे उनके मानसिक दायरों का विस्तार हुआ था। राष्ट्रीय और अन्तरराष्ट्रीय स्तर पर उठाए जा रहे महिला मुद्दों का भी प्रभाव पड़ रहा था। उन्हें पता चला कि उनके देश का एक संविधान है जो जाति, धर्म और लिंग के आधार पर भेदभाव नहीं करता। संविधान में देश के हर नागरिक को समानता का अधिकार मिला है। वे भी इस देश की नागरिक हैं इस कारण उन्हें भी संविधान ने कुछ मूलभूत अधिकार दिए हैं। समाज और परिवार में उनके साथ हो रहे भेदभावों को वे पहचानने लगी थीं। अपने अधिकारों की माँग और अन्याय का विरोध भी वे करने लगी थीं।

1980 के आरम्भ में एक बार फिर से महिलाओं की स्थिति पर सवाल उठने शुरू हुए। महिलाओं के सवालों को लेकर महिला समूहों ने अपनी सशक्त उपस्थिति दर्ज करवाई।

जीवन से जुड़े किसी भी क्षेत्र में जहाँ औरतों के साथ अन्याय हो रहा था उन्होंने उसी के खिलाफ आवाज उठाई। बेटे-बेटी में जन्म जात भेदभाव, शिक्षा से वंचित रखना, कम उम्र में विवाह की जकड़न, घरों के अन्दर हो रही हिंसा, वैवाहिक संस्था व रिवाजों में व्याप्त असमानताएँ, सामाजिक कुरीतियाँ जैसे सती, नाता, कूकड़ी, बाँझड़ी, डाकन आदि कोई भी मुद्दा अछूता नहीं रहा। आर्थिक, राजनीतिक व सामाजिक असमानताएँ, यौन हिंसा, यौनिकता पर प्रतिबन्ध, सार्वजनिक व प्रजातान्त्रिक मंचों में महिलाओं की गैर मौजूदगी, सरकारी नियम कानूनों और उनके क्रियान्वयन में हो रहे भेदभाव, कोई भी तो क्षेत्र ऐसा नहीं था जहाँ पर अन्याय नहीं हो रहा था और जहाँ अन्याय था वहाँ विरोध तो दर्ज होना ही था।

आजादी के पश्चात्-80 के दशक में क़ई छोटे-बड़े सामूहिक विरोध हुए। कहीं तो सदियों से चले आ रहे सामन्ती या पुरुष प्रधान रिवाजों के विरोध हुए। सदियों से हो रहे भेदभाव के कारण जब सहनशीलता ने जवाब दे दिया तब विरोध ज्वालामुखी की तरह फट पड़ा और क्रोध का लावा बह निकला। कहीं किसी घटना के विरोध में आकस्मिक रूप से यानी सुनियोजित प्रक्रिया के बिना ही यह विरोध प्रस्फुटित हुए।

ग्रामीण, दलित, मजदूर, अल्पसंख्यक वर्ग की औरतों की अपनी एक आवाज उभरती हुई नजर आई। उन्होंने अपनी समस्याओं, संघर्षों, अभावों और उत्पीड़न की बात समाज में खुलकर कहने की प्रक्रिया शुरू की। महिलाओं की स्थिति को लेकर गोष्ठियाँ, कॉन्फ्रेंस और सभाओं में खुली चर्चा होने लगी।

- समाज में औरतों और लड़कियों की स्थिति पर सवाल उठने शुरू हुए। महिला विरोधी परम्पराओं, सवालों, प्रवृत्तियों पर उँगली उठाई जाने लगी।
- औरतों की परम्परागत छवियों पर सवाल उठाते हुए महिलाओं को लेकर किस किस्म की भाषा का प्रयोग किया जाता है, कैसे मुहावरे, गालियाँ और गीत प्रचलित हैं इन पर महिला समूहों में चर्चा शुरू हुई। वैकल्पिक छवि के निर्माण की प्रक्रिया में अनेक गीत, चित्र और नाटक तैयार हुए।
- घरों, परिवारों और समाज में समानता पर आधारित रिश्तों पर ग्रामीण समाज में भी औरतों ने बहस शुरू की।
- औरत-औरत की दुश्मन होती है जैसे मिथकों को झुठलाते हुए यह स्थापित किया कि औरतें ही औरतों को मुक्त कर सकती हैं।
- समाज में परित्यक्ता, नातेवाली, दिवंगत पतिवाली औरतों के हक की बात उठने लगी। नाता जैसी प्रथाओं में व्याप्त कुरीतियों पर खुली बहस शुरू हुई।
- एक समय था जब विश्वविद्यालय के स्तर पर कार्यरत तमाम महिलाएँ निम्न पदों पर ही नियुक्त की जा रही थीं। इन स्थितियों का खुला विरोध हुआ तो

यह स्थिति भी बदली। शिक्षा जगत में निम्न परिवर्तन देखे गए। अनेक महिलाओं की प्रोफेसर पद पर नियुक्ति हुई। महिलाएँ सहायक रजिस्ट्रार बनीं। अब सिंडीकेट जैसी उच्च प्रशासकीय समितियों में महिलाएँ प्रतिनिधित्व कर रही हैं। डीन स्टूडेंट्स वैलफेयर, प्रौक्टर जैसी जिम्मेदारियों को भी उन्होंने बखूबी निभाया है। विश्वविद्यालय स्तर पर संस्था के सर्वोच्च पद यानी कुलपति बनने का सौभाग्य भी उन्हें मिला है। इस दिशा में कुछ उल्लेखनीय उदाहरण हैं :

- राजस्थान विश्वविद्यालय प्रशासन ने विश्वविद्यालय स्तर पर कार्यरत महिला संस्था रूवा को मान्यता दी। इस संस्था की परियोजनाओं को लागू करने के लिए परिसर में स्थान व अन्य सहयोग दिया।
- विश्वविद्यालय में कामकाजी महिला छात्रावास बना।
- विश्वविद्यालयों व महाविद्यालयों में महिला अध्ययन प्रकोष्ठ खुले।
- स्कूलों में बड़े पैमाने पर महिला शिक्षकों की नियुक्ति हुई, फिर भी जितनी अपेक्षित हैं उतनी शिक्षिकाएँ नहीं नियुक्त की गईं।

महिला हिंसा का विरोध और न्याय के लिए संघर्ष

1980 के दशक के आरम्भ से ही महिलाओं पर हो रही घरेलू हिंसा, यौन हिंसा और कस्टोडियल रेप यानी अभिरक्षा में बलात्कार जैसे महत्त्वपूर्ण मुद्दे उठाए जाने लगे थे।

आशारानी दहेज हत्या के मामले में पहली बार मध्यम वर्ग की महिलाएँ सार्वजनिक रूप से सड़कों पर आईं। पहली बार दहेज हत्या के विरोध में औरतों ने चुप्पी तोड़ी। उन्होंने आशारानी की हत्या के दोषी लोगों को सजा दिए जाने की माँग की। इस केस के दौरान पुलिस और कोर्ट के रवैए पर सवाल उठाए गए।

तीन शादी कांड के नाम से परिचित जैमन कांड में पहली बार विवाह में धोखाघड़ी का मामला बड़ी जोरों से उठाया गया। कान्ता पोरवाल का केस उदयपुर के महिला समूहों ने इन्हीं दिनों उठाया था। इस कांड में घरों में महिलाओं पर होनेवाली हिंसा को घरों की चारदीवारी से निकालकर सार्वजनिक मंच पर लाया गगा।

कोटपूतली बलात्कार कांड में पुलिसकर्मियों द्वारा एक मानसिक रूप से विक्षिप्त महिला के साथ बलात्कार का मुद्दा उठा तो पुलिस की भूमिका और पीड़ित महिला के पुनर्वास का सवाल भी उठ खड़ा हुआ।

यौन हिंसा भी औरत के लिए अब शर्म का विषय नहीं रही। इस विचार को बल मिला कि औरत की इज्जत उसके साथ हुई यौन हिंसा से लुटती नहीं। इज्जत तो यौन हिंसा के अपराधियों की जाती है—यह वक्तव्य बड़ी मजबूती से समाज में दिया जाने लगा। औरतों ने बड़ी बहादुरी से सार्वजनिक मंचों पर स्वयं पर हुई हिंसा के अनुभव सुनाए। महिलाओं द्वारा बलात्कार विरोधी संघर्ष को बहादुरी की संज्ञा दी गई। इस संघर्ष

के दौरान पीड़ित महिला को नीरजा भनौत जैसे प्रतिष्ठित बहादुरी (गैलंट्री) पुरस्कार से सम्मानित किया गया।

गाँव स्तर पर जमींदारों द्वारा महिलाओं पर किए जा रहे आतंक के विरोध में मजदूर किसान शक्ति संगठन और चित्तौड़गढ़ की मध्य राजस्थान में कार्यरत प्रयास संस्था में आवाज उठी।

परिवारजनों द्वारा यौन उत्पीड़ित नाबालिग बालिकाओं के पुनर्वास को लेकर सार्वजनिक मंचों पर बहस शुरू हुई।

पीड़ित महिलाओं के लिए अल्पावास गृह खोलने की शुरुआत हुई। कोटा में श्रीमती प्रसन्न भण्डारी द्वारा करणी नगर विकास समिति के माध्यम से अल्पावास गृह खुला। जयपुर में रूवा की पहल पर वर्ष 1987 में शक्ति स्तम्भ अल्पावास गृह की स्थापना हुई। इन अल्पावास गृहों को खोलने के लिए आर्थिक सहायता सरकारी योजनाओं से ही प्राप्त हुई।

कई संस्थाओं के स्तर पर परिवार परामर्श केन्द्र और कानूनी सहायता प्रकोष्ठों द्वारा पीड़ित महिलाओं को परामर्श व सहयोग देना शुरू हुआ।

राज्यस्तरीय संघर्ष

राजस्थान सरकार द्वारा ग्रामीण वंचित महिलाओं के सशक्तिकरण हेतु प्रायौगिक तौर पर छह जिलों में आरम्भ हुआ महिला विकास कार्यक्रम अब राज्य की प्रत्येक ग्राम पंचायत में पहुँच गया है। इस कार्यक्रम को खत्म किए जाने के विरोध में साथिनों और महिला संगठनों ने मिलकर प्रभावी भूमिका निभाई।

राज्य सरकार द्वारा संचालित अकाल राहत कार्यों में न्यूनतम मजदूरी नहीं दिए जाने का मुद्दा अजमेर जिले की सिलोरा प्रखंड की ग्रामीण महिलाओं ने उठाया था। उच्चतम न्यायालय में इस सन्दर्भ में दायर जनहित याचिका में मजदूरों के हक में फैसला हुआ था। राज्य सरकार को न्यूनतम मजदूरी का भुगतान करने के आदेश दिए गए थे। अजमेर जिले से शुरू हुआ यह आन्दोलन देखते ही देखते राज्य भर में फैल गया था। महिला विकास कार्यक्रम की साथिनों और अनेक स्वैच्छिक संगठनों ने इस मुद्दे पर जमकर संघर्ष किया था।

इस आन्दोलन के चलते कालान्तर में राज्य स्तर पर मजदूर किसान शक्ति संगठन की पहल पर ग्रामीण विकास कार्यों में घोटाले और भ्रष्टाचार की बहस शुरू हुई थी। पंचायतों में हो रहे विकास कार्यों के मास्टररोल और बिल वाउचर दिखाने की माँग ने जोर पकड़ा था। बिल वाउचरों और मास्टररोलों में दर्ज सूचनाओं को जनसुनवाइयों में पढ़कर सुनाया गया था और फिर जन्मा था सूचना का अधिकार आन्दोलन।

महिला समूहों के कार्य, उनके द्वारा बनाए गए माहौल, निरन्तर संवाद और दबाव के चलते जो माहौल बना उससे प्रभावित होकर राज्य सरकार ने कुछ महत्त्वपूर्ण निर्णय

लिए–

वर्ष 1992 में जयपुर में घटित भटेरी सामूहिक बलात्कार कांड से राष्ट्र स्तरीय आन्दोलन खड़ा हुआ था। वर्ष 1995 में जब सत्र न्यायालय ने अपराधियों को दोष मुक्त करते हुए अपना पूर्वाग्रहपूर्ण फैसला सुनाया तो देश के महिला समूह व जन संगठन एक बार फिर से आन्दोलित हो उठे थे। इसी के बाद अगले पाँच-छह वर्षों तक राज्य स्तर पर महिला अत्याचार विरोधी जन आन्दोलन के नेतृत्व में प्रभावी आन्दोलन शुरू हुआ था। इसके परिणामस्वरूप राज्य स्तर पर हिंसा पीड़ित महिलाओं के गम्भीर मामलों की समीक्षा के लिए गृह सचिव के साथ द्वैमासिक बैठकों की शुरुआत हुई।

कार्यस्थल पर यौन शोषण को लेकर उच्चतम न्यायालय के दिशानिर्देशों के सन्दर्भ में महिला पत्रकार, वकील, ए.एन.एम, नर्स व शिक्षिकाओं की कार्य स्थिति पर खुली चर्चा शुरू हुई।

- वर्ष 1999 में राज्य महिला आयोग का गठन एक लम्बे संघर्ष के बाद एक मजबूत कानून के द्वारा किया गया। इस कानून का ड्राफ्ट भी महिला संगठनों द्वारा तैयार किया गया। इसी ड्राफ्ट को राज्य सरकार ने स्वीकार किया। मजबूत आयोग का कानून कुछ नहीं कर पाया। यह अफसोस महिलाओं को है। इसको सक्रिय करने के लिए मुख्यमन्त्री के दरवाजे बार-बार खटकाए गए पर ज्यादा सफलता नहीं मिली। अपनी ही कृति के विरोध में महिला संगठन बड़ा आन्दोलन खड़ा नहीं कर पाए।
- राजस्थान में महिला नीति का बनना भी उपलब्धि में गिना जा सकता है। इस नीति में जवाबदेही तय नहीं होने से नीति का क्रियान्वयन नहीं हो रहा है।
- एच.सी.एम. रीपा संस्था ने व्यापक स्तर पर लैंगिक संवेदनशीलता के प्रशिक्षणों का आयोजन किया। इस संस्था में महिला अध्ययन केन्द्र की स्थापना की गई।
- परिवार नियोजन कार्यक्रमों को अकाल राहत कार्यक्रमों के साथ जोड़कर जबरन लागू किए जाने का विरोध किया गया।
- सरकारी कार्यक्रमों में लाभान्वित महिला की सूचना अलग से संकलित की गई।
- सरकारी नीति बनाते समय महिला मुद्दों का ध्यान भी रखा जाने लगा और इन नीतियों के मूल्यांकन के समय महिला मुद्दों पर बहस शुरू हुई।
- शहरों में कामकाजी औरतों के लिए छात्रावास सरकार द्वारा बनाए गए।
- अनेक विभागों के कार्यक्रमों में महिलाओं के साथ कार्य करने के लिए विशेष योजनाएँ बनीं। जैसे शिक्षाकर्मी योजना के तहत महिला शिक्षाकर्मियों के प्रशिक्षण हेतु विशेष प्रशिक्षण केन्द्र (एम.एस.के.टी.) खोले गए। लोक जुम्बिश शिक्षा कार्यक्रम में महिला प्रेरक दल गठित हुए। जिन क्षेत्रों में महिला शिक्षा नगण्य थी उन क्षेत्रों की ग्रामीण युवतियों को शिक्षित करने हेतु महिला शिक्षण विहार (जालौर व झालावाड़ जिलों में) खोले गए। महिला डेयरी परियोजना शुरू की गई।
- यौन अत्याचार व हिंसा से पीड़ित महिलाओं को सरकारी सहायता देने की

शुरुआत हुई।

- महिला आन्दोलन की माँग के चलते राजस्थान में महिला थाने खोले गए।
- महिलाओं की पारिवारिक समस्याओं के जल्दी निपटारे के लिए पारिवारिक अदालतों का गठन हुआ।
- महिला समूह व प्रशासन के निरन्तर संवाद व महिला उत्पीड़न के केसों की समीक्षा के लिए कई स्तर पर मंच बनाए गए।
- जिला स्तर पर कलैक्टर की अध्यक्षता में जिला महिला सहायता समितियाँ बनीं किन्तु अनेक जिलों में यह निष्क्रिय ही रहीं।
- जयपुर जिला स्तर पर पहले एस.पी. और फिर डी.आई.जी. स्तर की मासिक बैठकें शुरू हुईं।
- राज्य स्तर पर गृह सचिव के साथ महिला संगठनों की बैठकें वर्ष 1997 से महिला उत्पीड़न के मामलों की समीक्षा के लिए शुरू की गईं।
- जनवरी 2002 में महिला समूहों और पुलिस विभाग के संयुक्त प्रयास से गांधीनगर महिला थाने में महिला सलाह एवं सुरक्षा केन्द्र खोला गया।
- पंचायतीराज विभाग द्वारा महिला पंचों के खिलाफ अविश्वास प्रस्ताव लाए जाने की स्थिति में उसी वर्ग की महिला को हटाई गई महिला का चार्ज दिलवाने का आदेश जारी किया गया।
- पंचायतीराज कानून में जनवरी 2000 में किए गए बदलाव के तहत वार्डसभाओं के आयोजन की व्यवस्था हुई। वार्ड व ग्रामसभाओं में अन्य आरक्षित वर्गों के साथ महिलाओं के दस प्रतिशत कोरम का निर्धारण भी किया गया।
- सरकारी नौकरियों में महिलाओं को तीस प्रतिशत आरक्षण मिला। एकल व पीड़ित महिलाओं को अनुकम्पा पोस्टिंग देने के निर्णय लिए गए।
- महिलाओं को मुफ्त कानूनी सहायता के दायरे में लिया गया। सरकारी आदेश जारी हुआ कि कोई भी अत्याचार पीड़ित महिला इस सुविधा का फायदा उठा सकती है।
- उच्चतम न्यायालय द्वारा कार्यस्थल पर महिलाओं का यौन शोषण रोकने के लिए दिशानिर्देश जारी किए गए।
- कार्यस्थल पर महिलाओं के यौन शोषण को रोकने के लिए सर्वोच्च न्यायालय के दिशानिर्देशों को राजस्थान उच्च न्यायालय सहित सभी विभागों में लागू करवाने का दबाव महिला संगठनों ने बनाया इसी के चलते सत्र व जिला न्यायालयों में शिकायत समितियों का गठन हो चुका है।
- सत्र न्यायालय के न्यायाधीशों द्वारा अपनी अधीनस्थ महिलाकर्मियों के यौन शोषण के मामलों में महिला समूहों द्वारा न्याय के लिए बनाए गए दबाव के परिणामस्वरूप न्यायाधीशों का निलम्बन भी हुआ।
- राजस्थान की पहली दलित महिला मजिस्ट्रेट के साथ सहकर्मियों द्वारा यौन

शोषण का मामला उठाया गया। महिला मजिस्ट्रेट की उसके पद पर पुनः बहाली व अन्य सेवा नियमों में कटौती के मामलों में सुधार हुआ।

- समय-समय पर वर्तमान कानूनों में व्याप्त खामियों पर महिला समूहों ने समीक्षा की और उनमें सुधार के प्रस्ताव सरकारों को भिजवाए।
- समाचार पत्रों के साथ निरन्तर संवाद समीक्षा और रिश्ते के चलते समाचार पत्रों में महिलाओं के मुद्दों को अधिक स्थान मिला। कुछ एक विषयों पर अधिक संवेदनशीलता से लिखने की शुरुआत भी हुई।
- महिलाओं की नजर से महिलाओं द्वारा कुछ समाचार पत्र व पत्रिकाएँ छपने शुरू हुए।

राष्ट्रव्यापी संघर्ष

राजस्थान से उठे कई आन्दोलन राष्ट्रीय स्तर के संघर्ष बने हैं। वर्ष 1987 में रूपकँवर के विधवा दहन को लेकर शुरू हुआ संघर्ष देशभर में फैला था। इसी के चलते वर्ष 1987 में सती निवारक कानून बना था। राजस्थान की तत्कालीन राज्य सरकार को इस्तीफा देना पड़ा था।

वर्ष 1992 में भटेरी सामूहिक बलात्कार कांड में साथिन भँवरी का संघर्ष देशभर की जागरूक महिलाओं का संघर्ष बना था। इसी मामले में दिल्ली व जयपुर की पाँच संस्थाओं ने उच्चतम न्यायालय में जनहित याचिका दायर की थी। वर्ष 1997 में उच्चतम न्यायालय ने कार्यस्थल पर महिलाओं का यौन शोषण रोकने के लिए ऐतिहासिक फैसला व दिशानिर्देश जारी किए थे। इसके परिणामस्वरूप देशभर में कामकाजी महिलाओं की स्थिति पर खुली बहस शुरू हुई थी।

चुनौतियाँ/सीमाएँ

राज्य में महिला आन्दोलन अपनी स्पष्ट छाप छोड़े, उसे मजबूती मिले इसके लिए जरूरी है कि सक्रिय कार्यकर्ता व बुद्धिजीवी महिलाएँ मिलकर साझी समझ व वैचारिक स्पष्टता बनाएँ। स्थितियों की लगातार समीक्षा हो व वर्तमान परिप्रेक्ष्य में समीचीन रणनीतियों का निर्धारण किया जाए। नए समर्थक व सक्रिय कार्यकर्ता आन्दोलन से लगातार जुड़ते रहें ताकि सक्रियता बनी रहे। साझा प्रयासों का सिलसिला चलता रहे। शहरी व ग्रामीण, दलित व सवर्ण, शिक्षित-अशिक्षित, अमीर-गरीब, सरकारी-गैर सरकारी जैसी खाइयाँ सप्रयास पाटी जाएँ। किन्तु अफसोस कि राज्य के महिला आन्दोलन में इन दिनों एक शिथिलता घर करती जा रही है। साझी बैठकें मुद्दे पर तो होती हैं किन्तु आन्दोलन को मजबूती देने और साझी रणनीति बनाने का काम कहीं पृष्ठभूमि में सिमटता सा नजर आ रहा है। समूहों में आपसी मतभेद और अहम् भी दिखाई देने लगा है। यों तो प्रायः

सभी आन्दोलनों में कभी अत्यधिक सक्रियता और शिथिलता के दौर आते हैं। आपसी मतभेद और दूरियाँ बढ़ती हैं किन्तु इस ओर सजग रहना चाहिए तथा महिला समूहों को निरन्तर साझे प्रयासों के लिए तैयार रहना चाहिए। वैचारिक मतभेद या व्यक्तित्व की टकराहट के बावजूद मिलेजुले प्रयासों का क्रम चलता रहे यह वांछित होगा।

समय-समय पर वैचारिक स्पष्टता के लिए झकझोरनेवाली बहस से नई उर्जा और स्पष्ट दृष्टि मिलती है। जो स्त्रियाँ, स्त्री-विमर्श के अध्ययन से जुडी हैं और जो महिलाएँ सक्रिय आन्दोलन में अधिक समय दे रही हैं—दोनों में परस्पर चर्चाएँ हों और एक दूसरे के प्रति आदर हो यह भी अपेक्षित है।

सरकार के साथ शुरू हुए मंचों में यद्यपि कभी-कभी औपचारिकता ही नजर आती है। इन प्रयासों से स्थितियों में कोई प्रभावी बदलाव होते नजर नहीं आते। न तो अब इन मंचों से बाहर निकलते बनता है न ही इनमें बने रहने का कोई औचित्य नजर आता है। राज्य सरकार और महिला मुख्यमन्त्री तो नवम्बर 2003 से अपने लगभग डेढ़ साल के शासन काल में महिला व अन्य आन्दोलनों के प्रतिनिधियों से मिली तक नहीं हैं। तमाम आन्दोलनों और प्रैस कवरेज के बाद भी सरकार का रुख कुछ न करने का बना हुआ है।

पंचायतीराज से जुड़ी महिला जन प्रतिनिधि, छात्र-छात्राओं, कामकाजी महिलाओं, उनकी यूनियनों व अन्य महिलाओं को ये आन्दोलन बड़ी संख्या में अपने साथ जोड़ने में असफल रहा है। हिंसा पीड़ित महिलाओं की हौसला अफजाई और उन्हें सक्रिय संघर्ष से जोड़ने के प्रयास भी नहीं हो पा रहे हैं।

राजस्थान के महिला आन्दोलन के सामने एक बड़ी चुनौती है हमारे सामन्ती और पुरुष प्रधान परिवेश की। आजादी के बाद संविधान बनाकर ही अपने कर्तव्य की इतिश्री हो गई थी। यह मान लिया गया कि स्त्रियों, दलितों और अल्पसंख्यकों को समानता का हक खुद ब खुद मिल जाएगा। विधवाओं का उत्पीड़न, बाल विवाह, विधवा दहन जैसी कुरीतियाँ केवल सरकारी प्रयासों से ही समाप्त हो जाएँगी। समाज सरकार के भरोसे सबकुछ छोड़ चैन की नींद सो गया, इसी का परिणाम है कि आज ये सब समस्याएँ अपने क्रूरतम रूप में फिर से सर उठाए हमारे सामने खड़ी नजर आती हैं।

समाज और देश में चारों तरफ हिंसा बढ़ती जा रही है। साम्प्रदायिकता के नाम पर अल्पसंख्यकों के मानवाधिकारों का हनन हो रहा है। गुजरात में एक विशेष धर्म के लोगों का नरसंहार किया गया। दलितों पर खुलेआम अन्याय हो रहे हैं। भूमाफिया, दारूमाफिया देश और राज्य में महत्त्वपूर्ण भूमिका निभा रहे हैं। देश और राज्य में राजनीति का अपराधीकरण और अपराधीकरण की राजनीति खेली जा रही है। राजनीति में वोट निहित स्वार्थ और कुर्सी की खातिर जातिवाद को बढ़ावा दिया जा रहा है।

ऐसे में महिला आन्दोलन इससे अछूता कैसे रह सकता है। महिलाओं के मानवाधिकारों का खुला उल्लंघन हो रहा है। पंचायतीराज संस्थाओं में महिला आरक्षण का कानून पास कर दिया जाता है। किन्तु संसद और विधानसभाओं में इसे लागू करने

के ऊपरी, दिखावटी और निरीह प्रयास किए जा रहे हैं। राजनीतिक दल घोषणाएँ करते हैं पर उन्हें लागू नहीं करते। ऐसे में जब तक देश की सामाजिक व राजनीतिक स्थितियाँ नहीं बदलतीं तब तक केवल महिलाओं की स्थिति में सुधार की कल्पना करना ही अत्यन्त अव्यावहारिक लगता है। महिला आन्दोलन ने तो सभी महत्त्वपूर्ण राष्ट्रीय हित के मुद्दों पर अपनी भागीदारी निभाने का प्रयास किया है किन्तु देखा यह गया है कि महिला मुद्दे केवल महिलाओं का सरोकार बनकर रह गए हैं। महिलाओं के मुद्दों पर मानवाधिकार व जन संगठनों की अपेक्षित भागीदारी नहीं हो पा रही है। महिला आन्दोलन भी धर्म और जाति के सवाल पर टिककर काम नहीं कर पाया है।

महिला आन्दोलन में अधिकांशतः उत्पीड़न के केसों पर काम हो रहा है। जब कोई वारदात/घटना होती है तो उस पर कार्य करते हैं बाद में लगातार उस या अन्य विषयों पर टिककर काम नहीं हो पाता है। फिलहाल महिलाओं की स्थिति को लेकर टिकाऊ काम के लिए अनेक पूर्णकालिक महिलाकर्मियों की जरूरत है। नई पीढ़ी के लोग निरन्तर साथ जुड़ते रहें यह भी वांछनीय है।

राजनीतिक दलों, सरकार और प्रशासन ने यह तो पहचाना है कि महिला मुद्दों पर प्राथमिकता आज की जरूरत है किन्तु महिलाओं के प्रति उनका नजरिया नहीं बदला है इसी कारण महिलाओं पर हिंसा बढ़ी है। आज जरूरत इस बात की है कि :

- महिलाओं के प्रति संवेदनशील ज्यादा से ज्यादा उम्मीदवार विधानसभा व संसद में महिलाओं का प्रतिनिधित्व करें। संसद और विधानसभाओं में ज्यादा से ज्यादा महिला जनप्रतिनिधि पहुँचें और सक्रिय भूमिका निभाएँ। इस समस्या का अभी तक कोई समाधान नहीं निकला है।
- राजनीतिक दलों के (वामपंथी दलों को छोड़कर) महिला प्रकोष्ठों की, महिला मुद्दों पर कोई आवाज नहीं उभरी है। अपने दलों में व्याप्त पितृसत्तात्मक सोच और महिला विरोधी रुख के खिलाफ इन प्रतिनिधियों ने कभी कोई आवाज नहीं उठाई है।
- पुलिस व प्रशासन महिला हिंसा के मामलों में प्रभावी भूमिका नहीं निभाते, पुलिस जाँच में पारदर्शिता नहीं होती, न्यायालयों में लम्बे समय तक फैसले नहीं होते, इन समस्याओं के समाधान हेतु कोई प्रभावी रणनीति अब तक नहीं बन पाई है।

पूरे समाज का पितृसत्तात्मक सोच, भ्रूण हत्या का बढ़ना, जनसंख्या में औरतों का कम होना, घरों में हिंसा और घरों से बाहर निकलने पर यौन हिंसा का शिकार होना तो जैसे औरतों की नियति ही बन गई है। धर्म व सम्प्रदाय की आड़ में उन पर पाबन्दियाँ लगाई जा रही हैं। उनके स्वतन्त्र निर्णय को हर कदम पर बाधित किया जा रहा है और सबसे बड़ी बात यह कि उनके जिन्दा रहने के अधिकार पर ही प्रश्नचिन्ह लगना, महिला आन्दोलन के समक्ष बड़ी चुनौती है।

एक पूरे मकड़ जाल में उलझता जा रहा है यह आन्दोलन। एक तरफ तो नई पीढ़ी

की पढ़ी-लिखी नौजवान औरतें इस आन्दोलन में नहीं जुड़ रही हैं, न ही ग्रामीण दलित और वंचित महिलाओं का बड़े पैमाने पर इस आन्दोलन से जुड़ाव है, तो ऐसे में इस आन्दोलन को व्यापक स्त्री आधार कैसे मिलेगा ? यह महत्त्वपूर्ण प्रश्न है।

- जब तक यह आन्दोलन वोट की राजनीति में अपनी प्रभावी भूमिका न निभा पाए तब तक इसका असर नगण्य ही रहने वाला है। महिला आन्दोलन ने इस दिशा में अभी अपेक्षित प्रयास नहीं किया है।
- साम्प्रदायिक कट्टरवादी ताकतों से आन्दोलन को बड़ा खतरा है। इनका मुकाबला करने की कोई रणनीति अभी तय नहीं हुई है।

इस अध्ययन द्वारा राजस्थान में स्त्रियों के संघर्ष का एक परिदृश्य प्रस्तुत किया गया है। स्पष्ट है कि संघर्ष कभी चारदीवारी में हुआ और कभी सड़कों और विस्तृत सार्वजनिक पटल पर। संघर्ष का स्वरूप कभी संवाद के द्वारा, कभी असहमति प्रकट कर और कभी व्यापक प्रदर्शन द्वारा अभिव्यक्त हुआ। देश की स्वतन्त्रता, शिक्षा पाने की आकांक्षा, बाह्य कार्य क्षेत्र में कदम रखने की ललक के लिए भी परम्परा के विरुद्ध संघर्ष करना पड़ा। सर्वाधिक महत्त्वपूर्ण संघर्ष हिंसा के विरुद्ध किया गया। हिंसा का स्वरूप कभी दीख पड़ता है और कई बार अदृश्य होता है।

हिंसा का कारण कभी सामजिक रीति-रिवाज के रूप में दहेज के लिए यातना और इसका अतिवादी स्वरूप दहेज हत्या के रूप में नजर आता है। परम्परा के नाम पर या आस्था के नाम पर एक अन्य प्रकार की हिंसा विधवा दहन के दर्दनाक रूप में दीख पड़ती है। डायन या चुड़ैल का नाम देकर यातना देने की घटनाएँ आज भी हो रही हैं। बलात्कार, घरेलू हिंसा, अपहरण, देह व्यापार आदि कहीं न कहीं यही दर्शाते हैं कि सारी जद्दोजहद के बावजूद हिंसा मुक्त एवं सम्मान, समता और सहभागिता पर आधारित समाज आज भी एक सपना है—ऐसे में संघर्ष का संकल्प करना ही होगा। इसके अलावा कोई विकल्प ही नहीं है। यह यात्रा का अन्त नहीं, यह पड़ाव भी नहीं है। यह सपना हमें ताकत देता है कि हमें साथ-साथ चलते जाना है। बस चलते जाना। इस सपने को यथार्थ बनाने के लिए कदम बढ़ाते ही रहना है। सफलता निश्चित ही हर कदम के साथ हमारे नजदीक आती जाएगी।

सन्दर्भ-सूची

हिन्दी

(1) राज्य की महिला नीति, राजस्थान सरकार, महिला एवं बाल विकास विभाग

(2) राजस्थान की जनता नीति, परिवार कल्याण विभाग, राजस्थान सरकार, 1999

(3) महिला सशक्तिकरण विशेष सन्दर्भ राजस्थान की साथिन राष्ट्रीय महिला आयोग रिपोर्ट, 16/10/1996

(4) अपना गाँव अपना राज कैसे चलाएँ वार्ड ग्रामसभा का कामकाज, राजस्थान विकास, अप्रैल-जुलाई 2001

(5) औरतों की आपबीती एक संकलन, मावजा, 18 अगस्त 2001

(6) घरेलू हिंसा भावी रणनीति, कार्यशाला प्रतिवेदन, विविधा एवं कनोड़िया महाविद्यालय, महिला अध्ययन प्रकोष्ठ

(7) लुगाई काईं करे, राजस्थान की कृषि में महिलाओं की भागीदारी, पूर्वा याज्ञिक कुशवाहा एवं एस. रामनाथन, फोर्ड फाउंडेशन, नई दिल्ली, जनवरी 1998

(8) राजस्थान में औरतों पर बढ़ते अत्याचार, न्याय की गुहार महिला अत्याचार विरोधी जनआन्दोलन, 8 जुलाई 1996

(9) बालिका शोषण की अनकही कहानी, नेशनल फाउंडेशन फॉर इंडिया, निवेदिता झा और ममता जैतली, बुक्स फॉर चेन्ज, 1999

(10) प्रगति प्रतिवेदन, राजस्थान राज्य महिला आयोग, जयपुर 1999-2000

(11) पंचायत चुनाव में औरत : भागीदारी का पहला कदम, एक अध्ययन, विविधा, जयपुर

(12) राजकाज में महिला : पंचायतों का पंचवर्षीय अनुभव, एक अध्ययन, विविधा, जयपुर

(13) राजस्थान में दलित सरपंचों की कहानी : उन्हीं की जुबानी, अजमेर अंचल महिला जन अधिकार समिति, अजमेर

(14) यौन शोषण के खिलाफ सर्वोच्च न्यायालय का फैसला, विविधा, मार्च 1999

(15) राजस्थान की जनता की माँग : एक मजबूत महिला आयोग, विविधा, मार्च 1999
(16) मुक्ति वाहिनी माताएँ, वा.दा. निकम, प्रधान सम्पादक, मातृभूमि मानव सेवा संघ, जयपुर, 30 मार्च 1998
(17) बत्तो बन गई मेट, सावित्री शर्मा, महावीर दाधीच, राज्य सन्दर्भ केन्द्र, राजस्थान प्रौढ़ शिक्षण समिति, जयपुर, 1 जनवरी 1997
(18) मध्यकालीन राजस्थानी कवयित्रीयाँ, श्री दीनदयाल ओझा
(19) जब यादें हथियार बन जाएँ, राजस्थान के दलितों की दास्तान, पी.साईनाथ, विविधा, मार्च 2000
(20) सोलहवाँ जयप्रकाश नारायण स्मारक व्याख्यान, मणिमाला, पी.यू.सी.एल., भोपाल, 23 मार्च 1996
(21) गीता बजाज, अशेष स्मृति, 7 जुलाई 1996
(22) शक्ति बुलेटिन, राजस्थान विश्वविद्यालय महिला संस्था 1986 से आज तक
(23) उजाला छड़ी, ग्रामीण मासिक समाचार पत्र, मई 1993 से दिसम्बर 2001 तक
(24) जयपुर के महाविद्यालयों की छात्राओं के घरेलू हिंसा और छेड़छाड़ पर अनुभव, एक अध्ययन, विविधा तथा कनोड़िया महाविद्यालय
(25) राज्य इदारा साथिन रो कागद, राज्य इदारा, जयपुर, अक्टूबर 88, सितम्बर 87
(26) राजस्थान वार्षिकी, 1995
(27) भारतीय महिला आन्दोलन, कल, आज और कल, दीप्ति प्रिया महरोत्रा, सम्पूर्णा ट्रस्ट, नई दिल्ली, 2001
(28) आपराधिक प्रकरण क्रम-98/1984, राजस्थान राज्य विरुद्ध श्री चन्द्रशेखर, सत्र न्यायालय का फैसला
(29) स्थानीय अखबारों के पुराने संस्करण
(30) भटेरी सामूहिक बलात्कार, विधवा दहन, महिला अत्याचार विरोधी जन आन्दोलन की फाइलें, रिपोर्ट, पर्चे
(31) उन्नीसवीं और बीसवीं शताब्दी में स्त्रियों की स्थिति, सन्तोष यादव, प्रिन्टवैल पब्लिशर्स, 1997
(32) साथिन रो कागद जिला इदारा अजमेर

अंग्रेजी

(1) Banerjee, Sushmita.
Sathin Training : Report on Training Programme conducted in Padampura. August 14-September 4, 1984.
(2) Dighe, Anita and Jain, Sharada.
Women's Development Programme : Some Insights in Participa-

tory Evaluation Working Papers. WP-021. Year 1987
(3) Ahuja, Kanta and Jain, Sharada.
An Evaluation of DWCRA : Banswara and Alwar Districts.
Working Papers. WP-022. Year 1985
(4) Jain, Sharada.
Vikas : Mahila Drishti Se (Hindi)
Working Papers WP-024. Year 1986
(5) Roy, Aruna and Jain, Sharda
Training for Women's Development Programme.
Working Papers. WP-025 Year 1986
(6) Jain, Sharada and Mathur, Kanchan
Central Social Welfare Board Condensed Courses for Women : Rajasthan Case.
Research Reports RR-006. Year 1986
(7) Jain Sharada and Mishra, Nirja and Srivastava, Kavita.
Deorala Episode : Women's Protest Perspective from Jaipur
Working Papers. WP-02. Year 1987
(8) Mathur, Kanchan and Rajan, Shobhita.
Prevention of Atrocities Against Women : Case Studies from Rajasthan.
Research Reports. RR-030 Year 1987
(9) Jain, Sharada and Mathur, Kanchan and Bhargava, Pradeep
Profile of Women and Children of Sikar District.
Research Reports. RR-014. Year 1987
(10) Jain, Sharada, et al.
Exploring Possibilities : A Review of the Women's Development Programme, Rajasthan
(11) Jain, Sharada et al.
Situational Analysis of Women and Children in Rajasthan.
Research Reports. RR-026. Year 1989.
(12) Mathur, Kanchan
Bhateri Episode : Causal Linkages and Implications.
Workshop, Seminar and Training Reports. WST-021. Year 1994
(13) Rajan, Shobhita and Sharma, Radhey Shyam.
Review of Mahila Prashikshan Kendras : MPK in the Shiksha Karmi Project.
Workshop, Seminar and Training Reports. WST-018. Year 1994
(14) Rajan, Shobhita and Mathur, Kanchan
Understanding the Gender Perspective in Gender Specific Interventions : A Study of DWCRA

Working Papers. WP-055. Year 1995
(15) Pal, Pritam ad Joshi, Varsha.
Reproductive Health and Empowerment : A Rajasthan Perspective.
Working Papers. WP-063. Year 1995
(16) Rajan, Shobhita ed.
Workshop Report on Integrated Women's Development Project : Rajasthan.
Workshop, Seminar and Training Reports. WST-030. Year 1996
(17) Singhi, N.K. and Joshi, Varsha and pal, Pritam.
Strengthening Quality and Access to Services in ICDS Programme : A Social Assessment : A Study in Selected Districts of Rajasthan.
Research Reports. RR-063. Year 1996.
(18) Singhi, N.K. and Joshi, Varsha.
Can ICDS Do It : Health and Nutrition in Rajasthan.
Working Papers. WP-072. Year 1996
(19) Mayaram, Shail and Pal, Pritam.
The Politics of Women's Reservation : Women Panchayat Representatives in Rajasthan : Performance, Problems and Potential.
Working Papers. WP-074. Year 1996
(20) Joshi, Varsha and Rima Hooja
PopulUr Vrats and Vrats Kathas : Women and Patriarchy.
Working Papers. WP-079. Year 1997
(21) Kumar, Maya Unithan.
Of Household and Beyond : Rural Muslim Women's Access to Reproductive Healthcare in Jaipur District, Rajasthan.
Working Papers. WP -103. Year 1998
(22) Mathur, Kanchan and Rajgopal, Shobhita
Workshop on Amendments of the Law Concerning Rape.
Workshop, Seminar and Training Reports. WST-042. Year 1999
(23) Mayaram, Shail
Panchayats and Women : A Study of the Processes Initiated Before and After the 73rd Amendment in Rajasthan 1996-1998 : A Report.
Research Reports. RR-099 Year 2000
(24) Joshi, Varsha
Changing Food Habits : Some Cultural and Gender Issues.
Research Reports. RR-107. Year 2000
(25) Living with Dignity and Social Justice-Rural workers rights to creative development.—Study by Aruna Roy, Nikhil Dey and

Shanker Singh.
(26) Report on Delivery systems of Poverty alleviation programmes for the rural poor (a study in Bhim and Devagarh Tehsils of Rajsamand district, Rajasthan) A study by Anchie, Shanker, Nikhil, Aruna, December 1991.
(26) Exploring Possibilities—A review of the women's development programme
(27) Mathur Kanchan the Status of Women in Rajasthan, 2002.
(28) Radha Kumar, The History of Doing, Kali for Women 1993.
(29) Womens and Media Committee, Bombay Union of Journalists, Trial by Fire, A report on Roop Kanwar's Death, Dec. 87.
(30) Kanchan Mathur, Changing Perpectives : Combating violence against women -An overview, Women's Resource Centre, HCM, RIPA, March 2001.
(31) Writ Petition No. 6816, of 1981 Dt. 20-1-1983, Sanjeet Roy Vs State of Rajasthan
(32) Women the untapped Potential of Rajasthan C.K. Davdia, Deptt. of Adult Education, University of Rajasthan, Jaipur, 1973.
(33) General Election to the Lok Sabha, Election Department, Rajasthan, Jaipur, 12th Lok Sabha Election 1998.
(34) Voices from India, Lokayan Bullettin, July-Oct. 95
(35) Women's Development Project, Raj. Department of Rural Development and Panchayati Raj Government of Rajasthan, May 1984.
(36) The Hindu Survey of Environment, 1999.
(37) Report of the Inquiry Committee on the Bhinmal Rape Case, Bhinmal Jalore district, Rajasthan September 1887, National Commisssion for Women.
(38) Wage Study an expirement in Participatiory action research, Institute of Development Studies, Jaipur, 1984-1985.
(39) Some issues in the struggle for Womens equality All India Democratic womens Association, Centre for Womens Development Studeis, Joint Women's Programme, Mahila Dakshta Samiti, National Christian Association of India.
(40) Rajasthan Human Development Report-2002.
(41) Citizen's Initiatives against sectarian conflict Mayaram Shoil. Institute of Development Studies, Jaipur, Workshop Report No.70, Sept. 2001.

Published Papers

(1) Kanchan Mathur
Bhateri Rape Case : Backlash and Protest Economic and Political Weekly, 10 Oct. 1992.

(2) Shobhita Rajgopal and Kanchan Mathur
Women's Empowerment through state Beve-violence, Economic and Political Weekly, August 12, 2000.

ब्रोशर/पर्चे/लेख/रिपोर्ट

1. सवाल है नारी की पहचान का, सवाल है नारी के सम्मान का, राज्य इदारा, राजस्थान प्रौढ़ शिक्षण समिति, जयपुर
2. अन्धे कानून का अन्धा फैसला
3. साथिन रो कागद, राज्य इदारा, जयपुर, सितम्बर 1987
4. द प्रौबलम, कमला भसीन रितू मैनन, सेमिनार 342, फरवरी 1988
5. दिवराला, ऐपीसोड विमेन्स प्रोटेस्ट इन राजस्थान, शारदा जैन, नीरजा मिश्रा, कविता श्रीवास्तव, इकोनौमिक एण्ड पोलिटिकल वकीली, 7 नवम्बर 1987
6. द रूरल विमेन स्पीक
7. दिवराला जजमेन्ट ग्लोरीफाइंग सती, सूजन एब्राहम, लायर्स कलैक्टिव, जून 1997
8. उजाला छड़ी ग्रीण समाचार पत्र
9. ट्रायल बाई फायर अ रिपोर्ट आन रूपकंवर्स डेथ, विमेन एण्ड मीडिया कमेटी, बॉम्बे यूनियन ऑफ जर्नलिस्ट मुम्बई
10. पुस्तक—सती प्रथा का यथार्थ, ब्रह्मदत्त जोशी, पंचशील प्रकाशन, चौड़ा रास्ता, जयपुर

लेखन सहयोग

(1) सुश्री हेमलता प्रभू, सेवानिवृत्त प्रिंसिपल, कनोड़िया महिला महाविद्यालय व पूर्व अध्यक्ष राज्य पी.यू.सी.एल, राजस्थान, जयपुर
(2) सुश्री मुकुलिका सेन, सेवानिवृत्त आर.ए.एस. ऑफिसर व पूर्व निदेशक महिला विकास विभाग, राजस्थान सरकार, जयपुर
(3) अरुणा रॉय, मजदूर किसान शक्ति संगठन, (सूचना के अधिकार का राष्ट्रीय अभियान) पूर्व अध्यक्ष, देव डूँगरी, भीम, राजसमन्द
(4) श्री अनिल बोर्दिया, सेवानिवृत्त आई.ए.एस. व शिक्षाविद्, जयपुर
(5) डॉ. शारदा जैन, सीनियर फैलो सन्धान, जयपुर
(6) डॉ. रेणुका पामेचा, व्याख्याता, कनोडिया महिला महाविद्यालय, जयपुर
(7) डॉ. जिनी श्रीवास्तव, आस्था संस्था, उदयपुर
(8) कमला (जवाहर) सुराणा, परियोजना निदेशक जिला महिला विकास अभिकरण, जोधपुर
(9) गर्डा उनिथान, पूर्व अध्यक्ष राजस्थान विश्वविद्यालय महिला संस्था, जयपुर
(10) श्री सुधीर कट्यार, उदयपुर
(11) शोभिता राजगोपाल, विकास अध्ययन संस्थान, जयपुर
(12) नीरजा मिश्रा, व्याख्याता कनोड़िया महिला महाविद्यालय, जयपुर
(13) मोहिनी चौधरी, मरु शक्ति संस्थान, सुजानगढ़, चूरू
(14) कोमल श्रीवास्तव, समन्वयक, बी.जी.वी.एस. जयपुर
(15) रोशन देवी चौधरी, प्रचेता, महिला विकास अभिकरण, जयपुर
(16) रंजना जैतली, कनोड़िया महिला महाविद्यालय, जयपुर
(17) कृष्णा शर्मा, सेवानिवृत्त प्रिंसिपल, राजकीय महाविद्यालय
(18) डॉ. नन्दिनी उप्रेती, सेवानिवृत्त व्याख्याता, कनोड़िया महिला महाविद्यालय, जयपुर
(19) चन्द्रा भारिल्ल, अध्यक्ष, राजस्थान विश्वविद्यालय महिला संस्था, जयपुर
(20) विद्यामान, सेवानिवृत्त सरकारी कर्मचारी, राजस्थान सरकार
(21) शान्ता उपमन्यु, प्रिंसिपल बालघर, दीपक मार्ग, आदर्श नगर, जयपुर

(22) तारा आर्य, वकील, जयपुर
(23) रमेश थानवी, राजस्थान प्रौढ़ शिक्षण समिति, जयपुर
(24) तारा अहलूवालिया, पूर्व जिला इदारा विशेषज्ञ, भीलवाड़ा
(25) रतन देवी, एस.डब्ल्यू.आर.सी. तिलोनिया, अजमेर
(26) यशोदा सक्सेना, सेवानिवृत्त प्रोफेसर, राजस्थान विश्वविद्यालय, जयपुर
(27) तसलीम जहाँ कार्यकर्ता, फैमिली प्लानिंग असोसिएशन ऑफ इंडिया, जयपुर
(28) इन्दिरा पंचोली, अजमेर अंचल महिला जन अधिकार समिति, अजमेर
(29) डॉ. एच.सी. भारतीय, सेवानिवृत्त प्रोफेसर, राजकीय महाविद्यालय, राज.सरकार एवं जन विचार मंच, जयपुर
(30) प्रो. ओ.पी. माथुर, सेवानिवृत्त प्रोफेसर, राजकीय महाविद्यालय, राज. सरकार एवं जन विचार मंच, जयपुर
(31) शान्ति सिंह, छात्र युवा संघर्ष वाहिनी से जुड़ी रहीं व स्कूल टीचर शिक्षा विभाग, राजस्थान सरकार
(32) पूर्वा याज्ञिक, फ्री लांस कार्यकर्ता
(33) सवाई सिंह, मन्त्री समग्र सेवा संघ, गोकुल बस्ती, दुर्गापुरा, जयपुर
(34) सुष्मिता बैनर्जी, सम्भव संस्था, जयपुर
(35) कामिनी शुक्ला, पूर्व जिला इदारा विशेषज्ञ, महिला विकास कार्यक्रम बाँसवाड़ा
(36) नौरती देवी, महिला विकास इकाई, समाज कार्य एवं अनुसन्धान केन्द्र तिलोनिया, अजमेर
(37) रुकमा दाई माँ, पिंगून, अजमेर
(38) रानी लक्ष्मी कुमारी चूड़ावत, लेखिका जयपुर
(39) किरण, बी.जी.वी.एस., राजस्थान, जयपुर
(40) कामरेड सईदा, कार्यकर्ता जनवादी महिला समितिं, जयपुर
(41) रामकरण, समन्वयक महिला विकास इकाई, समाज कार्य एवं अनुसन्धान केन्द्र तिलोनिया, अजमेर
(42) माँगी बाई, समाज कार्य एवं अनुसन्धान केन्द्र, तिलोनिया, अजमेर
(43) डॉक्टर लाड कुमारी जैन, पूर्व अध्यक्ष, राजस्थान विश्वविद्यालय महिला संस्था, जयपुर
(44) श्री गोपाल दास जी, सेवानिवृत्त
(45) रोशन लाल आर्य, सेवानिवृत्त विकास अधिकारी, राजस्थान सरकार, जयपुर
(46) उमा कछावा, चाँद शिल्पशाला, जयपुर
(47) सीता राव, सचिव, राजस्थान विश्वविद्यालय महिला संस्था, जयपुर
(48) कविता श्रीवास्तव, महासचिव, पी.यू.सी.एल. राजस्थान, जयपुर
(49) कृष्णा सिंह, बाल मन्दिर स्कूल, मोती डूँगरी, जयपुर
(50) पी.के. शर्मा, वकील राजस्थान उच्च न्यायालय, अध्यक्ष पी.यू.सी.एल. राजस्थान

(51) अकलीम, स्कूल टीचर
(52) अफसर बाजी, आँगनबाड़ी कार्यकर्ता
(53) शमीम, आँगनबाडी कार्यकर्ता
(54) निशात हुसैन, अध्यक्ष, नेशनल मुस्लिम विमेन्स वेलफेयर सोसायटी, जयपुर
(55) वर्षा जोशी, विकास अध्ययन संस्थान, जयपुर
(56) भँवरी बाई, अजमेर अंचल महिला जन अधिकार समिति, अजमेर
(57) सन्तोष भार्गव, उपाध्यक्ष महिला समूह, जयपुर
(58) कंचन माथुर, प्रोफेसर एंड हेड, महिला अध्ययन केन्द्र, एच.सी.एम. रीपा, जयपुर
(59) डॉ. आरती साहनी व किरण दुबे, साथिन कर्मचारी, यूनियन, महिला विकास कार्यक्रम
(60) डॉ. आर.ए. जैतली, सेवानिवृत्त प्रोफेसर, राजस्थान विश्वविद्यालय, जयपुर
(61) आभा भैया, जागोरी, नई दिल्ली
(62) दिप्ता भोग व जया शर्मा, निरन्तर, नई दिल्ली
(63) रंजू शर्मा, कनोडिया महिला महाविद्यालय, जयपुर
(64) मंजु शर्मा, विविधा, जयपुर
(65) जितेन्द्र जैन, विविधा, जयपुर
(66) भगवती देवी विश्नोई, स्वतन्त्रता आन्दोलन में सक्रिय योगदान, पुर, भीलवाड़ा
(67) अम्बिका शर्मा, स्वतन्त्रता आन्दोलन में सक्रिय, भीलवाड़ा
(68) स्नेहलता माथुर, स्वतन्त्रता आन्दोलन में सक्रिय, भीलवाड़ा

●●●